두뇌보완계획 100

김명석 지음

머리말

우리는 어떤 명제를 받아들이고 어떤 명제는 받아들이지 않습니다. 우리는 이런저런 명제가 참이기를 바라거나 싫어하거나 슬퍼하거나 두려워합니다. 이를 두고 우리가 명제에 대해 태도를 지닌다고 말합니다. 더욱 짧게 말해 우리는 명제 태도를 지닙니다. 우리 사람은 지구에서 명제 태도를 지니는 유일한 생명 시스템입니다. 우리는 명제 태도와 함께 살아갑니다. 앞에 놓인 액체가 사실은 순수한 물이더라도, 이 액체가 우리 목숨을 위태롭게 하는 바이러스에 오염되었다고 우리가 믿는다면 우리는 그것을 먹지 않습니다. 그 액체의 물성 자체가 아니라 우리의 명제 태도가 우리 행위를 조정합니다. 사람은 특정 명제가 참이기를 바라기 때문에 이를 위해 애쓰고 싸우고 심지어 목숨까지 무릅씁니다.

생명체가 명제 태도를 지니는 일은 우리 우주에서 매우 특이한 사건입니다. 우리 삶은 온통 유전자와 호르몬과 신경전달물질의 지배를 받습니다. 이것들은 쿼크와 렙톤과 게이지 입자들로 이루어졌기에 물리법칙에 따라 복제되고 작동하고 전달됩니다. 이 때문에 생명체로서 우리 삶은 내부 생체 기반과 외부 생태 환경에 크게 좌우됩니다. 하지만 우리는 명제 태도 때문에 유전자와 호르몬과 신경전달물질의 지배에서 벗어날 약간의 자유를 얻습니다. 왜냐하면 명제들은 물리법칙을 따르지 않기 때문입니다. 모든 입자는 물리법칙에 따라 다른 입자들과 관계 맺으며 변화합니다. 하지만 명제들은 논리법칙에 따라 다른 명제들과 관계 맺고 추론되고 이해됩니다.

우리 두뇌는 거의 대부분 유전자와 호르몬과 신경전달물질의 지배 아래에 놓입니다. 만일 오직 자연법칙만이 우리를 다스린다면 우리는 결코 우리 몸과 두뇌의 한계를 벗어날 수 없습니다. 우리 두뇌가 곧 우리의 한계입니다. 하지만 우리는 우리를 보완할 수 있습니다. 우리는 우리가 가진 명제 태도를 반성합니다. 인류가 여태 개선해온 인권과 민권과 과학기술의 역사를 되돌아보십시오. 고문, 인종차별, 성차별이 정당하다고 믿었던 일에서 그것이 정당하지 않다고 믿는 일로 바뀌었습니다. 질병이 징벌이라 믿었던 일에서 몸의 불균형 또는 병균 때문에 생겼다고 믿게 되었습니다. 우리가 가진 명제 태도들을 바꿈으로써 우리는 우리 스스로를 보완했습니다.

몇몇 자연주의자는 자연 스스로가 보완하며 오류를 고친다고 말합니다. 하지만 자연은 인자하지 않습니다. 자연은 정서를 갖지 않습니다. 자연은 한 사건이 잘못된 사건이라 평가하지 않습니다. 자연은 자신이 오류를 저지른다고 인지하지 않으며 오류 자체를 인정하지도 않습니다. 이 때문에 자연은 스스로 오류를 고치지 않으며 고칠 수도 없습니다. 엄밀히 말해 자연은 결코 오류를 저지르지 않습니다. 자연에는 오직 작용과 반작용, 자극과 반응, 입력과 출력만이 있을 뿐입니다. 질병, 고장, 오차, 기능장애, 실수, 오작동, 오류, 착오, 착각, 환각, 환상 등과 같은 개념은 자연에 기능과 목적을 부여하는 우리의 명제 태도들에서 나온 것입니다. 오직 명제 태도를 가진 존재들만이 오류 개념을 가질 수 있습니다. 오류라는 현상은 자연 현상이 아니라 인간 현상입니다.

우리 몸과 두뇌는 자연법칙을 결코 벗어나지 않습니다. 우리 몸 어딘가에서 자연법칙을 어기는 오작동이 벌어지리라고 걱정할 필요가 없습니다. 만일 우리가 오류를 저질렀다면 그것은 우리가 자연법칙을 어겼기 때문이 아닙니다. 그것은 우리가 논리법칙을 어겼거나 논리의 이념에 미치지 못했기 때문입니다. 오류를 줄이고 없애는 길을 찾고자 한다면, 우리는 우리 유전자와 단백질과 호르몬을 고쳐야 할 것이 아니라, 우리가 생각하는 방식을 되돌아보고 고쳐나가야 합니다. 논리와 비판에 따라 명제 태도를 가 다듬는 일이 인류 문명사 전체를 채웠습니다. 대화라는 일도 이러한 과정의 하나입니다. 만일 우리의 명제 태도들이 논리법칙을 아예 따르지 않는다면 그것은 명제 태도의 지위를 잃습니다. 우리가 가진 명제 태도들이 엉망진창일 때 우리 삶에 오류들이 차츰 많아지다가 어느 문턱을 넘어서면 사람다움을 모두 잃습니다. 논리를 공부하고 이에 따라 우리 명제 태도를 비판하고 보완하는 일은 두뇌를 보완하는 길이며 우주에서 우리의 특이성을 발견하는 첫걸음입니다.

갈등을 조정하는 사람들, 더욱 정밀하고 정확한 앎을 추구하는 사람들, 사회 혁신을 꿈꾸는 사람들은 논리와 비판을 통해 두뇌를 보완해야 합니다. 이것은 역사상 세계 이곳저곳에서 나타났던 최고 지성들이 좇았던 길입니다. 하지만 논리가 모든 것은 아닙니다. 다만 논리는 우리 삶에서 공기와 비슷합니다. 생명체로서 우리는 숨을 내쉬듯 해석 주체로서 우리는 논리를 내쉬어야 합니다. 우리는 숨 쉬는 일만으로 과학, 종교, 예술, 기술에서 탁월성을 발휘할 수 없습니다. 과학은 숨 쉬는 일 이상이고 예술도 숨 쉬는 일 이상이기 때문입니다. 마찬가지로 과학, 종교, 예술, 기술 등은 논리 그 이상입니다. 하지만 논리를 무시한 채 과학을 할 수도 예술을 할 수도 없습니다. 논리는 우리의 이념이며 인류의 공감 기반입니다.

두뇌보완위원회

김영건

후기분석철학, 인식론, 비교철학을 연구했으며 서강대와 한양대에서 가르쳤다. 『포스트모던 칸트』, 『동양철학에 관한 분석적 비판』, 『이성의 논리적 공간』을 저술했다.

김영우

정약용 등 한국철학을 연구하며 인제대 인당글로벌리더스에서 가르친다. 김은미 선생과 함께 『퇴계 달중이를 만나다』, 『다산 그에게로 가는 길』을 저술했다.

김진형

논리학, 수학철학을 연구하며 서울시립대에서 가르쳤다. 「브라우워의 수 개념과 심리학주의 문제」, 「툴민 논증 모형의 사용에 대하여」를 발표했다.

김한승

인식론, 감정철학, 예술철학을 연구하며 국민대 교양대학에서 가르친다. 「사죄와 통사적 책임」, 「내가 살아있음은 인류 종말의 증거인가?」, 「다중 결말과 미완성 예술작품」을 발표했다.

박일호

확률, 베이즈주의, 인식론을 연구하며 전북대 철학과에서 가르친다. 『철학의 숲, 길을 열다』를 저술했으며 「부분적 믿음 갱신과 조건화」를 발표했다.

박병철

언어철학, 영화철학을 연구하며 부산외대 파이데이아 창의인재학과에서 가르친다. 『미국철학사』를 번역했으며 『생각의 창, 키노아이』, 『비트겐슈타인 철학으로의 초대』를 저술했다.

박창균

수학사, 수학철학, 비표준논리학을 연구하며 서경대 철학과에서 가르쳤다. 『철학의 문제들』, 『수학과 문화』를 저술했으며 「지식변화모델에서 프레게와 괴델」을 발표했다.

배식한

후기분석철학의 인식론을 연구하며 성신여대 교양학부에서 가르친다. 『인터넷, 하이퍼텍스트 그리고 책의 종말』, 『반실재론을 넘어서서』를 저술했다.

선우환

언어철학, 형이상학, 논리철학을 연구하며 연세대 철학과에서 가르친다. 『기호논리학』을 공역했으며 「통세계적 동일성의 문제와 양상 인식론」, 「시간에 대한 태도와 무시제적 시간 이론」을 발표했다.

신상규

이화여대 이화인문과학원에서 확장된 인지와 자아, 인간 향상, 트랜스휴머니즘, 포스트휴머니즘을 연구한다. 『라마찬드란 박사의 두뇌 실험실』, 『커넥톰, 뇌의 지도』를 번역했으며 『푸른 요정을 찾아서』, 『호모사피엔스의 미래』를 저술했다.

안세권

자아동일성을 연구하며 계명대 철학과에서 가르쳤다. 『행위와 필연』을 번역했으며 「믿음의 선택은 가능한가?」, 「윌리엄 제임스의 내성 개념」을 발표했다.

윤보석

인식론, 심리철학을 연구하며 이화여대 철학과에서 가르친다. 『컴퓨터와 마음』을 저술했으며 「확장된 마음과 심적 인과」, 「모듈성과 인식론」을 발표했다.

이상환

정치철학, 응용윤리학을 연구하며 경북대 철학과에서 가르친다. 『사회정치철학』, 『세계시민주의』를 번역했다.

이정민

양자역학의 역사와 철학, 생명정보이론을 연구하며 한경대에서 가르친다. 『전체와 접힌 질서』, 『이성의 역학』을 번역했으며 「카르납, 콰인, 과학의 실제」를 발표했다.

이충형

물리철학, 과학철학, 양상논리학을 연구하며 포항공대에서 가르친다. 『골렘』을 번역했으며 「측정의 사용과 양상 해석」, 「두 봉투 역설」을 발표했다.

임헌규

현상학, 비교철학, 동양철학을 연구하며 강남대에서 가르친다. 『소유의 욕망, 이란 무엇인가』를 저술했으며 『답성호원』, 『인설』을 번역했다.

한성일

형이상학과 논리철학을 연구하며 서울대 철학과에서 가르친다. 「본질과 정체성」, 「형이상학적 근거와 형이상학적 결정론」을 발표했다.

홍지호

형이상학, 심리철학을 연구하며 성균관대 학부대학에서 가르친다. 『비판적 사고』를 저술했으며 「결과논변과 무법칙적 일원론」을 발표했다.

독자 사용설명서

A01. 이 책은 100일 동안 논리 기초와 비판 사고를 배울 수 있도록 설계되었습니다. 매일 2쪽의 설명을 읽고 2쪽의 문제를 풉니다. 쉬운 부분은 하루에 이틀 치 또는 일주일 치를 나가도 됩니다. 막히는 부분이 있거나 이해가 잘 안 되는 부분이 있다면 앞으로 돌아가서 다시 공부하십시오.

A02. 이 책은 한글을 읽을 줄 아는 사람이면 대부분 따라갈 수 있습니다. 다만 지능에 따라 이해하는 데 시간이 다르게 걸릴 뿐입니다. 초등학생은 부모님 도움 없이는 따라가기 힘들겠지만 부모님이 도움을 준다면 이해할 수 있는 부분이 더러 있습니다. 중학생의 경우는 한 주에 하루치를 공부하는 방식을 취하십시오. 2년이면 책 한 권을 마칠 수 있습니다. 고등학생의 경우는 사흘에 하루치를 공부하십시오. 1년 또는 그보다 짧은 시간에 이 책을 마칠 수 있습니다. 대학생 이상은 100일 공부로 이 책을 모두 마칠 수 있습니다.

A03. 공식은 되도록 외우지 않도록 조심하십시오. 논리는 외우는 것이 아닙니다. 마음 깊이 받아들이기 어려운 것을 애써 받아들이지 마십시오. 이해할 때까지 시간을 두고 기다리십시오.

A04. 몇몇 부분은 조금 어렵습니다. 자기 머리가 나쁘다고 탓하지 마십시오. 이해가 안 되고 헷갈리는 것은 오랜 시간 동안 논리규칙에 어긋나게 생각하고 말하고 판단했기 때문에 생긴 현상입니다. 만일 당신이 구구단을 까먹어도 8×7 같은 간단한 곱셈을 할 능력이 있다면 당신은 이 책을 충분히 따라갈 수 있습니다. 시간을 두고 생각하고 생각하십시오. 아가씨 아저씨 아주머니 아주버니 할머니 할아버지도 이 책을 따라갈 수 있습니다. 평생이 걸려서라도 한 번은 이 책 모두를 이해할 수 있기를 바랍니다.

A05. 이 책은 기존 논리학 책과 다른 용어를 일부 사용합니다. 보기를 들어 “연역추론”은 “반드시 추론”이라 하고 “귀납추론”은 “아마도 추론”이라 합니다. 이런 용어들 일부를 간추리면 아래와 같습니다.

	터박이말	표준 한자어
반드시 논리	반드시 말길	연역논리
반드시 추론	반드시 이끌기	연역추론
아마도 논리	아마도 말길	귀납논리
아마도 추론	아마도 이끌기	귀납추론
마땅하다	마땅하다	타당하다
못마땅하다	못마땅하다	부당하다
튼튼하다	튼튼하다	건전하다
참값	참값	진리치
참값모눈	참값모눈	진리표
차근차근 이끌기	차근차근 이끌기	자연연역
문장 이음씨	글월 이음씨	문장연결사
문장 바꾸개	글월 바꾸개	문장연산자
홑문장	홑글월	단순문
겹문장	겹글월	복합문
이고문장	이고글월	연언문
이거나문장	이거나글월	선언문
이면문장	이면글월	조건문
거짓이다문장	거짓이다글월	부정문
반드시 문장	반드시 글월	필연문장
어쩌다 문장	어쩌다 글월	우연문장
홀이름	홀이름	단칭어
홀문장	홀글월	단칭문장
두루이름	두루이름	일반어
두루문장	두루글월	일반문장
몇몇문장	몇몇글월	특칭문장
모든문장	모든글월	보편문장
모든몇몇문장	모든몇몇글월	정언문장

A06. 이 책 전체는 다음처럼 짜였습니다.

<table>
<tr><td rowspan="12">논리 기초</td><td rowspan="9">반드시 논리</td><td rowspan="5">문장논리</td><td>기본 개념</td><td>001~006</td></tr>
<tr><td>추론규칙</td><td>007~027</td></tr>
<tr><td>같은 말</td><td>028~039</td></tr>
<tr><td>여러 가지 표현</td><td>040~043</td></tr>
<tr><td>반드시 추론의 평가</td><td>044~047</td></tr>
<tr><td rowspan="2">양화논리</td><td>기본 개념과 같은 말</td><td>048~052</td></tr>
<tr><td>추론규칙</td><td>053~056</td></tr>
<tr><td rowspan="2">응용</td><td>논리 퍼즐</td><td>057~062</td></tr>
<tr><td>과학 추론</td><td>063~064</td></tr>
<tr><td rowspan="2">아마도 논리</td><td colspan="2">여러 가지 아마도 추론</td><td>065~067</td></tr>
<tr><td colspan="2">탓하기</td><td>068</td></tr>
<tr><td>논증 분석</td><td colspan="2">논증 그림</td><td>069~070</td></tr>
<tr><td rowspan="5">비판 사고</td><td colspan="3">강화와 반론</td><td>071</td></tr>
<tr><td rowspan="4">비형식 오류</td><td colspan="2">논증 구조의 결함</td><td>072</td></tr>
<tr><td colspan="2">무관한 전제</td><td>073~075</td></tr>
<tr><td colspan="2">허술한 전제</td><td>076~077</td></tr>
<tr><td colspan="2">못미더운 전제</td><td>078~079</td></tr>
<tr><td rowspan="4">심화 응용</td><td colspan="3">확률</td><td>080~083</td></tr>
<tr><td>행위의 논리</td><td colspan="2">결심이론</td><td>084~088</td></tr>
<tr><td>전략의 논리</td><td colspan="2">게임이론</td><td>089~095</td></tr>
<tr><td colspan="3">역설과 그 너머</td><td>096~100</td></tr>
</table>

A07. 물음이 생긴 독자는 http://ithink.kr을 참고하십시오. 책의 오류를 알려주시면 크게 고맙겠습니다. 책의 내용 가운데 보완해야 할 곳이 생기면 이곳에 올려놓겠습니다.

A08. 이 책은 모임을 만들어 공부하는 것이 좋습니다. 한 주에 한 번 또는 두 주에 한 번 정도 만나 그동안 공부한 것을 요약하고 질문하고 토론해 보십시오.

A09. 글쓴이와 함께하는 오프라인 공부 모임은 http://ithink.kr을 참고하십시오.

교사·교수 사용설명서

B01. 이 책은 「논리와 사고」, 「논리와 비판」, 「논리와 비판적 사고」, 「실용논리학」, 「논리학 개론」 등 수업의 교재로 어울립니다. 한 학기에 이 책 전체를 다루고 싶다면 다음처럼 수업을 편성하십시오.

주	내용		책 범위	생략 가능
01주	논리 기초	문장논리	001~006	
02주			006~018	018
03주			019~027	
04주			028~036	034
05주			037~047	042
06주		양화논리	048~056	
07주		논리 퍼즐	057~064	
08주	중간시험		001~064	
09주	비판 사고	논증 평가	065~071	
10주		오류	072~074	
11주			075~079	
12주	심화 응용	확률과 행위	080~088	080, 081, 083
13주		전략	089~095	
14주		역설	096~100	098~100
15주	기말시험		065~100	

B02. 학기 시작 후 여덟째 주에 중간시험을 치는데 이 기간에 7주 만에 001에서 064까지를 배우는 일은 학생들에게 약간 버거운 과정입니다. 가장 어려운 부분은 020에서 022까지 「이면 넣기」와 「거짓이다 넣기」를 다루는 곳입니다. 이면 넣기를 다루지 않고 넘어가도

됩니다. 이 경우 024에서 배울 「이면 잇기」를 증명하는 대신 기본 추론규칙으로 간주해도 됩니다. 035에서 배울 「이면 앞뒤 바꿈」과 036에서 배울 「"이면"의 뜻」에서는 학생들에게 결과만을 설명하고 그 내용을 이해하게 해도 됩니다. 사실 "이면"의 뜻은 학생들뿐만 아니라 학자들에게도 매우 난감한 주제입니다. 확률을 다루는 080부터 083까지는 082의 본문 정도만 읽는 것으로 충분합니다. 083에는 매우 어려운 내용이 담겼기에 이 부분은 수업에서 다루지 않는 것이 좋습니다. 096부터 100까지도 수업에서 다루지 않고 학생들이 종강 이후 읽어볼 것을 권유해도 됩니다. 더욱 짧게 한 학기 수업을 편성하면 다음과 같습니다.

주	내용		책 범위
01주			001~006
02주			006~017
03주		문장논리	023~027
04주	논리 기초		028~030, 035
05주			036~039
06주			044~047
07주		양화논리	048~054
08주	중간시험		001~054
09주		논증 평가	065~068
10주	비판 사고		069~071
11주		오류	072~075
12주			076~079
13주	심화 응용	행위	084~086
14주		전략	089~092
15주	기말시험		065~092

B03. 대학 수업에서 평가와 시험은 매우 중요합니다. 이 책을 교재로 삼는다면 모든 평가를 오픈 테스트로 할 것을 권유합니다. 시험에서

는 이 책이든 다른 책이든 참조할 수 있게 하는 것이 좋습니다.

B04. 이 책을 수업 교재로 쓰시려는 교수와 교사께서는 http://ithink.kr에 가입하신 다음 anywisdom@gmail.com으로 메일을 보내십시오.

B05. 이 책을 줄곧 보완할 「두뇌보완위원회」를 두었습니다. 위원회는 다양한 학교에서 가르치고 다양한 주제를 연구하시는 분들로 이루어졌습니다.

참고문헌

이 책의 일부는 다음 책에서 큰 도움을 받았다.

- 이병덕, 『논리적 추론과 증명』, 이제이북스 2015.
- 레이먼드 스멀리언, 『퍼즐과 함께 하는 즐거운 논리』, 이종권·박만엽 옮김, 문예출판사 2001.
- 이언 해킹, 『확률과 귀납논리』, 박일호·이일권 옮김, 서광사 2022.
- 송하석, 『리더를 위한 논리훈련』, 사피엔스이십일 2010.
- 한스페터 베크보른홀트 등, 『생각의 기술』, 장혜경 옮김, 이끌리오 2003.
- 에드워드 데이머, 『논리의 오류』, 김회빈 옮김, 중원문화 2012.
- 리차드 제프리, 『결단의 논리』, 이좌용 옮김, 성균관대출판부 1998.
- 로저 메케인, 『게임이론』, 이규억 옮김, 시그마프레스 2008

이 책들의 글쓴이와 옮긴이에게 감사드린다.

001에서 027까지 일부 문제들 초안은 생각실험실의 김수민과 박주연 연구원이 만들었다. 공직적격성평가 언어논리영역의 문제들이 약간 변형된 형태로 057에서 064까지 및 069에서 071까지 이 책 곳곳에 수록되었다. 072에서 079까지 다룬 비형식 오류의 분류 및 사례는 데이머의 『논리의 오류』에 크게 빚졌다. 송하석의 책, 이병덕의 책, 경북대 생각공장의 『논리와 비판적 사고』, 김광수의 『논리와 비판적 사고』, 어빙 코피의 『논리학 입문』, 송하석의 2010년 논문 「무지로부터의 논증, 모두 오류인가?」, 최훈의 2011년 논문 「무지에의 호소 다시 보기」에서도 몇몇 사례를 가져왔다. 080에서 082까지는 해킹의 『확률과 귀납논리』에서 도움을 받았다. 083은 베크보른홀트의 『생각의 기술』에 나오는 사례 「어둠 속에서 열쇠 찾기」,

「중국 대사관 폭격은 우연? 고의?」, 「심슨, 딱 걸렸어!」를 각색했다. 084에서 088까지 나오는 사례들 가운데 몇몇은 제프리의 『결단의 논리』 제1장에 나오는 사례를 변형했다. 089에서 095까지 나오는 사례들 가운데 몇몇은 메케인의 『게임이론』에 나오는 사례들을 변형 또는 각색했다.

목차

7년 전, 클라라와의 수업 마지막 시간에 '아티스틱 과제' 발표가 있었다. 한 학기 동안 배운 현대 물리학과 철학 내용에 대해 자신만의 예술적인(?) 관점을 담은 작품을 발표하는 내용이었던 것으로 기억한다. 그때 나는 QUANTUM ICE CREAM FREEZER Ver 1.0.0 이라는 양자 아이스크림 기계를 만들어서 시연했다. 이 기계는 매뉴얼에 따라 작동시키면 아이스크림 입자를 얽히게 만들어 딸기, 초코, 바닐라 3가지 맛의 아이스크림을 탄생시킬 수 있는 획기적인 발명품이었다.

양자물리학적인 심도 깊은 접근과 나만의 예술적 철학을 바탕으로 탄생한 것이었다면 좋았으련만, 사실 그 아이스크림 기계는 수업에서 얼핏 들은 내용을 가지고 양자물리학의 광범위함과 애매함과 밝혀지지 않은 부분들에 대해 "모든 가능성이 실현될 수 있다"고 주술을 걸어 만든 것이었다. 양자물리학을 기반으로 주술적인 사기를 약간 덧붙여서 완성시킨 이 아이스크림 기계는, 재미있게도 지금 내가 하고 있는 일대일 공연 작업의 출발점이 되었다.

사실 기계만으로 아이스크림을 만들고자 했던 생각의 시작은 여덟 살 무렵으로 거슬러 올라간다. 당시 마이크로소프트사에서 '윈도우 95'가 출시되었는데, 제품 소개 매뉴얼 가운데 하나로 '딸기와 초콜릿 아이스크림 만들기'가 있었다. 매뉴얼의 목적은 당연히 윈도우의 작동 체계를 익히도록 하는 것이었겠지만, 그날 이후로 나는 '정말 컴퓨터로 아이스크림을 만들 수 있을까?'라는 생각에 사로잡혔다. 양자 아이스크림 기계는 그 오래된 생각을 내 마음대로 실현시킨 첫 번째 시도였던 것이다.

나는 여전히 어릴 때의 상상을 바탕으로 매뉴얼을 구성하여 공연을 만들고 있다. 여러 종류의 약들이 빼곡하게 분류되어 있던 한의원의 서랍을 보고 반했던 기억에서 약국 놀이를 하는 어린아이의 처방전 이라는 공연을 만들었고, 고등학교 때 신문지로 실물 크기의 인형을 만들어 만우절 장난을 했던 일에서 신문지 인형 놀이를 하는 베이비 돌 스파 라는 공연을 만들고 있다.

언젠가, 진짜로, 3D 프린터가 정말로 탄생한 것만큼이나 신선하게, 머릿속의 생각과 계획과 매뉴얼로 만들어지는 아이스크림 기계가 나왔으면 좋겠다. 만약 그 기계의 탄생이 너무 늦어질 것 같으면, 조만간 내 방식대로 QUANTUM ICE CREAM FREEZER Ver 2.0.0 이라는 아이스크림 놀이 공연이라도 만들어야겠다. 그때는 바닐라맛 아이스크림도 잔뜩 숨겨놓을 테니 누구든지 와서 작동시킬 수 있도록.

흩어져 있는 감각들에 대한 논리를 만들어 편집하고 표현하고 놀이하는 이지현

001 - 010

001 추론, 전제, 결론

다음은 여러 문장의 모임이다.

> 만일 허난설헌이 아이를 낳았다면 허난설헌은 여자다.
> 허난설헌은 아이를 낳았다.
> 따라서 허난설헌은 여자다.

문장들의 이 모임은 '추론' 또는 '논증'의 한 보기다. 우리는 무엇이 추론이고 무엇이 추론이 아닌지 조금씩 배우려 한다. 추론 또는 논증을 연구하는 학문을 "논리학"이라 한다. 논리학은 우리가 이 책에서 주로 배울 학문이다.

문장들의 모임이 모두 추론이지는 않다. 문장들의 한 모임을 보고 이것이 추론임을 쉽게 알아보는 길은 거기에 낱말 "따라서"가 있는지 없는지를 보는 것이다. 문장들의 모임에 "따라서"가 있다면 그 모임은 추론이다. 이런 까닭으로 "따라서"를 "추론 표시어" 또는 "이끌기 보람말"이라 한다. 물론 문장의 모임에 낱말 "따라서"가 있더라도 그 추론은 좋은 추론이 못 되고 나쁜 추론일 수 있다.

"따라서"는 그 앞의 문장들과 그 뒤의 문장을 관계짓는다. 이 관계를 "논리 관계" 또는 "말길 맺음"이라 한다. 추론을 탐구하는 학문으로서 논리학은 문장들 사이의 논리 관계를 탐구한다. 우리는 "따라서"를 기준으로 앞에 나오는 문장들과 뒤이어 나오는 문장을 나눌 수 있다.

> 만일 허난설헌이 아이를 낳았다면 허난설헌은 여자다.
> 허난설헌은 아이를 낳았다.
> ———————————————————
> 따라서 허난설헌은 여자다.

이 추론은 "따라서" 앞에 나오는 두 문장으로부터 "따라서" 뒤에 나오는 문장이 따라 나온다고 주장한다. "따라서" 뒤에 나오는 한 문장을 이 추론의 "결론" 또는 "따름말"이라 한다. "따라서" 앞에 나오는 두 문장은 추론의 결론을 받쳐준다. 이 두 문장을 이 추론의 "전제" 또는 "받침말"이라 한다. 한 추론에서 전제는 결론을 뒷받침하고 결론은 전제들로부터 따라 나온다. 이처럼 추론은 전제와 결론으로 이루어졌다. 물론 추론을 말하거나 쓰는 이들은 전제를 숨길 수 있고 결론을 숨길 수도 있다. 하지만 한 추론에는 전제와 결론이 모두 있어야 한다. 하나의 추론에서 전제는 여럿일 수 있지만 결론은 하나여야 한다.

말나눔

온과 밀이 다음 문장들의 모임을 놓고 이야기를 나눈다.

> 만일 허난설헌이 아이를 낳았다면 허난설헌은 여자다.
> 허난설헌은 아이를 낳았다.
> 따라서 허난설헌은 여자다.

온: 이 문장들의 모임은 추론이니?

밀: 응. 이 문장들의 모임은 추론이야.

온: 왜 그렇게 생각하지?

밀: 낱말 "따라서"가 있기 때문이지. 이 낱말은 문장들의 이 모임이 추론임을 알려줘. 우리가 아직 추론을 그다지 많이 배우지 못했지만 낱말 "따라서" 때문에 이것이 추론임을 쉽게 가릴 수 있어.

온: 이것이 추론이면 당연히 전제와 결론이 있겠구나. 추론은 전제들과 결론의 모임이니까. 그렇다면 이 추론의 결론은 무엇이지?

밀: "따라서" 뒤에 나오는 "허난설헌은 여자다"가 이 추론의 결론이야.

온: 이 추론의 전제들은 나머지 문장이겠구나. 전제들은 모두 몇 개지?

밀: 2개야. "따라서" 앞에 나오는 두 개의 문장이 이 추론의 전제들이야. 첫째 전제는 "만일 허난설헌이 아이를 낳았다면 허난설헌은 여자다"고 둘째 전제는 "허난설헌은 아이를 낳았다"야.

가. 다음 추론의 결론과 전제를 찾으라.

> **본보기**
>
> 철수는 착하다. 순이는 씩씩하다. 따라서 철수는 착하고 순이는 씩씩하다.
>
> 첫째 전제: 철수는 착하다.
> 둘째 전제: 순이는 씩씩하다.
> 결론: 철수는 착하고 순이는 씩씩하다.

01. 철수는 매일 아침 고등학교에 들어간다. 따라서 철수는 고등학생이다.

전제:
결론:

02. 신데렐라는 일을 열심히 한다. 신데렐라는 운이 좋은 사람이다. 따라서 신데렐라는 일을 열심히 하고 운이 좋다.

첫째 전제:
둘째 전제:
결론:

03. 나는 잘 생긴 사람보다 착한 사람을 좋아해. 영희는 잘 생겼어. 희영은 착해. 따라서 나는 영희보다 희영이 더 좋아.

첫째 전제:
둘째 전제:
셋째 전제:
결론:

04. 전자는 양성자보다 가볍거나 뉴트리노보다 가볍다. 전자가 뉴트리노보다 가볍다는 거짓이다. 만일 전자가 양성자보다 가볍다면 전자는 중성자보다 가볍다. 따라서 전자는 중성자보다 가볍다.

첫째 전제:
둘째 전제:
셋째 전제:
결론:

나. 다음 추론의 전제는 모두 몇 개인가? 전제에 밑줄을 치라.

01. 인표와 애라는 서로 사랑한다. 따라서 인표는 애라를 사랑한다.

02. 고래는 젖먹이짐승이다. 젖먹이짐승은 배꼽을 갖는다. 따라서 고래는 배꼽을 갖는다.

03. 나에게 몰래 편지를 보낸 사람은 나라거나 다라다. 나라는 편지를 결코 쓰지 않는 친구다. 따라서 다라가 나에게 몰래 편지를 보냈다.

04. 만일 우리 국민이 부패한 정치인을 좋아하면 부패한 정치인이 장차 대통령으로 선출된다. 우리 국민은 부패한 정치인을 좋아한다. 따라서 부패한 정치인이 장차 대통령으로 선출된다.

05. 모든 사람은 생각할 수 있다. 생각할 수 있는 이는 다른 생각할 수 있는 이와 자기 생각을 나눌 수 있다. 루치와 아치는 사람이다. 따라서 루치와 아치는 자신들의 생각을 서로 나눌 수 있다.

06. 국가 안보를 진심으로 중시하는 정부는 병역 비리와 방위 산업 비리를 엄히 처벌해야 한다. 하지만 현재의 정부는 병역 비리와 방위 산업 비리를 엄히 처벌하지 않는다. 따라서 현재의 정부는 국가 안보를 진심으로 중시하는 정부가 아니다.

07. 한국 시장에서 기업의 가격 담합 적발 건수가 는다는 말은 거짓이 아니다. 이것이 늘어난 것은 이제 소비자들이 가격 담합을 더욱 쉽게 확인할 수 있기 때문이다. 따라서 한국 시장에서 기업의 가격 담합 적발 건수가 늘고 있으며 이것이 늘어난 것은 소비자들이 가격 담합을 더욱 쉽게 확인할 수 있게 되었기 때문이다.

08. 조선의 조각보는 몬드리안의 작품과 비교되며 일상 속에서 사용되는 예술 작품이다. 조각보는 정형화되지 않은 구성미를 갖추었거나 일정한 색깔만을 써서 만들어야 한다. 조각보가 정형화되지 않은 구성미를 갖추었다면 조선의 조각보는 이것을 만든 조선 여인의 예술 감각을 잘 보여준다. 조각보가 일정한 색깔만을 써서 만들어야 한다는 거짓이다. 따라서 조선의 조각보는 일상 속에서 사용되는 예술 작품이며 이것을 만든 조선 여인의 예술 감각을 잘 보여준다.

002 참값

한 추론 안에는 전제와 결론이 반드시 있어야 한다. 추론은 문장들의 모임인데 그 문장들 가운데 하나는 결론이고 나머지는 전제다. 한 문장이 전제나 결론이 되려면 어느 정도 자격을 갖추어야 한다. 다음 문장 모임을 생각하겠다.

> 순이야 오늘 밥 먹었니? 어머니께서 차려 놓은 밥을 먹어라. 따라서 우리 함께 어머니께서 차려 놓은 밥을 먹자.

이 문장들의 모임 안에도 "따라서"가 있다. 이 때문에 이 모임은 하나의 추론처럼 보인다. 하지만 이 모임은 추론이 아니다. 전제처럼 보이는 앞의 두 문장은 전제일 수 없다. 또한 결론처럼 보이는 마지막 문장은 결론일 수 없다. 몇몇 예외를 빼고 의문문, 감탄문, 명령문, 청유문 등은 전제나 결론으로 쓰일 수 없다. 이들 문장을 전제나 결론으로 쓸 수 없는 까닭은 무엇인가? 그것은 이들 문장이 참 또는 거짓일 수 없기 때문이다.

참일 수 있는 문장 또는 거짓일 수 있는 문장을 "평서문" 또는 "베풂월"이라 한다. 한 문장을 전제나 결론으로 쓰려면 그 문장은 무엇보다 평서문이어야 한다. 한 평서문 "몇몇 남자는 아이를 낳는다"를 생각하고 우리가 사는 이 세계를 "우리 세계"라 하겠다. 아이를 낳는 남자가 우리 세계에 있다고 생각하는가? 이 경우 우리는 문장 "몇몇 남자는 아이를 낳는다"가 참이라 생각한다. 아이를 낳는 남자가 우리 세계에 없다고 생각하는가? 이 경우 우리는 문장 "몇몇 남자는 아이를 낳는다"가 거짓이라 생각한다.

한 문장이 주어지면 우리는 그 문장이 참인 세계를 생각할 수 있고 그 문장이 거짓인 세계도 생각할 수 있다. 문장 "나는 말한다"를 짧게 A라 쓰겠다. 내가 말하는 세계에 내가 산다고 생각하면 나는 문장 A가 참이라 생각한다. 내가 말하지 않는 세계에 내가 산다고 생각하면 나는 문장 A가 거짓이라 생각한다. 이제 생각할 수 있는 세계 또는 있을 수 있는 세계를 "가능 세계"라 하겠다. 한낱 생각 속에만 있는 세계든 실현된 세계든 이들 세계는 모두 가능 세계다. 따라서 실현된 세계들 가운데 하나인 우리 세계도 가능 세계들 가운데 하나다.

가능 세계들은 크게 문장 A가 참인 세계들과 문장 A가 거짓인 세계들로 나눌 수 있다. 이 세계들 무리를 각각 W_1과 W_2로 쓰겠는데 흔히 모임 W_1과 모임 W_2를 한 세계로 여기곤 한다.

세계	A
W_1	참
W_2	거짓

우리 세계가 W_1 가운데 하나면 문장 A는 우리 세계에서 참이다. 우리 세계가 W_2 가운데 하나면 문장 A는 우리 세계에서 거짓이다. 문장 A "나는 말한다"는 우리 세계에서 틀림없는 참말이다. 곧 문장 A는 우리 세계에서 참이다. 이를 보건대 우리 세계는 W_2가 아니라 W_1이다. 세계 W_1에서 문장 A는 우리에게 또렷한 뜻을 갖는다.

우리는 한 가능 세계에서는 문장 A에 '참'을 매기고 다른 가능 세계에서는 문장 A에 '거짓'을 매긴다. 여기서 '참'과 '거짓'을 문장의 "참값" 또는 "진릿값"이라 한다. 이처럼 한 문장은 가능 세계에 따라 참값을 갖는다. 우리가 가능 세계들의 두 가지 모임을 떠올릴 수 있는 까닭은 문장이 가질 수 있는 참값이 둘이기 때문이다. 이제 우리는 우리 말과 생각이 따라야 하는 "바탕 말길"을 처음 내고 이 길을 따라 차근차근 논리학을 세우겠다.

첫째 바탕 말길: 뜻을 가진 문장의 참값은 '참'과 '거짓' 가운데 하나다.

'참'과 '거짓'은 표현과 표현 아닌 것을 가리는 '가름'이며 '갈피'다. '참'과 '거짓'은 '첫말'이며 '으뜸 개념'이다. '참'과 '거짓'을 다른 낱말들로 바꿀 수 없고 풀어 쓸 수도 없다. 믿고 생각하고 말하는 이는 '참'과 '거짓'의 뜻을 이미 안다.

가. 다음 표현들이 전제나 결론으로 쓰일 수 있다면 "있"을 쓰고 없다면 "없"을 쓰라.

> 본보기
>
> 철수는 착하고 순이는 씩씩할까?
>
> 답: 없
>
> 풀이: 의문문은 전제나 결론으로 쓰일 수 없다. 참이거나 거짓일 수 없는 문장이나 표현은 추론의 전제나 결론으로 쓰일 수 없다.

01. 어머니의 사랑

02. 얼음은 뜨겁다.

03. 배우 이연희는 배우 김태희보다 더 예쁘다.

04. 저녁노을이 어쩜 이렇게 아름다울 수 있을까!

05. 아이가 태어날 때 참과 거짓의 개념을 갖고 태어날까?

06. 나는 하느님이 있는지 없는지 모르겠다.

07. "소금은 달다"는 참이다.

08. "눈이 희다"는 거짓이다.

09. "'소금은 달다'는 참이다"는 거짓이다.

10. 이토록 날씨가 좋은 봄날에는 뒷산에 소풍 가자.

나. 다음 표현들 또는 문장들의 모임이 추론일 수 없는 까닭은 무엇인가?

01. 너가 홍설이면 너는 유경 선배가 좋아 백인호가 좋아? 거칠고 불같은 성격을 지녔지만 사실은 매우 따뜻한 백인호가 좋다고? 따라서 나라면 차갑지만 예의 바른 유경 선배를 더 좋아할 것 같아.

02. 물과 불. 냉정과 열정. 따라서 우정과 사랑.

다. 우리 세계에서 다음 문장의 참값은 무엇인가?

01. 1 + 2 = 3.

02. 홀수와 홀수를 곱하면 홀수다.

03. 영하 100도는 영상 10도보다 더 뜨겁다.

04. 해는 달 주위를 돈다.

05. 충무공 이순신은 날개를 가졌다.

06. 세종 임금은 한글을 만들었다.

07. 지금 이 문장을 읽은 사람은 아무도 없다.

08. 만일 내가 하늘의 별을 본다면 그 별의 실제 크기는 내 눈보다 작다.

라. 참값, 가능 세계, 이 둘 사이 관계를 올바로 이해한 문장은 "올"을 쓰고 그렇지 못한 문장은 "못"을 쓰라.

01. "비트코인 가격이 언젠가 0으로 수렴한다"가 우리 세계에서 참이면 우리 세계에서 이 문장의 참값은 참이다.

02. 우리 세계에서 "힉스 알갱이는 다른 모든 알갱이에 질량을 준다"의 참값이 거짓이더라도 우리 세계에서 이 문장은 참이다.

03. "하느님이 있다"의 참값이 참인 가능 세계에서 이 문장은 거짓이다.

04. "나는 말한다"의 참값이 참인 가능 세계는 하나밖에 없다.

05. "나는 죽지 않는다"의 참값이 거짓인 가능 세계는 하나밖에 없다.

06. 우리 세계에서 "마음은 물리 사물의 움직임을 바꿀 만한 힘을 갖는다"의 참값이 '거짓'이면 다른 모든 가능 세계에서 이 문장의 참값은 '참'이다.

07. "하느님은 있거나 없다"가 거짓인 가능 세계가 있다.

08. 한 문장이 거짓인 가능 세계가 있다면 그 문장이 참인 가능 세계도 있다.

09. 우리 세계에서 "고려민주공화국이 서기 2050년 안에 건국된다"의 참값이 '참'이면 이 문장이 거짓인 가능 세계는 없다.

003 참이다

우리는 평서문 "눈은 희다"에 "는 참이다"를 붙여 "'눈은 희다'는 참이다"를 얻는다. "'눈은 희다'는 참이다"는 "눈은 희다"와 다른 문장이며 새 문장이다. 문장 "눈은 희다"를 짧게 문장 A로 쓴다. 문장 A의 참값과 문장 "A는 참이다"의 참값을 모눈에 함께 그려 둘의 참값을 견주겠다. 먼저 가능 세계들을 문장 A가 참인 세계 W_1과 문장 A가 거짓인 세계 W_2로 나눈다.

세계	A	A는 참이다.
W_1	참	?
W_2	거짓	?

가능 세계 W_1에서 문장 "눈은 희다"는 참인데 이 세계에서 문장 "'눈은 희다'는 참이다"도 참이다. 가능 세계 W_2에서 문장 "눈은 희다"는 거짓인데 이 세계에서 문장 "'눈은 희다'는 참이다"도 거짓이다.

세계	A	A는 참이다.
W_1	참	참
W_2	거짓	거짓

생각할 수 있는 세계들에서 한 문장의 참값을 매긴 모눈을 그 문장의 "참값모눈" 또는 "진리표"라 한다. 모든 가능 세계에서 문장 A의 참값과 문장 "A는 참이다"의 참값은 같다. 이 경우 두 문장의 "참값모눈이 같다"고 한다.

아무 문장 X와 문장 "X는 참이다"의 참값모눈도 같으리라 생각된다.

세계	X	X는 참이다.
W_1	참	참
W_2	거짓	거짓

이 그림은 이른바 '참이다의 참값모눈' 또는 '참이다의 진리표'다. 이 그림을 다른 바탕 믿음을 써서 증명할 길은 없다. 우리는 이 그림을 오히려 바탕 말길로 받아들인다.

참이다의 참값모눈에 따르면 "는 참이다"는 문장 X의 참값을 바꾸지 않는다. 우리는 다음 정의를 받아들인다.

"뜻이 같다"는 "참값모눈이 같다"다.

문장 "눈은 희다"와 문장 "'눈은 희다'는 참이다"는 참값모눈이 같다. "뜻이 같다"의 정의에 따르면 문장 "'눈은 희다'는 참이다"는 문장 "눈은 희다"와 뜻이 같다. 이제 '참이다의 참값모눈'은 다음처럼 표현할 수 있다.

둘째 바탕 말길: "X는 참이다"는 X를 뜻한다. 곧 X는 참이다. ≡ X

여기서 세겹줄 꼴 "≡"은 "뜻이 같다", "같은 뜻이다", "같은 말이다"를 뜻한다. 따라서 한 문장이 참이라 말하는 것은 그 문장을 그냥 말하는 것과 같다.

말나눔

수와 민은 다음 이야기를 나눈다.

첫째 말나눔

수: 나는 키가 3미터인 사람을 보았어.

민: 참말이니?

수: 응. "나는 키가 3미터인 사람을 보았어"는 참이야.

둘째 말나눔

수: 나는 키가 3미터인 사람을 보았어.

민: 참말이니?

수: 응. 나는 키가 3미터인 사람을 보았어.

첫째 말나눔에서 수의 "'나는 키가 3미터인 사람을 보았어'는 참이야"와 둘째 말나눔에서 수의 "나는 키가 3미터인 사람을 보았어"가 다른 뜻이라 볼 까닭은 없다.

가. 다음 모눈의 빈 칸에 "참" 또는 "거짓"을 써 넣으라.

01.

세계	소금은 달다.	'소금은 달다'는 참이다.
W_1	참	
W_2	거짓	

02.

세계	얼음은 차다.	'얼음은 차다'는 참이다.
W_1	거짓	
W_2	참	

03.

세계	시간은 흐르지 않는다.	'시간은 흐르지 않는다'는 참이다.
W_1	참	
W_2	거짓	

04.

세계	나는 착하다.	나는 착하다'는 참이다.
W_1		거짓
W_2		참

05.

'눈은 희다'는 거짓이다.	"'눈은 희다'는 거짓이다"는 참이다.
참	
거짓	

06.

마음은 있다	'마음은 있다'는 참이다.	"'마음은 있다'는 참이다"는 참이다.
참		
거짓		

나. 다음 표현들 또는 문장들이 뜻이 같으면 "같"을 쓰고 뜻이 다르면 "다"를 쓰라.

> 본보기
>
> ㄱ. 눈은 검다. ㄴ. "눈이 검다"는 참이다.
>
> 답: 같

01. ㄱ. "눈은 차다"는 참이다.
    ㄴ. 눈은 차다.
02. ㄱ. "소금은 달다"는 참이다.
    ㄴ. 소금은 짜다.
03. ㄱ. 류관순은 여자다.
    ㄴ. "류관순은 남자다"는 참이다.
04. ㄱ. 얼음은 10도씨에서 녹기 시작한다.
    ㄴ. "'얼음은 10도씨에서 녹기 시작한다'는 참이다"는 참이다.
05. ㄱ. "'"설탕은 빨갛다'는 참이다'는 참이다"는 참이다.
    ㄴ. "설탕은 빨갛다"는 참이다.
06. ㄱ. "우리 조용히 하자"는 참이다.
    ㄴ. 우리 조용히 하자.
07. ㄱ. "너는 어쩜 그렇게 똑똑할 수 있니!"는 참이다.
    ㄴ. 너는 어쩜 그렇게 똑똑할 수 있니!
08. ㄱ. "설리"는 참이다.
    ㄴ. 설리
09. ㄱ. 그가 어제 너에게 한 말은 참이다.
    ㄴ. 그가 어제 너에게 한 말
10. ㄱ. "내가 순이에게 '너는 세상에서 가장 똑똑한 여자다'라 말했다"는 참이다.
    ㄴ. 순이는 이 세상에서 가장 똑똑한 여자다.

004 거짓이다

우리 세계는 우리가 믿는 대로 움직이지 않는다. 우리 믿음과 세계 사이의 이틈을 나타내려고 우리는 낱말 "거짓이다"를 쓴다. 우리 세계에서 "소금은 짜다"는 참이다. 여기에 "는 거짓이다"를 붙이면 새 문장 "'소금은 짜다'는 거짓이다"가 만들어진다. 이 문장은 우리 세계에서 거짓이다. 우리 세계에서 "소금은 달다"는 거짓이다. 여기에 "는 거짓이다"를 붙이면 새 문장 "'소금은 달다'는 거짓이다"가 만들어진다. 이 문장은 우리 세계에서 참이다. 이처럼 "거짓이다"는 참인 문장을 거짓 문장으로 바꾸고 거짓 문장을 참인 문장으로 바꾼다.

문장 "소금은 짜다"를 짧게 A라 쓰겠다. 가능 세계를 A가 참인 세계와 거짓인 세계로 나누어 다음처럼 "A는 거짓이다"의 참값모눈을 만든다. "A는 거짓이다"를 "A의 부정문"이라 한다.

세계	A	A는 거짓이다.
W_1	참	거짓
W_2	거짓	참

문장 A가 참인 가능 세계 W_1에서 문장 "A는 거짓이다"는 거짓이다. 문장 A가 거짓인 가능 세계 W_2에서 문장 "A는 거짓이다"는 참이다. 이는 우리 세계가 W_1이냐 W_2냐에 따라 달라지지 않는다. 이는 우리가 따질 문장이 A냐 B냐에 따라 달라지지 않는다.

뜻을 가진 문장 X을 두고 "X는 거짓이다"의 참값모눈을 비슷하게 그릴 수 있다. 이 그림을 "거짓이다의 참값모눈" 또는 "부정의 진리표"라 한다.

세계	X	X는 거짓이다.
W_1	참	거짓
W_2	거짓	참

이 그림도 다른 바탕 믿음을 써서 증명할 길이 없다. 우리는 이 그림을 셋째 바탕 말길로 받아들인다. 참이다와 거짓이다의 참값모눈들은 개념들 '참'과 '거짓'과 '세계' 사이의 관계를 어렴풋이 그려준다. 거짓이다의 참값모눈은 X와 "X는 거짓이다"의 차이를 잘 드러낸다. "거짓이다"는 주어진 문장 X의 참값을 거꾸로 바꾼다. "거짓이다"는 참을 거짓으로 바꾸고 거짓을 참으로 바꾼다. 반면 "참이다"는 주어진 문장 X의 참값을 바꾸지 않는다.

우리는 "콩쥐는 착하다"를 믿을 때 "콩쥐는 있고 그는 착하다"를 믿는다. 마찬가지로 우리는 "콩쥐는 안 착하다"를 믿을 때 "콩쥐는 있고 그는 안 착하다"를 믿는다. 한편 우리가 "'콩쥐는 착하다'는 거짓이다"를 믿을 때 "'콩쥐는 있고 그는 착하다'는 거짓이다"를 믿는다. 나중에 드러나겠지만 "콩쥐는 안 착하다"와 "'콩쥐는 착하다'는 거짓이다"는 뜻이 조금 다르다. 이는 "안" "아니" "않" "아니다"가 "거짓이다"와 뜻이 조금 다름을 뜻한다. 하지만 이야기를 쉽게 하려고 이것들을 "거짓이다"와 비슷한 뜻으로 많이들 쓴다.

"거짓이다는 거짓이다"를 "이중부정" 또는 "두 번 거짓이다"라 한다. 이를 "거짓이 아니다", "아니다는 거짓이다", "아닌 것이 아니다" 따위로 다르게 쓴다. "거짓이다는 거짓이다"의 참값모눈은 아래와 같다.

세계	X	X는 거짓이다.	X는 거짓이다는 거짓이다.
W_1	참	거짓	참
W_2	거짓	참	거짓

생각할 수 있는 모든 세계에서 X와 "X가 거짓이다는 거짓이다"는 참값이 같다. 이처럼 둘은 참값모눈이 같으며 뜻이 같다. 마침내 우리는 다음을 얻는다.

"X는 거짓이다"는 거짓이다.
≡ X는 거짓이 아니다.
≡ X가 아닌 것이 아니다.
≡ X

"'소금은 짜다'가 거짓이다는 거짓이다"는 "소금은 짜다"를 뜻한다.

가. 다음 모눈의 빈 칸에 "참" 또는 "거짓"을 써 넣으라.

01.

마음은 있다.	'마음은 있다'는 거짓이다.	'마음은 있다'가 거짓이다는 참이다.
참		
거짓		

02.

우주에 끝이 있다.	'우주에 끝이 있다'는 거짓이다.	'우주에 끝이 있다'가 참이다는 거짓이다.
참		
거짓		

03.

우주에 끝이 없다.	'우주에 끝이 없다'는 거짓이다.	'우주에 끝이 없다'가 거짓이다는 거짓이다.
참		
거짓		

나. 다음 두 문장이 뜻이 같으면 "같"을 쓰고 뜻이 다르면 "다"를 쓰라.

> 본보기
>
> ㄱ. 우리나라는 민주공화국이 아니다.
> ㄴ. 우리나라가 민주공화국이라는 말은 거짓이다.
>
> 답: 같
>
> 풀이: "아니다"는 "거짓이다"로 바꾸어 쓸 수 있다. 하지만 때때로 둘을 서로 바꾸어 쓸 수 없는 때가 있기에 "아니다"를 쓸 때 조심해야 한다. 이를 배우려면 제052절까지 기다려야 한다.

01. ㄱ. 우리나라가 민주공화국이라는 말은 거짓이다.
ㄴ. '우리나라는 민주공화국이 아니다'는 참이다.

02. ㄱ. 고래가 젖먹이짐승이다는 참이 아니다.
ㄴ. 고래가 젖먹이짐승이다는 거짓이다.

03. ㄱ. 수아가 똑똑하다는 말이 거짓이라는 말은 참이다.
ㄴ. 수아가 똑똑하다는 말이 참이라는 말은 거짓이다.

04. ㄱ. "이순신은 용감하다"가 거짓이라는 말은 거짓이다.
ㄴ. 이순신은 용감하다.

05. ㄱ. "바나나는 노랗다"가 참이라는 말은 거짓이다.
ㄴ. "바나나가 노랗다"는 거짓이다.

06. ㄱ. "시민은 누구나 정치 의견을 표현할 수 있다"가 거짓이다는 참이다.
ㄴ. 시민은 누구나 정치 의견을 표현할 수 있다.

07. ㄱ. 우파가 공기업의 사유화를 좋아한다는 말은 거짓이다.
ㄴ. 우파는 공기업의 사유화를 반대한다.

08. ㄱ. 아무도 효미가 훌륭한 연예인임을 믿지 않는다.
ㄴ. 효미는 훌륭한 연예인이 아니다.

09. ㄱ. 모든 사람이 지구는 둥글다고 믿는다.
ㄴ. 지구는 둥글다.

10. ㄱ. "화성에 물이 있다"가 거짓이라는 말은 참이다.
ㄴ. "화성에 물이 있다"가 참이라는 말은 거짓이다.

11. ㄱ. 영희가 한 "나는 너를 사랑한다"는 말은 거짓이다.
ㄴ. 영희는 나를 사랑하지 않는다.

12. ㄱ. 낙태는 태아를 죽이는 일로 정의된다.
ㄴ. 낙태는 태아를 죽이는 일이다.

13. ㄱ. "너가 했던 말은 모두 거짓이다"는 거짓이다.
ㄴ. 너가 했던 모든 말은 참이다.

14. ㄱ. 나는 내가 있음을 안다.
ㄴ. "나는 있다"는 참이다.

15. ㄱ. 하느님이 있다면 하느님은 있다.
ㄴ. 하느님이 있다는 참이다.

005 이고, 이거나, 이면

다음 세 문장 또는 글월을 생각하겠다.

ㄱ. 순이는 착하고 순이는 예쁘다.

ㄴ. 순이는 착하거나 순이는 예쁘다.

ㄷ. 순이가 착하다면 순이는 예쁘다.

이들 문장은 모두 다음 두 문장으로 이루어져 있다.

ㄹ. 순이는 착하다.

ㅁ. 순이는 예쁘다.

문장 ㄱ, ㄴ, ㄷ의 차이는 문장 ㄹ과 ㅁ을 잇는 낱말의 차이다.

문장 ㄱ은 문장 ㄹ과 ㅁ이 "이고"로 이어진 문장이다. 이런 문장을 "연언문" 또는 "이고문장"이라 한다. 문장 ㄱ에서 "이고" 앞에 있는 문장을 "이고 앞말"이라 하고, "이고" 뒤에 있는 문장을"이고 뒷말"이라 한다. 문장 ㄴ은 문장 ㄹ과 ㅁ이 "이거나"로 이어진 문장이다. 이런 문장을 "선언문" 또는 "이거나문장"이라 한다. 문장 ㄴ에서 "이거나" 앞에 있는 문장을 "이거나 앞말"이라 하고, "이거나" 뒤에 있는 문장을 "이거나 뒷말"이라 한다. 문장 ㄷ은 문장 ㄹ과 ㅁ이 "이면"으로 이어진 문장이다. 이런 문장을 "조건문" 또는 "이면문장"이라 한다. 문장 ㄷ에서 "이면" 앞에 있는 문장을 "전건" 또는 "이면 앞말"이라 하고, "이면" 뒤에 있는 문장을 "후건" 또는 "이면 뒷말"이라 한다.

이고문장, 이거나문장, 이면문장처럼 여러 문장으로 이루어진 문장을 "복합문" 또는 "겹문장"이라 한다. 겹문장이 아닌 문장은 '단순문' 또는 '홑문장'이다. "이고", "이거나", "이면"처럼 홑문장을 겹문장으로 만드는 낱말을

"문장 이음씨" 또는 "문장연결사"라 한다. 문장 이음씨는 여러 문장을 이어 새로운 문장을 만든다. 주어진 한 문장 또는 여러 문장을 바꾸어 새로운 한 문장을 만드는 장치를 "문장 바꾸개" 또는 "문장연산자"라 한다. "는 참이다"와 "는 거짓이다"도 문장 바꾸개다. 문장 "눈은 희다"에 "는 거짓이다"를 붙이면 새 문장 "눈은 희다는 거짓이다"가 만들어진다. "는 거짓이다"를 붙여 만든 새 문장을 원래 문장의 "부정문" 또는 "거짓이다문장"이라 한다.

문장 바꾸개는 크게 한 자리 문장 바꾸개와 여러 자리 문장 바꾸개로 나눌 수 있다. 한 자리 문장 바꾸개는 한 문장을 다른 한 문장으로 만든다. 두 자리 문장 바꾸개는 두 문장을 다른 한 문장으로 만든다. "이고", "이거나", "이면"은 두 자리 문장 바꾸개다. 세 자리 문장 바꾸개는 세 문장을 다른 한 문장으로 만든다. 문장 연결사 또는 문장 이음씨는 여러 자리 문장 바꾸개다. 자주 쓰는 문장 바꾸개를 아래에 모았다.

한 자리 문장 바꾸개	는 참이다	
	는 거짓이다	~
두 자리 문장 바꾸개 문장 이음씨	이고	&
	이거나	∨
	이면	→

"거짓이다"는 짧게 물결 꼴 "~"을 쓰고 "이고"는 꽈배기 꼴 "&"을 쓴다. "이거나"는 짧게 젓가락 꼴 "∨"을 쓰고 "이면"은 화살 꼴 "→"을 쓴다.

"이고" "이거나" "이면" 말고도 "일지라도", "하더라도", "때문에", "일 때만" 따위도 문장 이음씨다. "이며", "이면서", "인데", "일 뿐만 아니라", "또한", "이지만" 따위는 "이고"와 비슷한 일을 맡는다. "아니면", "이나", "또는", "혹은" 따위는 "이거나"와 비슷하고, "일 때"와 "인 경우"는 "이면"과 비슷하다. 논리 곧 말길은 생각과 말과 글이 따라야 할 길이다. 뜻에 맞게 말하는 이들은 이미 어느 정도 말길을 안다. 우리는 말길에 따라 문장을 바꾸고 문장들을 더해 새 문장을 만든다. "는 참이다"와 "는 거짓이다"의 말길은 이미 다루었고 "이고", "이거나", "이면"의 말길을 차근차근 다루겠다.

가. 다음 주어진 두 문장을 이어 이고문장, 이거나문장, 이면문장을 차례대로 만들라.

> 본보기
>
> ㄱ. 내가 사랑하는 사람은 착하다.
> ㄴ. 나를 사랑하는 사람은 착하다.
>
> 답: 내가 사랑하는 사람은 착하고 나를 사랑하는 사람은 착하다. 내가 사랑하는 사람은 착하거나 나를 사랑하는 사람은 착하다. 내가 사랑하는 사람이 착하다면 나를 사랑하는 사람은 착하다.

01. ㄱ. 물은 0도씨에서 언다.
ㄴ. 물은 100도씨에서 끓는다.

이고문장:

이거나문장:

이면문장:

02. ㄱ. 헤아릴 수 없이 긴 시간은 잠깐의 생각과 같다.
ㄴ. 잠깐의 생각은 헤아릴 수 없이 긴 시간이다.

이고문장:

이거나문장:

이면문장:

03. ㄱ. 파이를 분수로 나타낼 수 없다면 파이는 무리수다.
ㄴ. 파이를 분수로 나타낼 수 있다면 파이는 유리수다.

이고문장:

이거나문장:

이면문장:

나. 이고문장, 이거나문장, 이면문장을 아무거나 하나씩 쓰라.

이고문장:

이거나문장:

이면문장:

다. 다음 물음에 답하라.

01. "둥근 네모는 없다"의 거짓이다문장은 무엇인가?

02. "거짓이다"는 한 자리 문장 바꾸개인가 두 자리 문장 바꾸개인가?

03. 두 자리 문장 바꾸개에는 어떤 것들이 있는가?

04. "뿌리 깊은 나무는 꽃이 아름답고 열매가 많다"에서 이고 앞말은?

05. "뿌리 깊은 나무는 꽃이 아름답고 열매가 많다"에서 이고 뒷말은?

06. "샘이 깊은 물은 가뭄에 그치지 않거나 냇물이 되어 마침내 바다에 이릅니다"에서 이거나 뒷말은?

07. "너가 너의 생명 바쳐서 깃발 세워 전진한다면 나는 살아도 죽어서도 앞을 향해 전진한다"에서 이면 앞말과 이면 뒷말은?

08. "대한민국은 민주공화국이고 이 나라의 모든 권력은 국민으로부터 나온다"에서 이고 앞말과 이고 뒷말의 자리를 바꾸면 어떤 문장이 만들어지는가?

09. "양자역학 해석들 가운데 코펜하겐 해석이 옳거나 봄의 존재론 해석이 옳다"에서 이거나 앞말과 이거나 뒷말의 자리를 바꾸면 어떤 문장이 만들어지는가?

10. "대한민국이 민주공화국이면 이 나라의 권력은 국민으로부터 나온다"에서 이면 앞말과 이면 뒷말의 자리를 바꾸면 어떤 문장이 만들어지는가?

11. "는 참이다"는 무슨 일을 하는 문장 바꾸개인가?

12. "는 거짓이다"는 무슨 일을 하는 문장 바꾸개인가?

006 "이고"의 뜻

문장 이음씨 "이고"는 문장들을 이어 새로운 문장을 만든다. 두 문장 "세종은 한글을 만들었다"와 "이순신은 씩씩하다"의 참값을 생각하며 "세종은 한글을 만들었고 이순신은 씩씩하다"의 참값이 어떻게 될지를 생각하려 한다. "세종은 한글을 만들었다"를 짧게 A라 쓰고 "이순신은 씩씩하다"를 B라 쓰겠다. 이 경우 "세종은 한글을 만들었고 이순신은 씩씩하다"는 "A이고 B"다. 우리는 두 문장의 참값에 따라 가능 세계들을 네 가지로 나눌 수 있다. (i) 문장 A와 B가 둘 다 참인 세계, (ii) 문장 A는 참이고 문장 B는 거짓인 세계, (iii) 문장 A는 거짓이고 문장 B는 참인 세계, (iv), 문장 A와 B가 둘 다 거짓인 세계. 이들 네 가능 세계를 각각 W_1, W_2, W_3, W_4라 하겠다.

우리는 이들 세계에서 "A이고 B"의 참값을 따지려 한다.

세계	A	B	A이고 B
W_1	참	참	?
W_2	참	거짓	?
W_3	거짓	참	?
W_4	거짓	거짓	?

W_1에서 "세종은 한글을 만들었다"가 참이고 "이순신은 씩씩하다"가 참이니 이 세계에서 "세종은 한글을 만들었고 이순신은 씩씩하다"는 참이다. W_2에서 "이순신은 씩씩하다"가 거짓이니 이 세계에서 "세종은 한글을 만들었고 이순신은 씩씩하다"는 거짓이다. W_3에서 "세종은 한글을 만들었다"가 거짓이니 이 세계에서 "세종은 한글을 만들었고 이순신은 씩씩하다"는 거짓이다. W_4에서 "세종은 한글을 만들었다"와 "이순신은 씩씩하다"가 둘 다 거짓이니 이 세계에서 "세종은 한글을 만들었고 이순신은 씩씩하다"는 거짓이다. 결국 네 가지 가능 세계에서 "A이고 B"의 참값은 다음처럼 될 것 같다.

세계	A	B	A이고 B
W_1	참	참	참
W_2	참	거짓	거짓
W_3	거짓	참	거짓
W_4	거짓	거짓	거짓

우리가 네 가능 세계 가운데 어디에 살든 우리는 똑같은 참값모눈을 그릴 수밖에 없다.

우리가 따질 문장이 무엇이든 우리는 비슷한 참값모눈을 그릴 것이다. 두 문장 X와 Y를 "이고"로 이은 "X이고 Y"의 참값모눈은 다음과 같다.

세계	X	Y	X이고 Y
W_1	참	참	참
W_2	참	거짓	거짓
W_3	거짓	참	거짓
W_4	거짓	거짓	거짓

이 그림을 "이고의 참값모눈" 또는 "연언의 진리표"라 한다. 이 그림은 "이고"의 뜻을 잘 보여주기에 우리는 이 그림을 "이고의 정의"로 받아들인다. 이고의 참값모눈에는 "X이고 Y"의 뜻이 고스란히 담겼다. 이고 앞말과 이고 뒷말이 모두 참이면 그 이고문장은 참이다. 이고 앞말과 이고 뒷말 가운데 어느 하나가 거짓이면 그 이고문장은 거짓이다. 나아가 우리는 이고의 참값모눈을 써서 "Y이고 X"의 참값모눈을 그릴 수 있다.

세계	X	Y	Y이고 X
W_1	참	참	참
W_2	참	거짓	거짓
W_3	거짓	참	거짓
W_4	거짓	거짓	거짓

"X이고 Y"와 "Y이고 X"의 참값모눈은 같기에 두 문장은 뜻이 같다.

가. 다음 문장의 참값모눈을 그리라.

01.

세계	X	X이고 X
W_1	참	
W_2	거짓	

02.

세계	X	X는 거짓이다.	X이고, X는 거짓이다.
W_1	참		
W_2	거짓		

03.

세계	X	X는 거짓이다.	X는 거짓이고, X
W_1	참		
W_2	거짓		

04.

세계	X	Y	X는 거짓이고 Y는 거짓이다.
W_1	참	참	
W_2	참	거짓	
W_3	거짓	참	
W_4	거짓	거짓	

05.

세계	X	Y	Z	X이고 'Y이고 Z'
W_1	참	참	참	
W_2	참	참	거	
W_3	참	거	참	
W_4	참	거	거	
W_5	거	참	참	
W_6	거	참	거	
W_7	거	거	참	
W_8	거	거	거	

나. 우리 세계에서 문장 "정약용은 바르다", "정약용은 똑똑하다", "허난설헌은 바르다", "허난설헌은 똑똑하다"는 참이다. 아래 문장이 우리 세계에서 참이면 "참"을 쓰고 거짓이면 "거"를 쓰라.

> 본보기
>
> 정약용은 바르고 허난설헌은 똑똑하다.
>
> 답: 참

01. 정약용은 똑똑하고 똑똑하다.

02. 정약용은 똑똑하고 바르다.

03. 정약용은 바르지 않지만 똑똑하다.

04. 허난설헌은 똑똑하지 않고 정약용은 바르다.

다. 다음 두 문장이 서로 같은 뜻이면 "같"을 쓰고 다른 뜻이면 "다"를 쓰라.

> 본보기
>
> ㄱ. 정약용은 바르고 허난설헌은 똑똑하다.
>
> ㄴ. 허난설헌은 똑똑하고 정약용은 바르다.
>
> 답: 같

01. ㄱ. 파이는 유리수가 아니고 무리수다.
ㄴ. 파이는 무리수고 유리수가 아니다.

02. ㄱ. 신윤복은 남자가 아니고 여자다.
ㄴ. 신윤복은 여자가 아니고 남자다.

03. ㄱ. 착하고 똑똑한 사람은 성공할 확률이 높다.
ㄴ. 착한 사람은 성공할 확률이 높고 똑똑한 사람은 성공할 확률이 높다.

007 거짓이다 없애기

다음 추론 또는 이끌기를 생각한다.

> '리라가 여자라는 말은 거짓이다'는 거짓이다.
> 따라서 리라는 여자다.

이 추론의 전제는 하나다. 그것은 첫째 문장 "'리라가 여자라는 말은 거짓이다'는 거짓이다"다. 이 추론의 결론은 둘째 문장 "리라는 여자다"다. 우리는 이미 "X는 거짓이다는 거짓이다"가 X와 뜻이 같음을 배웠다. 따라서 우리는 전제로부터 결론을 넉넉히 이끌 수 있다.

우리는 위 추론의 전제가 참이지만 결론이 거짓인 세계를 생각할 수 없다. 다시 말해 전제를 참이라 생각하는 사람은 반드시 결론도 참이라 생각한다. 전제가 참이면 반드시 결론도 참이다. 위 추론처럼 전제들은 모두 참이고 결론은 거짓인 상황을 생각할 수 없는 추론을 "타당한 추론" 또는 "마땅한 추론"이라 한다. 아무 문장 X에 대해 다음 추론은 마땅하다.

> 1. 'X는 거짓이다'는 거짓이다.
> 따라서 X

여기서 번호 '1'은 전제들의 개수 또는 순서를 나타내려고 달아 놓은 것이다. X 자리에 무슨 문장이 들어오든 위 추론은 마땅하다. 이와 같은 꼴을 갖춘 추론은 무엇이든 마땅하다. 이와 같은 꼴의 추론을 "거짓이다 없애기" 또는 "이중부정 논법"이라 한다. '거짓이다 없애기'는 전제에 있는 "거짓이다는 거짓이다"를 없앰으로써 결론을 이끄는 추론이다. "거짓이다"를 물결 꼴 "~"을 써서 거짓이다 없애기를 짧게 나타낼 수 있다.

1. ~~X

∴ X

여기서 "∴"는 "따라서"를 뜻한다.

추론의 형식으로서 '거짓이다 없애기'는 여러 가지 추론에 적용할 수 있다. 추론에 쓰이는 규칙을 "추론규칙" 또는 "이끌기 틀"이라 한다. 우리는 앞으로 8개의 추론규칙을 배울 텐데 거짓이다 없애기는 이 8개 가운데 하나다.

문장 바꾸개	넣기	없애기
이고	틀1. 이고 넣기	틀2. 이고 없애기
이거나	틀3. 이거나 넣기	틀4. 이거나 없애기
이면	틀5. 이면 넣기	틀6. 이면 없애기
거짓이다	틀7. 거짓이다 넣기	틀8. 거짓이다 없애기

이 8개의 규칙을 "기본 추론규칙" 또는 "으뜸 이끌기 틀"이라 부르겠다. 기본 추론규칙은 모든 마땅한 추론의 본이다. 거의 모든 마땅한 추론은 이 8개의 기본 추론규칙에 바탕을 둔다. 우리는 기본 추론규칙이 마땅함을 그냥 받아들인다. 기본 추론규칙은 말하자면 '논리학의 공리'다. 우리는 기본 추론규칙이 마땅함을 증명할 수 없다. 오히려 기본 추론규칙은 증명 과정 자체를 정의한다.

8개의 기본 추론규칙은 구구단과 비슷하다. 우리가 기본 추론규칙을 마음속에 새겨놓으면 아무리 어려운 추론도 그것이 마땅한지 못마땅한지 쉽게 가려낼 수 있다. 기본 추론규칙을 쉬운 규칙부터 어려운 규칙까지 줄 세우면 다음과 같다. 우리는 이 순서대로 추론규칙을 배울 테다.

매우 쉬운 규칙	거짓이다 없애기, 이고 넣기, 이고 없애기
쉬운 규칙	이거나 넣기
조금 쉬운 규칙	이거나 없애기, 이면 없애기
조금 어려운 규칙	거짓이다 넣기, 이면 넣기

가. 여덟 가지 기본 추론규칙을 모두 적으라.

틀1: 틀2:

틀3: 틀4:

틀5: 틀6:

틀7: 틀8:

나. 다음 추론에는 어떤 기본 추론규칙이 담겼는가?

화성에 물이 있다는 주장이 거짓이라는 말은 거짓이다. 따라서 화성에는 물이 있다.

다. 다음 추론이 거짓이다 없애기를 바르게 쓴 추론이면 "바"를 쓰고 그렇지 않으면 "못"을 쓰라.

> 본보기
>
> 혜강이 서학을 공부한 적이 있다는 말이 거짓이라는 말은 거짓이다. 따라서 혜강은 서학을 공부한 적이 있다.
>
> 답: 바

01. 모든 권력이 국민으로부터 나온다가 거짓이라는 말은 거짓이다. 따라서 모든 권력은 국민으로부터 나온다.

02. 2의 제곱근은 분수로 나타낼 수 없다는 말은 거짓이다. 따라서 2의 제곱근은 분수로 나타낼 수 없다.

03. 모든 사람은 착하지 않다는 말은 거짓이다. 따라서 모든 사람은 착하다.

04. 공간이 하느님의 감각 기관이라는 뉴턴의 주장은 참이 아니다. 따라서

공간이 하느님의 감각 기관이라는 뉴턴의 주장은 거짓이다.

05. '해양 쓰레기의 대부분이 플라스틱이면 이는 향후 해양 생태 환경에 파괴력이 가장 큰 위험 요인이다'는 주장이 거짓이라는 것은 거짓이다. 따라서 플라스틱은 해양 쓰레기의 대부분을 차지하고 이는 향후 해양 생태 환경에 파괴력이 가장 큰 위험 요인이다.

06. '스피노자는 자연 자체가 생각한다고 주장했고 라이프니츠는 사물들이 영혼으로 이루어졌다고 주장했다'는 사실은 근거가 없지 않다. 따라서 스피노자는 자연 자체가 생각한다고 주장했고 라이프니츠는 사물들이 영혼으로 이루어졌다고 주장했다.

라. 다음 추론이 마땅한 추론이 되도록 "따라서" 뒤에 알맞은 결론을 채우라.

> **본보기**
>
> 설헌이 똑똑하다는 말이 거짓이라는 말은 거짓이다. 따라서
>
> 답: 설헌은 똑똑하다.

01. 나의 논리학 수강은 잘한 일이라는 말이 거짓이라는 말은 거짓이다. 따라서

02. 지동설이 거짓이라는 말은 거짓이다. 따라서

03. 샛별은 금성이 아니라는 말은 거짓이다. 따라서

04. 다산이 천주교를 믿은 적이 있지 않다는 말은 거짓이다. 따라서

05. '인류 최초의 도구는 돌도끼고 이것은 손의 확장이다'는 주장이 거짓이라는 말은 거짓이다. 따라서

06. '각 개인이 정치에 참여하지 않은 채 자기 삶의 안정에만 매몰된다면 그 개인들은 장차 나쁜 정치인의 통치를 받는다'는 주장이 거짓이라는 말은 거짓이다. 따라서

008 이고 넣기

다음 추론 또는 이끌기를 생각한다.

1. 가비는 착하다.
2. 나비는 씩씩하다.
따라서 가비는 착하고 나비는 씩씩하다.

처음 두 문장은 이 추론의 전제다. 전제1과 전제2를 참이라 여기는 사람은 누구나 결론 "가비는 착하고 나비는 씩씩하다"도 참이라 생각한다. 달리 말해 전제1과 전제2가 참이고 결론이 거짓인 세계를 생각할 수 없다. 이것은 이 추론이 마땅함을 뜻한다.

"가비는 착하다"와 "나비는 씩씩하다"로부터 "가비는 착하고 나비는 씩씩하다"를 마땅하게 이끌 수 있다. 마찬가지로 X와 Y로부터 "X이고 Y"를 마땅하게 이끌 수 있다. 곧 아래 추론은 언제나 마땅하다.

1. X
2. Y
따라서 X이고 Y

전제1과 전제2 사이에 "이고"를 넣어 결론을 얻었다. 전제1을 결론의 이고 앞말로 삼고 전제2를 결론의 이고 뒷말로 삼았다. 이처럼 결론에 "이고"를 새로 넣는 추론규칙을 "이고 넣기" 또는 "연언논법"이라 한다. 이고 넣기는 두 전제를 "이고"로 이어 결론으로 삼는 추론규칙이다. "이고"를 꽈배기 꼴 "&"로 바꾸면 이고 넣기를 다음처럼 나타낼 수 있다.

1. X
2. Y
∴ X&Y

여기서 “∴”는 “따라서”를 나타내는 말꼴이고 X와 Y는 문장 또는 문장 표현이다. “문장 표현”은 그 표현을 따로 떼놓으면 하나의 문장으로 쓸 수 있는 표현을 가리킨다.

'이고 넣기'에서 1과 2의 순서는 중요하지 않다. 다음 추론도 마땅하다.

1. Y
2. X
따라서 X이고 Y

마찬가지로 아래 추론도 마땅하다.

1. X
2. Y
따라서 Y이고 X

앞으로 이 두 추론의 꼴도 '이고 넣기'로 여긴다.

“이고” 자리에 “이지만”을 넣어도 된다.

1. X
2. Y
따라서 X이지만 Y

보기를 들어 다음 추론은 마땅하다.

> 가비는 착하다. 나비는 씩씩하다. 따라서 가비는 착하지만 나비는 씩씩하다.

“이고”와 “이지만”의 차이는 이런 문장을 말하는 사람이 이고 앞말과 이고 뒷말의 관계를 어떻게 느끼느냐의 차이이다. 이밖에 “이고”와 비슷한 일을 하는 낱말로는 “이며” “일 뿐만 아니라” “인데” “이면서” “또한” 따위가 있다. 우리는 이들 낱말을 “이고”와 바꾸어 쓸 수 있다고 가정한다. 다만 “ㄱ이면서 ㄴ”이 “ㄱ이 일어나는 동안 ㄴ”을 뜻한다면 이는 “이고”와 뜻이 다르다.

가. 다음 추론에는 무슨 기본 추론규칙이 담겼는가?

금성에는 물이 없다. 화성에는 물이 없다. 따라서 금성에는 물이 없고 화성에도 물이 없다.

나. 다음 추론이 이고 넣기를 바르게 쓴 추론이면 “바”를 쓰고 그렇지 않으면 “못”을 쓰라.

01. 2의 제곱근은 분수로 나타낼 수 없다. 파이는 분수로 나타낼 수 없다. 따라서 파이는 분수로 나타낼 수 없고 2의 제곱근도 분수로 나타낼 수 없다.

02. 기술이 진보해야 할 방향은 단순히 기능이 좋아지는 것이 아니다. 기술이 진보해야 할 방향은 인간 행복을 증진시키는 것이다. 따라서 기술이 진보해야 할 방향은 단순히 기능이 좋아지는 것이 아니라 인간 행복을 증진시키는 것이다.

03. 사랑을 고갈될 자원으로 생각하는 사람은 시간이 지나 설레지 않으면 사랑의 상대를 바꾼다. 사랑을 지속가능한 자원으로 생각하는 사람은 시간이 지나 설레지 않으면 대화를 통해 깊고 신뢰하는 관계를 만들어간다. 따라서 사랑을 고갈될 자원으로 생각하는 사람뿐만 아니라 사랑을 지속가능한 자원으로 생각하는 사람도 시간이 지나 설레지 않으면 사랑의 상대를 바꾼다.

04. 윤세리는 리정혁에게 꽃을 주었다. 리정혁은 윤세리에게 키스했다. 따라서 리정혁이 윤세리에게 키스하자 윤세리는 리정혁에게 꽃을 주었다.

05. 윤세리는 리정혁에게 꽃을 주었다. 리정혁은 윤세리에게 키스했다. 따라서 윤세리가 리정혁에게 꽃을 주자 리정혁은 윤세리에게 키스했다.

06. 드라마 욱씨남정기는 한국 사회의 남성 위주 접대문화와 갑질문화를 비판한다. 드라마 욱씨남정기는 실력만으로 성과를 이룬 동료 여성을 헐뜯고 깎아내리려는 남성의 시각을 비판한다. 따라서 드라마 욱씨남정기는 한국 사회의 남성 위주 접대문화와 갑질문화를 비판할 뿐만 아니라 실력만으로 성과를 이룬 동료 여성을 헐뜯고 깎아내리려는 남성의 시각을 비판한다.

다. 다음 추론이 마땅한 추론이 되도록 "따라서" 뒤에 알맞은 문장을 채우라. "따라서" 다음에 올 문장은 주어진 전제들 모두를 써서 이끌 수 있는 결론이어야 한다.

01. 인사제도를 개혁해야 인적 자본을 잘 관리할 수 있다. 행정 시스템을 효율성이 있도록 바꿔야 조직이 합리성에 따라 움직인다. 따라서

02. 장기려는 훌륭한 의사다. 장기려는 우리나라 최초로 의료보험을 창설했다. 따라서

03. 인간의 뇌 영역 가운데 편도체는 두려움·불안·성행동 등을 결정짓는다. 남성의 뇌 편도체 피질핵 크기는 여성보다 크다. 따라서

04. 사람은 누구나 늙는다. 늙은 사람을 차별하는 에이지즘이 사회에 널리 퍼졌다. 따라서

05. 모든 국민은 법 앞에 평등하다. 누구든지 성별·종교 또는 사회 신분에 의하여 정치·경제·사회·문화 등 생활의 모든 영역에서 차별을 받지 아니한다. 따라서

라. 다음 빈칸에 전제를 채워 주어진 추론을 마땅하게 만들라.

01. 프톨레마이오스는 아폴로니우스의 주전원과 이심원을 받아들였다.

____

따라서 프톨레마이오스는 아폴로니우스의 주전원과 이심원을 받아들였으며 등각속도점을 처음으로 도입했다.

02. ____

화가의 창조 행위는 민족에 바탕을 둔다.
따라서 화가의 창조 행위는 민족에 바탕을 두며 또한 전승된 문화를 뜻하는 대지에 뿌리박는다.

009 이고 없애기

다음 추론 또는 이끌기를 생각한다.

1. 나나는 착하고 다다는 씩씩하다.
따라서 나나는 착하다.

첫째 문장은 이 추론의 전제다. 전제를 참이라 생각하는 사람은 누구나 "나나는 착하다"도 참이라 생각한다. 곧 전제가 참이고 결론이 거짓인 세계를 생각할 수 없다. 이것은 이 추론이 마땅함을 뜻한다. 다음 추론도 마땅하다.

1. 나나는 착하고 다다는 씩씩하다.
따라서 다다는 씩씩하다.

여기서도 전제를 참이라 생각하는 사람은 누구나 결론도 참이라 생각한다.

나아가 우리는 "X이고 Y"로부터 X를 마땅하게 이끌 수 있다. 곧 아래 추론은 언제나 마땅하다.

1. X이고 Y
따라서 X

이 추론은 전제의 이고 뒷말을 없애고 남은 이고 앞말을 결론으로 삼았다. 이 같은 추론을 "이고 뒷말 없애기"라 한다. 또한 우리는 "X이고 Y"로부터 Y를 마땅하게 이끌 수 있다. 곧 아래 추론은 언제나 마땅하다.

1. X이고 Y
따라서 Y

이 추론은 전제의 이고 앞말을 없애고 남은 이고 뒷말을 결론으로 삼았다. 이 같은 추론을 "이고 앞말 없애기"라 한다. '이고 앞말 없애기'와 '이고 뒷말 없애기'는 기본 추론규칙으로 여길 수 있다. 이 둘을 "이고 없애기" 또는 "단순화논법"이라 한다. "이고"를 꽈배기 꼴 "&"로 바꾸어 이고 뒷말 없애기와 이고 앞말 없애기는 각각 다음처럼 나타낼 수 있다.

1. X&Y	1. X&Y
∴ X	∴ Y

여기서 X와 Y는 문장 또는 문장 표현이다.

전제에 "이고"가 아니라 "이지만"이 있어도 우리는 비슷하게 결론을 이끌 수 있다. 보기를 들어 다음 추론은 마땅하다.

1. 나나는 착하지만 다다는 씩씩하다.
따라서 나나는 착하다.

아래 꼴을 가진 추론도 모두 마땅하며 이 추론규칙도 이고 없애기다.

1. X이지만 Y	1. X이지만 Y
따라서 X	따라서 Y

이밖에도 "이고"와 비슷한 일을 하는 낱말로 "이며" "일 뿐만 아니라" "인데" "이면서" 따위가 있다. "이고"가 문장에서 두 번 넘게 나올 때도 이고 없애기를 할 수 있다.

1. 나나는 착하며 다다는 씩씩한데 라라는 똑똑하다.
따라서 다다는 씩씩한데 라라는 똑똑하다.

결론이 "나나는 착하다"여도 괜찮고 "다다는 씩씩하다"여도 괜찮다. 또한 "라라는 똑똑하다"여도 좋고 "나나는 착하며 다다는 씩씩하다"도 좋다.

가. 다음 추론에는 무슨 기본 추론규칙이 담겼는가?

01. 금성에는 물이 없고 화성에는 물이 있다. 따라서 금성에는 물이 없다.

02. 파이는 무리수다. 자연상수는 무리수다. 따라서 자연상수와 파이는 무리수다.

03. 동물 진화 과정에서 감각 기관이 있는 쪽으로 신경이 모이고 양분을 빨아들이는 쪽으로 신경이 모였다. 따라서 동물 진화 과정에서 양분을 빨아들이는 쪽으로 신경이 모였다.

나. 다음 추론이 마땅한 추론이 되도록 "따라서" 뒤에 알맞은 문장을 채우라. "따라서" 다음에 올 문장은 주어진 전제들 모두를 써서 이끌 수 있는 결론이어야 한다.

> 본보기
>
> 대한민국의 주권은 국민에게 있고 모든 권력은 국민으로부터 나온다. 따라서
>
> 답: 대한민국의 주권은 국민에게 있다.
> 다른 답: 대한민국의 모든 권력은 국민으로부터 나온다.

01. 2의 제곱근과 파이는 분수로 나타낼 수 없다. 따라서

02. 올해 중반기에, 과도한 유동성으로 부동산 투기에 돈이 몰렸지만 시중의 대규모 유동자금이 기업 투자로 흘러가지는 않았다. 따라서

03. 어떤 전쟁도 전쟁이 일어나지 않은 상태보다는 나쁜데 우리는 평화의 소중함을 알아야 한다. 따라서

04. 코드는 토론되는 것이 아니라 규정되는 것이고, 잘못된 코드는 잘못된 만큼 더 강압적이며, 삶의 진실과 따로 노는 코드는 결코 자신을 반성하지 않는다. 따라서

05. 유리는 타인들에 대해 이야기하기를 좋아하지 않거나 자기 자신에 관해 말하기를 좋아하지만 리환은 둘 다 좋아한다. 따라서

다. 다음 추론이 이고 없애기를 바르게 쓴 추론이면 “바”를 쓰고 그렇지 않으면 “못”을 쓰라.

> 본보기
>
> 전자는 뉴트리노보다 무겁고 양성자보다 가볍다. 따라서 전자는 양성자보다 가볍다.
>
> 답: 바

01. 이상주의자는 현실을 자신에게 맞추기를 바란다. 현실주의자는 자신을 현실에 맞추기를 바란다. 따라서 현실주의자는 자신을 현실에 맞추기를 바라지만 이상주의자는 현실을 자신에게 맞추기를 바란다.

02. 보수언론에서는 유튜브 방송 ‘자유의 소리’를 사람들을 선동하는 사이비 방송으로 보고 진보언론에서는 기존 언론이 다루지 않는 정보를 다루는 대안 언론으로 본다. 따라서 진보언론에서는 유튜브 방송 ‘자유의 소리’를 기존 언론이 다루지 않는 정보를 다루는 대안 언론으로 본다.

03. 스피노자의 근본 통찰은 자연은 나눌 수 없으며, 원인이 없으며, 그 자체로 전체라는 것이다. 따라서 자연은 원인이 없으며 그 자체로 전체다.

04. 만일 한 대상이 변환된 뒤에도 똑같이 보인다면 그 변환은 대칭인데, 물리법칙은 장소 이동과 시간 흐름에 대해 대칭이어야 한다. 따라서 만일 한 대상이 변환된 뒤에도 똑같이 보인다면 그 변환은 대칭이다.

05. 만일 모델화가 지성에 의해 구상되고 의지와 행동을 통해 구상을 현실에 옮기는 전략 구도라 말할 수 있다면 서양의 효율성은 모델화로 특징지을 수 있다. 따라서 모델화는 의지와 행동을 통해 구상을 현실에 옮기는 전략 구도라 말할 수 있다.

06. 모든 열정은 그저 해롭기만 한 시기가 있고, 희생자들을 어리석음의 온갖 무게로 짓누르는 시기가 있으나, 나중에, 아주 늦게, 모든 열정이 정신과 결합하여, 영적 열매를 맺는 시기가 찾아온다. 따라서 나중에, 아주 늦게, 모든 열정이 정신과 결합하여, 영적 열매를 맺는 시기가 찾아온다.

010 차근차근 이끌기

다음 추론 또는 이끌기를 생각한다.

1. 바이러스가 생물이다는 거짓이다는 거짓이다.
2. 박테리아는 생물이다.
따라서 바이러스는 생물이고 박테리아는 생물이다.

이 추론은 두 개의 전제로 이루어졌다. 두 전제들을 참이라 여기는 사람은 누구나 결론도 참이라 여긴다. 곧 전제1과 전제2가 참이고 결론이 거짓인 세계를 생각할 수 없다. 이것은 이 추론이 마땅함을 뜻한다.

이를 어떻게 밝혀 보일 수 있을까? 먼저 첫째 전제 "바이러스가 생물이다는 거짓이다는 거짓이다"에서 거짓이다 없애기를 써서 "바이러스는 생물이다"를 이끌 수 있다. 이 문장에 번호 3을 붙인다. 그다음에 문장3과 문장2에 추론규칙 이고 넣기를 써서 "바이러스는 생물이고 박테리아는 생물이다"를 이끌 수 있다. 이를 가지런히 모으면 아래와 같다.

1. 바이러스가 생물이다는 거짓이다는 거짓이다.
2. 박테리아는 생물이다.
3. 1에서 거짓이다 없애, 바이러스는 생물이다.
4. 3과 2에 이고 넣어, 바이러스는 생물이고 박테리아는 생물이다.

문장3에서 "1에서 거짓이다 없애"는 "문장1에 기본 추론규칙 거짓이다 없애기를 적용하여"를 뜻한다. 문장4에서 "3과 2에 이고 넣어"는 "문장3과 문장2에 기본 추론규칙 이고 넣기를 적용하여"를 뜻한다.

이처럼 추론규칙을 써서 추론의 전제들로부터 결론이 어떻게 따라 나오는지를 하나하나 빈틈없이 밝혀 보이는 일을 "자연연역" 또는 "차근차근 이끌기"라 한다. 기본 추론규칙을 써서 차근차근 이끈 추론은 언제나 마땅하다. 앞에서 보인 차근차근 이끌기를 아래처럼 간추릴 수 있다.

1. 바이러스가 생물이다는 거짓이다는 거짓이다.
2. 박테리아는 생물이다. // 바이러스는 생물이고 박테리아는 생물이다.
3. 1에서 거짓이다 없애, 바이러스는 생물이다.
4. 3과 2에 이고 넣어, 바이러스는 생물이고 박테리아는 생물이다. "끝"

차근차근 이끌기를 하려면 먼저 전제들을 순서대로 쓴다. 마지막 전제 다음에 "따라서"를 뜻하는 "//"을 쓰고 그 뒤에 결론을 쓴다. 다만 "//" 다음에 오는 문장은 문장2의 일부가 아니다. 이렇게 쓴 다음 주어진 전제들로부터 한 번에 하나씩 기본 추론규칙을 적용하여 새로운 문장을 이끈다. 새로 얻은 문장에 새 번호를 매긴다. 이런 식으로 우리가 얻고자 하는 결론이 나올 때까지 추론을 이어간다. 마침내 결론에 이르면 차근차근 이끌기는 끝나고 마지막에 "끝"을 쓴다.

보기를 하나 더 들어 "희재는 매력 있고 재희는 멋지다. 수희는 예쁘고 희수는 착하다. 따라서 희수는 착하고 희재는 매력 있다"가 마땅함을 차근차근 밝혀 보이겠다.

1. 희재는 매력 있고 재희는 멋지다.
2. 수희는 예쁘고 희수는 착하다. // 희수는 착하고 희재는 매력 있다.
3. 2에서 이고 앞말 없애, 희수는 착하다.
4. 1에서 이고 뒷말 없애, 희재는 매력 있다.
5. 3과 4에 이고 넣어, 희수는 착하고 희재는 매력 있다. "끝"

여기서 "2에서 이고 앞말 없애"는 "문장2에 기본 추론규칙 이고 앞말 없애기를 적용하여"를 뜻한다.

가. 다음 추론의 전제로부터 결론을 차근차근 이끌라.

> 본보기
>
> 다산은 조선 후기에 활동한 실학자다. 다산이 유교 경전을 재해석하려 했다는 거짓이 아니며 그는 과격한 개혁에 반대했다. 따라서 다산은 조선 후기에 활동한 실학자고 그는 유교 경전을 재해석하려 했다.
>
> 1. 다산은 조선 후기에 활동한 실학자다.
> 2. 다산이 유교 경전을 재해석하려 했다는 거짓이 아니며 그는 과격한 개혁에 반대했다. // 다산은 조선 후기에 활동한 실학자고 그는 유교 경전을 재해석하려 했다.
> 3. 2에서 이고 뒷말 없애, 다산이 유교 경전을 재해석하려 했다는 거짓이 아니다.
> 4. 3에서 거짓이다 없애, 다산은 유교 경전을 재해석하려 했다.
> 5. 1과 4에 이고 넣어, 다산은 조선 후기에 활동한 실학자고 그는 유교 경전을 재해석하려 했다. "끝"

01. 뉴턴이 철학자가 아니라는 말은 거짓이다. 라이프니츠는 철학자다. 따라서 뉴턴은 철학자고 라이프니츠도 철학자다.

02. 삼봉이 불교를 믿지 않았다는 말은 거짓이 아니다. 율곡이 불교를 믿지 않았다는 말은 거짓이다. 따라서 삼봉은 불교를 믿지 않았고 율곡은 불교를 믿었다.

03. 다산이 유교 경전을 재해석하려 했다는 말은 거짓이 아니며 그는 과격한 개혁에 반대했다. 따라서 다산은 유교 경전을 재해석하려 했다.

04. 우리나라의 대중국 수출은 증가하고 대일본 수입은 감소한다. 미국의 우리나라 수출은 증가한다. 따라서 우리나라의 대일본 수입은 감소하고 미국의 우리나라 수출은 증가한다.

05. 철수는 공부를 열심히 하고 영희는 공부를 열심히 하지 않는다. 영희는 운동을 열심히 하고 철수는 운동을 열심히 하지 않는다. 따라서 철수는 공부를 열심히 하지만 운동은 열심히 하지 않는다.

06. 내전을 겪은 나라는 지역 공동체가 3세대까지 붕괴되었다는 말은 참이

고, 우리나라 젊은이들은 대부분 지역 공동체를 경험하지 못했다는 말은 거짓이 아니다. 따라서 우리나라 젊은이들은 대부분 지역 공동체를 경험하지 못했다.

07. 돌쇠는 예쁜 여자를 좋아하며 못생긴 여자를 차별한다. 미나가 돌쇠를 싫어한다는 말은 거짓이 아니고 미나는 마음이 예쁜 여자다. 따라서 돌쇠는 못생긴 여자를 차별하고 미나는 돌쇠를 싫어한다.

08. 착함은 행복을 위해 발견한 인간 최고의 발견물이 아니라는 말은 거짓이고 인간 행위의 동기가 되는 모든 가치는 창조된 것이다. 대부분 사람은 자신을 행복하게 하는 것이 무엇인지 모르며, 사람들이 자신을 불행하게 만들 때 악이 생긴다. 따라서 착함은 행복을 위해 발견한 인간 최고의 발견물이며 대부분 사람은 자신을 행복하게 하는 것이 무엇인지 모른다.

나. 거짓이다 없애기, 이고 넣기, 이고 없애기를 써서 다음 추론을 차근차근 이끌 수 있으면 "수"를 쓰고 이끌 수 없으면 "못"을 쓰라.

01. '담배를 피우지 않던 사람이 담배를 피우면 폐암에 쉽게 걸린다'는 주장이 거짓이라는 말은 거짓이다. 따라서 담배를 피우지 않던 사람이 담배를 피우면 폐암에 쉽게 걸린다.

02. 보에티우스는 사람을 물체의 범주와 정신의 범주를 넘나드는 존재로 보았다는 주장은 거짓이 아니다. 따라서 사람은 물체의 범주와 정신의 범주를 넘나드는 존재다.

03. 사람 말고도 많은 동물에게 우정이 있다는 주장은 거짓이 아니고 동물 우정은 아마도 선의 기원이다. 자연주의 철학자들은 선의 기원이 자연으로부터 나왔다고 주장한다. 따라서 자연주의 철학자들은 선의 기원이 자연으로부터 나왔다고 주장하는데 동물 우정은 아마도 선의 기원이다.

문장이 필연적으로 의미하는 대로 그 문장을 이해하기 위해서는, 그 안에 숨겨진 논리를 차근차근 파악하는 것에서부터 시작해야 한다고 논리학을 공부한 다음 나는 확신하게 되었다. 각 문장들은 고유의 뜻을 내포하고, 그 내포된 의미들은 그것을 끌어낼 수 있는 사람에게만 내면을 드러낸다. 당신 앞에 얼마나 많은 글들이 자신을 솔직하게 드러내었는지 되돌아 생각해 보자.

대학생이 되었을 때 나는 다양한 진리가 존재하고 그것들을 스스로 취할 수 있는 이 세계를 안 후 자유로움보다는 혼란스러움을 먼저 느꼈다. 이것이 무조건 맞다 틀리다 식의 어른들의 말이 일방적으로 주입되던 고등학생 시기까지가 나는 편하고 좋았다. 다양함 속에서 스스로 자신을 구성해 나가야 하는 새로운 세계에서 아직 가치관이 확립되진 않았던 나는, 서로 모순되고 상충하는 여러 주장들에 쉽게 공감하고 설득되었다. 곧 여러 가지 문장들을 충분히 이해하지 못한 상태에서 수긍만을 하고 있는 혼란의 상태가 대학 시절 오랜 시간 지속되었다.

그런 나에게 클라라와 만남은 큰 의미를 지닌다. 두뇌보완계획은, 대학교 4학년 때 클라라의 논리학 수업을 들을 때 처음 접한 이후로, 항상 내 손에서 떼어놓을 수 없는 책이 되었다. 논리학 공부로부터 얻은 것은, 모든 단어, 문장들을 하나하나 소중히 해야 함을 절실히 느꼈다는 것이다. 되돌아보면, 그것은 지금 인문학을 공부하는 나에게 매우 중요한 경험이었다. 단어와 그 단어들의 모임인 문장은 그렇게 형성됨으로써 다른 것이 아닌 그것을 의미하게 되는 어떤 필연성을 갖고 똘똘 뭉쳐 있다. 한

새로운 사조들이 다양성이라는 명목으로 자신도 또 다른 종류의 진리라고 주장하며 끊임없이 등장하는 이 시대에서 우리에게 필요한 것은, 진리들의 싸움에서 그 논리의 옳고 그름을 스스로 재단하고 그로부터 자신을 형성하는 능력이다. 사고하고 올바르게 파악하는 능력은 단숨에 확립되지 않을 것이다. 계속 단련해야 한다. 기교로 가득 찬 글들의 화려한 겉모습에 휘둘려 그것들을 섣불리 판단하지 말자. 당신의 훈련된 고집스러운 생각의 과정에 의해, 문장들은 숨겨 놓았던 참된 의미를 드러내기 시작할 것이고, 당신은 그로부터 자신만의 확고한 진리에 다가갈 수 있다.

찰나의 아름다움만을 사랑하는, 물처럼 살고 싶은, 아직은 조약돌 무용학자 이재인

011 - 020

011 왜냐하면

다음 추론 또는 이끌기를 생각한다.

> 셜록 홈즈는 영국의 천재 탐정이다. 그는 허구의 인물이다. 따라서 셜록 홈즈는 영국의 천재 탐정이고 허구의 인물이다.

이 추론은 두 개의 전제로 이루어졌다. 두 전제에 이고를 넣어 결론을 만들었다. 우리는 이 추론을 다음처럼 다르게 나타낼 수 있다.

> 셜록 홈즈는 영국의 천재 탐정이다. 따라서 셜록 홈즈는 영국의 천재 탐정이고 허구의 인물이다. 왜냐하면 그는 허구의 인물이기 때문이다.

이 추론은 다음처럼 바꾸어도 된다.

> 셜록 홈즈는 허구의 인물이다. 따라서 셜록 홈즈는 영국의 천재 탐정이고 허구의 인물이다. 왜냐하면 그는 영국의 천재 탐정이기 때문이다.

때때로 이미 나왔던 전제를 다시 쓸 때 "왜냐하면"을 쓰지만 결론을 이끄는 데 필요한 전제를 보탤 때 자주 쓴다.

"왜냐하면"에 뒤이어 나오는 문장은 전제이기에 "왜냐하면"은 전제를 표시하는 낱말이다. 이 때문에 낱말 "왜냐하면"을 "전제 표시어" 또는 "받침말 보람말"이라 한다. 한편 낱말 "따라서"는 '결론 표시어' 또는 '따름말 보람말'이다. "따라서"와 "왜냐하면"은 주어진 문장이 추론의 한 부분임을 말해준다. 그래서 "따라서"와 "왜냐하면"은 추론 표시어 또는 이끌기 보람말이기도 하다. 누군가가 낱말 "따라서"나 낱말 "왜냐하면"을 쓴다면 그는 지금 추론을 하는 셈이다.

우리는 다음 전제들로부터 무슨 결론을 이끌 수 있을까? "따라서" 다음에 올 마땅한 결론은 무엇일까?

> 다산은 조선 후기에 활동한 실학자다. 다산이 유교 경전을 재해석하려 했다는 말은 거짓이 아니며 그는 과격한 개혁에 반대했다. 따라서

"따라서" 다음에 올 수 있는 결론은 여러 가지가 있다. "다산이 유교 경전을 재해석하려 했다"나 "다산은 과격한 개혁에 반대했다"도 "따라서" 다음에 올 수 있다. 하지만 이런 문장을 이 추론의 결론으로 삼으면 첫째 전제 "다산은 조선 후기에 활동한 실학자다"가 아무 쓸모가 없다. 주어진 두 전제를 모두 써서 이끌 수 있는 결론으로는 "다산은 조선 후기에 활동한 실학자며 유교 경전을 재해석하려 했다", "다산은 조선 후기에 활동한 실학자며 과격한 개혁에 반대했다" 따위가 있다.

"왜냐하면" 뒤에 무슨 전제를 보태야 다음 추론이 마땅할까?

> 다산이 유교 경전을 재해석하려 했다는 말은 거짓이 아니며 그는 과격한 개혁에 반대했다. 따라서 다산은 젊은 날 기독교를 받아들였으며 유교 경전을 재해석하려 했다. 왜냐하면

"왜냐하면" 뒤에 "다산은 젊은 날 기독교를 받아들였기 때문이다"를 넣으면 우리는 바라는 결론을 이끌 수 있다. 다음 추론도 "왜냐하면"을 문맥에 맞게 쓴 추론이다.

> 유심주의자 버클리는 생각하는 이가 없다면 사물도 없다고 주장했지만 유물주의자 콰인은 생각하는 이조차도 물리 사물로만 이루어졌다고 주장했다. 따라서 유물주의자는 오직 물리 사물만이 있다고 주장하는데 유물주의자 콰인은 생각하는 이조차도 물리 사물로만 이루어졌다고 주장했다. 왜냐하면 유물주의자는 오직 물리 사물만이 있다고 주장하기 때문이다.

가. **다음 추론이 마땅한 추론이 되도록 "왜냐하면" 뒤에 알맞은 문장을 채우라. "왜냐하면" 뒤에는 주어진 전제들로부터 이끌 수 없는 새로운 전제가 와야 한다. 또한 주어진 전제들과 새로운 전제 가운데 결론을 이끄는 데 없어도 되는 전제가 있어서는 안 된다.**

> 본보기
>
> 이승만은 반공주의자다. 따라서 이승만은 반공주의자고 김구는 민족주의자다. 왜냐하면
>
> 답: 김구는 민족주의자이기 때문이다.

01. 대한민국은 국제평화의 유지에 노력한다. 따라서 대한민국은 국제평화의 유지에 노력하고 침략 전쟁을 부인한다. 왜냐하면

02. 지식론은 앎에 관한 근본 질문을 던진다. 따라서 지식론은 오랜 역사를 가진 학문이며 앎에 관한 근본 질문을 던진다. 왜냐하면

03. 망각하는 자는 축복받은 자다. 따라서 세상의 모든 사건은 시간이 지나면 거품처럼 사라지고 망각하는 자는 축복받은 자다. 왜냐하면

04. 대한민국 선거관리위원회가 선거를 공정하지 않게 관리한다는 시민들의 의심이 차츰 커지지만 그들의 선거 관리가 공정하지 않다고 볼 증거들이 계속 쌓인다. 따라서 대한민국 선거관리위원회의 선거 관리가 공정하지 않다고 볼 증거들이 계속 쌓이지만 그들 스스로 선거를 처음부터 끝까지 공정히 관리할 의지를 보이지 않는다. 왜냐하면

05. 동양철학자든 서양철학자든 한국의 많은 사상가는 용어 "초월"을 매우 싫어하는데 이 용어를 극도로 경계하는 철학자들이 이 용어 대신에 사용한 말은 "선험"이다. 따라서 용어 "초월"을 극도로 경계하는 철학자들이 이 용어 대신에 사용한 말은 "선험"이고 그들은 마땅히 "선험"으로 번역해야 할 "아프리오리"를 "선천"이라 번역하거나 번역하지 않은 채 "아프리오리"를 그냥 그대로 둔다. 왜냐하면

나. 다음 추론이 마땅한 추론이 되도록 “따라서”나 “왜냐하면” 뒤에 알맞은 문장을 채우라. “따라서” 뒤에 올 문장은 주어진 전제들 모두를 써서 이끌 수 있는 결론이어야 한다. “왜냐하면” 뒤에는 주어진 전제들로부터 이끌 수 없는 새로운 전제가 와야 한다. 또한 주어진 전제들과 새로운 전제 가운데 결론을 이끄는 데 없어도 되는 전제가 있어서는 안 된다.

01. 몇몇 사립 대학의 적립금은 많다. 따라서 몇몇 사립 대학의 등록금은 비싸고 몇몇 사립대학의 적립금은 많다. 왜냐하면

02. 칸트는 시간과 공간 안에 있는 현상만 인식할 수 있다고 주장했다. 헤겔은 칸트의 이 주장에 이의를 제기했다. 따라서

03. 고급스러운 용기에 든 화장품은 고급스러운 이미지를 준다. 몇몇 사람들이 비싼 돈을 주고 화장품을 구매하는 이유는 고급스러운 이미지를 소비하기 위해서다. 따라서

04. 인구증가는 기술혁신의 원인이지 결과가 아닌데, 인구증가 압력이 없으면 생산량을 늘리는 새로운 기술이 나오더라도 이런 기술은 일부만 도입된다. 따라서 인구가 줄어들 때는 이미 도입되었던 기술조차 사용하지 않는 경우가 생기며, 인구증가 압력이 없으면 생산량을 늘리는 새로운 기술이 나오더라도 이런 기술은 일부만 도입된다. 왜냐하면

05. 이익이나 즐거움 때문에 연애하면서 품성 때문에 사랑하는 것처럼 꾸몄을 경우에 서로에게 자주 불평이 생긴다. 애인 사이에 일어나는 대부분의 분쟁은 상대가 관계의 실제 목적을 속일 때 발생하며, 그 일이 매우 나쁜 짓이라는 말은 거짓이 아니다. 따라서

06. ‘최근 상당한 의석을 차지한 국민당이 과반 의석을 잃어 참패한 개혁당과 연대하거나 합당할 가능성이 있으며, 두 정당이 이번 대통령 선거에서 승리하여 연립 정부를 구성할 계획을 세울 것이다’는 주장은 거짓이 아니다. 따라서 국민당과 개혁당은 이번 대통령 선거에서 승리하여 연립 정부를 구성할 계획을 세울 텐데, 이번 대통령 선거에서는 두 정당의 단독 후보로서 보수층과 중도층에서 크게 인기를 얻은 개혁당 대표 홍승민을 대통령 후보로 내세울 것이다. 왜냐하면

012 이거나 넣기

다음 문장이 참이라 생각하겠다.

ㄱ. 다다는 착하다.

문장 ㄱ을 참이라 생각하는 사람은 다음 문장도 참이라 생각한다.

ㄴ. 다다는 착하거나 다다는 똑똑하다.

참인 문장과 아무 문장을 "이거나"로 이어 만든 이거나문장은 여전히 참이다. 이거나 앞이나 뒤에 다다와 아무 상관이 없는 문장을 넣어도 된다.

ㄷ. 다다는 착하거나 라라는 씩씩하다.

이제 문장 ㄱ을 전제로 삼고 문장 ㄷ을 결론으로 삼는 다음 추론을 생각한다.

1. 다다는 착하다.
따라서 다다는 착하거나 라라는 씩씩하다.

첫째 문장은 이 추론의 전제다. 전제를 참이라 여기면서 결론을 거짓이라 여길 수 없기에 이 추론은 마땅하다. 마찬가지로 다음 추론도 마땅하다.

1. 다다는 착하다.
따라서 라라는 씩씩하거나 다다는 착하다.

여기서도 전제를 참이라 생각하는 사람은 누구나 결론도 참이라 생각한다.

우리는 다른 문장들을 써서 비슷한 추론을 만들 수 있다. 우리는 X로부터 "X이거나 Y"를 마땅하게 이끌 수 있다. 곧 아래 추론은 언제나 마땅하다.

1. X
따라서 X이거나 Y

여기서 Y는 무슨 문장이든 상관없으며 심지어 Y 자리에 "X는 거짓이다"가 와도 된다. 이 추론은 전제에 이거나 뒷말을 넣어 이거나문장을 결론으로 삼았다. 이 같은 추론을 "이거나 뒷말 넣기"라 한다. 또한 우리는 X로부터 "Y이거나 X"를 마땅하게 이끌 수 있다. 곧 아래 추론은 언제나 마땅하다.

1. X
따라서 Y이거나 X

이 추론은 전제에 이거나 앞말을 넣어 이거나문장을 결론으로 삼았다. 이 같은 추론을 "이거나 앞말 넣기"라 한다. 우리는 '이거나 앞말 넣기'와 '이거나 뒷말 넣기'를 기본 추론규칙으로 여길 수 있다. 이 둘을 "이거나 넣기" 또는 "선언 논법"이라 한다.

"이거나"를 젓가락 꼴 "∨"로 바꾸어 이거나 뒷말 넣기와 이거나 앞말 넣기는 각각 다음처럼 나타낼 수 있다.

1. X	1. X
∴ X∨Y	∴ Y∨X

여기서 X와 Y는 문장 또는 문장 표현이다. 평소 말할 때나 글 쓸 때 이거나 넣기를 할 일은 거의 없다. 다만 조금 복잡한 추론을 할 때 가끔 쓰는 규칙이다. 나아가 이 규칙은 우리가 쓰는 "이거나"의 올바른 뜻이 무엇인지 넌지시 알려준다. 이거나 앞말이든 이거나 뒷말이든 하나만 참이면 전체 이거나문장은 참이다. 우리는 여태 모두 네 가지 기본 추론규칙을 배웠다. 그것은 거짓이다 없애기, 이고 넣기, 이고 없애기, 이거나 넣기다. 주어진 전제들로부터 기본 추론규칙들을 제대로 써서 결론을 차근차근 이끌 수 있다면 이 추론은 언제나 마땅하다.

가. 다음 추론이 이거나 넣기를 바르게 쓴 추론이면 "바"를 쓰고 그렇지 않으면 "못"을 쓰라.

01. 2의 제곱근은 분수로 나타낼 수 없다. 따라서 2의 제곱근은 분수로 나타낼 수 없거나 원주율은 분수로 나타낼 수 있다.

02. 전자는 양성자보다 무겁거나 뉴트리노는 전자보다 가볍다. 따라서 뉴트리노는 전자보다 가볍다.

나. 다음 추론의 결론을 전제들로부터 차근차근 이끌라.

> **본보기**
>
> 재희와 희재가 멋지다는 말은 거짓이 아니다. 따라서 재희는 멋지거나 희재는 매력 있다.
>
> 1. 재희와 희재가 멋지다는 말은 거짓이 아니다. // 재희는 멋지거나 희재는 매력 있다.
> 2. 1에서 거짓이다 없애, 재희와 희재는 멋지다.
> 3. 2에서 이고 뒷말 없애, 재희는 멋지다.
> 4. 3에 이거나 뒷말 넣어, 재희는 멋지거나 희재는 매력 있다. "끝"

01. 우리나라의 대중국 수입은 증가하고 대일본 수입은 감소하지만, 미국의 대중국 수입은 감소하고 대일본 수입은 증가한다. 따라서 우리나라의 대일본 수입은 감소하거나 미국의 우리나라 수입은 증가한다.

02. 정약용과 이이는 과격한 개혁에 반대했지만 유형원과 조광조는 급진 개혁을 주장했다. 정약용이 유교 경전을 재해석하려 했다는 말은 거짓이 아니며 그는 유교 경전의 재해석을 통해 조선을 개혁하려 했다. 따라서 정약용은 과격한 개혁에 반대하고 유교 경전을 재해석하려 했거나 조광조는 유교 경전의 권위를 강화하려 했다.

다. 거짓이다 없애기, 이고 넣기, 이고 없애기, 이거나 넣기 따위를 써서 추론의 결론을 전제들로부터 차근차근 이끌 수 있으면 "수"를 쓰고 이끌 수 없으면 "못"을 쓰라.

01. 전주에는 고속열차역이 없다. 경주에 고속열차역이 없다는 말은 거짓이다. 따라서 경주에 고속열차역이 있고 전주에는 고속열차역이 없다.

02. 교육은 소비재가 아니라는 말은 거짓이다. 교육은 공공재로 여겨야 한다. 따라서 교육은 소비재가 아니라 공공재로 여겨야 한다.

03. 다산은 조선 후기에 활동한 실학자다. 다산이 유교 경전을 재해석하려 했다는 말은 거짓이 아니며 그는 과격한 개혁에 반대했다. 따라서 다산은 조선 후기에 활동한 실학자고 과격한 개혁에 반대하지 않았다.

04. 강용식은 자유주의 진영 정치인을 후원했고 검찰의 표적수사를 받았다. 그가 회사 공금을 횡령했다는 주장은 거짓이다. 따라서 강용식이 검찰의 표적수사를 받았다는 주장은 참이지만 그가 회사 공금을 횡령했다는 주장은 거짓이다.

05. 분노는 타인이 자기에게 입히는 못마땅한 해를 당장 피하는 데 유용하지만 길게 보면 자신의 행복을 증진하는 데는 무익하다. 자기에게 못마땅한 해를 가하는 사람에게 보복하는 일이 짧게 보면 유용하다는 말은 거짓이 아니다. 따라서 분노는 타인이 자기에게 입히는 못마땅한 해를 당장 피하는 데 유용하고 자기에게 못마땅한 해를 가하는 사람에게 보복하는 일은 길게 보면 무익하다.

06. 부산국제영화제는 아시아를 대표하는 국제영화제로 자라났으며 부산시는 영화인들과 관객들이 축제 분위기에서 자유롭게 이 영화제를 즐기도록 지원해야 한다. 최근 부산국제영화제에서 정권의 부끄러운 부분을 폭로하는 영화를 상영했는데 바로 이 이유로 부산시가 예산 지원을 줄이고 영화제 집행위원장에게 압력을 가하는 일은 대단히 옳지 못한 일이다. 따라서 부산시는 영화인들과 관객들이 축제 분위기에서 자유롭게 부산국제영화제를 즐기도록 지원해야 한다는 말은 맞지만 최근 이 영화제에서 정권의 부끄러운 부분을 폭로하는 영화를 상영한 일은 대단히 옳지 못한 일이다.

013 이거나 없애기 하루

라라는 지갑을 잃어버렸다. 라라가 지갑을 꺼낸 곳은 점심을 먹은 식당과 그다음 들른 책방이었다. 라라가 생각해 보니 책방에서 책을 살 때 지갑에서 돈을 꺼낸 기억이 있다. 이는 지갑을 식당에 두고 오지 않았음을 뜻한다. 이를 바탕으로 라라는 지갑을 책방에 두고 왔다고 결론 내렸다.

라라의 추론은 다음처럼 나타낼 수 있다.

1. 라라는 지갑을 식당에 두고 왔거나 라라는 지갑을 책방에 두고 왔다.
2. 라라가 지갑을 식당에 두고 왔다는 말은 거짓이다.
따라서 라라는 지갑을 책방에 두고 왔다.

처음 두 문장은 이 추론의 전제다. 두 전제를 좀 더 짧게 표현할 수 있다.

1. 라라는 지갑을 식당에 두고 왔거나 책방에 두고 왔다.
2. 라라는 지갑을 식당에 두고 오지 않았다.
따라서 라라는 지갑을 책방에 두고 왔다.

전제1과 전제2를 참이라 여기는 사람은 결론을 참이라 여길 수밖에 없다. 이것은 이 추론이 마땅함을 뜻한다. 다음 추론도 마땅하다.

1. 라라는 지갑을 식당에 두고 왔거나 책방에 두고 왔다.
2. 라라는 지갑을 책방에 두고 오지 않았다.
따라서 라라는 지갑을 식당에 두고 왔다.

여기서도 두 전제를 참이라 생각하는 사람은 누구나 결론도 참이라 생각한다.

다른 문장들을 써서 비슷한 추론을 만들 수 있다. 우리는 "X이거나 Y"와 "X는 거짓이다"로부터 Y를 마땅하게 이끌 수 있다.

1. X이거나 Y
2. X는 거짓이다.
따라서 Y

이 추론의 첫째 전제는 이거나문장이다. 둘째 전제는 첫째 전제의 이거나 앞말이 거짓이라 말한다. 이 두 전제로부터 첫째 전제의 이거나 뒷말을 결론으로 이끈다. 이 같은 추론을 "이거나 앞말 없애기"라 한다. 우리는 "X이거나 Y"와 "Y는 거짓이다"로부터 X를 마땅하게 이끌 수 있다.

1. X이거나 Y
2. Y는 거짓이다.
따라서 X

이 추론의 첫째 전제는 이거나문장이다. 둘째 전제는 첫째 전제의 이거나 뒷말이 거짓이라 말한다. 이 두 전제로부터 첫째 전제의 이거나 앞말을 결론으로 이끈다. 이 같은 추론을 "이거나 뒷말 없애기"라 한다. 우리는 '이거나 앞말 없애기'와 '이거나 뒷말 없애기'를 기본 추론규칙으로 여길 수 있다. 이 둘을 "이거나 없애기" 또는 "선언 삼단논법"이라 한다.

"이거나"를 젓가락 꼴 "∨"로 바꾸고 "거짓이다"를 물결 꼴 "~"로 바꾸어 이거나 앞말 없애기와 이거나 뒷말 없애기를 각각 다음처럼 나타낼 수 있다.

1. X∨Y	1. X∨Y
2. ~X	2. ~Y
∴ Y	∴ X

이거나 없애기를 하려면 전제들 가운데 이거나문장이 있어야 한다. 하지만 그 이거나문장이 "X이거나 Y" 꼴이 아니어도 좋다. "X는 거짓이거나 Y" 꼴이어도 좋고 "X이거나 Y는 거짓이다" 꼴이어도 좋다. 다만 이거나 앞말 또는 이거나 뒷말이 틀렸다고 주장하는 전제가 추가로 있어야 한다.

가. 다음 추론에는 무슨 기본 추론규칙이 담겼는가?

모든 천재는 악필이거나 모든 천재는 정리 정돈을 안 한다. "모든 천재는 악필이다"는 거짓이다. 따라서 모든 천재는 정리 정돈을 안 한다.

나. 다음 추론 꼴이 이거나 없애기 꼴에 맞다면 "맞"을 쓰고 그렇지 않다면 "않"을 쓰라. 말꼴 A, B, C 따위는 문장 또는 문장 표현이다.

01. A는 거짓이거나 B. B는 거짓이다. 따라서 A는 거짓이다.

02. C는 거짓이거나 D는 거짓이다. C. 따라서 D는 거짓이다.

다. 다음 추론이 이거나 없애기를 바르게 쓴 추론이면 "바"를 쓰고 그렇지 않으면 "못"을 쓰라.

> 본보기
> 양성자는 전자보다 무겁거나 중성자보다 무겁다. 양성자가 중성자보다 무겁다는 말은 거짓이다. 따라서 양성자는 전자보다 무겁다.
> 답: 바

01. 서울발 KTX는 김천역에 정차하거나 구미역에 정차한다. 서울발 KTX는 김천역에 정차한다. 따라서 서울발 KTX는 구미역에 정차하지 않는다.

02. 이상주의자는 현실을 자신에 맞추기를 바라고 현실주의자는 자신을 현실에 맞추기를 바란다. 이상주의자가 현실을 자신에 맞추기를 바란다는 말은 거짓이다. 따라서 현실주의자는 현실에 자신을 맞추기를 바란다.

03. 혁명은 이번 대통령 선거에서 보수당 후보를 지지하지 않거나 국민당 후보를 지지하지 않는다. 혁명은 이번 대통령 선거에서 보수당 후보를 지지한다. 따라서 혁명은 이번 대통령 선거에서 국민당 후보를 지지하지 않는다.

라. 다음 추론이 마땅한 추론이 되도록 "따라서"나 "왜냐하면" 뒤에 알맞은 문장을 채우라.

> 본보기
>
> 파이는 유리수거나 실수다. 파이가 유리수라는 말은 거짓이다. 따라서
>
> 답: 파이는 실수다.

01. 올해 중반기에 과도한 유동성으로 부동산 투기에 돈이 몰렸거나 시중의 대규모 유동자금이 기업 투자로 흘러갔다. 올해 중반기에 시중의 대규모 유동자금이 기업 투자로 흘러갔다는 주장은 거짓이다. 따라서

02. 산모의 목숨을 위태롭게 하는 태아는 낙태해야 하거나 그런 태아를 살리기 위해 산모가 대신 죽어야 한다. 따라서 산모의 목숨을 위태롭게 하는 태아는 낙태해야 한다. 왜냐하면

03. 애인 없는 사람을 차별하는 싱글리즘이 우리 사회에 널리 퍼졌거나 나이 든 사람을 차별하는 에이지즘이 우리 사회에 널리 퍼졌다. 따라서 애인 없는 사람을 차별하는 싱글리즘이 우리 사회에 널리 퍼졌다. 왜냐하면

04. 최 교수가 거품 현상은 자연스럽다고 말한 것은 그 현상이 자연 세계에서 일어나는 일임을 뜻하거나 그 현상이 우리 사회에서 받아들일 만함을 뜻한다. 최 교수가 그렇게 말한 것은 그 현상이 우리 사회에서 받아들일 만함을 뜻하지 않는다. 따라서

05. 현대 기술의 본질이란 모든 사물을 부품으로 드러나도록 강제로 몰아세우는 것이라는 하이데거의 주장은 거짓이거나, 현대 기술이 예술화되지 않는 한 현대 기술은 우리를 가장 위험한 길로 들어서게 하리라는 그의 주장은 거짓이다. 따라서 현대 기술의 본질이란 모든 사물을 부품으로 드러나도록 강제로 몰아세우는 것이라는 하이데거의 주장은 거짓이다. 왜냐하면

06. 효리는 붉은 고기를 전혀 먹지 않는 폴로 채식주의자거나 생선을 먹지 않는 락토 오보 채식주의자다. 효리는 생선을 먹는데 그가 생선을 먹지 않는 락토 오보 채식주의자라는 말은 거짓이다. 따라서

014 이거나 없애기 이틀

이거나 없애기를 적용하려면 두 개의 전제가 있어야 한다. 첫째 전제는 이거나문장이어야 한다. 둘째 전제는 첫째 전제의 이거나 앞말 또는 이거나 뒷말이 거짓임을 주장해야 한다. 첫째 전제의 이거나 앞말이 거짓이면 이거나 앞말 없애기를 적용하여 첫째 전제의 이거나 뒷말을 결론으로 이끌 수 있다. 첫째 전제의 이거나 뒷말이 거짓이면 이거나 뒷말 없애기를 적용하여 첫째 전제의 이거나 앞말을 결론으로 이끌 수 있다.

다음 추론에서 "왜냐하면" 다음에 무슨 문장이 오면 좋을까?

> 주택을 담보로 대출할 신용이 한계치에 이르렀거나 신규 주택 공급이 차츰 줄어든다. 따라서 주택을 담보로 대출할 신용이 한계치에 이르렀다. 왜냐하면

이 추론의 결론은 "주택을 담보로 대출할 신용이 한계치에 이르렀다"다. 이 "주택을 담보로 대출할 신용이 한계치에 이르렀다"는 첫째 전제의 이거나 앞말에 나온다. 이거나 앞말을 이끌기 위해 우리에게 필요한 것은 이거나 뒷말이 거짓임을 주장하는 전제다. 이거나 뒷말의 부정은 "신규 주택 공급이 차츰 줄어들지는 않는다"다. 하지만 이 문장만이 이거나 뒷말을 거짓으로 만들지는 않는다. 보기를 들어 "신규 주택 공급이 늘어난다"가 참이면 "신규 주택 공급이 차츰 줄어들지는 않는다"도 참이다. 이 때문에 "신규 주택 공급이 늘어난다"를 새 전제로 보태도 결론 "주택을 담보로 대출할 신용이 한계치에 이르렀다"를 이끌 수 있다.

여태 배운 거짓이다 없애기, 이고 넣기, 이고 없애기, 이거나 넣기, 이거나 없애기 따위를 써서 차근차근 이끌기를 하는 길을 연습하겠다. 다음 추론은 마땅할까?

다산은 과격한 개혁에 반대하지 않았거나 조선 사회의 혁신에 매진했다. 다산이 과격한 개혁에 반대했다는 말은 거짓이 아니며 유교 경전을 재해석하는 데 매진했다. 따라서 다산은 조선 사회의 혁신에 매진했거나 조선의 쇠락에 가슴 아파했다.

결론은 이거나문장이기에 이 문장의 이거나 앞말이든 이거나 뒷말이든 둘 가운데 하나만 전제들로부터 이끌면 된다. 문장 표현 "다산은 조선 사회의 혁신에 매진했다"가 전제에 나오기에 이를 이끄는 것이 좋겠다. 이 문장 표현은 첫째 전제의 이거나 뒷말에 나온다. 이를 얻으려면 첫째 전제의 이거나 앞말이 틀렸다는 주장이 있어야 한다. 이 주장은 둘째 전제의 이고 앞말에 나온다.

지금까지 생각 과정을 다음처럼 정리할 수 있다.

1. 다산은 과격한 개혁에 반대하지 않았거나 다산은 조선 사회의 혁신에 매진했다.
2. 다산이 과격한 개혁에 반대했다는 말은 거짓이 아니며 유교 경전을 재해석하는 데 매진했다. // 다산은 조선 사회의 혁신에 매진했거나 조선의 쇠락에 가슴 아파했다.
3. 2에서 이고 뒷말 없애, 다산이 과격한 개혁에 반대했다는 말은 거짓이 아니다.
4. 3에서 거짓이다 없애, 다산은 과격한 개혁에 반대했다.
5. 4로 1에서 이거나 앞말 없애, 다산은 조선 사회의 혁신에 매진했다.
6. 5에 이거나 뒷말 넣어, 다산은 조선 사회의 혁신에 매진했거나 조선의 쇠락에 가슴 아파했다. "끝"

문장5에서 "4로 1에서 이거나 앞말 없애"는 "문장1과 문장4에 기본 추론규칙 이거나 앞말 없애기를 적용하여"를 짧게 쓴 것이다. "4로 1에서 이거나 앞말 없애"라 하지 않고 그냥 "1에서 이거나 앞말 없애"라 말해서는 안 된다. 이거나를 없애려면 반드시 두 개의 문장이 있어야 한다. 하나는 이거나문장이고, 다른 하나는 그 이거나문장의 앞말 또는 뒷말이 거짓임을 주장하는 문장이다.

가. 다음 추론의 결론을 전제들로부터 차근차근 이끌라.

01. 제이폰 새 버전이 올해 9월에 출시되거나 올해 11월에 출시된다. 제이폰 새 버전이 올해 11월에 출시되지는 않는다. 따라서 제이폰 새 버전은 올해 9월에 출시되거나 올해 아예 출시되지 않는다.

02. 우리나라의 대중국 수출이 감소한다는 주장은 거짓이다. 우리나라의 대일본 수입이 감소하거나 우리나라의 대중국 수출이 감소한다. 미국의 우리나라 수출은 증가한다. 따라서 우리나라의 대일본 수입은 감소하고 미국의 우리나라 수출은 증가한다.

03. 데카르트는 동물이 자동기계라 생각하거나 동물에게 영혼이 있다고 생각한다. 데카르트는 동물에게 영혼이 있다고 생각하지 않고 동물이 아픔을 느낀다고도 생각하지 않는다. 따라서 데카르트는 동물이 아픔을 느낀다고 생각하거나 동물이 자동기계라 생각한다.

04. 이번 대선에서 박수철 또는 문근성이 승리한다. 이번 대선에서 박수철은 승리하지 못하고 안혜근도 승리하지 못한다. 따라서 이번 대선에서 안혜근은 승리하지 못하지만 문근성은 승리한다.

05. 디오니소스는 제우스의 허벅지에서 태어났거나 어머니 세멜레의 자궁에서 태어났다. 디오니소스는 술의 신이며 어머니 세멜레의 자궁에서 태어나지 않았다. 따라서 디오니소스는 술의 신이고 제우스의 허벅지에서 태어났다.

06. 맬서스의 자유방임 사상은 뉴턴 물리학을 경제 사회 정치 분야에 적용하려는 의도에서 생겼다. 맬서스는 정부가 개입해 가난한 사람을 도우면 자연의 균형이 깨어진다고 생각했다. '맬서스는 정부가 개입해 가난한 사람을 도우면 자연의 균형이 깨어진다고 생각했는데, 맬서스의 자유방임 사상은 뉴턴 물리학을 경제 사회 정치 분야에 적용하려는 의도에서 생겼다'는 주장이 거짓이거나, 맬서스의 인구론은 정부가 개입해 가난한 사람을 돕는 법안을 반대하려는 목적으로 저술되었다. 따라서 맬서스의 인구론은 정부가 개입해 가난한 사람을 돕는 법안을 반대하려는 목적으로 저술되었다.

나. 거짓이다 없애기, 이고 넣기, 이고 없애기, 이거나 넣기, 이거나 없애기 따위를 써서 추론의 결론을 전제들로부터 차근차근 이끌 수 있으면 "수"를 쓰고 이끌 수 없으면 "못"을 쓰라.

01. 다산은 조선 후기에 활동한 실학자다. 다산은 유교 경전을 재해석하려 했으며 그는 과격한 개혁에 반대했다. 다산이 과격한 개혁에 반대했다는 말은 거짓이거나 온건한 개혁을 지지했다는 말은 참이다. 따라서 다산은 조선 후기에 활동한 실학자고 그는 온건한 개혁을 지지했다.

02. 우리 회사의 올해 공채시험에서 필기시험 최우수 성적을 얻은 지원자는 수희거나 희수다. 희수는 올해 우리 회사의 공채시험 중 최종 면접에서 탈락했다. 따라서 우리 회사의 올해 공채시험에서 필기시험 최우수 성적을 얻은 지원자는 수희거나 현재 우리 회사 기획실에서 수습 중인 희선이다.

다. 다음 추론이 마땅한 추론이 되도록 "따라서"나 "왜냐하면" 뒤에 알맞은 문장을 채우라.

01. 헬렌 켈러는 미국 사회당 당원이었거나 미국 자본주의를 옹호했다. 헬렌 켈러는 여성 참정권 운동과 인종차별 반대운동을 했는데 그가 미국 자본주의를 옹호했다는 것은 완전히 거짓이다. 따라서

02. 태반은 태아와 모체를 연결한다. 태반은 태아에게 영양물질을 공급하거나 모든 물질을 여과 없이 투과한다. 태반은 태아에게 영양물질을 공급하지 않거나 노폐물을 공급하지 않는다. 따라서 태반은 태아와 모체를 연결하지만 태아에게 노폐물을 공급하지 않는다. 왜냐하면

03. 최근 세대별 전현직 대통령 호감도 조사에 따르면, 20대의 47%가 문재인 노무현 김대중 김영삼 대통령을 좋아하고, 30대는 62%가 이들을 좋아하며, 40대는 84%가 좋아하고, 50대는 61%가 좋아한다. 이 조사에 따르면 40대의 4/5 이상이 문재인 노무현 김대중 김영삼 대통령을 좋아한다는 거짓이거나 20대의 15%는 윤석열 박정희 등 나머지 대통령을 좋아한다. 따라서

015 이면 없애기 하루

미르는 "고래가 젖먹이짐승이면 고래는 배꼽을 갖는다"고 생각한다. 또한 그는 "고래는 젖먹이짐승이다"고 생각한다. 그의 이 두 생각으로부터 "고래는 배꼽을 갖는다"는 생각을 이끌 수 있다. 미르의 이 생각 흐름은 다음 추론으로 나타낼 수 있다.

1. 고래가 젖먹이짐승이면 고래는 배꼽을 갖는다.
2. 고래는 젖먹이짐승이다.
따라서 고래는 배꼽을 갖는다.

처음 두 문장은 이 추론의 전제다. 두 전제 "고래가 젖먹이짐승이면 고래는 배꼽을 갖는다"와 "고래는 젖먹이짐승이다"를 참이라 여기는 사람은 결론 "고래는 배꼽을 갖는다"도 참이라 여긴다. 이 추론의 두 전제를 모두 참이라 여긴 채 이 추론의 결론을 거짓이라 여길 수는 없다. 이는 이 추론이 마땅함을 뜻한다.

다른 문장들을 써서 비슷하게 추론할 수 있다. "X이면 Y"와 X로부터 Y를 마땅하게 이끌 수 있다. 곧 다음 추론의 꼴은 언제나 마땅하다.

1. X이면 Y
2. X
따라서 Y

이 추론의 첫째 전제는 이면문장이다. 둘째 전제는 첫째 전제의 이면 앞말이 참이라 말한다. 이 두 전제로부터 첫째 전제의 이면 뒷말을 결론으로 이끈다. 이 같은 추론을 "이면 앞말 없애기"라 하는데 우리는 이를 기본 추론규칙으로 여긴다. 이 규칙을 더 짧게 "이면 없애기" 또는 "긍정논법"이라 한다. "이면”을 화살 꼴 “→”로 바꾸어 이면 없애기를 다음처럼 간단히 나타낼 수 있다.

1. $X \to Y$
2. X
$\therefore Y$

나중에 이면 뒷말 없애기를 배울 텐데 아무 말 없이 “이면 없애기”라 하면 이는 ‘이면 앞말 없애기’를 뜻한다.

이면문장에서 이면 앞말을 없애려면 반드시 그 이면문장의 이면 앞말이 참이라는 정보가 다른 전제에서 주어져야 한다. 다음 추론에서 “따라서” 다음에 무슨 결론이 오면 좋을까?

> 효리는 육식주의에 반대한다. 효리가 육식주의에 반대한다면 효리는 붉은 살코기를 먹지 않는다. 따라서

주어진 두 전제 가운데 둘째 전제 “효리가 육식주의에 반대한다면 효리는 붉은 살코기를 먹지 않는다”는 이면문장이다. 첫째 전제는 둘째 전제의 이면 앞말 “효리는 육식주의에 반대한다”가 참이라 주장한다. 우리는 기본 추론규칙 이면 없애기를 써서 둘째 전제의 이면 뒷말을 결론으로 이끌 수 있다. “따라서” 뒤에 올 결론으로 어울리는 문장은 “효리는 붉은 살코기를 먹지 않는다”다.

다음 추론에서 “왜냐하면” 다음에 무슨 전제가 오면 좋을까?

> 우리가 좀 더 나은 미래를 꿈꾼다면 우리는 더 나은 정치인이 뽑히기를 바란다. 따라서 우리는 더 나은 정치인이 뽑히기를 바란다. 왜냐하면

전제로서 이면문장이 주어졌다. 결론은 이 문장의 이면 뒷말이다. 우리는 이 추론의 결론으로서 이 문장의 이면 뒷말을 이끌어야 한다. 이를 이끌려면 이 문장의 이면 앞말이 참임을 주장하는 정보가 있어야 한다. 이 때문에 “왜냐하면” 다음에 “우리는 좀 더 나은 미래를 꿈꾸기 때문이다”가 와야 한다.

가. 다음 추론에는 무슨 기본 추론규칙이 담겼는가?

알파고가 이세돌을 이긴다면 알파고는 지능을 갖는다. 따라서 알파고는 지능을 갖는다. 왜냐하면 알파고는 이세돌을 이겼기 때문이다.

나. 다음 추론 꼴이 이면 없애기 꼴에 맞다면 "맞"을 쓰고 그렇지 않다면 "않"을 쓰라. 말꼴 A, B, C 따위는 문장 또는 문장 표현이다.

01. A가 거짓이면 B. A는 거짓이다. 따라서 B

02. C가 참이면 D는 거짓이다. C. 따라서 D는 거짓이다.

다. 다음 추론이 이면 없애기를 바르게 쓴 추론이면 "바"를 쓰고 그렇지 않으면 "못"을 쓰라.

01. 오늘 온도가 섭씨 39도를 넘는다면 오늘은 최근 10년 동안 가장 더운 날이다. 오늘 온도는 섭씨 39도를 넘는다. 따라서 오늘은 최근 10년 동안 가장 더운 날이다.

02. 박원지 의원이 실정법을 어겼다면 검찰은 박원지 의원을 기소한다. 검찰은 박원지 의원을 기소한다. 따라서 박원지 의원은 실정법을 어겼다.

03. 서울발 KTX가 김천역에 정차한다면 서울발 KTX는 구미역에 정차하지 않는다. 따라서 서울발 KTX는 구미역에 정차하지 않는다. 왜냐하면 서울발 KTX는 김천역에 정차하기 때문이다.

04. 환자에게 X-선 촬영을 하면 환자의 몸에 손상이나 고통을 주지 않고 신체 내부를 볼 수 있다. 환자의 몸에 손상이나 고통을 주면서 신체 내부를 보았다. 따라서 환자에게 X-선 촬영을 하지 않았다.

라. 다음 추론이 마땅한 추론이 되도록 "따라서"나 "왜냐하면" 뒤에 알맞은 문장을 채우라.

01. 김 검찰총장이 위장전입을 했다면 그는 실정법을 어겼다. 김 검찰총장은 위장전입을 했다. 따라서

02. 임대인이 이 계약을 어긴다면 그는 계약금으로 받은 금액의 두 배를 임차인에게 물어주어야 한다. 임대인은 이 계약을 어겼다. 따라서

03. 만일 내가 관계 맺었던 사람을 내가 소유하고자 한 것이 아니면 나에게 이별은 슬픈 것만이 아니다. 나는 내가 관계 맺었던 사람을 소유하고자 한 것이 아니다. 따라서

04. 대한민국이 임시정부의 법통을 이어받았다면 대한민국은 1919년에 건국되었다. 따라서 대한민국은 1919년에 건국되었다. 왜냐하면

05. 이 경기에서 심판의 오심이 다른 팀에게 유리한 방향으로 여러 번 반복된다면 우리는 그 심판이 매수되었다고 의심해도 된다. 이 경기에서 심판의 오심은 다른 팀에게 유리한 방향으로 여러 번 반복되었다. 따라서

06. 사람들이 단순히 고기를 얻으려고 가축을 기른다면 사람들은 소보다 돼지를 더 많이 기를 것이다. 따라서 사람들은 소보다 돼지를 더 많이 기를 것이다. 왜냐하면

07. 유미가 우리 사회에서 탁월한 능력을 인정받는다면 유미는 그 능력을 기르기 위한 교육 기회를 이미 사회로부터 받았다고 보아야 한다. 따라서 유미는 그 탁월한 능력을 기르기 위한 교육 기회를 이미 사회로부터 받았다고 보아야 한다. 왜냐하면

08. 우리 사회의 다수 시민에게 비판 사고능력이 없다면 우리 사회의 시민들은 불행히도 권력에 그냥 복종할 뿐만 아니라 사회악을 제대로 인식하지 못한다. 우리 사회의 다수 시민에게 비판 사고능력이 없다. 따라서

09. 만일 고구려 시대 때 하늘에 용서를 비는 제사를 지냈고 짐승을 희생제물로 삼았다면 제사를 위해 많은 짐승이 필요했다. 따라서 고구려 시대 때 제사를 위해 많은 짐승이 필요했다. 왜냐하면

016 이면 없애기 이틀

이면 없애기 곧 이면 앞말 없애기를 하려면 두 가지 전제가 있어야 한다. 한 전제는 이면문장이어야 한다. 다른 전제는 이 문장의 이면 앞말이 참임을 주장해야 한다. 이면 없애기를 써서 다음 추론이 마땅함을 밝혀 보이겠다.

1. 우리나라의 출생률은 감소하고 우리나라의 자살률은 증가한다.
2. 우리나라의 자살률이 증가하면 우리나라에서 삶의 질은 차츰 나빠진다.
   // 우리나라의 출생률은 감소하고 우리나라에서 삶의 질은 차츰 나빠진다.

이 추론의 결론은 "우리나라의 출생률은 감소하고 우리나라에서 삶의 질은 차츰 나빠진다"다. 이를 전제들로부터 이끌려면 "우리나라의 출생률은 감소한다"뿐만 아니라 "우리나라에서 삶의 질은 차츰 나빠진다"도 이끌어야 한다.

"우리나라의 출생률은 감소한다"는 전제1의 이고 앞말이다. "우리나라에서 삶의 질은 차츰 나빠진다"는 전제2의 이면 뒷말이다. 전제2의 이면 뒷말을 얻으려면 전제2의 이면 앞말이 참이라는 정보가 있어야 한다. 이 정보는 전제1의 이고 뒷말에서 얻을 수 있다. 이 생각 흐름을 거꾸로 거슬러 차근차근 쓰면 아래와 같다.

3. 1에서 이고 뒷말 없애, 우리나라의 출생률은 감소한다.
4. 1에서 이고 앞말 없애, 우리나라의 자살률은 증가한다.
5. 4로 2에서 이면 없애, 우리나라에서 삶의 질은 차츰 나빠진다.
6. 3과 5에 이고 넣어, 우리나라의 출생률은 감소하고 우리나라에서 삶의 질은 차츰 나빠진다. "끝"

문장5에서 "4로 2에서 이면 없애"는 "전제2와 문장4에 기본 추론규칙 이면 앞말 없애기를 적용하여"를 짧게 쓴 것이다. 이면문장의 이면 앞말을 없앨 때는 이면 앞말이 참이라는 정보가 함께 있어야 하기에 그냥 짧게 "2에서 이면 없애"라 쓰면 안 된다.

조금 더 어려운 추론을 놓고 차근차근 이끌기를 연습하겠다.

1. 다산은 과격한 개혁에 반대하지 않았거나 조선의 혁신에 매진했다.
2. 다산은 과격한 개혁에 반대했으며 그는 유교 경전을 재해석하는 데 매진했다.
3. 다산이 조선의 혁신에 매진했다면 그는 조선의 쇠락에 가슴 아파했다.
   // 다산은 조선의 쇠락에 가슴 아파했으나 유교 경전을 재해석하는 데 매진했다.

이 결론의 이고 뒷말 "다산은 유교 경전을 재해석하는 데 매진했다"는 전제2의 이고 뒷말이다. 결론의 이고 앞말 "다산은 조선의 쇠락에 가슴 아파했다"는 전제3의 이면 뒷말이다. 전제3의 이면 뒷말을 얻으려면 전제3의 이면 앞말이 참이라는 정보를 먼저 얻어야 한다. 전제3의 이면 앞말은 전제1의 이거나 뒷말에 나온다. 전제1의 이거나 뒷말을 얻으려면 전제1의 이거나 앞말이 틀렸다는 주장이 있어야 한다. 이 주장은 전제2의 이고 앞말에서 찾을 수 있다. 여기까지 생각 흐름을 거꾸로 거슬러 차근차근 쓰면 아래와 같다.

4. 2에서 이고 뒷말 없애, 다산은 과격한 개혁에 반대했다.
5. 4로 1에서 이거나 앞말 없애, 다산은 조선의 혁신에 매진했다.
6. 5로 3에서 이면 없애, 다산은 조선의 쇠락에 가슴 아파했다.
7. 2에서 이고 앞말 없애, 다산은 유교 경전을 재해석하는 데 매진했다.
8. 6과 7에 이고 넣어, 다산은 조선의 쇠락에 가슴 아파했으나 유교 경전을 재해석하는 데 매진했다. "끝"

우리는 결론에 나오는 "으나"를 단순히 "이고"로 이해했다. 이미 앞에서 "이지만" "이며" "인데" 따위는 "이고"와 바꿀 수 있다고 말했다.

가. 다음 추론이 마땅함을 차근차근 이끌라.

01. 내가 생각한다면 나는 존재한다. 나는 생각한다. 따라서 나는 존재하거나 너는 존재한다.

02. 내가 생각한다면 너는 있다. 내가 말한다면 세계는 있다. 나는 생각하고 나는 말한다. 따라서 너와 세계는 있다.

03. 만희가 홍역을 한 번 앓았다면 그는 다시 이 병에 걸리지 않는다. 만희는 홍역을 한 번 앓았다. 만희는 다시 홍역에 걸리거나 풍진에 다시 걸린다. 따라서 만희는 풍진에 다시 걸린다.

04. 콘택트렌즈는 레오나르도 다빈치가 처음 고안했으며 그는 이것이 시력을 보완하는 역할을 할 수 있다고 생각했다. 만일 레오나르도 다빈치가 콘택트렌즈가 시력을 보완하는 역할을 할 수 있다고 생각했다면 그는 이것을 눈의 각막에 밀착해야 함을 알았다. 따라서 콘택트렌즈는 레오나르도 다빈치가 처음 고안했으며 그는 이것을 눈의 각막에 밀착해야 함을 알았다.

05. 데카르트는 동물이 자동기계라 생각했거나 동물에게 영혼이 있다고 생각했다. 데카르트가 동물이 자동기계라 생각했다면 아마도 그는 동물에게 자유의지가 없다고 생각했다. 데카르트는 동물에게 영혼이 있다고 생각하지 않았다. 따라서 아마도 데카르트는 동물에게 자유의지가 없다고 생각했다.

06. 바리공주는 자신을 버린 부모를 원망하거나 부모를 살리기 위해 저승에 가 약수를 구해야 한다. 바리공주가 부모를 살리기 위해 저승에 가 약수를 구해야 한다면 그는 죽은 자들을 저승으로 인도하는 무당이 되어야 한다. 바리공주는 자신을 버린 부모를 원망하지 않았다. 따라서 바리공주는 죽은 자들을 저승으로 인도하는 무당이 되어야 한다.

07. 영지는 여름 여행으로 해남에 가고 지영은 여름 여행으로 부산에 간다. 영지가 여름 여행으로 해남에 간다면 영지는 여름에 강진에 들른다. 지영은 여름 여행으로 부산에 가지 않거나 여름에 여수에 들른다. 따라서 영지는 여름에 강진에 들르고 지영은 여름에 여수에 들른다.

08. 빗살무늬질그릇 시대는 한반도에서 질그릇이 만들어지기 시작했던 시대고 당시 한반도는 사냥과 열매따기가 중심이었던 시대다. 빗살무늬질그릇 시대가 한반도에서 질그릇이 만들어지기 시작했던 시대면 빗살무늬질그릇은 한반도에서 가장 오래된 질그릇이다. 빗살무늬질그릇 시대의 한반도는 사냥과 열매따기가 중심이던 시대가 아니거나 유목과 경작이 시작되던 시대다. 따라서 빗살무늬질그릇 시대의 한반도는 유목과 경작이 시작되던 시대고 빗살무늬질그릇은 한반도에서 가장 오래된 질그릇이다.

09. 시리아는 현재 중동에 있는 공화국이며 메소포타미아 여러 나라의 지배를 받은 적이 있다. 시리아는 메소포타미아 여러 나라의 지배를 받은 적이 없거나 페르시아의 지배를 받은 적이 있다. 만일 시리아가 페르시아의 지배를 받았다면 시리아는 페르시아 멸망 이후 알렉산드리아에 편입되었거나 메소포타미아 여러 나라의 지배를 받은 적이 없다. 따라서 시리아는 페르시아 멸망 이후 알렉산드리아에 편입되었거나 로마 제국의 지배를 받은 적이 있다.

나. 다음 추론은 두 개의 기본 추론규칙을 써서 전제들로부터 결론을 이끌 수 있다. 그 두 규칙은 무엇인가?

01. 금성에는 물이 없고 지구에는 물이 있다. 따라서 금성에는 물이 없거나 화성에는 물이 있다.

02. 상황 실재주의가 옳거나 국소 실재주의가 옳다. 국소 실재주의는 사물들의 속성이 따로 분리되었다는 견해이며 이 견해는 옳지 않다. 따라서 상황 실재주의는 옳다.

03. 성공의 원인이 뛰어난 재능 때문이라는 이야기는 거짓이다. 성공의 원인은 뛰어난 재능 때문이거나 남다른 노력 때문이다. 성공의 원인이 남다른 노력 때문이라는 주장이 참이면 성공한 사람들은 다른 사람에 비해 노력을 많이 할 기회를 얻었다고 차라리 말하는 것이 좋다. 따라서 성공한 사람들은 다른 사람에 비해 노력을 많이 할 기회를 얻었다고 차라리 말하는 것이 좋다.

017 이면 없애기 사흘

여태 배운 거짓이다 없애기, 이고 넣기, 이고 없애기, 이거나 넣기, 이거나 없애기, 이면 없애기 따위를 써서 다음 추론의 결론을 주어진 전제들로부터 이끌 수 있는지 따지겠다.

> 1. 하동이 ≪토지≫의 무대면 최 참판 댁은 하동에 있다. 2. 만일 하동이 ≪토지≫의 무대고 최 참판 댁이 하동에 있다면 ≪토지≫가 최 참판 댁의 승승장구를 그리는 것은 아니다. 3. ≪토지≫는 개항기 이후 한국 사회의 급격한 변화를 잘 보여주거나 최 참판 댁의 승승장구를 그린다. 4. 하동은 ≪토지≫의 무대다. 따라서 ≪토지≫는 개항기 이후 한국 사회의 급격한 변화를 잘 보여준다.

이 추론의 결론은 전제3의 이거나 앞말과 같다. 이를 얻으려면 전제3의 이거나 뒷말이 거짓이라는 정보가 있어야 한다. 이 정보는 전제2의 이면 뒷말에 있다. 전제2의 이면 뒷말을 얻으려면 전제2의 이면 앞말이 참이라는 정보가 있어야 한다. 전제2의 이면 앞말은 "하동은 ≪토지≫의 무대고 최 참판 댁은 하동에 있다"다. 이것은 이고문장인데 이고 앞말과 이고 뒷말을 모두 다른 전제들로부터 이끌어야 한다. "하동은 ≪토지≫의 무대다"는 전제4에 나온다. 이 전제4로 전제1에서 이면 없애 "최 참판 댁은 하동에 있다"를 얻는다. 이처럼 이 추론의 결론은 전제들로부터 따라 나오는데 이 추론의 차근차근 이끌기는 정답에 실었다.

다음 세 전제를 모두 써서 이끌 수 있는 결론은 무엇인가?

> 1. 문화대혁명이 과격 사회정치 운동이 아닌 것은 아니고 이 혁명은 프롤레타리아 계급혁명이다. 2. 문화대혁명은 과격 사회정치 운동이 아니거나 이 혁명 기간에 사회 혼란 및 경제침체를 일으켰다. 따라서

먼저 전제1에서 이고 뒷말 없애 "문화대혁명이 과격 사회정치 운동이 아닌 것은 아니다"를 얻는다. 이것으로 전제2에서 이거나 앞말을 없애 "문화대혁명은 혁명 기간에 사회 혼란 및 경제침체를 일으켰다"를 얻는다. 다음 세 전제를 모두 써서 이끌 수 있는 결론은 무엇인가?

우리는 다음 추론의 결론을 주어진 전제들로부터 마땅하게 이끌 수 없다. 바라는 결론을 마땅하게 이끌 수 있도록 빠진 전제를 보충해 보자.

> 1. 헬렌 켈러는 사회당 당원이었다. 2. 헬렌 켈러는 자본주의를 옹호했거나 그는 여성 참정권 운동과 인종차별 반대운동을 했다. 3. 헬렌 켈러가 사회당 당원이었다면 그는 자본주의를 옹호하지 않았다.

전제1로 전제3에서 이면 없애 "헬렌 켈러는 자본주의를 옹호하지 않았다"를 얻는다. 이것으로 전제2에서 이거나 앞말 없애 "헬렌 켈러는 여성 참정권 운동과 인종차별 반대운동을 했다"를 이끌 수 있다. 전제1과 전제2와 전제3을 모두 써서 우리는 "헬렌 켈러는 여성 참정권 운동과 인종차별 반대운동을 했다"는 결론을 이끌 수 있다. 더 짧은 결론으로는 "헬렌 켈러는 여성 참정권 운동을 했다"나 "헬렌 켈러는 인종차별 반대운동을 했다"가 있다.

다음 추론이 마땅하려면 무슨 전제를 보태야 하는가?

> 1. 채응언은 오랜 도피 생활을 했거나 역사상 가장 긴 의병 활동을 하였다. 2. 채응언이 반일 투쟁 및 친일파 처단에 힘썼다면 그가 오랜 도피 생활을 했던 것은 아니다. 따라서 채응언은 역사상 가장 긴 의병 활동을 하였다.

이 추론의 결론은 전제1의 이거나 뒷말과 같다. 전제1의 이거나 뒷말을 얻으려면 전제1의 이거나 앞말이 거짓이라는 정보가 있어야 한다. 그 정보는 전제2의 이면 뒷말에 나온다. 전제2의 이면 뒷말을 얻으려면 전제2의 이면 앞말이 참이라는 정보 곧 "채응언은 반일 투쟁 및 친일파 처단에 힘썼다"가 있어야 한다. 이 정보는 주어진 전제들에서 얻을 수 없기에 이를 새 전제로 보태야 한다.

가. 다음 추론의 결론을 여태 배운 추론규칙들을 써서 이끌 수 있으면 "수"를 쓰고 그렇지 않으면 "못"을 쓰라.

01. 키케로는 공화정 내전에서 폼페이우스 진영이 승리하리라 예측한다. 키케로는 공화정 내전에서 폼페이우스 진영에 가담하거나 카이사르 진영에 가담한다. 키케로가 공화정 내전에서 폼페이우스 진영이 승리하리라 예측한다면 그는 카이사르 진영에 가담하지 않는다. 따라서 키케로는 공화정 내전에서 폼페이우스 진영에 가담한다.

02. 주시경이 조국이 민족 정체성을 회복하기를 바랐다면 그는 국어 연구를 했다. 주시경은 국어 연구를 하지 않았거나 독립협회에서 활동했다. 주시경은 조국이 민족 정체성을 회복하기를 바랐거나 문명 강대국은 모두 자기 나라 말을 사용한다는 말을 듣고 자국어의 중요성을 깨달았다. 따라서 주시경은 국어 연구를 했거나 독립협회에서 활동했다.

03. 카페인은 우리 중추신경에 자극을 주며 수면에 다소 지장을 준다. 커피콩의 생산지에 따라 커피의 카페인 함유량이 다르다면 커피가 수면에 지장을 주는 정도는 커피콩에 따라 다르다. 따라서 카페인은 수면에 다소 지장을 주며 커피가 수면에 지장을 주는 정도는 커피콩에 따라 다르다.

04. 문학 작품이 실제 세계를 반영한다면 작가는 작품을 통해 실제 세계를 바꾸려는 의지를 표현한다. 문학 작품은 그 자체로 하나의 세계며 실제 세계를 반영한다. 작가는 작품을 통해 실제 세계를 바꾸려는 의지를 표현하거나 작품을 통해 자신을 해방하려 한다. 따라서 문학 작품은 그 자체로 하나의 세계며 작가는 작품을 통해 자신을 해방하려 한다.

05. 김 박사는 자신이 바라는 결과가 나올 때까지 실험을 계속하며, 만일 자신이 바라는 실험 결과가 실제로 나오면 그는 자신의 실험 결과를 학술지에 발표한다. 만일 김 박사가 자신이 바라는 결과가 나올 때까지 실험을 계속한다면 그가 바라는 실험 결과가 실제로 나온다. 만일 김 박사가 자신의 실험 결과를 학술지에 발표한다면 김 박사는 선택 편향 결과를 발표한 셈이다. 따라서 김 박사는 선택 편향 결과를 발표한 셈이다.

나. 다음 추론이 마땅한 추론이 되도록 “따라서”나 “왜냐하면” 뒤에 알맞은 문장을 채우라.

01. 침구술은 침과 뜸으로 몸의 경혈에 자극을 주고 병을 낫게 한다. 침구술이 병을 낫게 한다는 말은 거짓이거나 침구술은 수천 년에 걸친 임상 경험으로 만들어진 의술이다. 침구술이 침과 뜸으로 몸의 경혈에 자극을 준다면 침구술은 환자의 병을 낫게 하는 생체 반응을 일으킨다. 따라서

02. 푸시케가 아름다운 인간이었다면 비너스는 푸시케의 미모를 질투했다. 비너스가 푸시케와 자기 아들 큐피드가 결혼하길 바라지 않았다면 비너스는 푸시케에게 여러 가지 어려운 시험을 주었다. 비너스가 푸시케와 자기 아들 큐피드가 결혼하길 바랐다는 말은 거짓이지만 푸시케가 아름다운 인간이라는 말은 진실이다. 따라서

03. 만일 선미가 물욕이 지나치게 많지는 않고 과소비하지도 않는다면 그의 재정 상태는 항상 좋다. 선미는 과소비하지 않거나 물욕이 지나치게 많다. 선미의 재정 상태가 항상 좋다면 그의 금융 소득은 차츰 늘어난다. 따라서 선미의 금융 소득은 차츰 늘어난다. 왜냐하면

04. 대기업이 스스로 혁신하기 어렵다면 혁신 정부는 중소기업이 먼저 혁신하길 바란다. 대기업이 스스로 혁신하기 어렵다는 말은 거짓이 아니다. 혁신 정부가 중소기업이 먼저 혁신하길 바란다면 혁신 정부는 혁신주도형 중소기업을 후원한다. 혁신주도형 중소기업은 차츰 늘어나지 않거나 기업 생태계 안에 기업 다양성은 늘어난다. 따라서 기업 생태계 안에 기업 다양성은 늘어난다. 왜냐하면

05. 만일 누군가 정권의 핵심부가 은밀히 전국 단위 투개표에서 부정을 저지른다고 주장한다면 그 주장은 정권의 핵심부가 투개표를 관리하고 감시하는 엄청난 사람들을 속인다고 말하는 셈이다. 만일 그 주장이 정권의 핵심부가 투개표를 관리하고 감시하는 엄청난 사람들을 속인다고 말하는 셈이면 그 주장은 음모론의 일종이다. 실제로 누군가 그런 주장을 하지만 민주주의 체제를 수호해야 할 우리는 이 주장을 예의주시해야 한다. 한 주장이 음모론의 일종이라는 판단은 그 주장이 황당무계한 거짓임을 함축하지 않는다. 따라서

018 말길 잇기

논리 또는 말길을 익히는 여러 가지 놀이가 있다. 이른바 '말길 잇기' 또는 '논리 레고'는 주어진 문장들과 낱말들을 남김없이 써서 마땅한 추론을 하나 만드는 놀이다. 다음 문장들과 낱말들을 남김없이 써서 추론 하나를 만들겠다.

> 문어 다리는 8개다. 문어 다리는 8개다. 오징어 다리는 10개다. 오징어 다리는 10개다. 따라서 이고

"문어 다리는 8개다"가 두 개, "오징어 다리는 10개다"가 두 개, "이고"가 하나 있다. 우리는 이고 넣기를 쓴 추론을 하나 만들 수 있다.

> 문어 다리는 8개다. 오징어 다리는 10개다. 따라서 문어 다리는 8개고 오징어 다리는 10개다.

이 추론은 마땅하며 주어진 문장들과 낱말들을 남김없이 썼다.

다음 문장들과 낱말들을 써서 만들 수 있는 추론은 무엇일까?

> 다산은 과격한 개혁에 반대했다. 다산은 과격한 개혁에 반대했다. 다산은 유교 경전을 재해석했다. 다산은 유교 경전을 재해석했다. 다산은 거중기를 고안했다. 다산은 조선 후기 실학자다. 이고 이고 이고 따라서

"다산은 과격한 개혁에 반대했다"와 "다산이 유교 경전을 재해석했다"가 각각 두 번 나온다. 한 번은 전제에 쓰고 다른 한 번은 결론에 쓰는 것이 좋겠다. "이고"가 세 개인데 하나를 결론에 쓰고 나머지 두 개를 전제에 쓰는 것이 좋겠다. "다산은 과격한 개혁에 반대했고 다산은 유교 경전을 재해석했다"나 "다산은 유교 경전을 재해석했고 다산은 과격한 개혁에 반대했다"를

결론으로 삼는다. 남은 문장들을 "이고"로 이어 두 개의 전제를 만든다.

> 다산은 조선 후기 실학자이고 다산은 과격한 개혁에 반대했다. 다산은 거중기를 고안했고 다산은 유교 경전을 재해석했다. 따라서 다산은 과격한 개혁에 반대했고 다산은 유교 경전을 재해석했다.

물론 이 추론이 우리 놀이의 유일한 답은 아니다.

조금 더 어려운 말길 잇기 놀이를 하겠다.

> 뉴턴은 유신론자다. 뉴턴은 유신론자다. 뉴턴은 무신론자다. 뉴턴은 무신론자다. 뉴턴은 물리학자다. 뉴턴은 물리학자다. 는 거짓이다. 이거나 이고 따라서

여러 가지 답이 있을 수 있다. "이고"를 결론에 쓰는 것이 좋겠다. 주어진 문장들이 모두 2개씩 있기에 아무 두 문장을 골라 여기에 "이고"를 넣는다. 다만 "뉴턴은 유신론자이고 뉴턴은 무신론자다"를 결론으로 삼는 것은 바람직하지 않다. "뉴턴은 물리학자이고 뉴턴은 유신론자다"나 "뉴턴은 물리학자이고 뉴턴은 무신론자다"는 적절한 결론이다. 다음은 가능한 추론이다.

> 뉴턴은 유신론자이거나 뉴턴은 무신론자다. 뉴턴은 무신론자다는 거짓이다. 뉴턴은 물리학자다. 따라서 뉴턴은 물리학자이고 뉴턴은 유신론자다.

다음 문장들과 낱말들을 써서 마땅한 추론을 하나 만들 수 있는가? "따라서, 이거나, 이고, 는 거짓이다, 인공지능은 사람의 지성을 모방한다, 인공지능은 사람의 지성을 모방한다, 인공지능은 완전히 새로운 지성이다, 인공지능은 완전히 새로운 지성이다, 인공지능은 차츰 향상된다." 이들로 하나의 마땅한 추론을 만들 수 있다. 다음 문장들과 낱말들은 어떤가? "따라서, 이고, 이거나, 국내 연예기획사의 수익은 증가한다, 국내 연예기획사의 수익은 증가한다, 케이팝은 전세계에 확산된다, 케이팝 관련 투자는 증가한다." 이들로 하나의 마땅한 추론을 만들 수 있다.

가. 주어진 문장과 낱말을 남김없이 써서 마땅한 추론을 하나 만들라.

01. 동주는 멋진 이야기꾼이다. 동주는 멋진 이야기꾼이다. 동주는 공주의 사랑을 받는다. 동주는 공주의 사랑을 받는다. 이고 따라서

02. 나트륨은 물과 반응하여 수소를 발생시킨다. 나트륨은 물과 반응하여 수소를 발생시킨다. 나트륨은 염소와 결합하기를 좋아한다. 나트륨은 염소와 결합하기를 좋아한다. 칼륨은 물과 반응하여 수소를 발생시킨다. 칼륨은 염소와 결합하기를 좋아한다. 이고 이고 이고 따라서

03. 이데아는 이성으로만 알 수 있는 영원불변한 세계다. 이데아는 이성으로만 알 수 있는 영원불변한 세계다. 이데아는 감각으로도 알 수 있는 변하는 세계다. 이데아는 감각으로도 알 수 있는 변하는 세계다. 이데아 이론은 플라톤이 처음 주장했다. 이데아 이론은 플라톤이 처음 주장했다. 는 거짓이다. 이고 이거나 따라서

04. 노동조합은 산업화의 산물이다. 노동조합은 고용주에 대처하는 노동자들의 모임이다. 노동조합은 고용주에 대처하는 노동자들의 모임이다. 노동조합은 임금 인상을 가장 큰 목표로 삼는다. 노동조합은 임금 인상을 가장 큰 목표로 삼는다. 는 거짓이다. 는 거짓이다. 는 거짓이다. 이고 이거나 따라서

05. 인공지능은 사람의 지성을 모방한다. 인공지능은 사람의 지성을 모방한다. 인공지능은 완전히 새로운 지성이다. 인공지능은 완전히 새로운 지성이다. 인공지능은 차츰 향상된다. 인공지능은 차츰 향상된다. 는 거짓이다. 이거나 이면 따라서

06. 어둠은 빛을 이길 수 없다. 거짓은 참을 이길 수 없다. 거짓은 참을 이길 수 없다. 진실은 침몰하지 않는다. 진실은 침몰하지 않는다. 우리는 포기하지 않는다. 우리는 포기하지 않는다. 우리는 끝내 이긴다. 우리는 끝내 이긴다. 는 거짓이다. 이고 이거나 이면 이면 따라서

07. 자유민주당은 자유주의의 가치를 존중한다. 자유민주당은 자유주의의 가치를 존중한다. 자유민주당은 집회의 자유를 존중한다. 자유민주당은 집회의 자유를 존중한다. 자유민주당은 사이비 우파다. 자유민주당은 사이비 우파다. 는 거짓이다. 는 거짓이다. 는 거짓이다. 이면 이거나 따라서

나. 다음 추론이 마땅함을 차근차근 밝히라.

01. 대학의 학점이 사회가 창조한 가치가 아니라는 말은 거짓이고 사람을 평가하는 대부분 제도는 창조된 가치다. 사회가 창조한 가치가 언제나 올바르다는 말은 거짓이지만 제대로 창조된 사회 가치들이 공동체를 더 좋게 만든다는 말은 참이다. 따라서 대학의 학점은 사회가 창조한 가치며 제대로 창조된 사회 가치들은 공동체를 더 좋게 만든다.

02. 진선미가 소수자 인권에 관심이 있다는 말은 거짓이 아니며 지금 그는 대중에게 큰 영향을 끼친다. 그는 소수자 인권에 관심이 없거나 성소수자의 인권 신장에도 관심이 있다. 만일 진선미가 성소수자의 인권 신장에도 관심이 있고 지금 대중에게 큰 영향을 끼친다면 성소수자 인권 운동가들은 진선미를 자기 편으로 끌어당기는 데 더 많이 애써야 한다. 성소수자 인권 운동가들은 진선미를 자기 편으로 끌어당기는 데 더 많이 애써야 한다고 우리 단체의 여러 회원이 줄곧 주장하는데, 만일 이 주장이 참이면 우리 단체는 즉각 진선미를 후원회장으로 모시는 데 모든 노력을 기울여야 한다. 따라서 우리 단체는 즉각 진선미를 후원회장으로 모시는 데 모든 노력을 기울여야 한다.

다. 다음 추론이 마땅하도록 "따라서"나 "왜냐하면" 다음에 어울리는 문장을 채우라.

01. 조지 레이코프의 다음 주장은 참인데 프레임은 생각의 구조다. 만일 프레임이 생각의 구조거나 사물들을 관련짓는 방식이면 서로 다른 프레임을 갖는 두 사람은 세계를 다르게 본다. 따라서

02. 고흐가 인상파 화가면 그는 초현실주의 화가가 아니다. 마티스는 인상파 화가가 아니거나 야수파 화가가 아니다. 만일 고흐가 초현실주의 화가가 아니고 마티스가 인상파 화가가 아니면, 오직 고흐와 마티스만 좋아하는 혜교가 초현실주의와 인상파 모두에 관심을 둔다는 말은 거짓이다. 따라서 오직 고흐와 마티스만 좋아하는 혜교가 초현실주의와 인상파 모두에 관심을 둔다는 말은 거짓이다. 왜냐하면

019 모순 문장

한 문장과 그 부정문을 "이고"로 이어 다음과 같은 이고문장을 만들 수 있다.

ㄱ. 히틀러는 착하고 히틀러는 착하지 않다.

이 같은 문장을 "모순문장" 또는 "어긋난 말"이라 한다. 문장 ㄱ은 모순문장인데 이뿐 아니라 다음 꼴의 문장은 모두 모순문장이다.

X이고, X는 거짓이다.

문장 X가 참이면 X의 부정문은 거짓이다. X가 거짓이면 X의 부정문은 참이다. 이처럼 모순문장은 참 문장과 거짓 문장이 "이고"로 이어졌다.

이고의 정의를 써서 "X이고, X는 거짓이다"의 참값모눈을 만들 수 있다.

세계	X	X는 거짓이다.	X이고, X는 거짓이다.
W_1	참	거짓	거짓
W_2	거짓	참	거짓

우리는 "반드시 참이다"와 "반드시 거짓이다"의 다음 정의를 받아들인다.

"문장 P는 반드시 참이다"는 "문장 P는 생각할 수 있는 모든 세계에서 참이다"를 뜻한다. "문장 P는 반드시 거짓이다"는 "문장 P는 생각할 수 있는 모든 세계에서 거짓이다"를 뜻한다.

반드시 참인 문장을 "반드시 참말"이라 하고 반드시 거짓인 문장을 "반드시 거짓말"이라 한다. "X이고, X는 거짓이다"는 생각할 수 있는 모든 세계에서 거짓이다. 따라서 모순문장은 반드시 거짓이다. 우리는 이를 원리로 여길 수 있다.

모순문장은 반드시 거짓이다.
모순문장의 부정문은 반드시 참이다.

이를 "모순율", "무모순율", "비모순율", "어긋난 말의 굴레"라 한다. 많은 논리학자는 무모순율이 말길을 만드는 원리라 생각한다.

이제 다음 추론을 생각하겠다.

1. 히틀러가 사람이면 히틀러는 착하다.
2. 히틀러는 사람이다.
3. 히틀러는 착하지 않다.
따라서 히틀러는 착하고 착하지 않다.

전제2로 전제1에서 이면 없애 "히틀러는 착하다"를 얻는다. 이것과 전제3에 이고 넣어 "히틀러는 착하고 히틀러는 착하지 않다"를 이끌 수 있다. 이 추론은 마땅하지만 그 결론은 모순문장이며 반드시 거짓이다. 이 추론은 마땅하기에 "이 추론의 전제들이 모두 참이고 그 결론은 거짓이다"는 불가능하다. 이는 "이 추론의 전제들이 모두 참이다"가 불가능함을 뜻한다. 이는 "전제들 가운데 적어도 하나는 거짓이다"를 뜻한다.

모순문장을 낳는 전제들은 어딘가에 거짓말을 품는다. 만일 한 추론이 마땅하고 그 결론이 모순문장이면 그 추론의 전제들 가운데 적어도 하나는 거짓이다. 결국 우리 추론의 세 전제 가운데 적어도 하나는 거짓이다.

1. 히틀러가 사람이면 히틀러는 착하다.
2. 히틀러는 사람이다.
3. 히틀러는 착하지 않다.

우리가 전제1과 전제2를 받아들이면 전제3을 반드시 버려야 한다. 전제2와 전제3을 받아들이면 전제1을 반드시 버려야 한다. 전제1과 전제3을 받아들이면 전제2를 반드시 버려야 한다. 문장 A와 문장 B로부터 모순문장을 이끌었다면 문장 A와 문장 B 가운데 적어도 하나는 거짓이다.

가. 다음 물음에 답하라.

01. 한 문장과 그 부정문이 "이고"로 이어진 문장을 무엇이라 하는가?

02. 무모순율이란 무엇인가?

03. 추론은 마땅하지만 그 결론이 모순문장이면 우리는 이 추론의 전제들을 두고 무엇을 말할 수 있는가?

04. 모순문장의 부정문은 참인가, 거짓인가, 참인지 거짓인지 모르는가?

05. 한 추론의 결론이 반드시 거짓이면 우리는 이 추론이 마땅하지 않다고 여겨야 하는가?

06. 한 추론의 전제들로부터 모순문장을 이끌었다면 이 추론은 마땅하지 않은가 전제들 모두가 거짓인가?

나. 다음 추론을 두고 올바르게 이야기한 것은 "올"을 쓰고 그르게 이야기하거나 판단할 수 없는 것은 "그"를 쓰라.

영수가 정치에 무관심하다면 그는 지성인이 아니다. 영수는 지성인이지만 정치에 무관심하다. 따라서 영수는 지성인이고 지성인이 아니다.

01. 모순문장이 결론으로 나왔으니 이 추론은 마땅하지 않다.

02. 이 추론은 마땅하지만 전제들은 모두 거짓이다.

03. 이 추론은 마땅하지 않고 전제들도 모두 거짓이다.

04. 이 추론은 전제들 가운데 오직 하나만 거짓이다.

05. "영수가 정치에 무관심하다면 그는 지성인이 아니다"는 거짓이다.

06. "영수는 지성인이지만 정치에 무관심하다"는 거짓이다.

07. "영수가 정치에 무관심하다면 그는 지성인이 아니다"와 "영수는 지성인이지만 정치에 무관심하다" 가운데 적어도 하나는 거짓이다.

다. 다음 문장이 모순문장이면 “모”를 쓰고 아니면 “아”를 쓰라.

조심: 많은 이가 “항위문장”을 “모순문장”으로 여긴다. 이 책은 둘을 서로 다른 뜻으로 쓴다. 모든 모순문장은 항위문장이지만 몇몇 항위문장은 모순문장이 아니다.

01. 사람 수현은 여자고 남자다.
02. 사람 유라는 남자가 아니고 여자도 아니다.
03. 동건이 씩씩하다면 그는 씩씩하지 않다.
04. 아리가 착하지 않다면 그는 착하다.
05. 수희가 여대생이면 그는 고등학생이다.
06. 내 지갑 색깔은 빨갛고 파랗다.
07. 철수와 영희는 착하지만 영희는 착하지 않다.

라. 문장 A, B, C, D로부터 “X이고, X는 거짓이다”를 마땅하게 이끌었다. 다음이 참이면 “참”을 쓰고 거짓이거나 모르면 “거”를 쓰라.

01. 문장 A와 B와 C를 전제로 삼으면 결론으로 D를 마땅히 이끌 수 있다.
02. 문장 A와 B와 X를 전제로 삼으면 결론으로 D를 마땅히 이끌 수 있다.
03. 문장 A와 B와 X를 전제로 삼으면 결론으로 D가 거짓임을 마땅히 이끌 수 있다.
04. 문장 B와 C와 D를 전제로 삼으면 결론으로 A가 거짓임을 마땅히 이끌 수 있다.
05. 문장 A와 B와 D를 전제로 삼으면 결론으로 C가 거짓임을 마땅히 이끌 수 있다.
06. 문장 A와 C와 D를 전제로 삼으면 결론으로 B가 거짓임을 마땅히 이끌 수 있다.

020 거짓이다 넣기

문장들 A, B, X로부터 모순문장을 이끌었다면 이들 가운데 적어도 하나는 거짓이다. 이 문장들 가운데 적어도 하나가 거짓이면 추론 "A. B. 따라서 X는 거짓이다"는 마땅하다. 따라서 문장들 A, B, X로부터 모순문장을 이끌었다면 추론 "A. B. 따라서 X는 거짓이다"는 마땅하다. 우리는 이 생각 흐름을 거꾸로 되짚을 수 있다. 추론 "A. B. 따라서 X는 거짓이다"는 다음 세 전제

1. A
2. B
3*. X

로부터 모순문장을 이끄는 추론으로 바꿀 수 있다.

문장들 A, B, X로부터 모순문장을 이끌었다면 문장들 A, B, X 가운데 적어도 하나는 거짓이다. 이를 바탕으로 추론 "A. B. 따라서 X는 거짓이다"가 마땅하다고 말할 수 있다. 문장들 A, B, "X는 거짓이다"로부터 모순문장을 이끌었다면 문장들 A, B, "X는 거짓이다" 가운데 적어도 하나는 거짓이다. 이를 바탕으로 추론 "A. B. 따라서 X"가 마땅하다고 말할 수 있다. 이와 같은 추론 방식을 기본 추론규칙으로 여길 수 있는데 이를 "거짓이다 넣기" 또는 "간접증명법"이라 한다. 이 규칙은 "주장 X를 참이라 여기면 오류에 귀착하기에 주장 X를 거짓으로 여겨야 한다" 또는 "주장 X를 참이라 여기면 이치를 위배하기에 주장 X를 거짓으로 여겨야 한다"고 추론한다. 이 때문에 이 추론규칙을 "귀류법" 또는 "배리법"이라고도 한다.

다음 추론이 마땅함을 거짓이다 넣기를 써서 차근차근 밝히겠다.

1. 얼음은 뜨겁지 않다.
2. 얼음은 달다. // '얼음은 뜨겁고 달다'라는 주장은 거짓이다.

이를 밝히는 전략은 다음과 같다. 첫째, 세 문장 "얼음은 뜨겁지 않다. 얼음은 달다. 얼음은 뜨겁고 달다"로부터 모순문장을 이끈다. 둘째, 세 문장 "얼음은 뜨겁지 않다. 얼음은 달다. 얼음은 뜨겁고 달다" 가운데 적어도 하나는 거짓이다. 셋째, "얼음은 뜨겁지 않다. 얼음은 달다"를 받아들이고 "얼음은 뜨겁고 달다"를 버린다.

이 전략에 따라 먼저 추론의 결론이 거짓이라 가정한다. 다시 말해 "얼음은 뜨겁고 달다"가 참이라 가정한다.

3*. 거짓이다 넣기 시작: 얼음은 뜨겁고 달다.

문장3*에 나온 문장 "얼음은 뜨겁고 달다"는 결론의 부정문이다. 이처럼 거짓이다 넣기는 결론의 부정을 전제들 가운데 하나로 덧붙이는 일로 시작한다. 문장3*에 붙은 "*"은 새로 덧붙인 전제임을 나타낸다. 이를 "가정"이라 하겠다. 덧붙인 가정을 써서 차근차근 이끈 것에도 "*"을 단다.

그다음 전제1, 전제2, 새로 가정된 전제3*을 써서 모순문장을 이끈다.

4*. 3*에서 이고 없애, 얼음은 뜨겁다.

5*. 1과 4*에 이고 넣어, 얼음은 뜨겁지 않고 뜨겁다.

문장4*에도 "*"을 단 까닭은 4*이 기존 전제들로부터 따라 나오지 않고 전제3*을 가정해 얻었기 때문이다. 문장5*에 "*"을 단 까닭도 이와 같다. 우리는 문장5*에서 드디어 모순문장을 이끌었다. 이를 얻었으니 마침내 거짓이다 넣기를 할 수 있다.

6. 3*에서 5*까지로 3*에 거짓이다 넣어, '얼음은 뜨겁고 달다'는 거짓이다. "끝"

여기서 "3*에서 5*까지로 3*에 거짓이다 넣어"는 "문장3*을 새 전제로 보태면 문장5*처럼 모순문장을 얻을 수 있기에 기본 추론규칙 거짓이다 넣기를 써서"를 뜻한다. 문장6에서 "*"이 사라졌음을 잘 보라.

가. **다음 추론이 마땅함을 거짓이다 넣기를 써서 차근차근 이끌려 한다. 다음 밑줄 친 곳에 적절한 말을 써넣으라.**

01. 타키온이 입자면 타키온은 빛보다 빠르지 않다. 타키온은 빛보다 빠르다. 따라서 타키온이 입자라는 말은 거짓이다.

1. 타키온이 입자면 타키온은 빛보다 빠르지 않다.
2. 타키온은 빛보다 빠르다. // 타키온이 입자라는 말은 거짓이다.
   3*. 거짓이다 넣기 시작: ㉠____________________.
   4*. 3*로 1에서 이면 없애, 타키온은 빛보다 빠르지 않다.
   5*. 2와 4*에 이고 넣어, 타키온은 빛보다 빠르고 타키온은 빛보다 빠르지 않다.
6. 3*에서 5*까지로 ㉡________, 타키온이 입자라는 말은 거짓이다. "끝"

02. 타키온은 빛보다 빠르다. 타키온이 물질입자면 타키온은 질량을 갖는다. 타키온이 질량을 가지면 타키온은 빛만큼 빠르기 위해 무한대의 에너지를 가져야 한다. 타키온이 빛만큼 빠르기 위해 무한대의 에너지를 가져야 하는 것은 아니거나 타키온은 빛보다 빠르지 않다. 따라서 타키온이 물질입자라는 말은 거짓이다.

1. 타키온은 빛보다 빠르다.
2. 타키온이 물질입자면 타키온은 질량을 갖는다.
3. 타키온이 질량을 가지면 타키온은 빛만큼 빠르기 위해 무한대의 에너지를 가져야 한다.
4. 타키온이 빛만큼 빠르기 위해 무한대의 에너지를 가져야 하는 것은 아니거나 타키온은 빛보다 빠르지 않다. // 타키온이 물질입자라는 말은 거짓이다.
   5*. 거짓이다 넣기 시작: 타키온은 물질입자다.
   6*. ㉠__________, ㉡____________________.
   7*. ㉢__________, ㉣____________________.
   8*. ㉤__________, ㉥____________________.
   9*. 1과 8*에 이고 넣어, 타키온은 빛보다 빠르고 빛보다 빠르지 않다.
10. 5*에서 9*까지로 5*에 거짓이다 넣어, 타키온이 물질입자라는 말은 거짓이다. "끝"

나. 다음 추론이 마땅함을 거짓이다 넣기를 써서 차근차근 이끌라.

01. 콰인은 경험주의자가 아니다. 따라서 '콰인은 경험주의자고 데이빗슨은 합리주의자다'는 말은 거짓이다.

02. 육종을 통한 품종 개량이 일종의 유전학이면 유전학은 선사시대부터 시작되었다. 유전학이 선사시대부터 시작되었다면 유전학은 멘델이 처음으로 발견하지는 않았다. 유전학은 멘델이 처음으로 발견했다. 따라서 육종을 통한 품종 개량은 일종의 유전학이 아니다.

03. 이번 대선에서 노 후보가 당선되거나 심 후보가 당선된다. 만일 국민이 부패 정치인을 가릴 힘이 없다면 이번 대선에서 노 후보가 당선되지 않는다. 만일 국민이 부패 정치인을 가릴 힘이 없다면 이번 대선에서 심 후보가 당선되지 않는다. 국민이 권력과 언론이 유착되었다는 사실을 알거나 국민은 부패 정치인을 가릴 힘이 없다. 따라서 국민은 권력과 언론이 유착되었다는 사실을 안다.

04. 조 기자는 진실을 추구하거나 그는 이익에 따라 왜곡된 정보를 생산한다. 조 기자는 진실을 추구하지 않는다. 조 기자가 훌륭한 기자면 그는 사실에 바탕을 두고 기사를 쓴다. 조 기자가 사실에 바탕을 두고 기사를 쓴다면 그는 이익에 따라 왜곡된 정보를 생산하지 않는다. 따라서 조 기자는 훌륭한 기자가 아니다.

05. 나는 정신 자산이 풍요롭기를 희망하지 않거나 지속가능한 성숙을 모색한다. 나는 경제 자산이 풍요롭기를 희망하지 않거나 지속가능한 성숙을 모색한다. 나는 지속가능한 성숙을 모색하지 않는다. 따라서 '내가 정신 자산이 풍요롭기를 희망하거나 경제 자산이 풍요롭기를 희망한다'는 말은 거짓이다.

06. 고통은 가장 이해하기 어려운 현상이지만 가장 엄연한 현실이다. 고통이 가장 엄연한 현실이면 우리는 가장 또렷하게 고통을 경험한다. 우리가 다른 존재의 고통에 잘 공감한다면 고통이 가장 이해하기 어려운 현상이지는 않다. 따라서 '우리는 가장 또렷하게 고통을 경험하는 것이 아니거나 우리는 다른 존재의 고통에 잘 공감한다'는 말은 거짓이다.

초중고등학교 시절 학교에서나 학원에서나 논리적으로 사고해야 한다는 말을 수없이 들어왔지만 정작 그 누구도 논리를 가르쳐 준 적은 없었다. 오랫동안 수능을 준비하면서 기출문제 풀이와 단순 암기를 반복했을 뿐이다. 대학에 입학하기 전 우연히 두뇌보완계획이라는 책을 접하고 나서야 논리를 만났다. 혼자 공부하면서, 문제와 씨름하며 정립해온 내 나름의 사고방식이 책에 잘 정돈되어 있을 뿐만 아니라 추상적인 생각의 과정이 구체적으로 기술되어 있었다.

두뇌보완계획은 생각보다 어려운 책이다. 초반부는 쉽다고 느껴졌지만 후반부로 갈수록 이해도 잘 가지 않고 어렵게 느껴졌다. 안다고 생각했던 것이 사실은 잘못 알고 있는 것이었고 이해한다고 생각했던 것이 사실은 어설프게 이해한 것이었기 때문이다. 어려웠지만 책을 한 장 한 장 넘겨 가며 내 사고 체계를 정리했고 책의 내용을 외우기보다는 최대한 이해하려고 노력했다.

석 달이 지난 후 대입 수험생 시절 풀었던 수학능력시험 기출문제를 다시 보았을 때 그 전까지 보지 못한 것들이 보였다. 풀이 요령, 정답과 오답의 명확한 이유, 심지어 문제를 만든 원리까지 보였다. 내 사고력이 몇 단계 비약적으로 성장한 것이다. 전지훈련을 통해 체력과 근력이 강해지듯이 논리력과 사고력도 훈련을 통해 강해질 수 있다.

시험을 준비하는 수험생이건, 군 복무 중인 군인이건, 교양 논리 수업을 듣는 학생이건, 논리력과 사고력은 살아가는 데 반드시 필요한 힘이다. 두뇌보완계획은 양질의 내용과 적절한 과정이 준비되어 있는 최고의 두뇌 훈련소라고 생각한다. 결심하고 첫 장을 넘겼다면, 책의 내용이 이해하기 힘들다고 또는 문제가 어렵다고 포기하지 말길 바란다. 당신이 책의 마지막 장을 덮을 때 당신은 분명 이전과 달라져 있을 것이다.

군 복무 중인 20대 청년 원종현

021 - 030

021 이면 넣기 하루

다음 추론을 생각하는데 이 추론을 추론 ㄱ이라 하겠다.

> 1. 만일 희수가 철학을 좋아한다면 그는 논리학을 좋아한다.
> 2. 희수는 논리학을 좋아하지 않거나 깊이 생각하는 일을 좋아한다.
> 3. 희수는 철학을 좋아한다.
> 따라서 희수는 깊이 생각하는 일을 좋아한다.

이 추론의 결론은 여태 배운 추론규칙들을 써서 차근차근 이끌 수 있다.

> 4. 3으로 1에서 이면 없애, 희수는 논리학을 좋아한다.
> 5. 4로 2에서 이거나 앞말 없애, 희수는 깊이 생각하는 일을 좋아한다.
> "끝"

이처럼 추론 ㄱ은 마땅하다.

전제1과 전제2를 받아들이면 무엇을 받아들일 수 있을까? 이 경우 우리는 "전제3이 참이면 '희수는 깊이 생각하는 것을 좋아한다'도 참이다"를 받아들일 수 있다. 이제 추론 ㄱ을 조금 바꾸어 새로운 추론을 만드는데 이 추론을 추론 ㄴ이라 하겠다. 추론 ㄱ에서 전제1과 전제2를 추론 ㄴ의 전제로 여긴다. 추론 ㄱ의 전제3과 추론 ㄱ의 결론을 "이면"을 이어 이면문장을 만든다. 이 이면문장을 추론 ㄴ의 결론으로 삼는다. 추론 ㄴ은 다음과 같다.

> 1. 만일 희수가 철학을 좋아한다면 그는 논리학을 좋아한다.
> 2. 희수는 논리학을 좋아하지 않거나 깊이 생각하는 일을 좋아한다.
> 따라서 만일 희수가 철학을 좋아한다면 그는 깊이 생각하는 일을 좋아한다.

추론 ㄱ이 마땅하기에 추론 ㄴ도 마땅하다. 이 생각을 거꾸로 되짚어 "추론 ㄴ이 마땅하면 추론 ㄱ도 마땅하다"고 생각할 수 있다. 이 생각을 기본 추론규칙으로 여길 수 있다. 이 규칙을 "이면 넣기" 또는 "조건증명법"이라 한다.

이면 넣기를 쓰는 절차를 이야기하겠다. 우리의 목표는 다음 추론의 마땅함을 보이는 일이다.

1. A
2. B
따라서 X이면 Y

이 추론의 결론은 "X이면 Y"인데 이면문장이다. 이면 넣기를 하려면 먼저 주어진 결론이 이면문장이어야 한다. 그다음 결론의 이면 앞말을 전제들 가운데 하나로 덧붙인다. 새로 덧붙인 전제를 "가정"이라 하겠다. 결론의 이면 앞말은 X인데 X를 가정한다.

1. A
2. B
  3*. X

문장3*에 단 "*"은 새로 덧붙인 전제임을 나타낸다. 끝으로 기존 전제들 A와 B 및 가정 X으로부터 결론의 이면 뒷말을 이끈다. 결론의 이면 뒷말은 Y인데 우리는 다음 추론을 차근차근 이끌어야 한다.

1. A
2. B
  3*. X
따라서 Y

이 추론의 마땅함이 증명되면 우리는 다음을 주장할 수 있다. 추론 "A. B. X. 따라서 Y"가 마땅하니, 기본 추론규칙 이면 넣기에 따라, "A. B. 따라서 X이면 Y"도 마땅하다.

가. **다음 추론의 결론을 이면 넣기를 써서 이끌려 한다. 이 추론을 아래 본보기처럼 겉모습을 바꾸라.**

> **본보기**
>
> 만일 고래가 젖먹이짐승이면 고래는 새끼를 낳는다. 만일 고래가 새끼를 낳는다면 고래는 배꼽을 갖는다. 따라서 만일 고래가 젖먹이짐승이면 고래는 배꼽을 갖는다.
>
> 답: 만일 고래가 젖먹이짐승이면 고래는 새끼를 낳는다. 만일 고래가 새끼를 낳는다면 고래는 배꼽을 갖는다. 고래는 젖먹이짐승이다. 따라서 고래는 배꼽을 갖는다.
>
> 풀이: 기존 결론의 이면 앞말을 새로운 전제로 덧붙인다. 기존 결론의 이면 뒷말을 새로운 결론으로 삼는다.

01. 한강은 착하거나 한강은 힘이 세다. 한강이 힘이 세다면 한강은 싸움을 잘 한다. 따라서 한강이 착하지 않다면 한강은 싸움을 잘 한다.

02. 안드로이드 레이가 여대생이면 그는 대학생이다. 안드로이드 레이가 대학생이면 그는 학생이다. 안드로이드 레이가 학생이면 그는 사람이다. 따라서 안드로이드 레이가 여대생이면 그는 사람이다.

03. 내가 널 보면 난 너에게 눈빛을 찡끗해. 만일 내가 널 보고 너에게 눈빛을 찡끗하면, 너 땜에 내가 정말 이상하고 난 가슴이 터질 것 같아 심쿵심쿵해. 따라서 내가 널 보면 너 땜에 난 가슴이 터질 것 같아 심쿵심쿵해.

04. 이번 대선에서 노 후보가 당선되거나 심 후보가 당선된다. 만일 유 후보가 심 후보와 후보 단일화한다면 이번 대선에서 노 후보는 당선되지 않는다. 만일 안 후보가 출마를 강행한다면 유 후보는 심 후보와 후보 단일화한다. 따라서 만일 안 후보가 출마를 강행한다면 이번 대선에서 심 후보가 당선된다.

05. 현재 한국의 20대와 40대 사이에 정치 성향상 단절이 있거나 현재 한국의 20대는 급격히 보수화된다. 현재 한국의 20대와 40대 사이에 정치 성향상 단절이 없거나 현재 한국의 60대는 급격히 보수화된다. 따라서 만일 현재 한국의 20대가 급격히 보수화되지는 않는다면 현재 한국의 20대와 40대 사이에 정치 성향상 단절이 있고 현재 한국의 60대는 급격히 보수화된다.

나. 문장 A, B, C, D로부터 문장 X를 마땅하게 이끌 수 있다고 가정한다. 이면 넣기를 써서 다음 추론의 마땅함을 보일 수 있다면 "수"를 쓰고 그럴 수 없다면 "없"을 쓰라.

01. A. B. C. 따라서 D이면 X.

02. A. B. C. 따라서 X이면 D.

03. A. B. D. 따라서 C이면 X.

04. A. B. D. 따라서 X이면 C.

05. A. C. D. 따라서 B이면 X.

06. A. C. D. 따라서 X이면 B.

07. B. C. D. 따라서 A이면 X.

08. B. C. D. 따라서 X이면 A.

09. A. B. X. 따라서 C이면 D.

10. A. B. X. 따라서 D이면 C.

11. A. C. X. 따라서 B이면 D.

12. A. C. X. 따라서 D이면 B.

13. A. D. X. 따라서 B이면 C.

14. A. D. X. 따라서 C이면 B.

15. B. C. X. 따라서 A이면 D.

16. B. D. X. 따라서 A이면 C.

17. C. D. X. 따라서 A이면 B.

18. A. B. 따라서 만일 C이고 D이면 X.

19. C. D. 따라서 만일 A이거나 B이면 X.

20. A. 따라서 만일 B이고 C이고 D이면 X.

022 이면 넣기 이틀

다음 추론이 마땅한지 따지려 한다.

> ≪토지≫의 무대가 하동이면 최 참판 댁은 하동에 있다. 만일 ≪토지≫의 무대가 하동이고 최 참판 댁이 하동에 있다면 ≪토지≫가 최 참판 댁의 승승장구를 그리지는 않는다. ≪토지≫는 개항기 이후 한국 사회의 급격한 변화를 잘 보여주거나 최 참판 댁의 승승장구를 그린다. 따라서 만일 ≪토지≫의 무대가 하동이면 ≪토지≫는 개항기 이후 한국 사회의 급격한 변화를 잘 보여준다.

이 추론의 결론은 이면문장이다. 추론의 결론은 이면문장이기에 이면 넣기를 써서 결론을 이끄는 것이 좋겠다. 이 추론의 전제는 세 개인데 이를 P1, P2, P3으로 쓰고 결론을 "X이면 Y"로 짧게 쓴다. 이렇게 쓰면 이 추론은 "P1. P2. P3. 따라서 X이면 Y" 꼴이다. 기본 추론규칙 이면 넣기에 따라 기존 추론의 마땅함을 밝히려면 새 추론 "P1. P2. P3. X. 따라서 Y"의 마땅함을 밝혀야 한다.

이면 넣기를 시작하려면 먼저 주어진 결론의 이면 앞말을 기존 전제들에 보탠다. 기존 결론의 이면 앞말은 "≪토지≫의 무대는 하동이다"인데 이것을 새로운 전제로 가정한다.

1. ≪토지≫의 무대가 하동이면 최 참판 댁은 하동에 있다.
2. 만일 ≪토지≫의 무대가 하동이고 최 참판 댁이 하동에 있다면 ≪토지≫가 최 참판 댁의 승승장구를 그리지는 않는다.
3. ≪토지≫는 개항기 이후 한국 사회의 급격한 변화를 잘 보여주거나 최 참판 댁의 승승장구를 그린다. // 만일 ≪토지≫의 무대가 하동이면 ≪토지≫는 개항기 이후 한국 사회의 급격한 변화를 잘 보여준다.
   4*. 이면 넣기 시작: ≪토지≫의 무대는 하동이다.

문장4*에 단 "*"은 새로 가정된 전제임을 나타낸다. 덧붙인 가정을 써서 차근차근 이끈 것에도 "*"을 단다. "*"을 단 문장은 보기 편하게 들여쓰기를 했다.

그다음 전제1, 전제2, 전제3, 새로 가정된 전제4*을 써서 원래 결론의 이면 뒷말 "≪토지≫는 개항기 이후 한국 사회의 급격한 변화를 잘 보여준다"를 차근차근 이끈다.

4*. 이면 넣기 시작: ≪토지≫의 무대는 하동이다.
5*. 4*로 1에서 이면 없애, 최 참판 댁은 하동에 있다.
6*. 4*과 5*에 이고 넣어, ≪토지≫의 무대는 하동이고 최 참판 댁은 하동에 있다.
7*. 6*로 2에서 이면 없애, ≪토지≫가 최 참판 댁의 승승장구를 그리지는 않는다.
8*. 7*로 3에서 이거나 뒷말 없애, ≪토지≫는 개항기 이후 한국 사회의 급격한 변화를 잘 보여준다.

5*에도 "*"을 단 까닭은 5*이 기존 전제들로부터 따라 나오지 않고 전제4*을 가정해 얻었기 때문이다. 6*, 7*, 8*에 "*"을 단 까닭도 이와 같다.

우리는 문장8*에서 드디어 기존 결론의 이면 뒷말을 이끌었다. 이를 얻었으니 드디어 이면 넣기를 할 수 있다. 곧 전제1, 전제2, 전제3을 받아들이면 결론 "4*이 참이면 8*도 참이다"를 받아들일 수 있다.

9. 4*에서 8*까지로 4*과 8*에 이면 넣어, 만일 ≪토지≫의 무대가 하동이면 ≪토지≫는 개항기 이후 한국 사회의 급격한 변화를 잘 보여준다. "끝"

여기서 "4*에서 8*까지로 4*과 8*에 이면 넣어"는 "문장4*을 새 전제로 보태면 문장8*을 얻을 수 있기에 기본 추론규칙 이면 넣기를 써서"를 뜻한다. 문장9에서 "*"이 사라졌으며 들여쓰기도 그만두었음을 잘 보라.

가. **다음 추론이 마땅함을 차근차근 이끌려 한다. 다음 밑줄 친 곳에 어울리는 말을 써넣으라.**

01. 스파게티는 처음부터 토마토소스를 사용하지는 않았거나 파스타의 일종이 아니다. 스파게티가 처음부터 토마토소스를 사용하지는 않았다면 처음에는 올리브유를 소스로 사용했다. 따라서 만일 스파게티가 파스타의 일종이면 스파게티는 처음에 올리브유를 소스로 사용했다.

1. 스파게티는 처음부터 토마토소스를 사용하지는 않았거나 파스타의 일종이 아니다.
2. 스파게티가 처음부터 토마토소스를 사용하지는 않았다면 처음에는 올리브유를 소스로 사용했다. // 만일 스파게티가 파스타의 일종이면 스파게티는 처음에 올리브유를 소스로 사용했다.
   3*. 이면 넣기 시작: ㉠______________________________.
   4*. 3*로 1에서 이거나 뒷말 없애, 스파게티는 처음부터 토마토소스를 사용하지는 않았다.
   5*. 4*로 2에서 이면 없애, 스파게티는 처음에 올리브유를 소스로 사용했다.
6. 3*에서 5*까지로 ㉡__________, 만일 스파게티가 파스타의 일종이면 스파게티는 처음에 올리브유를 소스로 사용했다. "끝"

02. 금융위기 이후 증세는 피할 수 없는 세계 추세거나 집권당은 장차 부자 감세 정책을 포기한다. 금융위기 이후 증세가 피할 수 없는 세계 추세면 집권당은 정권 재창출에 실패한다. 집권당은 장차 부자 감세 정책을 포기하지 않거나 집권당은 증세를 겉으로라도 주장한다. 따라서 집권당이 증세를 겉으로라도 주장하지 않는다면 집권당은 정권 재창출에 실패한다.

1. 금융위기 이후 증세는 피할 수 없는 세계 추세거나 집권당은 장차 부자 감세 정책을 포기한다.
2. 금융위기 이후 증세가 피할 수 없는 세계 추세면 집권당은 정권 재창출에 실패한다.
3. 집권당이 장차 부자 감세 정책을 포기하지 않거나 집권당은 증세를 겉

으로라도 주장한다. // 집권당이 증세를 겉으로라도 주장하지 않는다면 집권당은 정권 재창출에 실패한다.

4*. 이면 넣기 시작: 집권당은 증세를 겉으로라도 주장하지 않는다.

5*. ㉠_______________, ㉡______________________________.

6*. ㉢_______________, ㉣______________________________.

7*. ㉤_______________, ㉥______________________________.

8. 4*에서 7*까지로 4*과 7*에 이면 넣어, 집권당이 증세를 겉으로라도 주장하지 않는다면 집권당은 정권 재창출에 실패한다. "끝"

03. 만일 우리가 원칙 있는 현실주의자가 되어야 한다면 우리는 혁신안을 고수해야 한다. 만일 우리가 원칙 있는 현실주의자가 되어야 하고 또한 혁신안을 고수해야 한다면 우리는 혁신을 결코 미루어서는 안 된다. 우리는 원칙 있는 현실주의자가 되어야 하거나 원칙만 있는 이상주의자가 되어야 한다. 따라서 만일 우리가 원칙만 있는 이상주의자가 되어야 한다는 주장이 옳지 않다면 우리는 혁신을 결코 미루어서는 안 된다.

1. 만일 우리가 원칙 있는 현실주의자가 되어야 한다면 우리는 혁신안을 고수해야 한다.
2. 만일 우리가 원칙 있는 현실주의자가 되어야 하고 또한 혁신안을 고수해야 한다면 우리는 혁신을 결코 미루어서는 안 된다.
3. 우리는 원칙 있는 현실주의자가 되어야 하거나 원칙만 있는 이상주의자가 되어야 한다. // 만일 우리가 원칙만 있는 이상주의자가 되어야 한다는 주장이 옳지 않다면 우리는 혁신을 결코 미루어서는 안 된다.

4*. ㉠_______________: ______________________________.

5*. ㉡_______________, ______________________________.

6*. ㉢_______________, ______________________________.

7*. ㉣_______________, ______________________________.

8*. ㉤_______________, ______________________________.

9. ㉥ _______________________, 만일 우리가 원칙만 있는 이상주의자가 되어야 한다는 주장이 옳지 않다면 우리는 혁신을 결코 미루어서는 안 된다. "끝"

023 이면 뒷말 없애기

우리는 여태 8개의 기본 추론규칙을 모두 배웠다. 이들로부터 다른 추론규칙의 마땅함을 밝힐 수 있다. 기본 추론규칙들을 써서 밝힌 추론규칙을 "파생 추론규칙" 또는 "딸림 이끌기 틀"이라 한다. 다음 세 가지는 외워둘 만하다.

- 틀9. 이면 뒷말 없애기
- 틀10. 이면 잇기
- 틀11. 이러나저러나

오늘은 이면 뒷말 없애기를 배운다.

다음 추론의 마땅함은 거짓이다 넣기를 써서 밝힐 수 있다.

1. 만일 물이 생물이면 물은 죽는다.
2. 물이 죽는다는 거짓이다.
따라서 물이 생물이다는 거짓이다.

이 추론의 전제들로부터 결론을 차근차근 이끌면 다음과 같다.

1. 만일 물이 생물이면 물은 죽는다.
2. 물이 죽는다는 거짓이다. // 물이 생물이다는 거짓이다.
 3*. 거짓이다 넣기 시작: 물은 생물이다.
 4*. 3*로 1에서 이면 없애, 물은 죽는다.
 5*. 2와 4*에 이고 넣어, 물은 죽고 죽지 않는다.
6. 3*에서 5*까지로 3*에 거짓이다 넣어, 물이 생물이다는 거짓이다. "끝"

이 추론의 꼴을 잘 살피면 새로운 추론규칙을 얻을 수 있다.

다음 추론의 꼴은 여태 배운 기본 추론규칙과는 다르다.

1. X이면 Y

2. Y는 거짓이다.

따라서 X는 거짓이다.

하지만 기본 추론규칙들을 써서 이 추론의 마땅함을 차근차근 밝힐 수 있다.

1. X이면 Y

2. Y는 거짓이다. // X는 거짓이다.

3*. 거짓이다 넣기 시작: X

4*. 3*로 1에서 이면 없애, Y

5*. 2와 4*에 이고 넣어, Y는 참이고 Y는 거짓이다.

6. 3*에서 5*까지로 3*에 거짓이다 넣어, X는 거짓이다. "끝"

이 추론의 첫째 전제는 이면문장이다. 둘째 전제는 첫째 전제의 이면 뒷말이 거짓이라 말한다. 이 두 전제로부터 결론 "첫째 전제의 이면 앞말은 거짓이다"를 이끈다. 이 같은 추론을 "이면 뒷말 없애기" 또는 "부정논법"이라 하는데 우리는 이를 추론규칙으로 여긴다.

'이면 뒷말 없애기'는 '이면 없애기'와 다르다. 이면 없애기는 "X이면 Y. X. 따라서 Y" 꼴의 추론규칙이다. 아무 말 없이 "이면 없애기"라 하면 이는 '이면 앞말 없애기'를 가리킨다. 이면 뒷말 없애기는 기본 추론규칙으로부터 딸려 나온 파생 추론규칙이다. "이면"을 화살 꼴 "→"로 쓰고 "거짓이다"를 물결 꼴 "~"로 써서 이면 뒷말 없애기를 짧게 나타낼 수 있다.

1. X→Y

2. ~Y

∴ ~X

여기서 X와 Y는 문장 또는 문장 표현이다.

가. 다음 추론 꼴이 이면 뒷말 없애기 꼴에 맞다면 "맞"을 쓰고 그렇지 않다면 "않"을 쓰라. 말꼴 A, B, C 따위는 문장 또는 문장 표현이다.

01. A이면, B는 거짓이다. B. 따라서 A는 거짓이다.

02. C가 거짓이면, D. D는 거짓이다. 따라서 C

03. G가 거짓이면, H가 거짓이다. H. 따라서 G

나. 다음 추론이 이면 뒷말 없애기를 바르게 쓴 추론이면 "바"를 쓰고 그렇지 않으면 "못"을 쓰라.

01. 키토산이 물에 쉽게 녹는다면 키토산은 쉽게 소화된다. 키토산은 쉽게 소화되지 않는다. 따라서 키토산은 물에 쉽게 녹지 않는다.

02. 서울발 KTX가 김천역에 정차한다면 서울발 KTX는 구미역에 정차하지 않는다. 서울발 KTX는 김천역에 정차하지 않는다. 따라서 서울발 KTX는 구미역에 정차한다.

03. 희영이 올해 착한 일을 많이 했다면 희영은 이번 크리스마스에 선물을 많이 받는다. 희영은 이번 크리스마스에 선물을 많이 받지 못했다. 따라서 희영은 올해 착한 일을 많이 하지 않았다.

04. 우리 지역 상수원에서 적절하게 물 처리가 이루어지지 않는다면 우리 지역 상수도관 안에 모래나 박테리아가 존재한다. 우리 지역 상수도관 안에 모래나 박테리아가 존재한다. 따라서 우리 지역 상수원에서 적절하게 물 처리가 이루어지지 않았다.

05. 내가 파생상품에 투자해서 돈을 많이 벌었다면 나는 벌써 집을 샀다. 따라서 내가 파생상품에 투자해서 돈을 많이 벌었다는 거짓이다. 왜냐하면 나는 아직 집을 사지 않았기 때문이다.

06. 수혁이 수희를 사랑하지 않는다면 수혁은 지금 다른 사람을 만나겠지. 따라서 수혁은 지금 다른 사람을 만나지 않아. 왜냐하면 수혁은 수희를 사랑하니까.

다. 다음 추론의 전제로부터 결론을 차근차근 이끌라.

> **본보기**
>
> 스펀지 금속은 물에 가라앉지 않는다. 스펀지 금속의 비중이 물보다 크다면 이 금속은 물에 가라앉는다. 스펀지 금속의 비중이 물보다 크지 않다면 이 금속은 항공기 소재로 쓰일 수 있다. // 스펀지 금속은 항공기 소재로 쓰일 수 있다.
>
> 1. 스펀지 금속은 물에 가라앉지 않는다.
> 2. 스펀지 금속의 비중이 물보다 크다면 이 금속은 물에 가라앉는다.
> 3. 스펀지 금속의 비중이 물보다 크지 않다면 이 금속은 항공기 소재로 쓰일 수 있다. // 스펀지 금속은 항공기 소재로 쓰일 수 있다.
> 4. 1로 2에서 이면 뒷말 없애, 스펀지 금속의 비중은 물보다 크지 않다.
> 5. 4로 3에서 이면 앞말 없애, 스펀지 금속은 항공기 소재로 쓰일 수 있다. "끝"
>
> 참고: 문장4에서 "1로 2에서 이면 뒷말 없애"는 "문장1과 문장2에 파생 추론 규칙 이면 뒷말 없애기를 적용하여"를 뜻한다. 이를 그냥 짧게 "2에서 이면 뒷말 없애"라 쓰지 않도록 조심하라.

01. 육종을 통한 품종 개량이 일종의 유전학이면 유전학은 선사시대부터 시작되었다. 유전학이 선사시대부터 시작되었다면 유전학은 멘델이 처음으로 발견하지는 않았다. 유전학은 멘델이 처음으로 발견했다. 따라서 육종을 통한 품종 개량이 일종의 유전학인 것은 아니다.

02. 철학자 콰인은 자연주의자며 인식론이 심리학의 일종이라 주장한다. 콰인이 이성의 자율성을 믿는다면 그는 인식론이 심리학의 일종이라 주장하지 않았다. 따라서 철학자 콰인은 자연주의자고 이성의 자율성을 믿지 않는다.

03. 에밀리 브론테는 샬롯 브론테의 동생이고 오직 ≪폭풍의 언덕≫만을 저술했다. 에밀리 브론테가 젊은 나이에 죽지 않았다면 그는 오직 ≪폭풍의 언덕≫만을 저술하지는 않았다. 따라서 에밀리 브론테는 오직 ≪폭풍의 언덕≫만을 저술했으며 젊은 나이에 죽었다.

024 이면 잇기

다음 추론이 마땅함을 차근차근 밝히겠다.

1. 내가 지혜를 사랑한다면 나는 철학자다.
2. 내가 철학자면 나는 세계를 사랑한다.

따라서 내가 지혜를 사랑한다면 나는 세계를 사랑한다.

이 추론의 결론은 이면문장이기에 이 추론에 이면 넣기를 적용할 수 있다. 결론의 이면 앞말을 새 전제로 보탠 뒤 결론의 이면 뒷말을 이끌도록 하겠다.

3*. 이면 넣기 시작: 나는 지혜를 사랑한다.
4*. 3*로 1에서 이면 앞말 없애, 나는 철학자다.
5*. 4*로 2에서 이면 앞말 없애, 나는 세계를 사랑한다.
6. 3*에서 5*까지로 3*과 5*에 이면 넣어, 내가 지혜를 사랑한다면 나는 세계를 사랑한다. "끝"

이 추론은 전제의 두 이면문장을 이어 새로운 이면문장을 결론으로 이끈다.

우리는 다음 추론 꼴이 마땅함을 비슷하게 밝혀 보일 수 있다.

1. X이면 Y
2. Y이면 Z

따라서 X이면 Z

전제1과 전제2는 이면문장이다. 한 전제의 이면 뒷말과 다른 전제의 이면 앞말은 똑같다. 두 이면문장을 이어 새로운 이면문장을 결론으로 이끈다. 이러한 추론규칙을 "이면 잇기" 또는 "가언 삼단논법"이라 한다.

이면 잇기는 기본 추론규칙으로부터 딸려 나온 파생 추론규칙이다. 이면 잇기의 마땅함은 다음처럼 밝혀 보일 수 있다.

1. X이면 Y
2. Y이면 Z // X이면 Z
   3*. 이면 넣기 시작: X
   4*. 3*로 1에서 이면 앞말 없애, Y
   5*. 4*로 2에서 이면 앞말 없애, Z
6. 3*에서 5*까지로 3*과 5*에 이면 넣어, X이면 Z. "끝"

"이면" 대신에 화살꼴 "→"을 써서 이면 잇기를 다음처럼 나타낼 수 있다.

1. X→Y
2. Y→Z

∴ X→Z

여기서 X, Y, Z는 문장 또는 문장 표현이다.

보기로 파생 추론규칙을 써서 다음 추론을 차근차근 이끌겠다.

1. 육종을 통한 품종 개량이 일종의 유전학이면 유전학은 선사시대부터 시작되었다.
2. 유전학이 선사시대부터 시작되었다면 유전학은 멘델이 처음으로 발견하지는 않았다.
3. 유전학은 멘델이 처음으로 발견했다. // 육종을 통한 품종 개량이 일종의 유전학이다는 거짓이다.
4. 1과 2를 이면 이어, 육종을 통한 품종 개량이 일종의 유전학이면 유전학은 멘델이 처음으로 발견하지는 않았다.
5. 3으로 4에서 이면 뒷말 없애, 육종을 통한 품종 개량이 일종의 유전학이다는 거짓이다. "끝"

문장4에서 "1과 2를 이면 이어"는 "문장1과 문장2에 파생 추론규칙 이면 잇기를 적용하여"를 뜻한다.

가. 다음 추론이 이면 잇기를 바르게 쓴 추론이면 “바”를 쓰고 그렇지 않으면 “못”을 쓰라.

01. 이숙자가 ≪보리밭≫을 그렸다면 이숙자는 ≪보리밭≫으로 중앙미술대전에서 대상을 받았다. 이숙자가 ≪보리밭≫으로 중앙미술대전에서 대상을 받았다면 그는 보리밭 연작을 계속 그렸다. 따라서 이숙자가 ≪보리밭≫을 그렸다면 그는 보리밭 연작을 계속 그렸다.

02. 말할 수 없는 것에 대해 침묵해야 한다면 말할 수 있는 것에 대해서만 말해야 한다. 말할 수 있는 것에 대해서만 말해야 한다면 말할 수 있는 것이 무엇인지 먼저 알아야 한다. 따라서 말할 수 있는 것이 무엇인지 안다면 말할 수 없는 것에 대해 침묵할 수 있다.

03. 신이 선하고 완전하다면, 신에게는 모자란 것이 없으며 증오심도 없다. 신에게 모자란 것이 없고 증오심도 없다면 그는 자신을 인식하지 못하는 무신론자를 증오하지 않는다. 따라서 신이 선하다면 그는 자신을 인식하지 못하는 무신론자를 증오하지 않는다.

나. 다음 추론이 마땅한 추론이 되도록 “따라서”나 “왜냐하면” 뒤에 알맞은 문장을 채우라.

01. 내가 존재하지 않는다면 나는 생각하지도 의심하지도 꿈꾸지도 못한다. 내가 생각하지도 의심하지도 꿈꾸지도 못한다는 말은 거짓이다. 따라서

02. 시에서 문화재 관리를 소홀히 하지 않는다면 우리 시의 관광 수입은 점차 많아진다. 우리 시의 관광 수입은 점차 많아지지 않았다. 따라서

03. 네가 주 3회 이상 꾸준히 운동한다면 너의 체력은 좋아진다. 따라서 네가 주 3회 이상 꾸준히 운동한다는 말은 거짓이다. 왜냐하면

04. 고흐의 「아몬드 꽃」이 자포니즘의 영향을 받지 않았다면 그의 이 그림은 여백미가 유난히 돋보이지 않았다. 따라서 고흐의 「아몬드 꽃」은 자포니즘의 영향을 받았다. 왜냐하면

05. 모든 선악이 쾌락과 고통을 지각하는 데서 생긴다면 쾌락은 곧 선이고 고통은 곧 악이다. 따라서 모든 선악이 쾌락과 고통을 지각하는 데서 생긴다는 말은 거짓이다. 왜냐하면

06. 만약 인혁이 타인을 용서하는 것이 나중에 더 큰 쾌락을 가져오리라 믿는다면 그는 한동안 고통을 수반하더라도 타인을 용서한다. 따라서 인혁은 타인을 용서하는 것이 나중에 더 큰 쾌락을 가져오리라 믿지 않는다. 왜냐하면

07. 검찰이 공명정대했다면 검찰은 실정법을 어긴 김 검사를 기소했다. 검찰이 실정법을 어긴 김 검사를 기소했다면 검찰이 이토록 신뢰를 잃지는 않았다. 따라서

08. 우리 사회의 구성원이 서로 대립하는 일이 불가피하다면 이들 사이의 갈등을 적절히 조절할 정치체제가 반드시 요구된다. 우리 사회의 자원이 한정되었다면 우리 사회의 구성원이 서로 대립하는 일은 불가피하다. 따라서

09. 그가 소수자 인권 전반에 관심이 있다면 그는 성소수자 인권에도 관심이 있다. 그가 여성 인권에 관심이 있다면 그는 소수자 인권 전반에도 관심이 있다. 따라서

10. 우리 도서관이 LCC 방식으로 책 정리가 되지 않는다면 DDC 방식을 사용한다. 따라서 우리 도서관이 LCC 방식으로 책 정리가 되지 않는다면 우리 도서관의 백과사전은 태초의 혼돈을 의미하는 000 자리에 분류된다. 왜냐하면

11. 두 사람이 서로 등을 붙인 것이 최초 인류의 모습이면 현재 인류의 모습은 원래 사람의 반쪽에 지나지 않는다. 따라서 두 사람이 서로 등을 붙인 것이 최초 인류의 모습이면 현재 인류는 잃어버린 반쪽을 찾아 헤맬 운명을 지니고 태어난다. 왜냐하면

12. 스피노자가 생전에 ≪에티카≫를 출판했다면 생애 가장 고통스러운 공격에 시달리며 죽어갔을 것이다. 따라서 스피노자가 세간의 명성에 조금이라도 욕심이 있었다면 그는 생애 가장 고통스러운 공격에 시달리며 죽어갔을 것이다. 왜냐하면

025 이러나저러나 하루

문장 표현 X, Y, Z로 이루어진 다음 추론을 생각한다.

1. X이거나 Y
2. X이면 Z
3. Y이면 Z
따라서 Z

우리는 이 추론이 마땅함을 차근차근 밝힐 수 있다. 이 추론의 꼴을 파생 추론규칙으로 여길 수 있다. 이 규칙을 "이러나저러나" 또는 "경우에 의한 논증"이라 한다. 말꼴들을 써서 이러나저러나를 다음처럼 나타낼 수 있다.

1. $X \vee Y$
2. $X \rightarrow Z$
3. $Y \rightarrow Z$
$\therefore Z$

여기서 X, Y, Z는 문장 또는 문장 표현이다.

파생 추론규칙 이러나저러나의 마땅함은 기본 추론규칙의 힘을 빌려 차근차근 밝힐 수 있다.

1. X이거나 Y
2. X이면 Z
3. Y이면 Z // Z
 4*. 거짓이다 넣기 시작: Z는 거짓이다.
 5*. 4*로 2에서 이면 뒷말 없애, X는 거짓이다.
 6*. 4*로 3에서 이면 뒷말 없애, Y는 거짓이다.

7*. 6*로 1에서 이거나 뒷말 없애, X

8*. 5*과 7*에 이고 넣어, X는 참이고 거짓이다.

9. 4*에서 8*까지로 4*에 거짓이다 넣어, Z가 거짓이다는 거짓이다.

10. 9에서 거짓이다 없애, Z. "끝"

이제 이러나저러나 규칙을 증명 없이 마땅한 추론규칙으로 쓸 수 있다.

다음 세 문장으로부터 마땅하게 따라 나오는 것은 무엇인가?

> 내가 정신 자본이 풍요롭기를 바란다면 나는 지속가능한 성숙을 모색해야 한다. 내가 경제 자본이 풍요롭기를 바란다면 나는 지속가능한 성숙을 모색해야 한다. 나는 정신 자본이 풍요롭기를 바라거나 나는 경제 자본이 풍요롭기를 바란다.

여기서 두 문장은 이면문장이며 이들 이면문장의 이면 뒷말은 똑같다. 나머지 한 문장은 각 이면문장의 이면 앞말이 "이거나"로 이어졌다. 이 세 문장은 추론규칙 이러나저러나에 나오는 세 전제와 꼴이 같다. 이러나저러나를 적용하면 두 이면문장의 이면 뒷말 "나는 지속가능한 성숙을 모색해야 한다"를 결론으로 이끌 수 있다.

한편 다음 추론에는 이러나저러나를 적용할 수 없다.

> 주식회사 갑을병이 영민을 신입사원으로 채용한다면 이 회사는 전도유망하다. 이 회사는 영민을 신입사원으로 채용하거나 민영을 신입사원으로 채용한다. 따라서 이 회사는 전도유망하다.

하지만 전제를 하나 보태면 전제들로부터 결론을 이끌 수 있다. 그 전제는 "주식회사 갑을병이 민영을 신입사원으로 채용한다면 이 회사는 전도유망하다"다. 말할 것도 없이 "주식회사 갑을병은 영민을 신입사원으로 채용한다"를 새로운 전제로 보태도 결론을 이끌 수 있다. 다만 이렇게 하면 둘째 전제 "이 회사는 영민을 신입사원으로 채용하거나 민영을 신입사원으로 채용한다"는 결론을 이끄는 데 쓰이지 않는다.

가. 다음 추론이 이러나저러나를 바르게 쓴 추론이면 “바”를 쓰고 그렇지 않으면 “못”을 쓰라.

01. 발레는 대사 없는 극무용이거나 무언극이다. 발레에 배경음악이 중요하다면 발레는 대사 없는 극무용이다. 발레에 배경음악이 중요하다면 발레는 무언극이다. 따라서 발레에는 배경음악이 중요하다.

02. 내년에 출시될 지엘의 스마트폰은 새로운 기능을 첨가하고 디자인을 보완한다. 내년에 출시될 지엘의 스마트폰이 새로운 기능을 첨가한다면 지엘의 단말기 점유율은 차츰 회복된다. 내년에 출시될 지엘의 스마트폰이 디자인을 보완한다면 지엘의 단말기 점유율은 차츰 회복된다. 따라서 지엘의 단말기 점유율은 차츰 회복된다.

나. 다음 추론이 마땅한 추론이 되도록 “따라서”나 “왜냐하면” 뒤에 알맞은 문장을 채우라.

01. 젊은 세대는 대체로 현실 정치에 관심이 없거나 투표에 참여하지 않는다. 젊은 세대가 대체로 현실 정치에 관심이 없다면 장차 우리나라는 투표율이 높은 늙은이들의 세계관에 따라 움직인다. 젊은 세대가 대체로 투표에 참여하지 않는다면 장차 우리나라는 투표율이 높은 늙은이들의 세계관에 따라 움직인다. 따라서

02. 도깨비는 귀신이거나 재물을 가져다주는 남성 존재다. 도깨비가 귀신이면 씨름을 좋아하지 않는다. 도깨비가 재물을 가져다주는 남성 존재면 도깨비는 당대 남성이 바랐던 남성상을 반영한다. 따라서 도깨비는 당대 남성이 바랐던 남성상을 반영한다. 왜냐하면

03. 만일 우리 인식이 대체로 틀리지 않다면 세계를 제대로 인식하는 이가 아무도 없어도 세계는 여전히 실재한다. 만일 오류 개념이 오직 바깥 세계에 근거해서만 성립한다면 세계를 제대로 인식하는 이가 아무도 없어도 세계는 여전히 실재한다. 우리 인식은 대체로 틀리지 않거나 오류 개념은 오직 바깥 세계에 근거해서만 성립한다. 따라서

04. 시나위는 악보 없이 연주하는 곡이거나 정형화되지 않은 기악곡이다. 시나위가 악보 없이 연주하는 곡이면 연주자는 시나위를 즉흥으로 연주해야 한다. 따라서 연주자는 시나위를 즉흥으로 연주해야 한다. 왜냐하면

05. 빅 브라더가 정보를 독점한다면 우리 사회는 그에게 통제당한다. 빅 브라더가 모든 것을 감시한다면 우리 사회는 그에게 통제당한다. 따라서 우리 사회는 빅 브라더에게 통제당한다. 왜냐하면

06 예술의 정의는 모호하거나 시대에 걸쳐 진화한다. 예술의 정의가 모호하다면 우리는 예술의 정의를 알기 어렵다. 따라서 우리는 예술의 정의를 알기 어렵다. 왜냐하면

07. 우리가 다양한 시각을 가진 사람들의 의견을 비판할 수 있다면 우리는 반성 평형에 이를 수 있다. 우리가 합당한 비판을 적극 수용할 수 있다면 우리는 반성 평형에 이를 수 있다. 따라서 우리는 반성 평형에 이를 수 있다. 왜냐하면

08. 별자리가 유목민의 여정에 기원을 둔다면 별자리는 실용 목적을 지녔다. 별자리가 고대 문명의 천문 관측에 기원을 둔다면 별자리는 실용 목적을 지녔다. 별자리는 유목민의 여정에 기원을 두거나 고대 문명의 천문 관측에 기원을 둔다. 따라서

09. 현재까지 출토된 신라 금관은 그 시기에 살았던 왕의 수보다 많다. 신라 금관이 단순히 왕의 상징물일 뿐이면 현재까지 출토된 신라 금관은 그 시기에 살았던 왕의 수보다 많지 않다. 신라 금관이 왕이 아닌 사람의 무덤에는 사용되지 않았다면 신라 금관은 단순히 왕의 상징물일 뿐이다. 신라 금관은 왕이 아닌 사람의 무덤에는 사용되지 않았거나, 신라 금관은 단순히 왕의 상징물일 뿐만 아니라 샤먼 제사장의 상징물로도 사용되었다. 따라서

10. 단테가 첫사랑 베아트리체를 열렬히 사모하지 않았다면 단테의 시는 지금과 매우 달랐다. 단테의 시가 지금과 매우 달랐다면 단테는 위대한 작가가 되지 못했다. 단테는 위대한 작가가 되지 못했거나 첫사랑과 결혼하지 못했다. 단테가 첫사랑과 결혼하지 못했다면 첫사랑의 죽음은 그에게 가장 큰 고통이었다. 따라서 단테는 첫사랑 베아트리체를 열렬히 사모했고 첫사랑의 죽음은 그에게 가장 큰 고통이었다. 왜냐하면

026 이러나저러나 이틀

다음 추론이 마땅함을 차근차근 밝히겠다.

> 1. 은은 공기나 물속에서 잘 녹슬지 않는 금속이거나 물에 거의 녹지 않는 고체다. 2. 은이 공기나 물속에서 잘 녹슬지 않는 금속이면 은은 물과 공기 속에서 안정하다. 3. 은이 물에 거의 녹지 않는 고체면 은은 물과 공기 속에서 안정하다. 4. 은이 물과 공기 속에서 안정하다면 은은 돈으로 쓰기에 알맞다. 따라서 은은 돈으로 쓰기에 알맞다.

이 추론의 결론은 "은은 돈으로 쓰기에 알맞다"인데 이것은 전제4의 이면 뒷말과 같다. 이를 얻으려면 전제4의 이면 앞말이 참이라는 정보가 있어야 한다. 이것은 전제1, 전제2, 전제3에서 이러나저러나를 써서 얻을 수 있다. 이 생각을 간추리면 아래와 같다.

1. 은은 공기나 물속에서 잘 녹슬지 않는 금속이거나 물에 거의 녹지 않는 고체다.
2. 은이 공기나 물속에서 잘 녹슬지 않는 금속이면 은은 물과 공기 속에서 안정하다.
3. 은이 물에 거의 녹지 않는 고체면 은은 물과 공기 속에서 안정하다.
4. 은이 물과 공기 속에서 안정하다면 은은 돈으로 쓰기에 알맞다. // 은은 돈으로 쓰기에 알맞다.
5. 1로 2와 3에서 이러나저러나, 은은 물과 공기 속에서 안정하다.
6. 5로 4에서 이면 앞말 없애, 은은 돈으로 쓰기에 알맞다. "끝"

문장5에서 "1로 2와 3에서 이러나저러나"는 "문장1, 문장2, 문장3에 파생 추론규칙 이러나저러나를 적용하여"를 뜻한다. 이러나저러나를 쓰려면 문장

3개가 있어야 함을 잊지 말아야 한다.

다음 추론도 이러나저러나를 써서 결론을 이끌 수 있다.

> 1. 대한민국 검찰이 대한민국의 혁신을 바란다면 그들은 정치 혁신가를 향한 표적수사를 또다시 감행하지 않는다. 2. 하지만 대한민국 검찰이 부패했다면 그들은 정치 혁신가를 향한 표적수사를 또다시 감행한다. 3. 대한민국 검찰이 조직의 안전을 우선시한다면 그들은 정권 실세의 기획수사 요구에 적극 응한다. 4. 대한민국 검찰이 정권 실세의 기획수사 요구에 적극 응한다면 그들은 정치 혁신가를 향한 표적수사를 또다시 감행한다. 5. 대한민국 검찰은 부패했거나 조직의 안전을 우선시한다. 따라서 대한민국 검찰이 대한민국의 혁신을 바라지는 않는다.

이 추론의 결론을 얻으려면 전제1에서 이면 뒷말을 없애야 한다. 이를 없애려면 전제1의 이면 뒷말이 거짓이라는 정보가 있어야 한다. 곧 "대한민국 검찰은 정치 혁신가를 향한 표적수사를 또다시 감행한다"가 참이어야 한다. 전제2와 전제5가 있으니 이러나저러나를 할 만한데 "대한민국 검찰이 조직의 안전을 우선시한다면 그들은 정치 혁신가를 향한 표적수사를 또다시 감행한다"가 빠져 있다. 하지만 이것은 전제3과 전제4를 이면 이어 얻을 수 있다. 이 생각 과정을 간추리면 아래와 같다.

> 6. 3과 4를 이면 이어, 대한민국 검찰이 조직의 안전을 우선시한다면 그들은 정치 혁신가를 향한 표적수사를 또다시 감행한다.
> 7. 5로 2와 6에서 이러나저러나, 대한민국 검찰은 정치 혁신가를 향한 표적수사를 또다시 감행한다.
> 8. 7로 1에서 이면 뒷말 없애, 대한민국 검찰이 대한민국의 혁신을 바라지는 않는다. "끝"

이처럼 우리는 차근차근 이끌 때 기본 추론규칙과 함께 파생 추론규칙을 마음대로 써도 된다.

가. 다음 추론이 마땅함을 기본 추론규칙과 파생 추론규칙을 써서 차근차근 이끌라.

01. 스콜라 철학이 기독교 신학에 바탕을 두지 않는다면 이 철학은 일반 철학이 추구하는 인식의 문제를 신앙과 결부시키지 않는다. 스콜라 철학이 기독교 신학에 바탕을 둔다면 이 철학은 신의 계시 혹은 신의 전지전능 아래에서 인간 이성을 이해한다. 스콜라 철학은 일반 철학이 추구하는 인식의 문제를 신앙과 결부시킨다. 따라서 스콜라 철학은 신의 계시 혹은 신의 전지전능 아래에서 인간 이성을 이해한다.

02. 지나는 겸소하거나 성실하다. 지나가 성실하다면 지나는 점차 행복해진다. 지나가 겸소하다면 지나는 자기 자신에게 부끄럽지 않다. 지나가 자기 자신에게 부끄럽지 않다면 지나는 점차 행복해진다. 지나가 점차 행복해진다면 지나는 더는 자살을 시도하지 않는다. 따라서 지나는 더는 자살을 시도하지 않는다.

03. 백설이 질투심에 사로잡혔다면 백설은 행복하지 않다. 백설은 난쟁이와 계속 살거나 왕자를 만난다. 백설이 난쟁이와 계속 산다면 백설은 난쟁이와 결혼한다. 백설이 왕자를 만난다면 백설은 왕자와 결혼한다. 백설이 난쟁이와 결혼한다면 백설은 행복하다. 백설이 왕자와 결혼한다면 백설은 행복하다. 따라서 백설은 질투심에 사로잡히지 않는다.

04. 우리는 타자를 환대하거나 배려한다. 우리가 타자를 환대한다면 우리는 착한 사람이다. 우리가 타자를 배려한다면 우리는 약자에게 상처 주지 않는다. 우리가 약자에게 상처 주지 않는다면 우리는 착한 사람이다. 우리는 착하지 않거나 평등하다. 환대받을 권리가 우리에게 없다면 우리는 평등하지 않다. 따라서 환대받을 권리가 우리에게 있다.

05. 내가 경험하는 모든 것은 허상에 지나지 않거나 실제로 존재한다. 내가 경험하는 모든 것이 허상에 지나지 않는다면 나는 내 바람대로 되지 않는 이 세상에 집착해서는 안 된다. 하지만 나는 내 바람대로 되지 않는 이 세상에 집착해도 된다. 내가 경험하는 모든 것이 실제로 존재한다면 나는 이 엄연한 현실 세계에 뿌리내리도록 애써야 한다. 따라서 나는 이 엄연한 현실 세계에 뿌리내리도록 애써야 한다.

나. 다음 추론의 결론은 전제들로부터 이끌 수 없다. 기본 추론규칙과 파생 추론규칙을 써서 전제들로부터 결론을 마땅하게 이끌 수 있도록 전제들 가운데 하나만 고치든지 결론을 고치라. 다만 결론을 이끄는 데 없어도 되는 전제가 있어서는 안 된다.

본보기

모네는 정원사였거나 직접 정원을 가꾸었다. 모네가 직접 정원을 가꾸었다면 자기 정원을 그림으로 남겼다. 모네가 자기 정원을 그림으로 남겼다면 우리는 그림을 통해 모네의 정원을 볼 수 있다. 모네는 정원사가 아니거나 인상파 화가다. 따라서 우리는 그림을 통해 모네의 정원을 볼 수 있다.

답: 넷째 전제 "모네는 정원사가 아니거나 인상파 화가다"를 "모네가 정원사였다면 우리는 그림을 통해 모네의 정원을 볼 수 있다"로 바꾼다. 또는 넷째 전제를 "모네는 정원사가 아니다"로 바꾼다.

01. 견과류는 포만감을 주거나 불포화 지방을 함유한다. 견과류가 포만감을 주면 과식을 예방하는 데 도움이 된다. 견과류가 과식을 예방하는 데 도움이 되면 견과류는 건강에 좋다. 견과류가 불포화 지방을 함유한다면 견과류는 건강에 좋다. 따라서 견과류는 과식을 예방하는 데 도움이 되고 건강에 좋다.

02. 올해 우리 학교 아이들은 숲 가꾸기 체험을 하거나 텃밭 가꾸기 체험을 한다. 만일 올해 우리 학교 아이들이 숲 가꾸기 체험을 한다면 우리 학생들은 적대감 공격성 분노 따위의 나쁜 감정들이 20%가량 낮아진다. 만일 올해 우리 학교 아이들이 텃밭 가꾸기 체험을 한다면 우리 학생들은 적대감 공격성 분노 따위의 나쁜 감정들이 20%가량 낮아진다. 만일 올해 학교 아이들이 숲 가꾸기 체험을 하고 텃밭 가꾸기 체험을 한다면 우리 학생들은 농업에 관한 관심이 높아지고 채소를 차츰 좋아한다. 따라서 우리 학생들은 적대감 공격성 분노 따위의 나쁜 감정들이 20%가량 낮아질 뿐만 아니라 농업에 관한 관심이 높아지고 채소를 차츰 좋아한다.

027 문장논리

우리의 첫째 바탕 말길은 다음이었다.

뜻을 가진 문장의 참값은 '참'과 '거짓' 가운데 하나다.

'참'과 '거짓'은 '첫말'이며 '으뜸 개념'이다. '참'과 '거짓'을 다른 낱말들로 바꿀 수 없고 풀어 쓸 수도 없다. 그다음 참이다의 참값모눈과 거짓이다의 참값모눈을 둘째와 셋째 바탕 말길로 받아들였다.

세계	X	X는 참이다.	X는 거짓이다.
W_1	참	참	거짓
W_2	거짓	거짓	참

참이다의 참값모눈에 따르면 "는 참이다"는 문장 X의 참값을 바꾸지 않는다. "뜻이 같다"를 "참값모눈이 같다"로 정의하면 "X는 참이다"와 X는 뜻이 같다. 또한 "X는 거짓이다는 거짓이다"는 X를 뜻한다. 그다음 이고의 참값모눈을 그림으로써 "이고"를 정의한다.

세계	X	Y	X이고 Y
W_1	참	참	참
W_2	참	거짓	거짓
W_3	거짓	참	거짓
W_4	거짓	거짓	거짓

이고 앞말과 이고 뒷말이 모두 참이면 그 이고문장은 참이다. 이고 앞말과 이고 뒷말 가운데 어느 하나가 거짓이면 그 이고문장은 거짓이다.

'타당한 추론' 또는 '마땅한 추론'은 '추론의 전제가 참이지만 결론이 거짓인 세계를 생각할 수 없는 추론'이다. 한편 처음에 추론규칙이 주어지지 않는다면 아무도 증명을 시작할 수 없다. 이른바 '기본 추론규칙'은 마땅한 추론들의 본인데 우리는 8개 기본 추론규칙을 받아들인다.

문장 바꾸개	넣기	없애기
이고	이고 넣기	이고 없애기
이거나	이거나 넣기	이거나 없애기
이면	이면 넣기	이면 없애기
거짓이다	거짓이다 넣기	거짓이다 없애기

우리는 넷째 바탕 말길로서 "8가지 기본 추론규칙은 마땅하며 이들 규칙을 써서 전제로부터 결론을 차근차근 이끈 모든 추론은 마땅하다"를 받아들인다. 8개의 기본 추론규칙은 '마땅한 추론'이 무엇인지를 말해준다. 이른바 '고전논리'는 이들 바탕 말길을 처음부터 받아들인다.

8개의 기본 추론규칙은 "는 참이다", "는 거짓이다", "이고", "이거나", "이면" 따위로 이루어진 문장들에 적용된다. 기본 추론규칙은 이들 문장 바꾸개의 뜻을 잘 담는데 앞으로 "이거나"의 뜻과 "이면"의 뜻을 참값모눈으로 또렷이 드러낼 테다. 우리는 기본 추론규칙을 써서 여러 가지 파생 추론규칙을 만들 수 있다. 우리가 밝혀 보인 것은 다음 세 가지다.

이면 뒷말 없애기
이면 잇기
이러나저러나

지금까지 말한 바탕 말길, 정의, 추론규칙으로 짜인 논리 체계를 "문장논리" 또는 "명제논리"라 한다. 문장들이 그 참값에 따라 뜻이 드러나고 서로 관계 맺기에 문장논리를 "진리함수 논리"라고도 한다. 문장논리는 반드시 논리의 한 가지인데 반드시 논리는 반드시 추론을 다스리는 논리다. 반드시 추론 또는 연역추론은 전제들로부터 결론이 반드시 따라 나오기를 바라며 마땅한 추론은 그 바람이 이루어진 추론이다.

가. 다음 파생 추론규칙이 마땅함을 차근차근 밝히라.

01. X이면 A. X이면 B. A는 거짓이거나 B는 거짓이다. 따라서 X는 거짓이다.

02. A이거나 B. A이면 X. B이면 Y. 따라서 X이거나 Y

03. A이면 X. B이면 Y. X는 거짓이거나 Y는 거짓이다. 따라서 A는 거짓이거나 B는 거짓이다.

나. 다음 추론이 마땅함을 추론규칙을 써서 밝힐 수 있다면 "수"를 쓰고 그럴 수 없으면 "못"을 쓰라.

01. 보툴리눔 독소가 보톡스의 주원료면 이것은 사시와 눈꺼풀 경련을 치료할 수 있다. 보툴리눔 독소가 사시와 눈꺼풀 경련을 치료할 수 있다면 이것은 원래 독이던 것이 약이 된 사례다. 보툴리눔 독소가 근육을 마비시킨다면 이것은 짧게나마 잔주름 개선에 효과가 있다. 보툴리눔 독소가 짧게나마 잔주름 개선에 효과가 있다면 이것은 원래 독이던 것이 약이 된 사례다. 보툴리눔 독소는 보톡스의 주원료거나 근육을 마비시킨다. 따라서 보툴리눔 독소는 원래 독이던 것이 약이 된 사례다.

02. 유나는 일기를 쓰거나 일기를 쓰지 않는다. 유나가 일기를 쓰지 않는다면 그는 자기 행동을 깊이 반성할 시간을 갖지 못한다. 유나가 일기를 쓴다면 그는 그런 시간을 갖는다. 유나가 자기 행동을 깊이 반성할 시간을 갖는다면 그는 자기 생활 양식을 점차 개선할 수 있다. 유나가 자기 생활 양식을 점차 개선할 수 있다면 그는 이전보다 더 건강한 삶을 살 수 있다. 따라서 유나는 이전보다 더 건강한 삶을 살 수 있다.

03. 우리나라에서는 표현의 자유가 보장되지 않거나 언론이 사건을 공정히 다루지 않는다. 우리나라 시민은 깊이 생각하거나 정의를 추구한다. 우리나라 시민이 깊이 생각하면 우리나라에서 언론은 사건을 공정히 다룬다. 우리나라 시민이 깊이 생각하면 우리나라에서 표현의 자유는 보장된다. 따라서 우리나라 시민은 정의를 추구한다.

다. 다음 추론이 마땅한 추론이 되도록 "따라서"나 "왜냐하면" 뒤에 알맞은 문장을 채우라.

01. 사람에게 자유의지가 없다면 사람은 외부 자극에 이끌려 살아갈 뿐이다. 사람이 외부 자극에 이끌려 살아갈 뿐이면 그가 죄를 저질렀을 때 어떠한 도덕 책임도 물을 수 없다. 따라서 사람에게는 자유의지가 있다. 왜냐하면

02. 고흐가 역사상 가장 위대한 화가면 그는 대중의 사랑을 받는다. 고흐가 가장 강렬한 이야기를 가진 화가면 그는 대중의 사랑을 받는다. 고흐가 대중의 사랑을 받는다면 그의 작품은 높은 가치를 지닌다. 고흐가 인간 삶의 심연을 깊이 성찰하지 않았다면 고흐는 아름다운 화가일 수 없다. 고흐가 아름다운 화가일 수 없다면 고흐의 작품은 높은 가치를 지니지 않는다. 따라서 고흐는 인간 삶의 심연을 깊이 성찰했다. 왜냐하면

03. 봄의 인과 해석이 1952년에 나왔다면 1950년대에도 양자역학 해석 문제는 아직 완결되지 못했다. 에버렛의 많은 세계 해석이 1957년에 나왔다면 1950년대에도 양자역학 해석 문제는 아직 완결되지 못했다. 봄의 인과 해석은 1952년에 나왔거나 에버렛의 많은 세계 해석은 1957년에 나왔다. 양자역학 해석 문제는 1950년대에 이미 완결되었거나 코펜하겐 해석은 이미 1950년대에 물리학계를 장악했다. 따라서

04. 여성은 사회에서 공평한 기회를 받지 않았거나 본성상 남성보다 뒤처진 존재다. 여성이 본성상 남성보다 뒤처진 존재면 여성은 애초부터 남성보다 열등하게 설계되었다. 남성이 여성보다 우월하다는 남성우생학의 온갖 주장들이 과학 근거가 없다면 여성이 애초부터 남성보다 열등하게 설계되지는 않았다. 만일 여성이 본성상 남성보다 뒤처진 존재가 아닐뿐더러 사회에서 공평한 기회를 받지도 않았다면 여성이 사회에서 열등한 존재로 인식되는 일은 마땅치 않다. 하지만 만일 여성이 본성상 많은 영역에서 남성보다 두각을 나타낼 수 없다면 여성은 사회에서 열등한 존재로 인식되는 일은 마땅하다. 따라서 여성이 본성상 많은 영역에서 남성보다 두각을 나타낼 수 없다는 말은 거짓이다. 왜냐하면

028 "이거나"의 뜻

다음 네 추론의 마땅함을 차근차근 밝히겠다.

- 첫째: X. Y. 따라서 X이거나 Y
- 둘째: X. Y는 거짓이다. 따라서 X이거나 Y
- 셋째: X는 거짓이다. Y. 따라서 X이거나 Y
- 넷째: X는 거짓이다. Y는 거짓이다. 따라서 'X이거나 Y'는 거짓이다.

X는 "X는 참이다"와 같고 Y는 "Y는 참이다"와 같다. "X이거나 Y"는 "'X이거나 Y'는 참이다"와 뜻이 같다.

첫째 추론, 둘째 추론, 셋째 추론은 이거나 넣기를 써서 쉽게 이끌 수 있다. 보기로 셋째 추론을 밝힌다.

1. X는 거짓이다.
2. Y // X이거나 Y
3. 2에 이거나 앞말 넣어, X이거나 Y. "끝"

넷째 추론은 거짓이다 넣기를 써서 밝힐 텐데 결론의 부정을 가정한 뒤 모순문장을 이끈다.

넷째 추론은 거짓이다 넣기를 써야 한다. 'X이거나 Y'가 거짓이 아니라고 가정한 뒤 모순문장을 이끌어내면 된다.

1. X는 거짓이다.
2. Y는 거짓이다. // 'X이거나 Y'는 거짓이다.
   3*. 거짓이다 넣기 시작: X이거나 Y
   4*. 1로 3*에서 이거나 앞말 없애, Y
   5*. 2와 4*에 이고 넣어, Y는 참이고 거짓이다.
6. 3*에서 5*까지로 3*에 거짓이다 넣어, 'X이거나 Y'는 거짓이다. "끝"

이처럼 첫째 추론, 둘째 추론, 셋째 추론, 넷째 추론이 마땅함을 추론규칙을 써서 차근차근 밝힐 수 있다.

이들 네 추론으로부터 다음 네 참말을 얻는다.

- 첫째: X가 참이고 Y가 참인 세계에서 'X이거나 Y'는 참이다.
- 둘째: X가 참이고 Y가 거짓인 세계에서 'X이거나 Y'는 참이다.
- 셋째: X가 거짓이고 Y가 참인 세계에서 'X이거나 Y'는 참이다.
- 넷째: X가 거짓이고 Y가 거짓인 세계에서 'X이거나 Y'는 거짓이다.

이 네 참말을 간추려 한 모눈에 담을 수 있다. X와 Y가 참인 세계를 W_1로 잡으면 이 세계에서 "X이거나 Y"는 참이다. X는 참이고 Y가 거짓인 세계를 W_2로 잡으면 이 세계에서 "X이거나 Y"는 참이다. X는 거짓이고 Y가 참인 세계를 W_3으로 잡으면 이 세계에서 "X이거나 Y"는 참이다. X와 Y가 거짓인 세계를 W_4로 잡으면 이 세계에서 "X이거나 Y"는 거짓이다. 이들 네 가지 세계에서 "X이거나 Y"의 참값을 모눈에 채워 다음 참값모눈을 얻는다.

세계	X	Y	X이거나 Y
W_1	참	참	참
W_2	참	거짓	참
W_3	거짓	참	참
W_4	거짓	거짓	거짓

이 모눈을 "이거나의 참값모눈" 또는 "선언의 진리표"라 한다. 이거나의 참값모눈은 "X이거나 Y"의 뜻을 드러낸다. "X이거나 Y"는 언제 참인가? "X이거나 Y"는 W_1, W_2, W_3에서 참이고 W_4에서만 거짓이다.이다. 이들 세계 W_1, W_2, W_3은 X와 Y 가운데 적어도 하나가 참인 세계다. 따라서 "X이거나 Y"는 "X와 Y 둘 가운데 적어도 하나는 참이다"를 뜻한다. 하지만 "X이거나 Y"는 "X와 Y 가운데 하나만 참이다"를 뜻하지 않는다. 몇몇 학자는 X와 Y가 둘 다 참인 세계에서 "X이거나 Y"의 참값에 거짓을 매기는 야릇한 "이거나"를 정의한다.

가. 추론규칙을 써서 다음 추론의 마땅함을 차근차근 밝히라.

01. X. Y. 따라서 X이고 Y.

02. X. Y는 거짓이다. 따라서 'X이고 Y'는 거짓이다.

03. X는 거짓이다. Y. 따라서 'X이고 Y'는 거짓이다.

04. X는 거짓이다. Y는 거짓이다. 따라서 'X이고 Y'는 거짓이다.

05. X. Y. 따라서 X이거나 Y

06. X. Y는 거짓이다. 따라서 X이거나 Y

나. 참값모눈을 써서 다음 두 문장이 뜻이 같음을 밝히라.

01. ㄱ. X이거나 Y ㄴ. Y이거나 X

세계	X	Y	X이거나 Y	Y이거나 X
W_1	참	참		
W_2	참	거		
W_3	거	참		
W_4	거	거		

02. ㄱ. X이거나 'Y이거나 Z' ㄴ. 'X이거나 Y'이거나 Z

세계	X	Y	Z	X이거나 'Y이거나 Z'	'X이거나 Y'이거나 Z
W_1	참	참	참		
W_2	참	참	거		
W_3	참	거	참		
W_4	참	거	거		
W_5	거	참	참		
W_6	거	참	거		
W_7	거	거	참		
W_8	거	거	거		

다. 문장 "정약용은 바르다", "정약용은 똑똑하다", "허난설헌은 바르다", "허난설헌은 똑똑하다"는 우리 세계에서 참이다. 다음 문장이 우리 세계에서 참이면 "참"을 쓰고 거짓이면 "거"를 쓰라.

01. 허난설헌은 바르거나 바르다.

02. 허난설헌은 똑똑하지 않거나 바르다.

03. 정약용은 바르지 않거나 허난설헌은 똑똑하다.

04. 허난설헌이나 정약용은 똑똑하다.

05. 허난설헌이나 정약용은 바르지 않다.

06. 허난설헌과 정약용은 똑똑하다.

07. 허난설헌과 정약용은 똑똑하고 바르다.

08. 허난설헌과 정약용은 똑똑하지만 바르지 않다.

09. 허난설헌과 정약용은 똑똑하거나 바르지 않다.

10. 정약용이나 허난설헌은 똑똑하지 않고 바르다.

라. 다음 두 문장이 뜻이 같으면 "같"을 쓰고 다르면 "다"를 쓰라.

01. ㄱ. 도덕이 자기희생이라는 생각은 거짓이고 도덕은 인간에게 참말로 좋은 것이 무엇인지를 고민하는 데서 비롯된다.

ㄴ. 도덕은 인간에게 참말로 좋은 것이 무엇인지를 고민하는 데서 비롯되며, 도덕이 자기희생이라는 생각은 거짓이다.

02. ㄱ. 작은 사건들이 우리 삶을 어디로 이끌지는 아무도 모른다는 말은 거짓이 아니거나 스티브 잡스는 어쩌다 들은 강의에서 글꼴의 아름다움에 매료되어 나중에 전자 서체의 선구자가 되었다.

ㄴ. 스티브 잡스는 어쩌다 들은 강의에서 글꼴의 아름다움에 매료되어 나중에 전자 서체의 선구자가 되었는데 작은 사건들이 우리 삶을 어디로 이끌지는 아무도 모른다.

029 이고 나눔과 이거나 나눔

주어진 두 문장의 뜻이 서로 같음을 하나의 규칙으로 삼고 필요할 때 이를 쓰면 좋겠다. 이들 규칙을 "같은 말 규칙" 또는 "달리 쓰기 규칙"이라 한다. 익힘 삼아 다음 달리 쓰기 규칙을 참값모눈을 써서 밝히겠다.

X이고 'Y이거나 Z' ≡ 'X이고 Y'이거나 'X이고 Z'

여기서 세겹줄 꼴 "≡"은 '뜻이 같다'를 뜻한다. 이 달리 쓰기 규칙을 "이고 나눔"이라 한다. 먼저 X, Y, Z의 참값에 따라 8가지 가능 세계를 생각한다.

세계	X	Y	Z	X이고 'Y이거나 Z'	'X이고 Y'이거나 'X이고 Z'
W_1	참	참	참	?	?
W_2	참	참	거	?	?
W_3	참	거	참	?	?
W_4	참	거	거	?	?
W_5	거	참	참	?	?
W_6	거	참	거	?	?
W_7	거	거	참	?	?
W_8	거	거	거	?	?

"Y이거나 Z", "X이고 Y", "X이고 Z"의 참값을 먼저 센다.

세계	X	Y	Z	X	이고	'Y이거나 Z'	'X이고 Y'	이거나	'X이고 Z'
W_1	참	참	참	참	?	참	참	?	참
W_2	참	참	거	참	?	참	참	?	거
W_3	참	거	참	참	?	참	거	?	참
W_4	참	거	거	참	?	거	거	?	거
W_5	거	참	참	거	?	참	거	?	거
W_6	거	참	거	거	?	참	거	?	거
W_7	거	거	참	거	?	참	거	?	거
W_8	거	거	거	거	?	거	거	?	거

그다음 ‘?’ 자리에 해당 문장의 참값을 채운다.

세계	X	Y	Z	X	이고	‘Y이거나 Z’	‘X이고 Y’	이거나	‘X이고 Z’
W_1	참	참	참	참	참	참	참	참	참
W_2	참	참	거	참	참	참	참	참	거
W_3	참	거	참	참	참	참	거	참	참
W_4	참	거	거	참	거	거	거	거	거
W_5	거	참	참	거	거	참	거	거	거
W_6	거	참	거	거	거	참	거	거	거
W_7	거	거	참	거	거	참	거	거	거
W_8	거	거	거	거	거	거	거	거	거

이를 보건대 생각할 수 있는 모든 세계에서 “X이고 ‘Y이거나 Z’”의 참값과 “‘X이고 Y’이거나 ‘X이고 Z’”의 참값은 같다. 두 문장이 생각할 수 있는 모든 세계에서 참값이 같기에 두 문장은 뜻이 같다. 곧 X이고 ‘Y이거나 Z’ ≡ ‘X이고 Y’이거나 ‘X이고 Z’.

이고의 참값모눈과 이거나의 참값모눈으로 손쉽게 얻을 수 있는 달리 쓰기 규칙을 아래에 간추린다.

이고 되풀이 연언 동어반복	X이고 X ≡ X
이거나 되풀이 선언 동어반복	X이거나 X ≡ X
이고 앞뒤 바꿈 연언 교환규칙	X이고 Y ≡ Y이고 X
이거나 앞뒤 바꿈 선언 교환규칙	X이거나 Y ≡ Y이거나 X
이고 새로 모음 연언 결합규칙	X이고 ‘Y이고 Z’ ≡ ‘X이고 Y’이고 Z
이거나 새로 모음 선언 결합규칙	X이거나 ‘Y이거나 Z’ ≡ ‘X이거나 Y’이거나 Z
이고 나눔 연언 분배규칙	X이고 ‘Y이거나 Z’ ≡ ‘X이고 Y’이거나 ‘X이고 Z’
	‘X이거나 Y’이고 Z ≡ ‘X이고 Z’이거나 ‘Y이고 Z’
이거나 나눔 선언 분배규칙	X이거나 ‘Y이고 Z’ ≡ ‘X이거나 Y’이고 ‘X이거나 Z’
	‘X이고 Y’이거나 Z ≡ ‘X이거나 Z’이고 ‘Y이거나 Z’

여기에 거짓이다의 참값모눈까지 쓰면 더 많은 달리 쓰기 규칙을 얻을 수 있다.

가. 참값모눈을 써서 다음 달리 쓰기 규칙을 밝히라.

01. X이거나 X ≡ X

02. X이거나, Y는 거짓이다. ≡ Y는 거짓이거나 X

03. 'X이고 Y'이거나 Z ≡ 'Y이고 X'이거나 Z

04. 'X이거나 Y'이고 Z ≡ 'X이고 Z'이거나 'Y이고 Z'

세계	X	Y	Z	'X이거나 Y'이고 Z	'X이고 Z'이거나 'Y이고 Z'
W_1	참	참	참		
W_2	참	참	거		
W_3	참	거	참		
W_4	참	거	거		
W_5	거	참	참		
W_6	거	참	거		
W_7	거	거	참		
W_8	거	거	거		

05. X이거나 'Y이고 Z' ≡ 'X이거나 Y'이고 'X이거나 Z'

세계	X	Y	Z	X이거나 'Y이고 Z'	'X이거나 Y'이고 'X이거나 Z'
W_1	참	참	참		
W_2	참	참	거		
W_3	참	거	참		
W_4	참	거	거		
W_5	거	참	참		
W_6	거	참	거		
W_7	거	거	참		
W_8	거	거	거		

06. 'X이고 Y'이거나 Z ≡ 'X이거나 Z'이고 'Y이거나 Z'

07. A이거나 'B이고 C이고 D' ≡ 'A이거나 B'이고, 'A이거나 C'이고, 'A이거나 D

나. 다음 두 문장의 뜻이 같으면 "같"을 쓰고 다르면 "다"를 쓰라.

01. ㄱ. 인간은 복잡한 존재이므로 단편 행동과 말만으로 파악할 수 없다.
ㄴ. 인간은 단편 행동과 말만으로 파악할 수 없으므로 복잡한 존재다.

02. ㄱ. 돌이가 순이에게 밥상을 차리자 순이는 밥상을 엎었다.
ㄴ. 순이가 밥상을 엎자 돌이는 순이에게 밥상을 차렸다.

03. ㄱ. 종이책 시장이 침체하고 전자책 시장 규모가 커지며, 영상 콘텐츠 시장이 텍스트 시장을 잠식한다.
ㄴ. 영상 콘텐츠 시장이 텍스트 시장을 잠식하며, 종이책 시장이 침체하고 전자책 시장 규모가 커진다.

04. ㄱ. 대한민국의 주권은 국민에게 있고, 모든 권력은 국민으로부터 나오거나 모든 권력은 토지와 자본으로부터 나온다.
ㄴ. 대한민국의 주권은 국민에게 있고, 모든 권력은 토지와 자본으로부터 나오거나 모든 권력은 국민으로부터 나온다.

05. ㄱ. 철은 가장 안정된 원소거나 가장 중요한 원소며, 우주의 모든 원소가 마침내 이르려는 원소다.
ㄴ. 철은 우주의 모든 원소가 마침내 이르려는 원소며, 철은 가장 안정된 원소거나 가장 중요한 원소다.

06. ㄱ. 한국의 자살률은 높아졌고, 젊은이의 자살률은 최근 들어 급증했거나 늙은이의 자살률은 최근 들어 급증했다.
ㄴ. 한국의 자살률은 높아졌으며 젊은이의 자살률은 최근 들어 급증했거나, 한국의 자살률은 높아졌으며 늙은이의 자살률은 최근 들어 급증했다.

07. ㄱ. 진보 언론에서는 유튜브 방송 「우리 정치」를 기존 언론이 다루지 않는 정보를 다루는 대안 언론으로 보거나 보수 언론에서는 이 방송을 사람들을 선동하는 사이비 방송으로 본다.

ㄴ. 진보 언론이나 보수 언론에서는 유튜브 방송 「우리 정치」를 기존 언론이 다루지 않는 정보를 다루는 대안 언론으로 보거나 사람들을 선동하는 사이비 방송으로 본다.

030 모아 거짓이다

"X이고 Y"는 X와 Y 둘 다 참임을 뜻한다. "'X이고 Y'는 거짓이다"는 무엇을 뜻할까? 이를 알아보려고 이 문장의 참값모눈을 만드는데 모눈에서 '세계'를 나타내는 열은 빼겠다. "는 거짓이다"는 참 문장을 거짓 문장으로 바꾸고 거짓 문장을 참 문장으로 바꾼다.

X	Y	X이고 Y	'X이고 Y'는 거짓이다.
참	참	참	거짓
참	거짓	거짓	참
거짓	참	거짓	참
거짓	거짓	거짓	참

이 참값모눈을 보건대 "'X이고 Y'는 거짓이다"가 참일 때 X와 Y 둘 가운데 적어도 하나는 거짓이다. X와 Y 둘 가운데 적어도 하나가 거짓일 때 "'X이고 Y'는 거짓이다"는 참이다. "X와 Y 둘 가운데 적어도 하나는 거짓이다"를 다른 말로 "X는 거짓이거나 Y는 거짓이다"로 표현할 수 있다. 따라서 "'X이고 Y'는 거짓이다"는 "X는 거짓이거나 Y는 거짓이다"를 뜻한다.

이것이 맞는지 살펴보려고 "X는 거짓이거나 Y는 거짓이다"의 참값모눈을 만들겠다.

X	Y	'X이고 Y'는 거짓이다.	X는 거짓이거나 Y는 거짓이다.
참	참	거짓	거짓
참	거짓	참	참
거짓	참	참	참
거짓	거짓	참	참

이처럼 "'X이고 Y'는 거짓이다"와 "X는 거짓이거나 Y는 거짓이다"의 참값

모눈이 같기에 둘은 뜻이 같다. "'X이고 Y'는 거짓이다"와 "X는 거짓이거나 Y는 거짓이다"의 뜻이 같다는 규칙을 "이고 모아 거짓이다" 또는 "연언 드 모르강 규칙"이라 한다.

이제 "'X이거나 Y'는 거짓이다"의 뜻을 알아보려고 이 문장의 참값 모눈을 만든다.

X	Y	X이거나 Y	'X이거나 Y'는 거짓이다.
참	참	참	거짓
참	거짓	참	거짓
거짓	참	참	거짓
거짓	거짓	거짓	참

이 참값모눈을 보건대 "'X이거나 Y'는 거짓이다"가 참일 때 X와 Y는 둘 다 거짓이다. X와 Y가 둘 다 거짓일 때 "'X이거나 Y'는 거짓이다"는 참이다. "X와 Y는 둘 다 거짓이다"를 다른 말로 "X는 거짓이고 Y는 거짓이다"로 표현할 수 있다. 따라서 "'X이거나 Y'는 거짓이다"는 "X는 거짓이고 Y는 거짓이다"를 뜻한다.

이것이 맞는지 살펴보려고 "X는 거짓이고 Y는 거짓이다"의 참값 모눈을 만들겠다.

X	Y	'X이거나 Y'는 거짓이다.	X는 거짓이고 Y는 거짓이다.
참	참	거짓	거짓
참	거짓	거짓	거짓
거짓	참	거짓	거짓
거짓	거짓	참	참

이처럼 "'X이거나 Y'는 거짓이다"와 "X는 거짓이고 Y는 거짓이다"의 참값 모눈이 같기에 둘은 뜻이 같다. "'X이거나 Y'는 거짓이다"와 "X는 거짓이고 Y는 거짓이다"의 뜻이 같다는 규칙을 "이거나 모아 거짓이다" 또는 "선언 드 모르강 규칙"이라 한다. 여기서 X와 Y는 집합이 아니라 문장 또는 문장 표현이다.

가. 참값모눈을 써서 다음 두 문장의 뜻이 같음을 보이라.

01. ㄱ. 'X이고 Y이고 Z'는 거짓이다.

ㄴ. X는 거짓이거나 Y는 거짓이거나 Z는 거짓이다.

X	Y	Z	'X이고 Y이고 Z'는 거짓이다.	X는 거짓이거나 Y는 거짓이거나 Z는 거짓이다.
참	참	참		
참	참	거		
참	거	참		
참	거	거		
거	참	참		
거	참	거		
거	거	참		
거	거	거		

02. ㄱ. 'X이거나 Y이거나 Z'는 거짓이다.

ㄴ. X는 거짓이고 Y는 거짓이고 Z는 거짓이다.

X	Y	Z	'X이거나 Y이거나 Z'는 거짓이다.	X는 거짓이고 Y는 거짓이고 Z는 거짓이다.
참	참	참		
참	참	거		
참	거	참		
참	거	거		
거	참	참		
거	참	거		
거	거	참		
거	거	거		

03. ㄱ. 'X이고, Y는 거짓이다'는 거짓이다.

ㄴ. X는 거짓이거나 Y

나. 다음 두 문장의 뜻이 같으면 "같"을 쓰고 다르면 "다"를 쓰라.

01. ㄱ. 영희가 철학을 싫어하고 수학을 싫어한다는 말은 거짓이다.
ㄴ. 영희는 철학을 싫어하지 않고 수학도 싫어하지 않는다.

02. ㄱ. 전자는 오른쪽에서 왼쪽으로 발사되었고, 위쪽 틈이나 아래쪽 틈을 통과했다.
ㄴ. 전자는 오른쪽에서 왼쪽으로 발사되었고 위쪽 틈을 통과했거나, 전자는 오른쪽에서 왼쪽으로 발사되었고 아래쪽 틈을 통과했다.

03. ㄱ. 정의롭지 못한 정치인이 국민의 지지를 받거나 자기 이익만 꾀하는 정치인이 국민의 지지를 받는다.
ㄴ. 정의로운 정치인이 국민의 지지를 받지 않고 다른 이의 이익도 꾀하는 정치인은 국민의 지지를 받지 않는다.

04. ㄱ. 혁명이 수아에게 꽃을 선물하자 수아는 혁명의 빰을 쳤다.
ㄴ. 수아가 혁명의 빰을 치자 혁명이 수아에게 꽃을 선물했다.

05. ㄱ. 이번 도서관 도난 사건의 범인이 을수거나 병민이거나 정희라는 말은 거짓이다.
ㄴ. 이번 도서관 도난 사건의 범인은 을수가 아니거나 병민이 아니거나 정희가 아니다.

06. ㄱ. 혁수와 경숙과 태희가 올해 우리 회사 우수사원이라는 말은 거짓이다.
ㄴ. 혁수는 올해 우리 회사 우수사원이 아니거나 경숙은 올해 우리 회사 우수사원이 아니거나 태희는 올해 우리 회사 우수사원이 아니다.

07. ㄱ. 혁수는 올해 우리 회사 우수사원이 아니거나 경숙은 올해 우리 회사 우수사원이 아니거나 태희는 올해 우리 회사 우수사원이 아니다.
ㄴ. 혁수나 경숙이나 태희는 올해 우리 회사 우수사원이 아니다.

08. ㄱ. 데카르트가 자기 몸의 실재를 의심했거나 자기 몸의 실재를 부정했다는 말은 거짓이고 그는 오히려 몸의 실재를 증명하려 했다.
ㄴ. 데카르트가 자기 몸의 실재를 의심했다는 말과 그가 자기 몸의 실재를 부정했다는 말은 거짓이며 그는 오히려 몸의 실재를 증명하려 했다.

멋모른 채 사회가 심어준 목표를 일단은 꾸역꾸역 따라가던 대학교 초년생일 때 문득 배움이라는 행위에 대해 풀리지 않는 의문이 몇 가지 생겼다.

첫째, 노력의 힘. 인간의 지능은 이미 타고난 것이 아닐까? 인간이 자신의 의지와 노력으로 무언가를 이뤄낼 수 있다고 믿는 것은 일종의 매력적인 미신일지도 모른다. 둘째, 진짜 배움. 소위 교육이란 무엇인가? 사실 교육은 짐짓 공정한 척하며 사회적 지위를 배분하는 데 있어 모두가 수긍할 만한 기준을 세우려는 것에 불과한 것은 아닐까? 셋째, 의미 있는 것. 인터넷만 검색하면 다 나오는 정보를 암기하고, 취직이라는 실용적인 목적만을 위해 공부하는 것은 내게 정말 도움이 될까?

이 질문들을 품고 살던 중에 우연히 대학 수업에서 클라라를 만났다. 그 인연 덕에 한말 낱말들로 쓰인 우리 말길 도 출판하였고 논리 문제를 만드는 훈련도 받게 되었다. 철학자들의 글을 친구들과 읽으며 이런 저런 깨달음도 많이 얻었다. 그렇게 오랜 시간 배움 공동체 생각실험실 에서 클라라와 대화를 나누며 나는 내가 20대 초반에 가졌던 질문들에 대해 다음과 같은 답을 얻었던 것 같다.

첫째, 지성은 노력으로 개선될 수 있다. 둘째, 교육의 목적은 사람들을 돕고 잘 키워내는 것이어야 하지 우수한 인재를 골라내기 위해 평가하는 도구가 되어서는 안 된다. 셋째, 주어진 단서를 통해 보이지 않는 저 너머에 있는 것까지도 알 수 있는 추론 능력은 우리 삶의 모든 것을 재정립할 수 있을 만큼 중요하고 의미 있다.

슬기로움을 찾아 헤매는 방랑자 김수민

031 - 040

031 따라 나온다

마땅한 추론 또는 타당한 추론은 정의상 전제들로부터 결론이 따라 나오는 추론이다. 오늘은 표현 "따라 나온다" 또는 "반드시 따라 나온다"를 꼼꼼하게 배운다. "P로부터 Q가 따라 나온다"를 다른 말로 "P는 Q를 함축한다" 또는 "P는 Q를 필함한다"라 한다. "따라 나온다"는 짧게 겹화살 꼴 "⇒"로 나타낸다. 때때로 "⇒" 대신에 아 꼴 "⊢"을 쓴다.

"문장 ㄱ으로부터 문장 ㄴ이 따라 나온다"를 참값모눈을 써서 나타내려 한다. 문장 ㄱ 자리에 "X이고 Y"를 넣고 문장 ㄴ 자리에 X를 넣는다. 우리는 "X이고 Y"로부터 X가 따라 나옴을 이미 안다. 곧 X이고 Y ⇒ X. 문장 "X이고 Y"와 X의 참값모눈을 함께 그린다.

세계	X	Y	ㄱ X이고 Y	ㄴ X
W_1	참	참	참	참
W_2	참	거짓	거짓	참
W_3	거짓	참	거짓	거짓
W_4	거짓	거짓	거짓	거짓

문장 ㄱ이 참인 가능 세계는 W_1밖에 없다. 이 세계에서 문장 ㄴ도 참이다. 곧 문장 ㄱ은 참이지만 문장 ㄴ이 거짓인 세계는 없다. 이것이 "ㄱ으로부터 ㄴ이 따라 나온다"가 뜻하는 바다. 가능 세계 W_2에서 ㄴ은 참이지만 ㄱ은 거짓이다. 곧 문장 ㄴ은 참이지만 문장 ㄱ이 거짓인 세계가 있다. 이것은 "ㄴ으로부터 ㄱ이 따라 나오지 않는다"를 뜻한다. 이처럼 ㄱ으로부터 ㄴ이 따라 나오더라도 ㄴ으로부터 ㄱ이 따라 나오지 않을 수 있다.

이제 "P로부터 Q가 따라 나온다"는 여러 가지로 달리 쓸 수 있다.

P로부터 Q가 따라 나온다.

≡ P가 참이면 반드시 Q도 참이다.

≡ P가 참인 모든 가능 세계에서 Q도 참이다.

≡ P는 참이지만 Q가 거짓인 세계는 없다.

다만 "P로부터 Q가 따라 나온다"와 "Q로부터 P가 따라 나온다"는 다른 말이다.

이거나 없애기에 따르면 두 전제 "X이거나 Y"와 "X는 거짓이다"로부터 결론 Y가 따라 나온다. 이것이 뜻하는 바를 참값모눈으로 나타낼 수 있다.

세계	X	Y	전제들		결론
			X이거나 Y	X는 거짓이다	Y
W_1	참	참	참	거짓	참
W_2	참	거짓	참	거짓	거짓
W_3	거짓	참	참	참	참
W_4	거짓	거짓	거짓	참	거짓

두 전제가 모두 참인 세계는 W_3밖에 없는데 이곳에서 결론도 참이다. 전제들이 모두 참이지만 결론이 거짓인 세계는 없다. 이 때문에 우리는 "전제들로부터 결론이 따라 나온다"고 말할 수 있다. 전제들을 "이고"로 이어 하나의 이고문장을 만들면 "전제들로부터 결론이 따라 나온다"의 뜻은 더욱 또렷해진다.

세계	X	Y	ㄱ	ㄴ
			'X이거나 Y'이고, X는 거짓이다.	Y
W_1	참	참	거짓	참
W_2	참	거짓	거짓	거짓
W_3	거짓	참	참	참
W_4	거짓	거짓	거짓	거짓

이처럼 전제들의 이고문장 ㄱ은 결론 ㄴ을 함축한다. 전제1, 전제2, 전제3, 결론으로 이루어진 마땅한 추론은 다음처럼 나타낼 수 있다.

전제1 & 전제2 & 전제3 ⇒ 결론

가. 다음 문장 ㄱ으로부터 문장 ㄴ이 따라 나오는지 참값모눈을 써서 밝히라.

01. ㄱ. Y ㄴ. X이거나 Y

세계	X	Y	ㄱ Y	ㄴ X이거나 Y
W_1	참	참		
W_2	참	거짓		
W_3	거짓	참		
W_4	거짓	거짓		

(i) ㄱ으로부터 ㄴ이 따라 나오는가?

(ii) 그렇게 생각하는 까닭은?

02. ㄱ. X이거나 Y ㄴ. Y

세계	X	Y	ㄱ X이거나 Y	ㄴ Y
W_1	참	참		
W_2	참	거짓		
W_3	거짓	참		
W_4	거짓	거짓		

(i) ㄱ으로부터 ㄴ이 따라 나오는가?

(ii) 그렇게 생각하는 까닭은?

03. ㄱ. X는 거짓이고 Y ㄴ. X이거나, Y는 거짓이다.

세계	X	Y	ㄱ X는 거짓이고 Y	ㄴ X이거나, Y는 거짓이다.
W_1	참	참		
W_2	참	거짓		
W_3	거짓	참		
W_4	거짓	거짓		

(i) ㄱ으로부터 ㄴ이 따라 나오는가?

(ii) 그렇게 생각하는 까닭은?

나. 다음 문장 ㄱ으로부터 문장 ㄴ이 따라 나온다면 "따"를 쓰고 따라 나오지 않는다면 "않"을 쓰라.

01. ㄱ. 영희가 철학을 싫어하고 수학을 싫어한다는 말은 거짓이다.
ㄴ. 영희는 철학을 싫어하지 않는다.

02. ㄱ. 전자는 오른쪽에서 왼쪽으로 발사되었고 위쪽 틈이나 아래쪽 틈을 통과했다.
ㄴ. 전자는 오른쪽에서 왼쪽으로 발사되었고 위쪽 틈을 통과했다.

03. ㄱ. 정의롭지 못한 정치인이 국민의 지지를 받거나 자기 이익만 꾀하는 정치인이 국민의 지지를 받는다.
ㄴ. 정의로운 정치인은 국민의 지지를 받지 않거나 다른 이의 이익도 꾀하는 정치인은 국민의 지지를 받지 않는다.

04. ㄱ. 성폭력 범죄의 피해자는 고용주에게 성폭력 범죄와 관련하여 불이익을 받아서는 안 된다.
ㄴ. 성폭력 범죄의 가해자를 고용해서는 안 되거나 성폭력 범죄의 피해자는 고용주에게 성폭력 범죄와 관련하여 불이익을 받아서는 안 된다.

05. ㄱ. 세종은 처음 한글을 만들었거나 이순신은 처음 거북선을 만들었다.
ㄴ. 세종은 처음 한글을 만들었거나 이순신은 처음 거북선을 만들지 않았다.

06. ㄱ. 혁수는 올해 우리 회사 우수사원이 아니다.
ㄴ. 혁수와 경숙과 태희가 올해 우리 회사 우수사원이라는 말은 거짓이다.

07. ㄱ. 인간은 힘든 상황에서 숨겨진 성깔을 드러낸다는 말은 거짓이다.
ㄴ. '인간은 단편 행동과 말만으로 파악할 수 있거나 힘든 상황에서 숨겨진 성깔을 드러낸다'는 말은 거짓이다.

08. ㄱ. 데카르트가 자기 몸의 실재를 의심했거나 자기 몸의 실재를 부정했다는 말은 거짓이고 오히려 몸의 실재를 증명하려 했다.
ㄴ. 데카르트는 자기 몸의 실재를 의심하지 않았고 오히려 몸의 실재를 증명하려 했다.

032 서로 따라 나온다

우리는 "X이고 Y"로부터 "Y이고 X"가 따라 나옴을 안다. 또한 "Y이고 X"로부터 "X이고 Y"가 따라 나옴을 안다. 문장 P로부터 문장 Q가 따라 나오고 또한 Q로부터 P가 따라 나올 때 "P와 Q는 서로 따라 나온다" 또는 "P와 Q는 서로 함축한다"고 한다. "서로 따라 나온다"는 짝겹화살 꼴 "⇔"로 나타낸다.

서로 따라 나오는 두 문장 ㄱ과 ㄴ의 참값모눈은 어떠해야 할까? 보기를 들어 가능 세계 W_1, W_2, W_3, W_4 가운데서 ㄱ은 W_1과 W_2에서 참이고 W_3과 W_4에서는 거짓이다. 만일 W_1과 W_2에서 ㄴ이 거짓이면 ㄱ이 참이고 ㄴ이 거짓인 세계가 있다. 이 경우 ㄱ으로부터 ㄴ이 따라 나오지 않는다. ㄱ으로부터 ㄴ이 따라 나온다고 가정했기에 ㄴ은 W_1과 W_2에서 참이어야 한다. 만일 W_3과 W_4에서 ㄴ이 참이면 ㄴ은 참이고 ㄱ이 거짓인 세계가 있다. 이 경우 ㄴ으로부터 ㄱ이 따라 나오지 않는다. ㄴ으로부터 ㄱ이 따라 나온다고 가정했기에 ㄴ은 W_3과 W_4에서 거짓이어야 한다. 곧 ㄴ은 W_1과 W_2에서 참이고 W_3과 W_4에서는 거짓이다. 결국 문장 ㄱ과 ㄴ이 서로 따라 나오면 ㄱ과 ㄴ의 참값모눈은 같다.

참값모눈을 써서 "'X이고, Y는 거짓이다'는 거짓이다"와 "X는 거짓이거나 Y"가 서로 따라 나옴을 보이겠다.

세계	X	Y	ㄱ	ㄴ
			'X이고, Y는 거짓이다'는 거짓이다.	X는 거짓이거나 Y
W_1	참	참	참	참
W_2	참	거짓	거짓	거짓
W_3	거짓	참	참	참
W_4	거짓	거짓	참	참

ㄱ과 ㄴ의 참값모눈이 같기에 ㄱ과 ㄴ은 뜻이 같다. 나아가 ㄱ과 ㄴ이 서로 따라 나옴을 확인할 수 있다. 먼저 ㄱ이 참인 세계는 W_1, W_3, W_4인데 이들 세계에서 ㄴ은 참이다. ㄱ이 참이고 ㄴ이 거짓인 세계는 없기에 ㄱ으로부터 ㄴ이 따라 나온다. ㄴ이 참인 세계는 W_1, W_3, W_4인데 이들 세계에서 ㄱ은 참이다. ㄴ이 참이고 ㄱ이 거짓인 세계는 없기에 ㄴ으로부터 ㄱ이 따라 나온다. 따라서 ㄱ과 ㄴ은 서로 따라 나온다.

만일 P와 Q가 서로 따라 나오면 P는 참이고 Q가 거짓인 세계가 없으며 Q는 참이고 P가 거짓인 세계도 없다. 따라서 P와 Q가 서로 따라 나오면 생각할 수 있는 모든 세계에서 P의 참값과 Q의 참값은 같다. 거꾸로 생각할 수 있는 모든 세계에서 P의 참값과 Q의 참값이 같다면 P는 참이고 Q가 거짓인 세계가 없으며 Q는 참이고 P가 거짓인 세계도 없다. 이는 P와 Q가 서로 따라 나옴을 뜻한다. 결국 다음 주장들은 모두 같은 말이다.

P와 Q는 서로 따라 나온다.
≡ P로부터 Q가 따라 나오고, Q로부터 P가 따라 나온다.
≡ P가 참이면 반드시 Q도 참이고, Q가 참이면 반드시 P도 참이다.
≡ P가 참인 모든 세계에서 Q도 참이고, Q가 참인 모든 세계에서 P도 참이다.
≡ P는 참이지만 Q가 거짓인 세계는 없고, Q는 참이지만 P가 거짓인 세계는 없다.
≡ 생각할 수 있는 모든 세계에서 P와 Q는 참값이 같다.
≡ P와 Q는 참값모눈이 같다.
≡ P가 참이면 반드시 Q도 참이고, P가 거짓이면 반드시 Q도 거짓이다.
≡ P와 Q는 뜻이 같다.
≡ P와 Q는 같은 말이다.

결국 "P와 Q는 서로 따라 나온다"와 "P와 Q는 뜻이 같다"는 서로 바꾸어 쓸 수 있다. "서로 따라 나온다"를 나타내는 짝겹화살 꼴 "⇔"과 "뜻이 같다"를 나타내는 세겹줄 꼴 "≡"은 서로 바꾸어 쓸 수 있다. 누군가 "P ⇔ Q"를 주장하면 그는 "P ≡ Q"를 주장하는 셈이다.

가. 다음 문장이 참임을 말로 풀어서 밝히라.

01. 만일 P와 Q가 서로 따라 나온다면 P로부터 Q가 따라 나온다.

02. 만일 P와 Q가 서로 따라 나온다면 Q로부터 P가 따라 나온다.

나. 다음 문장 짝 ㄱ과 ㄴ이 서로 따라 나오는지 그렇지 않은지 살펴봄으로써 둘이 뜻이 같은지 다른지 가리라.

01. ㄱ. X이고, Y는 거짓이다.
ㄴ. X는 거짓이고 Y

(i) ㄱ으로부터 ㄴ이 따라 나오는가?
(ii) ㄴ으로부터 ㄱ이 따라 나오는가?
(iii) 앞 두 물음의 답을 따를 때 ㄱ과 ㄴ은 서로 따라 나오는가?
(iv) 앞 물음의 답을 따를 때 ㄱ과 ㄴ은 뜻이 같은가?

02. ㄱ. X이고, 'Y이거나, Y는 거짓이다'.
ㄴ. X이거나 Y

(i) ㄱ으로부터 ㄴ이 따라 나오는가?
(ii) ㄴ으로부터 ㄱ이 따라 나오는가?
(iii) 앞 두 물음의 답을 따를 때 ㄱ과 ㄴ은 서로 따라 나오는가?
(iv) 앞 물음의 답을 따를 때 ㄱ과 ㄴ은 뜻이 같은가?

03. ㄱ. X이거나, 'Y이고, Y는 거짓이다'.
ㄴ. X

(i) ㄱ으로부터 ㄴ이 따라 나오는가?
(ii) ㄴ으로부터 ㄱ이 따라 나오는가?
(iii) 앞 두 물음의 답을 따를 때 ㄱ과 ㄴ은 서로 따라 나오는가?
(iv) 앞 물음의 답을 따를 때 ㄱ과 ㄴ은 뜻이 같은가?

다. 다음 문장 짝 ㄱ과 ㄴ이 서로 따라 나오는지 그렇지 않은지 참값모눈을 써서 밝히라.

01. ㄱ. X이고 'Y가 거짓이거나 Y' ㄴ. 'X는 거짓이거나 X'이고 Y

세계	X	Y	ㄱ X이고 'Y가 거짓이거나 Y'	ㄴ 'X는 거짓이거나 X'이고 Y
W_1	참	참		
W_2	참	거짓		
W_3	거짓	참		
W_4	거짓	거짓		

(i) ㄱ이 참인 세계들은?

(ii) ㄴ이 참인 세계들은?

(iii) ㄱ이 참인 세계들과 ㄴ이 참인 세계들은 같은가?

(iv) 앞 물음의 답을 따를 때 ㄱ과 ㄴ은 서로 따라 나오는가?

02. ㄱ. X이거나 'Y가 거짓이고 Z' ㄴ. Y이거나 'X가 거짓이고 Z'

세계	X	Y	Z	ㄱ X이거나 'Y가 거짓이고 Z'	ㄴ Y이거나 'X가 거짓이고 Z'
W_1	참	참	참		
W_2	참	참	거		
W_3	참	거	참		
W_4	참	거	거		
W_5	거	참	참		
W_6	거	참	거		
W_7	거	거	참		
W_8	거	거	거		

(i) ㄱ이 참인 세계들은?

(ii) ㄴ이 참인 세계들은?

(iii) ㄱ이 참인 세계들과 ㄴ이 참인 세계들은 같은가?

(iv) 앞 물음의 답을 따를 때 ㄱ과 ㄴ은 서로 따라 나오는가?

033 달리 쓰기와 차근차근 이끌기

문장 P와 Q가 같은 말이라 해보자. P와 Q가 같은 말이면 P와 Q는 서로 따라 나온다. P와 Q가 서로 따라 나오면, P로부터 Q를 이끌 수 있고 또한 Q로부터 P를 이끌 수 있다. 따라서 우리는 "P ≡ Q"로부터 "P. 따라서 Q"를 얻을 수 있고 "Q. 따라서 P"도 얻을 수 있다. 이것은 같은 말 규칙 또는 달리 쓰기 규칙을 차근차근 이끌기 할 때 마음껏 써도 됨을 뜻한다.

보기를 들어 다음 추론이 마땅함을 차근차근 밝히려 한다.

1. '중력자는 렙톤이거나 파동이다'는 거짓이다.
2. 중력자는 존재하지 않거나 '중력자는 질량을 갖지 않고 빛만큼 빠르다.'
3. 만일 중력자가 존재하지 않거나 질량을 갖지 않는다면 중력자는 파동이거나 매개입자다. // 중력자는 매개입자다.

이 추론의 결론은 "중력자는 매개입자다"인데 이것은 문장3의 이면 뒷말에 나온다. 이 결론을 얻으려고 우리는 다음처럼 길을 잡겠다. 먼저 문장3의 이면 앞말 "중력자가 존재하지 않거나 질량을 갖지 않는다"를 얻는다. 이것은 문장2로부터 이끌 수 있다. 그다음 이면 앞말 없애 "중력자는 파동이거나 매개입자다"를 얻는다. "중력자는 파동이 아니다"를 문장1에서 얻은 다음, 이거나 앞말 없애, 마침내 "중력자는 매개입자다"를 이끈다.

먼저 문장2에 달리 쓰기 규칙 '이거나 나눔'을 적용한다.

4. 2에서 이거나 나누어, 중력자는 존재하지 않거나 질량을 갖지 않고, 중력자는 존재하지 않거나 빛만큼 빠르다.

문장4에서 "2에서 이거나 나누어"는 "문장2에 달리 쓰기 규칙 이거나 나눔을 적용하여"를 짧게 쓴 말이다. 문장2와 문장4는 같은 문장이며 서로 바꾸어 쓸 수 있다. "2에서 이거나 나누어"라 하지 않고 더 짧게 "2를 달리 써"라 해도 된다.

5. 4에서 이고 뒷말 없애, 중력자는 존재하지 않거나 질량을 갖지 않는다.
6. 5로 3에서 이면 앞말 없애, 중력자는 파동이거나 매개입자다.

문장6을 써서 결론 "중력자는 매개입자다"를 얻으려면 "중력자는 파동이 아니다"가 있어야 한다. 이것은 문장1에서 얻을 수 있다.

7. 1을 이거나 모아 거짓이다 하여, 중력자는 렙톤이 아니고 파동이 아니다.
8. 7에서 이고 앞말 없애, 중력자는 파동이 아니다.
9. 8로 6에서 이거나 앞말 없애, 중력자는 매개입자다. "끝"

문장7에서 "1을 이거나 모아 거짓이다 하여"는 "문장1에 달리 쓰기 규칙 이거나 모아 거짓이다를 적용하여"를 짧게 쓴 말이다. 이를 더 짧게 "1을 달리 써"라 해도 된다.

차근차근 이끌기를 할 때 우리가 쓸 수 있는 연장들은 크게 늘었다. 생각의 연장들 또는 생각의 도구들을 아리스토텔레스는 그리스말로 "오르가논"이라 했고 베이컨은 라틴말로 "오르가눔"이라 했다.

ㄱ. 기본 추론규칙: 이고 넣기, 이고 없애기, 이거나 넣기, 이거나 없애기, 이면 넣기, 이면 앞말 없애기, 거짓이다 넣기, 거짓이다 없애기
ㄴ. 파생 추론규칙: 이면 뒷말 없애기, 이면 잇기, 이러나저러나
ㄷ. 달리 쓰기 규칙: 이고 되풀이, 이거나 되풀이, 이고 앞뒤 바꿈, 이거나 앞뒤 바꿈, 이고 새로 모음, 이거나 새로 모음, 이고 나눔, 이거나 나눔, 이고 모아 거짓이다, 이거나 모아 거짓이다 따위.

가. **다음 추론이 마땅함을 차근차근 이끌려 한다. 다음 밑줄 친 곳에 적절한 말을 써넣으라.**

01. 우리나라의 출생률은 증가하거나 우리나라의 자살률은 증가한다. 우리나라의 출생률이 정체하거나 증가한다는 주장은 거짓이다. 우리나라의 자살률이 증가하고 노령 사망률이 증가한다는 주장은 거짓이다. 만일 우리나라의 출생률이 증가하지 않고 또한 노령 사망률이 증가하지 않는다면 우리나라는 매우 빠른 속도로 고령화 사회로 접어든다. 따라서 우리나라는 매우 빠른 속도로 고령화 사회로 접어든다.

1. 우리나라의 출생률은 증가하거나 우리나라의 자살률은 증가한다.
2. 우리나라의 출생률이 정체하거나 증가한다는 주장은 거짓이다.
3. 우리나라의 자살률이 증가하고 노령 사망률이 증가한다는 주장은 거짓이다.
4. 만일 우리나라의 출생률이 증가하지 않고 또한 노령 사망률이 증가하지 않는다면 우리나라는 매우 빠른 속도로 고령화 사회로 접어든다. // 우리나라는 매우 빠른 속도로 고령화 사회로 접어든다.
5. ㉠_______________, ㉡_______________________________.
6. 5에서 이고 앞말 없애, 우리나라의 출생률은 증가하지 않는다.
7. 6으로 1에서 이거나 앞말 없애, 우리나라의 자살률은 증가한다.
8. ㉢_______________, ㉣_______________________________ ____.
9. 7로 8에서 이거나 앞말 없애, 우리나라의 노령 사망률은 증가하지 않는다.
10. 6과 9에 이고 넣어, 우리나라의 출생률은 증가하지 않고 또한 노령 사망률은 증가하지 않는다.
11. ㉤_______________, 우리나라는 매우 빠른 속도로 고령화 사회로 접어든다. "끝"

02. 한국 젊은이의 자살률은 정치 및 경제 측면에서 뒤떨어진 과거보다 더 높아졌다. '한국 젊은이들이 스트레스를 견디는 힘이 과거보다 낮아진 일은 한국 현재 교육 시스템의 탓이 아니거나 개인의 탓이다'는 거짓이다. 한국

젊은이의 자살률이 정치 및 경제 측면에서 뒤떨어진 과거보다 더 높아졌다면, 한국 젊은이들이 스트레스를 견디는 힘이 과거보다 낮아진 일은 개인의 탓이거나 한국의 현재 교육 시스템은 젊은이들이 인생을 살아가는 데 진짜 필요한 능력을 길러주지 못했다. 만일 한국의 현재 교육 시스템이 젊은이들이 인생을 살아가는 데 진짜 필요한 능력을 길러주지 못했다면, 한국의 현재 교육 시스템은 철저한 혁신을 거쳐야 한다. 따라서 한국의 현재 교육 시스템은 철저한 혁신을 거쳐야 한다.

1. 한국 젊은이의 자살률은 정치 및 경제 측면에서 뒤떨어진 과거보다 더 높아졌다.
2. '한국 젊은이들이 스트레스를 견디는 힘이 과거보다 낮아진 일은 한국 현재 교육 시스템의 탓이 아니거나 개인의 탓이다'는 거짓이다.
3. 한국 젊은이의 자살률이 정치 및 경제 측면에서 뒤떨어진 과거보다 더 높아졌다면, 한국 젊은이들이 스트레스를 견디는 힘이 과거보다 낮아진 일은 개인의 탓이거나 한국의 현재 교육 시스템은 젊은이들이 인생을 살아가는 데 진짜 필요한 능력을 길러주지 못했다.
4. 만일 한국의 현재 교육 시스템이 젊은이들이 인생을 살아가는 데 진짜 필요한 능력을 길러주지 못했다면, 한국의 현재 교육 시스템은 철저한 혁신을 거쳐야 한다. // 한국의 현재 교육 시스템은 철저한 혁신을 거쳐야 한다.
5. 1로 3에서 ㉠________________, ㉡____.
6. ㉢________________________, ㉣____.
7. 6에서 이고 앞말 없애, ㉤____.
8. ㉥____________________________, 한국의 현재 교육 시스템은 젊은이들이 인생을 살아가는 데 진짜 필요한 능력을 길러주지 못했다.
9. 8로 4에서 이면 앞말 없애, 한국의 현재 교육 시스템은 철저한 혁신을 거쳐야 한다. "끝"

034 반드시와 어쩌다

"X는 참이거나 X는 거짓이다"의 참값모눈 또는 진리표는 다음과 같다.

세계	X	X는 참이거나 X는 거짓이다.
W_1	참	참
W_2	거짓	참

보다시피 "X는 참이거나 X는 거짓이다"는 생각할 수 있는 모든 세계에서 참이다. 생각할 수 있는 모든 세계에서 참인 문장을 "반드시 참말" 또는 "항진문장"이라 한다. 반드시 참말은 생각할 수 있는 세계 어느 곳에서나 참말이다.

모순문장 또는 어긋난 말 "X는 참이고 X는 거짓이다"의 참값모눈은 다음과 같다.

세계	X	X는 참이고 X는 거짓이다.
W_1	참	거짓
W_2	거짓	거짓

보다시피 "X는 참이고 X는 거짓이다"는 생각할 수 있는 모든 세계에서 거짓이다. 생각할 수 있는 모든 세계에서 거짓인 문장을 "반드시 거짓말" 또는 "항위문장"이라 한다. 반드시 거짓말은 생각할 수 있는 세계 어느 곳에서나 거짓말이다. 반드시 참말과 반드시 거짓말을 한데 모아 "반드시 문장" 또는 "필연문장"이라 한다.

"세종은 한글을 만들었다"는 우리가 사는 이 세계에서 참이지만 우리는 이 문장이 거짓인 세계를 생각할 수 있다. 이런 문장을 "어쩌다 참말" 또는 "우연진실"이라 한다. "이순신은 새로운 왕조를 세웠다"는 우리가 사는 이 세계에서 거짓이지만 우리는 이 문장이 참인 세계를 생각할 수 있다.

이런 문장을 "어쩌다 거짓말" 또는 "우연허위"라 한다. 어쩌다 참말과 어쩌다 거짓말을 한데 모아 "어쩌다 문장" 또는 "우연문장"이라 한다.

"X는 참이고 X는 거짓이다"와 "Y는 참이고 Y는 거짓이다"는 서로 따라 나온다. 이는 둘의 참값모눈을 만들면 알 수 있다.

세계	X	Y	X는 참이고 X는 거짓이다.	Y는 참이고 Y는 거짓이다
W_1	참	참	거짓	거짓
W_2	참	거짓	거짓	거짓
W_3	거짓	참	거짓	거짓
W_4	거짓	거짓	거짓	거짓

둘은 생각할 수 있는 모든 세계에서 참값이 같다. 이것은 둘이 서로 따라 나옴을 말해주며 나아가 둘은 뜻이 같음을 말해준다. 비슷하게 "X는 참이거나 X는 거짓이다"와 "Y는 참이거나 Y는 거짓이다"도 서로 따라 나오며 둘은 뜻이 같다.

우리는 "X는 참이고 X는 거짓이다"로부터 아무 문장 P가 따라 나온다는 사실을 밝혀 보일 수 있다. 달리 말해 반드시 거짓말로부터 무슨 문장이든 따라 나온다.

세계	X	P	ㄱ	ㄴ
			X는 참이고 X는 거짓이다	P
W_1	참	참	거짓	참
W_2	참	거짓	거짓	거짓
W_3	거짓	참	거짓	참
W_4	거짓	거짓	거짓	거짓

가능 세계들 가운데 ㄱ은 참이지만 ㄴ은 거짓인 세계는 없다. 달리 말해 "ㄱ은 참이지만 ㄴ이 거짓이다"는 생각할 수조차 없다. 이미 배웠듯이 "문장 ㄱ은 참이지만 문장 ㄴ이 거짓인 세계는 없다"는 "문장 ㄱ으로부터 문장 ㄴ이 따라 나온다"를 뜻한다. 따라서 "X는 참이고 X는 거짓이다"로부터 문장 P가 따라 나온다.

가. 다음 주장이 참임을 밝히라. 먼저 참값모눈을 만든 뒤 이 참값모눈이 무엇을 말하는지 설명하라.

01. "X는 참이거나 X는 거짓이다"와 "Y는 참이거나 Y는 거짓이다"는 서로 따라 나온다.

세계	X	Y	ㄱ X는 참이거나 X는 거짓이다.	ㄴ Y는 참이거나 Y는 거짓이다.
W_1	참	참		
W_2	참	거짓		
W_3	거짓	참		
W_4	거짓	거짓		

02. 아무 문장 P로부터 "X는 참이거나 X는 거짓이다"가 따라 나온다.

세계	P	X	ㄱ P	ㄴ X는 참이거나 X는 거짓이다.
W_1	참	참		
W_2	참	거짓		
W_3	거짓	참		
W_4	거짓	거짓		

03. 반드시 참말 T_o에 대해 "X이고 T_o"와 X는 뜻이 같다.

세계	X	T_o	ㄱ X이고 T_o	ㄴ X
W_1	참	참		
W_2	거짓	참		

04. 반드시 참말 T_o에 대해 "X이거나 T_o"는 반드시 참말이다.

세계	X	T_o	X이거나 T_o
W_1	참	참	
W_2	거짓	참	

05. 반드시 거짓말 F_o에 대해 "X이고 F_o"는 반드시 거짓말이다.

세계	X	F_o	X이고 F_o
W_1	참	거짓	
W_2	거짓	거짓	

06. 반드시 거짓말 F_o에 대해 "X이거나 F_o"와 X는 뜻이 같다.

세계	X	F_o	ㄱ	ㄴ
			X이거나 F_o	X
W_1	참	거짓		
W_2	거짓	거짓		

07. 반드시 참말 T_o와 반드시 거짓말 F_o에 대해 "T_o이고 F_o"는 반드시 거짓말이다.

세계	T_o	F_o	T_o이고 F_o
W_1	참	거짓	
W_2	참	거짓	

08. 반드시 참말 T_o와 반드시 거짓말 F_o에 대해 "T_o이거나 F_o"는 반드시 참말이다.

세계	T_o	F_o	T_o이거나 F_o
W_1	참	거짓	
W_2	참	거짓	

09. 어쩌다 참말 T와 어쩌다 거짓말 F에 대해 "T이고 F"는 어쩌다 거짓말이다. 먼저 아래 모눈에서 우리가 사는 세계가 W_1, W_2, W_3, W_4 가운데 어디인지 생각해 보라.

세계	T	F	T이고 F
W_1	참	참	
W_2	참	거짓	
W_3	거짓	참	
W_4	거짓	거짓	

035 이면 앞뒤 바꿈

문장 X와 Y로 이루어진 “X이면 Y”와 “Y가 거짓이면 X는 거짓이다”는 뜻이 같다.

X이면 Y ≡ Y가 거짓이면 X는 거짓이다.

이 규칙을 “이면 앞뒤 바꿈” 또는 “대우규칙”이라 한다. 이를 밝혀 보이려고 둘이 서로 따라 나온다는 것을 보이겠다. 다시 말해 “X이면 Y”로부터 “Y가 거짓이면 X는 거짓이다”가 따라 나오고, “Y가 거짓이면 X는 거짓이다”로부터 “X이면 Y”가 따라 나온다는 것을 밝혀 보인다. 이것은 다음 두 추론이 마땅함을 밝혀 보이는 일에 해당한다.

- X이면 Y. 따라서 Y가 거짓이면 X는 거짓이다.
- Y가 거짓이면 X는 거짓이다. 따라서 X이면 Y

먼저 첫째 추론을 밝혀 보인다. 결론이 이면문장이라 이면 넣기를 해야 한다.

1. X이면 Y // Y가 거짓이면 X는 거짓이다.
   2*. 이면 넣기 시작: Y는 거짓이다.
   3*. 2*로 1에서 이면 뒷말 없애, X는 거짓이다.
4. 2*에서 3*까지로 2*과 3*에 이면 넣어, Y가 거짓이면 X는 거짓이다. “끝”

둘째 추론도 이와 크게 다르지 않다.

1. Y가 거짓이면 X는 거짓이다. // X이면 Y
   2*. 이면 넣기 시작: X

3*. 2*로 1에서 이면 뒷말 없애, Y

4. 2*에서 3*까지로 2*과 3*에 이면 넣어, X이면 Y. "끝"

이리하여 "X이면 Y"와 "Y가 거짓이면 X는 거짓이다"가 서로 따라 나온다는 것을 밝혀 보인 셈이다.

'이면 앞뒤 바꿈'을 써서 다음 추론을 차근차근 이끌겠다.

지아는 동물 실험에 반대하거나 육식주의를 반대한다. 지아가 동물 권리를 인정하지 않는다면 그는 인간이 동물을 착취하는 일에 반대하지 않는다. 지아가 인간이 동물을 착취하는 일에 반대하지 않는다면 그는 동물 실험에 반대하지 않는다. 지아가 육식주의에 반대한다면 그는 동물 권리를 인정한다. 따라서 지아는 동물 권리를 인정한다.

여러 가지 길 가운데 이러나저러나를 써서 이끄는 길을 고른다.

1. 지아는 동물 실험에 반대하거나 육식주의에 반대한다.
2. 지아가 동물 권리를 인정하지 않는다면 그는 인간이 동물을 착취하는 일에 반대하지 않는다.
3. 지아가 인간이 동물을 착취하는 일에 반대하지 않는다면 그는 동물 실험에 반대하지 않는다.
4. 지아가 육식주의에 반대한다면 그는 동물 권리를 인정한다. // 지아는 동물 권리를 인정한다.
5. 2와 3을 이면 이어, 지아가 동물 권리를 인정하지 않는다면 그는 동물 실험에 반대하지 않는다.
6. 5를 이면 앞뒤 바꾸어, 지아가 동물 실험에 반대한다면 그는 동물 권리를 인정한다.
7. 1로 6과 4에서 이러나저러나, 지아는 동물 권리를 인정한다. "끝"

문장6에서 "5를 이면 앞뒤 바꾸어"는 "문장5에 달리 쓰기 규칙 이면 앞뒤 바꿈을 적용하여"를 짧게 쓴 말이다.

가. 다음 문장을 이면 앞뒤 바꾸라. '이거나 모아 거짓이다'나 '이고 모아 거짓이다'를 적용할 수 있을 때는 그렇게 적용하라.

01. 철수가 어제 미리 책을 읽었다면 철수는 오늘 칭찬을 듣는다.

02. 만일 네가 옷을 입은 채 물에 뛰어들거나 비를 맞는다면 네 옷이 흠뻑 젖는다.

03. 검찰이 공명정대하다면 검찰은 장차 신뢰를 회복할 수 있고 대한민국의 혁신에 방해가 되지 않는다.

04. 만일 지난 대선 때 젊은이들의 투표율이 높았고 그들이 미래를 설계할 능력을 갖춘 정치인에게 투표했다면 대한민국의 미래는 밝다.

05. 만일 대한민국이 자유로운 나라가 아니거나 정의로운 나라가 아니면 나는 태극기가 자랑스럽지 않으며 이 나라를 위해 충성을 다할 마음이 생기지 않는다.

나. 다음 추론의 결론을 여태 배운 추론규칙과 달리 쓰기 규칙을 써서 이끌 수 있다면 "수"를 쓰고 그렇지 않으면 "못"을 쓰라.

01. 이숙자가 중앙미술대전에서 대상을 받았다면 그는 보리밭 연작을 계속 그렸다. 이숙자가 ≪보리밭≫을 그리지 않았다면 그는 보리밭 연작을 계속 그리지 않았다. 따라서 이숙자가 ≪보리밭≫을 그리지 않았다면 그는 중앙미술대전에서 대상을 받지 않았다.

02. 말할 수 없는 것에 대해 침묵해야 한다면 말할 수 있는 것에 대해서만 말해야 한다. 말할 수 있는 것에 대해서만 말해야 한다면 말하기 전에 말할 수 있는 것이 무엇인지를 먼저 알아야 한다. 만일 말하기 전에는 말할 수 있는 것이 무엇인지 도무지 알 수 없다면 말하기 전에 말할 수 있는 것이 무엇인지를 먼저 알아야 하는 것은 아니다. 따라서 만일 말하기 전에는 말할 수 있는 것이 무엇인지 도무지 알 수 없다면 말할 수 없는 것에 대해 침묵해야 하는 것은 아니다.

다. 다음 추론이 마땅한 추론이 되도록 "따라서"나 "왜냐하면" 뒤에 알맞은 문장을 채우라.

01. 검찰이 실정법을 어긴 김 검사를 기소하지 않는다면 검찰은 지금 공명정대하지 않다. 검찰이 실정법을 어긴 김 검사를 기소한다면 검찰은 장차 신뢰를 회복할 수 있다. 따라서

02. 우리는 타자를 환대하거나 배려한다. 우리가 타자를 환대한다면 우리는 착하다. 우리가 타자를 배려한다면 우리는 약자에게 상처 주지 않는다. 우리가 착하지 않다면 우리는 약자에게 상처 준다. 우리는 착하지 않거나 평등하다. 따라서 환대받을 권리가 우리에게 있다. 왜냐하면

라. 다음 추론을 여태 배운 추론규칙과 달리 쓰기 규칙을 써서 차근차근 이끌라.

01. 하느님이 선하고 완전하다면 그에게는 모자란 것이 없으며 증오심도 없다. 그에게 모자란 것이 있거나 증오심이 있다면 하느님은 자신을 인식하지 못하는 무신론자를 증오한다. 하느님이 아무도 증오하지 않는다면 그는 자신을 인식하지 못하는 무신론자를 증오하지 않는다. 하느님은 선하고 완전하거나 그는 아무도 증오하지 않는다. 만일 하느님에게 모자란 것이 없으며 증오심도 없다면 하느님을 믿지 않는 이를 우리가 증오하는 것을 하느님은 반기지 않는다. 따라서 하느님을 믿지 않는 이를 우리가 증오하는 것을 하느님은 반기지 않는다.

02. 캡사이신이 스트레스 해소에 도움이 되지 않는다면 고추장은 스트레스 해소에 도움이 되지 않는다. 고추장이 스트레스 해소에 도움이 되지 않는다면 떡볶이는 스트레스 해소에 도움이 되지 않는다. 캡사이신이 매운맛을 내지 않는다면 이것은 엔도르핀 방출을 촉진하지 않는다. 캡사이신이 스트레스 해소에 도움이 된다면 이것은 진통 효과가 있고 엔도르핀 방출을 촉진한다. 따라서 캡사이신이 매운맛을 내지 않는다면 떡볶이는 스트레스 해소에 도움이 되지 않는다.

036 "이면"의 뜻

"올해 12월 24일에 눈이 내린다면 주몽은 수지에게 청혼한다"가 참이면 "올해 12월 24일에 눈이 내리고, 주몽이 수지에게 청혼하지는 않는다"는 거짓이다. 여기서 "내리고"를 "내리는데"나 "내리지만"을 쓰면 일상 표현에 더 가깝다. 곧 밝혀 보일 텐데 "올해 12월 24일에 눈이 내린다면 주몽은 수지에게 청혼한다"는 "'올해 12월 24일에 눈이 내리고, 주몽이 수지에게 청혼하지는 않는다'는 거짓이다"를 뜻한다. 더욱 넓게 말해 "X이면 Y"는 "'X이고, Y는 거짓이다'는 거짓이다"를 뜻한다.

이를 밝혀 보이는 길 가운데 하나는 "X이면 Y"와 "'X이고, Y는 거짓이다'는 거짓이다"가 서로 따라 나옴을 밝혀 보이는 길이다. 두 문장이 서로 따라 나온다는 것을 밝혀 보이려고 다음 두 추론이 마땅하다는 것을 보이겠다.

- X이면 Y. 따라서 'X이고, Y는 거짓이다'는 거짓이다.
- 'X이고, Y는 거짓이다'는 거짓이다. 따라서 X이면 Y

먼저 첫째 추론이 마땅하다는 것을 거짓이다 넣기를 써서 차근차근 이끈다.

1. X이면 Y // 'X이고, Y는 거짓이다'는 거짓이다.
   2*. 거짓이다 넣기 시작: X이고, Y는 거짓이다.
   3*. 2*에서 이고 없애, X
   4*. 3*로 1에서 이면 없애, Y
   5*. 2*에서 이고 없애, Y는 거짓이다.
   6*. 4*과 5*에 이고 넣어, Y는 참이고 거짓이다.
7. 2*에서 6*까지로 2*에 거짓이다 넣어, 'X이고, Y는 거짓이다'는 거짓이다.
   "끝"

이제 둘째 추론이 마땅하다는 것을 이면 넣기를 써서 차근차근 이끈다.

1. 'X이고, Y는 거짓이다'는 거짓이다. // X이면 Y
2. 1을 이고 모아 거짓이다 하여, X는 거짓이거나 Y
   3*. 이면 넣기 시작: X
   4*. 3*로 2에서 이거나 앞말 없애, Y
5. 3*에서 4*까지로 3*과 4*에 이면 넣어, X이면 Y. "끝"

이리하여 "X이면 Y"와 "'X이고, Y는 거짓이다'는 거짓이다"가 뜻이 같음을 증명했다.

다음 세 문장은 서로 따라 나오고, 뜻이 같으며, 참값모눈도 같다.

- X이면 Y
- 'X이고, Y는 거짓이다'는 거짓이다.
- X는 거짓이거나 Y

이 규칙을 "이면 이거나 바꿈" 또는 "조건문 규칙"이라 한다.

"X는 거짓이거나 Y"와 "X이면 Y"의 참값모눈은 같기에 "X는 거짓이거나 Y"의 참값모눈으로부터 "X이면 Y"의 참값모눈을 알 수 있다. "X는 거짓이거나 Y"의 참값모눈은 쉽게 구할 수 있는데 다음과 같다.

세계	X	Y	X는 거짓이거나 Y	X이면 Y
W_1	참	참	참	참
W_2	참	거짓	거짓	거짓
W_3	거짓	참	참	참
W_4	거짓	거짓	참	참

맨 오른쪽 "X이면 Y"의 참값모눈은 바로 옆에서 구한 "X는 거짓이거나 Y"의 참값모눈을 그대로 옮겨 적었다. 맨 오른쪽의 참값모눈을 "이면의 참값모눈" 또는 "이면의 진리표"라 한다. 이리하여 마침내 우리는 "는 참이다", "는 거짓이다", "이고", "이거나", "이면"의 참값모눈을 모두 얻었다.

가. 다음 문장 짝 ㄱ과 ㄴ이 뜻이 같은지 그렇지 않은지 참값모눈을 만들어 밝히라.

01. ㄱ. X이면 Y ㄴ. Y이면 X

세계	X	Y	ㄱ X이면 Y	ㄴ Y이면 X
W_1	참	참		
W_2	참	거짓		
W_3	거짓	참		
W_4	거짓	거짓		

02. ㄱ. X이면 Y ㄴ. Y가 거짓이면 X는 거짓이다.

세계	X	Y	ㄱ X이면 Y	ㄴ Y가 거짓이면 X는 거짓이다.
W_1	참	참		
W_2	참	거짓		
W_3	거짓	참		
W_4	거짓	거짓		

03. ㄱ. X이면 'Y이면 Z' ㄴ. 만일 X이고 Y이면 Z

세계	X	Y	Z	ㄱ X이면 'Y이면 Z'	ㄴ 만일 X이고 Y이면 Z
W_1	참	참	참		
W_2	참	참	거		
W_3	참	거	참		
W_4	참	거	거		
W_5	거	참	참		
W_6	거	참	거		
W_7	거	거	참		
W_8	거	거	거		

나. 문장들 "내 마음은 내 몸과 다르다", "내 마음은 내 몸을 움직일 수 있다", "나는 내 뜻대로 할 힘을 갖는다"는 우리 세계에서 참이다. 아래 주어진 문장이 참이면 "참"을 쓰고, 거짓이면 "거"를 쓰라.

01. 내 마음은 내 몸과 다르거나 내 마음은 내 몸을 움직일 수 없다.

02. 내 마음은 내 몸을 움직일 수 없거나 나는 내 뜻대로 할 힘을 갖지 않는다.

03. 내 마음은 내 몸과 다르지 않거나 내 마음은 내 몸을 움직일 수 없거나 나는 내 뜻대로 할 힘을 갖지 않는다.

04. 내 마음은 내 몸과 다르지 않거나, 내 마음은 내 몸을 움직일 수 있고 나는 내 뜻대로 할 힘을 갖는다.

05. '내 마음은 내 몸과 다르지 않거나 내가 내 뜻대로 할 힘을 갖지 않는다'는 말은 거짓이다.

06. 내가 내 뜻대로 할 힘을 갖는다면 내 마음은 내 몸을 움직일 수 있다.

07. 내 마음이 내 몸을 움직일 수 없다면 나는 내 뜻대로 할 힘을 갖지 않는다.

08. 내 마음이 내 몸과 다르지 않다면 나는 내 뜻대로 할 힘을 갖지 않는다.

09. 내 마음이 내 몸과 다르지 않다면 나는 내 뜻대로 할 힘을 갖는다.

10. 만일 내 마음이 내 몸과 다르지 않고 내 마음이 내 몸을 움직일 수 있다면 나는 내 뜻대로 할 힘을 갖는다.

11. 만일 내 마음이 내 몸과 다르고 나는 내 뜻대로 할 힘을 갖는다면 내 마음은 내 몸을 움직일 수 없다.

12. 내가 내 뜻대로 할 힘을 갖는다면, 내 마음은 내 몸을 움직일 수 있거나 내 마음은 내 몸과 다르다.

13. 내 마음이 내 몸을 움직일 수 있다면, 내 마음은 내 몸과 다르지 않거나 나는 내 뜻대로 할 힘을 갖는다.

14. 내 마음이 내 몸을 움직일 수 있다면, 내 마음은 내 몸과 다르지 않지만 나는 내 뜻대로 할 힘을 갖는다.

037 일 때 오직 그때만

“여자만 여기에 들어올 수 있다”는 “여자가 아닌 이는 여기에 들어올 수 없다”를 뜻한다. “나는 보미만 사랑한다”는 “나는 보미 말고 다른 것을 사랑하지 않는다”를 뜻한다. 이를 보건대 “오직 다라가 어른일 때만 다라는 투표할 수 있다”는 “다라가 어른이 아닐 때 다라는 투표할 수 없다”로 바꿀 수 있겠다. 문장 X와 Y에 대해 다음 문장들은 뜻이 같다.

오직 X일 때만 Y
≡ X가 거짓이면 Y는 거짓이다.
≡ Y이면 X

그리하여 “타자가 존재하면 자아는 존재한다”는 “오직 자아가 존재할 때만 타자는 존재한다”로 바꿀 수 있다.

이제 “자아가 존재하면 타자는 존재하고, 타자가 존재하면 자아는 존재한다”는 “자아가 존재할 때 타자는 존재하고, 오직 자아가 존재할 때만 타자는 존재한다”로 바꿀 수 있다. 이것은 다시 “자아가 존재할 때 그리고 오직 자아가 존재할 때만 타자는 존재한다”로 바꿀 수 있다. 이는 더욱 짧게 “자아가 존재할 때 오직 그때만 타자는 존재한다”로 쓸 수 있다. 문장 X와 Y에 대해 다음 문장들은 뜻이 같다.

X일 때 오직 그때만 Y
≡ X일 때 Y이고, 오직 X일 때만 Y
≡ X이면 Y이고, X가 거짓이면 Y는 거짓이다.
≡ X이면 Y이고, Y이면 X
≡ Y이면 X이고, X이면 Y
≡ Y일 때 오직 그때만 X

"일 때 오직 그때만"을 나타내는 말꼴은 짝화살 꼴 "↔"이다. "X일 때 오직 그때만 Y"는 "X↔Y"라 쓴다. "일 때 오직 그때만"을 짧게 "때때만" 또는 "이면이"라 쓴다. "X일 때 오직 그때만 Y"를 "짝이면문장" 또는 "쌍조건문"이라 한다.

"X일 때 오직 그때만 Y"는 "X이면 Y"와 "Y이면 X"가 "이고"로 이어진 문장이다. 이 때문에 "일 때 오직 그때만"의 참값모눈은 다음과 같다.

세계	X	Y	X이면 Y	Y이면 X	X일 때 오직 그때만 Y X이면 Y이고, Y이면 X
W_1	참	참	참	참	참
W_2	참	거짓	거짓	참	거짓
W_3	거짓	참	참	거짓	거짓
W_4	거짓	거짓	참	참	참

이처럼 "X일 때 오직 그때만 Y"는 "X의 참값과 Y의 참값은 같다" 또는 "X와 Y 둘 다 참이거나 X와 Y 둘 다 거짓이다"와 뜻이 같다. "자아가 존재할 때 오직 그때만 타자는 존재한다"는 "'자아는 존재한다'와 '타자는 존재한다'가 둘 다 참이거나 둘 다 거짓이다"를 뜻한다. "너가 나를 사랑할 때 오직 그때만 나는 너를 사랑한다"는 "'나는 너를 사랑한다'와 '너는 나를 사랑한다'가 함께 참이거나 함께 거짓이다"를 뜻한다.

"X가 거짓일 때 오직 그때만 Y는 거짓이다"는 "X일 때 오직 그때만 Y"와 뜻이 같다. 그 까닭은 "X가 거짓일 때 Y는 거짓이다"는 "Y이면 X"와 뜻이 같고 "오직 X가 거짓일 때만 Y는 거짓이다"는 "X이면 Y"와 뜻이 같기 때문이다. 이는 두 문장의 참값모눈을 만들어 확인할 수도 있다.

세계	X	Y	X일 때 오직 그때만 Y	X가 거짓일 때 오직 그때만 Y는 거짓이다. X가 거짓이면 Y는 거짓이고, Y가 거짓이면 X는 거짓이다.
W_1	참	참	참	참
W_2	참	거짓	거짓	거짓
W_3	거짓	참	거짓	거짓
W_4	거짓	거짓	참	참

가. 다음 문장을 뜻이 같은 다른 문장으로 바꾸되 “때만”을 “이면”으로 바꾸라. ‘이거나 모아 거짓이다’나 ‘이고 모아 거짓이다’를 할 수 있을 때는 그렇게 하라.

01. 오직 우리나라가 공정하지 않을 때만 나는 이기주의자가 되고 싶다.

02. 오직 내가 부지런하지 않거나 이기주의자가 되고 싶지 않을 때만 우리나라는 공정하다.

03. 오직 내가 올바르고 우리나라가 공정할 때만 나는 잘살 수 있다.

04. 오직 우리나라가 공정하고 내가 똑똑할 때만 나는 잘살 수 있고 우리나라는 풍요롭다.

나. “우리나라는 공정하지 않다”, “나는 부지런하다”, “나는 이기주의자가 되고 싶지 않다”는 우리 세계에서 참이다. 아래 주어진 문장이 참이면 “참”을 쓰고, 거짓이면 “거”를 쓰라.

01. 오직 내가 이기주의자가 되고 싶을 때만 나는 부지런하다.

02. 내가 이기주의자가 되고 싶을 때 오직 그때만 나는 부지런하다.

03. 나는 이기주의자가 되고 싶지만, 만일 내가 부지런하지 않다면 우리나라는 공정하지 않다.

04. 오직 내가 이기주의자가 되고 싶을 때만 우리나라는 공정하지 않지만, 나는 부지런하다.

05. 오직 내가 부지런하지 않고 이기주의자가 되고 싶을 때만 우리나라는 공정하지 않다.

06. 내가 부지런하지 않고 이기주의자가 되고 싶지 않을 때 오직 그때만 우리나라는 공정하지 않다.

07. 오직 우리나라가 공정하지 않거나 내가 똑똑하지 않을 때만 나는 이기주의자가 되고 싶거나 부지런하지 않다.

다. 다음 추론이 마땅한 추론이 되도록 "따라서"나 "왜냐하면" 뒤에 알맞은 문장을 채우라.

01. 오직 이번 책거리 때 간단한 음식을 마련할 때만 책거리는 스승께 감사의 마음을 전하는 자리다. 오직 이번 책거리 때 간단한 음식을 마련할 때만 책거리는 학생들의 노력을 인정하는 행사다. 책거리는 스승께 감사의 마음을 전하는 자리거나 학생들의 노력을 인정하는 행사다. 이번 책거리 때 간단한 음식을 마련한다면 희순은 가벼운 술도 함께 준비한다. 따라서

02. 팥쥐가 착했다면 팥쥐는 콩쥐를 도왔다. 팥쥐는 잔치에 놀러 가지 않았거나 콩쥐는 밑 빠진 독에 물을 채워 넣을 수 있다. 오직 두꺼비가 콩쥐를 도울 때만 콩쥐는 밑 빠진 독에 물을 채워 넣을 수 있다. 오직 콩쥐가 착할 때만 두꺼비는 콩쥐를 돕는다. 따라서 콩쥐는 착하지만 팥쥐는 착하지 않다. 왜냐하면

라. "하늘은 푸르다"와 "눈은 희다"는 우리 세계에서 참이다. "소금은 달다"와 "얼음은 뜨겁다"는 우리 세계에서 거짓이다. 다음 물음에 답하라.

01. "하늘이 푸를 때 오직 그때만 눈은 희다"는 우리 세계에서 참인가 거짓인가? 왜 그렇게 생각하는가?

02. "하늘은 푸르다"와 "눈은 희다"는 서로 따라 나오는가? 왜 그렇게 생각하는가?

03. "소금이 달 때 오직 그때만 얼음은 뜨겁다"는 우리 세계에서 참인가 거짓인가? 왜 그렇게 생각하는가?

04. "소금은 달다"와 "얼음은 뜨겁다"는 서로 따라 나오는가? 왜 그렇게 생각하는가?

05. 두 문장 P와 Q에 대해 "P일 때 오직 그때만 Q"가 우리 세계에서 참이면 P와 Q는 서로 따라 나오는가? 둘은 뜻이 같은가?

038 그냥 이면과 반드시 이면

"하늘은 푸르다"와 "눈은 희다"는 우리가 사는 이 세계에서 참이다. "이면"의 뜻에 따르면 "하늘이 푸르다면 눈은 희다"는 우리 세계에서 참이다. 하지만 "하늘은 푸르다"로부터 "눈은 희다"가 따라 나오지는 않는다. 따라서 "P이면 Q"가 참이라 해서 "P로부터 Q가 따라 나온다"가 참이라 생각해서는 안 된다. 다시 말해 "P이면 Q"는 "P로부터 Q가 따라 나온다"를 뜻하지 않는다. 하지만 때때로 우리는 "P로부터 Q가 따라 나온다"를 "P이면 Q"라 쓸 때가 있다.

우리는 "P이면 Q"에 두 가지 뜻이 있음을 잊지 말아야 한다.

- 그냥 이면문장: "P이면 Q"는 어쩌다 문장이다. 이런 "이면"을 "그냥 이면"이라 한다. '그냥 이면'은 이면의 참값모눈에 나타난 뜻만을 갖는다. 이런 "이면"은 말꼴로 "→"을 쓴다.
- 반드시 이면문장: "P이면 Q"는 반드시 참말이다. 이런 "이면"을 "반드시 이면"이라 한다. '반드시 이면'은 "따라 나온다"를 뜻한다. 이런 "이면"은 말꼴로 "⊢" 또는 "⇒"을 쓴다.

"그냥 이면문장"은 "단순조건문"이라고도 한다. 별말 없이 "이면문장" 또는 "조건문"이라 하면 이는 "그냥 이면문장"을 가리킨다.

"하늘이 푸르다면 눈은 희다"에서 "이면"은 그냥 이면이다. "하늘은 푸르다"로부터 "눈은 희다"가 따라 나오지는 않는다. "하늘은 푸르다"가 참이지만 "눈은 희다"가 거짓인 세계를 우리는 생각할 수 있다. 다시 말해 "하늘은 푸르다"가 참이라 해서 반드시 "눈은 희다"가 참이지는 않다. "하늘이 푸르다면 눈은 희다"는 우리 세계에서 참일 뿐이며 어쩌다 참말일 뿐이다. 하지만 "만일 하늘이 푸르고 눈이 희다면 하늘은 푸르다"에서 "이면"은 반드시 이면이다. "하늘은 푸르고 눈이 희다"가 참이면 반드시 "하늘은 푸르다"도 참이다. "만일 하늘이 푸르고 눈이 희다면 하늘은 푸르다"는 생각할 수 있는 모든 세계에서 참이며 반드시 참말이다.

이면문장 "X이면 Y"의 참값모눈과 이면문장 "만일 X이고 Y이면 Y"의 참값모눈을 견주어 보겠다.

세계	X	Y	X이면 Y	만일 X이고 Y이면 Y
W_1	참	참	참	참
W_2	참	거짓	거짓	참
W_3	거짓	참	참	참
W_4	거짓	거짓	참	참

보다시피 "X이면 Y"는 어쩌다 문장이며 이 때문에 그냥 이면문장이다. 반면 "만일 X이고 Y이면 Y"는 반드시 참말이며 이 때문에 반드시 이면문장이다.

마찬가지로 "P일 때 오직 그때만 Q"도 다음 두 가지를 잘 가려야 한다.

- 그냥 짝이면문장: "P일 때 오직 그때만 Q"는 어쩌다 문장이다. 이런 "일 때 오직 그때만"은 말꼴로 "↔"을 쓴다.
- 반드시 짝이면문장: "P일 때 오직 그때만 Q"는 반드시 참말이다. 이런 "일 때 오직 그때만"은 "서로 따라 나온다"를 뜻하고, 말꼴로 "⇔"을 쓴다.

문장 "P↔Q"가 반드시 참말이면 우리는 이를 "P⇔Q"로 쓸 수 있다.

우리는 일상 삶에서 여러 가지 반드시 이면문장을 쓰는데 다음과 같은 문장이 그 보기다.

- 내 씀씀이가 늘어난다면 내 씀씀이가 줄어들지는 않았다.
- 내 씀씀이가 줄어들지는 않았다면 내 씀씀이는 그대로이거나 늘어났다.

반드시 이면문장은 반드시 참말이기 때문에 차근차근 이끌기를 할 때 언제든지 가져와 써도 된다.

가. 다음 문장이 '그냥 이면문장'이면 "그"를 쓰고, '반드시 이면문장'이면 "반"을 쓰라.

01. 소금이 희다면 눈도 희다.

02. 벼루가 고양이고 젖먹이짐승이면 벼루는 고기를 먹는다.

03. 퇴계가 이황이면 이황은 퇴계다.

04. 타키온이 빛보다 빠르다면 타키온은 빛보다 느리지 않다.

05. 중력자가 빛보다 빠르지 않다면 중력자는 빛보다 느리다.

06. 중력자가 빛보다 빠르지 않다면 중력자는 빛보다 느리거나 빛만큼 빠르다.

07. 전자가 양성자보다 가볍다면 양성자는 전자보다 무겁다.

08. 내가 어젯밤 집 앞 공원에서 산책했다면 나는 어젯밤 산책했다.

09. 한국의 부동산 가격이 대체로 정체한다면 한국의 부동산 가격이 대체로 상승하지 않거나 하락하지 않는다.

10. 문근영이 여고생이면 그는 고등학생이다.

11. 문근영이 대학생이면 그는 여대생이다.

12. "물은 H_2O다"가 어쩌다 참말이면 "물은 H_2O다"가 거짓인 세계를 생각할 수 있다.

13. "빛알은 가장 빠른 입자다"가 거짓인 세계를 생각할 수 있다면 "빛알은 가장 빠른 입자다"는 어쩌다 참말이다.

14. "물은 H_2O다"가 반드시 참말이면 "물은 H_2O다"가 거짓인 세계를 생각할 수 없다.

15. "빛알은 가장 빠른 입자다"가 거짓인 세계를 생각할 수 없다면 "빛알은 가장 빠른 입자다"는 반드시 참말이다.

16. "하늘이 푸를 때 오직 그때만 눈은 희다"가 어쩌다 참말이면 "하늘이 푸를 때 오직 그때만 눈은 희다"가 거짓인 세계를 생각할 수 있다.

나. 다음 추론이 마땅함을 차근차근 이끌라.

> **본보기**
>
> 만일 타키온이 빛보다 느리지 않다면 타키온은 자연 상태에서 발견되는 입자가 아니다. 타키온은 빛보다 빠르다. 따라서 타키온은 자연 상태에서 발견되는 입자가 아니다.
>
> 1. 만일 타키온이 빛보다 느리지 않다면 타키온은 자연 상태에서 발견되는 입자가 아니다.
> 2. 타키온은 빛보다 빠르다. // 타키온은 자연 상태에서 발견되는 입자가 아니다.
> 3. 반드시 이면문장을 가져와, 타키온이 빛보다 빠르다면 타키온은 빛보다 느리지 않다.
> 4. 2로 3에서 이면 앞말 없애, 타키온은 빛보다 느리지 않다.
> 5. 4로 1에서 이면 앞말 없애, 타키온은 자연 상태에서 발견되는 입자가 아니다. "끝"

01. 만일 타키온이 빛보다 느리지 않다면 타키온은 자연 상태에서 발견되는 입자가 아니거나 질량을 갖지 않는다. 타키온은 빛보다 빠르고 질량을 갖는다. 따라서 타키온은 자연 상태에서 발견되는 입자가 아니다.

02. 한국의 부동산 가격이 장기간 정체하거나 한국의 가계 부채 규모가 장차 감당하기 어려울 정도로 증가한다. 만일 한국 정부가 가계 대출이 원활하도록 대출 규제를 완화한다면 한국 경제는 장기간 회복 불가능한 위기에 처한다. 한국 정부는 부동산 경기를 활성화하는 데 국가 재정을 낭비하고 가계 대출이 원활하도록 대출 규제를 완화한다. 만일 한국 경제가 장기간 회복 불가능한 위기에 처한다면 한국의 부동산 가격은 장기간 폭락한다. 따라서 한국의 가계 부채 규모는 장차 감당하기 어려울 정도로 증가한다.

03. 자연 세계가 한결같지 않다면 귀납을 통해 자연법칙을 찾아내는 방법보다 더 나은 탐구 방법은 있을 수 없다. 자연 세계가 한결같다면 귀납을 통해 자연법칙을 찾아내는 방법보다 더 나은 탐구 방법은 있을 수 없다. 따라서 귀납을 통해 자연법칙을 찾아내는 방법보다 더 나은 탐구 방법은 있을 수 없다.

039 이렇거나 저렇다면

서로 따라 나오는 두 문장은 뜻이 같다. 뜻이 같은 두 문장을 우리는 "같은 말"이라 했다. "뜻이 같다", "같은 말이다", "같은 뜻이다", "서로 따라 나온다"는 모두 똑같이 세겹줄 꼴 "≡"로 써도 된다. 만일 두 문장 P와 Q가 뜻이 같다면 P 자리에 Q를 넣고 Q 자리에 P를 넣어도 된다. 다시 말해

> 두 문장의 뜻이 같다면 한 문장이 나타나는 곳이 어디든 그 문장 자리에 다른 문장을 넣을 수 있다.

보기를 들어 P와 Q가 뜻이 같다면 다음 두 문장도 뜻이 같다.

> ㄱ. 만일 A이고 P이면 B
> ㄴ. 만일 A이고 Q이면 B

P 자리에 Q를 넣을 수 있고 Q 자리에 P를 넣을 수 있는 것은 P와 Q가 서로 따라 나올 때다. 둘의 뜻이 다르면 그렇게 하지 않도록 삼가야 한다. 보기를 들어 P로부터 Q가 따라 나오더라도 ㄱ으로부터 ㄴ이 따라 나오지는 않는다.

뜻이 같은 두 문장을 짝지은 규칙을 "같은 말 규칙", "동치규칙", "달리 쓰기 규칙", "치환규칙"이라 한다. 벌써 배웠듯 차근차근 이끌기를 할 때 달리 쓰기 규칙을 마음껏 써도 된다. 제029절 다음에 배운 달리 쓰기 규칙을 아래에 간추렸다.

이고 모아 거짓이다	'X이고 Y'는 거짓이다. ≡ X는 거짓이거나 Y는 거짓이다.
이거나 모아 거짓이다	'X이거나 Y'는 거짓이다. ≡ X는 거짓이고 Y는 거짓이다.
이면 앞뒤 바꿈	X이면 Y ≡ Y가 거짓이면 X는 거짓이다.
이면 이거나 바꿈	X이면 Y ≡ X는 거짓이거나 Y

우리는 여러 가지 달리 쓰기 규칙을 쓸모에 따라 새로 만들 수 있다. 보기를 들어 다음 둘은 때때로 쓸모가 있다.

- 이렇고 저렇다면: 만일 X이고 Y이면 Z ≡ X이면 'Y이면 Z'
- 이렇거나 저렇다면: 만일 X이거나 Y이면 Z ≡ 'X이면 Z'이고 'Y이면 Z'

이들은 참값모눈을 만들어 증명할 수 있고 이미 얻은 규칙을 써서 증명할 수 있다. 먼저 참값모눈을 만들어 '이렇고 저렇다면'을 증명하겠다.

세계	X	Y	Z	만일 X이고 Y이면 Z	X이면 'Y이면 Z'
W_1	참	참	참	참	참
W_2	참	참	거	거	거
W_3	참	거	참	참	참
W_4	참	거	거	참	참
W_5	거	참	참	참	참
W_6	거	참	거	참	참
W_7	거	거	참	참	참
W_8	거	거	거	참	참

보다시피 "만일 X이고 Y이면 Z"와 "X이면 'Y이면 Z'"는 생각할 수 있는 모든 세계에서 참값이 같다. 둘의 참값모눈은 같은데 이는 둘의 뜻이 같음을 보여준다. 그다음 이미 얻은 규칙을 써서 '이렇고 저렇다면'을 증명하겠다.

만일 X이고 Y이면 Z
≡ 'X이고 Y'는 거짓이거나 Z
≡ 'X는 거짓이거나 Y는 거짓이다'이거나 Z
≡ X는 거짓이거나 'Y는 거짓이거나 Z'
≡ X이면 'Y는 거짓이거나 Z'
≡ X이면 'Y이면 Z'

여기서 '이면 이거나 바꿈', '이고 모아 거짓이다', '이거나 새로 모음', '이면 이거나 바꿈', 다시 '이면 이거나 바꿈'을 차례대로 썼다.

가. 규칙 '이렇거나 저렇다면'을 이미 얻은 달리 쓰기 규칙들을 써서 증명하려 한다. 각 단계에 쓰인 달리 쓰기 규칙의 이름을 쓰라.

만일 X이거나 Y이면 Z

01. ≡ 'X이거나 Y'는 거짓이거나 Z

02. ≡ 'X가 거짓이고 Y가 거짓이다'이거나 Z

03. ≡ 'X는 거짓이거나 Z'이고 'Y는 거짓이거나 Z'

04. ≡ 'X이면 Z'이고 'Y이면 Z'

나. 규칙 '이렇거나 저렇다면'을 참값모눈을 만들어 증명하려 한다. 참값모눈을 만든 뒤 이 참값모눈이 무엇을 말하는지 설명하라.

세계	X	Y	Z	만일 X이거나 Y이면 Z	'X이면 Z'이고 'Y이면 Z'
W_1	참	참	참		
W_2	참	참	거		
W_3	참	거	참		
W_4	참	거	거		
W_5	거	참	참		
W_6	거	참	거		
W_7	거	거	참		
W_8	거	거	거		

다. 다음 문장 짝이 뜻이 같으면 "같"을 쓰고 뜻이 다르면 "다"를 쓰라.

01. 만일 고아가 부지런하고 착하다면 수리는 고아를 사랑한다. 고아가 부지런하다면 수리는 고아를 사랑하고, 고아가 착하다면 수리는 고아를 사랑한다.

02. 만일 누르에게 아들이 있거나 딸이 있다면 누르는 아버지다. 누르에게 아들이 있다면 누르는 아버지거나, 누르에게 딸이 있다면 누르는 아버지다.

라. 문장 A는 문장 "X이고 Y"와 같고 문장 B는 문장 X와 같다. 당연히 A로부터 B가 따라 나온다. 참값모눈을 만들어 다음 물음에 답하라. 먼저 참값모눈을 만든 뒤 이 참값모눈이 무엇을 말하는지 설명하라.

01. "A는 거짓이다"로부터 "B는 거짓이다"가 따라 나오는가?

세계	X	Y	A는 거짓이다.	B는 거짓이다.
			'X이고 Y'는 거짓이다.	X는 거짓이다.
W_1	참	참		
W_2	참	거짓		
W_3	거짓	참		
W_4	거짓	거짓		

02. "A이면 Z"로부터 "B이면 Z"가 따라 나오는가?

세계	X	Y	Z	A이면 Z	B이면 Z
				'X이고 Y'이면 Z	X이면 Z
W_1	참	참	참		
W_2	참	참	거		
W_3	참	거	참		
W_4	참	거	거		
W_5	거	참	참		
W_6	거	참	거		
W_7	거	거	참		
W_8	거	거	거		

03. P로부터 Q가 따라 나오는 문장 P와 Q를 생각한다. 문장 ㄱ에는 문장 P가 들어 있다. 이제 ㄱ에 나오는 P를 Q로 바꾸어 새로운 문장 ㄴ을 얻었다. "ㄱ으로부터 ㄴ이 따라 나온다"고 말할 수 있는가? 그렇게 생각하는 까닭은 무엇인가?

04. 서로 따라 나오는 문장 P와 Q를 생각한다. 문장 ㄱ에는 문장 P가 들어 있다. 이제 ㄱ에 나오는 P를 Q로 바꾸어 새로운 문장 ㄴ을 얻었다. "ㄱ으로부터 ㄴ이 따라 나온다"고 말할 수 있는가? 그렇게 생각하는 까닭은 무엇인가?

040 이어야

"'수아는 여자다'가 참이어야 '수아는 여고생이다'가 참이다"를 줄여 "수아가 여자여야 수아는 여고생이다"라 쓴다. "여야"는 "이어야"를 줄인 말이다. "이어야"를 "이어야만"이나 "여야만"이라 하곤 하는데 뜻이 달라지지는 않는다. 우리는 "수아가 여자여야 수아는 여고생이다"가 참임을 안다. 이 문장은 다음 두 문장 가운데 무엇과 같을까?

ㄱ. 수아가 여자면 수아는 여고생이다.
ㄴ. 수아가 여자가 아니면 수아는 여고생이 아니다.

문장 ㄱ은 거짓이지만 문장 ㄴ은 참이다. "수아가 여자여야 수아는 여고생이다"가 ㄱ과 ㄴ 가운데 하나와 뜻이 같다면 그것은 ㄴ과 뜻이 같아야 한다. 우리가 "X여야 Y"를 이면문장으로 바꾸어야 한다면 다음처럼 바꾸어야 한다.

X여야 Y
≡ X가 참이어야 Y가 참이다.
≡ X가 거짓이면 Y는 거짓이다.
≡ Y이면 X

이에 따르면 "너가 운동해야 너의 살이 빠진다"는 "너가 운동하지 않는다면 너의 살이 빠지지 않는다"로 바꿀 수 있다. 이는 "너의 살이 빠진다면 너는 운동한다"와 뜻이 같다. 조금 야릇하지만 "너가 운동해야 너의 살이 빠진다"는 "너의 살이 빠진다면 너는 운동한다"로 바꿀 수 있다.

"'수아는 여고생이다'가 참이기 위해 '수아는 여자다'가 참이어야 한다"를 줄여 "수아가 여고생이기 위해 수아는 여자여야 한다"라 쓴다. 우리는 "수아가 여고생이기 위해 수아는 여자여야 한다"가 참임을 안다. 이 문장이 ㄱ과 ㄴ 가운데 하나와 뜻이 같다면 그것은 ㄴ과 뜻이 같아야 한다. 만일 우리가 "X이기 위해 Y여야 한다"를 이면문장으로 바꾸어야 한다면 다음처럼 바꾸어야 한다.

> X이기 위해 Y여야 한다.
> ≡ X가 참이기 위해 Y가 참이어야 한다.
> ≡ Y가 거짓이면 X는 거짓이다.
> ≡ X이면 Y

이에 따르면 "너의 살이 빠지기 위해 너는 운동해야 한다"는 "너가 운동하지 않는다면 너의 살이 빠지지 않는다"로 바꿀 수 있다. 많은 경우 우리는 "X이기 위해 Y여야 한다"를 "X이려면 Y여야 한다"고 말한다. 우리 규칙에 따르면 "X이려면 Y여야 한다"는 "X이면 Y"로 바꿀 수 있다. 조금 야릇하지만 "너의 살이 빠지려면 너는 운동해야 한다"는 "너의 살이 빠진다면 너는 운동한다"로 바꿀 수 있다.

일상 표현에서 "X이려면 Y여야 한다"는 "Y여야 X"와 뜻이 같다. "수아가 여자여야 그는 여고생이다"와 "수아가 여고생이려면 그는 여자여야 한다"는 뜻이 같다. 우리가 자주 쓰는 표현 가운데 "해야"와 "해야만"이 있는데 이것의 쓰임새는 "이어야"와 같다. "나는 하루에 다섯 시간 넘게 공부해야만 나는 보람찬 하루를 보낸 셈이다"는 "내가 하루에 다섯 시간 넘게 공부하지 않는다면 나는 보람찬 하루를 보낸 셈이 아니다"를 뜻한다. 이것은 "내가 하루에 다섯 시간 넘게 공부할 때만 나는 보람찬 하루를 보낸 셈이다"로 바꿀 수 있다.

"X일지라도 Y"는 무엇을 뜻하는가? 누군가가 나에게 "너가 돈을 많이 벌지 못하더라도 나는 너를 사랑한다"라 말했다. 이 말 안에는 "너는 돈을 많이 벌지 못한다"는 말도 "너는 돈을 많이 번다"는 말도 없다. 오히려 "너가 돈을 많이 벌지 못한다"가 참이든 거짓이든 "나는 너를 사랑한다"가 참이라 말한다. "X일지라도 Y"는 Y가 참이긴 한데 X가 참일 때조차도 여전히 Y가 참이라 말한다. "X일지라도 Y"는 X의 참값에 아랑곳하지 않고 "Y는 참이다"를 뜻한다.

가. 다음 문장을 뜻이 같은 이면문장으로 바꾸되 읽기에 되도록 자연스러운 문장으로 바꾸라.

01. 너가 날마다 성찰해야 너의 뜻이 너를 이끄는 삶을 살 수 있다.

02. 우리가 착해지기 위해 착한 행위를 때때로 실행해야 한다.

03. 자연의 역사에서 강한 개체가 자연스럽게 선택되기 위해서 병들고 약한 개체가 빨리 죽어야 한다.

04. 내가 더욱더 진실하고 더욱더 착해지기를 너가 바라야만 너는 나를 사랑하는 셈이다.

나. 다음 두 문장이 뜻이 같으면 "같"을 쓰고 뜻이 다르면 "다"를 쓰라.

01. 지구에 산소가 없다면 지구에 사람이 살 수 없다. 지구에 산소가 있을 때만 지구에 사람이 살 수 있다.

02. '영희가 철학을 싫어한다면 수학도 싫어한다'는 말은 거짓이다. 영희가 철학을 싫어한다면 수학을 싫어하지 않는다.

03. 오직 영희가 성인일 때만 영희는 투표할 수 있다. 영희가 투표할 수 있기 위해 영희는 성인이어야 한다.

04. 다수 시민이 논리에 맞게 생각해야 그 사회는 후퇴 없는 진보를 이룩할 수 있다. 다수 시민이 논리에 맞게 생각한다면 그 사회는 후퇴 없는 진보를 이룩할 수 있다.

05. 오직 너가 10대 이전에 어머니를 여의었거나 아버지를 여의었을 때만 너의 전전두엽 발달에 장애가 있다. 오직 너가 10대 이전에 어머니를 여의었을 때만 너의 전전두엽 발달에 장애가 있고, 오직 너가 10대 이전에 아버지를 여의었을 때만 너의 전전두엽 발달에 장애가 있다.

06. 우리 마음이 물질로 환원될 때 오직 그때만 우리는 한갓 짐승일 뿐이다. 우리 마음이 물질로 환원되지 않을 때 오직 그때만 우리는 한갓 짐승일 뿐이지는 않다.

다. 다음 추론의 결론을 여태 배운 추론규칙과 달리 쓰기 규칙을 써서 이끌 수 있다면 "수"를 쓰고 그렇지 않으면 "못"을 쓰라.

01. 너가 성적이 우수하고 가정 형편이 어려워야 너는 장학금을 신청할 수 있다. 따라서 너가 성적이 우수하지 않고 가정 형편이 어렵지 않다면 너는 장학금을 신청할 수 없다.

02. 만일 마초 남자 준영과 페미 여성 노을이 서로 잘 사귄다면, 준영이 여성화되었거나 노을이 남성화되었다. 준영은 여성화되지 않았거나 노을은 남성화되지 않았다. 따라서 마초 남자 준영과 페미 여성 노을이 서로 잘 사귀지는 못한다.

03. 자연에서 자연선택이 이루어지기 위해 병들고 약한 개체가 빨리 죽어야 한다. 하느님이 이 우주를 만들었더라도 자연에서 자연선택이 이루어진다. 병들고 약한 개체가 빨리 죽는다면 약하게 태어난 나에게 진화론은 가혹한 이론이다. 따라서 약하게 태어난 나에게 진화론은 가혹한 이론이다.

04. 내가 더욱더 진실하고 더욱더 착해지기를 너가 바라야만 너는 나를 사랑하는 셈이다. 너는 내가 더욱더 진실하고 더욱더 착해지기를 바라지 않는다. 나는 너를 사랑하거나 너는 나를 사랑한다. 내가 너를 사랑한다면 나는 차츰 강해진다. 따라서 너가 나를 사랑하지 않을지라도 나는 차츰 약해지지는 않는다.

05. 공유경제와 공공경제는 둘 다 개인들이 스스로 참여 및 협력하고 자원을 분산 및 배분하는 경제 체제다. 공공경제와 달리 공유경제는 중앙집권으로 통제되는 배후 조종 시스템도 갖는다. 공유경제가 중앙집권으로 통제되는 배후 조종 시스템을 갖지 않아야 이것은 자본주의 경제의 대안일 수 있다. 만일 공유경제나 공공경제가 자본주의 경제의 대안일 수 있다면 공유경제나 공공경제 때문에 미래 자본주의 경제 체제는 차츰 붕괴한다. 따라서 공유경제와 공공경제는 둘 다 개인들이 스스로 참여 및 협력하고 자원을 분산 및 배분하는 경제 체제며, 공유경제나 공공경제 때문에 미래 자본주의 경제 체제는 차츰 붕괴한다.

강의를 통해 처음 클라라를 만났다. 호리호리하고 건강해 보이는 까무잡잡한 피부의 그는, 유난히도 반짝이는 눈으로 자신이 누구인지, 그리고 어떤 수업을 할 것인지를 설명해나갔다. 그가 논리학에 대해 설명을 시작하는 순간, 나는 그의 입에서 나오는 생전 처음 듣는 용어들에 놀랄 수밖에 없었다. "반드시 이끌기", "아마도 이끌기", "반드시 글월"이라니, 여태껏 단 한 번도 들어보지 못했던 표현들이었다.

나에게 논리란 언제나 한자어로 이루어진 수학 공식 같은 것이었다. 나에게 논리를 배운다는 것은 연역추론, 귀납추론, 보편문장, 정언문장과 같은 뜻도 모르는 한자어들을 외우는 것이었다. 그리고 알파벳 P, Q, A, B 따위로 이루어진 드 모르간의 법칙과 같은 공식들을 외워 그 공식에 단어들을 대입해서 문제를 푸는 과정을 뜻했고, 그 결과 좋은 점수를 받는 것을 의미했다.

내게 논리학이라는 것은 가장 최단 시간 내에 가장 많은 문제를 풀 수 있는 효율적인 문제풀이를 위한 도구에 불과했다. 그 과정에서 '연역추론'이라는 단어의 '연역'은 대체 무슨 한자인지, 그 뜻이 무엇인지는 알지 못했고, 그 뜻을 궁금하게 여긴 적도 없었다. 놀라운 것은 그럼에도 불구하고 문제를 풀 수 있었다는 것이다! 수학 문제를 풀 때 '대체 숫자 1은 왜 이렇게 생긴 거야?'라고 궁금해 하지 않는 것처럼, 논리학에서 사용되는 용어들은 내게 그 뜻과 상관없이 어디선가 주어진 기호에 불과했다.

그렇지만 클라라는 그런 논리학 용어들을 듣는 것만으로 그 뜻을 어느 정도 유추할 수 있는 토박이말로 대체하여 강의를 진행했다. '반드시 이끌기'라는 말은 '연역추론'이라는 말에 비하여 훨씬 생소하고 어색하게 느껴지지만, 아무리 들어도 단어의 뜻을 알 수 없는 '연역추론'이라는 용어에 비하여 그 뜻을 짐작하기가 훨씬 수월했다.

'대체 왜 익숙한 용어 대신 이런 이상한 토박이말을 쓰는 거야?'라고 생각했던 나였지만, 수업이 진행되고 논리학을 배워갈수록 토박이말의 장점을 알 수 있었다. 토박이말을 사용할 때, 자신이 사용하는 말의 의미를 떠올리면서 그 논리의 의미를 정말 생각할 수 있게 된 것이다.

지금까지의 관성으로 인해 표준 한자어로 논리학을 공부하는 것이 더 자연스럽게 느껴질 수는 있겠지만, 토박이말을 사용할 때 논리학은 멀고 먼 공식과 암기의 대상이 아닌, 생각과 이해의 대상으로 다가오게 된다.

맛있는 음식과 판례의 바다 속을 헤엄치는 고래 김산

041 - 050

041 충분조건과 필요조건

내가 강물에 뛰어든다면 내 옷은 흠뻑 젖는다. 여기에 어찌씨 "넉넉히"나 "충분히"를 넣어도 괜찮다. 내가 강물에 뛰어든다면 충분히 내 옷은 흠뻑 젖는다. 이런 뜻에서 "나는 강물에 뛰어든다"가 참인 것은 "내 옷은 흠뻑 젖는다"가 참이기 위한 "넉넉한 말" 또는 "충분조건"이다. 다시 말해 내가 강물에 뛰어드는 것은 내 옷이 흠뻑 젖기 위한 충분조건이다. 이를 보건대 "X이면 Y"는 다음처럼 달리 쓸 수 있다.

X이면 Y
≡ X는 Y를 넉넉히 참이게 한다.
≡ X는 Y가 참이게 하는 데 넉넉하다.
≡ X는 Y가 참이게 하는 넉넉한 말이다.
≡ X는 Y가 참이기 위한 충분조건이다.
≡ X는 Y이기 위한 충분조건이다.

"마루가 고양이면 마루는 짐승이다"는 "'마루는 고양이다'는 '마루는 짐승이다'가 참이기 위한 충분조건이다"로 바꾸어 말할 수 있다.

이곳에 산소가 없다면 나는 이곳에서 살 수 없다. "이곳에 산소가 있다"가 거짓이면 "나는 이곳에서 살 수 있다"는 거짓이다. "이곳에 산소가 있다"가 참이어야만 "나는 이곳에서 살 수 있다"는 참이다. "나는 이곳에서 살 수 있다"가 참이기 위해 "이곳에 산소가 있다"가 참이어야 한다. "참이어야 하는 말"은 다른 말로 "있어야 하는 말" 또는 "필요조건"이다. 산소의 있음은 내가 살 수 있음의 필요조건이다. 이를 보건대 "Y가 거짓이면 X는 거짓이다"는 다음처럼 달리 쓸 수 있다.

Y가 거짓이면 X는 거짓이다.

≡ X가 참이기 위해 Y가 참이어야 한다.
≡ Y는 X가 참이려면 있어야 하는 말이다.
≡ Y는 X가 참이기 위한 필요조건이다.
≡ Y는 X이기 위한 필요조건이다.

"다라가 어른이 아니면 다라는 공직선거 투표에 참여할 수 없다"는 "'다라는 어른이다'는 '다라는 공직선거 투표에 참여할 수 있다'가 참이기 위한 필요조건이다"로 바꾸어 말할 수 있다.

내가 강물에 뛰어드는 것은 내 옷이 흠뻑 젖기 위한 충분조건이다. 하지만 내가 강물에 뛰어드는 것은 내 옷이 흠뻑 젖기 위한 필요조건은 아니다. 내 옷이 흠뻑 젖기 위해 내가 강물에 뛰어드는 것이 필요하지는 않다. 내가 강물에 뛰어들지 않아도 내 옷이 흠뻑 젖을 수 있다. 내가 바닷물에 뛰어들어도 되고 옷을 입은 채 샤워를 해도 되고 비를 맞아도 된다. 내 옷이 흠뻑 젖기 위한 충분조건은 여러 가지다. 이처럼 X가 Y이기 위한 충분조건이더라도 X는 Y이기 위한 필요조건이 아닐 수 있으며 X 말고 다른 충분조건이 있을 수 있다.

이곳에 산소가 있다는 조건은 내가 살 수 있기 위한 필요조건이다. 하지만 이곳에 산소가 있다는 조건은 내가 살 수 있기 위한 충분조건은 아니다. 산소가 있는 것만으로는 내가 살 수 있는 데 충분하지 않다. 산소가 있어도 나는 죽을 수 있다. 내가 살 수 있기 위해 물이 있어야 하고 먹거리도 있어야 한다. 이처럼 X가 Y이기 위한 필요조건이더라도 X는 Y이기 위한 충분조건이 아닐 수 있으며 나아가 X 말고 다른 필요조건이 있을 수 있다.

한 다각형이 세 변을 갖는 것은 그 다각형이 세 꼭짓점을 갖기에 충분하고 또한 필요하다. 필요하고 또한 충분한 조건을 "있어야 하고 넉넉한 말" 또는 "필요충분조건"이라 한다. 따라서 한 다각형이 세 변을 갖는다는 것은 그 다각형이 세 꼭짓점을 갖기 위한 필요충분조건이다. "X일 때 오직 그때만 Y"가 성립하면 "X는 Y의 필요충분조건이다"가 성립한다. 또한 X가 Y의 필요충분조건이면 Y는 X의 필요충분조건이다.

가. 다음 빈칸에 "충분", "필요", "필요충분" 가운데 하나를 써넣으라.

01. 다라가 투표할 수 있기 위해 그는 성인이어야 한다.
≡ 다라가 성인이다는 것은 다라가 투표할 수 있기 위한 ______ 조건이다.

02. 너가 착하고 똑똑하다면 너는 성공할 수 있다.
≡ 너가 착하고 똑똑하다는 것은 너가 성공할 수 있기 위한 ________ 조건이다.

03. 오직 초끈이론이 실험을 거쳐 검증받을 때만 초끈이론은 경험과학으로 인정받는다.
≡ 초끈이론이 실험을 거쳐 검증받는다는 것은 초끈이론이 경험과학으로 인정받기 위한 ________ 조건이다.

04. 한 생물 개체에게 허파가 있을 때 오직 그때만 그 개체는 붉은 피를 갖는다.
≡ 한 생물 개체에게 허파가 있다는 것은 그 개체가 붉은 피를 갖기 위한 ________ 조건이다.

나. 다음 물음에 답하라.

01. 한 행위가 착하다면 하느님은 그 행위가 일어나기를 바란다. 한 행위가 일어나기를 하느님이 바라기 위한 충분조건은?

02. 내가 더욱더 참되고 더욱더 착해지기를 너가 바라야만 너는 나를 사랑하는 셈이다. 너가 나를 사랑하기 위한 필요조건은?

03. 오직 다수 시민이 논리에 맞게 생각하고 또한 정의롭게 살 때만 우리나라는 자유와 평등을 향한 후퇴 없는 진보를 이룩할 수 있다. 우리나라가 자유와 평등을 향한 후퇴 없는 진보를 이룰 수 있기 위한 필요조건은?

04. 챗지피티가 인터넷에 연결되지 않은 채 홀로 판단할 수 있을 때 오직 그때만 독립 지능을 갖는다. 챗지피티가 독립 지능을 갖기 위한 충분조건은? 챗지피티가 독립 지능을 갖지 않기 위한 필요조건은?

다. 다음 추론의 결론을 여태 배운 규칙들을 써서 이끌 수 있다면 "수"를 쓰고 그렇지 않으면 "못"을 쓰라.

01. 우리 마음이 물질로 환원될 때 오직 그때만 우리는 한갓 짐승에 지나지 않는다. 우리가 자유의지를 갖기 위한 필요조건은 우리 마음이 물질로 환원되지 않는다는 것이다. 우리가 한갓 짐승에 지나지 않는다는 말은 거짓이다. 따라서 우리는 자유의지를 갖는다.

02. 오직 초끈이론이 실험을 거쳐 검증받을 때만 초끈이론은 경험과학으로 인정받는다. 하지만 초끈이론은 실험을 거쳐 검증받지는 못했다. 초끈이론이 경험과학으로 인정받는다는 것은 그것의 창안자들이 노벨물리학상을 받을 수 있기 위한 필요조건이다. 따라서 초끈이론의 창안자들은 노벨물리학상을 받지 못한다.

라. 다음 추론이 마땅한 추론이 되도록 "따라서"나 "왜냐하면" 뒤에 알맞은 문장을 채우라.

01. 우리가 남북대결을 지속하기를 하느님이 바라기 위한 충분조건은 그 일이 정의롭다는 조건이다. 따라서 우리가 남북대결을 지속하는 것은 정의롭지 않다. 왜냐하면

02. 챗지피티가 독립 지성을 갖기 위한 필요충분조건은 챗지피티가 인터넷에 연결되지 않은 채 홀로 판단할 수 있다는 조건이다. 챗지피티는 인터넷에 연결되지 않은 채 홀로 판단할 수 없다. 챗지피티가 독립 지성을 가져야 챗지피티는 생각할 수 있다. 따라서

03. 우리는 우리 행위에 책임을 져야 한다. 하지만 우리가 자유의지를 갖지 않는다면 우리는 우리 행위에 책임지지 않아도 된다. 우리가 자유의지를 갖기 위한 필요조건은 우리 마음이 물질로 환원되지 않는다는 조건이다. 우리 마음이 물질로 환원될 때 오직 그때만 우리는 한갓 짐승에 지나지 않는다. 만일 우리가 한갓 짐승에 지나지 않는다는 말이 거짓이면 설사 우리가 미천한 존재일지라도 우리는 사랑과 정의를 추구해야 한다. 따라서

042 반사실 조건문

강호는 바닷가에 놀러 갔다가 새로 산 스마트폰을 그만 바닷물에 빠뜨렸다. 안타까운 마음에 강호는 말했다. "내 스마트폰이 스티로폼으로 만들어졌다면 그것은 물에 뜰 텐데." 우리는 이 말이 참이라 생각한다. 반면 우리는 "내 스마트폰이 스티로폼으로 만들어졌다면 그것은 물에 뜨지 않을 텐데"는 거짓이라 생각한다. 하지만 "이면"의 뜻에 따라 "내 스마트폰이 스티로폼으로 만들어졌다면 그것은 물에 뜨지 않는다"의 참값을 따지면 이 문장이 참임을 알 수 있다. "내 스마트폰은 스티로폼으로 만들어졌다"를 ㄱ으로 쓰고 "내 스마트폰은 물에 뜨지 않는다"를 ㄴ으로 쓰겠다.

세계	ㄱ	ㄴ	ㄱ이면 ㄴ
W_1	참	참	참
W_2	참	거짓	거짓
W_3	거짓	참	참
W_4	거짓	거짓	참

우리가 사는 세계에서 "내 스마트폰은 스티로폼으로 만들어졌다"는 거짓이고 "내 스마트폰은 물에 뜨지 않는다"는 참이다. 이는 우리 세계가 W_3임을 말해준다. 그냥 이면의 참값모눈에 따르면 우리 세계에서 "내 스마트폰이 스티로폼으로 만들어졌다면 그것은 물에 뜨지 않는다"는 참이다.

"내 스마트폰이 스티로폼으로 만들어졌다면 그것은 물에 뜰 텐데"라며 아쉬워하는 강호는 "내 스마트폰이 스티로폼으로 만들어졌다면 그것은 물에 뜨지 않는다"가 거짓이라 생각한다. 강호가 쓴 이면문장은 그냥 이면문장 또는 단순조건문이 아니다. 강호가 "내 스마트폰이 스티로폼으로 만들어졌다면 그것은 물에 뜬다"를 말할 때 "내 스마트폰은 물에 뜨지 않는다"를 이미 받아들인다. 강호가 쓴 이면문장을 "반사실 조건문" 또는 "반사실 이면문장”이라 한다. 반사실 이면문장에 쓰이는 “이면”을 말꼴로 “ > ”로 나타내기도 한다.

반사실 이면문장 “X이면 Y”를 우리가 그 뜻을 또렷이 아는 말로 굳이 바꾼다면 “‘X이면 Y’이고, Y는 거짓이다”로 바꾸어야 한다. 반사실 이면문장을 그냥 이면문장과 견주어 보면 다음과 같다.

세계	X	Y	그냥 X이면 Y	반사실 X이면 Y
			X이면 Y	‘X이면 Y’이고, Y는 거짓이다.
W_1	참	참	참	거짓
W_2	참	거짓	거짓	거짓
W_3	거짓	참	참	거짓
W_4	거짓	거짓	참	참

반사실 “X이면 Y”가 참인 세계는 X와 Y가 둘 다 거짓인 W_4뿐이다. 강호의 반사실 이면문장 “내 스마트폰이 스티로폼으로 만들어졌다면 그것은 물에 뜬다”는 “‘내 스마트폰이 스티로폼으로 만들어졌다면 그것은 물에 뜨지만’ 사실은 내 스마트폰은 물에 뜨지 않는다”로 읽어야 한다. 우리 세계에서 “내 스마트폰은 스티로폼으로 만들어졌다”는 거짓이고 “내 스마트폰은 물에 뜬다”도 거짓이다. 우리 세계는 W_4며 이 세계에서 반사실 이면문장 “내 스마트폰이 스티로폼으로 만들어졌다면 그것은 물에 뜬다”는 참이다.

반사실 이면문장 “X이면 Y”는 X와 Y가 둘 다 거짓인 세계에서만 참이다. 우리 세계에서 “세종이 한글을 만들지 않았다”는 거짓이고 “우리말을 글로 남기는 데 쉽지 않다”도 거짓이다. 이 세계에서 “세종이 한글을 만들지 않았더라면 우리말을 글로 남기는 데 쉽지 않았을 텐데”는 참이다. 이 문장은 “사실을 말하자면 세종은 한글을 만들었고 우리말을 글로 남기는 데 쉽다”를 뜻한다. 나아가 X로부터 Y가 반드시 또는 아마도 따라 나오지 않으면 반사실 이면문장 “X이면 Y”가 참이 아닐 수 있다. “나는 새다”로부터 “나는 광합성 할 수 있다”가 아예 따라 나오지 않기에 반사실 이면문장 “내가 새였더라면 나는 광합성 할 수 있을 텐데”는 참일 수 없다.

가. 다음 글을 읽고 물음에 답하라.

"X이면 Y"가 "X는 Y를 일으킨다"를 뜻할 때가 있다. 이런 뜻으로 쓰인 이면문장을 "일으킴 이면문장" 또는 "인과조건문"이라 한다. "일으킨다"는 매우 어려운 말이다. "X는 Y를 일으킨다"고 말할 때 X와 Y는 사건을 가리켜야 한다. 하지만 "X이면 Y"에서 X와 Y는 문장 표현이다. 따라서 "X이면 Y"가 "X는 Y를 일으킨다"를 뜻하려면 문장 X와 Y는 사건을 기술하거나 사건을 가리키는 문장이어야 한다. 문장이 사건을 가리킬 수 있는지 다툼이 있지만 여기서는 이 다툼을 덮어두겠다. 아무튼 X가 가리키는 사건을 "원인"이라 하고 Y가 가리키는 사건을 "결과"라 한다. 대체로 문장 X가 가리키는 사건은 문장 Y가 가리키는 사건보다 먼저 일어나야 한다. 몇몇 철학자가 아주 드물게 미래에 일어날 사건이 원인일 수 있다고 주장하지만 대체로 원인은 결과보다 앞서 일어난다. "X이면 Y"가 "X는 Y를 일으킨다"를 뜻하려면 대체로 문장 X와 Y가 가리키는 사건들은 시간과 공간에서 서로 얽혀야 한다. 시간과 공간에서 두 사건이 얽히려면 두 사건은 자연법칙 아래에 놓여야 한다. 추론규칙에 따라 X로부터 Y가 반드시 따라 나오는 일을 두고 "X는 Y를 일으킨다"고 말하지 않는다.

01. "눈이 희다면 얼음은 차다"에서 "눈은 희다"와 "얼음은 차다"에 시간 순서가 있는가?

02. "눈은 희다"는 것은 "얼음은 차다"는 것을 일으키는가?

03. "눈이 희다면 얼음은 차다"는 "눈이 희다는 것은 얼음이 차다는 것을 일으킨다"를 뜻하는가?

04. "눈이 희다면 얼음은 차다"는 일으킴 이면문장인가?

05. "영훈이 공원에서 산책했다면 영훈은 산책했다"는 일으킴 이면문장인가?

06. "소금을 물에 넣는다면 소금은 물에 녹는다"는 일으킴 이면문장인가? 이 문장을 이면 앞뒤 바꾸어 만든 문장 "소금이 물에 녹지 않는다면 소금을 물에 넣지 않았다"는 일으킴 이면문장인가?

나. 여러 가지 이면문장을 다음 네 가지로 나눈다고 하자. 아래 문장들이 반드시 이면문장이면 "반드", 일으킴 이면문장이면 "일", 반사실 이면문장이면 "반사", 그냥 이면문장이면 "그"를 쓰라.

여러 가지 X이면 Y

반드시 이면	X로부터 Y가 따라 나온다.	고운이 여고생이면 그는 고등학생이다.
일으킴 이면	X는 Y를 일으킨다.	얼음을 데운다면 얼음은 녹는다.
반사실 이면	사실을 말하자면 X는 거짓이고 Y는 거짓이다.	이순신이 새로운 왕조를 열었더라면 한반도는 일본의 식민지가 되지 않았다.
그냥 이면	앞의 세 가지 이면에 들어가지 않는 것들	내일 날씨가 맑다면 나는 너와 산책한다.

01. 동해가 착하고 똑똑한 사람이면 그는 똑똑한 사람이다.

02. 내가 옷을 입은 채 물에 뛰어든다면 내 옷이 흠뻑 젖는다.

03. 아인슈타인이 한국에서 태어났다면 그는 위대한 과학자가 못 되었다.

04. 너가 이번 학기에 성적이 우수하다면 나는 너에게 자동차를 사준다.

05. 지금처럼 아이돌 댄스그룹의 노래만으로 음악 프로그램이 편성된다면 국내 음악은 차츰 퇴락한다.

06. 모든 사람이 죽는다면 독재자도 사람인 한 언젠가 죽는다.

07. 선진국에서 에너지 소비를 계속 늘린다면 에너지 위기가 더 빨리 온다.

08. 만일 병들고 약한 개체가 빨리 죽지 않는다면 자연에서 자연선택이 이루어지지 않는다.

09. 만일 세종대왕이 한글을 창제하지 않았거나 신하의 반대로 한글을 반포하지 못했다면 우리는 지금도 한자로 문자 생활을 할 테다.

10. 눈이 오거나 오지 않는다면 나는 너를 사랑하거나 사랑하지 않는다.

043 일관되다

"눈은 희다"가 참이면 반드시 "눈은 희지 않다"는 거짓이고, "눈은 희다"가 거짓이면 반드시 "눈은 희지 않다"는 참이다. 이때 우리는 "눈은 희다"와 "눈은 희지 않다"가 "서로 어긋난다" 또는 "서로 모순이다"고 말한다.

> P와 Q는 서로 모순이다. ≡ P가 참이면 반드시 Q는 거짓이고, P가 거짓이면 반드시 Q는 참이다.

달리 말해 "두 문장은 서로 모순이다"는 "어느 세계에서든 두 문장의 참값은 서로 다르다"를 뜻한다. "X는 참이지만 Y는 거짓이다"와 "X는 거짓이거나 Y"는 서로 모순이다. 이들의 참값모눈을 만들면 모순 관계가 무엇인지 더 잘 보인다.

세계	X	Y	X이지만, Y는 거짓이다.	X는 거짓이거나 Y
W_1	참	참	거짓	참
W_2	참	거짓	참	거짓
W_3	거짓	참	거짓	참
W_4	거짓	거짓	거짓	참

"X이지만, Y는 거짓이다"와 "X는 거짓이거나 Y"는 생각할 수 있는 모든 세계에서 그 참값이 서로 어긋난다.

"눈은 검다"와 "소금은 달다"는 둘 다 거짓이다. 하지만 우리는 둘 모두가 참인 세계를 생각할 수 있다. 두 문장이 모두 참인 세계를 생각할 수 있을 때 우리는 두 문장이 "서로 나란하다", "일관된다", "양립할 수 있다"고 말한다.

- 일관되다: 둘 이상 여러 문장이 모두 함께 참인 세계를 생각할 수 있다

면 그 문장들은 서로 일관된다. 주어진 문장들이 일관된다면 그 문장들이 모두 함께 참인 세계를 생각할 수 있다.

- 일관되지 않다: 둘 이상 여러 문장이 모두 함께 참인 세계를 생각할 수 없다면 그 문장들은 일관되지 않는다. 주어진 문장들이 일관되지 않는다면 그 문장들이 모두 함께 참인 세계를 생각할 수 없다.

여기서 "참인 세계를 생각할 수 있다"는 간단히 "참일 수 있다"로 쓰고 "참인 세계를 생각할 수 없다"는 간단히 "참일 수 없다"고 쓴다. 한편 주어진 문장들이 함께 참일 수 없다면 이들 문장은 일관되지 않는다. "일관되지 않는다"를 "양립할 수 없다", "배타적이다", "상충한다"고도 한다.

"X이고 Y"와 "X이면 Y"가 일관됨을 참값모눈을 써서 보일 수 있다.

세계	X	Y	X이고 Y	X이면 Y
W_1	참	참	참	참
W_2	참	거짓	거짓	거짓
W_3	거짓	참	거짓	참
W_4	거짓	거짓	거짓	참

세계 W_1이 우리가 사는 세계가 아니더라도 W_1에서 "X이고 Y"와 "X이면 Y"는 둘 다 참이다. 이처럼 우리는 "X이고 Y"와 "X이면 Y"가 둘 다 함께 참일 수 있다. 이는 "X이고 Y"와 "X이면 Y"가 일관됨을 뜻한다.

일관되지 않은 두 문장이 언제나 서로 모순이지는 않다. 보기를 들어 "X는 거짓이지만 Y"와 X는 서로 모순되지 않지만 둘은 일관되지 않는다. "X는 거짓이지만 Y"가 참이면 X는 거짓이다. 이는 "X는 거짓이지만 Y"와 X가 함께 참일 수 없음을 뜻하고 둘이 일관되지 않음을 뜻한다. "X는 거짓이지만 Y"와 X는 둘 다 거짓일 수 있는데 이는 둘이 서로 모순되지 않음을 뜻한다. 두 문장이 일관되지 않는다면 다음 셋 가운데 하나다. (i) 둘은 서로 모순이다. (ii) 둘 가운데 적어도 한 문장은 반드시 거짓말이다. (iii) 한 문장이 참이면 반드시 다른 문장은 거짓이다.

가. **다음 세 문장이 서로 일관되는지 일관되지 않는지 참값모눈을 만들어 따지라.**

ㄱ. 대기업과 중소기업 사이의 공정거래가 확립되지만 기업들 사이의 양극화는 해소되지 않는다.
ㄴ. 대기업과 중소기업 사이의 공정거래가 확립되지 않는다면 기업들 사이의 양극화가 해소되지 않는다.
ㄷ. 대기업과 중소기업 사이의 공정거래가 확립되지 않거나 기업들 사이의 양극화가 해소되지 않는다.

01. 먼저 세 문장을 A와 B를 써서 짧게 나타내라. A는 "대기업과 중소기업 사이의 공정거래가 확립된다"고 B는 "기업들 사이의 양극화가 해소된다"다.

ㄱ =

ㄴ =

ㄷ =

02. 세 문장의 참값모눈을 만들라.

세계	A	B	ㄱ	ㄴ	ㄷ
W_1	참	참			
W_2	참	거짓			
W_3	거짓	참			
W_4	거짓	거짓			

03. 세 문장이 모두 함께 참인 세계가 있는가? 있다면 그것은 어느 세계인가?

04. 앞 물음의 답은 무엇을 말해주는가?

05. (i) ㄱ과 ㄴ은 서로 일관되는가? (ii) ㄱ과 ㄷ은 서로 일관되는가? (iii) ㄴ과 ㄷ은 서로 일관되는가?

06. 세 문장 P, Q, R이 서로 일관된다면 이들 가운데 두 문장은 언제나 서로 일관되는가?

나. 세 문장 P, Q, R 가운데 아무 두 문장을 짝지었을 때 언제나 서로 일관되다면 이들 세 문장이 일관되는지 따지려 한다. 다음 참값모눈을 채우고 아래 물음에 답하라.

세계	X	Y	X이면 Y	Y이면 X	'X일 때 오직 그때만 Y'는 거짓이다.
W_1	참	참			
W_2	참	거짓			
W_3	거짓	참			
W_4	거짓	거짓			

01. "X이면 Y"와 "Y이면 X"는 서로 일관되는가?

02. "X이면 Y"와 "'X일 때 오직 그때만 Y'는 거짓이다"는 서로 일관되는가?

03. "Y이면 X"와 "'X일 때 오직 그때만 Y'는 거짓이다"는 서로 일관되는가?

04. "X이면 Y", "Y이면 X", "'X일 때 오직 그때만 Y'는 거짓이다" 가운데 아무 두 문장을 짝지었을 때 이들은 언제나 서로 일관되는가?

05. "X이면 Y", "Y이면 X", "'X일 때 오직 그때만 Y'는 거짓이다"는 서로 일관되는가?

06. 앞 두 물음의 답은 무엇을 말해주는가? 세 문장 P, Q, R 가운데 아무 두 문장을 짝지었을 때 이들이 언제나 서로 일관된다면 이들 세 문장은 일관된다고 말할 수 있는가?

다. 다음 문장들 모임은 서로 일관되는가 일관되지 않는가?

사물은 측정 전에 위치를 갖지 않는다. 사물이 측정 전에 위치를 갖는다면 정통 양자역학 해석은 옳지 않다. 정통 양자역학 해석은 옳지 않지만 하이젠베르크의 불확정성 원리는 옳다. 사물은 측정 전에 위치를 갖거나 하이젠베르크의 불확정성 원리는 옳다.

044 못마땅하다

논리학의 목표는 좋은 추론과 나쁜 추론을 가리는 일이다. 주어진 추론이 좋은지 나쁜지 가리는 일을 "따지기" 또는 "비판"이라 한다. 모든 추론은 두 가지로 나눌 수 있다.

- 반드시 추론 또는 연역추론: 전제들로부터 결론이 반드시 따라 나오기를 바라는 추론
- 아마도 추론 또는 귀납추론: 전제들로부터 결론이 아마도 따라 나오기를 바라는 추론

반드시 추론은 전제들과 결론이 조금의 빈틈도 없이 이어지기를 바란다. 전제들과 결론 사이의 빈틈을 모두 없앨 수 없을 때 우리는 아마도 추론에 만족해야 한다. 우리는 불가능한 일을 바라서는 안 된다.

좋은 반드시 추론은 전제들로부터 결론이 참말로 반드시 따라 나오는 추론이다. 이런 추론을 "마땅한 추론" 또는 "타당한 추론"이라 한다. 나쁜 반드시 추론은 전제들로부터 결론이 따라 나오지 않는 추론이다. 이런 추론을 "못마땅한 추론" 또는 "부당한 추론"이라 한다. 이미 정의했듯 "한 추론이 마땅하다 또는 타당하다"는 "전제들을 모두 참이라고 여긴 채 결론을 거짓이라 여길 수 없다"를 뜻한다. "한 추론이 못마땅하다 또는 부당하다"는 "전제들을 모두 참이라고 여긴 채 결론을 거짓이라 여길 수 있다"를 뜻한다.

다음 추론 꼴은 마땅한가?

X. 따라서 X이고 Y

이 추론이 마땅한지 못마땅한지 참값모눈을 써서 따지겠다.

세계	X	Y	전제	결론
			X	X이고 Y
W_1	참	참	참	참
W_2	참	거짓	참	거짓
W_3	거짓	참	거짓	거짓
W_4	거짓	거짓	거짓	거짓

W_2에서 전제는 참이지만 결론은 거짓이다. 우리는 이 추론의 전제가 참이지만 결론이 거짓인 세계를 생각할 수 있다. 이것은 "X. 따라서 X이고 Y"가 못마땅함을 뜻한다. 이 같은 잘못된 추론을 "잘못된 이고 넣기"라 한다. 보기를 들어 "사라는 몹시도 예쁘다. 따라서 사라는 몹시도 예쁘고 허영심이 아주 많다"는 못마땅한 추론이다.

다음 추론 꼴은 마땅한가?

X이거나 Y. X. 따라서 Y는 거짓이다.

이 추론이 마땅한지 못마땅한지 참값모눈을 써서 따진다.

세계	X	Y	전제들		결론
			X이거나 Y	X	Y는 거짓이다.
W_1	참	참	참	참	거짓
W_2	참	거짓	참	참	참
W_3	거짓	참	참	거짓	거짓
W_4	거짓	거짓	거짓	거짓	참

W_1에서 두 전제는 모두 참이지만 결론은 거짓이다. 우리는 이 추론의 전제들이 모두 참이지만 결론이 거짓인 세계를 생각할 수 있다. 이것은 "X이거나 Y. X. 따라서 Y는 거짓이다"가 못마땅함을 뜻한다. 이 같은 잘못된 추론을 "잘못된 이거나 없애기"라 한다. 보기를 들어 "오리너구리는 알을 낳거나 새끼에게 젖을 먹인다. 오리너구리는 새끼에게 젖을 먹인다. 따라서 오리너구리는 알을 낳지 않는다"는 못마땅한 추론이다.

가. 다음 추론이 마땅한지 못마땅한지 참값모눈을 만들어 따지려 한다. 먼저 전제들과 결론의 참값모눈을 만든 뒤 다음 물음에 차례대로 답하라.

01. X이면 Y. X는 거짓이다. 따라서 Y는 거짓이다.

세계	X	Y	전제들		결론
W_1	참	참			
W_2	참	거짓			
W_3	거짓	참			
W_4	거짓	거짓			

(i) 두 전제가 모두 참인 세계가 있는가? 그것은 어느 세계들인가?

(ii) 두 전제가 모두 참인 세계에서 결론 또한 참인가? 두 전제가 모두 참이지만 결론이 거짓인 세계가 있는가?

(iii) 앞의 답은 무엇을 말해주는가?

02. X이면 Y. Y. 따라서 X

세계	X	Y	전제들		결론
W_1	참	참			
W_2	참	거짓			
W_3	거짓	참			
W_4	거짓	거짓			

(i) 두 전제가 모두 참인 세계가 있는가? 그것은 어느 세계들인가?

(ii) 두 전제가 모두 참인 세계에서 결론 또한 참인가? 두 전제가 모두 참이지만 결론이 거짓인 세계가 있는가?

(iii) 앞의 답은 무엇을 말해주는가?

03. X이면 Y. Y이면 Z. 따라서 Z

세계	X	Y	Z	전제들		결론
W_1	참	참	참			
W_2	참	참	거			
W_3	참	거	참			
W_4	참	거	거			
W_5	거	참	참			
W_6	거	참	거			
W_7	거	거	참			
W_8	거	거	거			

(i) 두 전제가 모두 참인 세계가 있는가? 그것은 어느 세계들인가?

(ii) 두 전제가 모두 참이지만 결론이 거짓인 세계가 있는가?

(iii) 앞의 답은 무엇을 말해주는가?

04. 만일 X이고 Y이면 Z. X. 따라서 Z

세계	X	Y	Z	전제들		결론
W_1	참	참	참			
W_2	참	참	거			
W_3	참	거	참			
W_4	참	거	거			
W_5	거	참	참			
W_6	거	참	거			
W_7	거	거	참			
W_8	거	거	거			

(i) 두 전제가 모두 참인 세계가 있는가? 그것은 어느 세계들인가?

(ii) 두 전제가 모두 참이지만 결론이 거짓인 세계가 있는가?

(iii) 앞의 답은 무엇을 말해주는가?

045 형식 오류

어제 우리는 못마땅한 추론의 보기를 몇 가지 배웠다. "X. 따라서 X이고 Y"는 못마땅한 추론 꼴이다. "X이거나 Y. X. 따라서 Y는 거짓이다"도 못마땅한 추론 꼴이다. 또한 다음 추론 꼴도 못마땅하다.

X이면 Y
X는 거짓이다.
따라서 Y는 거짓이다.

이 같은 잘못된 추론을 "잘못된 이면 앞말 없애기" 또는 "전건부정의 오류"라 한다. 보기를 들어 "황진이가 어머니면 그는 여자다. 황진이는 어머니가 아니다. 따라서 황진이는 여자가 아니다"는 못마땅한 추론이다.

또한 다음 추론 꼴도 못마땅하다.

X이면 Y
Y
따라서 X

이 같은 잘못된 추론을 "잘못된 이면 뒷말 없애기" 또는 "후건긍정의 오류"라 한다. 보기를 들어 "류관순이 어머니면 류관순은 여자다. 류관순은 여자다. 따라서 류관순은 어머니다"는 못마땅한 추론이다.

다음 추론 꼴도 못마땅하다.

X이면 Y
Y이면 Z
따라서 Z

이 같은 잘못된 추론을 "잘못된 이면 잇기"라 한다.

> 우리가 좀 더 나은 미래를 꿈꾼다면 더 나은 정치인이 뽑히기를 바란다. 우리가 더 나은 정치인이 뽑히기를 바란다면 우리는 투표에 참여해야 한다. 따라서 우리는 투표에 참여해야 한다.

이 추론의 전제들로부터 결론이 반드시 따라 나오지는 않는다.

잘못된 이고 넣기, 잘못된 이거나 없애기, 잘못된 이면 앞말 없애기, 잘못된 이면 뒷말 없애기, 잘못된 이면 잇기는 추론규칙을 잘못 쓴 추론 꼴이다. 추론할 때 때때로 저지르는 이러한 잘못을 "형식 오류" 또는 "잘못된 틀 쓰기"라 한다. 다음 모눈에 여태 배운 형식 오류들을 간추렸다.

이름	잘못된 틀	
잘못된 이고 넣기	1. X 따라서 X이고 Y	1. X 따라서 Y이고 X
잘못된 이거나 없애기	1. X이거나 Y 2. X 따라서 Y는 거짓이다.	1. X이거나 Y 2. Y 따라서 X는 거짓이다.
잘못된 이면 앞말 없애기	1. X이면 Y 2. X는 거짓이다. 따라서 Y는 거짓이다.	
잘못된 이면 뒷말 없애기	1. X이면 Y 2. Y 따라서 X	
잘못된 이면 잇기	1. X이면 Y 2. Y이면 Z 따라서 Z	

우리는 한 추론 또는 논증에서 여러 형식 오류를 한꺼번에 저지를 수 있다. 보기를 들어 "나는 글씨를 괴발개발 쓴다. 내가 천재면 나는 글씨를 괴발개발 쓴다. 나는 천재거나 운이 좋다. 따라서 나는 운이 나쁘다"는 잘못된 이면 뒷말 없애기와 잘못된 이거나 없애기를 함께 저질렀다.

가. 다음 추론은 마땅하거나 못마땅하다. 못마땅한 추론은 적어도 하나의 형식 오류를 저질렀다. 그것이 무엇인지 잘못된 이고 넣기, 잘못된 이거나 없애기, 잘못된 이면 앞말 없애기, 잘못된 이면 뒷말 없애기, 잘못된 이면 잇기 가운데 하나를 쓰라. 마땅한 추론은 "마"를 쓰라.

01. 만일 효린이 이번에도 최우수 성적 장학금을 받는다면 그의 어머니는 효린에게 자동차를 사준다. 효린은 최근 자동차를 어머니에게 선물 받았다. 따라서 효린은 이번에도 최우수 성적 장학금을 받았음이 분명하다.

02. 박 대통령은 비리 혐의로 검찰의 강도 높은 수사를 받았다. 만일 그가 법을 어겼고 비리 혐의로 검찰의 강도 높은 수사를 받았다면 그를 위대한 정치인으로 칭송하는 일은 그를 지나치게 미화하는 일이다. 따라서 박 대통령을 위대한 정치인으로 칭송하는 일은 그를 지나치게 미화하는 일이다.

03. 만일 이번 저예산 영화가 500만 관객을 돌파한다면 주연 배우들이 속옷 차림으로 관객에게 무대 인사를 하기로 약속했다. 어제 영상 뉴스를 보니 주연 배우들이 속옷 차림으로 관객에게 무대 인사를 했다. 따라서 이번 저예산 영화는 500만 관객을 돌파했음이 틀림없다.

04. ADHD는 주의력이 결핍되는 장애인데 아동 및 성인 모두에게 발생할 수 있다. ADHD는 약물만으로 치료되지는 않거나 성인에게도 발생할 수 있다. ADHD가 주의력이 결핍되는 장애면 이것은 산만한 행동들을 수반한다. 따라서 ADHD는 산만한 행동들을 수반하며 약물만으로 치료된다.

05. 만일 스미스나 맬서스가 뉴턴이 완성한 자연철학의 프린키피아에 버금가는 도덕철학의 프린키피아를 만들고 싶었다면 둘 가운데 그것을 만들고 싶었던 이는 도덕철학의 프린키피아를 자연철학의 프린키피아에 바탕을 두고 싶었다. 스미스가 뉴턴이 완성한 자연철학의 프린키피아에 버금가는 도덕철학의 프린키피아를 만들고 싶지는 않았다. 하지만 맬서스는 뉴턴이 완성한 자연철학의 프린키피아에 버금가는 도덕철학의 프린키피아를 만들고 싶었다. 따라서 맬서스는 도덕철학의 프린키피아를 자연철학의 프린키피아에 바탕을 두고 싶었다.

06. 경향일보의 법조 기자들은 돈에 자기 영혼을 팔거나 스스로 특권층이

되기를 바란다. 따라서 그들이 돈에 자기 영혼을 판다는 말은 거짓이다. 왜냐하면 그들은 스스로 특권층이 되기를 바라기 때문이다.

07. 올해 수도권 부동산 가격이 폭락하거나 은행권 가계 대출 이자가 폭등한다. 정부가 부동산 부양 정책을 펼치지만 올해 수도권 부동산 가격이 폭락하는 일은 피할 수 없다. 따라서 올해 은행권 가계 대출 이자가 폭등하지는 않는다.

08. 아리스토텔레스의 자연학은 중세 학문에 깊은 영향을 주었으며 르네상스 이후 뉴턴 물리학으로 대체되었다. 아리스토텔레스의 자연학이 중세 학문에 깊은 영향을 주지 않았다면 그것이 과학혁명 시대까지 깊은 영향을 끼쳤을 리가 없다. 아리스토텔레스의 자연학이 과학혁명 시대까지 깊은 영향을 끼쳤다면 아리스토텔레스의 자연학은 오늘날까지 그 영향력을 끼친다고 볼 수 있다. 따라서 아리스토텔레스의 자연학은 오늘날까지 그 영향력을 끼친다고 볼 수 있다.

09. 진석이 논리 사고능력을 키운다면 그는 사회에서 벌어지는 다양한 사건들을 다른 사람보다 더 명확히 파악할 수 있다. 만일 진석이 사회에서 벌어지는 다양한 사건들을 다른 사람보다 더 명확히 파악한다면 그는 사회 변화를 이끌 힘을 가질 수 있다. 진석이 착실한 대학생이면 그는 논리 사고능력을 이미 키웠다. 따라서 진석은 사회 변화를 이끌 힘을 가질 수 있다.

10. 우리 회사의 올해 우수사원은 수희거나 희수다. 희수는 올해 우리 회사의 우수사원이다. 따라서 수희는 애사심이 차츰 식는다. 왜냐하면 만일 수희가 우리 회사의 올해 우수사원이 아니면 올해 가장 열심히 일한 수희는 애사심이 차츰 식기 때문이다.

11. 신군부 세력이 광주항쟁을 왜곡하지 않았을 경우에만 보수세력은 광주항쟁이 폭동이라 주장하지 않는다. 만일 보수언론이 광주항쟁을 오랫동안 외면했다면 보수세력은 광주항쟁이 폭동이라 주장한다. 신군부 세력은 광주항쟁을 왜곡했거나 보수언론은 광주항쟁을 오랫동안 외면했다. 따라서 보수세력은 광주항쟁이 폭동이라 주장한다.

046 참과 마땅함

마땅한 추론 또는 타당한 추론이란 전제들이 모두 참인 추론을 말하지 않는다. 다음 추론은 마땅한가?

고양이는 짐승이다. 노루는 짐승이다. 따라서 진달래도 짐승이다.

이 추론의 두 전제는 우리가 사는 세계에서 참이다. 여기서 "우리가 사는 세계에서 참이다"를 "참말로 참이다" 또는 "실제로 참이다"라 짧게 쓴다. 우리는 이 추론의 결론이 우리가 사는 세계에서 거짓임을 안다. 여기서 "우리가 사는 세계에서 거짓이다"를 "참말로 거짓이다" 또는 "실제로 거짓이다"라 짧게 쓴다. "고양이는 짐승이다"와 "노루는 짐승이다"가 실제로 참이지만 "진달래는 짐승이다"가 실제로 거짓이다. 이 추론의 전제들이 참이고 결론이 거짓일 수 있으니 이 추론은 마땅하지 않다. 이처럼 모든 전제의 참임은 그 자체만으로 그 추론을 마땅하게 만들지 못한다.

또한 마땅한 추론이란 결론이 참인 추론을 말하지도 않는다. 다음 추론은 마땅한가?

몇몇 거북이는 난다. 몇몇 코끼리는 난다. 따라서 몇몇 닭은 난다.

이 추론의 결론은 참말로 참이다. 하지만 말할 것도 없이 "몇몇 거북이는 난다"와 "몇몇 코끼리는 난다"로부터 이 결론이 따라 나오지는 않는다. 우리는 몇몇 거북이가 날고 몇몇 코끼리가 날지만 아무 닭도 날지 못하는 세계를 생각할 수 있다. 그런 세계에서 이 추론의 전제들은 모두 참이지만 이 추론의 결론은 거짓이다. 이것은 이 추론이 못마땅함을 뜻한다. 이처럼 이 추론의 결론은 실제로 참이지만 이 추론은 못마땅하다. 따라서 결론의 참임은 그 자체만으로 그 추론을 마땅하게 만들지 못한다.

나아가 마땅한 추론이란 전제와 결론 모두가 참인 추론을 말하지도 않는다. 다음 추론은 마땅한가?

> 눈은 희다. 소금은 짜다. 따라서 세종대왕은 한글을 만들었다.

이 추론의 전제들과 결론은 모두 참말로 참이다. 하지만 우리는 눈은 희고 소금은 짜지만 세종대왕이 한글을 만들지 않은 세계를 생각할 수 있다. 그런 세계에서 이 추론의 전제들은 모두 참이지만 이 추론의 결론은 거짓이다. 이것은 이 추론이 못마땅함을 뜻한다. 이처럼 이 추론의 전제와 결론은 실제로 참이지만 이 추론은 못마땅하다. 따라서 전제와 결론의 참임은 그 자체만으로 그 추론을 마땅하게 만들지 못한다.

추론의 전제들 가운데 적어도 하나가 실제로는 거짓이더라도 그 추론은 마땅할 수 있다. 추론의 결론이 실제로는 거짓이더라도 그 추론은 마땅할 수 있다. 나아가 추론의 전제들과 결론이 모두 실제로는 거짓이더라도 그 추론은 마땅할 수 있다. 다음 추론은 못마땅한가?

> 을지문덕은 도깨비다. 을지문덕은 뿔이 두 개 달렸다. 따라서 을지문덕은 뿔이 두 개 달린 도깨비다.

우리가 사는 세계에서 이 추론의 전제들과 결론은 모두 거짓이다. 하지만 전제들로부터 결론이 반드시 따라 나오기에 이 추론은 마땅하다.

못마땅한 추론이란 전제들 가운데 하나가 거짓인 추론이 아니고, 결론이 거짓인 추론도 아니고, 전제들과 결론이 모두 거짓인 추론도 아니다. 전제나 결론의 참임이 그 추론의 마땅함을 말해주지 않듯 전제나 결론의 거짓임은 그 추론의 못마땅함을 말해주지 않는다. 전제들과 결론이 서로 어떻게 이어졌느냐에 따라, 그것들이 말길에 맞게 이어졌느냐에 따라, 추론의 마땅함과 못마땅함이 갈린다.

가. 다음 정보를 따를 때 아래 주장이 참이면 "참", 거짓이면 "거", 참인지 거짓인지 가릴 수 없으면 "모"를 쓰라. 아래에서 "실제로"는 "우리 세계에서"를 뜻한다. 추론 A, B, C, D, E는 하나의 추론이다.

- 추론 A의 모든 전제는 실제로 거짓이다.
- 추론 B의 전제들 가운데 적어도 하나는 실제로 거짓이다.
- 추론 C의 모든 전제는 실제로 참이다.
- 추론 D의 결론은 실제로 거짓이다.
- 추론 E의 결론은 실제로 참이다.

01. 추론 A는 못마땅하다.

02. 추론 A의 결론이 실제로 거짓이면 이 추론은 못마땅하다.

03. 추론 A가 마땅하다면 이 추론의 결론은 실제로 거짓이다.

04. 추론 B는 못마땅하다.

05. 추론 B의 결론이 실제로 거짓이면 이 추론은 못마땅하다.

06. 추론 B가 마땅하다면 이 추론의 결론은 실제로 거짓이다.

07. 추론 C는 마땅하다.

08. 추론 C의 결론이 실제로 참이면 이 추론은 마땅하다.

09. 추론 C의 결론이 실제로 거짓이면 이 추론은 못마땅하다.

10. 추론 C가 마땅하다면 이 추론의 결론은 실제로 참이다.

11. 추론 D는 못마땅하다.

12. 추론 D가 마땅하다면 이 추론의 전제들 가운데 적어도 하나는 실제로 거짓이다.

13. 추론 E의 모든 전제가 실제로 참이면 이 추론은 마땅하다.

14. 추론 E의 전제들 가운데 하나가 실제로 거짓이면 이 추론은 못마땅하다.

15. 추론 E의 모든 전제가 실제로 거짓이면 이 추론은 못마땅하다.

나. **다음 정보를 따를 때 아래 주장이 참이면 “참”, 거짓이면 “거”, 참인지 거짓인지 가릴 수 없으면 “모”를 쓰라. 아래에서 “실제로”는 “우리 세계에서”를 뜻한다. 추론 A, B, C는 하나의 추론이다.**

- 추론 A는 못마땅하다.
- 추론 B는 마땅하다.
- 추론 C는 마땅한지 못마땅한지 모른다.

01. 추론 A의 모든 전제는 실제로 참이다.

02. 추론 A의 전제들 가운데 적어도 하나는 실제로 거짓이다.

03. 추론 A의 모든 전제는 실제로 거짓이다.

04. 추론 A의 결론은 실제로 참이다.

05. 추론 A의 결론은 실제로 거짓이다.

06. 추론 A의 모든 전제가 실제로 참이면 결론은 실제로 거짓이다.

07. 추론 B의 모든 전제는 실제로 참이다.

08. 추론 B의 전제들 가운데 적어도 하나는 실제로 거짓이다.

09. 추론 B의 결론은 실제로 참이다.

10. 추론 B의 모든 전제가 실제로 참이면 결론도 실제로 참이다.

11. 추론 B의 전제들 가운데 적어도 하나가 실제로 거짓이면 결론도 실제로 거짓이다.

12. 추론 B의 결론이 실제로 거짓이면 전제들 가운데 적어도 하나는 실제로 거짓이다.

13. 추론 C의 전제들이 모두 실제로 참이고 그 결론도 실제로 참이면 이 추론은 마땅하다.

14. 추론 C의 전제들이 모두 실제로 참이고 그 결론이 실제로 거짓이면 이 추론은 못마땅하다.

047 튼튼하다

마땅한 추론 또는 타당한 추론이란 전제들이 모두 참인 추론을 말하지 않는다. 또한 결론이 참인 추론을 말하지도 않는다. 이 때문에 마땅하지만 그 결론이 실제로 거짓인 추론이 있다. 다음 추론은 마땅하다.

> 율곡이 천재면 율곡은 글씨를 잘 쓰지 못한다. 율곡은 천재다. 따라서 율곡은 글씨를 잘 쓰지 못한다.

하지만 우리가 사는 세계에서 율곡은 글씨를 잘 썼기에 이 추론의 결론은 우리 세계에서 참이지 않다. 이 추론은 마땅한데도 그 결론은 거짓이다. 이런 일은 다른 마땅한 추론에서도 나타난다.

마땅하지만 그 결론이 우리 세계에서 거짓인 추론이 있는 까닭은 무엇인가? 마땅한 추론은 전제들을 참이라 여기면 결론도 참이라 여길 수밖에 없는 추론이다. 하지만 이것은 전제들이 우리 세계에서 실제로 참이라는 말은 아니다. 마땅하지만 그 결론이 우리 세계에서 거짓인 모든 추론은 언제나 추론의 전제들 가운데 적어도 하나가 우리 세계에서 거짓이다. 우리 세계에서 "율곡이 천재면 율곡은 글씨를 잘 쓰지 못한다"가 거짓이거나 우리 세계에서 "율곡은 천재다"가 거짓이다.

만일 한 추론이 마땅할 뿐만 아니라 그 전제들이 우리 세계에서 실제로 참이면 그 추론에 무슨 일이 벌어지는가? 다음 추론은 마땅할 뿐만 아니라 그 전제들이 우리 세계에서 실제로 참이다.

> 신사임당이 여자면 그는 조선의 임금이 되지 못한다. 신사임당은 여자다. 따라서 신사임당은 조선의 임금이 되지 못한다.

이 추론은 마땅하기에 그 전제들을 모두 참이라 여기자마자 우리는 그 결론도 참이라 여겨야 한다. 이 추론의 전제들은 모두 실제로 참이기에 그 결론도 실제로 참일 수밖에 없다.

주어진 추론이 마땅할 뿐만 아니라 그 전제들이 우리 세계에서 실제로 참이면 이 추론의 결론은 우리 세계에서 실제로 참이다. 마땅하고 또한 그 전제들이 우리 세계에서 실제로 참인 추론을 "튼튼한 추론" 또는 "건전한 추론"이라 한다. 한 추론이 "튼튼하다"는 말은 다음을 뜻한다.

- 그 추론은 마땅하다. 그리고
- 그 추론의 모든 전제가 우리 세계에서 실제로 참이다.

당연히 못마땅한 추론은 튼튼하지 않다. 전제들 가운데 하나가 거짓인 추론도 튼튼하지 않다.

튼튼한 추론은 우리가 추론에서 바라는 모든 것을 갖추었다. 좋은 반드시 추론은 마땅한 추론이다. 마땅한 추론들 가운데 더 좋은 추론이 있다면 그것은 튼튼한 추론이다. 한 추론이 갖추려는 가장 높은 덕목은 튼튼함이다. 하지만 튼튼한 추론이 가장 쓸모 있는 추론이라고는 말할 수 없다. 데카르트는 튼튼한 추론을 써서 모든 앎과 모든 학문을 튼튼한 바탕 위에 튼튼히 세우려 했다.

추론	반드시 추론	마땅한 추론	튼튼한 추론
			마땅하지만 튼튼하지 못한 추론
		못마땅한 추론	튼튼하지도 마땅하지도 않은 추론
	아마도 추론	강한 추론	
		약한 추론	

튼튼한 추론의 결론은 우리 세계에서 실제로 참이다. 하지만 결론이 실제로 참임은 그 추론을 튼튼하게 만들지 못한다. 나아가 전제들과 결론이 모두 실제로 참이더라도 그 추론은 튼튼하지 못할 수 있다.

가. 다음 추론이 마땅한지 못마땅한지 튼튼한지 튼튼하지 못한지를 가리라. 튼튼한 추론은 "튼"을 쓰고, 튼튼하지 않지만 마땅한 추론은 "마"를 쓰고, 못마땅한 추론은 "못"을 쓰라. 튼튼한지 그렇지 않은지 모르지만 마땅한 추론도 "마"를 쓰라. 단 다음 문장들은 참이다.

> 다산이 유교 경전을 고수하려 했다는 말은 거짓이다. 다산은 유교 경전을 재해석하려 했다. 정조와 다산의 꿈은 조선을 혁신하는 일이었다. 정조는 경장대고에서 국정개혁의 청사진을 제시했다. 정조 사후에 정조의 국정개혁은 물거품이 되었다.

01. 다산은 유교 경전을 고수하려 했거나 서양 사상을 받아들였다. 다산은 유교 경전을 재해석하려 했다. 따라서 다산은 유교 경전을 재해석하려 했으며 서양 사상을 받아들였다. 왜냐하면 다산이 유교 경전을 고수하려 했다는 말은 거짓이기 때문이다.

02. 정조와 다산의 꿈은 조선을 혁신하는 일이었지만 정조 사후에 정조의 국정개혁은 물거품이 되었다. 따라서 정조 사후에 정조의 국정개혁은 물거품이 되었거나 다산은 자기 꿈이 실현되는 것을 보지 못한 채 쓸쓸히 죽어갔다.

03. 다산이 유교 경전을 재해석하려 했다면 다산은 유교 경전을 고수하려 하지 않았다. 다산이 유교 경전을 고수하려 했다는 말은 거짓이다. 따라서 다산은 유교 경전을 재해석하려 했다.

04. 정조와 다산의 꿈은 조선을 혁신하는 일이었거나 정조는 경장대고에서 국정개혁 청사진을 제시했다. 정조와 다산의 꿈은 조선을 혁신하는 일이었다. 따라서 정조는 경장대고에서 국정개혁 청사진을 제시하지 않았거나 정조 사후에 정조의 국정개혁은 물거품이 되었다.

05. 정조와 다산의 꿈이 조선을 혁신하는 일이었다면 정조는 경장대고에서 국정개혁 청사진을 제시했다. 정조와 다산의 꿈은 조선을 혁신하는 일이었지만 정조 사후에 그의 국정개혁은 물거품이 되었다. 따라서 정조는 경장대고에서 국정개혁 청사진을 제시했지만 정조 사후에 그의 국정개혁은 물거품이 되었다.

나. 추론 "타키온이 입자면 타키온이 빛보다 빠르지는 않다. 타키온은 빛보다 빠르다. 따라서 타키온이 입자라는 말은 거짓이다"가 튼튼한지 그렇지 않은지 따지려 한다. "타키온은 입자다"를 ㄱ이로 쓰고 "타키온은 빛보다 빠르다"를 ㄴ으로 쓴다. 전제들과 결론의 참값모눈을 만들면 다음과 같은데 아래 물음에 답하라.

세계	ㄱ	ㄴ	전제들		결론
			ㄱ이면, ㄴ은 거짓이다.	ㄴ	ㄱ은 거짓이다.
W_1	참	참	거짓	참	거짓
W_2	참	거짓	참	거짓	거짓
W_3	거짓	참	참	참	참
W_4	거짓	거짓	참	거짓	참

01. 우리가 사는 세계가 W_1이면 우리 세계에서 이 추론은 마땅한가? 왜 그렇게 생각하는가?

02. 우리가 사는 세계가 W_2면 우리 세계에서 이 추론은 마땅한가? 왜 그렇게 생각하는가?

03. 우리가 사는 세계가 W_3이면 우리 세계에서 이 추론은 마땅한가? 왜 그렇게 생각하는가?

04. 우리가 사는 세계가 W_4면 우리 세계에서 이 추론은 마땅한가? 왜 그렇게 생각하는가?

05. 우리가 사는 세계가 W_1이면 우리 세계에서 이 추론은 튼튼한가? 왜 그렇게 생각하는가?

06. 우리가 사는 세계가 W_2면 우리 세계에서 이 추론은 튼튼한가? 왜 그렇게 생각하는가?

07. 우리가 사는 세계가 W_3이면 우리 세계에서 이 추론은 튼튼한가? 왜 그렇게 생각하는가?

08. 우리가 사는 세계가 W_4면 우리 세계에서 이 추론은 튼튼한가? 왜 그렇게 생각하는가?

048 홑문장과 두루문장

"이율곡은 착하다"는 크게 두 토막으로 나눌 수 있다. 한 토막은 '이율곡'이고 다른 토막은 '_은 착하다'다. '이율곡'은 임자말 또는 주어고 '_은 착하다'는 풀이말 또는 술어다. 임자말 자리에는 흔히 이름 또는 명사가 온다. 임자말 자리에 오는 이름에는 여러 가지가 있다.

ㄱ. 이순신은 키가 크다.
ㄴ. 사람은 죽는다.
ㄷ. 사람은 덜 싸우려고 나라를 만들었다.

ㄱ에서 '이순신'은 오직 한 사물 이순신만을 가리키는 일을 맡는다. 이처럼 세계에 있는 어느 한 사물을 가리키고 오직 그 사물만을 가리키는 이름을 "홑이름" 또는 "단칭어"라 한다.

ㄴ과 ㄷ의 '사람'은 한 사람을 가리키지 않는다. ㄴ의 '사람'은 사람들의 모임에 들어가는 한 사람 한 사람 모두를 나타내고 ㄷ의 '사람'은 사람들의 모임을 가리킨다. ㄴ은 한 사람 한 사람이 마침내 죽는다고 말한다. 하지만 ㄷ은 한 사람 한 사람이 나라를 만들었다고 말하지는 않고 다만 사람들의 모임이 나라를 만들었다고 말한다. ㄴ의 '사람' 같은 이름을 "두루이름" 또는 "일반어"라 하고, ㄷ의 '사람' 같은 이름을 "모임이름" 또는 "집합명사"라 한다.

이름	홑이름	어느 한 사물을 가리킨다.
	두루이름	비슷한 사물을 하나하나 부른다.
	모임이름	여러 사물로 이루어진 한 모임 사물을 가리킨다.

두루이름과 모임이름은 헷갈릴 때가 많지만 두 이름의 쓰임은 매우 다르다.

"우리 가족은 크다"에서 '우리 가족'을 두루이름으로 읽으면 이 문장은 우리 가족을 이루는 한 사람 한 사람이 크다고 말한다. 하지만 '우리 가족'을 모임이름으로 읽으면 한 모임 사물로서 우리 가족이 크다고 말한다.

임자말 자리에 오는 이름에 따라 문장의 얼개는 매우 다르다.

ㄹ. 다산은 정약용이다.

ㅁ. 다산은 사람이다.

ㅂ. 젊은이는 사람이다.

ㄹ과 ㅁ의 임자말 자리에 홑이름 '다산'이 자리하고 ㅂ의 임자말 자리에 두루이름 '젊은이'가 자리한다. ㄹ과 ㅁ처럼 임자말 자리에 홑이름이 자리하는 문장을 "홑문장" 또는 "단칭문장"이라 한다. ㅂ처럼 임자말 자리에 두루이름이 자리하는 문장을 "두루문장" 또는 "일반문장"이라 한다.

홑문장	임자말 자리에 홑이름이 자리하는 문장
두루문장	임자말 자리에 두루이름이 자리하는 문장

홑문장과 두루문장은 다른 얼개를 갖기에 우리는 ㄹ, ㅁ, ㅂ에서 '이다'를 저마다 달리 이해해야 한다.

ㄹ에서 '_은 _이다'는 '_은 _와 똑같다'를 뜻한다. ㄹ은 '다산'이라 불리는 사물과 '정약용'이라 불리는 사물이 똑같은 사물사물임을 말한다. ㅁ에서 '이다'는 두루이름 '사람'을 풀이말로 만드는 토씨다. 두루이름에 '이다'를 붙임으로써 그 두루이름을 풀이말로 만들 수 있다. ㅁ은 '다산'이라 불리는 사물이 사람들 가운데 하나임을 말한다. ㅂ에서 '젊은이'와 '사람'은 모두 두루이름이다. "젊은이는 사람이다"는 젊은이들의 모임과 사람들의 모임 사이의 맺음을 나타낸다. 하지만 문장 ㅂ은 젊은이들의 모임과 사람들의 모임이 똑같다고 말하지는 않는다. 이것은 젊은이들의 모임이 사람들 가운데 하나라고 말하지도 않는다. 오히려 젊은이의 모임 안에 한 사물은 사람들의 모임 안에 한 사물이기도 하다고 말한다.

가. **풀이말에 대한 다음 글을 읽고 아래 문장의 임자말과 그 풀이말이 무엇인지 쓰라. 다만 아래 문장은 임자말과 한 자리 풀이말로 이루어졌다고 가정한다.**

> 풀이말에는 여러 가지가 있다. "김구는 사람이다"에서 '_는 사람이다'처럼 빈자리가 하나만 있는 풀이말은 "한 자리 풀이말"이다. "차범근은 차두리의 아버지다"에서 '_은 _의 아버지다'처럼 빈자리가 둘 있는 풀이말은 "두 자리 풀이말"이다. "한국은 중국과 일본 사이에 있다"에서 '_은 _과 _ 사이에 있다'처럼 빈자리가 셋 있는 풀이말은 "세 자리 풀이말"이다. 풀이말의 빈자리들에 이름을 모두 채우면 하나의 문장이 완성된다. 빈자리에 넣는 이름에 따라 그 문장은 참일 수 있고 거짓일 수 있다. 하지만 모든 문장은 임자말과 한 자리 풀이말로 이루어졌다고 가정해도 된다. 보기를 들어 "한국은 중국과 일본 사이에 있다"는 임자말 '한국'과 한 자리 풀이말 '_은 중국과 일본 사이에 있다'로 이루어졌다고 생각할 수 있다.

01. 전자는 뉴트리노보다 가볍다.

02. 슬혜는 슬옹보다 지완을 더 좋아한다.

03. 재석은 탑골공원에서 형돈과 즐겁게 산책했다.

04. 올해 가장 좋은 스마트폰은 애플의 최신 모델이다.

05. 소나무와 풀이 있는 정원은 자주 손질해야 한다.

06. 벌레를 먹고 사는 동물은 창자 안에 세콘데렐라가 살 수 없다.

07. 과학자인 동시에 수학자는 천재다.

08. 지구는 태양계의 셋째 행성이다.

09. 내가 가장 좋아하는 음악은 바흐의 무반주 첼로 조곡이다.

10. 인간 행동의 유전자 결정론을 믿는 사람은 마음이 몸에 변화를 일으킬 수 있다는 심신인과를 부정한다.

나. 다음 문장이 홑문장인지 두루문장인지 가리라.

본보기

ㄱ. 소나무와 풀이 있는 정원은 자주 손질해야 한다.
ㄴ. 내가 가장 좋아하는 음악은 바흐의 무반주 첼로 조곡이다.

풀이

ㄱ의 임자말 '소나무와 풀이 있는 정원'은 오직 한 정원을 가리키는 말이 아니라 소나무와 풀이 있는 정원들의 모임에 들어가는 정원들 모두를 나타낸다. '소나무와 풀이 있는 정원'은 두루이름이고 따라서 ㄱ은 두루문장이다. ㄴ의 임자말 '내가 가장 좋아하는 음악'은 오직 하나의 음악을 가리키기에 홑이름이며 따라서 ㄴ은 홑문장이다.

01. 한국사람은 부지런하다.

02. 인간 행동의 유전자 결정론을 믿는 사람은 유신론을 거부한다.

03. 내 친구들이 산업화의 아이콘으로 여기는 그분은 과거에 독립군 토벌에 참여했던 일본군 장교였고 해방 직후에는 남조선로동당에 입당했다.

다. 아래 문장들의 '이다'는 홑문장의 이다, 두루문장의 이다, 똑같음의 이다, 풀이말 토씨의 이다 가운데 무엇인가?

홑문장의 이다	똑같음의 이다	'_은 _와 똑같다'를 뜻하는 두 자리 풀이말
	풀이말 토씨의 이다	두루이름을 풀이말로 만드는 토씨
두루문장의 이다	풀이말 토씨의 이다	두루이름을 풀이말로 만드는 토씨

01. 사람은 생각하는 짐승이다.

02. 샛별은 개밥바라기다.

03. 내가 커피숍에서 만난 그 사람은 자기 자랑이 심한 사람이다.

049 모든

홀문장 "톰은 검은 사람이다"는 '톰'이라 불리는 한 사물이 검은 사람들의 모임에 있는 한 사물임을 뜻한다. 이것은 "톰은 사람들의 모임에 있고 톰은 검은 것들의 모임에 있다"를 뜻한다. 따라서 홀문장 "톰은 검은 사람이다"는 "톰은 검고 톰은 사람이다"와 뜻이 같다. 그림씨 "검다"는 "검은 것이다"로 이해하고 "검은 것"을 두루이름으로 여길 수 있다. 보통 홀이름은 말꼴로 a, b, c처럼 소문자를 쓰고 두루이름은 말꼴로 A, B, C처럼 대문자를 쓴다. 홀이름 a, 두루이름 B와 C로 만든 문장 "a는 B인 C이다"는 다음처럼 달리 쓸 수 있다.

a는 B인 C이다. ≡ a는 B이고 a는 C이다.

홀문장 "벼루는 사람이 아니다"는 "'벼루는 사람이다'는 거짓이다"를 뜻한다. 다만 우리는 홀이름이 가리키는 사물이 실제로 있다고 가정한다. 이 점에서 소설에 나오는 이름 '콩쥐'나 '팥쥐'는 가짜 홀이름이다. 아무튼 홀이름 a와 두루이름 B로 만든 문장 "a는 B가 아니다"는 다음처럼 달리 쓸 수 있다.

a는 B가 아니다. ≡ a는 B 아닌 것이다. ≡ "a는 B이다"는 거짓이다.

이처럼 홀문장에 나오는 "아니다"는 "거짓이다"로 바꿀 수 있다. 하지만 두루문장에 나오는 "아니다"는 그렇지 않으니 조심해야 한다.

우리는 두루문장들 가운데 이른바 "모든몇몇문장" 또는 "정언문장"을 자주 쓴다.

모든몇몇문장	모든문장	모두 그렇다	모든 사람은 짐승이다.
		모두 아니다	모든 사람은 짐승이 아니다.
	몇몇문장	몇몇 그렇다	몇몇 사람은 짐승이다.
		몇몇 아니다	몇몇 사람은 짐승이 아니다.

"모든 사람은 짐승이다" 또는 "사람은 모두 짐승이다"는 "한 사물이 사람이면 그것은 짐승이다"를 뜻한다. 이것은 "무엇이든 그것이 사람이면 그것은 짐승이다"로 더 또렷이 표현할 수 있다. 두루이름 S와 P로 만든 문장 "모든 S는 P이다"는 다음을 뜻한다.

> 모든 S는 P이다.
> ≡ 무엇이든, 그것이 S이면 그것은 P이다.
> ≡ x가 무엇이든, x가 S이면 x는 P이다.

여기 나오는 말꼴 x를 "떠돌이 홀이름" 또는 "변항"이라 한다. 떠돌이 홀이름은 한 사물을 가리키지만 한 사물에 붙박지 않고 이 사물 저 사물로 떠돌아다니는 이름이다. x는 "아무" 또는 "임의의 한 사물"을 뜻한다. 떠돌이 홀이름을 말꼴로 나타낼 때는 소문자로 x, y, z 따위를 쓴다. '백두산'이나 '김구'처럼 한 사물에만 붙박인 홀이름을 "붙박이 홀이름" 또는 "상항"이라 한다.

"모든 사람은 짐승이 아니다"는 "한 사물이 사람이면 그것은 짐승이 아니다"를 뜻한다. 이것은 "무엇이든 그것이 사람이면 그것은 짐승이 아니다"로 더 또렷이 표현할 수 있다. 두루이름 S와 P로 만든 문장 "모든 S는 P가 아니다"는 다음을 뜻한다.

> 모든 S는 P가 아니다.
> ≡ 무엇이든, 그것이 S이면 그것은 P가 아니다.
> ≡ x가 무엇이든, x가 S이면 x는 P가 아니다.

"모든 S는 P가 아니다"는 "어떤 S도 P가 아니다"나 "어느 S도 P가 아니다"로 달리 쓴다. 우리는 모두 아니다를 "어느 S도 P가 아니다" 꼴로 쓰겠다. 이미 배웠듯이 문장 "X이면 Y"는 "'X이고, Y는 거짓이다'는 거짓이다"와 뜻이 같다. 이 때문에 "x가 S이면 x는 P이다"는 "'x는 S이고, x는 P가 아니다'는 거짓이다"로 달리 쓸 수 있다. 또한 "x가 S이면 x는 P가 아니다"는 "'x는 S이고, x는 P이다'는 거짓이다"로 달리 쓸 수 있다.

가. 본보기처럼 아래 문장을 말꼴로 나타내라. 문장에 나오는 홑이름과 풀이말은 다음의 말꼴로 나타낸다. 가혁 = a, 나래 = b, 착한 것 = C, 사랑받는 것 = S.

> 본보기
>
> ㄱ. 가혁과 나래는 착하다.
> ㄴ. 가혁이 착하다면 가혁은 사랑받는다.
>
> 답: ㄱ = a는 C이고 b는 C이다. ㄴ = a가 C이면 a는 S이다.
>
> 풀이: '착하다'는 '착한 것이다'로 여길 수 있다. "가혁과 나래는 착하다"는 "가혁은 착하고 나래는 착하다"를 뜻한다. 따라서 ㄱ은 'a는 C이고 b는 C이다'로 바꿀 수 있다. '사랑받는다'는 '사랑받는 것이다'로 여길 수 있다. "가혁이 착하다면 가혁은 사랑받는다"는 'a가 C이면 a는 S이다'로 바꿀 수 있다.

01. '가혁은 착하거나 사랑받는다'는 거짓이다.

02. 가혁과 나래는 착하거나 사랑받는다.

03. 가혁이나 나래가 착하다면 가혁과 나래는 사랑받는다.

나. 다음 문장은 모두 그렇다, 모두 아니다, 몇몇 그렇다, 몇몇 아니다 가운데 무슨 문장인가?

01. 어느 철학자도 논리학을 무시하지 않는다.

02. 물에 뜨는 몇몇 금속은 항공기 부품에 쓰인다.

03. 소나무와 벚나무가 있는 몇몇 정원은 일 년 내내 아름답다.

04. 외국 문화에 관심 있는 모든 사람은 외국에 가본 적이 있다.

05. 인간 행동의 결정주의를 받아들이는 몇몇 철학자는 자유로운 마음이 있음을 반대하지 않는다.

다. 다음 모든문장을 말길 얼개가 드러나도록 바꾸라.

> 본보기
>
> 지혜를 사랑하는 모든 사람은 자신의 공동체에서 정의가 실현되기를 바란다.
>
> 답: 무엇이든지 그것이 지혜를 사랑하는 사람이면 그것은 자신의 공동체에서 정의가 실현되기를 바란다.

01. 모든 고래는 배꼽을 갖는다.

02. 어느 철학자도 논리학을 무시하지 않는다.

03. 외국 문화에 관심 있는 모든 사람은 외국에 가본 적이 있다.

04. 물리학을 좋아하거나 철학을 좋아하는 사람은 실제 응용보다 근본 원리를 추구한다.

05. 모든 도깨비는 뿔이 달렸거나 어느 도깨비도 뿔이 달리지 않았다.

06. 힘을 받지 않는 모든 사물은 질량을 갖지 않거나 등속직선 운동을 한다.

라. 다음 문장의 짝이 한 문장과 그 부정문으로 짝지었으면 "바"를 쓰고, 그렇지 않으면 "않"을 쓰라.

01. 모든 도깨비는 뿔이 달렸다. 어느 도깨비도 뿔이 안 달렸다.

02. 모든 도깨비는 뿔이 달렸다. 도깨비가 모두 뿔이 달리지는 않았다.

03. 앎을 사랑하는 모든 사람은 생각하기를 즐긴다. 앎을 사랑하는 모든 사람은 생각하기를 즐기지 않는다.

04. 모든 위대한 스승은 자기 제자를 자기 스승으로 삼는다. 어느 위대한 스승도 자기 제자를 자기 스승으로 삼지 않는다.

05. 정직한 모든 사람은 언젠가 성공한다. 정직한 모든 사람은 끝내 성공하지 못한다.

050 몇몇

"몇몇 사람은 짐승이다"는 무엇을 뜻할까? 여기서 "몇몇"은 "여럿"을 뜻한다기보다 "적어도 하나"를 뜻한다. "몇몇 사람은 짐승이다"와 "모든 사람은 짐승이다"는 겉보기에 말길 얼개가 매우 비슷하다. 하지만 "몇몇 사람은 짐승이다"는 "몇몇 사물에 대해 그것이 사람이면 그것은 짐승이다"를 뜻하지 않는다. 이것은 "사람이고 짐승인 것이 적어도 하나 있다"를 뜻한다. 이 세계에 사람이고 짐승인 것이 하나도 없다면 "몇몇 사람은 짐승이다"는 거짓이다. 두루이름 S와 P로 만든 문장 "몇몇 S는 P이다"는 다음을 뜻한다.

몇몇 S는 P이다.
≡ S이고 P인 것이 적어도 하나 있다.
≡ "x는 S이고 x는 P이다"를 참으로 만드는 x가 적어도 하나 있다.

여기서 x는 아무 사물 하나를 가리키는 떠돌이 홀이름이다. P 자리에 때때로 두루이름이 아니라 그림씨나 움직씨가 오기도 한다.

"몇몇 사람은 짐승이 아니다"는 "사람이지만 짐승이 아닌 것이 적어도 하나 있다"를 뜻한다. 이를 보건대 두루이름 S와 P로 만든 문장 "몇몇 S는 P가 아니다"는 다음을 뜻한다.

몇몇 S는 P가 아니다.
≡ S이고 P가 아닌 것이 적어도 하나 있다.
≡ "x는 S이고 x는 P가 아니다"를 참으로 만드는 x가 적어도 하나 있다.

여기서 "x는 P가 아니다"는 "'x는 P이다'는 거짓이다"를 뜻한다.

우리가 "어떤"을 쓰지 않고 "몇몇"을 쓰는 까닭은 다음 두 문장의 차이를 뚜렷이 드러내려는 목적 때문이다.

ㄱ. 어떤 사람도 착하지 않다.
ㄴ. 어떤 사람은 착하지 않다.

문장 ㄱ은 착한 사람이 아무도 없음을 말한다. 문장 ㄴ은 착하지 않은 사람이 적어도 하나 있음을 말한다. ㄱ과 ㄴ은 뜻이 매우 다르지만 글자만 보았을 때는 "도"와 "은"에서만 다르다. ㄱ과 ㄴ을 다음처럼 바꾸면 둘의 뜻이 매우 다르다는 사실을 뚜렷이 드러낼 수 있다.

ㄱ*. 어느 사람도 착하지 않다.
ㄴ*. 몇몇 사람은 착하지 않다.

"모든 사람은 착하지 않다"는 "어느 사람도 착하지 않다"고 쓰고 "어떤 사람은 착하지 않다"는 "몇몇 사람은 착하지 않다"고 쓰면, 여러 헷갈림을 줄일 수 있다.

우리는 "모든"과 "몇몇"의 쓰임새를 배웠다. 여태 한 이야기는 다음처럼 간추릴 수 있다.

모든몇몇문장	문장 꼴	문장의 말길 얼개: 문장의 또렷한 뜻
모두 그렇다	모든 S는 P이다.	무엇이든 그것이 S이면 그것은 P이다.
모두 아니다	어느 S도 P가 아니다.	무엇이든 그것이 S이면 그것은 P가 아니다.
몇몇 그렇다	몇몇 S는 P이다.	S이고 P인 것이 적어도 하나 있다.
몇몇 아니다	몇몇 S는 P가 아니다.	S이고 P 아닌 것이 적어도 하나 있다.

모든몇몇문장에 나오는 "모든", "어느", "몇몇", "어떤" 따위를 "모든몇몇씨" 또는 "양화사"라 한다. 모든몇몇문장의 임자말 S 자리에는 두루이름이 와야 하고, 풀이말 P 자리에는 두루이름, 그림씨, 움직씨 따위가 올 수 있다. "모든"이나 "몇몇"이 빠진 문장 "사람은 착하다"는 "모든 사람은 착하다"로 읽어야 한다.

가. 다음 모든몇몇문장을 말길 얼개가 드러나도록 바꾸라.

본보기

동남아시아에서 온 몇몇 일꾼은 삯을 꼬박꼬박 받지 못한다.
답: 동남아시아에서 온 일꾼이고 삯을 꼬박꼬박 받지 못하는 것이 적어도 하나 있다.

01. 모든 검은 사람은 매우 똑똑한 사람이다.

02. 초기 근대의 어느 서양철학자도 조선 성리학을 알지 못했다.

03. 물에 뜨는 몇몇 금속은 항공기 부품에 쓰인다.

04. 착하고 똑똑한 남자들 일부는 여성에게 사랑받지 못한다.

05. 소나무와 풀이 있는 몇몇 정원은 전혀 손질하지 않아도 된다.

06. 수학자이자 철학자인 여성은 누구나 내가 좋아하는 부류의 사람이다.

07. 가난하지만 공부를 열심히 하는 몇몇 학생은 국가 장학금을 받을 수 있다.

08. 논리와 사실을 바탕으로 유권자를 설득하지 않는 몇몇 정치인은 자기 이익만 좇는 좋지 않은 정치인이다.

09. 자유의지의 존재를 믿지 않는 어느 과학자도 자기 근육이 자기 의지대로 움직이는 일을 싫어하지 않는다.

10. 외국어를 공부한 적이 없고 외국에 가본 적도 없는 사람들 가운데 일부는 다른 문화에 열린 마음을 갖지 못한다.

11. 스피노자와 라이프니츠를 둘 다 좋아하는 몇몇 생물학자는 모든 생명체에 영혼이 깃들었다고 생각한다.

12. 모든 사물이 원자로 이루어졌다고 믿는 모든 자연주의자는 몇몇 현상이 자연법칙을 벗어나 일어난다는 말을 믿지 않는다.

13. 병들고 약한 개체들은 어느 것도 환경 변화에 적응하지 못해 자연 선택되지 않거나 모든 생명 종은 설사 일부 개체들이 병들고 약하더라도 자기 나름의 환경에 최적화되었다.

나. 다음 문장의 짝이 한 문장과 그 부정문으로 짝지었으면 "바"를 쓰고, 그렇지 않으면 "앟"을 쓰라.

01. 몇몇 페미니스트는 착하다. 몇몇 페미니스트는 착하지 않다.

02. 몇몇 사람은 착하지 않다. 모든 사람은 착하지 않다.

03. 몇몇 지구과학자는 생물학자였다. 몇몇 생물학자는 지구과학자였다.

04. 몇몇 철학자는 무신론자다. 몇몇 철학자는 유신론자다.

05. 몇몇 생물체는 영원히 살 수 있다. 몇몇 생물체가 영원히 살 수 있다는 말은 거짓이다.

06. 사회학자고 게임이론을 아예 모르는 이가 있다. 대부분 사회학자는 게임이론을 조금이라도 안다.

07. 몇몇 좋은 정치인은 논리로 유권자를 설득한다. 몇몇 좋지 않은 정치인은 논리로 유권자를 설득한다.

08. 몇몇 노동자는 철학자다. 노동자고 철학자인 것은 하나도 없다.

09. 몇몇 급진 자연주의자는 자유의지의 존재를 믿지 않는다. 급진 자연주의자면서 자유의지의 존재를 믿지 않는 것이 하나도 없다.

10. 유신론을 거부하는 몇몇 윤리학자는 인간 행동의 결정론을 받아들인다. 유신론을 거부하는 몇몇 윤리학자가 인간 행동의 결정론을 받아들인다는 말은 거짓이다.

11. 착하고 똑똑한 남자 일부는 여성에게 사랑받지 못한다. 착하지 않고 똑똑하지 않은 몇몇 남자는 여성에게 사랑받지 못한다.

12. 가난하지만 공부를 열심히 하는 몇몇 학생은 국가 장학금을 받을 수 있다. 가난하지만 공부를 열심히 하는 학생이면서 국가 장학금을 받을 수 없는 것이 적어도 하나 있다.

13. 스피노자와 라이프니츠를 좋아하는 몇몇 생물학자는 모든 생명체에 영혼이 깃들었다고 생각한다. 스피노자와 라이프니츠를 좋아하는 생물학자 가운데 모든 생명체에 영혼이 깃들었다고 생각하는 이는 없다.

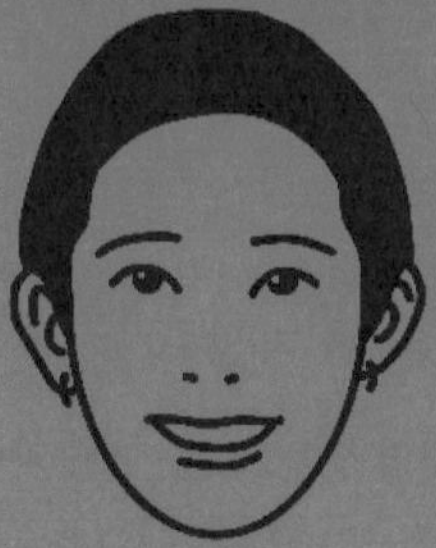

"끓였던 물을 또 끓이면 안 되는 이유"라는 제목의 글이 한동안 인터넷 상에서 이슈가 됐다. 물을 재탕하면 산소 농도가 달라지고, 물의 화학 구조가 달라지며 유독 성분이 생긴다는 과학인 듯 과학 아닌 내용이 담긴 글이었다. 댓글을 보니 대부분의 독자는 '헛소리'로 일축하고, 일부는 글쓴이를 신뢰하며 그 동안 재탕 삼탕한 물을 걱정했다. 그때 난 글쓴이를 '연금술사냐'며 다그친 수많은 댓글을 보며 안도의 한숨을 내쉬었다.

그런데 연금술사가 등장하고 얼마 지나지 않아 이번엔 페트병으로 에어컨을 만들어 낸다는 마술사가 나타났다. 페트병 에어컨을 제안한 건 방글라데시의 한 광고회사였다. 페트병을 반으로 잘라 건물 벽에 끼우면 공기가 페트병의 넓은 부분에서 좁은 부분으로 들어오며 실내 온도를 낮춘다는 것이다. 심지어 이번엔 몇몇 언론과 해당 분야 교수들까지 페트병 에어컨을 전기가 필요 없는 획기적인 기술이라 대중에게 알렸다.

대학교 졸업 전 마지막 계절학기 때 클라라의 실용논리학 수업을 듣지 않았더라면 난 이미 페트병 에어컨을 만들어 내 방 창문에 설치했을 것이다. 나도 맨 처음 페트병 에어컨 소식을 들었을 때 기사 아이템 목록에 넣으려고 재빨리 링크를 저장해 뒀다. 아무런 의심 없이 사이비 과학을 믿는 것은 단순히 과학 지식이 부족해서가 아닐 것이다. 참과 거짓을 구별하는 능력, 참인 명제들 사이의 관계를 따질 줄 아는 능력, 곧 논리적인 사고 능력의 문제다. 그 문제는 쉽게 해결할 수 있다. 바로 논리 공부를 하는 거다. 진짜와 가짜 사이를 가르는 진짜 생각의 힘을 갖추게 될 것이다.

사람들에게 과학과 합리로 생각하는 법을 알려주고 싶은 과학기자 신수빈

051 - 060

051 벤 그림

우리는 모든몇몇문장을 그림으로 나타낼 수 있다. 19세기 논리학자 존 벤이 이 작업을 했기에 이 그림을 "벤 그림"이라 한다. 먼저 두루이름 S와 P를 사물들의 모임으로 여기고 이 모임을 동그라미로 그린다. 그 모임 안에 아무것도 없다는 정보는 그 동그라미 안을 검게 칠해 나타낸다. 그 모임에 무엇인가 있다는 정보는 동그라미 안에 별을 그려 나타낸다.

"몇몇 S는 P이다"는 "S이고 P인 것이 적어도 하나 있다"를 뜻한다. 이것은 "모임 S에 들어가고 모임 P에 들어가는 것이 적어도 하나 있다"를 뜻한다. 몇몇 그렇다의 벤 그림은 모임 S에도 들어가고 모임 P에도 들어가는 사물이 적어도 하나 있다는 정보를 그려야 한다. 곧 동그라미 S와 동그라미 P가 겹치는 자리에 별을 하나 그린다.

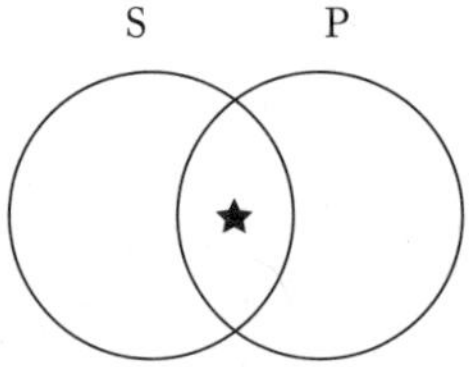

이 별은 '모임 S에도 들어가고 모임 P에도 들어가는' 한 사물을 나타낸다. 다만 그것이 무엇인지 또는 그것의 이름이 무엇인지는 아직 알려지지 않았다.

"몇몇 S는 P가 아니다"는 "S이지만 P가 아닌 것이 적어도 하나 있다"를 뜻한다. 이것은 "모임 S에 들어가지만 모임 P에는 들어가지 않는 것이 적어도 하나 있다"를 뜻한다. 몇몇 아니다의 벤 그림은 모임 S에 들어가지만 모임 P에는 들어가지 않는 사물이 적어도 하나 있다는 정보를 그려야 한다. 곧 동그라미 S에서 동그라미 P 바깥 자리에 별을 하나 그린다.

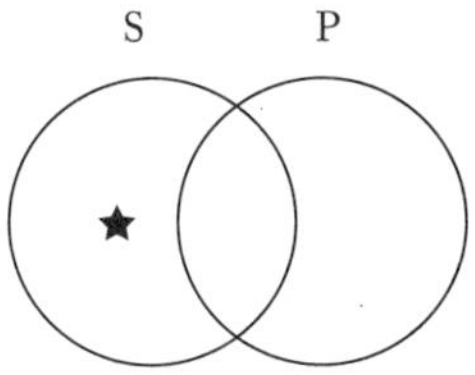

이 별은 '모임 S에 들어가지만 모임 P에는 들어가지 않는' 한 사물을 나타낸다.

"모든 S는 P이다"는 "어느 한 사물이 모임 S에 들어간다면 그 사물은 모임 P에도 들어간다"를 뜻한다. 이는 "모임 S 안에 들어가지만 모임 P 바깥에 있는 사물이 없다"를 뜻한다. 모두 그렇다의 벤 그림은 모임 S에 들어가지만 모임 P에 들어가지 않는 사물이 없다는 정보를 그려야 한다. 곧 동그라미 S에서 동그라미 P 바깥 자리를 검게 칠한다.

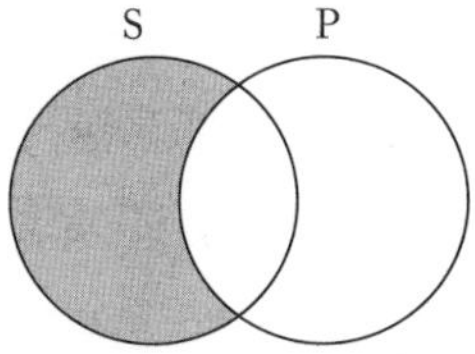

이미 말했듯 검게 칠한 자리는 그곳에 아무것도 없음을 나타낸다.

"어느 S도 P가 아니다"는 "어느 한 사물이 모임 S에 들어간다면 그 사물은 모임 P에는 들어가지 않는다"를 뜻한다. 이는 "모임 S 안에 들어가는 사물 가운데 모임 P 안에 들어가는 사물은 없다"를 뜻한다. 모두 아니다의 벤 그림은 모임 S에 들어가고 모임 P에도 들어가는 사물이 없다는 정보를 그려야 한다. 곧 동그라미 S와 동그라미 P가 겹치는 자리를 검게 칠한다.

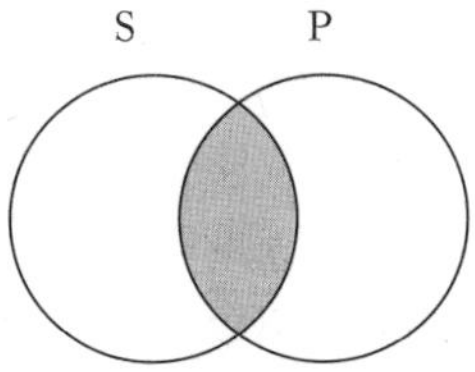

이 그림에 따르면 모임 S와 모임 P가 겹치는 자리에 아무것도 없다.

가. 다음 모든몇몇문장을 벤 그림으로 그리라.

본보기

모든 고래는 배꼽을 갖는다.

모임	벤 그림
S = 고래들 P = 배꼽을 갖는 것들	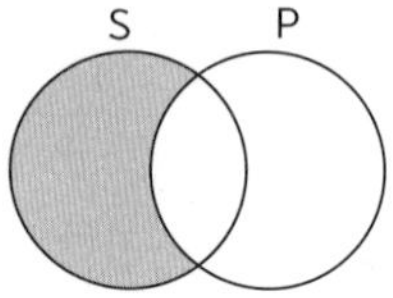

01. 소나무와 풀이 있는 몇몇 정원은 전혀 손질하지 않아도 된다.

모임	벤 그림
S = P =	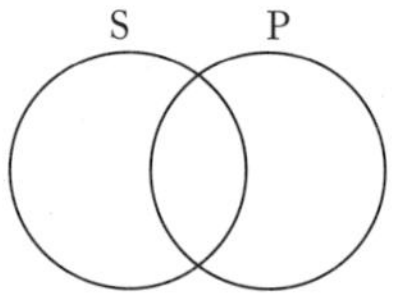

02. 자기 제자를 자기 스승으로 삼지 않은 어떤 이도 위대한 스승이 아니다.

모임	벤 그림
S = P =	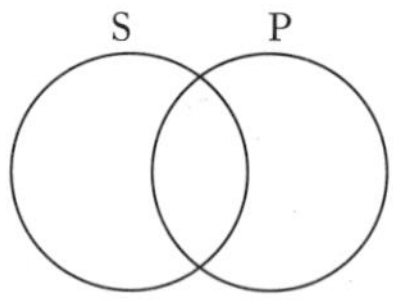

나. 다음 문장을 벤 그림으로 그리라.

본보기

수학자면서 물리학자인 몇몇 사람은 철학을 좋아한다.

풀이: 이 문장은 '수학자면서 물리학자인 사람이고 철학을 좋아하는 것이 적어도 하나 있다'를 뜻한다. 이것은 수학자의 모임, 물리학자의 모임, 철학을 좋아하는 것의 모임에 모두 들어가는 것이 적어도 하나 있음을 뜻한다. 이를 그림으로 나타내려면 이 세 모임이 모두 겹치는 자리에 들어가는 사물이 적어도 하나 있음을 그려야 한다.

모임	벤 그림
S = 수학자들 P = 물리학자들 R = 철학을 좋아하는 것들	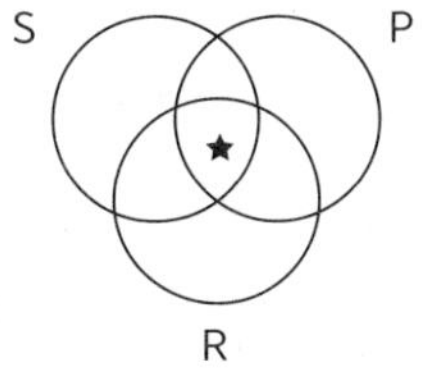

01. 바른 여자면서 똑똑한 여자는 모두 강자가 약자를 억누르고 약자에게 부당한 일을 강요하는 남성 중심 사회의 저항에 부딪힌다.

모임	벤 그림
S = P = R =	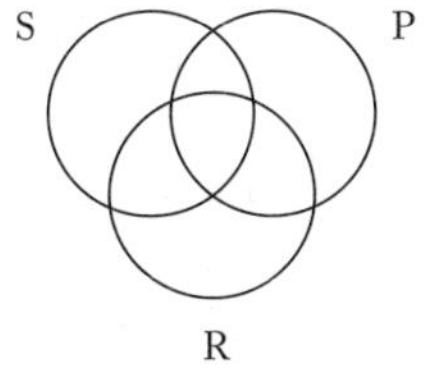

052 모든 몇몇 달리 쓰기

문장의 임자말이 홀이름이 아닐 때 문장 맨 뒤에 나오는 "아니다", "아니", "안", "않" 따위를 조심해서 써야 한다. "모든 사람은 시민이 아니다"는 "모든 사람은 비시민이다"를 뜻할 뿐 "모든 사람이 시민이라는 말은 거짓이다"를 뜻하지 않는다. 누군가 "몇몇 사람이 착한 것은 아니다"고 말할 때 우리는 그가 "몇몇 사람은 안 착하다"고 말하는지 "몇몇 사람이 착하다는 말은 거짓이다"고 말하는지 또렷이 가려야 한다.

"몇몇 사람이 착하다는 말은 거짓이다"는 "몇몇 사람은 안 착하다"를 뜻하지 않으며 "많은 사람이 착하다"를 뜻하지도 않는다. "몇몇 사람이 착하다는 말은 거짓이다"는 "'사람이고 착한 것이 적어도 하나 있다'가 거짓이다"를 뜻한다. 이는 "사람이고 착한 것이 하나도 없다"를 뜻한다. 벤 그림을 잘 따져보면 이것은 "어느 사람도 착하지 않다"와 뜻이 같다. "몇몇 S는 P이다"의 벤 그림과 "어느 S도 P가 아니다"의 벤 그림은 각각 다음과 같다.

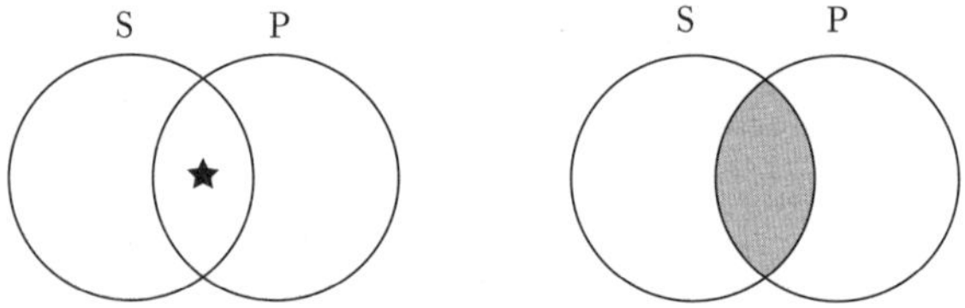

왼쪽이 참이면 오른쪽은 거짓이고, 왼쪽이 거짓이면 오른쪽은 참이다. "몇몇 S는 P이다"는 "'어느 S도 P가 아니다'는 거짓이다"를 뜻하고 "몇몇 S가 P라는 말은 거짓이다"는 "어느 S도 P가 아니다"를 뜻한다.

"'모든 사람은 착하다'는 거짓이다" 또는 "모든 사람이 착한 것은 아니다"는 "모든 사람은 착하지 않다", "모든 사람은 안 착하다", "어느 사람도 착하지 않다" 따위를 뜻하지 않는다. "모든 사람은 착하다"가 거짓이라는 말은 착하지 않은 사람이 적어도 하나 있다는 말이다. 따라서 "'모든 사람은 착하다'는 거짓이다"는 "몇몇 사람은 착하지 않다"를 뜻한다. "몇몇 S는 P가 아니다"의 벤 그림과 "모든 S는 P이다"의 벤 그림은 각각 다음과 같다.

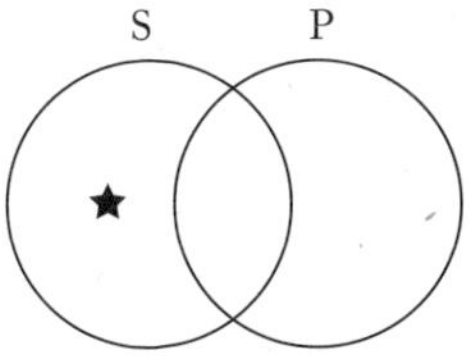

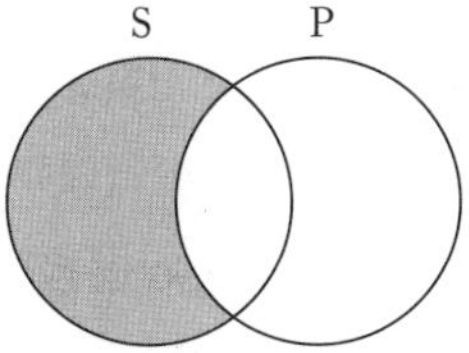

왼쪽과 오른쪽은 참값이 반대고 서로 모순이다. "모든 S는 P이다"는 "'몇몇 S는 P가 아니다'는 거짓이다"를 뜻하고 "'모든 S는 P이다'는 거짓이다"는 "몇몇 S는 P가 아니다"를 뜻한다. 그래서 "S가 모두 P이지는 않다"는 "몇몇 S는 P가 아니다"로 달리 쓸 수 있다.

"모든 사람은 마음을 갖는다"는 "무엇이든 그것이 사람이면 그것은 마음을 갖는다"를 뜻한다. 이것은 "무엇이든 그것이 마음을 갖지 않는다면 그것은 사람이 아니다"로 바꿀 수 있다. 이것은 "마음을 갖지 않는 모든 것은 사람이 아니다"를 뜻한다. 더욱 넓게 말해 "모든 S는 P이다"는 "P 아닌 모든 것은 S가 아니다"와 뜻이 같다. 나아가 "어느 S도 P가 아니다"는 "어느 P도 S가 아니다"와 뜻이 같다. 말길 얼개나 벤 그림을 써서 "몇몇 S는 P이다"와 "몇몇 P는 S이다"가 뜻이 같고 "몇몇 S는 P가 아니다"와 "P 아닌 몇몇은 S이다"가 뜻이 같음을 알 수 있다.

모든 몇몇 바꿈	"모든 S는 P이다"는 거짓이다. ≡ 몇몇 S는 P가 아니다.
	"어느 S도 P가 아니다"는 거짓이다. ≡ 몇몇 S는 P이다.
몇몇 모든 바꿈	"몇몇 S는 P이다"는 거짓이다. ≡ 어느 S도 P가 아니다.
	"몇몇 S는 P가 아니다"는 거짓이다. ≡ 모든 S는 P이다.
모든 앞뒤 바꿈	모든 S는 P이다. ≡ P 아닌 어느 것도 S가 아니다.
	어느 S도 P가 아니다. ≡ 어느 P도 S가 아니다.
몇몇 앞뒤 바꿈	몇몇 S는 P이다. ≡ 몇몇 P는 S이다.
	몇몇 S는 P가 아니다. ≡ P 아닌 몇몇은 S이다.

가. “어느 원숭이도 생각하지 않는다”와 “생각하는 어느 것도 원숭이가 아니다”가 뜻이 같음을 이들 문장의 말길 얼개를 써서 밝히라.

나. 다음 문장의 짝이 뜻이 같으면 “같”을 쓰고 뜻이 다르면 “다”를 쓰라.

01. 모든 페미니스트가 착하다는 말은 거짓이다. 몇몇 페미니스트는 착하지 않다.

02. 어느 철학자도 유신론자가 아니라는 말은 거짓이다. 몇몇 철학자는 무신론자다.

03. 어느 생물체도 영원히 살 수 없다. 몇몇 생물체가 영원히 살 수 있다는 말은 거짓이다.

04. 모든 좋은 정치인은 논리로 유권자를 설득한다. 몇몇 좋은 정치인은 논리로 유권자를 설득하지 않는다는 말은 거짓이다.

05. 논리로 유권자를 설득하지 않는 모든 정치인은 좋은 정치인이 아니다. 몇몇 좋지 않은 정치인은 논리로 유권자를 설득하지 않는다.

06. 급진 자연주의자는 누구나 자유의지의 존재를 믿지 않는다. 자유의지의 존재를 믿는 그 어떤 것도 급진 자연주의자가 아니다.

07. 유신론을 거부하는 몇몇 윤리학자는 인간 행동의 결정론을 받아들이는 사람이다. 인간 행동의 결정론을 받아들이는 몇몇 사람은 유신론을 거부하는 윤리학자다.

08. 모든 위대한 스승은 자기 제자를 자기 스승으로 삼는다. 자기 제자를 자기 스승으로 삼지 않은 어떤 것도 위대한 스승이 아니다.

09. 사람의 말을 해석할 수 없는 모든 로봇은 자유롭게 행위할 수 없다. 자유롭게 행위할 수 없는 모든 로봇은 사람의 말을 해석할 수 없다.

다. “오직 S만이 P이다”는 “S 아닌 모든 것은 P가 아니다” 또는 “S가 아닌 어느 것도 P가 아니다”를 뜻한다. 다음 문장을 “오직”이 없는 문장으로 바꾸라.

01. 오직 사람만이 희망이다.

02. 오직 생각할 수 있는 생물만이 의도를 가질 수 있다.

03. 오직 윤리경영을 하는 기업들만이 지속가능한 경영을 할 수 있다.

라. 다음 추론은 이거나 없애기나 이면 뒷말 없애기를 쓴다. 마땅한 추론은 “마”를 쓰고 그렇지 않은 추론은 “못”을 쓰라.

01. 모든 도깨비는 뿔이 달렸거나 어느 도깨비도 뿔이 달리지 않았다. 몇몇 도깨비는 뿔이 달리지 않았다. 따라서 어느 도깨비도 뿔이 달리지 않았다.

02. 만일 앎을 사랑하는 일이 생각하기를 즐기는 일이면 앎을 사랑하는 모든 사람은 생각하기를 즐긴다. 앎을 사랑하는 사람은 아무도 생각하기를 즐기지 않는다. 따라서 앎을 사랑하는 일이 생각하기를 즐기는 일이라는 말은 거짓이다.

03. 몇몇 노동자가 이미 철학자이자 과학자면 우리 주위에 이미 많은 철학자가 존재한다. 철학자이자 과학자인 사람 가운데서 노동자는 아무도 없다. 따라서 우리 주위에 아직은 매우 적은 철학자들이 존재할 뿐이다.

04. 노력하지 않은 채 똑똑한 사람이 아무도 없다면 천재는 노력으로 만들어진다. 몇몇 천재는 노력으로 만들어지지 않는다. 따라서 모든 똑똑한 사람은 노력하지 않은 채 똑똑하다.

05. 착하고 똑똑한 남자들 일부는 여성에게 사랑받지 못하거나 착하고 똑똑한 여자들 일부는 남성에게 사랑받지 못한다. 착하거나 똑똑한 남자는 누구나 여성에게 사랑받는다. 만일 착하고 똑똑한 여자들 일부가 남성에게 사랑받지 못한다면 아마도 나는 남성에게 사랑받지 못한다. 따라서 아마도 나는 남성에게 사랑받지 못한다.

053 벤 그림 추론 하루

우리는 벤 그림을 써서 모든몇몇문장들로 이루어진 추론이 마땅한지 못마땅한지 따질 수 있다. 본보기로 다음 추론의 마땅함을 따지겠다.

모든 남자는 착하다. 기파랑은 남자다. 따라서 기파랑은 착하다.

먼저 추론에 나오는 두루이름을 찾아야 한다. 두루이름은 아니지만 두루이름으로 바꿀 수 있는 표현도 있다. 보기를 들어 "착하다"는 '착한 것'에 '이다'가 붙은 표현으로 여길 수 있다. 이 추론에 나오는 두루이름은 '남자'와 '착한 것'이다. 남자들의 모임은 '남'으로 나타내고 착한 것들의 모임을 '착'으로 나타낸다. '기파랑'은 한 사물을 가리키는 홀이름인데 '기파랑'을 짧게 ㅍ이라 쓴다. 첫째 전제 "모든 남자는 착하다"와 둘째 전제 "기파랑은 남자다"는 다음처럼 그릴 수 있다.

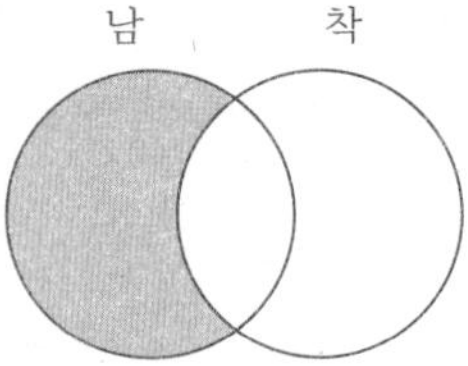

첫째 전제

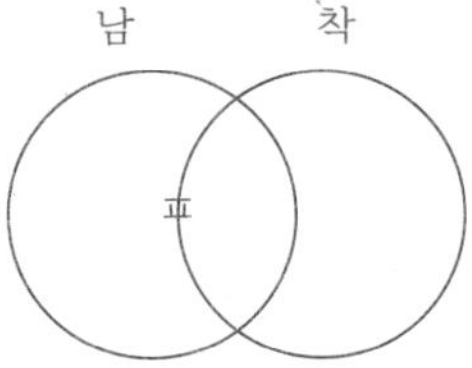

둘째 전제

둘째 전제는 ㅍ이 남자들의 모임 안에 들어 있다고 말한다. 하지만 이것이 착한 것 안에 있는지 바깥에 있는지 아직 모른다. 그래서 ㅍ은 착한 것과 착하지 않은 것 사이 금에 어중간히 적었다.

그다음 우리는 첫째 전제와 둘째 전제를 한곳에 그려야 한다. 첫째 전제에 따르면 남자들의 모임에 들어가지만 착한 것들의 모임에 들어가지 않는 사물은 아무것도 없다. 따라서 그곳에 ㅍ을 넣을 수는 없다. 따라서 두 전제들의 그림은 다음처럼 그려야 한다.

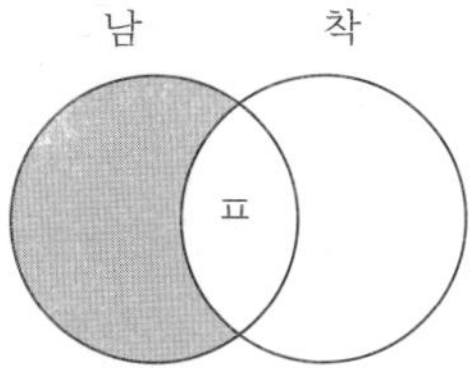

전제들의 벤 그림

이제 남은 일은 이 그림이 결론이 참임을 말하는지 따지는 일이다. 위 그림은 ㅍ이 착한 것들의 모임 안에 들어 있음을 말한다. 우리는 전제들의 그림으로부터 결론 "기파랑은 착하다"이 참임을 알 수 있다. 전제들의 벤 그림으로부터 결론이 참임을 알 수 있다는 말은 전제들로부터 결론이 반드시 따라나온다는 말이다. 따라서 이 추론은 마땅하다.

다른 본보기로 다음 추론이 마땅한지 못마땅한지 벤 그림으로 따진다.

몇몇 남자는 착하다. 기파랑은 남자다. 따라서 기파랑은 착하다.

두 전제의 벤 그림을 함께 그리면 다음과 같다.

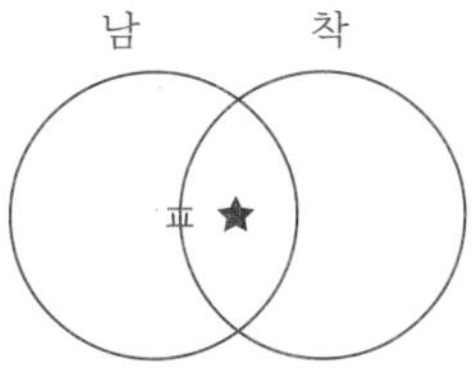

전제들의 벤 그림

이 그림은 기파랑이 착한 것들의 모임 안에 들어 있는지 그렇지 않은지 말해주지 못한다. 우리는 전제들의 벤 그림으로부터 결론이 참임을 알 수 없다. 따라서 이 추론은 못마땅하다.

가. 다음 추론이 마땅한지 못마땅한지 벤 그림을 그려 따지라.

본보기

모든 시민은 권력 주체다. 돌쇠는 권력 주체가 아니다. 따라서 돌쇠는 시민이 아니다.

모임	전제들의 벤 그림
시 = 시민들 권 = 권력 주체들 ㄷ = 돌쇠	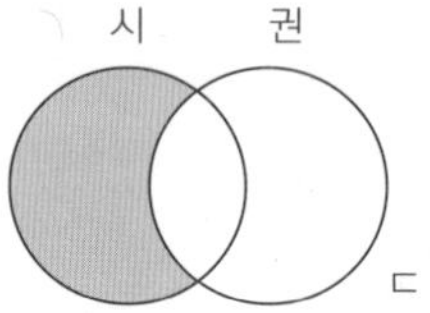
전제들의 벤 그림으로부터 결론이 참임을 알 수 있는가?	알 수 있다.
이 추론은 마땅한가 못마땅한가?	마땅하다.

01. 몇몇 철학자는 자연주의자가 아니다. 소크라테스는 철학자다. 따라서 소크라테스는 자연주의자가 아니다.

모임	전제들의 벤 그림
철 = 철학자들 자 = 자연주의자들 ㅅ = 소크라테스	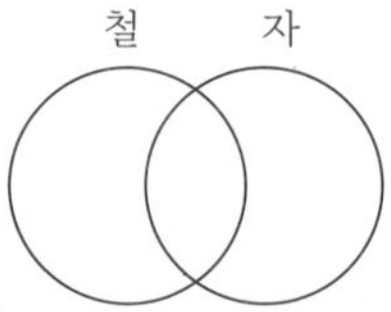
전제들의 벤 그림으로부터 결론이 참임을 알 수 있는가?	
이 추론은 마땅한가 못마땅한가?	

02. 깨달은 어떤 사람도 다른 사람을 무시하지 않는다. 너는 다른 사람을 무시한다. 따라서 너는 깨달은 사람이 아니다.

모임	전제들의 벤 그림
깨 = 깨달은 사람들 무 = 다른 사람을 무시하는 것들 ㄴ = 너	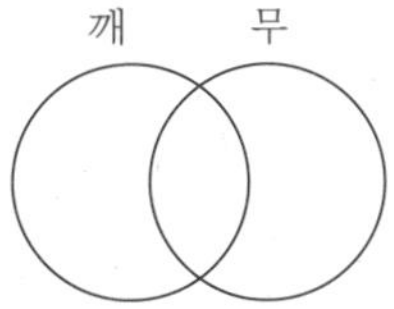
전제들의 벤 그림으로부터 결론이 참임을 알 수 있는가?	
이 추론은 마땅한가 못마땅한가?	

03. 모든 도깨비는 뿔을 갖는다. 어느 도깨비도 뿔을 갖지 않는다. 따라서 도깨비는 없다.

모임	전제들의 벤 그림
도 = 도깨비들 뿔 = 뿔을 갖는 것들	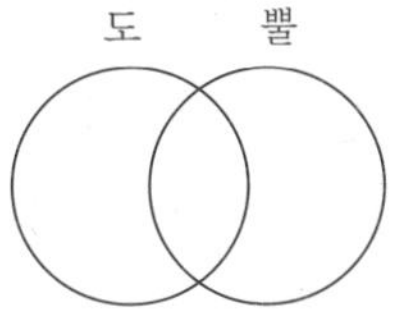
전제들의 벤 그림으로부터 결론이 참임을 알 수 있는가?	
이 추론은 마땅한가 못마땅한가?	

054 벤 그림 추론 이틀

다음 추론이 마땅한지 못마땅한지 벤 그림으로 보일 수 있을까? 아래에서 '시아'는 어느 한 사람을 가리키는 홀이름이다.

> 참된 지성인은 모두 공동체를 사랑한다. 공동체를 사랑하는 모든 사람은 바른 정치에 참여한다. 시아는 바른 정치에 참여하지 않는다. 따라서 시아는 참된 지성인이 아니다.

여기서 임자말에 나오는 '참된 지성인', '공동체를 사랑하는 사람', '시아'는 모두 사람들의 모임에 들어간다. 하지만 엄밀히 말하면 '공동체를 사랑하는 것', '바른 정치에 참여하는 것' 따위는 사람들의 모임에 들어가지 않는다. 이 추론에 너무 많은 두루이름이 나오기에 우리는 이 추론에 나오는 모든 사물을 사람 사물로 좁힌다. 이 경우 이 추론은 다음처럼 바꿀 수 있다.

> 1. 참된 지성인은 모두 공동체를 사랑하는 사람이다.
> 2. 공동체를 사랑하는 모든 사람은 바른 정치에 참여하는 사람이다.
> 3. 시아는 바른 정치에 참여하지 않는 사람이다.
> 따라서 시아는 참된 지성인이 아니다.

이 추론에 나오는 두루이름은 '참된 지성인', '공동체를 사랑하는 사람', '바른 정치에 참여하는 사람'이다. 이것들은 각기 한 모임을 나타내는데 이 모임을 차례로 '지', '공', '정'으로 짧게 쓰겠다. 추론에 나오는 모든 사물을 사람 사물로 좁히면 바른 정치에 참여하는 사람들의 모임 바깥에 있는 사물은 바른 정치에 참여하지 않는 사람이다.

첫째 전제와 둘째 전제는 둘 다 모두그렇다 문장이다. 두 전제의 벤 그림을 함께 그리면 다음과 같다.

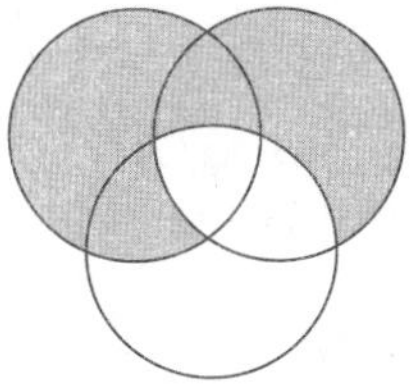

첫째 전제와 둘째 전제

이 그림에 셋째 전제 "시아는 바른 정치에 참여하지 않는 사람이다"를 그려 넣는다. '시아'는 홀이름이기에 어느 한 사물을 가리킨다. '시아'를 짧게 ㅅ으로 쓰면 ㅅ은 바른 정치에 참여하는 사람들의 모임 바깥에 있어야 한다. ㅅ을 검게 칠한 자리에 써넣으면 안 된다. 따라서 ㅅ은 세 모임 모두의 바깥에 놓여야 한다.

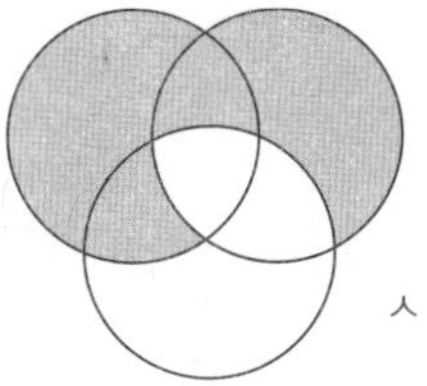

전제들의 벤 그림

이제 남은 일은 이 그림으로부터 결론이 참임을 알 수 있는지 따지는 일이다. 그림에서 사물 ㅅ은 참된 지성인들의 모임 바깥에 있다. 이것은 결론 "시아는 참된 지성인이 아니다"가 참임을 뜻한다. 우리는 전제들의 벤 그림으로부터 결론이 참임을 이끌 수 있다. 따라서 우리의 추론은 마땅하다. 추론에 나오는 두루이름들이 셋을 넘지 않으면 벤 그림은 추론의 마땅함을 따지는 데 매우 쓸모 있다.

가. 다음 추론이 마땅한지 못마땅한지 벤 그림을 그려 따지라.

본보기

모든 시민은 권력 주체다. 권력 주체는 누구나 투표한다. 나는 시민이다. 따라서 나는 권력 주체며 투표한다.

모임	전제들의 벤 그림
시 = 시민들 권 = 권력 주체들 투 = 투표하는 것들 ㄴ = 나	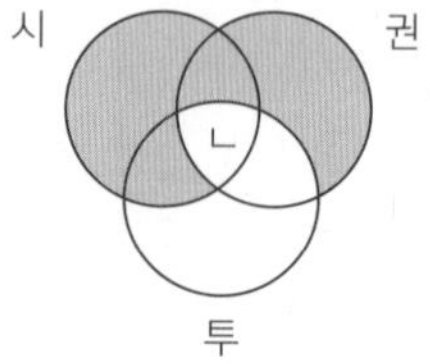
전제들의 벤 그림으로부터 결론이 참임을 알 수 있는가?	알 수 있다.
이 추론은 마땅한가 못마땅한가?	마땅하다.

01. 결정론을 믿고 또한 자연주의를 믿는 이는 모두 자유의지를 믿지 않는다. 다니엘 데닛은 결정론을 믿고 자연주의를 믿는다. 따라서 그는 자유의지를 믿지 않는다.

모임	전제들의 벤 그림
결 = 결정론을 믿는 이들 자 = 자연주의를 믿는 이들 의 = 자유의지를 믿는 이들 ㄷ = 다니엘 데닛	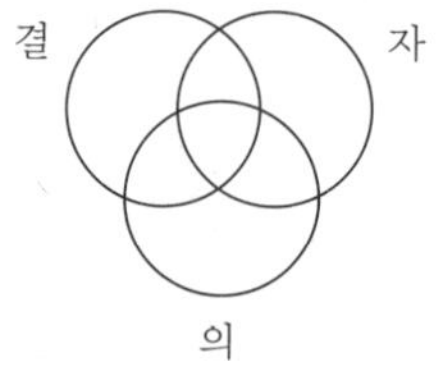
전제들의 벤 그림으로부터 결론이 참임을 알 수 있는가?	
이 추론은 마땅한가 못마땅한가?	

02. 생각하는 모든 것은 마음을 갖는다. 몇몇 기계는 생각하지 못한다. 따라서 몇몇 기계는 마음을 갖지 않는다.

모임	전제들의 벤 그림
생 = 생각하는 것들 마 = 마음을 갖는 것들 기 = 기계들	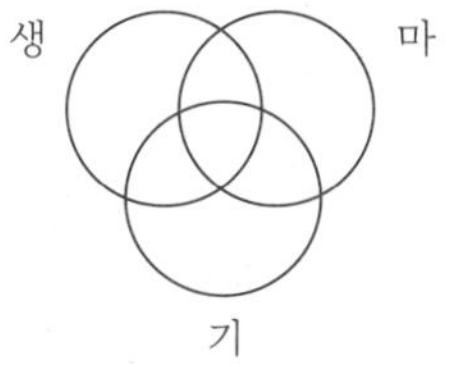
전제들의 벤 그림으로부터 결론이 참임을 알 수 있는가?	
이 추론은 마땅한가 못마땅한가?	

03. 가난한 모든 이는 자유를 충분히 누리는 이가 아니다. 자유를 충분히 누리는 이는 누구나 평등이 보편화되는 일을 좋아하지 않는다. 마리는 평등이 보편화되는 일을 좋아한다. 따라서 마리는 가난하지 않다.

모임	전제들의 벤 그림
가 = 가난한 이들 자 = 자유를 충분히 누리는 이들 평 = 평등이 보편화되는 일을 좋아하는 이들 ㅁ = 마리	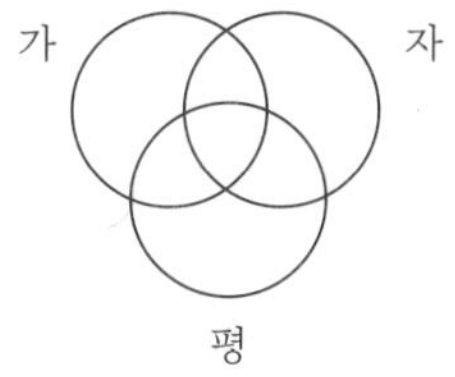
전제들의 벤 그림으로부터 결론이 참임을 알 수 있는가?	
이 추론은 마땅한가 못마땅한가?	

055 양화논리 하루

우리는 추론을 이루는 전제들과 결론을 홑문장, "거짓이다", "이고", "이거나", "이면" 따위로 쪼갬으로써 홑문장과 문장 바꾸개 사이의 말길을 드러냈다. 그것은 8가지 기본 추론규칙 또는 으뜸 이끌기 틀이다. 문장과 문장 바꾸개 사이의 말길을 "문장논리" 또는 "글월 말길"이라 한다. 이제 우리는 추론에 나오는 전제들과 결론을 임자말, 풀이말, "모든", "몇몇" 따위로 더욱 잘게 쪼갬으로써 새로운 말길을 드러낼 수 있다. 이 말길은 4가지 기본 추론규칙으로 나타낼 수 있다.

모든몇몇씨	넣기	없애기
모든	틀1. 모든 넣기	틀2. 모든 없애기
몇몇	틀3. 몇몇 넣기	틀4. 몇몇 없애기

이로써 우리의 기본 추론규칙은 모두 12개로 늘었다. 임자말, 풀이말, 모든, 몇몇 사이의 말길을 "술어논리" 또는 "풀이말 말길"이라 한다. 다른 이름으로는 "양화논리" 또는 "모든몇몇 말길"이 있다.

"모든 것은 바뀐다. 따라서 이 돌덩이도 바뀐다"는 마땅한 추론이다. 이는 "_은 바뀐다"에만 할 수 있는 이야기가 아니다. 풀이말 P에 대해서 다음 추론은 언제나 마땅하다.

모든 것은 P이다. 따라서 a는 P이다.

여기서 a는 어느 한 사물을 가리키는 홀이름이다. 전제에 있던 "모든"이 결론에서 없어졌다. 이 같은 추론규칙을 "모든 없애기" 또는 "보편예화"라 한다. 더 자주 쓰이는 규칙은 다음이다.

모든 S는 P이다. 따라서 만일 a가 S이면 a는 P이다.

이미 배웠듯 "모든 S는 P이다"는 "무엇이든 그것이 S이면 그것은 P이다"와 뜻이 같다.

추론 "모든 젊은이는 길을 잃는 일을 두려워한다. 겨울은 젊은이다. 따라서 겨울은 길을 잃는 일을 두려워한다"가 마땅하다는 사실은 다음처럼 차근차근 밝힐 수 있다.

1. 모든 젊은이는 길을 잃는 일을 두려워한다.
2. 겨울은 젊은이다. // 겨울은 길을 잃는 일을 두려워한다.
3. 1에서 모든 없애, 만일 겨울이 젊은이면 겨울은 길을 잃는 일을 두려워한다.
4. 2로 3에서 이면 앞말 없애, 겨울은 길을 잃는 일을 두려워한다. "끝"

문장3에서 "1에서 모든 없애"는 "문장1에 기본 추론규칙 모든 없애기를 써서"를 뜻한다. 4가지 추론규칙을 다음 모눈에 간추린다.

이름	기본 추론규칙	
1. 모든 넣기	무엇이든 x는 P이다. 따라서 모든 것은 P이다.	무엇이든 x에 대해 만일 x가 S이면 x는 P이다. 따라서 모든 S는 P이다.
2. 모든 없애기	모든 것은 P이다. 따라서 a는 P이다.	모든 S는 P이다. 따라서 만일 a가 S이면 a는 P이다.
	모든 것은 P이다. 따라서 x는 P이다.	모든 S는 P이다. 따라서 만일 x가 S이면 x는 P이다.
3. 몇몇 넣기	a는 P이다. 따라서 몇몇은 P이다.	a는 S이고 P이다. 따라서 몇몇 S는 P이다.
	무엇이든 x는 P이다. 따라서 몇몇은 P이다.	무엇이든 x는 S이고 P이다. 따라서 몇몇 S는 P이다.
4. 몇몇 없애기	몇몇은 P이다. 따라서 o는 P이다. 다만 o는 전제에서 있다고 말하지만 아직 모르는 특정 개체를 가리키려고 새로 지은 붙박이 홑이름이다.	몇몇 S는 P이다. 따라서 o는 S이고 P이다.

"모든 넣기"는 "보편일반화", "몇몇 넣기"는 "존재일반화", "몇몇 없애기"는 "존재예화"라 달리 부른다.

가. **다음 추론에는 모든 넣기, 모든 없애기, 몇몇 넣기, 몇몇 없애기 가운데 무슨 기본 추론규칙이 담겼는가?**

01. 조관우는 노래를 잘하는 사람이다. 따라서 몇몇 사람은 노래를 잘한다.

02. 모든 사람은 죽는다. 따라서 만일 내가 사람이면 나는 죽는다.

03. 모든 것은 아름답다. 따라서 달은 아름답다.

04. 아무거나 그것이 사랑하는 이가 만든 것이면 그것은 들을 만하고 읽을 만하고 먹을 만하다. 따라서 사랑하는 이가 만든 모든 것은 들을 만하고 읽을 만하고 먹을 만하다.

05. 우리 연구실에서 어제 만든 그 로봇은 사람이고 착하다. 따라서 몇몇 사람은 착하다.

나. **다음 추론은 못마땅하다. 그 까닭을 풀어 이야기하라.**

01. 김구는 훌륭하다. 따라서 모든 이는 훌륭하다.

02. 배수아는 아름답다. 따라서 몇몇 사람은 아름답다.

03. 몇몇 천재는 성질이 사납다. 뉴턴은 천재다. 따라서 뉴턴은 성질이 사납다.

04. 모든 사람은 동물이다. 따라서 몇몇 사람은 동물이다.

다. **다음 추론의 전제들로부터 결론을 차근차근 이끌려 한다. 다음 빈칸에 넣어야 할 추론규칙은 무엇인가?**

1. 나는 착한 사람이다.
2. 몇몇 사람이 착하다면 나는 세상이 살 만하다고 생각한다. // 나는 세상이 살 만하다고 생각한다.
3. ____________, 몇몇 사람은 착하다.
4. 3으로 2에서 이면 앞말 없애, 나는 세상이 살 만하다고 생각한다. "끝"

라. “모든 새는 날개를 갖는다”로부터 “날개를 갖지 않는 모든 것은 새가 아니다”를 차근차근 이끌려 한다. 다음 빈칸에 넣어야 할 추론규칙은 무엇인가?

1. 모든 새는 날개를 갖는다. // 날개를 갖지 않는 모든 것은 새가 아니다.
2. 1에서 모든 없애, 만일 x가 새면 x는 날개를 갖는다.
 3*. 이면 넣기 시작: x는 날개를 갖지 않는다.
 4*. 3*로 2에서 이면 뒷말 없애, x는 새가 아니다.
5. 3*에서 4*까지로 3*과 4*에 이면 넣어, 만일 x가 날개를 갖지 않으면 x는 새가 아니다.
6. ____________, 날개를 갖지 않는 모든 것은 새가 아니다. “끝”

마. 다음 추론의 전제들로부터 결론을 차근차근 이끌려 한다. 다음 빈칸에 넣어야 할 추론규칙은 무엇인가?

1. 모든 거짓말쟁이는 나쁘다.
2. 몇몇 사람은 나쁘지 않다.
3. 몇몇 사람이 거짓말쟁이가 아니면 믿을 만한 사람이 우리 주위에 몇몇 있다. // 믿을만한 사람이 우리 주위에 몇몇 있다.
4. ㉠ ____________, o는 사람이고 나쁘지 않다. 여기서 o는 2에서 ‘적어도 하나 있다’고 말한 것들 가운데 하나를 부르는 홀이름이다.
5. 4에서 이고 앞말 없애, o는 나쁘지 않다.
6. ㉡ ____________, 만일 o가 거짓말쟁이면 o는 나쁘다.
7. 5로 6에서 이면 뒷말 없애, o는 거짓말쟁이가 아니다.
8. 4에서 이고 뒷말 없애, o는 사람이다.
9. 8과 7에 이고 넣어, o는 사람이고 거짓말쟁이가 아니다.
10. ㉢ ____________, ____.
11. 10으로 3에서 이면 앞말 없애, 믿을 만한 사람이 우리 주위에 몇몇 있다. “끝”

056 양화논리 이틀

우리는 모든 넣기, 모든 없애기, 몇몇 넣기, 몇몇 없애기를 써서 여러 가지 파생 추론규칙을 얻을 수 있다. 다음 추론 틀을 처음 보는 사람은 거의 없을 테다.

> 모든 S는 P이다.
> 모든 P는 R이다.
> 따라서 모든 S는 R이다.

이 같은 추론규칙을 "모든 잇기" 또는 "정언 삼단논법"이라 한다. 이 추론규칙이 마땅하다는 사실을 기본 추론규칙을 써서 밝힐 수 있다.

1. 모든 S는 P이다.
2. 모든 P는 R이다. // 모든 S는 R이다.
3. 1에서 모든 없애, 만일 x가 S이면 x는 P이다.
4. 2에서 모든 없애, 만일 x가 P이면 x는 R이다.
5. 3과 4를 이면 이어, 만일 x가 S이면 x는 R이다.
6. 5에 모든 넣어, 모든 S는 R이다. "끝"

이 추론이 마땅하다는 사실을 벤 그림으로 밝힐 수도 있다. 이 밖에 여러 가지 추론규칙을 만들 수 있다.

> 모든 S는 P이다.
> a는 S이다.
> 따라서 a는 P이다.

이와 비슷하게

모든 S는 P이다.
a는 P가 아니다.
따라서 a는 S가 아니다.

이런 규칙들은 문장논리에서 "이면 앞말 없애기"나 "이면 뒷말 없애기"에 견줄 수 있다.

본보기로 다음 추론이 마땅한지 못마땅한지 따진다. 우리는 이 추론에 나오는 사물을 사람으로 좁힌다.

> 이번 도서관 도난사건의 범인은 택수거나 영란이다. 이번 사건의 범인이 택수면 그는 사건 당시에 도서관에 출입했다. 사건 당시에 도서관에 출입한 사람은 모두 도서관 현관문을 통과한다. 도서관 현관 시시티브이에 출입 사실이 녹화되지 않은 이는 모두 도서관 현관을 통과하지 않았다. 택수는 도서관 현관 시시티브이에 출입 사실이 녹화되지 않았다. 따라서 이번 도서관 도난사건의 범인은 영란이다.

우리가 "이번 도서관 도난사건의 범인은 택수가 아니다"를 얻는다면, 이것으로 첫째 전제에서 이거나 앞말 없애, 이 추론의 결론 "이번 도서관 도난사건의 범인은 영란이다"를 이끌 수 있다. "택수는 사건 당시에 도서관에 출입하지 않았다"를 얻는다면 다른 전제들을 써서 "이번 도서관 도난사건의 범인은 택수가 아니다"를 얻을 수 있다. 우리는 "도서관 현관 시시티브이에 출입 사실이 녹화되지 않은 이는 모두 도서관 현관을 통과하지 않았다. 택수는 도서관 현관 시시티브이에 출입 사실이 녹화되지 않았다"로부터 "택수는 도서관 현관을 통과하지 않았다"를 얻을 수 있다. 나아가 "택수는 도서관 현관을 통과하지 않았다"와 "사건 당시에 도서관에 출입한 사람은 모두 도서관 현관문을 통과한다"로부터 "택수는 사건 당시에 도서관에 출입하지 않았다"를 얻을 수 있다. 이리하여 이 추론의 전제들로부터 결론을 마땅하게 이끌 수 있다.

가. 다음 추론이 마땅하면 "마"를 쓰고 못마땅하면 "못"을 쓰라.

01. 생각하는 모든 것은 마음을 갖는다. 몇몇 기계는 생각한다. 따라서 몇몇 기계는 마음을 갖는다.

02. 몇몇 동물은 마음을 갖지 않는다. 마음을 갖는 모든 것은 생각한다. 따라서 몇몇 동물은 생각하지 않는다.

03. 담배 피우는 사람은 모두 불완전한 건강 상태에 있어. 몇몇 운동선수는 건강 상태가 완전하지 못해. 따라서 운동선수 중에는 담배 피우는 사람이 있어.

04. 간편하게 들고 다니지 못하는 어떤 것도 유용하지 않아. 500그램 이하인 노트북은 간편하게 들고 다닐 수 있어. 따라서 450그램인 내 노트북은 유용해.

05. 오직 생각하는 것만이 마음을 갖는다. 오직 사람만이 생각한다. 레이는 사이보그고 마음을 갖는다. 만일 몇몇 사이보그가 사람이면 생식과 출산을 거치지 않은 몇몇 개체도 사람일 수 있다. 따라서 생식과 출산을 거치지 않은 몇몇 개체도 사람일 수 있다.

06. 공동체의 진보에 무관심한 사람이 아니면 누구나 조금이라도 더 나은 정치인이 누구인지 탐구하고 조금이라도 더 나은 정치인을 골라 그에게 투표한다. 공동체의 진보에 무관심한 모든 이는 진보의 성과만 누리는 무임승차자다. 따라서 조금이라도 더 나은 정치인을 골라 그에게 투표하지 않는 모든 이는 진보의 성과만 누리는 무임승차자다.

07. 모든 대중 연예인은 대중의 관심을 먹고 산다. 대중의 정서를 잘 이해하지 않는 사람은 대중의 관심을 먹고 사는 이가 아니다. 따라서 김남준은 대중의 정서를 잘 이해한다. 왜냐하면 최근 정치 담론을 이끄는 김남준은 대중 연예인이기 때문이다.

08. 외국어 학원에 다니는 사람은 모두 외국 문화에 관심을 둔다. 외국 문화에 관심을 두는 사람 가운데 한 번도 외국에 가본 적이 없는 사람이 있다. 그러므로 외국에 한 번도 가본 적이 없는 사람 가운데 몇몇은 외국어 학원에 다닌다.

나. 다음 추론이 마땅한 추론이 되도록 "따라서"나 "왜냐하면" 뒤에 알맞은 문장을 채우라.

01. 모든 교사는 성실하다. 아름은 교사이다. 따라서

02. 몇몇 남자는 늑대다. 어느 여자도 늑대를 사랑하지는 않는다. 따라서

03. 교황은 사람이다. 따라서 교황 프란치스코는 생각과 행위에서 잘못을 저지를 수 있다. 왜냐하면

04. 지성을 추구하는 사람은 다른 사람이 참될 가능성과 자기 자신이 틀릴 가능성을 모두 인정한다. 따라서 너는 지성을 추구하는 사람이 아니다. 왜냐하면

05. 영희는 착하거나 자기 이익만 생각한다. 영희는 진정한 공동체주의자다. 모든 진정한 공동체주의자는 개인이 가진 돈이나 힘보다 관용이나 정의 같은 사회 가치를 더 중요하게 여긴다. 관용이나 정의 같은 사회 가치를 더 중요하게 여기는 사람은 자기 이익만 생각하지 않는다. 따라서

06. 논리로 하는 대화를 중요하게 생각하지 않는 이는 누구나 참된 철학자들에게 사랑받지 못한다. 만일 윤건해가 논리로 하는 대화를 중요하게 생각한다면 윤건해는 토론을 회피하지 않는다. 따라서 참된 철학자들에게 사랑받지 못하는 이가 적어도 하나 있다. 왜냐하면

07. 만일 우리가 우리나라 중등교육이 정상화되기를 바란다면, 국가 재정을 계속 지원받으려는 모든 고등학교와 대학교는 장차 평준화되어야 하며 특수목적에 부합하는 역할을 하지 못하는 모든 특수목적고등학교는 장차 인가 취소되거나 사립화를 선택해야 한다. 사립화되거나 사립 학교로 남고 싶은 모든 학교는 국가 재정 지원을 더는 받지 않아야 한다. 물론 국공립화되기를 바라는 모든 사립 학교는 국공립 학교로 바꿀 권한이 주어진다. 중학생들이 가장 가고 싶은 원대고등학교는 현재 공립 특수목적고등학교며 사립화되지 않은 채 국가 재정을 계속 지원받으려 한다. 우리는 우리나라 중등교육이 정상화되기를 바란다. 따라서 몇몇 현재의 특수목적고등학교는 장차 평준화되어야 하며 인가 취소되어야 한다. 왜냐하면

057 참말 놀이

주어진 정보들 곧 참말들을 써서 물음의 답을 찾는 놀이를 "참말 놀이"라 한다. 보기로 다음 참말 놀이를 풀어보겠다.

> 아시아에 M국, 갑국, 을국, 병국, 정국 다섯 나라가 있다. M국은 싸움을 매우 좋아해서 틈만 나면 다른 나라를 침략한다. 다음 정보를 따를 때 M국이 침략할 나라를 모두 고르면?
>
> ㄱ. M국은 갑국을 침략하거나 을국을 침략한다.
> ㄴ. M국은 갑국을 침략하지 않는다.
> ㄷ. M국이 병국을 침략하지 않는다면 정국을 침략한다.
> ㄹ. M국이 을국을 침략한다면 병국을 침략하지 않는다.

이 물음을 풀려면 주어진 정보를 슬기롭게 차례대로 잘 써야 한다. 가장 먼저 쓸 참말은 ㄴ이다. 다른 정보는 그 정보만으로 쓸모 있는 정보를 이끌 수 없다. 보기를 들어 ㄱ만으로는 M국이 갑국을 침략하는지 않는지 M국이 을국을 침략하는지 않는지 알 수 없다. 정보 ㄴ은 홑문장이며 홑문장인데 이 같은 정보를 "홑홑문장 실마리"라 한다.

홑홑문장 실마리 ㄴ을 써서 다음 모눈을 얻는다. 침략하지 않는 것을 ×로 나타내고 침략하는 것을 ○로 나타낸다.

쓴 참말	참말을 쓴 다음			
	갑국	을국	병국	정국
ㄴ	×			

새로 얻은 정보 "M국은 갑국을 침략하지 않는다"와 함께 쓸 수 있는 다른 정보를 찾는다. 그것은 ㄱ이다. ㄴ으로 ㄱ에서 이거나 앞말 없애 "M국은 을국을 침략한다"를 얻는다.

쓴 참말	참말을 쓴 다음			
ㄱ, ㄴ	갑국	을국	병국	정국
	×	○		

새 정보 "M국은 을국을 침략한다"로 ㄹ에서 이면 앞말 없애 "M국은 병국을 침략하지 않는다"를 얻는다.

쓴 참말	참말을 쓴 다음			
ㄱ, ㄴ, ㄹ	갑국	을국	병국	정국
	×	○	×	

새 정보 "M국은 병국을 침략하지 않는다"로 ㄷ에서 이면 앞말 없애 "M국은 정국을 침략한다"를 얻는다.

쓴 참말	참말을 쓴 다음			
ㄱ, ㄴ, ㄷ, ㄹ	갑국	을국	병국	정국
	×	○	×	○

이리하여 네 가지 참말을 모두 썼고 M국이 침략할 나라와 그렇지 않을 나라를 모두 알아내었다. M국이 침략할 나라는 을국과 정국이다.

다른 참말 놀이를 풀어보겠다. 다음 정보를 따를 때 갑이 반드시 수강해야 할 과목은 무엇인가?

ㄱ. A를 수강하면 B를 수강하지 않고, B를 수강하지 않으면 C를 수강하지 않는다.

ㄴ. D를 수강하지 않으면 C를 수강하고, A를 수강하지 않으면 E를 수강하지 않는다.

ㄷ. E를 수강하지 않으면 C를 수강하지 않는다.

이들 정보에 따르면 갑이 A를 수강하든 안 하든 갑은 C를 수강하지 않는다. 정보 ㄴ에 따라 갑은 D를 반드시 수강한다.

가. A, B, C, D, E는 올해 지방선거 시의원 출마예정자다. 다음 정보를 따를 때 출마할 사람을 모두 모으면?

ㄱ. A가 출마한다면 B는 출마하지 않는다.
ㄴ. A가 출마하지 않는다면 E도 출마하지 않는다.
ㄷ. C는 출마하지 않는다.
ㄹ. D가 출마한다면 C도 출마한다.
ㅁ. D가 출마하지 않는다면 B가 출마하거나 C가 출마한다.

나. 책 읽기 모임에서 고전 A, B, C, D, E, F 가운데 일부를 읽어야 한다. 고전을 읽는 방식은 다음과 같다. 두 권 이상을 읽어야 한다면 무엇을 읽어야 하는가?

ㄱ. A를 읽으면 E는 읽지 않는다.
ㄴ. B와 F를 읽으면 C도 읽는다.
ㄷ. C나 D를 읽으면 E도 읽는다.
ㄹ. E를 읽으면 A와 F도 읽는다.
ㅁ. F를 읽으면 E도 읽는다.

다. 완은 싱싱을 마을공원에서 어쩌다 만나기를 바란다. 일주일 동안 싱싱의 산책 습관이 다음과 같을 때 완이 무슨 요일에 마을공원에 가면 싱싱을 만날 수 있을까?

ㄱ. 싱싱이 화요일에 산책한다면 목요일이나 금요일에도 산책한다.
ㄴ. 싱싱이 수요일에 산책한다면 월요일에 산책하지 않는다.
ㄷ. 싱싱이 수요일에 산책하지 않는다면 화요일이나 목요일에 산책한다.
ㄹ. 싱싱이 목요일에 산책한다면 토요일에도 산책한다.
ㅁ. 싱싱이 재즈댄스를 하지 않는 날은 산책하지 않는다.
ㅂ. 싱싱은 월요일부터 목요일까지만 재즈댄스를 한다.

라. 맵시는 친구들끼리 스피노자 공부 모임을 만들려 한다. 참여를 바라는 친구들은 A, B, C, D, E, F인데 서로를 언짢게 여기는 친구들이 있다. 친구들의 마음이 다음과 같을 때 스피노자 공부에 참여할 친구는 모두 몇 명인가?

ㄱ. 만약 B나 C가 참여하지 않는다면 A는 참여하지 않는다.
ㄴ. 만약 A가 참여하지 않는다면 D는 참여한다.
ㄷ. 만약 B가 참여하지 않는다면 C나 E는 참여한다.
ㄹ. 만약 C와 E가 참여한다면 D는 참여하지 않는다.
ㅁ. 만약 D나 E가 참여한다면 F도 참여한다.
ㅂ. A는 참여하고, D나 E는 참여한다.

마. 박도경이 아는 오해영은 두 명인데 이들은 이름이 같다. 한 오해영은 '이쁜 오해영'이라 불리고 다른 오해영은 '그냥 오해영'이라 불린다. 다음 정보를 따를 때 박도경은 둘 모두를 좋아하는가 둘 가운데 하나를 좋아하는가? 박도경이 좋아하는 오해영은 누구인가? 그냥 오해영과 이쁜 오해영은 박도경을 좋아하는가?

ㄱ. 박도경이 자신이 그냥 오해영의 결혼을 망쳤다는 사실을 그냥 오해영이 모른다고 생각할 때 오직 그때만 박도경은 그를 좋아한다.
ㄴ. 오직 박도경이 그냥 오해영의 결혼을 망쳤다는 사실을 이쁜 오해영이 알지만 그냥 오해영은 이를 모를 때만 이쁜 오해영과 박도경은 서로 좋아한다.
ㄷ. 두 오해영은 박도경이 그냥 오해영의 결혼을 망쳤다는 사실을 알며 박도경은 두 오해영이 이 사실을 안다는 것을 안다.
ㄹ. 이쁜 오해영은 오직 박도경이 그냥 오해영을 좋아할 때만 박도경을 좋아하지 않는다.
ㅁ. 그냥 오해영은 이쁜 오해영이 박도경을 좋아한다면 자신도 박도경을 좋아한다.

058 거짓말 놀이

거짓말 놀이는 참말과 거짓말이 섞인 문장 꾸러미를 준 뒤 참말을 찾아가는 놀이다. 거짓말 놀이 가운데 가장 잘 알려진 놀이는 거짓말쟁이 놀이다. 사람은 크게 참말쟁이, 거짓말쟁이, 보통사람으로 나눌 수 있다. 참말쟁이는 오직 참말만 한다. 거짓말쟁이는 오직 거짓말만 한다. 보통사람은 때때로 참말하고 때때로 거짓말한다. 참말쟁이를 "선비"라 하고 거짓말쟁이를 "사기꾼"이라 하겠다. 야릇 마을의 모든 사람은 선비 아니면 사기꾼이다. 이 마을 사람 ㄱ, ㄴ, ㄷ이 각각 "ㄱ", "ㄴ", "ㄷ"을 말한다.

> 야릇 마을의 모든 사람들은 선비 아니면 사기꾼이다. 이 마을 사람 ㄱ, ㄴ, ㄷ이 각각 "ㄱ", "ㄴ", "ㄷ"과 같이 말한다.
>
> "ㄱ" = ㄷ은 사기꾼이 아니다.
> "ㄴ" = ㄱ은 선비거나 ㄷ은 선비다.
> "ㄷ" = ㄴ은 ㄴ 자신이 사기꾼이라 주장할 수 있다.

우리는 "ㄱ", "ㄴ", "ㄷ" 가운데 무엇이 참이고 무엇이 거짓인지 아직은 모른다. 이들 가운데 누가 선비고 누가 사기꾼인가?

거짓말 놀이에서 물음을 푸는 길은 다음과 같다.

- 그 자체로 참인 문장이나 그 자체로 거짓인 문장을 찾는다.
- 서로 일관되지 않는 문장들을 찾는다. 그런 문장들 가운데 적어도 하나는 거짓이다.
- 가능한 경우들로 나누어 모눈을 그려 차근차근 참말을 찾아간다.
- '거짓이다 넣기'를 한다. 아무 문장을 참이라 가정한 뒤 모순문장이 나오면 그 문장은 거짓이다.

첫째 길과 둘째 길을 갈 수 없으면 셋째 길이나 넷째 길을 가야 한다.

야릇 마을 사람 ㄴ은 선비거나 사기꾼이다. 만일 ㄴ이 선비면 ㄴ은 자신이 사기꾼이라 주장할 수 없다. 그렇게 말하면 그는 거짓말하기 때문이다. 만일 ㄴ이 사기꾼이면 ㄴ은 자신이 사기꾼이라 주장할 수 없다. 그렇게 말하면 그는 참말하기 때문이다. 이러나저러나 ㄴ은 자신이 사기꾼이라 주장할 수 없다. 이것은 "ㄷ"이 그 자체로 거짓임을 뜻한다. "ㄷ"이 거짓이기에 ㄷ은 사기꾼이다. ㄱ의 말 "ㄷ은 사기꾼이 아니다"는 거짓이고 ㄱ은 사기꾼이다. ㄴ의 말 "ㄱ은 선비거나 ㄷ은 선비다"도 거짓이고 ㄴ도 사기꾼이다. 따라서 야릇 마을의 ㄱ, ㄴ, ㄷ은 모두 사기꾼이다.

본보기로 다른 거짓말 놀이를 풀겠다.

> 갑현은 다른 공범과 함께 물건을 훔쳤다. A, B, C, D, E 가운데 공범은 한 명이며 범행 당일 사우나탕에 있었던 사람은 공범이 아니다. 갑현의 다음 진술들 가운데 오직 하나만 거짓일 때 공범은 누구인가?
>
> ㄱ. 내가 범행하는 날 A와 B는 사우나탕에 있었다.
> ㄴ. B와 D는 내가 범행하는 날 사우나탕에 있었다.
> ㄷ. D가 공범이 아니면 C는 공범이다.
> ㄹ. A와 C는 내가 범행하는 날 사우나탕에 없었다.
> ㅁ. 내가 범행하는 날 E가 사우나탕에 없었다면 B는 사우나탕에 있었지만 D는 없었다.

갑현의 다섯 진술 가운데 하나가 거짓인데 우리는 먼저 그것을 찾아야 한다. 그 자체로 거짓인 진술은 없다. 하지만 서로 일관되지 않는 두 진술은 있다. 그것은 ㄱ과 ㄹ이다. ㄱ에 따르면 갑현이 범행하는 날 A는 사우나탕에 있었지만 ㄹ에 따르면 그날 A는 사우나탕에 없었다. 따라서 ㄱ과 ㄹ 가운데 적어도 하나는 거짓이다. 이 말은 ㄴ, ㄷ, ㅁ이 참임을 뜻한다. 이 세 진술만 잘 살펴도 누가 공범인지 알 수 있다. 그날 사우나탕에 있었던 사람은 공범이 아니기에 ㄴ으로부터 D가 공범이 아님을 알 수 있다. 이것으로 ㄷ에서 이면 앞말 없애 C가 공범임을 알 수 있다.

가. 다음 ㄱ, ㄴ, ㄷ, ㄹ, ㅁ 가운데서 선비인 사람을 모두 모으면?

> 야릇 마을의 모든 사람은 참말만 하는 선비거나 거짓말만 하는 사기꾼이다. 이 마을 사람 ㄱ, ㄴ, ㄷ, ㄹ, ㅁ이 다음을 말한다.
>
> - ㄱ의 말: 나와 ㄹ은 다른 부류다.
> - ㄴ의 말: ㄱ은 사기꾼이다.
> - ㄷ의 말: ㄱ은 사기꾼이거나 ㄹ은 선비다.
> - ㄹ의 말: 나는 선비거나 ㄴ은 선비다.
> - ㅁ의 말: ㄹ은 ㄷ이 누구인지 안다면 ㄹ과 ㄷ이 선비라 말한다.

나. 다음 ㄱ, ㄴ, ㄷ, ㄹ, ㅁ 가운데서 범인은?

> 이들 가운데 오직 한 사람만 범인이고 오직 범인만 거짓말한다. 이들은 다음을 말했다.
>
> - ㄱ의 말: ㄴ의 말이 참이면 ㄹ의 말도 참이다.
> - ㄴ의 말: ㅁ은 거짓말한다.
> - ㄷ의 말: ㄱ은 거짓말을 하지 않는다.
> - ㄹ의 말: ㄱ의 말이 거짓이면 ㄴ의 말은 참이다.
> - ㅁ의 말: ㄷ의 말이 참이면 ㄹ의 말은 거짓이다.

다. 야릇 섬에서 내가 마주친 이는 사람인가 귀신인가? "눈"은 "예"인가 "아니오"인가? 주어진 정보로 알 수 없으면 '모름'을 쓰라.

> 야릇 섬사람은 언제나 참말만 한다. 이 섬의 귀신은 언제나 거짓말만 한다. 나는 사람과 귀신을 겉모습으로 가릴 수 없다. 이 섬에서 어떤 이와 마주치자 나는 그에게 물었다. "<당신은 귀신이거나 '눈'은 '예'다>는 참입니까?" 그는 "코"라 말했다. 이 섬에서 "눈"과 "코" 가운데 하나는 "예"를 뜻하고 다른 하나는 "아니오"를 뜻한다.

라. 다음 ㄱ과 ㄴ 가운데 누가 영구고 누가 용구인가? 이들이 말을 나눈 요일은 무슨 요일인가? 주어진 정보로 알 수 없다면 '모름'을 쓰라.

영구와 용구는 쌍둥이다. 둘이 비슷하게 생겨 누가 영구인지 누가 용구인지 분간할 수 없다. 영구는 월요일, 화요일, 수요일, 일요일에만 참말을 한다. 용구는 목요일, 금요일, 토요일, 일요일에만 참말을 한다. 두 쌍둥이 ㄱ과 ㄴ이 다음과 같은 대화를 나눈다.

ㄱ. 오늘이 일요일이면 나는 영구다.
ㄴ. 오늘이 일요일이면 나는 용구다.

마. 다음 ㄱ과 ㄴ 가운데 누가 딸인가? 이들의 아버지와 어머니 가운데 누가 선비인가? 주어진 정보로 알 수 없다면 '모름'을 쓰라.

야릇 마을 사람은 선비거나 사기꾼이다. 선비는 참말만 하고 사기꾼을 거짓말만 한다. 선비는 오직 사기꾼과 부부가 되고 사기꾼은 오직 선비와 부부가 된다. 아들은 아버지를 닮고 어머니를 닮지 않는다. 딸은 어머니를 닮고 아버지를 닮지 않는다. 물론 사기꾼 기질이나 선비 기질도 닮는다. ㄱ과 ㄴ은 남매고 어느 한 부부의 아들이거나 딸이다. 이들은 다음 대화를 나눈다.

ㄱ. 나는 어머니를 닮았어.
ㄴ. 나는 어머니를 닮았어.

바. 야릇 섬에서 고고가 만난 이는 귀신인가 선비인가 사기꾼인가?

야릇 섬사람은 참말만 하는 선비거나 거짓말만 하는 사기꾼이다. 이 섬의 귀신 고고는 선비를 만나면 참말만 하고, 사기꾼을 만나면 거짓말만 한다. 귀신 고고는 선비도 사기꾼도 아니지만 다른 귀신은 선비이거나 사기꾼이다. 고고가 어떤 이와 마주치자 고고는 그에게 "당신은 귀신 선비군요"라 말했다. 그는 고고에게 "저는 사람입니다"라 답했다.

059 보물상자

안을 볼 수 없는 상자가 있다. 보물상자 안에 보물이 있고 폭탄상자 안에 폭탄이 있다. 빈 상자 안에는 아무것도 없다. 상자 위에 안내문이 있는데 보물상자의 안내문은 참말이고 폭탄상자의 안내문은 거짓말이다. 빈 상자의 안내문은 참말인지 거짓말인지 모른다. 다음 안내문이 붙은 상자는 무슨 상자인가?

이 상자는 폭탄상자다.

먼저 이 상자가 보물상자일 수는 없다. 왜냐하면 보물상자의 안내문은 참말이어야 하기 때문이다. 그다음 이 상자는 폭탄상자일 수 없다. 왜냐하면 폭탄상자의 안내문은 거짓말이어야 하기 때문이다. 이 상자는 보물상자도 폭탄상자도 아니기에 이 이 상자는 빈 상자다.

다음 상자는 무슨 상자일까?

이 상자는 보물상자가 아니다.

이 안내문은 "이 상자는 빈 상자거나 폭탄상자다"를 뜻한다. 먼저 이 상자는 보물상자가 아니다. 왜냐하면 보물상자의 안내문은 참말이어야 하기 때문이다. 그다음 이 상자는 폭탄상자가 아니다. 이 상자가 폭탄상자면 이 안내문은 참말이다. 따라서 이 상자는 빈 상자다.

두 상자가 주어질 수 있다. 보기를 들어 두 상자 가운데 하나는 보물상자고 다른 하나는 폭탄상자인데 다음 안내문이 붙었다.

첫째 상자	둘째 상자
이 상자는 보물상자다.	옆 상자는 빈 상자다.

첫째 상자가 폭탄상자라 가정한다. 하나는 보물상자고 다른 하나는 폭탄상자기에 둘째 상자는 보물상자여야 한다. 하지만 둘째 상자의 안내문 "옆 상자는 빈 상자다"는 거짓말이다. 이는 보물상자의 안내문이 참말이어야 한다는 조건에 어긋난다. 우리는 첫째 상자가 폭탄상자라 가정해서는 안 된다. 따라서 첫째 상자는 보물상자며 둘째 상자는 폭탄상자다.

둘 넘는 상자가 주어질 수도 있다. 보기를 들어 보물상자, 폭탄상자, 빈 상자가 하나씩 있는데 이들 상자의 안내문은 다음과 같다.

- ㄱ 상자 안내문: ㄴ 상자에 보물이 있다.
- ㄴ 상자 안내문: ㄱ 상자는 비었다.
- ㄷ 상자 안내문: ㄱ 상자에 폭탄이 없거나 ㄷ 상자에는 보물이 있다.

ㄱ 상자에 보물이 있을 수는 없다. 왜냐하면 ㄴ 상자에 보물이 있다면 이 상자의 안내문 "ㄴ 상자에 보물이 있다"는 거짓말이기 때문이다. 이제 ㄴ 상자에 보물이 있다고 가정한다. ㄴ 상자 안내문은 참말이어야 하기에 ㄱ 상자는 비어야 하고 나아가 ㄷ 상자에 폭탄이 있어야 할 것 같다. "ㄱ 상자에 폭탄이 없다"는 참이기 때문에, 이거나의 뜻에 따라, ㄷ 상자의 안내문 "ㄱ 상자에 폭탄이 없거나 ㄷ 상자에는 보물이 있다"는 참말이다. 이는 폭탄상자의 안내문이 거짓이어야 한다는 조건에 어긋난다. 따라서 ㄴ 상자에 보물이 있다고 가정해서는 안 된다. 따라서 보물은 ㄷ 상자에 있어야 한다. 그다음 ㄴ 상자에 폭탄이 있을 수는 없다. ㄴ 상자에 폭탄이 있다면 ㄱ 상자는 비었을 텐데 이렇게 되면 ㄴ 상자의 안내문 "ㄱ 상자는 비었다"는 참말이다. 폭탄상자의 안내문이 참일 수는 없다. 따라서 ㄱ은 폭탄상자고 ㄴ은 빈 상자다.

가. 다음 상자의 안내문만으로 그 상자가 무슨 상자인지 알 수 있다면 "수"를 쓰고, 알 수 없다면 "없"을 쓰라. 보물상자의 안내문은 참이고 폭탄상자의 안내문은 거짓이다. 빈 상자의 안내문은 참 또는 거짓이다.

01. "이 상자는 빈 상자다."

02. "이 상자는 보물상자다."

03. "이 상자는 폭탄상자가 아니다."

04. "이 상자는 빈 상자가 아니다."

05. "이 상자는 폭탄상자거나 빈 상자다."

나. 다음 두 상자는 보물상자, 폭탄상자, 빈 상자 가운데 하나며 둘은 다른 유형의 상자다. 두 상자가 무슨 상자인지 알 수 있다면 그 상자가 무슨 상자인지 쓰고, 알 수 없다면 "없"을 쓰라.

01.

첫째 상자	둘째 상자
이 상자는 폭탄상자다.	이 상자는 빈 상자다.

02.

첫째 상자	둘째 상자
옆 상자는 빈 상자다.	옆 상자는 빈 상자다.

03.

첫째 상자	둘째 상자
옆 상자는 빈 상자가 아니다.	이 상자는 빈 상자가 아니다.

04.

첫째 상자	둘째 상자
옆 상자는 빈 상자가 아니다.	옆 상자는 보물상자다.

다. 보물상자, 폭탄상자, 빈 상자가 하나씩 있고 이 상자들의 안내문은 다음과 같다. 보물상자 안내문만 참이고 다른 상자 안내문은 거짓이다. 보물과 폭탄은 어느 상자에 있는가?

- 상자 ㄱ의 안내문: 이 상자에 보물이 있다.
- 상자 ㄴ의 안내문: 상자 ㄷ에 폭탄이 있다.
- 상자 ㄷ의 안내문: 이 상자는 비었다.

라. 4개의 상자가 있다. 보물상자와 폭탄상자는 하나씩이고 빈 상자는 두 개다. 보물상자 안내문은 참이고 폭탄상자 안내문은 거짓이다. 빈 상자의 안내문은 참이거나 거짓이다. 이들 상자의 안내문은 다음과 같다. ㄱ, ㄴ, ㄷ, ㄹ은 각각 무슨 상자인가? 모르는 상자는 '모름'을 쓰라.

- 상자 ㄱ의 안내문 = ㄱ은 비었다.
- 상자 ㄴ의 안내문 = ㄹ은 비었다.
- 상자 ㄷ의 안내문 = ㄴ에 폭탄이 있거나 여기에 폭탄이 있다.
- 상자 ㄹ의 안내문 = ㄷ에 보물이 있다.

마. 6개의 상자가 있다. 보물상자, 폭탄상자, 빈 상자가 두 개씩이다. 안내문이 따라야 할 조건은 앞 문제와 같다. 이들 상자의 안내문은 다음과 같다. ㄱ, ㄴ, ㄷ, ㄹ, ㅁ, ㅂ은 무슨 상자인가? 단 상자 ㄱ의 안내문은 참이다.

- 상자 ㄱ의 안내문 = ㄱ과 ㄴ은 비었다.
- 상자 ㄴ의 안내문 = ㄷ 또는 ㄹ은 비었다.
- 상자 ㄷ의 안내문 = ㄴ에 보물이 있다면 여기에 폭탄이 있다.
- 상자 ㄹ의 안내문 = 여기와 ㅂ에 폭탄이 있다.
- 상자 ㅁ의 안내문 = 여기에 보물이 있다.
- 상자 ㅂ의 안내문 = ㄹ과 ㅁ에 폭탄이 있다.

060 줄 세우기

역사학자 문철영 박사는 최근 한 사찰에서 5권의 옛 책 ㄱ, ㄴ, ㄷ, ㄹ, ㅁ을 발견했다. 그는 각 책의 내용을 견주어 봄으로써 다음 정보를 얻었다.

- ㄱ은 ㄷ과 ㄹ 사이에 또는 ㄹ과 ㄷ 사이에 출판되었다.
- ㄱ은 마지막에 출판되었거나, ㄹ과 ㅁ 사이에 또는 ㅁ과 ㄹ 사이에 다른 책이 출판되지 않았다.
- ㄴ은 ㄱ과 ㄹ 사이에 또는 ㄹ과 ㄱ 사이에 출판되었다.
- ㄷ도 ㅁ도 맨 나중에 출판되지 않았다.

이 정보들을 바탕으로 이 책들이 만들어진 순서에 따라 줄 세울 수 있을까?

첫째 정보를 써서 우리는 다음을 얻을 수 있다. 왼쪽에 있을수록 더 일찍 출판된 책이다.

- ㄷ ㄱ ㄹ 또는
- ㄹ ㄱ ㄷ

여기에 셋째 정보를 써서 다음을 얻는다.

- ㄷ ㄱ ㄴ ㄹ 또는
- ㄹ ㄴ ㄱ ㄷ

남은 ㅁ의 자리를 찾아야 한다. 둘째 조건 "ㄱ은 마지막에 출판되었거나 ㄹ과 ㅁ 사이에 또는 ㅁ과 ㄹ 사이에 다른 책이 출판되지 않았다"에서 이거나 앞말은 거짓이다. 둘째 조건이 참이려면 ㄹ과 ㅁ 사이에 또는 ㅁ과 ㄹ 사이에 다른 책이 출판되지 않아야 한다. 곧 ㄹ과 ㅁ은 붙어 있어야 한다. 그런데 넷째 정보에 따라 ㄷ과 ㅁ은 맨 나중에 출판되지 않았기에 우리는 마침내 다음을 얻는다.

- ㄷ ㄱ ㄴ ㅁ ㄹ

이처럼 주어진 정보를 바탕으로 사물들의 시간, 위치, 크기 따위에 따라 줄 세우는 놀이를 "정렬", "배치", "차례짓기", "줄 세우기"라 한다. 줄 세우기 놀이를 잘 풀려면 실마리 정보를 잘 찾아야 한다. 이 놀이에서 자주 쓰이는 실마리 정보는 "ㄱ은 ㄴ과 ㄷ 사이에 있다" 같은 것이다.

보기를 하나 더 들어 아래 정보를 바탕으로 ㄱ, ㄴ, ㄷ, ㄹ, ㅁ, ㅂ, ㅅ, 이렇게 7개 사건이 일어난 차례대로 줄 세우려 한다.

- ㄱ은 ㄹ보다 나중에 일어났으며 ㄱ과 ㄹ 사이에 다른 사건이 일어났다.
- ㄴ은 ㄹ보다 먼저 일어났지만 ㅁ과 ㅂ보다는 나중에 일어났다.
- ㅂ은 ㅅ보다 나중에 일어났다.
- ㅅ이 이들 사건 가운데 가장 먼저 일어나지는 않았다.

먼저 둘째 정보를 써서 다음을 얻는다.

- ㅁ ㅂ ㄴ ㄹ 또는
- ㅂ ㅁ ㄴ ㄹ

여기에 첫째 정보를 써서 다음을 얻는다.

- ㅁ ㅂ ㄴ ㄹ * ㄱ 또는
- ㅂ ㅁ ㄴ ㄹ * ㄱ

여기에 셋째 정보와 넷째 정보를 써서 'ㅂㅁㄴㄹ*ㄱ'은 맞지 않는 차례임을 알 수 있다. 따라서 남은 차례는 'ㅁㅅㅂㄴㄹㄷㄱ'이다.

가. 채 박사는 최근 한 사찰에서 5권의 옛 책 ㄱ, ㄴ, ㄷ, ㄹ, ㅁ을 발견했다. 그는 각 책의 내용을 견주어 봄으로써 다음 정보를 얻었다. 이 정보를 바탕으로 이 책들이 출판된 순서대로 줄 세우라.

- ㄱ은 ㄴ과 ㄷ 사이에 또는 ㄷ과 ㄴ 사이에 출판되었다.
- ㄴ은 처음에 출판되었거나 ㅁ은 마지막에 출판되었다.
- ㄷ은 ㄴ과 ㄹ 사이에 또는 ㄹ과 ㄴ 사이에 출판되었다.
- ㄹ은 처음에 출판되지 않았고 마지막에 출판되지 않았다.

나. 채 박사는 ㄱ, ㄴ, ㄷ, ㄹ, ㅁ의 출판 연도를 추정하려고 책의 내용을 조사했다. 다음 정보를 바탕으로 이 책들이 출판된 순서대로 줄 세우라.

- ㄱ 책에 ㄷ 책을 참조한 구절은 나오지 않지만 ㄴ 책을 참조한 구절이 나온다.
- ㄴ 책에는 ㄹ을 참조한 구절이 나오지 않는다.
- ㄷ 책에는 ㄴ 책을 참조한 구절은 나오지 않지만 ㄱ 책과 ㄹ 책을 참조한 구절이 나온다.
- ㄷ 책과 ㄹ 책은 거의 동시에 출판되어 둘 사이에 다른 책이 출간되지 않았다.
- ㄹ 책에는 ㅁ 책을 참고하여 ㄴ 책이 저술되었다는 구절이 나온다.

다. 다음 정보를 바탕으로 ㄱ, ㄴ, ㄷ, ㄹ, ㅁ 5개 사건이 일어난 차례대로 줄 세우라.

- ㄱ은 ㄴ과 ㅁ 사이 또는 ㅁ과 ㄴ 사이에 일어났다.
- ㄱ과 ㄷ 사이 또는 ㄷ과 ㄱ 사이에 다른 사건이 일어났다.
- ㄷ은 ㄱ과 ㄹ 사이 또는 ㄹ과 ㄱ 사이에 일어났다.
- ㄹ도 ㅁ도 마지막에 일어나지 않았다.

라. 다음 정보를 바탕으로 ㄱ, ㄴ, ㄷ, ㄹ, ㅁ, ㅂ 6개 사건이 일어난 차례대로 줄 세우라.

- ㄱ과 ㄹ은 처음 사건이 아니다.
- ㄷ은 ㄱ과 ㄴ 사이 또는 ㄴ과 ㄱ 사이에 일어났다.
- ㄹ과 ㅁ 사이 또는 ㅁ과 ㄹ 사이에 다른 사건이 일어났다.
- ㅁ은 ㄹ과 ㅂ 사이 또는 ㅂ과 ㄹ 사이에 일어났다.
- ㅂ은 ㄷ과 ㅁ 사이 또는 ㅁ과 ㄷ 사이에 일어났다.

마. 다음 정보를 바탕으로 가노, 나도, 다로, 라모, 마보, 바소, 사오 따위의 공룡을 가장 큰 공룡부터 크기대로 줄 세우라.

- 가노의 크기는 나도의 크기와 다로의 크기 사이에 있다.
- 나도의 크기는 라모의 크기와 마보의 크기 사이에 있다.
- 다로와 바소의 크기는 거의 같아서 둘 사이에 다른 공룡은 없다.
- 마보는 가노보다 크지만 다로보다는 작다.
- 마보와 바소의 크기는 거의 같아서 둘 사이에 다른 공룡은 없다.
- 가장 큰 공룡은 바소거나 사오다.

바. 다음 정보를 바탕으로 가노, 나도, 다로, 라모, 마보, 바소, 사오, 아조 따위의 공룡을 가장 큰 공룡부터 크기대로 줄 세우라.

- 가노는 나도보다 크지만 다로보다는 작다.
- 나도의 크기는 사오의 크기와 아조의 크기 사이에 있다.
- 다로와 라모의 크기는 거의 같아서 둘 사이에 다른 공룡은 없다.
- 라모의 크기는 가노의 크기와 아조의 크기 사이에 있다.
- 마보보다 바소가 더 크고 둘 사이에 다른 공룡은 없다.
- 만일 사오가 가장 작은 공룡이면 아조는 둘째로 큰 공룡이다.
- 아조보다 더 작지만 다로보다 큰 공룡은 라모밖에 없다.

"한국 사람들은 김치를 좋아해!" 우리가 흔히 하는 말이지. 그런데 나는 논리 공부를 하면서, 이렇게 간단한 말조차도 말하는 사람과 듣는 사람 사이에 서로 뜻이 잘 통하지 않을 수 있다는 것을 알게 되었어.

먼저 '한국 사람들'이라는 표현이 애매모호할 수 있기 때문이야. "한국 사람들은 김치를 좋아해!"라고 말할 때, 모든 한국 사람들이 김치를 좋아한다는 건지, 아니면 어떤 한국 사람은 김치를 좋아한다는 건지, 그것도 아니면 한국 사람들 대부분이 김치를 좋아한다는 건지 애매해. 또 마지막 경우라면, 얼마만큼의 한국 사람들이 김치를 좋아해야 대부분의 한국 사람들이 김치를 좋아한다고 말할 수 있는지 모호하기도 하지.

그리고 '좋아해'라는 표현도 여러 가지 뜻으로 쓰일 수 있어. 우선 '좋아한다'가 맛있어한다는 뜻으로 사용될 수도 있지. 그런데 말하는 사람이, 삼겹살이나 피자를 맛있어하듯이 한국 사람들이 김치를 맛있어한다고는 생각하지 않으면서도 이 문장을 말할 수도 있어. 그런 경우라면 '좋아한다'는 아마 자주 먹거나 마신다는 것을 뜻할지도 몰라. 하지만 말하는 사람이 "한국 사람들은 물을 좋아해!"라는 말에는 "'좋아한다'라는 표현은 그럴 때 쓰는 게 아니야"라고 반응하면서도 "한국 사람들은 김치를 좋아해!"라고 말할 수도 있고, 그런 경우라면 그는 '좋아한다'를 자주 먹거나 마신다는 뜻으로 사용하는 것도 아닐 거야.

이처럼 "한국 사람들은 김치를 좋아해!"와 같은 간단한 말도 애매모호할 수 있어. 말하는 사람은 위에서 언급된 여러 뜻 중 하나를 염두에 두고 말하지만 듣는 사람은 그렇게 듣지 못하는 경우나, 말하는 사람조차도 자신이 무얼 말하고자 하는지 명확하게 알지 못한 채로 말하는 경우에는, 의사소통이 잘 이루어지고 있는 게 아니겠지. 이 문장 같이 일상에서 자주 사용하는 쉬운 말조차도 뜻이 잘 통하지 않을 수 있는데, 신문 기사나 책 같은 경우에는 글쓴이와 읽는이 사이에 뜻이 잘 통하지 않는 경우가 더 많을 거야.

논리 공부를 하면서, 나는 그동안 말하거나 듣거나 쓰거나 읽으면서도, 내가 정확하게 무얼 말하거나 듣거나 쓰거나 읽고 있는지 몰랐던 경우가 많았다는 것을 깨닫게 되었어. 나는 우리가, 말하고자 하는 바를 더 명료하게 표현하고 상대방이 말하는 바를 더 명료하게 이해할수록 서로를 더 잘 이해하게 될 거라고 생각해. 논리 공부가 명료하게 말하고 듣는 데에 많은 도움이 될 거야.

우리가 어떻게 말뜻을 이해하고 사용하고 전달하는지 밝혀내는 철학자가 되려는 전숭현

061 - 070

061 짝짓기

짝짓기 놀이는 대상과 속성을 연결하는 놀이인데 흔히 "속성 연결"이라 한다. 이 놀이를 손쉽게 풀려면 짝짓기 모눈을 잘 만들어야 한다. 세 명의 독신 남자 수현, 원빈, 지섭은 세 쌍둥이다. 이들은 같은 아파트 같은 동 같은 층 301호, 302호, 303호에 나란히 산다. 이들은 자주 어울려 다니지만 성향이 너무 달라 운동과 취미 및 이상형에서 같은 점이 전혀 없다. 이들은 등산 수영 테니스 가운데 하나를 즐기며, 영화 보기 음악 듣기 책 읽기 가운데 하나를 좋아하고, 김태희 이나영 이연희 가운데 하나를 이상형으로 생각한다. 이나영은 호기심으로 이들에 관한 소문을 모았는데 그는 여러 소문을 바탕으로 다음 정보를 얻었다.

- 가운데 집에 사는 사람은 영화 보기를 좋아하지 않는다.
- 이상형이 이나영인 사람의 집은 이상형이 이연희인 사람의 집과 이웃하지 않는다.
- 등산을 즐기는 사람의 집은 이연희가 이상형인 사람의 집과 이웃한다.
- 수영을 즐기는 사람은 음악 듣기를 좋아한다.
- 영화 보기를 좋아하는 사람은 이나영을 이상형으로 삼는다.
- 원빈은 테니스를 즐기고 수현의 이상형은 김태희다.

이나영은 자기를 이상형으로 생각하는 사람을 만나고 싶다. 수현, 원빈, 지섭 가운데 누가 자신을 이상형으로 생각하는가? 이나영이 그에게 편지하려면 301호, 302호, 303호 가운데 어느 집에 편지를 보내야 할까?

둘째 정보로부터 이상형이 김태희인 사람이 가운데 산다는 사실을 알 수 있다. 여섯째 정보로부터 이 사람이 수현임을 알 수 있다. 왼쪽에 원빈이 살고 오른쪽에 지섭이 산다고 가정한다. 가운데 집은 302호지만 가장 왼쪽 집은 301호일 수도 303호일 수도 있다. 간단한 그림이지만 아래 그림을 그리는 데 이르렀다면 풀이의 절반을 이미 넘겼다.

첫째 정보를 써서 다음을 얻는다.

	원빈	수현	지섭
운동	테니스		
취미		음악 또는 책	
이상형		김태희	

셋째 정보로부터 수현이 등산을 즐기는 사람임을 알 수 있다. 왜냐하면 이연희가 이상형인 사람은 원빈이거나 지섭인데 이들과 이웃한 사람은 수현이기 때문이다. 지섭은 원빈 및 수현과 다른 운동을 해야 하기에 그는 수영을 즐긴다는 사실을 알 수 있다.

	원빈	수현	지섭
운동	테니스	등산	수영
취미		음악 또는 책	
이상형		김태희	

넷째 정보에 따르면 지섭은 음악 듣기를 좋아한다. 결국 수현은 책 읽기를 좋아하고 원빈은 영화 보기를 좋아한다. 다섯째 정보에 따르면 원빈의 이상형은 이나영이다.

	원빈	수현	지섭
운동	테니스	등산	수영
취미	영화	책	음악
이상형	이나영	김태희	이연희

이나영이 찾으려는 사람은 원빈이다. 원빈이 사는 집은 301호거나 303호인데 이 가운데 어느 집인지는 아직 모른다.

가. 세 명의 독신 남자 수현, 원빈, 지섭은 세 쌍둥이인데 같은 아파트 같은 동 301호, 302호, 303호에 산다. 이들은 운동과 취미 및 이상형에서 같은 점이 없다. 이들은 등산 수영 테니스 가운데 하나를 즐기며, 영화 보기 음악 듣기 책 읽기 가운데 하나를 좋아하고, 김태희 이나영 이연희 가운데 하나를 이상형으로 삼는다. 이나영이 자기를 이상형으로 삼는 사람에게 편지하고 싶다면 몇 호에 사는 사람에게 편지해야 하는가? 그 호에는 누가 살며 그의 취미는 무엇인가?

- 가운데 집에 사는 사람은 음악 듣기를 좋아하지 않고 이연희를 이상형으로 삼지 않는다.
- 등산을 즐기는 사람의 집은 테니스를 즐기는 사람의 집과 이웃한다.
- 301호에 사는 사람은 수영을 즐긴다.
- 테니스를 즐기는 사람은 이연희를 이상형으로 삼는다.
- 지섭은 책 읽기를 좋아하고 테니스를 즐긴다.
- 책 읽기를 좋아하는 사람의 집은 김태희를 이상형으로 삼는 사람의 집과 이웃한다.

나. 사민당 창당 10년 만에 4명의 의원이 국회에 원내 진출했다. 가희, 나영, 다석, 라혁은 각자 상임위원회에 소속되었는데 처음에 가희는 국방위, 나영은 기획재정위, 다석은 보건복지위, 라혁은 외통위에 배정되었다. 앞으로 두 번 소속 위원회를 바꿀 텐데 한 번 바꿀 때마다 다음 세 가지 원칙 가운데 하나를 적용한다. 라혁은 마침내 보건복지위에 소속되기를 바라고 가희는 마침내 기획재정위에 소속되기를 바란다. 첫째와 둘째 소속 변경 때 적용될 원칙은 무엇이어야 하는가?

- 원칙1: 국방위 소속 의원과 보건복지위 소속 의원이 서로 자리를 바꾸고, 기획재정위 소속 의원과 외통위 소속 의원이 서로 자리를 바꾼다.
- 원칙2: 국방위 소속 의원과 기획재정위 소속 의원이 서로 자리를 바꾸고, 보건복지위 소속 의원과 외통위 소속 의원이 서로 자리를 바꾼다.
- 원칙3: 국방위 소속 의원과 외통위 소속 의원만 서로 자리를 바꾼다.

다. 나영은 앞으로 나흘 동안 외국인들 앞에서 한복의 아름다움을 설명해야 한다. 그는 검정, 노랑, 빨강, 하양으로 날마다 다른 빛깔로 저고리, 조끼, 치마를 입을 생각이다. 나아가 저고리, 조끼, 치마를 모두 다른 빛깔로 차려입을 생각이다. 다음 정보를 따를 때 사흗날 입어야 하는 옷의 빛깔은 무엇인가?

- 첫날은 빨강을 입지 않는다.
- 이튿날은 검은 조끼를 입지 않는다.
- 사흗날은 노란 조끼를 입지 않고 검은 치마를 입는다.
- 나흗날은 빨간 조끼를 입지만 하얀 치마를 입지 않는다.

라. 나영은 앞으로 나흘 동안 검정, 노랑, 빨강, 하양으로 날마다 다른 빛깔로 저고리, 조끼, 치마를 입되 저고리, 조끼, 치마 모두 다른 빛깔로 차려입어야 한다. 이튿날 입어야 하는 옷의 빛깔은 무엇인가?

- 첫날은 빨강을 입지 않는다.
- 이튿날은 빨간 저고리를 입고 노란 조끼를 입는다.
- 사흗날은 검은 조끼를 입고 하얀 치마는 입지 않는다.
- 나흗날은 하양을 입지 않는다.

마. 종현은 4년 동안 한 해 네 권씩 16권의 고전을 읽으려 한다. 예술 고전, 인문 고전, 사회 고전, 자연 고전을 고대, 중세, 근세, 현대의 시대별로 각 1권씩 읽는다. 첫해 읽어야 하는 네 고전은 무엇인가?

- 첫해에 자연 고전과 고대 고전은 전혀 읽지 않는다.
- 둘째 해에 예술에서 현대 고전만 읽고 인문에서 중세 고전만 읽는다.
- 셋째 해에는 각 분야의 고전을 골고루 읽지만, 예술과 자연에서는 근세 고전만 읽는다.
- 넷째 해는 사회에서 중세와 근세만 읽고 자연에서는 한 권만 읽는다.

062 갈래짓기

여태 우리는 많은 놀이를 다루었다. 말길 잇기, 참말 놀이, 거짓말 놀이, 줄 세우기, 짝짓기 따위를 모두 모아 "말길 놀이" 또는 "논리 게임" 또는 "논리 퍼즐"이라 한다. 오늘은 모든몇몇문장이 포함된 말길 놀이를 다루겠다. 보기를 들어 우리는 다음 정보를 얻었다.

> 모든 사람은 우파와 좌파로 나뉜다. 우파와 좌파 둘 다에 속하는 사람은 없다. 진보주의자는 아무도 보수정당을 지지하지 않는다. 우파들 가운데 진보주의자는 시민의 자유 증대를 바란다. 우파들 가운데 진보주의자가 아닌 이들은 사회구조의 혁신을 바라지 않는다. 좌파들 가운데 진보주의자가 아닌 이들은 자기 관념의 혁신을 바라지 않는다. 도민준은 자기 관념의 혁신을 바라는 보수정당 지지자다.

이를 바탕으로 할 때 다음 물음에 무엇이라 답할 수 있을까?

> 도민준은 우파인가 좌파인가? 그는 진보주의자인가 아닌가? 그는 시민의 자유 증대를 바라는가 아닌가? 그는 사회구조의 혁신을 바라는가 아닌가?

이를 알아보려고 모든 사람을 다음처럼 나눈다.

	진보주의자	비진보주의자
우파		
좌파		

이렇게 모든 사람을 네 가지로 나누었다. 알려진 정보를 모눈에 채우면 다음을 얻는다.

	진보주의자	비진보주의자
우파	보수정당을 지지하지 않는다. 시민의 자유 증대를 바란다.	사회구조의 혁신을 바라지 않는다.
좌파	보수정당을 지지하지 않는다.	자기 관념의 혁신을 바라지 않는다.

도민준은 보수정당을 지지하기에 그는 진보주의자가 아니다. 그는 자기 관념의 혁신을 바라기에 좌파가 아니다. 따라서 그는 비진보주의 우파며 사회구조의 혁신을 바라지 않음을 알 수 있다. 이제 우리는 주어진 물음을 다음처럼 답할 수 있다.

도민준은 우파인가 좌파인가? 우파다.
그는 진보주의자인가 아닌가? 진보주의자가 아니다.
그는 시민의 자유 증대를 바라지 않는가? 알 수 없다.
그는 사회구조의 혁신을 바라지 않는가? 바라지 않는다.

이 본보기 물음 같은 말길 놀이를 "갈래짓기" 또는 "분류하기"라 한다.

앞과 똑같은 정보 상황에서 자기 관념의 혁신을 바라지 않는 보수정당 지지자 천송이는 어떤 사람이며 무엇을 바라는가?

천송이가 우파인지 좌파인지 알 수 없다.
천송이는 진보주의자가 아니다.
천송이가 시민의 자유 증대를 바라지 않는지 알 수 없다.
천송이가 사회구조의 혁신을 바라지 않는지 알 수 없다.

사회구조의 혁신을 바라는 우파 오해영은 어떤 사람인가?

오해영은 진보주의자다.
오해영은 보수정당을 지지하지 않는다.
오해영은 시민의 자유 증대를 바란다.
오해영이 자기 관념의 혁신을 바라지 않는지 알 수 없다.

가. 다음 정보를 따를 때 싱싱은 여러 가지 채식주의자 가운데 어디에 속하는가? 싱싱은 점심으로 홍시, 고구마, 삶은 달걀, 참치알이 들어간 김밥을 먹었다. 그는 돼지고기나 쇠고기를 아예 먹지 않는다.

- 낙과주의자: 익어 땅에 저절로 떨어진 식물 열매만 먹는다.
- 열매주의자: 저절로 떨어진 열매뿐만 아니라 억지로 딴 과일이나 견과류 씨앗만 먹는다.
- 비건: 열매주의자가 먹는 것을 포함해 감자나 시금치 따위 식물만 먹는다.
- 락토: 비건이 먹는 것을 포함해 동물의 젖까지만 먹는다.
- 오보: 비건이 먹는 것을 포함해 달걀 등 동물의 알까지만 먹는다.
- 락토오보: 비건이 먹는 것을 포함해 동물의 젖이나 알까지만 먹는다.
- 페스코: 락토오보가 먹는 것을 포함해 어류 생선까지만 먹는다.
- 폴로: 페스코가 먹는 것을 포함해 오리고기나 닭고기까지만 먹는다.
- 플렉시테리안: 대부분 비건처럼 먹지만 때때로 육식을 한다.

나. 다음 정보를 따를 때 아래에서 반드시 참인 것을 모두 고르면?

내 모든 친구는 스피노자, 니체, 마르크스, 아도르노 가운데 적어도 하나를 좋아한다. 스피노자를 좋아하는 몇몇 친구는 니체를 좋아한다. 마르크스를 좋아하는 모든 친구는 아도르노를 좋아한다. 마르크스를 좋아하지 않는 친구는 모두 니체를 좋아하지 않는다.

ㄱ. 마르크스를 좋아하는 몇몇 친구는 스피노자를 좋아한다.
ㄴ. 니체를 좋아하는 친구는 모두 아도르노를 좋아한다.
ㄷ. 스피노자를 좋아하는 친구 몇 명은 아도르노를 좋아하지 않는다.
ㄹ. 니체를 좋아하지 않는 친구 몇 명은 아도르노를 좋아한다.
ㅁ. 스피노자를 좋아하지 않는 친구 가운데 일부는 마르크스를 좋아한다.

다. 다음 정보를 따를 때 민준이 좋아하는 것과 좋아하지 않는 것, 송이가 좋아하는 것과 좋아하지 않는 것을 쓰라.

로맨스 영화를 좋아하지 않는 사람은 모두 공포 영화를 좋아한다. 액션 영화를 좋아하는 사람은 아무도 로맨스 영화를 좋아하지 않는다. 로맨스 영화를 좋아하는 사람은 모두 단막극보다 연속극을 더 좋아한다. 액션 영화를 좋아하는 사람은 모두 연속극보다는 단막극을 더 좋아한다. 민준은 연속극보다 단막극을 더 좋아하는 사람이고, 송이는 단막극보다 연속극을 더 좋아하는 사람이다. X를 좋아하는 사람이 아니면 X를 좋아하지 않는 사람이다.

	좋아하는 것	좋아하지 않는 것
민준		
송이		

라. 다음 정보를 따를 때 재경은 유신론자인가 무신론자인가 불가지론자인가? 또는 주어진 정보만으로 그가 어떤 사람인지는 알 수 없는가?

모든 사람은 유신론자와 무신론자와 불가지론자로 나뉘고 둘 이상에 속하는 사람은 없다. 오직 유신론자만이 인류 출현 이전에 이미 정신이 우주에 출현했다고 믿는다. 불가지론자나 무신론자는 인류 출현 이전에 이미 정신이 우주에 출현했다고 믿지 않는다. 한 정신은 오직 다른 정신 덕분에 창출된다는 말을 믿지 않는 이는 인류 출현 이전에 이미 정신이 우주에 출현했다고 믿지 않는다. 한 정신이 오직 다른 정신 덕분에 창출된다는 말을 믿는 이들과 오직 그런 이들만이 정신은 물질의 산물이 아니라고 믿는다. 불가지론자는 정신이 물질의 산물인지 아닌지 판단하지 않는다. 재경은 정신이 물질의 산물이라 믿는 사람이다.

063 과학 추론 하루

반드시 추론 또는 연역추론은 과학에서 많이 쓰인다. 과학에서 쓰는 논리나 말길은 우리가 일상생활에서 쓰는 논리와 다르지 않다. 문장논리와 양화논리에 나오는 추론규칙과 달리 쓰기 규칙을 자연과학이든 인문사회과학이든 과학에서도 똑같이 쓸 수 있다. 이는 수학이나 통계학에서도 마찬가지다. 많은 이가 오해하는데 문장논리와 양화논리는 수학의 응용이 아니다. 오히려 집합, 수, 함수 따위에 문장논리와 양화논리를 적용할 때 학문으로 수학이 세워진다.

먼저 문장논리만 써서 풀 수 있는 물음을 본보기로 풀겠다. 물질 X는 여러 물질의 화합물이다. 민주는 X가 무슨 물질들로 이루어졌는지 알기를 바란다. 그는 이를 알아보려고 X를 시험관에 넣고 다음 특성을 가진 가 검사, 나 검사, 다 검사, 라 검사를 시행한다.

- 가 검사: 아직 다른 검사를 전혀 시행하지 않았고 시험관에 물질 A와 D가 들어 있을 때 양성이 나온다. 그렇지 않을 때 음성이 나온다.
- 나 검사: 시험관에 물질 D나 E가 안 들어 있을 때 양성이 나온다. 그렇지 않을 때 음성이 나온다.
- 다 검사: 라 검사를 이미 시행했으며 시험관에 물질 B나 E가 들어 있을 때 양성이 나온다. 그렇지 않을 때 음성이 나온다.
- 라 검사: 나 검사를 아직 시행하지 않았고 시험관에 물질 B가 들어 있을 때 음성이 나온다. 그렇지 않을 때 양성이 나온다.

네 검사를 시행한 결과 네 검사 모두 '양성'을 얻었다. 하지만 민주는 어떤 순서로 이 검사를 시행했는지 기록하지 않았다. 물질 X는 무슨 물질로 이루어졌을까? 민주는 어떤 순서로 이들 검사를 시행했을까?

먼저 가 검사의 특성 "아직 다른 검사를 전혀 시행하지 않았고 시험관에 물질 A와 D가 둘 다 들어 있을 때 양성이 나온다. 그렇지 않을 때 음성이 나온다"를 잘 살펴본다. 여기서 "그렇지 않을 때 음성이 나온다"를 이면 앞뒤 바꾸어 "음성이 나오지 않을 때 그렇다"를 얻는다. "음성이 나오지 않는다"는 "양성이 나온다"는 말이다. "그렇다"는 "아직 다른 검사를 전혀 시행하지 않았고 시험관에 물질 A와 D가 둘 다 들어 있다"를 뜻한다. 따라서 "그렇지 않을 때 음성이 나온다"는 "양성이 나온다면, 아직 다른 검사를 전혀 시행하지 않았고 시험관에 물질 A와 D가 둘 다 들어 있다"를 뜻한다. 가 검사에서 양성이 나왔기에 우리는 다음을 얻는다. 아직 다른 검사를 전혀 시행하지 않았고 시험관에 물질 A와 D가 둘 다 들어 있다. 이것은 가 검사가 맨 처음에 시행된 검사며 X를 이루는 물질 가운데 A와 D가 들어감을 뜻한다.

나 검사도 양성이 나왔기에 우리는 다음을 또한 얻는다. 시험관에 물질 D나 E가 안 들어 있다. 이미 D가 들어 있기에 E가 안 들어 있다. 다 검사도 양성이 나왔기에 우리는 다음을 얻는다. 라 검사를 이미 시행했으며 시험관에 물질 B나 E가 들어 있다. E가 들어 있지 않기에 B가 들어 있으며 다 검사 이전에 이미 라 검사가 시행되어야 한다. 이를 간추리면 다음과 같다.

쓴 검사 차례	X에 들어 있는 것	X에 들어 있지 않은 것
가, 라, 다	A, B, D	E

이제 남은 것은 라 검사이다. "나 검사를 아직 시행하지 않았고 시험관에 물질 B가 들어 있을 때 음성이 나온다"를 이면 앞뒤 바꾸어 "양성이 나온다면, 나 검사를 벌써 시행했거나 시험관에 물질 B가 들어 있지 않다"를 얻는다. 하지만 시험관에 B가 들어 있기에, 이거나 뒷말 없애, 라 검사를 할 때는 나 검사를 벌써 시행했음을 알 수 있다.

쓴 검사 차례	X에 들어 있는 것	X에 들어 있지 않은 것
가, 나, 라, 다	A, B, D	E

검사의 시행 순서는 이제 모두 알려졌다. 물질 C가 들어 있는지 없는지는 아직 알 수 없다. 다른 검사를 더 해보아야 한다.

가. 물질 X가 무엇으로 이루어졌는지 알려고 X를 시험관에 넣고 가, 나, 다, 라 검사를 순서대로 시행했다. 다음 물음에 답하라.

- 가 검사: 아직 다른 검사를 시행하지 않았고 시험관에 물질 A와 D가 들어 있을 때 양성이 나온다. 그렇지 않을 때 음성이 나온다.
- 나 검사: 시험관에 물질 D나 E가 안 들어 있을 때 양성이 나온다. 그렇지 않을 때 음성이 나온다.
- 다 검사: 라 검사를 이미 시행했거나 시험관에 물질 B나 E가 안 들어 있을 때 양성이 나온다. 그렇지 않을 때 음성이 나온다.
- 라 검사: 나 검사를 아직 시행하지 않았거나 시험관에 물질 C가 안 들어 있을 때 음성이 나온다. 그렇지 않을 때 양성이 나온다.

01. 이들 검사에서 각각 양성, 음성, 양성, 음성이 나왔다. X는 무슨 물질로 이루어졌는가?

02. 이들 검사에서 각각 음성, 양성, 음성, 음성이 나왔다면 X는 무슨 물질로 이루어졌는가?

나. 다음 정보를 따를 때 꼬리가 없는 포유동물 A는 털과 다리가 있는가?

모든 포유동물은 물과 육지 중 한 곳에서만 산다. 물에 살면서 육식을 하지 않는 포유동물은 다리가 없다. 육지에 살면서 육식을 하는 포유동물은 모두 다리가 있다. 육지에 살면서 육식을 하지 않는 포유동물은 모두 털이 없다. 육식동물은 모두 꼬리가 있다.

다. 다음 정보를 따를 때 반짝이며 전기를 통하는 금속이 있는가?

모든 금속은 전기를 통한다. 반짝이는 것이 모두 금속이지는 않다. 전기를 통하지 않고 반짝이는 것이 있다. 반짝이 않으면서 전기를 통하는 것이 있다. 몇몇 금속은 반짝인다.

라. 동물학자 고인석 박사는 여러 가지 고양이를 분류할 기준을 다음처럼 발표했다. 다음 물음에 답하라. 주어진 정보로 알 수 없을 때 "알 수 없다"를 쓰라.

> - 한 고양이 창자 안에 프리모넬라도 세콘데렐라도 살지 않을 때 오직 그때만 그 고양이는 눌로 고양이다. 둘 다 살 때 오직 그때만 그 고양이는 옴니오 고양이다. 둘 가운데 프리모넬라만 살 때 오직 그때만 그 고양이는 프리모 고양이다. 둘 가운데 세콘데렐라만 살 때 오직 그때만 그 고양이는 세콘도 고양이다.
> - 한 고양이가 하얀 털을 갖는다면 그 고양이는 자기 털을 하루에 10번 넘게 다듬는다. 한 고양이가 자기 털을 하루에 10번 넘게 다듬는다면 그 고양이의 창자 안에 세콘데렐라는 살 수 없다. 한 고양이가 자기 털을 하루에 10번 넘게 다듬는다면 그 고양이는 눌로 고양이가 아니다. 한 고양이가 검은 털을 갖는다면 창자 안에 프리모넬라가 산다.
> - 모든 고양이는 프리모 고양이, 세콘도 고양이, 눌로 고양이, 옴니오 고양이 가운데 하나다.

01. 우리 집 고양이 가루는 흰 털을 갖는다. 가루는 어느 고양이에 들어가는가?

02. 우리 집 고양이 마루는 노란 털을 갖고 자기 털을 하루에 10번 넘게 다듬는다. 마루는 어느 고양이에 들어가는가?

03. 내 친구의 고양이 벼루는 검은 털을 갖고 창자 안에 세콘데렐라가 산다. 벼루는 어느 고양이에 들어가는가?

04. 이웃집 고양이 자루는 프리모 고양이가 아니며 창자 안에 프리모넬라가 산다. 자루는 어느 고양이에 들어가는가?

05. 검은 고양이 타루는 하루에 털을 5번 다듬는다. 타루는 어느 고양이에 들어가는가?

06. 길고양이 하루는 눌로 고양이다. 하루는 무슨 속성을 갖는가?

064 과학 추론 이틀

갈래짓기 또는 범주화는 아주 오래된 과학 방법이다. 연습 삼아 동물들을 새로운 방식으로 분류하고자 한다. 분류 기준은 다음과 같다.

- 모든 동물을 학습능력이 개체 생애 동안 점차 커지는 동물과 그렇지 않은 동물로 나눈다. 학습능력이 개체 생애 동안 점차 커지는 동물은 '커지'라 부른다.
- 모든 동물을 스트레스를 스스로 조절하는 능력이 있는 동물과 그렇지 않은 동물로 나눈다. 스트레스를 스스로 조절하는 능력이 있는 동물을 '스스'라 부른다.
- 모든 동물을 창자에 사는 세균에 따라 나눈다. 락토바실루스 람노수스와 미코박테리움 바카이가 둘 다 사는 동물을 '둘다'라 부른다. 둘 다 살지 않은 동물을 '안살'이라 부른다. 락토바실루스 람노수스만 사는 동물을 '람노'라 부른다. 미코박테리움 바카이만 사는 동물을 '바카'라 부른다.

여러 연구를 거쳐 다음 사실들이 밝혀졌다.

- 학습능력이 개체 생애 동안 점차 커지는 동물은 스트레스를 스스로 조절하는 능력이 있다.
- 스트레스를 스스로 조절하는 능력이 없는 동물의 창자에는 락토바실루스 람노수스가 살지 않는다.
- 스트레스를 스스로 조절하는 능력이 있는 동물의 창자에는 락토바실루스 람노수스가 산다.
- 학습능력이 개체 생애 동안 커지지 않는 동물의 창자 안에 미코박테리움 바카이가 살지 않는다.

학습능력이 개체 생애 동안 점차 커지고 또한 스트레스를 스스로 조절하는 능력이 있는 사람은 둘다, 안살, 람노, 바카 가운데 어디에 속하는가? 둘다에 속하는 쥐는 학습능력이 개체 생애 동안 점차 커지는가? 또한 쥐는 스트레스를 스스로 조절하는 능력이 있는가? 안살인 지렁이는 어떤가?

이를 알아보려고 주어진 정보를 반영하여 동물들을 아래 갈래 모눈에 따라 나눈다. 학습능력이 개체 생애 동안 점차 커지는 동물은 스트레스를 스스로 조절하는 능력이 있기에 커지지만 스스 아닌 것은 없다.

	스스	스스 아님
커지	둘다, 람노	
커지 아님	람노	안살

스스고 커지인 사람은 둘다거나 람노다. 둘다인 쥐는 스스고 커지다. 쥐는 학습능력이 개체 생애 동안 점차 커지며 스트레스를 스스로 조절하는 능력이 있다. 안살인 지렁이는 학습능력이 개체 생애 동안 커지지 않으며 스트레스를 스스로 조절하는 능력도 없다. 여기서 보기를 든 야릇한 분류 기준은 실제 생명 분류 작업과는 아무런 관련이 없다.

철학자와 과학자는 갈래짓기가 세계의 질서를 드러내는 일이라 오랫동안 믿었다. 과학자들의 실제 갈래짓기 작업에서 모든몇몇문장은 반드시 있어야 한다. 모든몇몇문장을 전문용어로 "정언문장"이라 하는데 여기서 "정언"은 "범주"를 다르게 쓴 말이다. "범주"는 그리스말 "카테고리아"를 옮긴 말이다. 카테고리아는 한 사물을 두고 "그것은 무엇이다"고 말하는 일이다. 이것은 "서술" "기술"로 옮길 수 있다. 고대부터 과학혁명 시대까지 철학과 과학에서 모든몇몇문장은 매우 중요했는데 이들 문장은 사물들, 식물들, 동물들을 갈래짓는 핵심 정보 역할을 했다. 현대에 들어와 실제 자연의 사물들이 모든몇몇문장에 나타나는 대로 그렇게 갈래지어졌는지 많이들 의심한다. 누군가 "모든 백조는 하얗다"나 "모든 까마귀는 검다"고 말하면 다른 이는 곧장 이를 의심한다. "모든 알갱이는 빛보다 느리다"나 "모든 사물은 물질이다"는 의심받을 수 있는가?

가. 실험실에서 광자, 전자, 양성자, 중성자, K 입자를 생성했다. 생성된 입자들을 분류하려고 이들 입자를 검출장치 알파, 베타, 감마로 차례로 지나가게 했다. 다음 정보를 따를 때 아래 문장이 참이면 "참"을 쓰고, 거짓이면 "거"를 쓰고, 참인지 거짓인지 알 수 없으면 "모"를 쓰라.

- 1 같은 종류의 입자는 똑같은 질량을 갖는다.
- 2 가벼운 입자는 광자와 전자만을 말한다. 중성자와 양성자는 무거운 입자다.
- 3 중성자와 광자의 전하는 0이고 양성자와 전자의 전하는 0이 아니다.
- 4 K 입자 가운데 일부는 전하가 0이고 나머지는 0이 아니다.
- 5 알파는 전하가 0인 입자를 휘게 하지 않고 그렇지 않은 입자는 휘게 한다.
- 6 베타는 가벼운 입자를 멈추게 하고 그것만 멈추게 한다.
- 7 감마는 무거운 입자와 K 입자를 멈추게 하고 그것들만 멈추게 한다.

01. K 입자는 가벼운 입자다.

02. 양성자는 알파에서 휘고 감마에서 멈춘다.

03. 광자는 알파에서 휘지 않고 베타에서 멈춘다.

04. 한 입자가 알파에서 휘고 베타에서 멈추었다면 그것은 전자다.

05. 한 입자가 알파에서 휘지 않고 감마에서 멈추었다면 그것은 중성자다.

06. 한 입자가 알파에서 휘고 베타에서 휘지 않고 감마에서 멈추었다면 그것은 K 입자거나 무거운 입자다.

07. 알파, 베타, 감마 검출기로는 K 입자와 그 밖에 무거운 입자들을 구별할 수 없다.

08. K 입자는 무거운 입자다.

09. 한 입자가 알파에서 휘지 않고 베타와 감마에서 멈추더라도 그것은 광자일 수 있다.

나. 다음 정보를 따를 때 아래 문장이 참이면 "참"을 쓰고, 거짓이면 "거"를 쓰고, 참인지 거짓인지 알 수 없으면 "모"를 쓰라.

- 1 모든 입자는 질량 있는 것과 없는 것으로 나뉜다. 질량 없는 입자들을 '헛알'이라 한다.
- 2 모든 입자는 빛만큼 빠른 것과 빛보다 느린 것으로 나뉜다. 빛만큼 빠른 입자들을 '휙알'이라 한다.
- 3 모든 입자는 전하를 띤 입자와 그렇지 않은 입자로 나뉜다. 전하를 띤 입자들을 '찌알'이라 한다.
- 4 모든 입자는 색깔을 띤 입자와 그렇지 않은 입자로 나뉜다. 색깔을 띤 입자들을 '쿼크'라 한다.
- 5 질량 있는 모든 입자는 또한 오직 그런 입자만이 빛보다 느리다.
- 6 전하를 띠거나 색깔을 띤 모든 입자는 질량을 갖는다.
- 7 질량 있지만 색깔 없는 입자들을 '렙톤'이라 한다.
- 8 질량 있지만 색깔과 전하가 없는 입자들을 '뉴트리노'라 한다.
- 9 쿼크, 렙톤, 뉴트리노는 각각 적어도 하나 존재한다.

01. 어느 쿼크도 헛알이 아니다.

02. 어느 렙톤도 휙알이 아니다.

03. 어느 찌알도 휙알이 아니다.

04. 몇몇 렙톤은 뉴트리노다.

05. 몇몇 뉴트리노는 렙톤이 아니다.

06. 몇몇 렙톤은 뉴트리노가 아니다.

07. 몇몇 쿼크는 렙톤이 아니다.

08. 만일 전자가 존재하고 또한 전자가 질량과 전하를 갖지만 색깔이 없다면 몇몇 렙톤은 뉴트리노가 아니다.

065 아마도 추론

우리가 여태 배운 문장논리와 양화논리는 반드시 논리의 두 갈래다. 반드시 논리는 반드시 추론 또는 연역추론을 다스리는 논리다. 추론에는 반드시 추론만 있지 않은데 반드시 추론 말고도 아마도 추론이 있다. 모든 추론은 크게 반드시 추론과 아마도 추론으로 나눌 수 있다.

- 반드시 추론 또는 연역추론: 전제들로부터 결론이 반드시 따라 나오기를 바라는 추론
- 아마도 추론 또는 귀납추론: 전제들로부터 결론이 아마도 따라 나오기를 바라는 추론

아마도 추론에는 여러 가지가 있는데 이들은 다음 모눈으로 간추릴 수 있다.

아마도 추론	일반화 또는 귀납 일반화	단순 일반화
		통계 일반화
	통계 삼단논법	
	유비추론	
	인과추론	일치법
		차이법
		일치차이병용법
		공변법
		잉여법 또는 소거법
	가설추론	가설연역법
		최선의 설명 추론

이 가운데서 가설추론은 배우지 않고 오늘은 귀납 일반화를 배운다.

다음 추론을 생각한다. "이 까마귀는 검다. 그 까마귀는 검다. 저 까마귀는 검다. 따라서 모든 까마귀는 검다." 이러한 추론을 "단순 일반화" 또

는 "아마도 모두"라 한다. 단순 일반화는 다음 꼴을 띤다.

> 관찰된 사례들 각각이 속성 P를 갖는다. 따라서 아마도 그와 같은 갈래에 속하는 다른 모든 사물도 속성 P를 갖는다.

단순 일반화는 당연히 마땅하지 않다. 하지만 이렇게 추론하는 사람은 애초에 마땅한 추론을 바라지는 않았다. 그는 전제들로부터 결론이 아마도 따라 나오리라 짐작했을 뿐이다. 그의 이 짐작을 드러내려고 "따라서 모든 까마귀는 검다"고 쓰지 않고 "따라서 모든 까마귀는 검을 테다"고 쓰거나 다음처럼 쓴다.

- 따라서 모든 까마귀는 검을 테다.
- 따라서 아마도 모든 까마귀는 검다.
- 따라서 아마도 모든 까마귀는 검을 테다.

이들 모두는 비슷한 말이다. 여기서 "아마도"는 '전제들과 결론 사이의 관계가 느슨하다'를 뜻한다. 이 관계가 더 느슨할수록 그 추론은 '더 약한 추론'이며 '덜 강한 추론'이다. 그 관계가 덜 느슨할수록 그 추론은 '더 강한 추론'이며 '덜 약한 추론'이다. 우리 보기에서 전제들에 나오는 검은 까마귀의 수가 늘어나면 전제들과 결론 사이의 관계가 더 강해진다.

이제 다음 추론을 생각한다.

> 감귤 100개가 들어 있는 상자에서 마구잡이로 감귤 10개만 골랐다. 그 가운데 1개가 썩었다. 곧 마구잡이로 고른 감귤 10개 가운데 10%가 썩었다. 따라서 아마도 이 상자에 들어 있는 전체 감귤 100개 가운데 10개가 썩었다.

이 추론도 아마도 추론이다. 여기서 감귤 100개 모두를 "모집단"이라 하고 고른 감귤 10개를 "표본"이라 한다. '무작위 표본' 또는 '마구잡이 표본'은 모집단에서 마구잡이로 고른 표본이다. 보기의 추론은 "표본 감귤의 10%가 썩었다"로부터 "모집단 감귤의 10%가 썩었다"를 이끈다. 이러한 추론을 "통계 일반화" 또는 "아마도 어림잡아"라 한다. 이 추론은 보통 다음 꼴을 띤다.

> S인 사물들 가운데 n개 사례를 골라 이들을 조사했더니 그 가운데 m개가 P였다. 아마도 따라서 S인 사물의 약 m/n은 P이다.

가. 다음 아마도 추론들 가운데서 전제들과 결론의 맺음이 가장 강한 것과 가장 약한 것을 고르면?

ㄱ. 까마귀 5마리를 조사했다. 이들 모두가 검었다. 따라서 모든 까마귀는 검다.
ㄴ. 까마귀 10마리를 조사했다. 이들 모두가 검었다. 따라서 모든 까마귀는 검다.
ㄷ. 까마귀 50마리를 조사했다. 이들 모두가 검었다. 따라서 모든 까마귀는 검다.
ㄹ. 까마귀 100마리를 조사했다. 이들 모두가 검었다. 따라서 모든 까마귀는 검다.
ㅁ. 까마귀 1,000마리를 조사했다. 이들 가운데 999마리만 검었다. 따라서 모든 까마귀는 검다.

나. 다음 추론은 반드시 추론인가 아마도 추론인가? 그것이 아마도 추론이면 그것은 단순 일반화인가 통계 일반화인가?

01. 내 친구 가운데 10명은 모두 아이브보다 에스파를 더 좋아한다. 따라서 나의 모든 친구는 아이브보다 에스파를 더 좋아한다.

02. 우리나라 축구 국가대표 선수 전체 30명 가운데 25명이 초등학생 때 축구를 시작했다. 따라서 우리나라 축구 국가대표 선수의 80% 이상은 초등학생 때 축구를 시작했다.

03. 대구 수성구의 남자 유권자 1,000명에게 설문조사를 했더니 그 가운데 놀랍게도 550명이 주민당의 박부겸 의원이 차기 시장으로 가장 적절하다고 생각했다. 따라서 대구 수성구의 남자 유권자 55%는 주민당의 박부겸 의원이 차기 시장으로 가장 적절하다고 생각한다.

04. 우리 동아리의 회원은 모두 400명이다. 당연히 회원의 생일이 모두 똑같지는 않았다. 따라서 마구잡이로 뽑힌 두 사람의 생일이 늘 같지는 않지만 우리 동아리 안에는 생일이 같은 사람이 반드시 있다.

다. 다음 아마도 추론은 강한가 약한가? 그렇게 생각하는 까닭은 무엇인가? 단 추론의 강함과 약함은 정도의 문제이지 절대 기준은 없다.

01. 나는 10명의 사람을 대상으로 그의 눈동자 색깔을 조사했다. 그들 모두 검은 눈동자를 가졌다. 따라서 모든 사람의 눈동자는 검다.

02. 나는 순수한 구리 표본에 열을 가하여 이것이 섭씨 1,085도에서 녹는다는 사실을 확인했다. 이 실험은 서로 다른 두 곳에서 얻은 구리로 두 번 실험했는데 두 실험 결과가 같았다. 따라서 모든 구리는 섭씨 1,085도에서 녹는다.

03. 우리나라 성인의 레저 스포츠 성향과 실태를 조사하려고 스키장에서 1,000명의 성인에게 현재 골프를 하는지 설문했다. 그 결과 200명이 골프를 한다고 대답했다. 따라서 우리나라 성인의 20%가 골프를 한다.

라. 다음 추론은 단순 일반화 또는 통계 일반화다. "따라서" 뒤에 그럴듯한 문장을 채우라.

01. 부산에서 물을 끓였더니 100℃부터 끓기 시작했다. 평양에서 물을 끓였더니 100℃부터 끓기 시작했다. 북극에서 물을 끓였더니 100℃부터 끓기 시작했다. 따라서

02. 대한민국 성인 1,000명에게 설문 조사했더니 그 가운데 750명이 대통령이 해양수산부 장관을 잘못 임명했다고 생각한다. 따라서

03. 선진국인 영국 프랑스 독일 네덜란드의 똑똑하고 착한 시민들 가운데 80% 이상은 부패한 정치인을 싫어한다. 선진국인 핀란드 스웨덴 노르웨이의 똑똑하고 착한 시민들 가운데 80% 이상은 부패한 정치인을 싫어한다. 따라서

04. 우리나라 대학생 1,000명을 조사한 결과, 이들 모두는 중고등학생 때 철학을 가르치지 않는 일이 크게 잘못되었다고 주장했다. 따라서

066 어림잡아

컴퓨터의 도움으로 면접원이 묻고 답하는 여론조사 가운데 CAPI는 대인 면접조사고 CATI는 전화 면접조사다. 2024년 3월 한국갤럽은 13세 이상 대한민국 국민 1,777명을 대상으로 CAPI 방식으로 '가장 좋아하는 전직 대통령'을 조사했다. '아무도 좋아하지 않는다'는 답변을 뺀 세대별 답변 비율은 다음과 같다.

세대	문재인 노무현 김대중	윤석열 박근혜 박정희	기타
13-18세	65%	30%	5%
19-29세	77%	17%	6%
30대	77%	19%	4%
40대	75%	20%	5%
50대	63%	29%	8%
60대 이상	37%	56%	7%

이 자료들로부터 통계 일반화를 써서 "대한민국 30대의 77%는 문재인 노무현 김대중 가운데 한 대통령을 좋아한다"를 어림잡아 이끌 수 있다.

대한민국 30대 청년 혜리는 역대 대통령 가운데서 누구를 좋아할까? 혜리는 아마도 문재인 노무현 김대중 가운데 하나를 좋아할 테다.

> 대한민국 30대의 77%는 역대 대통령 가운데 문재인이나 노무현이나 김대중을 좋아한다. 혜리는 대한민국 30대다. 따라서 혜리는 역대 대통령 가운데 문재인이나 노무현이나 김대중을 좋아한다.

전제들로부터 결론이 반드시 따라 나오지는 않지만 아마도 따라 나온다. 이 추론은 아마도 추론이며 어느 정도 강한 추론이다. 이 같은 추론을 "통계 삼단논법" 또는 "어림으로 이면 없애기"라 한다.

우리는 이미 두 가지 삼단논법을 배웠다.

- X이면 Y. X. 따라서 Y.
- 모든 S는 P이다. a는 S이다. 따라서 a는 P이다.

여기서 X와 Y는 문장이고, S와 P는 두루이름이고, a는 홀이름이다. 통계 삼단논법 또는 어림으로 이면 없애기는 다음 추론 꼴을 띤다.

S인 사례의 n%는 P이다.
a는 S이다.
따라서 아마도 a는 P이다.

여기서 n은 0과 100 사이 수인데 크면 클수록 이 추론은 강하다.

이면 없애기들 또는 삼단논법들은 조심해 사용해야 한다. 다음 셋은 모두 잘못된 추론 꼴이다.

- X이면 Y. Y. 따라서 X
- 모든 S는 P이다. a는 P이다. 따라서 a는 S이다.
- S인 사례의 n%는 P이다. a는 P이다. 따라서 아마도 a는 S이다.

보기를 들어 다음 추론을 생각한다.

폐암으로 죽은 사람의 90%는 흡연자다. 김홍기는 담배를 피운다. 따라서 아마도 김홍기는 폐암으로 죽는다.

이 추론은 다음처럼 바꾸어야 올바르다.

폐암으로 죽은 사람의 90%는 흡연자다. 김홍기는 폐암으로 죽었다. 따라서 아마도 김홍기는 흡연자다.

담배를 피우는 사람의 90%는 폐암으로 죽는다. 김홍기는 담배를 피운다. 따라서 아마도 김홍기는 폐암으로 죽는다.

가. 다음 아마도 추론 가운데서 전제들과 결론의 맺음이 가장 강한 추론과 가장 약한 추론을 고르면?

> ㄱ. 간암에 걸린 환자의 50%는 수술로 암이 모두 나았다. 희리는 간암에 걸렸다. 따라서 희리는 수술로 암이 모두 나을 테다.
> ㄴ. 간암에 걸린 환자의 70%는 수술로 암이 모두 나았다. 희리는 간암에 걸렸다. 따라서 희리는 수술로 암이 모두 나을 테다.
> ㄷ. 간암에 걸린 환자의 90%는 수술로 암이 모두 나았다. 희리는 간암에 걸렸다. 따라서 희리는 수술로 암이 모두 나을 테다.
> ㄹ. 간암에 걸린 환자의 99%는 수술로 암이 모두 나았다. 희리는 수술로 암이 모두 나았다. 따라서 희리는 간암에 걸렸을 테다.

나. 다음 추론은 마땅한 반드시 추론인가 아마도 추론인가? 그것이 아마도 추론이면 그것은 단순 일반화, 통계 일반화, 통계 삼단논법 가운데 무엇인가?

01. 내 친구는 현재 모두 10명이다. 내 친구 10명은 「무빙」보다 「조명가게」를 더 좋아한다. 따라서 현재 내 모든 친구는 「무빙」보다 「조명가게」를 더 좋아한다.

02. 간암에 걸린 환자의 100%는 수술로 암이 낫는다. 희리는 간암에 걸렸다. 따라서 희리는 수술로 암이 낫는다.

03. 우리나라 축구 국가대표 선수 전체 30명 가운데 25명이 초등학생 때 축구를 시작했다. 손흥민은 우리나라 축구 국가대표 선수다. 따라서 손흥민은 초등학생 때 축구를 시작했다.

04. 부산의 유권자 50% 이상은 부패가 더 심해졌다고 생각한다. 서울의 유권자 50% 이상은 부패가 더 심해졌다고 생각한다. 광주의 유권자 50% 이상은 부패가 더 심해졌다고 생각한다. 대전의 유권자 50% 이상은 부패가 더 심해졌다고 생각한다. 따라서 대한민국 도시 거주 유권자의 50% 이상은 부패가 더 심해졌다고 생각한다.

다. 다음 추론은 단순 일반화, 통계 일반화, 통계 삼단논법 가운데 하나다. "따라서"나 "왜냐하면" 뒤에 그럴듯한 문장을 채우라.

01. 남자의 85%는 변성기를 거쳤다. 마루는 남자다. 따라서

02. 서울시 초등학생 가운데 75%가 최신 스마트폰을 갖는다. 서울시 서민임대 아파트에 사는 초등학생 가운데 15%만이 최신 스마트폰을 갖는다. 탁구는 서울시 초등학생이다. 따라서 아마도 탁구는 최신 스마트폰을 갖지 않을 테다. 왜냐하면

03. 20대의 71%가 역대 임금 가운데 세종을 가장 좋아한다. 30대의 84%가 세종을 가장 좋아한다. 40대의 74%가 세종을 가장 좋아한다. 유시진은 30대다. 따라서

라. 다음 아마도 추론은 강한 추론인가 약한 추론인가? 그렇게 생각하는 까닭은 무엇인가?

01. 남자의 85%는 변성기를 거쳤다. 옆집에 사는 꼬마 마루는 남자다. 따라서 아마도 마루는 변성기를 거쳤다.

02. 중국 폭사콘 공장에서 생산되는 에플사 스마트폰의 90%는 한국 시장에서 판매되고 10%만 중국 시장에서 판매된다. 나는 어제 한국에서 에플사 스마트폰을 구입했다. 따라서 아마도 이 스마트폰은 중국 폭사콘 공장에서 생산되었다.

03. 제약회사 파파팔은 신약 출시를 앞두고 1,000명의 환자를 대상으로 임상 시험한 결과 3% 환자에게 구토 및 발작 증세가 일어났지만 나머지 환자에게는 치료 효과가 매우 컸다. 따라서 아마도 부작용을 경고하는 문구를 포장지 겉면에 수록한다면 이 약을 판매해도 괜찮다.

04. 옥시레킷벤키저의 가습기살균제를 쓴 소비자 가운데 고작 0.1%만이 죽음에 이르렀다. 그 가습기살균제 때문에 너가 죽을 가능성은 매우 낮다. 따라서 아마도 그 가습기살균제를 쓰는 일은 그다지 위험하지 않다.

067 비슷하니까

오늘은 우리가 일상에서 매우 많이 쓰는 아마도 추론을 하나 더 배운다. 다음 추론을 생각한다.

> 흰쥐는 포유류고, 잡식성이고, 인슐린 호르몬이 혈당을 조절한다. 사람은 포유류고, 잡식성이고, 인슐린이 혈당을 조절한다. 약품 다피도는 흰쥐의 당뇨병에 효능이 있다. 따라서 아마도 다피도는 사람의 당뇨병에 효능이 있다.

이 추론의 전제들은 두 부분으로 나눌 수 있다. 한 부분은 흰쥐와 사람이 함께 갖는 모습을 이야기한다. 흰쥐와 사람은 포유류고, 잡식성이고, 인슐린이 혈당을 조절한다. 다른 부분은 약품 다피도가 흰쥐의 당뇨병에 효능이 있다고 이야기한다. 두 부분이 모여 결론을 뒷받침한다. 이 추론은 다음 꼴을 띤다.

> a와 b는 둘 다 S_1이고 S_2이고 S_3이다.
> a는 P이다.
> 따라서 아마도 b도 P이다.

달리 말해

> a와 b는 여러 가지 모습에서 비슷하다.
> a는 P이다.
> 따라서 아마도 b도 P이다.

이와 같은 아마도 추론을 "유비추론" 또는 "비슷하니까"라 한다.

유비추론은 두 사물 사이의 비슷한 점과 한 사물에 대한 정보로부터 다른 사물에 대한 정보를 이끈다. 유비추론에서 전제들과 결론의 맺음이 강해지려면 어떤 조건을 갖추어야 하는가? 두 사물 a와 b는 이런저런 비슷한 모습을 가졌고 새로운 정보 "a는 P이다"가 주어졌다고 가정한다.

- a와 b 사이의 비슷한 모습이 많을수록 이 유비추론은 더 강하다.
- a와 b 사이의 비슷한 모습이 P와 관련성이 많을수록 이 유비추론은 더 강하다.
- P와 깊은 관련성을 맺는 모습 가운데 a는 갖지만 b는 갖지 않는 것이 많을수록 이 유비추론은 더 약하다.

a와 b 사이의 비슷한 모습과 P 사이에 아무 관련이 없을 때 이 유비추론은 매우 약하다.

다음 추론은 강한 추론처럼 보인다.

> 블랙핑크는 아이돌 그룹이고 댄스 가수고 모두 잘 생겼다. 에스파는 아이돌 그룹이고 댄스 가수고 모두 잘 생겼다. 블랙핑크는 여자보다 남자에게 인기가 더 많다. 따라서 에스파는 여자보다 남자에게 인기가 더 많다.

블랙핑크와 에스파 사이의 비슷한 점은 아이돌 그룹이고 댄스 가수고 모두 잘 생겼다는 점이다. 이것들은 '여자보다 남자에게 인기가 더 많음'과 연관성이 있는가? 아래 추론은 위와 똑같은 꼴을 띤 유비추론이다.

> 블랙핑크는 아이돌 그룹이고 댄스 가수고 모두 잘 생겼다. BTS는 아이돌 그룹이고 댄스 가수고 모두 잘 생겼다. 블랙핑크는 여자보다 남자에게 인기가 더 많다. 따라서 BTS는 여자보다 남자에게 인기가 더 많다.

'여성 그룹임'은 '여자보다 남자에게 인기가 더 많음'과 깊은 관련성을 갖는다. 블랙핑크는 '여성 그룹임'을 갖지만 BTS는 '여성 그룹임'을 갖지 않는다. 다시 말해 블랙핑크는 '여자보다 남자에게 인기가 더 많음'과 관련성이 깊은 '여성 그룹임'을 갖지만 BTS는 이를 갖지 않는다. 따라서 이 유비추론은 강하지 않으며 오히려 매우 약하다.

가. 다음 빈칸에 그럴듯한 말을 채우라.

시계는 많은 부품으로 이루어진 복잡하고 정교한 기계다. 이것이 어쩌다 생기기는 매우 어렵다. 시계는 누군가 지성을 가진 존재가 설계하여 만들었음이 분명하다. 생명체는 시계보다 훨씬 많은 부품으로 이루어진 복잡하고 정교한 기계다. 생명체가 어쩌다 생기기는 매우 어렵다. 이처럼 ㉠______은/는 ㉡______와/과 ㉢__________________는 점에서 비슷하다. ㉡______은/는 ㉣__________________이다. 따라서 아마도 ㉠______도 ㉣__________________이다.

나. 다음 글을 읽고 주어진 유비추론을 두 추론으로 나누라.

> 유비추론 "a와 b는 둘 다 S_1이고 S_2이고 S_3이다. a는 P이다. 따라서 아마도 b도 P이다"는 다음 두 추론으로 나눌 수 있다.
>
> - a는 S_1이고 S_2이고 S_3이다. a는 P이다. 따라서 아마도 S_1이고 S_2이고 S_3인 것은 대부분 P이다.
> - S_1이고 S_2이고 S_3인 것은 대부분 P이다. b는 S_1이고 S_2이고 S_3이다. 따라서 아마도 b는 P이다.

01. 영희와 이수는 둘 다 여대생이고 경제학을 전공하고 서울에 산다. 영희는 채식주의자다. 따라서 아마도 이수는 채식주의자다.

02. 태리는 평등과 정의를 추구하고 양성평등주의자고 정의로운 정치인을 좋아한다. 개리도 이와 같다. 태리는 청렴한 정당을 지지한다. 따라서 아마도 개리도 청렴한 정당을 지지한다.

03. 스피노자와 라이프니츠는 인간 경험이 인간 이성에 부합해야 하며 마음과 몸이 인과관계를 맺지 않으며 신이 존재한다고 주장한다. 스피노자는 오직 하나의 실체만 존재한다고 주장한다. 따라서 아마도 라이프니츠도 오직 하나의 실체만 존재한다고 주장한다.

다. 다음 글을 읽고 원래 유비추론이 약한지 약하지 않은지 따지라.

> 유비추론 "a와 b는 둘 다 S_1이고 S_2이고 S_3이다. a는 P이다. 따라서 아마도 b도 P이다"는 다음 두 추론으로 나눌 수 있다.
>
> - a는 S_1이고 S_2이고 S_3이다. a는 P이다. 따라서 아마도 S_1이고 S_2이고 S_3인 것은 대부분 P이다.
> - S_1이고 S_2이고 S_3인 것은 대부분 P이다. b는 S_1이고 S_2이고 S_3이다. 따라서 아마도 b는 P이다.
>
> 둘째 추론은 통계 삼단논법이다. 이 추론은 어느 정도 받아들일 수 있다. 하지만 유비추론에서 중요한 부분은 첫째 추론이다. 만일 "a는 S_1이고 S_2이고 S_3이다. a는 P이다. 따라서 아마도 S_1이고 S_2이고 S_3인 것은 대부분 P이다"가 그럴듯하다면 원래 유비추론은 약하지 않다. 하지만 첫째 추론이 그다지 그럴듯하지 않다면 원래 유비추론은 약하다.

01. 태리는 평등과 정의를 추구하고 양성평등주의자고 정의로운 정치인을 좋아한다. 개리도 이와 같다. 태리는 부패한 정당보다 청렴한 정당을 지지한다. 따라서 아마도 개리도 부패한 정당보다 청렴한 정당을 지지한다.

02. 트와이스는 JYP 소속 여성 아이돌 그룹이고 댄스 가수고 모두 잘 생겼다. 엔믹스는 JYP 소속 여성 아이돌 그룹이고 댄스 가수고 모두 잘 생겼다. 트와이스는 다른 나라보다 일본에서 가장 인기가 많다. 따라서 엔믹스는 다른 나라보다 일본에서 가장 인기가 많다.

03. 사람과 긴팔원숭이는 모든 방향으로 움직일 수 있는 어깨 관절이 있고, 두뇌 피질이 크게 분화되었고, 임신기간이 길다. 긴팔원숭이는 자유의지를 갖지 않는다. 따라서 아마도 사람도 자유의지를 갖지 않는다.

04. 내 친구는 내 말에 반응하여 내가 알아듣는 목소리를 출력한다. 인공지능 챗지피티는 내 말에 반응하여 내가 알아듣는 목소리를 출력한다. 내 친구는 내 말을 이해하며 지성을 가지고 마음을 갖는다. 따라서 아마도 인공지능 챗지피티는 내 말을 이해하며 지성을 가지고 마음을 갖는다.

068 탓하기

이미 일어난 일들로부터 그 일을 일으킨 원인을 찾는 추론을 "탓하기" 또는 "인과추론"이라 한다. 이것은 아마도 과학의 방법 가운데 가장 중요한 방법이다. 13세기 말에 둔스 스코투스는 탓하는 길을 알아내려고 애썼다. 그가 찾은 길은 다음과 같다.

- 같은 결과가 나타나는 여러 현상의 목록을 만든다.
  - 그 현상을 이루는 여러 요소를 서로 견주어 본다.
    - 그 모든 현상에서 '일치하여' 나타나는 바로 그 요소가 그 결과의 원인이라 결론 내린다.

이와 같은 탓하기를 "일치법"이라 한다.

일치법은 다음 모눈을 써서 설명할 수 있다.

목록	한 현상을 이루는 여러 요소	결과
1	ABCDE	e
2	ACDEF	e
3	ABCEF	e
4	BCDF	e

현상을 이루는 여러 요소 가운데 언제나 나타나는 요소는 C다. 이를 보건대 결과 e의 원인은 C다. 일치법은 다음처럼 간추릴 수 있다.

> '결과 e가 일어난다면 언제나 그 전에 이미 X가 일어났다'를 만족하는 X는 결과 e의 원인이다. 또는 '만일 X가 일어나지 않는다면 언제나 결과 e가 일어나지 않는다'를 만족하는 X는 결과 e의 원인이다.

모눈에서 이를 만족하는 요소는 C밖에 없다. "결과 e가 일어난다면 언제나 그 전에 이미 C가 일어났다"고 말할 수 있다. 또한 "그 이전에 이미 C가 일어나지 않았다면 결과 e는 일어나지 않는다"고 말할 수 있다. 달리 말해 원인의 일어남은 결과가 일어나기 위한 필요조건이다. 일치법은 결과의 필요조건으로서 원인을 찾는 방법이다. 하지만 필요조건은 여러 개일 수 있기에 일치법에 따라 원인을 찾을 때 원인이 여러 개일 수 있다.

14세기 초에 윌리엄 오컴은 조금 다른 탓하는 길을 찾았다.

- 한 결과가 나오는 현상과 그 결과가 나오지 않는 현상을 찾는다.
  - 두 현상을 이루는 요소들을 서로 견주어 본다.
    - 두 현상에서 '차이 나는' 바로 그 요소가 그 결과의 원인이라 결론 내린다.

이와 같은 탓하기를 "차이법"이라 한다. 차이법은 다음 모눈을 써서 설명할 수 있다.

목록	한 현상을 이루는 여러 요소	결과
1	ABCDEF	e
2	ABDEF	-

여기서 '-'은 결과 e가 나오지 않았음을 뜻한다. 두 현상을 이루는 여러 요소 가운데 차이 나는 요소는 C다. 이를 보건대 결과 e의 원인은 C다. 하지만 그렇게 차이 나는 요소가 여러 개일 수 있기에 차이법에 따라 원인을 찾을 때도 원인이 여러 개일 수 있다.

16세기 말 프랜시스 베이컨은 새로운 앎을 얻는 길로서 탓하기를 높이 샀다. 그는 일치법과 차이법 말고도 일치차이병용법, 공변법, 잉여법을 더 찾아내었다. 그는 이것들을 "새로운 도구"라 했다. 19세기 중반 존 스튜어트 밀은 그 전에 나왔던 모든 탓하기를 모았다. 오늘날 일치법, 차이법, 일치차이병용법, 공변법, 잉여법을 "밀의 방법"이라 한다.

가. 다음을 읽고 물음에 답하라.

"X가 Y의 원인이다"는 "X가 바뀐다면 Y도 일정하게 바뀌고, X가 바뀌지 않는다면 Y도 바뀌지 않는다"를 뜻한다. 이러한 인과 개념에 따라 탓하는 길을 "공변법"이라 한다. 공변법은 다음 모눈을 써서 설명할 수 있다.

목록	한 현상을 이루는 여러 요소	결과
1	ABCD	efgh
2	$ABC^{+}D$	$e^{+}fgh$
3	$ABC^{-}D$	$e^{-}fgh$

이 모눈에 따르면 요소 C를 높이거나 낮출 때 e도 덩달아 높아지거나 낮아진다. 따라서 아마도 e의 원인은 C다.

평소 70kg이 나가던 병주는 지난 몇 달 간 하루 10시간씩 잠을 자고 밥을 끼니 당 2공기씩 4끼를 먹고 야식으로 라면 1개를 먹었으며 5분 이상 걷지 않았다. 몸이 이상해 지난달 초 몸무게를 달아보니 85kg이었다. 의사는 다른 이상은 없으나 건강을 위해 원래 몸무게를 유지하라고 권유했다. 의사의 권유에 따라 병주는 몸무게를 원상태로 돌리려고 생활 습관을 바꾸었다. 그달 첫 두 주간 하루 7시간씩 자고 끼니 당 1.5공기씩 3끼 식사하고 야식으로 라면 1개를 먹고 10분씩 걸었더니 몸무게가 80kg이 되었다. 다음 두 주간 하루 7시간씩 자고 끼니 당 1공기씩 2끼 식사하고 야식으로 라면 반 개를 먹고 20분을 걸었더니 몸무게가 77kg이 되었다. 이달 들어 처음 두 주간 하루 7시간씩 자고 끼니 당 1공기씩 2끼 식사하고 야식으로 라면 반 개를 먹고 30분씩 걸었는데 몸무게가 그대로였다. 최근 두 주간에는 하루 6시간씩 자고 끼니 당 0.5공기씩 2끼 식사하고 야식 없이 1시간씩 걸었는데 몸무게가 72kg이 되었다.

01. 공변법을 따를 때 병주의 몸무게가 준 탓은 야식 양, 수면 시간, 운동 시간, 끼니 수, 끼니 당 밥공기 수 가운데서 무엇인가?

02. 제대로 된 공변법은 "X가 Y의 원인이다"를 "다른 것은 그대로고 X가 바뀐다면 Y도 일정하게 바뀌고, X가 바뀌지 않는다면 Y도 바뀌지 않는다"로 이해해야 한다. 이렇게 이해할 때 앞 물음의 답은 무엇인가?

나. **다음 글의 가설연역법에 따라 올바르게 추론했다면 "올"을 쓰고 그렇지 않으면 "않"을 쓰라.**

> 가설연역법은 세 단계로 이루어진다. 첫째, 현상들을 한꺼번에 설명할 수 있는 가설 H를 추측한다. 첫 단계는 가설의 추측인데 과학에서 "추측"은 "가설"의 다른 이름이다. 둘째, 가설 H 및 보조 가설들로부터 실험이나 관찰로 확인할 수 있는 명제 O를 연역한다. 여기서 "A로부터 B를 연역한다"는 A가 참이고 B가 거짓임이 불가능함을 뜻한다. 연역된 명제 O는 가설의 예측인 셈이다. 이 예측 명제는 경험, 관찰, 측정으로 참 또는 거짓이 드러날 수 있는 명제여야 한다. 셋째, 실제 실험이나 관찰로 O가 참인지 거짓인지 검사한다. 이 단계에서 만일 예측 명제 O가 거짓임이 드러나면 보조 가설들 및 가설 H 가운데 적어도 하나가 거짓임이 드러난다. 이를 "반증"이라 하는데 '거짓임이 드러남'을 뜻한다. 한편 예측 명제 O가 참이라 해도 가설 H가 곧장 검증되지는 않는다. "검증되다"는 '참임이 드러나다'를 뜻한다. 예측 명제 O가 참임이 드러나면 가설 H는 입증된다. "입증되다"는 '그럴듯해지다'나 믿음직해지다'를 뜻한다.

01. 가설 "모든 생물은 계속 진화한다"를 추측한다. 이 가설과 보조 가설 "사람은 더는 진화하지 않는다"로부터 "사람은 생물이 아니다"를 연역할 수 있다. 하지만 사람은 생물이다. 따라서 그 보조 가설은 반증된다.

02. 가설 "하느님은 완전하다"를 추측한다. 이 가설과 보조 가설 "하느님이 완전하다면 하느님은 지극히 선하다"로부터 "하느님은 지극히 선하다"를 연역할 수 있다. 하지만 하느님이 지극히 선하지는 않다. 따라서 보조 가설이 반증되면 그 가설은 검증된다.

03. 가설 "해변보다 산 위에서 시간이 더 빨리 흐른다"를 추측한다. 위치 A보다 위치 B에서 시간이 더 빨리 흐른다면 위치 A에 놓인 시계보다 위치 B에 놓인 시계가 더 빨리 간다. 이 보조 가설과 가설로부터 "해변에 놓인 시계보다 산 위에 놓인 시계가 더 빨리 간다"를 연역할 수 있다. 실제로 해변에 놓인 시계보다 산 위에 놓인 시계가 더 빨리 간다. 따라서 그 가설은 입증된다.

069 추론 그림

추론 또는 논증이 담긴 글은 말길의 흐름이 있다. 이 흐름을 화살 꼴을 써서 나타낼 수 있다. 다음 반드시 추론을 생각해 보자.

> ㉠ 쿼크는 질량을 갖고 있고 전하량을 갖고 있다. 따라서 ㉡ 쿼크는 전하량을 갖고 있다.

이 추론은 ㉠에서 ㉡을 반드시 이끈다. ㉠은 ㉡을 빈틈없이 뒷받침한다. 이를 다음과 같이 나타낼 수 있다.

㉠
↓
㉡

이러한 그림을 "추론 그림" 또는 "이끌기 그림"이라 한다.

다음 아마도 추론을 생각해 보자.

> ㉠ 보미는 몸이 튼튼하다. 따라서 아마도 ㉡ 보미는 감기에 잘 걸리지 않는다.

이 추론은 ㉠에서 ㉡을 아마도 이끈다. ㉠은 ㉡을 그럴듯하게 뒷받침한다. 이를 다음과 같이 나타낼 수 있다.

㉠
⋮
㉡

'↓'는 반드시 추론에 쓰고 '⋮'는 아마도 추론에 쓰기로 하자.

이제 다음과 같은 반드시 추론의 그림을 그려 보자. 이 추론은 ㉠과

㉡으로부터 ㉢을 반드시 이끈다. 이 추론의 그림은 오른쪽처럼 그릴 수 있다.

> ㉠ 춤을 좋아하는 사람들은 삶을 즐길 줄 안다. ㉡ 강금실은 춤을 좋아한다. 따라서 ㉢ 강금실은 삶을 즐길 줄 안다.

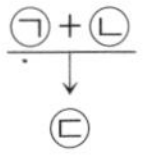

이 반드시 추론에서 ㉠은 혼자서 결론 ㉢을 뒷받침할 수 없다. ㉡도 혼자서 결론 ㉢을 뒷받침할 수 없다. ㉠과 ㉡은 힘을 모아 ㉢을 뒷받침한다. 이 추론의 그림에서 "㉠+㉡"은 "㉠과 ㉡이 힘을 모아"를 뜻한다.
다음 아마도 추론도 비슷하게 그릴 수 있다.

> ㉠ 철학을 좋아하는 사람들 대부분은 유럽철학을 좋아한다. ㉡ 은혁은 철학을 좋아한다. 따라서 아마도 ㉢ 은혁은 유럽철학을 좋아한다.

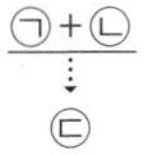

이 추론은 ㉠과 ㉡으로부터 ㉢을 아마도 이끈다. 이 아마도 추론에서 ㉠은 혼자서 결론 ㉢을 뒷받침할 수 없다. ㉡도 혼자서 결론 ㉢을 뒷받침할 수 없다. ㉠과 ㉡은 힘을 모아 ㉢을 그럴듯하게 뒷받침한다.

두 전제들이 따로 결론을 그럴듯하게 뒷받침할 수 있다. 보기를 들어 다음과 같은 추론인데 이는 오른쪽 그림처럼 그릴 수 있다.

> ㉠ 내선신문은 일제 강점기 때 일본 천황에게 충성맹세를 하고도 반성하지 않고 있다. ㉡ 내선신문은 왜곡보도를 일삼고 있다. 따라서 아마도 ㉢ 내선신문은 보지 않는 것이 좋다.

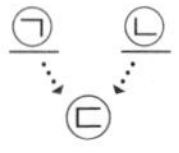

여기서 ㉠과 ㉡은 힘을 모아 ㉢을 뒷받침하는 것이 아니다. ㉠과 ㉡은 따로 ㉢을 뒷받침한다. ㉠은 제 홀로 ㉢을 그럴듯하게 뒷받침하고 또한 ㉡도 제 홀로 ㉢을 그럴듯하게 뒷받침한다.

가. 다음 추론을 그림으로 나타내라.

01. ㉠ 사형제도는 정당화될 수 없어. ㉡ 사형제도 때문에 살인범이 없어질 경우에만 이 제도는 정당화될 수 있어. 하지만 ㉢ 사형 제도가 있는데도 살인범은 없어지지 않았어.

02. ㉠ 나는 느끼고 생각하고 말하는 사람이다. ㉡ 어머니도 느끼고 생각하고 말하는 사람이다. ㉢ 나는 때때로 외롭고 슬프다. 따라서 ㉣ 어머니도 때때로 외롭고 슬프다.

03. ㉠ 지난 30년 동안 주식시장이 보여주듯이, 경기 침체 후 회복되는 첫해에 주식은 채권보다 대체로 수익성이 높다. 따라서 아마도 ㉡ 올해는 주식이 채권보다 수익성이 높을 것이다. 왜냐하면 ㉢ 올해는 경기 침체 후 회복되는 첫해이기 때문이다.

04. ㉠ 영화 「기생충」은 한국 대중들이 꼭 들어야 하는 이야기를 담고 있거나 한국 시민들이 권력집단에게 꼭 하고 싶은 이야기를 담고 있다. ㉡ 만일 영화 「기생충」이 한국 대중들이 꼭 들어야 하는 이야기를 담고 있다면 나는 이 영화를 꼭 보아야 한다. ㉢ 만일 영화 「기생충」이 한국 시민들이 권력집단에게 꼭 하고 싶은 이야기를 담고 있다면 나는 이 영화를 꼭 보아야 한다. 따라서 ㉣ 나는 「기생충」을 꼭 보아야 한다.

05. ㉠ '너' 개념을 갖지 않는 모든 존재는 '나' 개념을 갖지 못한다. ㉡ '바깥' 개념을 갖지 않는 모든 존재는 '나' 개념을 갖지 못한다. ㉢ 현재의 마이크로프로세싱과 프로그래밍 방식으로 만든 인공지능은 '너' 개념을 갖지 않는 존재이거나 '바깥' 개념을 갖지 않는 존재이다. 따라서 ㉣ 현재의 마이크로프로세싱과 프로그래밍 방식으로 만든 인공지능은 '나' 개념을 갖지 못한다.

06. ㉠ 인공지능은 대부분 '나' 개념을 갖지 못한다. ㉡ 알파고는 인공지능이다. ㉢ 알파고는 '나' 개념을 갖지 못한다. ㉣ 만일 알파고가 '나' 개념을 갖지 못한다면 우리는 알파고가 설사 지능을 갖고 있다 하더라도 지성을 갖고 있다고 말할 수 없다. 따라서 ㉤ 우리는 알파고가 설사 지능을 갖고 있다 하더라도 지성을 갖고 있다고 말할 수 없다.

나. 다음 글을 읽고 주어진 추론들을 그림으로 그리라. 숨은 전제나 숨은 결론이 있다면 그것이 무엇인지 쓰라.

> 아래 추론에는 숨은 전제가 있다.
>
> ㉠ 고래는 물고기이다. 따라서 ㉡ 고래는 배꼽이 없다.
>
> 그것은 "모든 물고기는 배꼽이 없다"이다. 이 전제를 덧붙이면 위 추론은 더욱 그럴듯한 추론이 된다. 이제 위 추론의 그림은 다음과 같이 그릴 수 있다.
>
> ㉠+㉦
> ↓
> ㉡
>
> 여기서 ㉦은 숨은 전제 "모든 물고기는 배꼽이 없다"이다.
>
> 결론이 감추어져 있는 추론도 있다. 보기를 들어 "㉠ 당신이 정말로 날 사랑한다면 당신은 내가 바라는 것을 해주었다. 하지만 ㉡ 당신은 내가 바라는 것을 해주지 않았다"는 결론 "㉦ 당신은 날 정말로 사랑하는 것이 아니다"이다. 이 추론의 그림은 다음과 같이 그릴 수 있다.
>
> ㉠+㉡
> ↓
> ㉦
>
> 전제와 결론이 숨어 있는 추론도 있다. 보기를 들어 "네가 담배를 끊을 수 있다면 그날부터 너는 내 할아버지가 될 것이다"에서 숨은 결론은 "너는 결코 담배를 끊지 못할 것이다"이고, 숨은 전제는 "네가 내 할아버지가 될 일은 없다"이다.

01. ㉠ 고래는 포유류이다. 따라서 ㉡ 고래는 배꼽이 있다.

02. ㉠ 2019년 대한민국 건국 100주년 때 한반도 평화협정이 맺어질 것이라고 네가 꿈꾸는 것은 사막이 밀림이 될 것이라고 꿈꾸는 것과 비슷하다. 따라서 ㉡ 2019년 대한민국 건국 100주년 때 한반도 평화협정이 맺어질 것이라고 네가 꿈꾸는 것은 헛된 꿈이다.

03. ㉠ 사람에게 마음이 없다거나 자유의지가 없다고 가정하는 것은 곧 사람을 환경과 본능에 충실한 한갓 동물로 여기는 것에 지나지 않는다.

070 논증 그림

추론과 논증은 서로 바꾸어 쓸 수 있는 말이다. 하지만 어떤 사람들은 둘을 구별한다. 그들은 추론이 주어진 전제들로부터 마땅한 또는 그럴듯한 결론을 이끌어내는 일이고, 논증은 바라는 결론을 이끌어내기 위해 전제들을 찾은 다음 그 전제들로부터 결론을 이끌어내는 일이라고 말한다. 이러한 뜻의 논증은 많은 경우 여러 단계의 추론들을 필요로 한다. 왜냐하면 바라는 결론을 얻기 위해서 여러 전제들을 불러들여야 하고 그 전제들은 또 다시 다른 전제들을 통해 뒷받침되어야 하기 때문이다. 여기서 여러 추론들로 이루어진 추론 묶음들을 "논증"이라 부르고, 논증에 담긴 추론들의 그림을 모두 모은 것을 "논증 그림"이라 부르자.

다음 논증은 여러 추론들로 이루어져 있다.

> ㉠ 이번 도서관 책 훼손 사건의 범인은 가울이거나 나빈이다. 그러나 ㉡ 가울은 언제나 다솔과 함께 공부한다. 어쨌든 ㉢ 다솔이 도서관 책을 훼손하지 않았으리라는 몇 가지 증거가 있다. 그러니까 ㉣ 다솔은 범인이 아니다. 이렇게 본다면 ㉤ 가울도 범인이 아니다. 결국 ㉥ 나빈이 이번 도서관 책 훼손 사건의 범인이다. ㉦ 실제로 나빈은 예전에도 도서관 책을 훼손한 적이 있다.

이 논증의 결론은 ㉥이다. ㉥을 이끌어내기 위해 ㉠과 ㉤으로 충분하다. 이것은 이거나 없애기를 쓴 것인데, ㉠과 ㉤으로부터 반드시 ㉥이 따라 나온다. 이것은 하나의 마땅한 반드시 추론을 이룬다. 그래서 우리는 다음과 같은 추론 그림을 얻는다.

㉠+㉤
↓
㉥

그런데 ㉦도 ㉥을 그럴듯하게 뒷받침한다. 이는 다음과 같은 아마도 추론을 하나 만들어낸다.

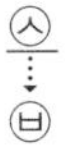

우리가 찾아낸 두 추론들을 다음과 같이 함께 그릴 수 있다.

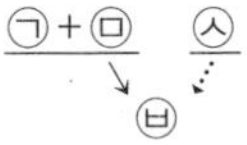

남은 문장은 ㉡, ㉢, ㉣이다. 이들의 관계를 찾아서 위 그림에 함께 그려 넣어야 한다.

㉡과 ㉣은 힘을 모아 ㉤을 그럴듯하게 뒷받침한다. ㉡ 홀로서는 ㉤을 뒷받침하지 못하고 ㉣ 홀로서는 ㉤을 뒷받침하지 못한다. 또한 ㉢은 ㉣을 그럴듯하게 뒷받침한다. 이 또한 논증을 이루는 하나의 추론이다. 다솔이 도서관 책을 훼손하지 않았으리라는 몇 가지 증거가 있다고 해서 그가 범인이 아니라고 틀림없이 말하기 어렵기 때문에 이 추론은 아마도 추론이다. 그래서 우리는 다음과 같은 아마도 추론 그림을 얻는다.

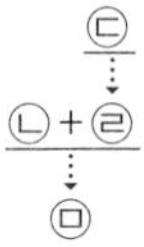

이제 모든 추론들을 함께 모아 논증 그림을 그리면 아래와 같다.

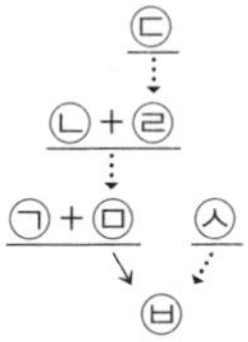

가. 다음 논증을 그림으로 나타내라.

01. ㉠ 더욱 자유롭고 정의로운 대한민국을 바라는 대학생 1000명을 대상으로 설문조사한 결과 950명은 국정원의 불법 대선개입 행위의 진상 규명을 위해 특별검사를 임명해야 한다고 말했다. 이를 보아 ㉡ 더욱 자유롭고 정의로운 대한민국을 바라는 대학생의 95%는 국정원의 불법 대선개입 행위의 진상 규명을 위해 특별검사를 임명해야 한다는 데 동의한다. ㉢ 태수는 더욱 자유롭고 정의로운 대한민국을 바라는 대학생이다. 따라서 ㉣ 태수는 국정원의 불법 대선개입 행위의 진상 규명을 위해 특별검사를 임명해야 한다는 데 동의할 것이다.

02. ㉠ 한 종에게 자연도태가 이루어지지 않는다면 그 종에게 진화는 멈출 것이다. ㉡ 자연도태는 이제 인간 종에게는 더 이상 적용되지 않는다. ㉢ 자연도태가 이루어지기 위해서는 대부분의 약한 개체들이 번식하기 전에 죽어야 한다. 하지만 ㉣ 현대 의학은 약한 사람들도 강한 사람들에 못지않게 살아남고 또 번식할 수 있도록 만들어 놓았다. 결국 ㉤ 인간 종은 더 이상 진화하지 않는다.

03. ㉠ 만약 인간을 다른 생물보다 더 우월한 존재로 대해야 할 명백한 이유가 없다면, 우리는 다른 생물들과 더불어 살려고 노력해야 한다. ㉡ 만일 우리가 다른 생물들과 더불어 살려고 노력해야 한다면, 우리는 다른 생물을 우리의 완전한 예속 속에 가두어 놓아서는 안 된다. 이처럼 ㉢ 만약 인간을 다른 생물보다 더 우월한 존재로 대해야 할 명백한 이유가 없다면, 우리는 다른 생물을 우리의 완전한 예속 속에 가두어 놓아서는 안 된다. 진실로 ㉣ 인간을 다른 생물보다 더 우월한 존재로 대해야 할 명백한 이유는 없다. ㉤ 우리는 다른 생물을 우리의 완전한 예속 속에 가두어 놓아서는 안 된다. ㉥ 만일 우리가 다른 생물을 우리의 완전한 예속 속에 가두어 놓아서는 안 된다면, 우리는 우리의 기본 욕구를 충족하기 위하여 다른 생물의 기본 욕구를 지나치게 많이 희생시켜서는 안 된다. ㉦ 우리는 우리의 기본 욕구를 충족하기 위하여 다른 생물의 기본 욕구를 지나치게 많이 희생시켜서는 안 된다.

04. ㉠ 한 행위에 직접 영향받을 사람 모두가 그 행위가 이루어지길 바란다면 그 행위는 나쁘지 않다. ㉡ 자연임신으로 아이를 낳을 경우 자신의 유전자를 반만 물려줄 수 있지만, 복제기술을 이용할 경우 체세포 제공자는 자기 유전자를 아이에게 온전히 물려줄 수 있다는 이유에서 체세포 제공자는 복제기술의 이용을 바란다. ㉢ 복제기술로 태어난 사람은 복제기술이 사용되지 않았더라면 태어나지 못했을 것이므로 복제기술을 바란다. ㉣ 복제기술에 직접 영향받을 사람은 자기 체세포를 이용하는 복제기술을 통해서 아이를 가지려는 체세포 제공자와 이 복제기술로 태어날 사람뿐이다. ㉤ 체세포 제공자와 복제기술로 태어날 사람은 둘 다 복제기술의 사용을 바란다. ㉥ 복제기술을 사람에게 사용하는 행위는 나쁘지 않다. ㉦ 복제기술을 사람에게 사용하는 행위가 나쁘지 않다면 복제기술을 이용하여 태어난 사람들이 앞으로 점차 많아질 것이다. ㉧ 복제기술을 이용하여 태어난 사람들이 앞으로 점차 많아질 것이다.

05. ㉠ 자연이 한결같다면 귀납의 신뢰성은 보장된다. ㉡ 자연이 한결같지 않다면 귀납은 신뢰할 만하지 않다. ㉢ 자연이 한결같다고 가정하더라도 귀납 이외의 다른 대안 방법들이 신뢰할 만하다는 것을 입증할 수 없다. ㉣ 자연이 한결같을 경우, 귀납은 신뢰할 만하다는 것이 보장되지만 그 이외의 대안 방법은 신뢰할 만하다는 것이 보장되지 않는다. ㉤ 귀납이 신뢰할 만하지 않을 경우 대안 방법들도 마찬가지로 신뢰할 만하지 않다. ㉥ 가령 귀납이 신뢰할 만하지 않다면 점쟁이의 방법도 신뢰할 만하지 않다. ㉦ 자연이 한결같지 않다면 대안 방법들도 신뢰할 만하지 않다. ㉧ 자연이 한결같지 않을 경우, 귀납이든 대안 방법이든 모두 신뢰할 만하지 않다. ㉨ 귀납은 신뢰할 만하다는 것이 보장되지만 그 이외의 대안 방법은 신뢰할 만하다는 것이 보장되지 않는다면, 귀납은 지식을 확장하는 최선의 추론 방법이다. ㉩ 귀납이든 대안 방법이든 모두 신뢰할 만하지 않다면 귀납은 지식을 확장하는 최선의 추론 방법이다. ㉪ 자연은 한결같거나 한결같지 않다. ㉫ 자연이 한결같다면 귀납은 지식을 확장하는 최선의 추론 방법이다. ㉬ 자연이 한결같지 않다면 귀납은 지식을 확장하는 최선의 추론 방법이다. 따라서 ㉭ 귀납은 지식을 확장하는 최선의 추론 방법이다.

나는 언어 구사력, 논리력, 정확한 발음을 한 사람의 지적 수준을 가늠하는 척도로 삼고 있다. 과격한 주장이라 비난받을 게 뻔하지만 나는 발음의 불분명함조차도 지적 태만으로 여긴다.

나는 한국어를 모국어로 사용하는 사람으로서, 한국어 문장이 기본적으로 갖추어야 할 문장 골격과 의미 상응에 늘 주의를 기울였고, 올바른 한국어를 제대로 구사하기 위한 노력을 꾸준히 기울여 왔다. 비문과 엉성한 문장을 접할 때면 늘 불쾌하다. 한 언어를 그 언어답게 잘 구사하고자 하는 나의 이 열망은 다른 언어에도 반영이 되어, 단기간에 그 언어 고유의 감각을 익히고 그 언어를 높은 수준으로 잘 구사할 수 있게 되었다. 내 생각에, 어느 누구도 자신의 모국어를 잘 구사하지 못하면서, 외국어를 잘 구사할 수 없다.

한국은 아직 서양의 학문을 수입해 오는 데 급급한, 학문의 식민지 상태에서 여전히 벗어나지 못한다. 서양어의 번역 어투, 불필요한 한문 용어 남용에서 벗어나서 한국어를 좀 더 우리말답게 구사하고, 모국어로서 익힌 한국어를 빌려 다양한 지식의 형태들을 가슴 깊이 이해하고 공유하는 일이 지금 한국인들에게 꼭 필요한 일이다.

한 사람이 지닌 이해의 폭과 사고 체계는 대부분 모국어를 통해 확장되고 확립된다. 프랑스에 오랜 기간 지내면서, 서둘러 어린 나이에 유학 온 학생들의 학습능력의 한계를 심심찮게 보게 되었다. 안타깝게도 그들은 한국어로도, 프랑스어로도 도저히 잡히지 않는 개념과 이념들 사이에서 갈피를 못 잡고 있었다. 이로써 모국어로 앎의 폭을 넓히고 생각을 키우는 것이 얼마나 중요한지 다시 한 번 체감했다. 이 바탕은 모국어가 아니고서야 채워지지 않는 영역이다.

클라라는 우리가 좀처럼 사용하지도 않는, 일상과 동떨어진 한문 용어들을 거두어 내고, 한국어 고유의 문장 구조를 반영하는 "이고", "이거나", "이면", "반드시", "아마도" 등과 같은 우리말 조사나 부사를 활용하여, 논리 개념과 규칙들을 쉽게 직관적으로 이해할 수 있도록 하였다. 이런 노력은 한국물리학회에서 먼저 있었다. 사용 빈도가 떨어지는, 역사에 파묻혀 버린 많은 한자 물리 용어들을 토박이말로 바꾸어, 물리 개념과 현상을 직관적으로 이해하게 하자는 것이 그 취지이다. 논리란 깊이 있게 생각하고자 하는 사람은 누구든지 공유하는 바탕이기에, 그의 이러한 혁신이 미치는 영향은 아주 클 것이다.

프랑스를 거점으로 유럽에서 활동하는 작곡가이자 음악학자 이보미

071 - 080

071

강화와 반론

072

결론 빌리기

073

하소연

074

딴소리

075

인신공격

076

치우친 근거

077

잘못된 탓

078

못미더운 가정

079

헷갈리는 말

080

믿음직함

071 강화와 반론

추론 또는 논증을 만드는 사람이 끝내 하고 싶은 결론을 다른 말로 "논지"라고 한다. 그 논지를 뒷받침하는 전제를 "논거"라 한다. 자신의 논지를 더욱 그럴듯하게 만드는 일을 "논지 강화" 또는 "강화"라 한다. 다른 사람의 논지를 덜 그럴듯하게 만드는 일은 "논지 약화" 또는 "약화"이다. 더욱더 자주 쓰는 말로는 "반론", "반박", "논박" 따위가 있다. 반론은 다른 사람의 논지가 받아들이기 어렵다는 것을 보이는 일이다.

여러 가지 길로 논지를 강화할 수 있다. 첫째, 논지를 뒷받침하는 새로운 논거를 덧붙인다. 둘째, 주어진 논거들이 논지를 잘 뒷받침해준다는 점을 보인다. 셋째, 기존 논거를 더욱 그럴듯하게 만드는 논거의 근거를 제시한다. 다음 논증을 생각해 보자.

> 30세에서 60세 나이의 성인들 중 하루에 담배 반 갑을 피우는 사람 100명, 한 갑을 피우는 사람 100명, 두 갑을 피우는 사람 100명을 임의로 모아 세 개의 표본을 만들었다. 이 표본들에 대해 지난 10년 동안 폐암 발병률을 조사했다. 그 결과 담배를 많이 피우는 사람들로 이루어진 표본일수록 폐암 발병률이 높았다. 따라서 흡연은 폐암의 원인들 중 하나다.

이 논증의 논지는 "흡연은 폐암의 원인들 가운데 하나이다"이다. 다음 주장들 가운데 하나를 전제에 보태는 것은 논지를 강화하는 길이다.

- 별도의 대조 실험에서 비흡연자들의 폐암 발병률은 매우 낮았다.
- 간접흡연으로 담배연기에 노출된 기간이 긴 사람일수록 폐암 발병률이 높았다.

하지만 보기를 들어 "공해 물질이나 유해한 먼지 등이 폐암 발병과 상관된다"는 주장을 전제에 보태는 것은 논지를 강화하지 못한다. "흡연 의존성과 폐암을 모두 야기하는 다른 원인이 존재한다"를 보태는 것은 오히려 논지를 약화한다. 흡연 의존성과 폐암을 모두 야기하는 다른 원인이 존재한다는 말은 흡연이 폐암을 일으키는 것이 아니라는 말이다. "흡연이 불안, 중독, 혈압 이상 등 다양한 다른 나쁜 효과들을 낳는다"를 보태는 것은 논지를 약화하지도 강화하지도 못한다. 이것은 논지와 무관하다.

반론하는 길도 여러 가지이다. 첫째, 논거들이 논지를 그다지 뒷받침하지 못한다는 것을 보인다. 둘째, 전제 또는 논거가 믿을 만하지 않다는 것을 보인다. 셋째, 받아들이기 어려운 가정을 논증이 몰래 감추고 있다는 것을 보인다. 넷째, 논지가 거의 틀렸다는 것을 보여주는 명백한 사례를 보여준다. 여기서 '논지가 거의 틀렸다는 것을 보여주는 명백한 사례'를 "반례"라 한다. 보기를 들어 다음 논증을 반론해 보자.

> ㉠ 무엇이 착한 것이고 무엇이 못된 것인지에 대한 윤리 판단에서 광범위한 불일치가 있다. ㉡ 이것이 옳다면 사람들의 윤리 원칙은 시간과 장소와 상황에 따라 다르다. 따라서 ㉢ 윤리 원칙은 시간과 장소와 상황에 따라 다르다.

㉠과 ㉡은 ㉢을 잘 뒷받침하고 있어서 논거들이 논지를 뒷받침하지 못한다고 반론할 수는 없다. 반론을 제기하려면 ㉠이나 ㉡이 믿을 만하지 않다고 주장해야 한다. 보기를 들어 다음 주장은 ㉡이 믿을 만하지 않다고 말한다.

> 윤리 판단이 다르다고 해서 윤리 원칙도 반드시 다른 것은 아니다.

하지만 "윤리 원칙이 시간과 장소와 상황에 따라 다르다고 해서 사람들의 윤리 판단이 항상 서로 다른 것은 아니다"는 위 논증에 대한 반론이 될 수 없다. 이것은 논지에 대한 반례가 아니다. 또한 논거가 틀렸을지 모른다고 주장하는 것도 아니다.

가. 다음 글에 나오는 구 박사의 논지를 강화하는 것을 모두 고르라.

구 박사는 새로 개발된 피임약 알파임피가 여성의 지적 능력을 저하시킬 수도 있다고 주장했다. 구 박사는 그 피임약에 들어 있는 호르몬 알파몬르를 10마리의 암컷 쥐 가운데 5마리에게 주사했다. 이 쥐들은 그 호르몬을 주사하지 않은 다른 5마리의 쥐들에 비해 대뇌피질의 성장이 크게 저하되었다. 대뇌피질은 지적 능력을 관장하는 것으로 알려져 있다. 구 박사는 알파임피에 들어 있는 알파몬르가 여성의 지적 능력을 저하시킬 수 있다고 결론을 내렸다.

ㄱ. 토끼를 대상으로 한 실험에서 알파몬르는 토끼 대뇌피질의 성장을 저하시키지 않았다.
ㄴ. 원숭이를 대상으로 한 실험에서 알파몬르는 원숭이 대뇌피질의 성장을 저하시켰다.
ㄷ. 쥐와 사람은 많은 경우 대뇌피질이 특정 호르몬에 대해 비슷한 방식으로 반응한다는 것이 밝혀졌다.

나. 다음 글의 논지를 강화하지 않는 것을 모두 고르라.

나는 새 스마트폰을 사려 한다. 현지는 최근에 엘티 회사에서 생산된 스마트폰을 샀는데, 터치스크린의 반응이 부드럽고 단말기 가격도 저렴하다는 이야기를 들었다. 따라서 현지가 산 엘티의 스마트폰을 산다면 터치스크린의 반응이 부드럽고 단말기 가격도 저렴한 스마트폰을 사용할 수 있을 것이다.

ㄱ. 지현은 엘티에서 생산된 스마트폰을 샀는데 터치스크린의 반응은 매우 부드럽고 화질도 뛰어났지만 단말기 가격은 저렴하지 않았다.
ㄴ. 현지의 다른 친구들은 모두 플애에서 생산된 스마트폰을 샀는데 터치스크린의 반응이 매우 부드럽고 단말기 가격도 그다지 비싸지 않았다.

다. 아래 문장이 다음 논증에 대한 반론이 된다면 "반"을 쓰고 그렇지 않으면 "않"을 쓰라. 반론이 된다면 어떤 점에서 반론이 되는가?

> 착한 것과 못된 것에 대한 아주 많은 불일치가 과거부터 현재까지 늘 있었고 아마도 앞으로도 계속 있을 것이라는 주장은 윤리와 관련하여 가장 널리 받아들여진 주장이다. 예컨대 소나 돼지를 먹는 것이 괜찮은 것인지에 대해 문화마다 다르게 판단한다. 나아가 그 판단은 한 문화 안에서도 시대마다 다르다. 심지어 같은 문화와 같은 시대 안에서도 개인에 따라 다르게 판단한다. 이처럼 무엇이 착한 것이고 무엇이 못된 것인지에 대한 윤리 판단에서 광범위한 불일치가 있다. 이것이 옳다면 사람들의 윤리 원칙은 시간과 장소와 상황에 따라 다르다. 따라서 윤리 원칙은 시간과 장소와 상황에 따라 다르다. 이 견해를 윤리 상대주의라고 한다. 우리는 윤리 상대주의를 받아들여야 한다.

01. 사람들의 윤리 판단은 그들이 사는 지역에 따라 크게 다르지 않다.

02. 문화에 따른 윤리 판단의 차이에도 불구하고 몇 가지 윤리 원칙은 널리 신봉되고 있다.

03. 서로 다른 윤리 판단들이 있다 하더라도 그 중에 올바른 판단은 하나뿐이며, 오직 객관적인 윤리 원칙에 따라 판단된 것만이 옳다.

04. 한국사회에서는 소나 돼지를 먹는 것이 괜찮다는 데 대부분 의견이 일치한다.

05. 북한 사회에서는 최고 통치권자의 세습이 괜찮다고 생각하지만 남한 사회에서는 최고 통치권자의 세습이 나쁘다고 생각한다.

06. 윤리 판단에서 광범위한 불일치가 있다는 것이 사실이고, 이것이 사실이면 사람들의 윤리 원칙이 시간과 장소와 상황에 따라 다르다는 것도 참이라는 것을 인정한다 하더라도, 우리가 윤리 상대주의를 반드시 받아들여야 하는 것은 아니다.

07. 윤리 원칙은 시간과 장소와 상황에 따라 다르지만, 무엇이 착한 것이고 무엇이 못된 것인지에 대한 윤리 판단에서 광범위한 일치가 있다.

072 결론 빌리기

증명하고자 하는 결론을 이미 전제들 가운데 하나로 사용하는 논증은 좋은 논증이 아니다. 이를 "미결 문제의 오류" 또는 "결론을 빌리는 오류"라 한다. 결론이 옳다는 것을 증명하지 않고 그냥 빌려 쓴다고 이런 이름을 붙였다. 결론을 빌리는 오류에는 여러 가지가 있는데 가장 흔한 것은 순환논증의 오류이다. 고려일보만 보는 배골동은 다음과 같이 논증했다.

> 고려일보는 진실만을 보도한다. 왜냐하면 고려일보가 진실만을 보도한다고 고려일보에 적혀 있기 때문이다.

이 논증은 "고려일보가 진실만을 보도한다고 고려일보에 적혀 있다"는 전제가 "고려일보는 진실만을 보도한다"를 뒷받침한다고 주장한다. 이 전제가 결론을 뒷받침하기 위해서 "고려일보에 적혀 있는 것은 진실이다"라는 가정이 필요하다. 이 가정은 배골동이 증명하려는 결론과 다름없다. 이처럼 배골동의 논증은 결론을 전제에서 빌려 쓰고 있다. 배골동의 논증은 결론을 이미 옳은 것으로 간주해야만 주어진 전제들로부터 바라는 결론을 이끌 수 있다. 이처럼 결론을 이미 옳은 것으로 간주함으로써 바라는 결론을 이끌어 내는 잘못된 추론을 "순환논증의 오류"라 한다.

결론을 빌려 쓸 때 순환논증처럼 드러내 놓지 않고 결론을 몰래 가정하는 개념이나 표현을 사용하기도 한다. 정부의 인사정책을 비판하는 인사해 MBS 논설위원은 다음과 같이 주장했다.

> 바람직하지 않은 인사정책이란 곧 코드인사와 회전문인사이다. 따라서 이번 정부의 코드인사는 바람직한 인사정책이 아니다.

인 논설위원이 논증하려는 결론은 "이번 정부의 코드인사는 바람직한 인사정책이 아니다"라는 것이다. 이 결론을 이끌어내기 위해 그는 "바람직하지 않은 인사정책"에 대한 다음과 같은 정의를 전제에서 도입한다. "바람직하지 않은 인사정책이란 곧 코드인사와 회전문인사이다." 이 정의는 이미 코드인사가 바람직한 인사정책이 아니라는 결론을 은연중에 포함한다. 우리는 바람직하지 않은 인사정책에 대한 이 정의가 올바른지 궁금해할 것이다. 논란이 되는 바로 이 정의를 도입하는 것은 결론을 빌려 쓰는 것이나 다름없다. 이처럼 결론을 이미 포함하고 있는 정의를 도입함으로써 바라는 결론을 이끌어내는 것을 "순환정의의 오류"라 한다.

순환정의의 오류와 비슷한 것으로 순환표현의 오류라는 것이 있다. 태극기 교육위원장은 회의를 마무리하면서 다음과 같이 말했다.

> 오늘 우리가 할 일은 한교조의 이 어리석은 건의안을 승인할 것인가 거부할 것인가를 결정하는 일이다. 따라서 우리가 그 건의안을 부결하는 것이 마땅하다.

문제가 되는 표현은 "이 어리석은 건의안"이다. 이 논증은 "한교조의 건의안을 부결해야 한다"를 이끌어내기 위해 "한교조의 건의안은 어리석은 제안이다"라고 가정한다. 논증하는 사람은 왜 그 건의안이 어리석은지 아무런 근거도 제시하지 않고 있다. 이런 가정은 한교조의 건의안이 마땅히 부결되어야 한다는 결론을 이미 함축한다. 이처럼 결론을 지지하는 표현을 전제에 사용함으로써 바라는 결론을 이끌어내는 것을 "순환표현의 오류"라 한다.

이러한 오류들 말고도 자기 결론에 반대되는 어떤 증거도 고려하지 않으면서 바라는 결론을 고집하는 "옹고집의 오류"라는 것이 있다. 두 개의 질문이 복합되어 있어서 아직 답변되지 않은 숨은 물음에 대해서는 이미 답변되었다고 가정해 놓고 다른 질문을 던질 때가 있다. 우리가 만일 이 질문에 답변하고자 한다면 우리는 그만 "복합질문의 오류"에 빠지게 된다.

가. 다음 논증들이 순환논증의 오류, 순환정의의 오류, 순환표현의 오류, 옹고집의 오류 가운데 한 오류를 저질렀다면, 각 논증이 저지른 오류는 무엇인가?

01. 낙태하는 것은 옳지 않아. 왜냐하면 낙태는 아이를 자궁에서 떼어내 죽게 하는 것이기 때문이야. 그렇게 하는 것은 명백한 살인이지.

02. 낙태는 단순히 자궁에 붙은 일부 기관을 절단하는 것이야. 여성이 자기 몸의 일부 기관을 절단하는 것은 대체로 허용되는 일이지. 그러니까 낙태는 허용되어야 해.

03. 정부는 갈팡질팡 부동산 정책을 펼치고 있다. 따라서 이번 부동산 정책도 임시방편 정책에 지나지 않고 우리가 이 정책을 신뢰하는 것은 옳지 않다.

04. 우리는 각종 거시 경제지표와 경제연구소들의 연구자료에 뭐라고 적혀 있는지 전혀 관심이 없다. 우리는 정부의 경제 정책이 경제를 성장시키는 데 아무런 도움을 주지 못했다고 생각한다. 따라서 정부의 경제 정책은 완전히 실패했다.

05. 아인슈타인의 일반상대성이론은 옳다. 일반상대성이론을 발표한 1916년 아인슈타인의 논문에 일반상대성이론이 옳다고 적혀 있다.

06. 철학보다 경제학이 우리 사회에 더 유용하다. 왜냐하면 사람들이 철학보다 경제학을 더 중요하게 여기기 때문이다. 사람들이 철학보다 경제학을 더 중요하게 여긴다는 증거는 무엇인가? 그 증거는 철학을 공부하고 싶은 사람보다 경제학을 공부하고 싶은 사람이 더 많다는 사실이다. 철학을 공부하고 싶은 사람보다 경제학을 공부하고 싶은 사람이 더 많다는 것은 곧 사람들이 철학보다 경제학을 더 중요하게 여긴다는 것을 뜻한다. 사회를 구성하는 사람들이 중요하게 여기는 것일수록 그것은 우리 사회에 더 유용하다.

07. 하느님의 계시로 써진 책에는 거짓 말씀이 나올 수 없다. 하느님의 계시로 써진 성경이 실제로 있고 우리는 지금 그것을 갖고 있다. 성경에는 하느님이 있다는 말씀이 나와 있다. 따라서 하느님은 있다.

나. 다음 글은 복합질문의 오류와 유도질문의 오류를 설명한다. 아래 주어진 물음들에 답변하고자 할 때 우리는 복합질문의 오류, 유도질문의 오류 가운데 하나를 저지른다고 하자. 그 오류는 무엇인가?

> 가족문제연구소의 최 실장은 다음과 같이 묻고 있다. "한부모 밑에서 자란 학생은 왜 학업성취도가 낮을까?" 이 물음은 "한부모 밑에서 자란 학생은 학업성취도가 낮다"는 것을 이미 가정한다. 최 실장의 질문은 그 자체로 오류가 아니지만 우리가 그의 질문에 답변하려 할 때마다 우리는 그의 이 가정을 은연중에 받아들이게 된다. 최 실장은 이런 식으로 아무 논증 없이 "한부모 밑에서 자란 학생은 학업성취도가 낮다"는 것을 우리에게 설득시킨 셈이다. 만일 최 실장의 실제 의도가 "한부모 밑에서 자란 학생은 학업성취도가 낮다"는 것을 주장하고 싶었던 것이라면 우리는 그의 꾐수에 빠진 것이다. 이 때 우리는 이른바 복합질문의 오류에 빠지게 된다.
>
> 질문하는 방식을 이용하여 의도된 대답을 유도하는 기법이 있다. 이 기법에 말려들 경우 "유도질문의 오류"에 기만당한 것이다. 백 과장은 서 계장에게 다음과 같이 질문했다. "서 계장은 예전에 GP칼텍스에서 근무했으니까 최근 기름유출 사건에 GP칼텍스 측에 큰 잘못이 없다고 생각하겠지?" 이 질문은 "서 계장은 최근 기름유출 사건에 GP칼텍스 측에 큰 잘못이 없다고 생각한다"라는 점을 긍정하도록 유도한다. 이 질문은 "GP칼텍스에서 근무한 적이 있는 사람은 GP칼텍스 측에 우호적이다"는 백 과장의 생각을 서 계장에게 은근히 주입한다. 만일 서 계장이 백 과장의 질문에 넘어가서 그 질문에 그렇다고 답변한다면 서 계장은 유도질문의 오류에 현혹된 것이다.

01. 청렴한 정당은 왜 무능할까?

02. 너는 부모님을 잘 따르니까 부모님이 지지하는 정당에 투표해야겠지?

03. 네 죄를 네가 알렸다?

04. 종교를 갖고 있는 대부분의 사람들이 종교를 갖지 않은 사람들보다 과학의 진실들을 더 외면하는 이유를 기독교인인 당신이 말씀해 주실 수 있겠습니까?

073 하소연

에드워드 데이머는 2012년에 나온『그릇된 생각 까기: 오류 없는 논증 실용 안내서』제7판에서 좋은 논증의 다섯 조건을 내걸었다.

> 첫째, 논증의 기본 골격을 갖추어야 한다.
> 둘째, 전제들은 결론과 관련이 있어야 한다.
> 셋째, 전제들이 결론을 잘 뒷받침해주어야 한다.
> 넷째, 전제들이 받아들일 만해야 한다.
> 다섯째, 예상되는 반론에 잘 견딜 수 있어야 한다.

이들 다섯 조건 가운데 적어도 하나를 갖추지 못할 때 그다지 좋은 논증이 못된다. 이런 논증을 나쁘게 말해 "오류"라 하고 좋게 말해 "레토릭" 또는 "수사"라 한다. 여기서 오류는 그릇된 믿음을 말하는 것이 아니라 그릇된 추론 또는 논증을 말한다.

첫째 조건이 조금 어렵게 들린다. 논증의 기본 골격이란 다음과 같은 것들을 말한다. 논증은 적어도 하나의 전제를 가져야 한다. 논증은 추론 규칙을 일부러 어기지 않아야 한다. 논증은 일관되지 않은 전제들을 쓰지 않아야 한다. 논증은 결론과 모순되는 전제를 써서는 안 된다. 논증은 결론을 전제에서 미리 가정하지 않아야 한다. 어제 우리는 결론을 빌리는 오류에 대해 배웠는데 이것은 첫째 조건을 어긴 오류이다. 오늘부터 사흘 동안 "무관련성의 오류"라 불리는 오류들을 배울 텐데 이들은 둘째 조건을 갖추지 못한 논증들이다. 그 다음 이틀은 "불충분성의 오류"라 불리는 오류들을 배울 텐데 이들은 셋째 조건을 갖추지 못한 논증들이다. 그 다음 이틀은 "수용불가능성의 오류"라 불리는 오류들을 배울 텐데 이들은 넷째 조건을 갖추지 못한 논증들이다.

우리는 우리 논지를 뒷받침할 만한 논거가 없을 때 논거 대신에 동정심, 연민, 겁박, 군중심리 같은 논리 아닌 것에 하소연하곤 한다. 논증에 이러한 하소연이 들어 있을 때 "하소연의 오류" 또는 "호소의 오류"를 저질렀다고 한다. 다음 논증은 불쌍함 또는 동정심에 하소연하여 결론을 이끈다.

> 영필은 4년 내내 미팅도 한 번 못했고 데이트에 초대받은 적도 없어. 이번 축제기간에 기숙사에 틀어박혀 있을 영필을 생각해 보렴. 그러니까 나영은 축제기간 동안에 영필의 애인이 되어주는 것이 좋겠어.

이 논증은 이른바 "동정심에 하소연하는 오류"를 저질렀다. 연민이나 동정심 대신에 폭력이나 두려움에 하소연할 수 있다.

> 김비서를 대한방송의 새로운 사장으로 임명하는 것을 많은 사원들이 반대한다. 하지만 우리가 사려 깊게 생각해 보면 김비서가 그 자리에 적임자라는 것을 알 수 있다. 만일 그가 그 자리에 임명되지 않으면 정리해고는 물론 노조에 대한 극심한 탄압이 시작될 것이기 때문이다.

이처럼 두려움, 위협, 협박, 겁박, 폭력 등에 하소연하는 오류를 "힘에 하소연하는 오류"라 한다.

이밖에 우리가 자주 하소연하는 것에는 전통, 부적절한 권위자, 유행, 애국심이나 탐욕 같은 대중정서나 군중심리 따위가 있다.

- 전통: 서울은 500년 동안 한반도의 수도였다. 따라서 서울 바깥에 새로운 수도를 따로 만드는 법률은 불문헌법 위반이다.
- 권위자: 뉴턴은 동인도회사의 주식이 오를 것이라 믿고 주식을 샀다. 그의 천재성에 비추어 볼 때 동인도회사의 주식은 올랐을 것이다.
- 주류, 대세, 유행: 이난도 교수의 『아프니까 청춘이다』는 틀림없이 훌륭한 작품이다. 왜냐하면 이미 한 달 동안 베스트셀러 1위였기 때문이다.
- 대중정서: 나는 동성애자를 달갑게 생각하지 않는다. 왜냐하면 우리 사회는 그들을 좋지 않은 시선으로 보고 있기 때문이다.

가. 다음 논증들이 모두 하소연의 오류를 저질렀다고 가정하라. 이들이 하소연하고 있는 것이 무엇인지 (a) 불쌍함, 딱함, 연민, 동정심, (b) 힘, 두려움, 위협, 협박, 겁박, 폭력, (c) 전통 또는 관례, (d) 권위자, (e) 대세, 주류, 대다수, 유행, (f) 애국심, 질투심, 탐욕, 적개심 등 대중정서 및 군중심리에서 고르라.

01. 저는 가정 형편이 매우 좋지 않습니다. 아버지는 실직 상태이고 어머니는 몸이 건강하지 않습니다. 저는 방학 때마다 아르바이트를 해서 등록금을 벌어야 합니다. 저에게 이번 학기 성적으로 A+를 주셨으면 합니다.

02. 아인슈타인은 신이 있다고 생각했고 도킨스는 신이 없다고 생각했다. 도킨스보다 아인슈타인이 더 위대한 과학자다. 따라서 신이 있다는 주장이 더 그럴듯하다.

03. 김철수 씨는 현 정부가 제안하는 모든 정책에 대해 사사건건 시비를 건다. 그가 경영하는 사업체에 국세청 특별 세무조사가 실시될 수 있음을 알려 그의 생각이 잘못되었다는 것을 일깨워 줄 필요가 있다.

04. 우리 회사는 줄곧 신입 여사원이 매일 아침 커피나 차를 마련해 왔어. 네가 아무리 신세대 여성이라고 해도 이를 무시해서는 안 되는 거야. 그러니까 내일부터 업무 시작 전에 매일 아침 커피나 차를 타서 다른 직원들에게 돌려야 해.

05. 희연이 애용하는 케이폰은 한국에서 점유율이 10%도 되지 않아. 이렇게 인기 없는 스마트폰을 예찬하는 것을 보니 희연은 IT 기기에 대한 안목이 형편없나 보구나.

06. 최대박 대통령 후보는 자기가 당선될 경우 임기 내에 1인당 국민소득 4만 불이 되게 할 것이라고 주장했다. 1인당 국민소득이 4만 불이 된다면 우리는 물건을 맘껏 사고 떵떵거리며 살게 될 것이다. 따라서 최대박 후보를 지지하는 것이 마땅하다.

07. 북한은 우리가 언젠가 앙갚음해야 하는 적국입니다. 개성공단을 계속 유지하는 것은 우리가 원수처럼 생각하는 적국을 이롭게 하는 일입니다. 우리 국민은 적국을 이롭게 하는 일을 원하지 않을 겁니다. 따라서 개성공단을 폐쇄하는 것이 올바른 선택입니다.

나. 다음 논증들은 하소연의 오류를 저질렀다고 보기 어렵다. 그 까닭은 무엇인가?

01. 새로 집권한 대통령은 전국 주요 하천 곳곳에 댐이나 대형 보를 설치하여 강물을 대량 보관하면 홍수 조절 능력이 있을 뿐만 아니라 하천 생태 개선에 큰 도움이 될 것이라 예단하면서 5대강 사업을 강행했다. 하지만 독일의 하천 전문가 한스 헬무트 베른하르트 교수는 강물을 댐이나 보에 가두어 놓을 경우, 홍수를 조절할 수 없을 뿐만 아니라 수질이 오염되어 하천의 생태계를 파괴한다고 주장했다. 따라서 5대강 사업은 기대했던 효과를 얻지 못할 뿐만 아니라 오히려 심각한 환경 파괴를 초래할 수도 있다.

02. 회사의 경영이 일시 어렵다고 말단 노동자부터 쉽게 해고하는 것은 옳지 않다. 왜냐하면 그런 노동자들이 직장을 잃을 경우 그 가족들이 당할 가계 경제 위기는 매우 심각하기 때문이다. 한국 사회에서는 가계가 육아, 교육, 의료, 노후 등을 대부분 책임져야 하는데, 가난한 집안의 가장이 보잘것없는 마지막 직장까지 잃을 경우 그 가계에 닥칠 딱한 사정을 상상해 보라.

03. 고리원자력 발전소의 설계 수명은 30년인데 애초 설계 기준에 따르면 2007년까지 가동하고 그 이후에는 폐쇄해야 옳았다. 고리원전 1호기에서 작은 고장사고들이 많이 나는데 우리나라 전체 원전 사고의 약 20%가 이곳에서 난다. 고리원전을 중심으로 반경 30km 내에 약 340만 명이 거주하고 있는데, 후쿠시마 원전 규모의 사고가 이곳에서 발생할 경우 약 85만 명이 사망한다. 이 얼마나 끔찍한 일인가? 따라서 고리원자력 1호기는 이제라도 폐쇄 수순을 밟아야 한다.

04. 문 시장은 시민보건병원을 폐쇄하고 학교의 무상급식을 중단했으며, 서민에게 도움이 되지 않는 사업을 추진해 시를 빚더미에 올려 놓았습니다. 시민을 자기 부하로 취급하는 언행을 보이기도 했습니다. 시의 주민들은 대부분 문 시장이 물러나기를 바라면서 파면을 요구하는 소환투표를 추진하고 있습니다. 시민의 70% 이상이 소환투표에 찬성하고 있습니다. 따라서 문 시장은 이제라도 스스로 물러나는 것이 좋을 것입니다.

074 딴소리

오늘은 결론에서 지나치게 벗어난 이야기를 하는 논증들에 대해 배운다. 다음 논증은 어떤 오류를 담고 있을까?

> 한국인은 국산품을 애용해야 한다. 왜냐하면 여태 한국인들은 훌륭한 사상을 갖고 위대한 전통을 세웠으며, 우리는 이 위대한 전통을 자손들에게 계속해서 전수해야 하기 때문이다.

이 논증의 결론은 한국인은 국산품을 애용해야 한다는 것인데 논증의 전제들은 이 논점을 별로 다루고 있지 않다. 이 경우에 "논점이탈의 오류" 또는 "딴소리하기"를 저질렀다고 한다.

우리는 어떤 사람이나 사물에게 이루기 어려운 목적을 부여한 다음 그것이 그 목적에 미치지 못했다는 이유에서 그것을 비판하곤 한다.

> 철학은 인간의 모든 문제를 해결할 수 없다. 따라서 철학 공부하는 것은 시간낭비이다.

철학이 인간의 모든 문제를 해결할 것이라고 기대하는 것은 지나치다. 이것은 철학 공부가 쓸모없다는 결론과 거의 관련이 없다. 이런 오류를 "지나친 목표 설정의 오류"라 한다. 우리는 때때로 다른 사람의 요구를 지나치게 확대함으로써 자신이 그것을 들어줄 수 없다고 강변하곤 한다. 다른 사람이 우리에게 어떤 도움을 청할 때 우리가 "내가 슈퍼맨이니?"라고 말한다면, 우리는 이와 같은 오류를 저지르고 있다. 이를 따로 "슈퍼맨 오류"라 불러도 되겠다. 이와 비슷하게 다른 사람의 말이나 행위를 그가 의도했던 것과 크게 다르게 확대 해석하여 자기 주장을 펼치는 것을 "의도 확대의 오류"라 한다.

몇몇 사람들은 결혼반지, 마스카라, 코르셋, 하이힐 등의 기원이나 유래를 따져서 그것의 착용을 비난하기도 한다. 어떤 것을 예전의 관점에서 평가한 다음 이 평가를 현재에 그대로 가져오는 것을 "발생의 오류"라 한다.

> 나는 윤 후보의 대통령 당선을 바라지 않는다. 왜냐하면 그는 어릴 때 비행청소년이었기 때문이다.

만일 윤 후보가 가까운 과거에 나쁜 짓을 저질렀다면 사람에 따라 그가 대통령이 되는 것에 마땅히 반대할 수 있다. 하지만 그가 어릴 때 저지른 일은 너무 먼 일이다. 이것은 결론을 뒷받침하기에는 지나치게 벗어난 이야기이다. 다음 논증도 발생의 오류를 저질렀다고 말할 수 있다.

> 찰스 라이엘의 동일과정설은 원래 자신의 기독교 신념을 지키기 위해 제안되었다. 따라서 기독교인으로서 나는 찰스 라이엘의 동일과정설을 받아들인다.

한 주장이 처음에 나오게 된 경위나 유래를 비판함으로써 또는 그 유래를 칭송함으로써 그 주장을 비판하거나 수용하는 것도 발생의 오류이다.

우리는 다른 사람의 견해를 논박하기 어려울 때 상대편의 집중력을 일부러 흐리게 하는 기법을 쓰기도 한다. 이 가운데 "허수아비 공격의 오류"라는 것이 있다. 상대방의 견해를 공격받기 쉬운 견해로 재해석한 다음 후자를 공격하는 것을 말한다. "트집 잡기" 또는 "꼬투리 잡기"라는 것은 상대방 견해의 중심 논지가 아니라 전혀 중요하지 않은 변두리를 따져 드는 것을 말한다. 이를 "사소한 반론의 오류"라 부르기도 한다. 이처럼 우리는 자기 견해를 논리 측면에서 방어하기 어려울 때 원래 논점을 일부러 바꾸는 기법을 쓰기도 한다. 자기 견해의 약점을 숨기기 위해 일부러 주의를 흩트려 원래 논점에서 벗어난 새로운 결론에 상대방이 수긍하도록 이끌 때 "주의 돌리기 오류" 또는 "논점 바꾸기 오류"를 저질렀다 한다. 농담을 이용하여 이와 비슷한 효과를 거둘 수 있다.

가. 다음 논증들은 지나친 목표 설정의 오류, 의도확대의 오류, 발생의 오류, 허수아비 공격, 꼬투리 잡기, 주의 돌리기 가운데 한 오류를 저질렀다고 하자. 각 논증이 저지른 오류는 무엇인가?

01. 중앙정부에 의한 강력한 고교 평준화 정책은 박정희 독재정권 때 실시된 것이다. 따라서 중앙정부에 의한 강력한 고교 평준화 정책을 여전히 고수하는 것은 민주주의 시대에 맞지 않다.

02. 이완용이 나라를 일본에 팔아먹었다고 비난하는데 이것은 크게 잘못되었다. 이완용이 대한제국을 일본에 넘긴 것은 근대 입헌민주주의 국가를 건설하기 위한 것이었다. 왜냐하면 실제로 일본에 나라를 빼앗긴 뒤에 우리는 3·1운동, 임시정부수립, 항일운동 등을 통해 마침내 해방 이후 근대국가를 건설하는 데 성공했기 때문이다.

03. 진보주의 정치인 김혁명은 "사회주의도 지지할 수 있는 사회가 되어야 그 사회는 열린사회이며 민주주의 사회가 됩니다"라고 말했습니다. 김혁명은 사회주의를 지지하고 있습니다. 이미 실패한 이데올로기를 옹호하는 것은 시대를 읽는 능력이 없다는 것을 뜻하며 아직 냉전이 끝나지 않은 우리나라에서 적대국의 사상을 수용하는 것은 위험하기까지 합니다. 따라서 김혁명은 시대를 읽는 능력이 없을 뿐만 아니라 위험한 정치인인 것이 분명합니다.

04. 참여연대 경제금융센터는 재벌을 개혁해야 한다고 줄곧 주장해왔다. 하지만 우리나라 살림을 대부분 맡고 있는 대기업을 없애고자 하는 것은 대한민국에 경제 위기를 오게 하는 일이다. 참여연대의 주장에 따르면 애플, 구글, 소니 등도 없애야 할 텐데 이런 주장은 경제에 대해 아무 것도 모르는 사람이나 할 수 있다. 따라서 참여연대는 대한민국에 경제 위기를 초래할 터무니없는 주장을 외치는 데 허송세월한다.

05. 하이힐은 남자들이 말을 탄 후 등자에 발을 고정하거나 길거리에 흘러 넘치는 동물과 사람들의 배설물을 피하기 위해 신었다고 한다. 키가 커 보이도록 하이힐을 신은 것은 루이14세가 처음인 것으로 알려져 있다. 이런 사실들로부터 생각해 보건대 여성들이 자기 하체의 매력을 돋보이도록 하이힐을 신는 것은 경우에 맞지도 않고 멋진 일도 아니다.

06. 최구는 “일본 재국주의가 조선을 강제 합병한 것 때문에 조선이 빠른 시일 내에 산업화 및 근대화되는 데 성공했다고 말하는 피식민지 근대화론을 교과서에서 옹호하는 것이 옳지 못하다”고 주장한다. “재국주의”가 아니라 “제국주의”라 해야 하고, “피식민지 근대화론”이 아니라 “식민지 근대화론”이라 해야 한다. 이런 것을 살펴 볼 때 최구가 합당한 견해를 갖고 있다고 볼 근거가 없다. 일본 제국주의가 조선을 강제 합병한 것 때문에 조선이 빠른 시일 내에 산업화 및 근대화되는 데 성공했다는 식민지 근대화론은 상당한 설득력을 갖고 있다.

07. 집사람의 말은 가사노동을 분담하자는 것이다. 풍부한 물, 세제, 청소기, 세탁기 등이 있어도 가사노동이 이렇게 힘든데 이런 것이 없었던 조선시대에 여성들은 얼마나 힘들었을지 모르겠다. 현재의 가사노동은 과거에 비해 훨씬 가벼운 것이 사실이지만 여성들이 가사노동을 전담하는 것에 남성들은 고마워해야 한다. 따라서 나는 집사람의 제안을 거부하지만 그에게 고마움을 느낀다.

08. 오늘 여성학 수업에서 서미나 교수는 여성이 차별받지 않는 사회를 만들기 위해 여성이 적극 나서서 실천해야 한다고 주장했다. 그의 말대로라면 축구나 야구 경기에서 남녀선수들이 함께 겨루어야 한다. 또한 여성들은 남자처럼 군대에 입대해야 한다. 하지만 여자들은 군대에 들어가고 싶어도 제한된 인원만 어렵게 군대에 들어갈 수 있으며 더구나 대부분의 여성은 군대에 가고 싶어 하지도 않는다. 따라서 서미나 교수의 주장은 현실을 무시한 주장이라고 할 수 있다.

09. 김 선생은 세상을 좀 더 잘 이해하고 세상을 좀 더 낫게 바꾸려는 사람은 논리 훈련을 받는 것이 필요하다고 주장한다. 하지만 세상은 논리에 따라 움직이지 않으며 논리로 설명할 수 없는 현상들이 너무나 많다. 논리로 설명할 수 없는 실제 현상들이 그토록 많고 실제 현상 자체가 논리에 따라 움직이지도 않는데 논리 훈련을 받아서 무엇을 하겠는가? 논리 훈련을 받는다고 해서 우리는 세상의 모든 현상을 설명할 수 있는 것이 아니다. 또한 우리가 그것 모두를 이해할 수 있는 것도 아니다. 따라서 논리 훈련을 받는 것은 세상을 좀 더 잘 이해하고 세상을 좀 더 낫게 바꾸려는 사람에게는 시간낭비일 뿐이다.

075 인신공격

사흘 동안 전제와 결론이 그다지 관련이 없는 논증들을 배우고 있다. 오늘은 반대 논거를 제시하는 대신에 말하는 사람을 까는 오류를 배우고자 한다. 다음 이야기를 들어 보자.

> 러시아에서 온 사업가 세르게이는 어제 한국 관료 조직이 심하게 부패했다고 비판하였다. 그러나 그의 주장은 받아들일 수 없다. 잘 알다시피 러시아는 한국보다 더 부정부패가 심한 나라이기 때문이다.

이 이야기에 논증이 담겨 있다면 이 논증의 논지는 "한국의 관료 조직은 심하게 부패했다"는 세르게이의 주장이 틀렸다는 것이다. 이 주장이 틀린 근거는 무엇인가? 그것은 러시아가 한국보다 부패가 더 심하다는 것이다. 다시 말해 "한국의 관료 조직은 심하게 부패했다"라는 주장이 틀린 근거가 "러시아의 관료 조직이 더 심하게 부패했다"라는 것이다. 왜 하필 러시아인가? "한국의 관료 조직은 심하게 부패했다"를 주장한 사람이 속한 나라이기 때문이다. 이 논증은 주장 자체를 까는 것이 아니라 그 주장을 말하는 사람의 어떤 것을 까는 것이다. 이 논증보다 더 간단한 형태는 다음과 같다. "담배를 끊으라는 아버지의 말을 나는 받아들일 수 없다. 왜냐하면 아버지도 담배를 끊지 않고 있기 때문이다." 이와 같은 방식으로 논리를 펴는 것을 "피장파장의 오류" 또는 "너나 나나"라 한다. 약간 차이가 있지만 세르게이의 말에 대한 반대 논변도 이와 비슷한 오류를 저지르고 있다. 다만 그 차이는 세르게이가 러시아 정부를 대표하지 않는다는 점이다.

다른 사람의 논지를 논리를 갖고 반박하는 대신에 그 사람을 드러내 놓고 까는 것을 "인신공격의 오류" 또는 "헐뜯기"라 한다.

> 홍길순 의원은 고소득자의 조세 부담률을 높이자는 법안을 제출했다. 하지만 그는 최근 일어난 뇌물 사건에 연루된 인물이다. 따라서 그의 법안은 반드시 거부되어야 한다.

이 논증의 논지는 고소득자의 조세 부담률을 높이는 법안이 거부되어야 한다는 것이다. 이에 대한 논거는 이 법안을 제안한 사람이 뇌물사건에 연루된 인물이라는 사실이다. 이것은 넓게 보아 상대방의 견해를 거부하기 위해 상대방의 인신을 비방하는 것이다.

인신공격의 오류는 아니지만, 자신의 주장에 너무 흠뻑 빠져서, 자기 견해를 뒷받침하는 논거나 다른 사람의 견해를 무너뜨릴 반대 논거에 신경 쓰지 못할 때가 많다. 이에 해당하는 오류에는 다음과 같은 것들이 있다.

- 소망-실현의 오류: 자신이 어떤 것을 바라기 때문에 그것이 이루어질 것이라고 또는 그것이 참일 것이라고 주장한다.
- 반례 무시의 오류: 자기 견해가 틀렸다는 것을 보여주는 반례를 모른 체하거나 반례가 아니라고 우긴다.
- 자기 합리화의 오류: 남들이 들으면 그것이 아니라는 것이 뻔히 드러나는데도, 일이 마무리된 뒤에, 자기 형편이나 견해를 정당화한다.
- 특별 변호의 오류: 원칙 같은 것을 특별히 나, 특정 개인, 특정 집단에게는 적용하지 않는다.
- 정황의 오류 또는 개인 정황의 오류: 주장하는 사람이 특별한 상황이나 이해 관계에 있다는 점을 빌미로 그의 주장을 수용 또는 거부한다.

이들과 비슷한 것으로 "원천 봉쇄의 오류" 또는 "우물에 독 타기"라는 오류가 있다. 처음부터 자기 주장에 대한 가능한 모든 반론을 막아버리는 오류를 말한다. "나는 오늘날 현대인들이 타락했다고 생각한다. 이 말에 동의하지 않는 이들은 자신들이 이미 타락하였다는 사실을 입증한다"라고 말한 한 철학자의 주장은 이 오류를 저지르고 있다.

가. **다음 논증들은 피장파장의 오류, 인신공격, 우물에 독 타기, 소망-실현 오류, 반례 무시, 자기 합리화, 특별 변호의 오류, 개인 정황의 오류 따위 가운데 한 오류를 저질렀다고 하자. 각 논증이 저지른 오류는 무엇인가?**

01. 나는 미국 측 FTA 회담대표로서 개성공단 제품을 한국산으로 인정하는 것을 바라지 않는다. 따라서 한국대표들은 개성공단 제품이 한국산 제품이 아니라는 것을 주지해야 한다.

02. 사람들은 내가 위장전입을 했다고 혹독하게 비판한다. 하지만 나는 내 외동아들을 좋은 고등학교에 입학시키기 위해 위장 전입했을 뿐이다. 이것은 외동아들에 대한 특별한 사랑과 교육열을 보여주고 있다. 부모가 뜨거운 사랑과 교육열을 갖는 것이 무엇이 문제인가? 따라서 나의 위장 전입은 큰 잘못이 아니며 그런데도 일부 언론이 이를 혹독하게 비판하는 것은 나쁜 의도를 갖고 있는 헐뜯기일 뿐이다.

03. 노동사회학을 전공하는 박 교수는 소시민과 노동자가 더 많이 존중받는 사회일수록 생산성이 높아진다고 주장했어. 이런 주장을 하는 그는 동료 교수들과 사이좋게 지내지도 않고 늘 볼품없는 옷차림새로 다니고 있지. 내가 수업시간에 처음 봤을 때 웬 노숙자가 강의실에 들어와 있는 줄 알았어. 소시민과 노동자가 더 많이 존중받는 사회일수록 생산성이 높아진다는 그의 주장은 받아들이기 어려워.

04. 최근 중국의 일부 기업들은 새우깡 같은 스낵부터 스마트폰 같은 전자제품까지 온갖 유형의 짝퉁 제품을 만들고 있다. 많은 한국 사람들은 이에 대해 분개하고 중국 기업들을 비난하지만 내 생각에 중국 기업은 아무런 잘못이 없다. 왜냐하면 우리나라의 새우깡은 일본 스낵을 표절한 것이고 우리나라의 일부 스마트폰은 미국의 스마트폰 디자인을 표절한 것이기 때문이다.

05. 나는 채식주의자들을 전혀 이해할 수 없어. 고기 맛이 얼마나 맛있는데. 또한 내 주변 사람들은 바른 생활을 하지만 모두 고기를 즐겨 먹고 있어. 고기를 안 먹고 어떻게 건강하게 지낼 수 있지? 오래 전부터 육식은 인류 문명과 함께 해왔어.

06. 새나라당은 우리 당의 후보가 재산을 축소한 채 신고하여 세금을 탈루한 적이 있다고 대변인을 통해 우리 당 후보를 공격한다. 하지만 새나라당 후보도 재산을 축소한 채 신고하여 세금을 탈루했다는 것을 분명히 말해야 하겠다. 따라서 우리 당 후보에 대한 새나라당의 공격은 일고의 가치도 없다.

07. 나의 정적들은 내가 언행에 흠결이 많고 각종 범법으로 유죄 판결을 받았다고 비판한다. 물론 윤리성을 갖춘 사람이 지도자가 되어야 한다. 우리 집 가훈도 "착하게 살자"이고 어머니도 나에게 "정직하라"고 늘 당부하셨다. 비록 내 흠결이 많지만 나처럼 이미 과반 이상의 국민들에게 지지를 받고 있는 사람은 충분히 이 나라의 대통령이 될 수 있고 되어야 한다.

08. 수연은 비정규직 노동자들이 정규직 노동자들보다 노동시간 당 더 많은 보수를 받아야 한다고 주장한다. 이에 대한 그의 근거는 정규직 노동자들이 비정규직 노동자들에 비해 직업 안정성과 복지혜택을 더 많이 누린다는 사실이다. 실례로 네덜란드의 비정규직 노동자들은 정규직 노동자들보다 노동시간 당 보수가 훨씬 많다. 하지만 수연이 이런 주장을 하는 것은 그가 아르바이트로 생계를 유지하며 힘겹게 살아가는 비정규직 노동자이기 때문이다. 따라서 그의 견해는 설득력이 없다.

09. 국정원과 국방부가 정부 정책을 비판하는 시민과 진보 정치인을 공격하는 댓글을 단 것에 대해 시민들이 거리 시위를 한다. 이들이 국정원과 국방부의 활동에 분노하는 것은 국정원과 국방부의 지금까지 활동이 정당했다는 것을 말해줄 뿐이다. 국정원과 국방부의 활동에 반대하는 행위는 그들이 북한을 추종하는 세력이라는 사실을 말해주기 때문이다. 따라서 시민들이 국정원과 국방부의 활동에 항의하는 거리 시위를 하는 것은 매우 잘못되었을 뿐만 아니라 위험하다.

10. 찰스 라이엘은 지질 구조가 아주 먼 과거부터 현재까지 똑같은 자연법칙에 따라 변천해 왔다는 동일과정설을 주장했다. 하지만 우리는 이 주장을 진지하게 받아들여서는 안 된다. 왜냐하면 그는 하느님이 자연법칙을 한결같이 유지한다는 믿음을 갖고 있는 유신론자이기 때문이다. 유신론자가 자연법칙에 대해 말하는 것은 곧이곧대로 들어서는 안 된다.

076 치우친 근거

전제들이 결론을 잘 뒷받침하지 못하는 논증은 좋은 논증이 아니다. 오늘과 내일은 이러한 논증이 저지른 오류를 배우고자 한다. 다음 논증에 어떤 오류가 담겨 있을까?

> 미국 잡지사 다이제스트는 1936년 대통령 선거에서 루즈벨트 후보가 이길지 런던 후보가 이길지 예측하기 위해 여론조사용 투표용지 1만 장을 발송했다. 이 용지를 받은 이들은 전화번호부, 잡지구독자, 자동차소유자 명부에서 마구잡이로 뽑힌 사람이다. 여론조사에 참여한 1천 5백 명의 의견에 따르면 런던 후보가 매우 크게 이기는 것으로 나왔다. 이 결과에 따라 생각해 볼 때 아마도 1936년 선거에서 런던 후보가 승리했을 것이다.

여기에서 문제가 되는 부분은 표본이 "전화번호부, 잡지구독자, 자동자소유자 명부에서 마구잡이로 뽑힌 사람들"로 구성되어 있다는 점이다. 이것이 왜 문제가 되는가?

이 설문조사는 1936년에 이루어졌다. 당시 전화기를 갖고 있거나, 잡지를 구독하거나, 자동차를 갖고 있는 사람들은 분명 특정 계층 또는 특정 계급에 있는 이들이다. 그들은 중산층 이상이고 대부분 부유층인지 모른다. 이들 가운데 다수는 블루칼라 노동자가 아니며 실업자가 아니며 20대나 30대가 아니다. 이 표본은 미국 전체 유권자를 대표하지 못한다. 모집단을 대표하지 못하는 표본을 통해 조사된 결과를 바탕으로 모집단의 특성을 추론한 셈이다. 이와 같은 잘못된 추론을 "편향 통계의 오류"라 한다. 더욱 넓게 말해 "편향 자료의 오류" 또는 "치우친 자료의 오류"라 한다.

이 오류와 비슷한 것으로 성급한 일반화의 오류가 있다. 우리는 몇 개의 사례만으로 일반화된 결론을 얻는 데 익숙하다. 다음 논증은 그 보기이다.

> 저수지에서 떠 온 물 한 컵을 시험해 보았는데, 이 물의 생물학 산소 요구량이 기준치 이하였다. 따라서 우리는 이 저수지 전체의 생물학 산소 요구량이 기준치 이하일 것이라고 결론 내릴 수 있다.

저수지 전체의 수질을 조사하기 위해서는 저수지의 여러 곳, 특히 여러 수심에 걸쳐 생물학 산소 요구량을 측정해야 한다. 하지만 위 논증은 이러한 다양한 측정이 없이 성급하게 결론 내리고 있다. 이처럼 성급한 일반화의 오류란 너무 적은 사례, 몇 가지 예외 사례 등으로부터 일반화된 결론을 이끌어내는 것을 말한다. 이와 매우 비슷한 오류가 있는데 "지나친 일반화의 오류" 또는 "우연의 오류"라는 것이다. 몇 가지 사례가 그런 것을 갖고 지나치게 일반화하여 모든 것이 예외 없이 그러하다고 말할 때 저지르는 오류이다.

전제가 결론을 잘 뒷받침하지 못하는 논증의 대표 사례에는 다음과 같은 것도 있다.

> 유전자변형식품을 장기간 섭취하는 것이 사람에게 해롭다는 증거는 발견되지 않았다. 따라서 유전자변형식품을 장기간 섭취해도 별 탈이 없을 것이다.

이 논증을 간단히 다음처럼 표현할 수 있다.

- X가 거짓이라는 증거를 아직 찾지 못했다. 따라서 아마도 X는 참이다.
- X가 참이라는 증거를 아직 찾지 못했다. 따라서 아마도 X는 거짓이다.

이와 같은 방식으로 무턱대고 추론하는 것을 "무지의 오류"라 한다. 하지만 몇몇 무지의 오류는 실천의 차원에서 허용된다. "유전자변형식품을 장기간 섭취하는 것이 사람에게 해롭지 않다는 증거는 발견되지 않았다. 따라서 유전자변형식품을 장기간 섭취하는 것은 삼가야 한다"는 예방의 차원에서 받아들일 만한 추론이다. 그만큼 건강, 생명, 안전이 중요하기 때문이다. 이 경우 무지의 오류를 저질렀다고 보지 않는다.

가. 다음 논증들은 치우친 자료, 성급한 일반화, 무지의 오류 가운데 한 오류를 저질렀다고 하자. 각 논증이 저지른 오류는 무엇인가?

01. 내 애인이 어제 갑자기 헤어지자고 말했다. 그는 나에게 불만을 갖고 있다는 것을 말한 적도 없고 불만을 가질 만한 일도 나는 기억하지 못한다. 따라서 그가 나와 헤어지겠다고 한 것은 나에게 만족하지 못했던 것이 아니라 그의 단순한 변심이거나 외도인 것이 분명하다.

02. 내 친구 둘은 불행한 결혼생활을 하고 있었고 결국 이혼했다. 따라서 결혼은 불행에 이르기 십상이다.

03. 대구경북 지역에 거주하는 성인 2000명에게 박정희 대통령이 국정 운영을 잘 했는지 설문했다. 이 가운데 50% 성인이 박 대통령이 국정 운영을 잘 했다고 답변했다. 따라서 대한민국 성인의 50% 정도는 박 대통령이 국정 운영을 잘 했다고 생각한다.

04. 아인슈타인의 일반상대성이론에 따르면 중력이 약할수록 시간이 빠르게 간다. 지구 중심에서 벗어날수록 중력이 약하다. 산 밑보다 중력이 약한 지리산 꼭대기에서 한 달 살다가 내려왔는데 나는 시간이 빨리 지나갔다는 것을 측정하지 못했다. 나는 지리산뿐만 아니라 더욱 많은 장소에서 비슷한 측정을 했지만 똑같은 결과를 얻었다. 따라서 아인슈타인의 일반상대성이론은 현실 세계에서는 틀린 이론이다.

05. 아리스토텔레스의 운동이론은 뉴턴이 나타나기 이전까지 약 2000년 동안 서양 과학을 지배했다. 뉴턴의 운동이론은 아인슈타인, 슈뢰딩거, 하이젠베르크 등이 나타나기 이전까지 약 200년 넘게 서양 과학을 지배했다. 아인슈타인의 상대성이론, 슈뢰딩거와 하이젠베르크의 양자역학이 여태 약 100년 정도 서양 과학을 지배했지만 앞으로 100년 이내에 새로운 운동이론이 나타나 아인슈타인, 슈뢰딩거, 하이젠베르크의 지배를 끝내 버릴 것이다.

06. 나는 아주 비싸고 정밀한 철로 만든 줄자를 갖고 있어. 이 철자로 10미터 길이의 철근이 온도에 따라 길이가 달라지는지 재어보았어. 10미터짜리 철근의 길이는 겨울과 여름 내내 늘 10미터를 넘지도 모자라지도 않았어. 따라서 요즘 나오는 철근은 온도에 따라 그 길이가 달라지지 않아.

나. 다음 논증이 무지의 오류에 해당할 경우 "무"를 쓰고 무지의 오류를 저질렀다고 보기 어렵거나 실천 차원에서 허용될 경우 "어"를 쓰라.

01. 흡연이 시각 장애를 유발하지 않는다는 증거는 아직 발견되지 않았다. 따라서 흡연이 시각 장애를 유발할 수 있으니 조심해야 한다.

02. 가습기 살균제가 사람의 몸에 나쁘다는 증거는 아직 발견되지 않았다. 따라서 가습기 살균제는 사람의 몸에 나쁘지 않기 때문에 이를 나쁘다고 말하는 것은 화약 제품에 대한 지나친 공포감을 불러일으킬 뿐이다.

03. FTA가 대외 경제 예속을 심화한다는 것을 보여주는 자료들을 면밀히 살펴본 결과 이를 확증할 만한 자료를 발견하지 못했다. 따라서 FTA가 대외 경제 예속을 심화한다는 주장은 아직 의심의 여지가 있다.

04. 피고 이 씨가 살인을 했다는 모든 증거는 법정에서 증거 능력이 없습니다. 다시 말해 이 씨가 살인을 저질렀다는 증거는 아직 없습니다. 따라서 우리 재판부는 이 씨가 살인하지 않았다고 최종 판결합니다.

05. 초끈이론은 실험을 통해 검증할 방법이 전혀 없다. 이것은 초끈이론이 경험을 통해 입증될 수도 반증될 수도 없다는 것을 뜻한다. 따라서 초끈이론은 아직 참된 과학이론이 아니다.

06. 국무부의 직원 가운데 사회주의자라고 생각되는 81명의 이력을 가지고 있다. 이 가운데 40명은 사회주의자가 아님을 입증할 아무런 증거도 없다. 그러므로 그들은 사회주의자일 것이다.

07. 이 총에 탄알이 장전되어 있다는 사실이 알려져 있지 않다. 이 총에 탄알이 장전되어 있지 않다고 추정할 수 있다. 따라서 사람을 향하여 이 총의 방아쇠를 당겨보아도 된다.

08. 이 총에 탄알이 장전되지 않았다는 사실이 알려져 있지 않다. 이 총에 탄알이 장전되었다고 추정할 수 있다. 따라서 사람을 향하여 이 총의 방아쇠를 당겨서는 안 된다.

09. 화성 지하에 외계인이 거대한 도시를 세워 살고 있다는 주장이 옳다는 것을 보여주는 확실한 증거는 없다. 따라서 화성 지하에 외계인이 거대한 도시를 세워 살고 있다는 주장은 거부하는 것이 합당하다.

077 잘못된 탓

한 환자가 우울증에 시달려 병원에 왔다. 의사 아라치는 환자의 신경 상태를 면밀히 조사한 뒤 환자에게 세로토닌이 과도하게 분비되고 있는 것을 발견했다. 아라치는 환자의 우울증이 세로토닌의 과다 분비 때문에 발생했다고 결론 내리고 세로토닌 분비를 억제하는 약물을 투여했다. 여기서 의사 아라치는 우울증이 세로토닌의 과다분비 탓이라고 추론한다. 아라치의 탓하기에 아무런 문제가 없을까? 이런 탓하기는 어떤가?

> 한 환자가 손에 피가 나서 병원에 왔다. 의사 마루치는 상처 난 손을 면밀히 조사한 뒤 피가 난 부위에 백혈구가 너무 많이 몰려 있는 것을 발견했다. 마루치는 손의 피가 백혈구의 불균형 때문에 발생했다고 결론 내리고 상처 주위에서 백혈구가 흩어지도록 주사를 놓았다.

의사 아라치의 탓하기는 의사 마루치의 탓하기와 비슷하다. 하지만 마루치처럼 생각하는 의사는 없을 것이다. 왜냐하면 백혈구는 피부에 손상이 생겼을 때 피부 외부로부터 들어오는 병균을 방어하는 세포로 알려져 있기 때문이다. 백혈구의 불균형 때문에 피가 나는 것이 아니고 피가 났기 때문에 백혈구가 그 주위로 몰리게 되었다. 두 사건이 늘 연결되어 발생할 경우 우리는 한 사건을 다른 사건의 원인으로 여기거나 결과라고 여긴다. 그런데 우리는 때때로 사건의 원인을 결과라고 잘못 생각하거나 사건의 결과를 원인이라고 잘못 생각하곤 한다. 이런 잘못된 탓을 “인과혼동의 오류”라 한다. 아라치의 추론도 이와 비슷한 것이 아닐까? 세로토닌의 과다 분비 때문에 우울증이 생긴 것이 아니라 우울증 때문에 몸이 우울증을 완화하기 위해 세로토닌을 분비한 것이 아닐까?

최근 5년 간 감기를 앓은 적이 없던 가은은 어젯밤부터 갑자기 몸이 으스스하더니 감기에 걸려 아무 것도 못하고 있었다. 그때 5년 전에 헤어진 첫사랑 나혁이 그동안 아무 소식이 없다가 갑자기 연락이 왔다. 나혁은 가은과 너무 멀리 떨어져 있어서 가은이 아프다는 소식을 전혀 알 길이 없다. 하지만 가은은 자신의 지독한 아픔이 나혁의 관심을 유발했다고 생각했다. 여기서 가은은 어떤 잘못된 탓을 했을까? 가은의 탓하기는 다음과 같이 짧게 나타낼 수 있다.

> 5년 간 감기를 앓은 적이 없던 내가 갑자기 심한 감기에 걸렸다. 그런 다음 5년 간 연락이 없던 나혁이 나에게 전화를 걸었다. 따라서 내가 심하게 감기에 걸린 것 때문에 나혁이 나에게 전화했다.

원인은 늘 결과보다 먼저 일어나고 결과는 늘 원인보다 늦게 일어난다. 그런데 우리는 종종 한 사건이 다른 사건보다 먼저 일어났다는 이유로 전자가 후자의 원인이라거나, 후자가 전자의 결과라고 잘못 생각한다. 이런 잘못된 탓을 "선후인과의 오류"라 한다. 드물게 일어난다고 믿고 있는 두 사건이 시간 차이를 두고 잇달아 일어날 때 우리는 두 사건이 인과관계를 맺고 있을 것이라고 생각하는 버릇이 있다.

나은은 지금 심하게 기침한다. 나은은 지금 심하게 콧물이 난다. 기침 때문에 콧물이 나는 것일까? 콧물 때문에 기침이 나는 것일까? 두 사건이 늘 연결되어 일어난다 하더라도 두 사건이 반드시 원인과 결과로 이어진 것이 아닐 수 있다. 두 사건을 함께 일으키는 공통원인이 따로 존재할 수도 있기 때문이다. 우리는 두 사건을 모두 일으키는 공통의 원인을 몰라보고 그 원인 때문에 일어난 두 결과들이 서로 인과관계를 맺고 있다고 생각할 때가 있다. 이런 잘못된 탓을 "공통원인을 무시하는 오류"라 한다. 감기 때문에 기침이 나고 또한 감기 때문에 콧물이 나는데도, 나은이 기침 때문에 콧물이 난다거나 콧물 때문에 기침이 난다고 생각한다면, 그는 이 오류를 저지르고 있다.

가. 다음 논증들은 인과혼동의 오류, 선후인과의 오류, 공통원인을 무시하는 오류 가운데 한 오류를 저질렀다고 하자. 각 논증이 저지른 오류는 무엇인가?

01. 1세부터 15세까지 아이의 몸무게와 키의 상관관계를 조사해 보았다. 몸이 무거울수록 키가 큰 것으로 조사되었다. 키가 크는 것의 일차 원인은 몸무게에 있다는 것을 알 수 있다. 따라서 아이들의 키를 키우기 위해 몸무게를 먼저 늘이는 것이 필요하다.

02. 지난 학기 우등상을 받은 많은 학생이 이번 학기 대부분의 수업에서 열심히 공부하여 좋은 성적을 얻었다. 이 사례로부터 열심히 공부하여 좋은 성적을 얻는 것의 원인은 그들이 우등상을 받은 것 때문이라고 말할 수 있다. 좋은 성적을 얻기 위해서는 먼저 우등상을 받는 것이 필요하다.

03. 내 스마트폰은 지난 2년 동안 한 번도 고장난 적이 없다. 하지만 어제 내가 미워하던 기영이가 자기 전화기의 배터리가 완전 방전되었다며 잠시 통화를 위해 빌려 달라 했다. 통화를 위해 잠시 빌려 주었는데 오늘 내 스마트폰 작동에 문제가 생겨 AS센터에 맡겨야 했다. 기영이가 내 스마트폰을 만진 것 때문에 내 폰이 고장난 것이 분명하다.

04. 산림이 울창한 몇몇 산촌과 도시의 암환자 비율을 조사했다. 일부 산촌 마을들의 인구당 암환자 비율이 지나치게 높았다. 도시에서 떨어진 울창한 산림이 오히려 암 발병의 원인이 아닌가 추정된다. 따라서 산림이 암 치료에 효과가 있다는 주장은 거짓이며 어쩌면 암을 예방하기 위해서는 숲이 없는 도심에서 살아야 하는지도 모른다.

05. 최우지 교수의 2014년 논문 「미중 경제 전쟁과 한국의 운명」에 나오는 문장들은 김명수 교수의 2014년 논문 「중국의 부상과 동북아 경제 위기」에 나오는 문장들과 상당 부분 일치한다. 그러니까 최우지 교수의 논문과 김명수 교수의 논문이 상당 부분 일치하는 원인은 최 교수와 김 교수 가운데 한 사람이 다른 사람의 논문을 표절했기 때문이라고 결론 내릴 수 있다. 한편 두 교수가 일치하는 문장들은 박수명 박사가 2013년에 발표한 「세계 두 경제 대국의 주도권 다툼과 한국의 전략」에 나오는 문장들이다.

나. 다음 글의 김 기자는 인과혼동의 오류, 선후인과의 오류, 공통원인을 무시하는 오류 가운데 어떤 오류를 저질렀는가?

> 몇몇 청소년이 폭력 장면이 생생하게 묘사된 영화를 보고난 후 영화의 폭력 장면을 흉내낸 행동을 했다고 경찰이 발표했다. 이 발표는 폭력 장면이 많은 영화를 감상한 일부 개인에게 폭력 행동이 나타난다는 사실을 보여 줄 뿐이다. 김 기자는 이를 근거로 폭력 장면이 많은 영화가 영화 관람자의 폭력 행동을 크게 증가시킨다는 기사를 실었다. 이 기사에서 그는 폭력 장면이 많은 영화와 폭력 행동 사이의 연관성을 근거로 검열을 강력하게 주장한다. 만약 김 기자의 이 주장이 믿을 만한 연구 결과로 뒷받침된다면, 폭력 장면이 많은 영화의 검열을 옹호하는 그의 주장은 큰 힘을 얻게 될 것이다. 한편 많은 연구 결과들은 개인의 폭력 성향의 원인이 폭력 영화의 영향을 받기 훨씬 이전부터 존재한다는 것을 보여 준다.

다. 다음 글을 읽고 아래 논증들이 어떤 오류를 저지르고 있는지 답하라.

> 아주 많은 원인들이 모이고 얽혀 한 결과를 낳기도 한다. 이 사실을 모른 채 한 부분 원인이 해당 결과를 일으키는 바로 그 원인이라고 잘못 주장하곤 한다. 이런 잘못된 탓을 "지나치게 단순화한 인과관계의 오류" 또는 "부분 원인의 오류"라 한다. 첫째 사건이 둘째 사건을 일으키고 둘째 사건이 셋째 사건을 일으킨다면, 첫째 사건이 셋째 사건을 일으킨다고 말할 수 있을 것 같다. 이런 까닭에서 처음의 사소한 사건이 나중에 큰 사건을 일으키게 될 것이라고 주장하는 것을 "연쇄반응의 오류" 또는 "도미노의 오류"라 한다. 더 자주 쓰는 말로 "미끄러운 비탈길 오류"가 있다.

01. 세종대왕이 한글을 만든 덕분에 외국 사람들도 쉽게 한글을 배울 수 있었다. 따라서 한강의 소설이 맨부커 상을 받은 까닭은 세종대왕 덕분이다.

02. 학생인권조례의 초안 가운데 차별받지 않을 권리에 따르면 임신 또는 출산, 성적 지향, 성별 정체성을 이유로 학생을 차별하지 말라고 한다. 이런 조례가 통과되면 학교는 동성애자와 미혼모로 들끓게 될 것이다.

078 못미더운 가정

별로 믿기지 않는 주장을 몰래 가정하는 논증은 좋지 않다. 이런 논증이 저지른 오류를 "못미더운 숨은 가정의 오류" 또는 "숨은 전제의 오류"라 한다. 오늘은 이러한 오류에 속하는 것들을 배운다. 최 국장은 예산위원회의 결정을 믿어 달라면서 다음과 같이 논증했다.

> 예산위원들은 모두 대단히 합리적인 분들로서 이들은 각자 합리적으로 의사를 결정할 수 있습니다. 따라서 우리 예산위원회는 합리적으로 의사를 결정할 수 있습니다.

이 논증에는 "각각의 위원이 합리적으로 의사를 결정할 수 있다면, 그 위원들로 구성된 전체 위원회도 합리적으로 의사를 결정할 수 있다"는 가정이 숨어 있다. 구성원들 각각에 대해 성립하는 것은 그 구성원들로 이루어진 전체 집단에 대해서도 성립한다는 가정이다. 이처럼 부분들에게 맞는 것이 전체에도 맞을 것이라고 무턱대고 추론하는 것을 "합성의 오류"라 한다.

합성의 오류와 비슷한 것으로 분할의 오류가 있다. 이것은 전체에 맞는 것은 부분들에게도 맞을 것이라고 무턱대고 추론하는 것이다. 보기를 들어 "수도권 부동산의 전체 시가는 최근 몇 달 동안 폭등했다. 따라서 종로구에 사는 우리 집의 부동산 가격도 폭등했을 것이다"라는 논증을 생각해 보자. 이 논증은 "만일 수도권 부동산의 전체 시가가 폭등한다면, 수도권 내 모든 각각의 부동산 가격도 폭등한다"는 가정을 숨기고 있다.

채린 소장은 북한의 핵 및 미사일 문제를 해결하는 자기 방안의 장점을 다음과 같이 논증한다.

> 강경파는 개성공단 사업 등 대북 경제협력을 전면 중지하고 사드 체계

곧 종말고고도지역방어 체계를 구축해야 한다고 말한다. 온건파는 사드 체계를 구축하자는 미국의 요구를 거부하고 대북 경제협력을 계속해야 한다고 말한다. 따라서 사드 체계를 구축하면서 대북 경제협력을 계속하는 것이 가장 좋은 안이다.

채 소장의 논증은 "중간이 가장 좋다"는 가정을 숨기고 있다. 이처럼 두 극단 사이에 있는 중간 견해가 두 극단보다 더 옳다는 식으로 추론하는 것을 "중간의 오류"라 한다. "중용의 오류", "중도의 오류", "온건의 오류" 등으로 달리 부른다.

조선일보는 한 사설에서 다음과 같이 주장했다.

> 대통령의 국정 지지율은 요즘 10%대 초반으로 떨어져 있다. 국민의 90%가 대통령의 지난 3년 8개월 동안의 나라 운영 방식에 진저리를 치고 있는 것이다.

이 사설은 "대통령의 국정 지지율은 10%대 초반이다"는 사실로부터 "국민의 90%가 대통령의 나라 운영 방식에 진저리를 치고 있다"를 추론한다. 이 사설은 "국민은 대통령을 지지하거나 진저리를 친다"는 것을 몰래 가정한다. 이것은 양극단의 사고에 지나지 않는다. 대통령을 지지하지 않는 국민들 가운데는 "그저 그렇다", "국정 운영을 기대보다 못한다", "실망한다", "기대하지 않는다", "관심 없다", "못한다", "매우 못한다" 등 넓은 스펙트럼을 이루고 있을 것이다. 지지하지 않는 나머지 모두를 "진저리를 친다"로 간주하는 것은 크게 잘못되었다. 이처럼 선택지를 조금만 제시하면서 제시된 선택지들 중에 하나는 틀림없이 옳다는 식으로 추론하는 것을 "흑백논리의 오류"라 한다. 비슷한 말로 "양극사고의 오류", "그릇된 대안의 오류", "거짓 이분법의 오류" 등이 있다. 이 오류는 "물체의 색깔은 하얗거나 검다. 이 물체는 하얗지 않다. 따라서 이 물체는 검다"는 식으로 추론하는 것인데, 문젯거리는 추론 과정이 아니라 첫째 전제가 터무니없다는 점이다.

가. 다음 글을 읽고 아래 논증들이 어떤 오류를 저지르고 있는지 답하라.

> A가 B를 닮아 있고 B가 C를 닮아 있다는 이유에서 A와 C가 닮아 있다고 주장하곤 하는데 이것은 오류를 불러올 수 있다. 이처럼 연속으로 연결된 A와 C는 같다고 가정하는 오류를 "연속의 오류"라 한다. 원칙에는 예외가 없다거나 예외 있는 원칙은 어겨도 된다고 가정하는 것을 "원칙 오용의 오류"라 한다. 사실로부터 당위를 이끌 수 있다고 가정하는 것을 "사실-당위의 오류"라 하고, 옳기를 바라기 때문에 실제로 옳다고 가정하는 것을 "소망-실현의 오류"라 한다. 두 사물이 한두 군데 비슷하면 둘이 얼추 비슷하다고 가정하는 것을 "그릇된 유비의 오류"라 하고, 새로운 것이 무조건 가장 좋다고 가정하는 것을 "새로운 것의 오류"라 한다.

01. 출산 마일리지 정책보다 더 좋은 출산장려정책을 기대하기는 어렵다. 왜냐하면 이 정책은 이미 다양한 출산장려정책을 잘 시행하고 있는 프랑스에서 가장 최근에 새로 개발한 정책이기 때문이다.

02. 한 가지 옷만 입고 한 가지 넥타이만 매는 사람은 멋이 없습니다. 다양한 옷을 입고 다양한 넥타이를 매는 사람은 그만큼 멋있습니다. 그러므로 정치인이 평생 동안 오직 한 정당에만 소속해 있다면 그 정치인은 멋없는 정치인이 될 것입니다.

03. 임신중독에 걸린 산모는 생명이 위태로울 수 있다. 산모의 생명이 매우 위험하다 하더라도 낙태해서는 안 된다. 왜냐하면 낙태가 잘못이라는 것은 원칙이기 때문이다.

04. 북한 문화와 경제 체제를 찬양고무한 많은 친북인사들이 처벌되었다. 찬양고무 행위가 아무 잘못이 없었다면 왜 처벌 받았겠는가? 이것은 찬양고무를 처벌하는 것이 마땅하다는 것을 뜻한다. 과거에 처벌받았듯이, 지금도 처벌받아야 하고, 앞으로도 계속 처벌받아야 한다.

05. 수업에 3분 늦는 것과 5분 늦는 것은 별 차이가 없습니다. 수업에 5분 늦는 것은 10분 늦는 것과 별 차이가 없습니다. 따라서 수업에 3분 늦는 것은 10분 늦는 것과 별 차이가 없습니다. 그런데도 3분 늦은 저 친구는 지각 처리하지 않으시면서 10분 늦은 저는 지각 처리하십니까?

나. **다음 논증들은 합성의 오류, 분할의 오류, 연속의 오류, 중간의 오류, 흑백논리의 오류, 원칙 오용의 오류, 사실-당위의 오류, 소망-실현의 오류, 그릇된 유비의 오류, 새로운 것의 오류 가운데 한 오류를 저질렀다고 하자. 각 논증이 저지른 오류는 무엇인가?**

01. 현재 많은 여자들이 사실상 가사를 전담한다. 따라서 여자들이 의무로서 가사를 전담해야 한다.

02. 내 모든 재산을 털어 대형 엔터테인먼트 회사 주식을 대량 구매했다. 나는 이 주식이 향후 1년 동안 100% 오를 것이라 강력하게 바란다. 따라서 대형 엔터테인먼트 회사 주식은 1년 내내 상승할 것이 거의 분명하다.

03. 철학자들 가운데 걸 그룹의 열렬 팬은 아무도 없다. 따라서 철학자는 걸 그룹의 열렬 팬이 되어서는 안 된다.

04. 교수는 학생들의 반응을 이끌어내기 위해 마치 자신이 아무 것도 모르는 양 학생들에게 거짓말하기도 한다. 따라서 거짓말하지 말아야 한다는 원칙은 받아들일 수 없다.

05. 학교 선생님은 나에게 화학을 전공하라고 추천한다. 어머니는 나에게 생물학을 전공하라고 추천한다. 두 분의 추천을 감안하건대 나는 생화학을 전공하는 것이 가장 좋겠다.

06. 우리 회사 기획팀은 작년 우리 회사 최우수 사원들 가운데서 가장 똑똑한 사원들로 구성했다. 따라서 이 기획팀은 우리 회사가 만들 수 있는 최상의 팀이 분명하다.

07. 우리나라의 당면 과제는 새로운 미디어 법의 처리이다. 국회의원들은 일자리 창출에 기여할 이 법에 찬성하든지 아니면 민생 돌보기를 포기해야 한다. 어떻게 이 나라의 의원들이 민생 돌보기를 포기할 수 있단 말인가? 따라서 야당 의원들은 여당 의원을 도와 미디어 법을 통과시켜야 한다.

08. 우리나라의 국회 수준은 시민들의 교육 수준 및 경제 수준에 견주어 볼 때 매우 뒤떨어져 있다. 이것은 진보 국회의원들이나 보수 국회의원들이나 하나같이 수준이 떨어진다는 것을 뜻한다. 최근 20대와 40대 사이 시민들이 좋아하는 그 국회의원도 다를 바 없을 것이다.

079 헷갈리는 말

사람들은 자기 견해를 정당화하기 위해 애매모호한 전제를 사용하곤 한다. 흐릿함과 헷갈림으로 자기 전제의 약점을 숨기려는 것이다. 흐릿하거나 헷갈리는 표현이 담긴 전제는 그 자체로 받아들이기 어렵다. 전제 안에 이런 표현이 담겨 있을 때 "언어의 오류" 또는 "말로 속이는 오류"를 저질렀다고 한다. 이런 오류에 말려들지 않기 위해서는 낱말, 어구, 문장 따위가 제대로 쓰이고 있는지 또는 뜻의 뒤섞임이 없는지 잘 따져 보아야 한다.

언어의 오류에는 여러 가지가 있다. 다음 논증을 생각해 보자.

> 진화론은 사람이 설치류의 후손이라고 주장한다. 따라서 진화론을 믿는 사람은 자기 가계도를 거슬러 올라가면 설치류가 나온다고 믿어야 한다.

이 논증의 전제에 쓰인 "후손"은 결론이 의도하는 '가계도에서 후손'을 뜻하지 않는다. 이 논증은 "후손"을 애매하게 사용하는 전제로부터 미덥지 못한 결론을 이끈다. 여기서 한 표현이 "애매하다"는 것은 그 표현이 서로 다른 여러 가지 뜻을 갖고 있어서 "헷갈린다"는 말이다.

이처럼 한 논증에서 그 의미가 또렷하지 않고 헷갈리는 표현을 사용함으로써 듣는 이를 홀리거나 스스로 홀릴 때 "애매어의 오류"를 저질렀다고 한다. 이와 비슷한 오류로 "동음어의 오류" 또는 "같은소리말의 오류"가 있다. "다은은 밤을 좋아한다. 따라서 그는 주로 야간에 활동한다"는 먹는 밤과 캄캄한 밤을 잘못 알아들었다. 일부 학자들은 "다의어의 오류"와 "애매어의 오류"를 구별한다. 다의어의 오류는 소리, 형태, 구조 등을 살펴보건대 같은 표현인 것처럼 보이지만 사실은 뜻이 다른 표현들을 여러 전제들에 함께 씀으로써 또는 전제와 결론에 섞어 씀으로써 듣는 이를 홀리는 오류를 말한다. "모든 간호사는 천사이다. 모든 천사는 신성하다. 따라서 간호

사인 리나는 신성하다"는 다의어의 오류를 지질렀다. 첫째 전제의 "천사"와 둘째 전제의 "천사"는 뜻이 다르다.

이탐관 의원은 공금 일부를 착복한 사실이 들키자 이렇게 말했다.

> 저는 공금을 착복하지 않았습니다. 저는 단지 공금의 안전한 관리를 위해 잠시 제 통장에 넣어 놓았을 뿐입니다.

그는 "공금을 착복하는 것"과 "공금을 자기 개인 통장에 넣는 것"이 매우 다르다고 가정한 후 자신은 공금을 개인 통장에 넣었을 뿐 공금을 착복한 것은 아니라고 항변한다. 실제로는 뜻이 크게 다르지 않지만 낱말들을 용의주도하게 사용함으로써 자기 주장을 펼치는 것을 "차이 없는 구별의 오류"라 한다.

"1884년 5월 18일 오늘 선장은 술에 취하지 않았다"라는 기록으로부터 "평소에 선장은 술에 자주 취한다"를 읽을 수 있다. 이런 추론이 그럴듯할 때가 많지만 늘 맞는 것은 아니다. "너는 머리가 좋다"와 "너는 머리는 좋다"에 작은 차이가 있다. 뒤 문장에서 "머리는"은 강조의 용법이다. 하지만 강조의 용법이 아닌데도 한 표현을 강조해서 읽을 수 있다. "오늘은 송이가 예쁘다"에서 "오늘은"을 너무 강조하여 "다른 날은 송이가 예쁘지 않았다"를 이끌어내는 것은 잘못되었다. 말하는 사람의 주장에서 특정 표현을 부적절하게 강조하는 것을 "강조의 오류"라 하고 여기서 더 나아가 원래 주장과 대비되는 주장을 이끌어내는 것을 "부당한 대비의 오류"라 한다.

또 다른 오류로는 인용의 오류 또는 내포의 오류가 있다. 이것은 자기 결론에 유리하도록 인용문을 문맥에 아랑곳하지 않고 원래 뜻과 다르게 해석하는 오류를 말한다. 신문의 헤드라인은 이 기법으로 독자를 낚기도 한다. "언어유희의 오류"라는 것도 있다. 낱말들을 약삭빠르게 선택하거나 배열함으로써 자기 결론에 듣는 사람이 손쉽게 이르도록 꾀는 것을 말한다. 또한 본디 흐릿할 수밖에 없는 표현을 자신의 견해를 뒷받침하도록 또렷한 뜻을 가진 양 사용하는 것을 "모호한 표현을 오용하는 오류"라 한다. 본디 명확히 수치화될 수 없는 것을 수치화하여 그 수치가 정밀하다거나 정확하다고 가정한 채 자기 주장을 펼치는 것을 "정확한 체하는 오류"라 한다.

가. 다음 논증들은 동음어의 오류 또는 애매어의 오류, 다의어의 오류, 차이 없는 구별, 강조의 오류 또는 부당한 대비, 인용의 오류, 언어유희의 오류, 모호한 표현의 오용, 정확한 체하기 가운데 한 오류를 저질렀다고 하자. 각 논증이 저지른 오류는 무엇인가?

01. 코드가 맞지 않는 현이 불협화음을 내듯이, 시장이 코드가 맞지 않는 시 공무원들과 정책을 논의하는 것이 합당하지 않다. 한국에 거의 모든 전선이 220V 코드로 표준화되어 있듯이 시 공무원들의 코드를 하나로 단일화하는 것이 가능하다. 따라서 시장이 코드가 맞는 시 공무원들과 정책을 논의하기를 희망한다면 그는 시 공무원의 코드를 하나로 단일화할 필요가 있다.

02. 우리 지성은 세계를 이해하는 빛이다. 우리는 지성이라는 빛으로 아직 밝혀지지 않은 세계를 맑고 밝게 이해한다. 하지만 모든 빛은 중력이 있는 곳에서 휜다. 따라서 우리 지성은 중력이 있는 곳에서 자연을 잘못 이해하게 될 것이다.

03. 흄설은 올바른 철학이 명료한 개념과 엄격한 논증 위에 세워져야 한다고 주장한다. 하지만 각자의 인생철학은 각자의 스타일에 바탕을 두어야 한다. 따라서 흄설은 우리에게 잘못된 인생철학을 강요할 것이다.

04. 모든 살인은 용서 받지 못할 범죄이다. 안중근은 이토 히로부미를 살인했다. 따라서 안중근은 용서 받지 못할 범죄 행위를 저질렀다.

05. 사람들은 행정 수반의 권력 유지를 위해 시민의 자유와 평등을 짓밟았다는 이유에서 전두환을 비판한다. 하지만 그는 국가 통치권 유지가 보편 인권보다 중요하며 국가 권력이 사회생활의 모든 영역에 걸쳐 통제권을 가져야 한다고 생각하고, 강력한 공권력으로 이를 집행했을 뿐이다. 따라서 우리는 전두환을 국가주의의 화신으로 재평가해야 하지 그의 반인권 행위를 비판해서는 안 된다.

06. 강덕은 철학이 지성인이라면 누구나 반드시 배워야 할 교양이라고 주장한다. 하지만 나는 강덕의 주장이 거짓이라고 생각한다. 왜냐하면 역사도 지성인이라면 누구나 반드시 배워야 할 교양이고, 물리학도 지성인이라면 누구나 반드시 배워야 할 교양이기 때문이다.

07. 최근 기밀 해제된 문서에 따르면 일본 관료들의 주도로 한국 여성을 강제 모집하여 일본군 성노예로 팔아넘긴 것이 일부 드러났다. 따라서 한국 여성을 성노예로 팔아넘긴 반인권 행위에 대해 일본 정부는 일부분의 책임만 있을 뿐이다. 왜냐하면 한국 여성을 강제 모집하여 일본군 성노예로 팔아넘긴 것은 일부 일본 관료의 소행일 뿐이기 때문이다.

08. 유시민은 "대한민국 제16대 대통령이 시대에 맞지 않게 너무 앞서서 태어난 조산아"라고 말했다. 결국 유시민은 대한민국 제16대 대통령이 세상에 나오지 말고 인큐베이터에서 보호를 받아야 하는 조산아라고 주장하는 것이다.

09. 김석문은 지구가 일년에 366번 회전한다고 주장했다. 따라서 그는 태양계 셋째 행성이 일년에 366번 회전한다고 주장했다고 보아야 한다.

10. 시민들은 세월호 참사의 진상을 철저히 밝히라고 정부를 압박한다. 정부가 할 일이 많은데 세월호 문제로 세월만 보내는 것은 옳지 않다. 그러니까 이제 세월호 문제는 세월에 맡기고 대한민국호가 앞으로 나아가는데 모두 협조하는 것이 좋겠다.

11. 대통령은 국민의 뜻을 따라 정책을 펼쳐야 한다. 사회가 덜 평등하더라도 자신은 더 부자가 되기를 바라는 것이 다수 국민의 뜻이기도 하다. 따라서 대통령은 국민의 뜻을 받들어 평등보다는 국민이 더 부자가 되게 하는 정책을 펼쳐야 한다.

12. 윌리엄 제임스는 보통 사람들은 자기 두뇌의 10%만을 활용한다고 주장했다. 어떤 심리학자는 아인슈타인조차도 자기 두뇌의 15%만을 활용했다고 말한다. 이런 주장들을 받아들인다면 우리가 두뇌 활용을 5% 포인트만 높이더라도 아인슈타인 같은 천재가 될 것이라고 추정할 수 있다.

13. 오이디푸스는 테바이로 가다가 테바이의 왕 라이오스와 싸우게 되는데 그가 아버지인 줄도 모르고 그를 죽인다. 오이디푸스가 테바이의 왕이 되자 이오카스테와 결혼하기를 바랐다. 하지만 이오카스테는 라이오스의 아내이자 오이디푸스의 어머니였다. 이로부터 우리는 오이디푸스가 자기 어머니와 결혼하기를 바랐다는 것을 알 수 있다. 이것이 자기 어머니를 사랑하는 마음을 오이디푸스 콤플렉스라고 부르게 된 내력이다.

080 믿음직함

아마도 추론에서 우리는 전제들이 모두 참이라는 것을 안다 하더라도 결론이 참이라는 것을 알 수 없다. 우리가 모르는 것은 곧 그것이 거짓이라는 것을 뜻하지 않는다. "아는 것"과 "거짓말" 사이에 있는 많은 것들을 다루기 위해 "믿음" 또는 "믿음직함"을 쓰는 것이 좋겠다. 우리는 어떤 문장은 강하게 믿고 어떤 문장은 약하게 믿는다. 한 문장이 얼마만큼 믿음직한가를 나타내는 값을 "믿음직함" "신념도" "확률"이라 한다. 문장 X를 믿는 사람이 갖고 있는 이 문장의 믿음직함을 'Cr(X)'라 쓰겠다. 믿음직함이 정확히 무엇인지를 말해주는 바탕 문장을 "확률의 공리" 또는 "믿음직함의 공리"라 한다.

공리1. 문장 X의 믿음직함 Cr(X)는 0과 1 사이의 숫자다.
공리2. 참말이라는 것을 아는 문장의 믿음직함은 1이다.
공리3. 문장 X와 Y가 뜻이 같다면, Cr(X) = Cr(Y)
공리4. 문장 X와 Y가 일관되지 않다면, Cr(X이거나 Y) = Cr(X) + Cr(Y)

내일 공리5를 여기에 보탤 것이다. 공리4에서 "두 문장이 일관되지 않다"는 것은 "두 문장이 둘 다 참일 수 없다" 또는 "두 문장 가운데 하나가 참이면 다른 하나는 거짓이다"를 뜻한다. "일관되지 않다"를 다른 말로 "양립할 수 없다" 또는 "배타적이다"라고 한다.

이들 공리로부터 이끌어내진 것을 "정리"라 한다.

정리1. Cr(X는 거짓이다) = 1 - Cr(X)
정리2. 거짓말이라는 것을 아는 문장의 믿음직함은 0이다.
정리3. X로부터 Y가 반드시 따라 나온다는 것을 안다면, Cr(X) ≤ Cr(Y)
정리4. Cr(X이거나 Y) = Cr(X) + Cr(Y) - Cr(X이고 Y)

증명을 짧게 보이도록 "이거나"를 "∨"로 쓰고 "는 거짓이다"를 "~"로 쓰겠다. 정리1의 증명은 다음과 같다. 공리2와 공리4를 써서, 1 = Cr(X∨~X) = Cr(X) + Cr(~X). 따라서 Cr(~X) = 1 - Cr(X). 여기서 우리가 "X∨~X"가 참이라는 것을 안다는 것과 X와 "~X"는 일관되지 않다는 사실을 썼다. 그 다음 정리2를 밝혀 보이자. 만일 문장 F가 거짓이라는 것을 우리가 안다면 우리는 "~F"가 참이라는 것을 안다. 공리2에 따르면 "~F"의 믿음직함은 1이다. 공리2와 정리1을 써서 1 = Cr(~F) = 1 - Cr(F)를 얻는다. 따라서 Cr(F) = 0.

정리3을 밝혀 보이는 것도 그다지 어렵지 않다. "이고"를 "&"로 짧게 쓴다. 먼저 X로부터 반드시 Y가 따라 나온다는 조건에서, X와 "X&Y"는 뜻이 같다. 왜냐하면 그러한 조건에서는 다음 둘이 모두 만족되기 때문이다. 첫째, 이런 조건에서 X가 참이면, X는 물론 참이고 Y가 반드시 참이다. 둘째, 말할 것도 없이 "X&Y"가 참이면 반드시 X도 참이다. 우리는 아무 문장 Q와 반드시 참말 T_o에 대해, Q와 "Q&T_o"가 뜻이 같다는 것을 이미 배웠다. "X∨~X"는 반드시 참말이기 때문에, Y는 "Y&'X∨~X'"와 뜻이 같다. 그래서 Cr(Y) = Cr(Y&'X∨~X') = Cr('Y&X'∨'Y&~X') = Cr(Y&X) + Cr(Y&~X) = Cr(X) + Cr(Y&~X). 요약하면 Cr(Y) = Cr(X) + Cr(Y&~X). 따라서 Cr(Y)는 Cr(X)보다 크거나 같다.

정리4를 밝혀 보이는 것은 조금 어렵다. X는 "'X&Y'∨'X&~Y'"와 뜻이 같고, Y는 "'X&Y'∨'~X&Y'"와 뜻이 같다. "X∨Y"는 "'X&Y'∨'X&~Y'∨'~X&Y'"와 뜻이 같다. 또한 'X&Y', 'X&~Y', '~X&Y'는 서로 일관되지 않다. 그리하여 다음 세 등식을 얻는다.

Cr(X∨Y) = Cr(X&Y) + Cr(X&~Y) + Cr(~X&Y)

Cr(X&Y) + Cr(X&~Y) = Cr(X)

Cr(X&Y) + Cr(~X&Y) = Cr(Y)

위 세 식의 왼쪽을 모두 더한 것과 오른쪽을 모두 더한 것은 같아야 한다. 이로부터 Cr(X∨Y) = Cr(X) + Cr(Y) - Cr(X&Y)를 얻는다.

가. 다음 정리를 달리 쓰기 규칙을 써서 밝히라.

01. X로부터 반드시 Y가 따라 나온다면, Cr(X) = Cr(X이고 Y)

02. Cr(X) = Cr(X이고 Y) + Cr(X이지만, Y는 거짓이다)

03. Cr(X이거나 Y) = Cr(X이고 Y) + Cr(X이지만, Y는 거짓이다) + Cr(X는 거짓이고 Y)

나. 다음 물음에 답하라.

01. "화성에 물이 있거나 물이 없다"의 믿음직함은?

02. "화성에 생물이 산 적이 있고 생물이 산 적이 없다"의 믿음직함은?

03. 만일 "몇몇 철학자는 수학을 싫어한다"의 믿음직함이 0.3이면, "어느 철학자도 수학을 싫어하지 않는다"의 믿음직함은?

04. "제20대 대한민국 대통령은 허경영이고 전광훈이다"의 믿음직함은?

05. "나는 왼손잡이이거나 오른손잡이이거나 양손잡이이거나 손이 둘이 아니다"의 믿음직함은?

06. "이순신은 A형이다"의 믿음직함이 0.4이고 "이순신은 B형이다"의 믿음직함이 0.3라면, "이순신은 A형이거나 B형이다"의 믿음직함은?

07. "이순신은 A형이거나 AB형이다"의 믿음직함이 0.5이고 "이순신은 AB형이다"의 믿음직함이 0.1라면, "이순신은 A형이다"의 믿음직함은?

08. "사유리의 국적은 일본이거나 한국이다"의 믿음직함은 0.9이고, "사유리의 국적은 일본이다"의 믿음직함은 0.8이고, "사유리의 국적은 한국이다"의 믿음직함은 0.2이면, "사유리의 국적은 일본이고 한국이다"의 믿음직함은?

09. 만일 "너는 스피노자와 라이프니츠를 좋아한다"의 믿음직함은 0.2이고, "너는 스피노자를 좋아한다"의 믿음직함은 0.6이고, "너는 라이프니츠를 좋아한다"의 믿음직함은 0.3이면, "너는 스피노자나 라이프니츠를 좋아한다"의 믿음직함은?

다. 다음 다섯 문장들을 믿음직함이 가장 큰 것부터 가장 작은 것까지 줄 세우라.

> ㄱ. 도민준은 혁신을 좋아하거나 진리를 추구하거나 데이빗슨을 좋아한다.
> ㄴ. 도민준은 혁신을 좋아하고 진리를 추구하고 데이빗슨을 좋아한다.
> ㄷ. 도민준은 혁신을 좋아하고 진리를 추구한다.
> ㄹ. 도민준은 혁신을 좋아하거나 진리를 추구한다.
> ㅁ. 도민준은 혁신을 좋아한다.

라. 정육면체의 한 면에 각각 1, 2, 3, 4, 5, 6이 쓰여 있는 주사위를 한 번 던졌다고 생각해 보자. 이 주사위는 정육면체이기 때문에 여섯 면들의 면적은 모두 똑같다. 이 주사위는 똑같은 물질과 똑같은 밀도로 치우치지 않게 만들어졌기 때문에 이 주사위의 각 눈이 나올 가능성은 똑같다. 우리는 이 모두를 알고 있다. 다음 물음에 답하라.

01. Cr("1"), Cr("2"), Cr("3"), Cr("4"), Cr("5"), Cr("6") 가운데 제일 큰 것은? 여기서 "n"은 "던진 주사위 눈이 n이 나온다"를 뜻한다. 보기를 들어 "2"는 "던진 주사위 눈이 2가 나온다"를 뜻한다. Cr("n")은 "던진 주사위 눈이 n이 나온다"의 믿음직함이다. 보기를 들어 Cr("3")은 "던진 주사위 눈이 3이 나온다"의 믿음직함이다.

02. "던진 주사위가 1이 나오거나 2가 나오거나 3이 나오거나 4가 나오거나 5가 나오거나 6이 나온다"가 참이라는 것을 우리는 아는가? 아니면 이것은 거짓일 수 있는가?

03. "1"과 "2"는 일관되는가 일관되지 않는가?

04. Cr("1")+Cr("2")+Cr("3")+Cr("4")+Cr("5")+Cr("6")은 얼마여야 하는가? 그 이유는 무엇인가?

05. 앞 물음들의 답을 바탕으로 Cr("1") = Cr("2") = Cr("3") = Cr("4") = Cr("5") = Cr("6") = 1/6이 될 수밖에 없다는 것을 설명하라.

한 상사가 있다. "ㄱ씨, 지난 번 보고 내용하고 주장하는 바가 정반대잖아. 이게 보도되면 언론에서 뭐라고 하겠어? 또 국회에서 바로 지적 들어올 거 예상 안 되나? 다시 고쳐 와!"

또 다른 상사가 있다. "ㄱ씨, 지금 이 보고서 손 본 거 맞아? 작년 업무 계획하고 똑같이 하면 어떻게 하자는 거야. 지금 장관님 가치관하고 전혀 다른 거 몰라? 다시 써 와!"

이것은 현실이다. 슬픈 것은 이 두 상사가 사실은 같은 상사라는 점이다. 더 슬픈 것은 단어만 몇 개 바꾸면 이 나라의 여느 직장에서 쉽게 볼 수 있는 너무나 당연한 모습이라는 점이다.

몇 년 전 "영혼 없는 공무원"이 언론에 회자된 적이 있다. 정권이 바뀌면 정책이 바뀌지만 실무 공무원은 바뀌지 않는다. 어제까지 A라는 주장을 찬성하던 사람이 오늘은 A가 아니라 B라는 주장을 하고 또 그 이유를 만들어 낸다. 영혼이 없다는 자조 아닌 자조가 한 공무원 입에서 나왔고 세간에 유명해진 것이다.
영혼 없는 공무원은 비논리적인 것일까? 보통 논리적이라고 하면 여러 정책들이 일관되는지, 그들 간에 모순이 없는지를 따져 보게 된다. ㄱ씨는 지난해와 같은 업무를 계속 추진하는 것이 옳다고 본 것이지만, 상사는 이제 높으신 분의 뜻에 따라 상황이 바뀌었으므로 다른 업무를 추진하는 것이 옳다고 본 것이다. 전제가 바뀌었으므로 결론이 바뀌더라도 문제가 없을 수 있다. 당시에 A 정책이 옳았고, 이제는 B 정책이 옳은 것이다.

많은 사람들이 영혼 없는 공무원을 비난하는 데에는 이유가 있다. 사실 전제는 바뀌지 않았는데 그런 것처럼 '논리를 만들기' 때문일 것이다. 결국 정책이 논리적인가 판단하는 열쇠는 형식 논리가 어떻든 실제 정책에 필요한 본디 이유가 여전한지 여부이다. 이를 위해서는 여러 수식어와 미사여구를 걷어내고 정책의 핵심 전제와 결론을 찾아내어 비교하는 능력이 필요하다.

만일 정책에서 논리의 모순을 찾아냈다면 이를 해결하는 방법도 생각해 보는 것이 좋겠다. 비논리적인 행동을 좋아하는 사람은 드물 테니 그 진짜 이유가 있을 것이기 때문이다. 물론 복잡한 정치·경제·사회 방정식을 풀어야 할 것이지만.

미국에서 경제학을 공부하는 공무원 이지훈

081 - 090

081 베이즈 공리

어제 믿음직함의 공리 4개를 배웠다. 오늘은 다섯째 공리를 배우고자 한다. 누군가 주사위 하나를 던졌다. 그가 나에게 주사위 눈이 2가 나왔으리라고 얼마큼 믿는지 물었다. 나는 어떤 눈이 나왔는지 아무 것도 알지 못한다. 어느 눈이든 그 눈이 나올 믿음직함은 나에게 똑같다. 따라서 그 믿음직함은 1/6이다. 그런데 그가 나에게 다음과 같이 이야기한다. "주사위 눈은 짝수가 나왔다." 그는 주사위 눈이 2가 나왔으리라고 내가 얼마큼 믿는지 다시 물었다. 이제 나에게 이 물음은 이렇게 바뀐다. 주사위 눈이 짝수가 나왔다는 것을 안 다음 주사위 눈이 2가 나왔으리라고 믿을 믿음직함은?

"문장 Y를 안 다음 문장 X의 믿음직함" 또는 "문장 Y가 참인 조건에서 문장 X가 참일 확률"을 'Cr(X|Y)'라고 쓴다. Cr(X|Y)를 "조건부 확률" 또는 "조건부 믿음직함"이라 부른다. 주사위 눈이 짝수가 나왔다는 것을 안 다음 주사위 눈이 2가 나왔을 믿음직함은 1/3이다. 조건부 믿음직함의 셈은 다음 다섯째 공리를 따른다. 이를 "베이즈 공리"라 한다.

공리5. Cr(X|Y) = Cr(X이고 Y)/Cr(Y)

문장 Y를 안 다음 문장 X의 믿음직함은 문장 'X이고 Y'의 믿음직함에 문장 Y의 믿음직함을 나눈 것과 같다.

공리5에 따라 주사위 눈이 짝수가 나왔다는 것을 안 다음 주사위 눈이 2가 나왔을 믿음직함을 계산해 보자. 주사위 눈이 짝수가 나왔을 믿음직함은 1/2이다. 주사위 눈이 짝수가 나왔고 또한 2가 나왔을 믿음직함은 1/6이다. 1/6을 1/2로 나눈다는 것은 1/6에 2를 곱하는 것인데 이 값은 1/3이다. 그러면 주사위 눈이 5 이하가 나왔다는 것을 안 다음 주사위 눈이 짝수가 나왔을 믿음직함을 계산해 보자. 주사위 눈이 5 이하가 나왔을 믿음직함은 5/6이다. 주사위 눈이 5 이하가 나왔고 주사위 눈이 짝수가 나왔을 믿음직함은 주사위 눈이 2 또는 4가 나왔을 믿음직함이고 이것은 1/3이다. 주사위 눈이 5 이하가 나왔다는 것을 안 다음 주사위 눈이 짝수가 나왔을 믿음직함은 1/3을 5/6로 나눈 값이고 이것은 (1/3)(6/5) = 2/5이다.

"금성은 태양계 둘째 행성이다"를 믿는 것은 "임시완은 남자다"를 믿는 데 아무 거리낌이 되지 않는다. 이와 같은 두 문장을 "무관하다", "독립이다", "따로이다"라 한다. 이제 "무관하다"를 정의해 보자.

정의1. "문장 X는 문장 Y와 무관하다"는 "Cr(X) = Cr(X|Y)"를 뜻한다.

믿음직함의 공리들과 정의1로부터 새로운 정리를 이끌어내 보자.

정리5. Cr(X이고 Y) = Cr(X|Y)Cr(Y) = Cr(Y|X)Cr(X)
정리6. Cr(X) = Cr(X|Y)Cr(Y) + Cr(X|Y는 거짓이다)Cr(Y는 거짓이다)
정리7. 'Cr(X) = Cr(X|Y)'이면 'Cr(Y) = Cr(Y|X)'이다. 단 Cr(X) > 0.
정리8. 'Cr(X) = Cr(X|Y)'이면 'Cr(X) = Cr(X|Y는 거짓이다)'이다.
정리9. 'Cr(X|Y) = Cr(X|Y는 거짓이다)'이면 'Cr(X) = Cr(X|Y)'이다.

정리7에 따르면, 한 문장이 다른 문장과 무관하면 이 둘은 서로 무관하다. 정리8에 따르면, X가 Y와 무관하면 X는 "Y는 거짓이다"와 무관하다. 정리9에 따르면, Y를 안 다음 X의 믿음직함과 Y가 거짓이라는 것을 안 다음 X의 믿음직함이 같다면, X는 Y와 무관하다. 이들을 밝혀 보이는 일은 뒤로 미루겠다. 정리6은 X가 "X&'Y ∨ ~Y'"와 뜻이 같다는 사실로부터 얻을 수 있다. 정리6의 한 보기로서, 내가 좋은 사람이 되리라고 믿을 믿음직함은 다음과 같다.

(내가 좋은 친구를 만날 조건에서 내가 좋은 사람이 될 믿음직함 × 내가 좋은 친구를 만날 믿음직함) + (내가 좋은 친구를 못 만날 조건에서 내가 좋은 사람이 될 믿음직함 × 내가 좋은 친구를 못 만날 믿음직함)

가. 다음을 공리들과 정의로부터 이끌라.

01. Cr(X) = Cr(X|Y)Cr(Y) + Cr(X|Y는 거짓이다)Cr(Y는 거짓이다)

02. 'Cr(X) = Cr(X|Y)'이면 'Cr(Y) = Cr(Y|X)'이다. 단 Cr(X) > 0.

03. 'Cr(X) = Cr(X|Y)'이면 'Cr(X) = Cr(X|Y는 거짓이다)'이다.

04. 'Cr(X|Y) = Cr(X|Y는 거짓이다)'이면 'Cr(X) = Cr(X|Y)'이다.

나. 치우치지 않은 멀쩡한 주사위를 하나 던졌다. "던진 주사위 눈은 짝수가 나왔다"라는 문장을 E라 쓰고, "던진 주사위 눈은 5가 나오지 않았고 6이 나오지도 않았다"는 문장을 M이라 쓰고, "던진 주사위 눈은 4보다 작게 나왔다"를 "L"이라 쓰자. 다음 물음에 답하라.

01. Cr(E)는 얼마인가? Cr(M)은 얼마인가? Cr(L)은 얼마인가?

02. Cr(E이거나 M)은 얼마인가?

03. Cr(E이거나 M)과 Cr(E)+Cr(M)은 같은가 다른가? 둘이 다르다면 그 까닭은 무엇인가? 우리는 이로부터 무엇을 배울 수 있는가?

04. Cr(E이고 L)은 얼마인가?

05. Cr(E이고 L)과 Cr(E)Cr(L)은 같은가 다른가? 우리는 이로부터 무엇을 배울 수 있는가?

06. Cr(E|M)은 얼마인가? Cr(M|E)는 얼마인가?

07. Cr(E|M)과 Cr(M|E)는 같은가 다른가? 우리는 이로부터 무엇을 배울 수 있는가?

08. Cr(E) = Cr(E|M)인가? 이것은 무엇을 뜻하는가?

09. Cr(M) = Cr(M|E)인가? 이것은 무엇을 뜻하는가?

10. Cr(E이고 M)과 Cr(E)Cr(M)은 같은가 다른가? 그 까닭은 무엇인가?

11. Cr(E) = Cr(E|L)인가? 이것은 무엇을 뜻하는가?

12. Cr(L) = Cr(L|E)인가? 이것은 무엇을 뜻하는가?

다. 다음 물음에 답하라.

01. 다음 월드컵에서 한국이 결승에 진출하리라고 믿을 나의 믿음직함은 0.1이다. 다음 월드컵에서 일본이 결승에 진출하리라고 믿을 나의 믿음직함은 0.01이다. 다음 월드컵에서 한국과 일본이 결승에서 대결하리라고 믿을 나의 믿음직함은 0.1×0.01= 0.001이어야 할까?

02. 20대 한 대학생이 헤겔을 좋아할 것 같다는 나의 믿음직함은 0.2이다. 20대 한 대학생이 칸트와 헤겔 모두를 좋아할 것 같다는 나의 믿음직함은 0.1이다. 나는 20대 대학생인 박해진이 헤겔을 좋아한다는 것을 우연히 알았다. 이를 안 나는 그가 칸트를 좋아하리라고 얼마큼 믿어야 하는가?

03. 유희열이 포미닛을 좋아하리라는 나의 믿음직함은 0.3이다. 유희열이 포미닛을 좋아한다는 것을 내가 안 다음 그가 시크릿을 좋아하리라는 나의 믿음직함은 0.7이다. 유희열이 포미닛과 시크릿을 둘 다 좋아하리라고 나는 얼마큼 믿어야 하는가?

04. 내가 좋은 친구를 만날 것 같다는 나의 믿음직함은 0.2이다. 내가 좋은 친구를 만나고 있다는 것을 안 다음 내가 좋은 사람이 될 것 같다는 나의 믿음직함 0.9이다. 내가 좋은 친구를 못 만나고 있다는 것을 안 다음 내가 좋은 사람이 될 것 같다는 나의 믿음직함은 0.3이다. 나는 내가 좋은 사람이 되리라고 얼마큼 믿어야 하는가?

05. 항아리가 두 개 있다. ㄱ 항아리에는 빨간 공 2개와 파란 공 1개가 들어 있다. ㄴ 항아리에는 빨간 공 2개와 파란 공 3개가 들어 있다. 동전을 던져 앞면이 나오면 ㄱ 항아리를, 뒷면이 나오면 ㄴ 항아리를 고른다. 이렇게 항아리를 고른 뒤 공 하나를 꺼낸다. 이 때 빨간 공을 꺼낼 믿음직함은 얼마일까?

06. 성삼과 스닉이하는 각각 반도체 칩을 생산한다. 도매시장에 공급되는 칩 가운데서 성삼 제품은 40%, 스닉이하 제품은 60%이다. 스닉이하 생산라인에서 나온 칩들 가운데 약 4%에 오류가 발생한다. 성삼 생산라인에서는 근무환경이 열악해서 약 28%의 칩에 오류가 발생한다. 도매시장에 공급된 임의의 반도체 칩이 오류가 날 믿음직함은? 오류가 났을 때 이 칩이 성삼 제품일 믿음직함은?

082 거짓 긍정

안개가 많이 낀 밤 파주의 한 국도에서 교통사고가 났다. 한 택시가 할머니를 치고 뺑소니했다. 어렴풋한 가로등빛 아래에서 벌어진 이 사건을 멀찍이 지켜 본 사람이 경찰에 신고했다. 뺑소니를 한 것은 파주의 택시이고 색깔은 노랑이라는 것이다. 경찰은 목격자의 진술이 믿을 만하다고 생각했다. 파주의 택시들은 90%가 풀집 택시회사에 속해 있으며 나머지는 개인택시이다. 풀집 소속 택시의 색깔은 모두 풀빛이고 개인택시들은 모두 노랑이다. 경찰은 목격자의 진술에 따라 뺑소니한 차량이 풀집 소속 택시일 믿음직함보다 개인택시일 믿음직함이 높다고 결론 내렸다. 이 결론을 바탕으로 경찰은 개인택시 운전사들을 대상으로 수사에 착수했다. 경찰의 이러한 추론은 얼마큼 그럴듯한가?

먼저 생각해야 할 것은 목격자의 진술이 얼마만큼 믿음직한가이다. 목격자가 나쁜 뜻을 갖고 거짓말을 한 것은 아닐까? 이를 따지는 것은 쉽지 않지만 목격자가 그런 거짓말로 얻을 이득이나 거짓말할 다른 까닭이 없다면 그가 거짓말하지 않았을 것이다. 하지만 목격자가 거짓말하지 않았다 하더라도 안개가 많이 낀 밤에 그가 차의 색깔을 잘못 알아볼 수도 있다. 뜻하지 않아도 우리 감각은 때때로 잘못을 저지른다. 경찰은 안개가 많이 낀 밤에 보통 사람이 차량의 색깔을 바르게 알아볼 믿음직함을 조사할 필요가 있다. 다음 실험을 할 수 있겠다. 안개가 많이 낀 밤에 아무 차를 지나가게 한 다음 아무 목격자에게 그 차량의 색깔을 묻는다. 이렇게 조사하여 100명 가운데 80명이 색깔을 바르게 알아보았다고 하자. 또는 100번 가운데 80번을 바르게 알아보았다고 해도 된다. 이로부터 통계 일반화를 써서 보통의 목격자가 안개가 많이 낀 밤에 차량의 색깔을 맞출 믿음직함이 80%라는 결론을 얻었다고 하자.

이제 경찰의 추론은 더욱 그럴듯해진 것일까? 임의의 파주 택시 100대를 생각해 보자. 이 가운데 90대는 풀집택시이고 10대는 개인택시일 것이다. 그래서 90대는 풀빛이고 10대는 노랑이다. 보통의 목격자가 안개가 많이 낀 밤에 차의 색깔을 바르게 알아볼 믿음직함은 80%라고 했다. 따라서 목격자는 노란 택시 10대 가운데 8대에 대해 노랑이라 말할 것이다. 파주 사람 대부분은 택시 색깔이 풀빛과 노랑 둘밖에 없다는 것을 잘 알고 있으며 목격자도 이를 잘 알고 있다. 나머지 2대를 풀빛이라 말할 것이다. 또한 목격자는 풀빛 택시 90대 가운데 72대를 풀빛이라 말하고 나머지 18대를 노랑이라 말할 것이다.

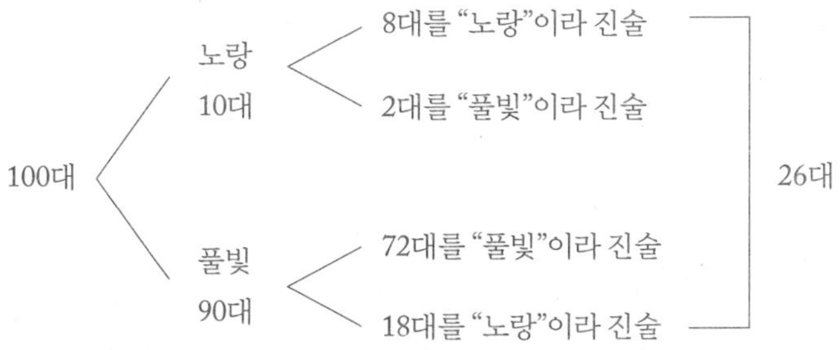

그리하여 목격자는 임의의 택시 100대 가운데서 26대를 노랑이라고 답한다. 하지만 이 26대 가운데 정말로 노란 택시는 8대밖에 되지 않는다. 이것은 목격자가 자신이 노랑을 목격했다고 생각하여 택시 색깔이 노랑이었다고 진술할 경우 그 진술이 참일 믿음직함이 8/26이라는 것을 뜻한다. 이것은 대략 0.31이다. 달리 말해 사고를 낸 차의 색깔이 노랑이라고 어떤 목격자가 진술했다는 사실을 바탕으로, 노랑 택시가 사고를 냈다고 우리가 긍정할 때 그것이 거짓이 될 믿음직함은 무려 69% 정도이다. 따라서 그 경찰의 추론은 그다지 그럴듯하지 않다. 실제로 많은 과학자, 의사, 율사, 관료, 수사관 들은 믿음직함의 셈에서 이와 같은 잘못을 자주 저지른다.

가. 다음 글을 읽고 물음에 답하라.

> 한국에서는 1만 명 가운데 1명이 HIV 바이러스를 갖고 있는 것으로 알려져 있다. 보건당국은 모든 국민에 대해 HIV 바이러스 보균 여부를 검사하려는 계획을 세웠다. 골치 아픈 문제는 당국의 검사 결과가 얼마나 믿을 만한가일 것이다. 왜냐하면 HIV 바이러스를 갖고 있지 않은 사람이 검사 오류로 양성 판정이 나오면 그 사람의 일상생활에 심각한 피해를 주기 때문이다. 현재 검사 방법에 따르면 피검사자가 HIV 바이러스를 갖고 있는 사람일 경우 당국의 검사 결과는 99% 믿을 만하다. 다시 말해 보균자 100명 가운데 99명은 검사에서 양성이 나오고 나머지 1명만 음성이 나온다. 반면 피검사자가 HIV 바이러스를 갖고 있지 않은 사람일 경우 당국의 검사 결과는 99.9% 믿을 만하다. 다시 말해 미보균자 1000명 가운데 999명은 검사에서 음성이 나오고 나머지 1명만 양성이 나온다. 이처럼 HIV 바이러스를 갖고 있지 않은 사람이 양성이 나올 믿음직함은 매우 낮다. 보건당국은 자신의 검사가 모든 국민에게 검사를 확대할 만큼 충분히 믿을 만하다고 결론 내렸다.

01. 임의의 한국인 1,000만 명 가운데 HIV 바이러스를 갖고 있는 사람은 대략 몇 명인가? 이 숫자를 아래에서 a라 쓰겠다. 1,000만 명 가운데 HIV 바이러스를 갖고 있지 않는 사람은 대략 몇 명인가? 이 숫자를 아래에서 b라 쓰겠다.

02. HIV 바이러스 보균자 a명을 보건당국의 검사에 맡겼을 때 몇 명이 양성이 나오고 몇 명이 음성이 나오는가? 미보균자 b명을 같은 검사에 맡겼을 때 몇 명이 양성이 나오고 몇 명이 음성이 나오는가?

03. 임의의 한국인 1,000만 명을 보건당국의 검사에 맡겼을 때 몇 명이 양성이 나오는가? 그 가운데 HIV 바이러스 보균자는 몇 명인가?

04. 나는 보건당국의 검사 결과 양성이 나왔다. 나는 내가 HIV 바이러스를 갖고 있으리라고 얼마큼 믿어야 하는가?

05. 나는 보건당국의 검사 결과 음성이 나왔다. 나는 내가 HIV 바이러스를 갖고 있으리라고 얼마큼 믿어야 하는가?

나. 다음 물음에 답하라.

01. 다음 베이즈 정리를 믿음직함 공리와 정의로부터 밝혀 보이라.

$$Cr(X|Y) = \frac{Cr(Y|X)Cr(X)}{Cr(Y)}$$

$$= \frac{Cr(Y|X)Cr(X)}{Cr(Y|X)Cr(X)+Cr(Y|{\sim}X)Cr({\sim}X)}$$

02. 지금 우리가 갖고 있던 가설을 H라고 하자. 우리가 이 가설에 대해 갖는 믿음직함 곧 이 가설의 확률 Cr(H)는 0.1이다. 우리가 새로운 증거를 갖게 되었는데 이를 E라고 하자. 가설 H가 참이라는 것을 안 다음 우리가 이 증거 E가 참일 것이라고 믿는 믿음직함 Cr(E|H)는 0.9이다. 하지만 가설 H가 거짓이라는 것을 안 다음 우리가 이 증거 E가 참일 것이라고 믿는 믿음직함 Cr(E|H는 거짓이다)는 0.1이다. 증거 E를 알게 된 다음 우리가 가설 H에 대해 새로 가져야 하는 믿음직함은 얼마인가?

03. 하느님이 존재한다는 것은 믿기 매우 어려워서 이것의 믿음직함은 나에게 고작 0.001밖에 되지 않는다. 하느님이 있다는 것은 하느님이 생물을 설계했다는 것을 함축한다. 하느님이 생물을 설계했다는 것은 생물이 환원불가능한 복잡성을 가진다는 것을 함축한다. 하지만 하느님이 없다는 것은 하느님이 생물을 설계하지 않았다는 것을 함축하고, 이것은 생물이 환원불가능한 복잡성을 가지는 것이 아니라는 것을 함축한다. 생물이 환원불가능한 복잡성을 가지리라고 나는 얼마큼 믿어야 하는가?

04. 생물이 환원불가능한 복잡성을 가질 나의 믿음직함은 0.1이다. 하느님이 존재할 나의 믿음직함은 0.01이다. 하느님이 있다는 것은 생물이 환원불가능한 복잡성을 가진다는 것을 함축한다. 하지만 하느님이 없다 하더라도 생물은 환원불가능한 복잡성을 가질 수 있다. (i) 생물이 환원불가능한 복잡성을 가졌다는 것을 안 다음 나는 하느님이 존재하리라고 얼마큼 믿어야 하는가? (ii) 하느님이 존재하지 않는다는 것을 안 다음 나는 생물이 환원불가능한 복잡성을 가지리라고 얼마큼 믿어야 하는가?

083 심슨 재판

1994년 미식축구 선수이자 영화배우였던 O. J. 심슨의 아내가 죽임을 당했다. 검사 측은 심슨이 아내를 죽였을 것이라고 믿고 이를 뒷받침하는 증거를 찾고 있었다. 1994년 당시 미국에서는 매년 약 25,000건의 살인 사건이 일어나고 있었다. 이 살인 사건들 가운데서 남편이 아내를 죽인 사건은 3,000건이다. 1994년 미국의 여성 인구는 약 1억 3,000만 명이다. 약 1억 3,000만 명 가운데 3,000명의 여성이 남편에게 죽임을 당한다. 단순히 이 통계만을 놓고 보았을 때 심슨이 아내를 죽였을 믿음직함은 매우 낮은 것처럼 보인다. 3,000에서 1억3000만을 나눈 숫자 0.0023%는 아무 한 남편이 한 해의 어느 날 자기 아내를 죽일 믿음직함이다. 유죄를 입증해야 할 검사 측은 심슨이 아내를 자주 때렸다는 사실을 밝혀내었다. 하지만 이에 대해 심슨의 변호사는 TV에 나와 이렇게 말한다. "아내를 자주 때리는 남편들 가운데 아내를 죽이는 남편은 1,000명 가운데 한 명에 지나지 않습니다." 심슨이 아내를 자주 때렸다는 조건에서 심슨이 아내를 죽였을 믿음직함은 0.1%인가? 심슨이 아내를 죽였을 믿음직함은 0.1%에 지나지 않는가? 변호사의 이 주장 때문에 심슨이 아내를 자주 때렸다는 사실은 법정에서 살인의 증거로 인정받지 못했다.

한 해 동안 미국의 살인 사건 25,000건 가운데서 22,000건은 남편에 의한 아내 살해가 아닌 통상의 살인 사건이다. 22,000건 가운데서 피해자가 여성인 경우가 거의 절반이다. 다시 말해 피해자가 여성이고 남편이 살해자가 아닌 살인 사건은 약 11,000건이다. 1994년 미국의 여성 인구 1억 3,000만 명 가운데 11,000명의 여성이 남편이 아닌 사람에게 죽임을 당한다. 따라서 미국의 한 여성이 남편이 아닌 사람에게서 살해당할 믿음직함은 11,000명에 1억3,000만 명을 나눈 수이다. 이것은 약 0.0085%이다. 이것은 다르게 표현하여 약 1/12000이다. 따라서 1년에 미국의 여성이 12,000명 당 한 명 꼴로 남편이 아닌 사람에게 죽임을 당한다. 하지만 여전히 전체 살인 사건들 가운데서 남편이 아내를 죽인 사건은 3,000건밖에 되지 않는다. 이것은 여성 12,000명 당 0.3명이 못된다.

이제 심슨의 변호사가 한 말을 다시 생각해 보자. 만일 검사 측이 똑똑하다면 오히려 이렇게 말해야 한다. "아내를 자주 때리는 남편들 가운데 아내를 죽이는 남편은 1,000명 가운데 무려 1명이나 됩니다." 이것은 남편에게 맞는 아내가 한 해 동안 1,000명 가운데 한 명 꼴로 남편에게 죽임을 당한다는 것을 뜻하지 않는다. "아내를 자주 때리는 남편들 가운데"라는 말을 잘 이해해야 한다. 아내를 자주 때린다는 말 또는 아내를 상습 구타한다는 말은 어느 날 홧김에 한 번 때리는 것을 뜻하지 않는다. 오랜 시간에 걸쳐 때려 왔다는 것을 뜻한다. 명확한 자료가 없으니 어림잡아 그 시간을 3년으로 잡도록 하자. 생각만 해도 끔찍한 일이지만 상습 폭행하는 남편은 대체로 3년 동안 아내를 상습 구타한다.

아내를 자주 때린 남편들 가운데 아내를 죽인 남편은 1,000명 가운데 한 명이라는 변호사의 주장을 받아들일 경우, 상습 구타 남편이 일 년 동안 아내를 살해할 믿음직함은 1/3000이다. 다시 말해 남편에게 맞는 아내는 한 해 동안 약 3,000명 가운데 한 명 꼴로 남편에게 죽임을 당한다. 남편에게 자주 맞는 여성 12,000명을 생각해 보자. 이 가운데 몇 명의 여성이 죽임을 당할까? 그것은 5명이다. 먼저 남편이 아닌 사람에게 1명 정도가 죽는다. 앞에서 1년에 미국의 여성 12,000명 당 한 명 꼴로 남편이 아닌 사람에게 죽임을 당한다고 말했다. 그 다음 4명 정도가 남편에게 죽임을 당한다. 왜냐하면 남편에게 자주 맞는 아내는 한 해 동안 약 3,000명 가운데 한 명 꼴로 남편에게 죽임을 당하기 때문이다. 결국 남편에게 자주 맞는 아내 12,000명 가운데 한 해에 5명 가량 죽는데 이 가운데 남편에게 죽임을 당하는 여성은 4명이다. 따라서 한 여성이 죽임을 당했고 또한 그가 남편에게 자주 맞았다는 조건에서 그를 죽인 사람이 남편일 믿음직함은 4/5 곧 80%이다.

가. 다음 글을 읽고 물음에 답하라.

> 수정은 낮에 동네 놀이터에서 놀다가 제시카 언니가 선물한 금반지를 잃어버렸다. 내일 언니와 제주도에 여행을 가기로 계획을 잡았고 비행기 예약도 마쳤다. 수정이 잃어버린 반지를 찾아볼 시간은 오늘밤밖에 없다. 수정에게는 몇 가지 선택이 있다. 내일 여행을 포기하더라도 반지를 찾을 때까지 놀이터를 샅샅이 뒤질 수 있다. 하지만 수정은 몇 년 만에 얻은 언니와 여행을 선뜻 포기할 수도 없다.
>
> 동네 놀이터에 전등이 하나 있는데 이 전등이 비추는 곳은 놀이터 전체 면적의 1/5밖에 되지 않는다. 수정은 낮에 놀이터 전체를 뛰어다니며 놀았기 때문에 어디서 반지를 잃어버렸는지 알 수 없다. 밝은 곳 전체를 샅샅이 뒤지는 데 걸리는 시간은 1시간이고 어두운 곳 전체를 샅샅이 뒤지는 데 걸리는 시간은 10시간이다. 반지를 밝은 곳에서 잃어버렸다는 조건에서 그곳을 샅샅이 뒤져 반지를 찾을 믿음직함은 80%이다. 반지를 어두운 곳에서 잃어버렸다는 조건에서 그곳을 샅샅이 뒤져 반지를 찾을 믿음직함은 1%이다.

01. 수정이 반지를 밝은 곳에서 잃어버렸을 믿음직함은 얼마인가?

02. 수정이 반지를 어두운 곳에서 잃어버렸을 믿음직함은 얼마인가?

03. 수정이 놀이터 전체를 샅샅이 뒤진다면 그가 반지를 찾을 믿음직함은 얼마인가?

04. 수정이 어두운 곳을 포기하고 밝은 곳에서만 반지를 찾는다면 그가 반지를 찾을 믿음직함은 얼마인가?

05. 수정은 반지를 찾을 믿음직함 1% 포인트를 더 높이기 위해 5시간 이상을 쓰고 싶지 않다. 수정은 밝은 곳에서만 반지를 찾아야 할까 아니면 어두운 곳까지도 찾아보아야 할까?

06. 반지를 밝은 곳에서 잃어버렸다는 조건에서 그곳을 샅샅이 뒤져 반지를 찾을 믿음직함은 50%이고, 반지를 어두운 곳에서 잃어버렸다는 조건에서 그곳을 샅샅이 뒤져 반지를 찾을 믿음직함은 10%일 때, 문제03과 04의 답은?

나. 다음 글을 읽고 물음에 답하라.

> 북한에서 쏜 미사일이 동해 독도 동쪽 10km 근처를 돌아다니던 일본 해양순시선에 맞았다. 북한 측은 미사일 발사 훈련 중에 뜻하지 않게 어쩌다 일어난 사고라고 발표했다. 북한은 지난 10일 동안 독도 방어 훈련을 명분으로 독도 동쪽 10km와 11km 사이, 독도 남쪽 500m에서 북쪽 500m 사이 해역에 미사일을 발사하고 있었다. 북한은 이 해역을 '풍산'이라고 부르고 이 해역에 시간차를 두고 여태 2발의 미사일을 발사했다. 지난 10일 동안 일본 해양순시선 한 척이 다케시마 해저 탐사 지원을 명분으로 한국 영해를 침범해 이른바 풍산 해역을 돌아다녔다. 하늘에서 본 일본 해양순시선의 면적은 0.001km^{2}이다. 북한의 미사일 성능은 매우 뛰어나서 북한 미사일이 바라는 곳 0.001km^2 내의 물체를 맞힐 믿음직함은 10%이다.

01. 북한이 풍산 해역 어느 곳이든 그냥 미사일을 한 발 발사했다는 조건에서 그 미사일이 어쩌다 일본 해양순시선에 맞을 믿음직함은 얼마인가?

02. 북한이 여태 미사일들을 풍산 해역 어느 곳이든 겨냥하지 않고 마구 발사했다는 조건에서 첫째 미사일은 어쩌다 일본 해양순시선에 맞지 않고 둘째 미사일이 어쩌다 일본 해양순시선에 맞을 믿음직함은 얼마인가?

03. 북한이 일본 해양순시선을 맞힐 의도를 갖고 미사일들을 겨냥하여 발사했다는 조건에서 첫째 미사일은 빗나가고 둘째 미사일이 일본 해양순시선을 맞힐 믿음직함은 얼마인가?

04. 북한이 일본 해양순시선을 겨냥하여 미사일들을 발사했다는 것은 북한이 의도를 갖고 군사 도발을 했다는 것을 뜻한다. 북한이 쏜 2발의 미사일 가운데 둘째 미사일이 일본 해양순시선에 맞은 이 사건이 있기 전에 평소 북한이 의도를 갖고 군사 도발을 한다고 믿는 정도가 50%였다. 이 사건 후에는 그 믿음이 얼마로 커지는가?

05. 북한의 미사일이 바라는 곳 0.001km^2 내 물체를 겨냥하여 맞힐 믿음직함은 90%이다. 북한이 쏜 2발의 미사일 가운데 둘째 미사일이 일본 해양순시선에 맞은 사건이 있기 전에 평소 북한이 의도를 갖고 군사 도발을 한다고 믿는 정도는 10%였다. 이 사건 후에는 그 믿음이 얼마로 커지는가?

084 마음먹음

1662년 아르노와 니꼴이 쓴 『논리: 생각의 기술』에 이런 글귀가 나온다.

> 좋은 것을 얻고 나쁜 것을 멀리하기 위해 우리가 무엇을 해야 하는지 판단하려면, 무엇이 좋은 것이고 나쁜 것인지 생각해야 할 뿐만 아니라, 그 일이 일어나거나 일어나지 않을 개연성도 생각해야 한다.

이 글귀는 좋은 행위를 하기 위해서 필요한 것이 두 가지라고 말한다. 첫째, 그 행위로 생기는 결과가 얼마큼 좋은지 얼마큼 나쁜지를 따져야 한다. 행위결과가 "좋다 나쁘다"를 "바람직하다 바람직하지 않다"라고 말하기로 하자. 둘째, 그러한 결과가 벌어질 가능성이 얼마큼 되는지 따져야 한다. 이 둘을 함께 생각하는 일을 "숙고" 또는 "곰곰이 생각함"이라 한다.

행위자는 정확히 예측할 수 없거나 통제할 수 없는 상황들 속에서 자기 행위가 빚어낼 여러 결과들을 견주어 보아야 한다. 1763년 토마스 베이즈는 「우연 원리로 문제 풀기」라는 글에서 곰곰이 생각하기의 틀을 만들었다.

- 믿음직함: 나는 앞으로 무슨 일이 벌어질 것이라고 믿는가?
- 바람직함: 나는 어떤 결과가 벌어지기를 바라는가?

} → · 마음먹음: 가장 좋은 행위를 선택함

사람들은 앞으로 무엇이 일어날지에 대한 자신의 믿음, 무엇이 일어나기를 바라는지에 대한 자신의 바람에 따라 자기 행위를 결정한다는 것이다. 여기서 "믿음직함"을 다른 말로 "개연도" 또는 "확률"이라 하고 "바람직함"을 다른 말로 "소망도" 또는 "효용"이라 한다. 믿음직함과 바람직함은 행위자 자신이 가늠한 수치이기 때문에 이 수치는 사람마다 다를 수 있다. 이런 까닭으로 이 값들은 '주관적'이라고 말한다.

소영은 흐린 날 외출 준비를 한다. 우산을 들고 나갈지 두고 나갈지 곰곰이 생각한다. 만일 소영이 오늘 비가 올 것이라 굳게 믿고 있으며 또한 비를 맞지 않기를 그가 크게 바란다면, 이런 믿음과 바람에 따라 그는 우산을 들고 집을 나서겠다고 마음먹을 것이다. 만일 소영이 비가 오지 않을 것이라 믿고 있으며 또한 비가 오지도 않는데 괜히 번거롭게 우산을 들고 다니고 싶지 않다면, 이런 믿음과 바람에 따라 그는 우산 없이 집을 나서겠다고 마음먹을 것이다. 소영이 고를 여러 행위, 고를 때 생각해야 할 여러 상황, 그 상황 속에서 빚어질 행위결과들은 다음 모눈처럼 간추릴 수 있다.

관련 상황 / 고를 행위	비가 온다.	비가 오지 않는다.
A. 우산을 들고 외출한다.	ㄱ. 손이 번거롭지만 비를 맞지 않는다.	ㄴ. 비를 맞지 않지만 괜히 손이 번거롭다.
B. 우산없이 외출한다.	ㄷ. 손이 번거롭지 않지만 비를 맞는다.	ㄹ. 비를 맞지도 않고 손이 번거롭지도 않다.

이제 소영은 ㄱ, ㄴ, ㄷ, ㄹ이 일어날 믿음직함과 이것들의 바람직함을 가늠한 뒤 가장 좋게 보이는 행위를 찾으면 된다.

믿음

ㄱ. a	ㄴ. b
ㄷ. c	ㄹ. d

바람

ㄱ. e	ㄴ. f
ㄷ. g	ㄹ. h

확률 또는 믿음직함은 0에서 1 사이의 값을 준다. 바람직함은 바라는 일일수록 높은 값을 주고 바라지 않는 일일수록 음수를 써서라도 낮은 값을 주면 된다. A 행위의 좋음은 $(a\times e)+(b\times f)$로 셈하고, B 행위의 좋음은 $(c\times g)+(d\times h)$로 셈한다. 둘 가운데 큰 값이 더 좋은 행위이다. "더 좋은 행위를 해야 한다"라는 원칙을 "베이즈 원칙"이라 한다. 소영은 베이즈 원칙에 따라 우산을 들고 나가는 것이 더 좋은지 그냥 나가는 것이 더 좋은지 따져 본 다음 더 좋은 행위를 하기로 마음먹어야 한다.

가. 다음 글을 읽고 물음에 답하라.

비는 오지 않지만 구름이 많이 낀 오늘 아침 소영은 우산을 들고 외출할지 우산을 놓고 외출할지 곰곰이 생각한다. 그가 고를 두 행위와 그 행위의 결과들은 아래 모눈과 같다.

관련 상황 / 고를 행위	비가 온다.	비가 오지 않는다.
A. 우산을 들고 외출한다.	ㄱ. 손이 번거롭지만 비를 맞지 않는다.	ㄴ. 비를 맞지 않지만 괜히 손이 번거롭다.
B. 우산없이 외출한다.	ㄷ. 손이 번거롭지 않지만 비를 맞는다.	ㄹ. 비를 맞지도 않고 손이 번거롭지도 않다.

소영은 기상청 일기예보를 철저히 믿는다. 오늘 기상청 일기예보에서 비 올 믿음직함이 40%라고 말했다. 소영은 ㄱ, ㄴ, ㄷ, ㄹ 가운데서 ㄹ을 가장 바라고 ㄷ을 가장 바라지 않는다. ㄴ보다는 ㄱ을 더 바란다.

01. 소영의 믿음에 따라 행위결과의 확률 또는 믿음직함을 모눈으로 나타내라.

ㄱ.	ㄴ.
ㄷ.	ㄹ.

02. 다음 둘 가운데 소영의 바람을 잘 나타낸 바람직함의 모눈은?

①

ㄱ. 2	ㄴ. 3
ㄷ. -5	ㄹ. 5

②

ㄱ. 3	ㄴ. -1
ㄷ. -10	ㄹ. 5

03. 앞에서 얻은 믿음직함의 모눈과 바람직함의 모눈에 따라 셈했을 때 A와 B 가운데 더 좋은 행위는?

04. 만일 소영이 베이즈 원칙을 따르는 사람이면 소영은 어떤 행위를 해야 하겠다고 마음먹어야 하는가?

05. 바람은 문제02와 같고 비올 믿음직함이 40%가 아니라 30%라면, 베이즈 원칙을 따르는 소영은 어떤 행위를 해야 하겠다고 마음먹어야 하는가?

나. 다음 글을 읽고 물음에 답하라.

정민은 남는 돈 1000만 원을 어떻게 할지 곰곰이 생각한다. 그가 생각하고 있는 선택은 다음 셋이다.

A. 금리변동 정기적금에 든다.
B. 주식펀드에 가입한다.
C. SK하이닉스 주식을 산다.

세계 경제 및 한국 경제가 현재 상태를 유지할 경우, 정기적금은 연간 3% 수익이 예상되며 주식펀드는 연간 10% 수익이 예상된다. SK하이닉스 주식은 연간 20% 수익이 예상된다. 하지만 올해 세계 시장 전망이 매우 불투명하여 정민은 어떤 일이 벌어질지 모른다. 가장 중요한 것은 미국연방은행에서 양적완화 출구 전략으로 금리를 올릴 경우 한국 등 신흥시장의 주식시장이 위축되어 주식펀드는 10%의 손실이 예상된다. 하지만 이 경우 한국은행의 금리도 오르고 정기적금은 5%의 수익이 예상된다. 미국연방은행이 금리를 올린다는 것은 경제 회복의 자신감을 반영하는 것이기 때문에 미국 주도의 IT 산업이 활황을 이룰 것이다. 이 경우 SK하이닉스 주식은 30%의 수익이 예상된다. 미국연방은행의 양적완화가 지속되는 가운데 세계 경제 및 한국 경제가 장기 침체할 경우, 정기적금은 연간 1% 수익이 예상되며 주식펀드는 연간 5% 수익이 예상된다. SK하이닉스 주식은 연간 20%의 손실이 예상된다.

01. 정민이 고를 행위들의 결과를 모눈으로 만들라.

관련 상황 / 고를 행위	현재 유지	미국의 출구전략	장기 침체
A. 정기적금에 든다.			
B. 주식펀드에 가입한다.			
C. 하이닉스 주식을 산다.			

02. 정민이 가장 높은 수익을 얻을 가능성이 조금이라도 있는 행위를 무턱대고 고른다면 그가 입을 손실은 최대 얼마가 될 수 있는가?

085 미리 사놓기

수아는 부산국제영화제에 매년 참석한다. 올해는 해운대 모래밭에 특별 상영관이 세워진다. 야외 특별 상영관을 만들어 이틀 동안 오후 10시부터 새벽 2시까지 야간 개장한다. 바다를 주제로 한 영화 4개를 하루에 2편씩 상영하며 관객은 1편 보는 데 1만 원을 내야 한다. 하지만 특별 상영관을 기획한 영화제 기획팀은 날씨에 대한 상당한 위험 부담을 안고 행사를 짰다. 비가 올 경우 행사를 취소해야 하는데 이 경우 영화제 사무국은 상당한 금전 손실을 입게 된다. 이 때문에 야외 특별 상영관의 경우 1달 전부터 입장권을 2만 원에 예약 판매하고 그 대신에 개장 일주일 전에 취소하거나 환불할 수 없도록 했다.

부산국제영화제에 참가했지만 비가 온다 하더라도 다른 실내 상영관에서 영화제를 즐기면 된다. 하지만 야외 특별 상영관은 다르다. 수아는 야외 특별 상영관 입장권을 미리 사놓는 것이 좋을까 그날그날 현장에서 사는 것이 좋을까? 물론 수아는 야외 상영관이 개설될 경우 상영될 영화를 모두 볼 계획이다. 수아가 생각해야 할 거의 유일한 미래 상황은 이틀 동안 비가 오는지 안 오는지 하는 것이다. 수아는 자기 행위결과를 다음과 같이 간추렸다.

고를 행위 \ 관련 상황	이틀 비 옴	하루 비 옴	이틀 비 안 옴
A. 입장권을 미리 산다.	2만 원 손실	2편에 2만 원	4편에 2만 원
B. 입장권을 그날 산다.	손실 없음	2편에 2만 원	4편에 4만 원

만일 이틀 모두 비가 오지 않는다면 수아는 이틀 동안 4편의 영화를 2만 원에 즐겁게 볼 수 있다. 이 경우 수아는 입장권을 미리 사놓는 것이 좋다. 하지

만 이틀 모두 비가 온다면 예매한 입장권은 아무 쓸모가 없다. 이런 경우 입장권을 미리 사 놓는 것은 좋은 행위가 아니다.

자기 행위를 결정하기 위해 수아는 한 달 후 또는 일주일 후 날씨 예보를 참조해도 된다. 영화제가 열리는 시월 초에 부산 지역 비오는 날들의 통계를 살펴보는 것도 괜찮은 길이다. 하지만 영화제 동안 날씨를 전혀 어림잡을 수 없을 때 수아는 어떻게 하면 좋을까? 날씨를 완전히 우연에 맡긴 채 자기 행위를 결정하면 된다. 이 말은 이틀 모두 비올 믿음직함은 1/4, 이틀 모두 비오지 않을 믿음직함은 1/4, 하루만 비올 믿음직함은 1/2로 잡는 것과 같다. 이것은 동전을 두 개 던져 앞면이 나오면 비가 오고 뒷면이 나오면 비가 오지 않는다고 생각하는 것과 똑같다. 수아의 믿음과 바람은 다음 모눈으로 나타낼 수 있다.

믿음

1/4	1/2	1/4
1/4	1/2	1/4

바람

-20000	2a-20000	4a-20000
0	2a-20000	4a-40000

바람 모눈에서 a는 영화 한 편을 보는 데 얻는 즐거움 또는 바람직함을 수로 나타낸 것이다. 우리는 영화 한 편을 보는 데 얻는 즐거움과 돈을 서로 견주어 볼 수 있다고 가정했다.

위 믿음 모눈과 바람 모눈을 곱하면 행위 A와 B의 좋음을 셈할 수 있다. 입장권을 미리 사놓는 행위의 좋음은 2a–20000이다. 입장권을 당일 사는 행위의 좋음도 2a–20000이다. 두 행위의 좋음은 똑같으며 어느 것이 더 낫지 않다. 따라서 수아는 어느 것을 선택해도 괜찮다. 하지만 예매 가격이 2만 원 아래라면 그는 예매하는 것이 더 좋다. 예매 가격이 2만 원을 넘는다면 당일 현장에서 사는 것이 더 좋다. 만일 예매가는 그대로이고 비가 안 올 가능성이 더 높다면 수아는 예매하는 것이 더 좋다. 비올 가능성이 더 높다면 그는 당일 현장에서 사는 것이 더 좋다. 이런 말들은 수아가 영화 한 편을 보는 데 얻는 즐거움이 크든 작든 똑같이 말할 수 있다.

가. 다음 글을 읽고 물음에 답하라.

수아는 일주일 후 부산국제영화제 야외 특별 상영관의 입장권을 예매할지 현장 구매할지 곰곰이 생각한다. 야외 특별 상영관 입장권 예매 가격은 3만 원이다. 현장 구매할 경우 하루 당 2만 원이다. 야외 특별 상영관에서는 하루에 영화를 2편 상영한다. 만일 비가 온다면 야외 상영은 취소되고 예매표는 돈을 돌려 받지 못한다. 수아는 입장권을 미리 사는 것이 좋을까 그날 가서 사는 것이 좋을까?

01. 수아가 고를 행위들의 결과를 모눈으로 간추리라.

관련 상황 / 고를 행위	이틀 비 옴	하루 비 옴	이틀 비 안 옴
A. 입장권을 미리 산다.			
B. 입장권을 그날 산다.			

02. 수아는 상영관 개장일의 날씨에 대해 전혀 가늠할 수 없다. 행위결과들이 벌어질 믿음직함의 모눈을 만들라.

믿음

03. 수아가 야외 상영관에서 영화 한 편을 보는 데 얻는 즐거움은 돈으로 따져 a이다. 행위결과들에 대한 바람직함의 모눈을 만들라.

바람

04. 수아가 고를 행위들의 좋음을 셈하라.

행위의 좋음

A	
B	

05. A와 B 가운데서 어느 것이 더 좋은가?

나. 다음 글을 읽고 물음에 답하라.

일주일 후인 이번 토요일과 일요일 이틀 동안 부산국제영화제 야외 특별 상영관이 드디어 개장한다. 야외 특별 상영관에서는 하루에 영화를 2편 상영한다. 수아는 야외 상영관의 입장권을 예매할지 현장 구매할지 곰곰이 생각한다. 야외 특별 상영관 입장권 예매 가격은 2만 원이다. 현장 구매할 경우 하루 당 2만 원이다. 오직 예매할 경우에만 스크린을 좋은 각도에서 볼 수 있는 혜택을 누릴 수 있다. 수아가 지금 예매한다면 당연히 좋은 각도에서 영화를 즐길 수 있다.

01. 기상청은 토요일과 일요일 모두 비올 믿음직함이 40%이며 이틀 가운데 하루만 비올 믿음직함이 20%라고 예보했다. 수아는 기상청 예보를 그대로 믿는다. 수아의 믿음 모눈을 만들라.

관련 상황 / 고를 행위	이틀 비 옴	하루 비 옴	이틀 비 안 옴
A. 입장권을 미리 산다.			
B. 입장권을 그날 산다.			

02. 수아가 야외 상영관에서 영화 한 편을 보는 데 얻는 즐거움은 돈으로 따져 1만 원이다. 수아가 야외 상영관 좋은 각도에서 영화 한 편을 보는 데 얻는 즐거움은 돈으로 따져 1만5000원이다. 수아의 바람 모눈을 만들라.

관련 상황 / 고를 행위	이틀 비 옴	하루 비 옴	이틀 비 안 옴
A. 입장권을 미리 산다.			
B. 입장권을 그날 산다.			

03. 수아가 고를 행위들의 좋음을 셈하라. A와 B 가운데서 어느 것이 더 좋은가? 그가 베이즈 원칙을 따른다면 어느 쪽을 골라야 하는가?

행위의 좋음

A	
B	

086 담배 끊기

멜리장드는 20대부터 하루에 담배 두 갑 넘게 맘껏 피운다. 그는 니코틴 중독이 아니다. 그는 어느 날 암 연구센터에서 발표한 자료를 읽었다. 이 자료는 20대부터 담배를 피운 성인이 65살 이전에 죽을 믿음직함이 담겨 있다.

- 하루 한 개비 흡연자: 15%
- 하루 두 개비에서 반 갑까지 흡연자 20%
- 하루 반 갑 넘게 한 갑까지 흡연자: 24%
- 하루 한 갑 넘게 두 갑까지 흡연자: 27%
- 하루 두 갑 넘게 피우는 흡연자: 30%

이 사망 믿음직함은 스무 살 이전의 흡연 습관과 무관하다. 담배를 피우지 않는 사람이 65살 이전에 죽을 믿음직함은 10%이다. 암 연구센터의 발표 내용이 참이라면 담배가 죽음을 앞당기는 것은 거의 분명하다. 멜리장드는 이 자료를 그대로 믿고 다음 행위들 가운데 하나를 선택하고자 한다.

A: 지금 습관을 그대로 유지한다.
B: 담배를 줄이되 적어도 하루 두 개비 많아야 반 갑을 피운다.
C: 담배를 아예 끊는다.

이 행위를 선택하는 데 그가 고려하는 미래 상황은 두 가지이다.

I: 65살을 못 넘긴다.
II: 65살 넘게 산다.

멜리장드는 A, B, C 가운데 어떤 행위를 하는 것이 가장 좋은가?

그가 고를 행위들의 결과를 다음과 같이 간추릴 수 있다.

관련 상황 / 고를 행위	65살을 못 넘긴다.	65살 넘게 산다.
A. 지금 습관을 그대로 유지한다.	담배를 맘껏 피우지만 일찍 죽는다.	담배를 맘껏 피우고 오래 산다.
B. 두 개비에서 반 갑 사이로 줄인다.	담배를 조금 피우고 일찍 죽는다.	담배를 조금 피우고 오래 산다.
C. 담배를 아예 끊는다.	담배를 안 피우고 일찍 죽는다.	담배를 안 피우고 오래 산다.

멜리장드는 이런 결과들이 일어날 가능성이 얼마라고 믿을까? 그는 이 결과들 가운데서 무엇을 가장 바라고 무엇을 가장 바라지 않을까?

멜리장드는 담배를 피울 때 즐거움을 느끼기 때문에 그런 즐거움을 바란다. 또한 그는 오래 사는 것을 바란다. 그의 믿음 모눈과 바람 모눈은 아마도 다음과 같을 것이다.

믿음

0.3	0.7
0.2	0.8
0.1	0.9

바람

a	a+c
b	b+c
0	c

여기서 a는 하루 두 갑 넘게 담배를 피우는 즐거움을 숫자로 나타낸 것이다. 담배를 반 갑 아래로 피울 때 즐거움을 b로 잡았다. c는 오래 사는 것의 즐거움을 숫자로 나타낸 것이다. 그의 믿음과 바람이 이와 같다면 그가 고를 세 행위들의 좋음은 아래와 같이 셈할 수 있다.

행위들의 좋음

A. 지금 습관을 그대로 유지한다.	a + 0.7c
B. 두 개비에서 반 갑 사이로 줄인다.	b + 0.8c
C. 담배를 아예 끊는다.	0.9c

이 세 값들 가운데서 어느 것이 더 큰지는 멜리장드가 a, b, c를 어느 정도 크기로 가늠하느냐에 달려 있다. c가 a와 b보다 훨씬 크다면 담배를 아예 끊는 것이 그에게 가장 나을 것이다.

가. 다음 글을 읽고 물음에 답하라.

멜리장드는 담배를 많이 피울수록 더 큰 즐거움을 느낀다. 하지만 그는 담배가 죽음을 앞당긴다는 암 연구센터의 발표를 들은 다음 담배를 끊을지, 적어도 2개비 많아야 반 갑으로 줄일지, 그냥 지금처럼 두 갑 넘게 피울지 곰곰이 생각한다. 그는 앞에서 나온 암 연구센터의 발표 자료를 그대로 받아들인다. 그는 담배 피우는 즐거움도 바라고 오래 사는 즐거움도 바란다. 그가 고를 행위들의 결과는 다음과 같다.

관련 상황 / 고를 행위	65살을 못 넘긴다.	65살 넘게 산다.
A. 지금 습관을 그대로 유지한다.	담배를 맘껏 피우지만 일찍 죽는다.	담배를 맘껏 피우고 오래 산다.
B. 두 개비에서 반 갑 사이로 줄인다.	담배를 조금 피우고 일찍 죽는다.	담배를 조금 피우고 오래 산다.
C. 담배를 아예 끊는다.	담배를 안 피우고 일찍 죽는다.	담배를 안 피우고 오래 산다.

멜리장드에게 하루 담배를 두 갑 넘게 피울 때의 즐거움은 하루 반 갑 아래로 피울 때의 즐거움보다 4배 크다.

01. 멜리장드의 성향을 반영한 그의 바람 모눈을 그리라. 하루 반 갑 아래로 담배를 피우는 즐거움을 b로 나타내고 오래 사는 즐거움을 c로 나타내라.

관련 상황 / 고를 행위	일찍 죽는다.	오래 산다.
A. 지금 그대로		
B. 줄인다.		
C. 끊는다.		

02. A, B, C 세 행위의 좋음을 셈하라.

A. 지금 그대로	
B. 줄인다.	
C. 끊는다.	

03. 멜리장드는 오래 사는 즐거움이 하루 반 갑 아래로 담배를 피우는 즐거움보다 10배 크다고 생각한다. 이 경우 그는 어떤 행위를 하는 것이 가장 좋은가?

04. 멜리장드는 담배를 아예 끊기로 마음먹었다. 이 경우 그에게 오래 사는 즐거움은 하루 반 갑 아래로 담배를 피우는 즐거움보다 적어도 몇 배 더 큰가?

나. 담배를 한 개비 피우나 두 갑 피우나 담배 피우는 즐거움은 멜리장드에게 같다. 다른 사정은 문제 가와 같다. 다음 물음에 답하라.

01. 멜리장드가 이런 성향을 갖고 있을 때 그의 바람 모눈을 그리라. 담배 피우는 즐거움을 a로 나타내고 오래 사는 즐거움을 c로 나타내라.

관련 상황 / 고를 행위	일찍 죽는다.	오래 산다.
A. 지금 그대로		
B. 줄인다.		
C. 끊는다.		

02. A, B, C 세 행위의 좋음을 셈하라.

A. 지금 그대로	
B. 줄인다.	
C. 끊는다.	

03. 멜리장드는 오래 사는 즐거움이 담배를 피우는 즐거움보다 5배 크다고 생각한다. 그가 이렇게 생각할 경우 그는 어떤 행위를 하는 것이 가장 좋은가?

04. 곰곰이 생각한 다음 멜리장드는 망설임 없이 담배를 아예 끊기로 마음먹었다. 그에게 오래 사는 즐거움은 담배를 피우는 즐거움보다 적어도 몇 배 더 큰가?

087 파스칼의 내기

파스칼이 죽은 지 8년이 지난 1670년에 친구들은 그의 짧은 글을 모아 『생각』이란 책을 펴낸다. 이 책 제233항에서 그는 신앙 생활하는 것이 안 하는 것보다 더 좋은 행위라고 주장한다. 『생각』이 출판되기 전 이미 아르노와 니콜은 그들의 책 『논리: 생각의 기술』 마지막 장에 이 논증을 소개하면서 이를 매우 중요하게 여겼다. 파스칼의 추론은 얼마만큼 그럴듯할까?

우리가 신앙 생활할지 말지 곰곰이 생각한다고 해 보자. 물론 신앙 생활이 무엇을 뜻하는지 사람마다 다르게 생각할 것이다. 그냥 하느님의 뜻대로 자기 삶을 사는 것이라고 가정하자. 아마도 파스칼은 로마가톨릭 신자였기 때문에 가톨릭 방식의 종교생활을 염두에 두고 있었는지 모른다. 아무튼 우리가 곰곰이 생각할 때 가장 먼저 생각해야 하는 것은 하느님이 있는가 하는 물음이다. 하느님이 있다면 그의 뜻대로 삶을 사는 이에게 그가 끝없는 기쁨을 줄 것이다. 하느님이 없다면 그의 뜻대로 살려고 애쓰는 것은 헛된 일이다. 하지만 우리는 하느님이 있는지 없는지 모른다. 그래서 우리가 고를 행위들의 결과는 다음과 같은 모눈으로 나타낼 수 있다.

관련 상황 / 고를 행위	하느님은 있다.	하느님은 없다.
A. 하느님의 뜻대로 산다.	끝없는 기쁨	헛된 삶
B. 하느님이 없는 듯 산다.	끝내 사라짐	그저 그런 삶

우리가 여기서 가정한 하느님은 그의 뜻대로 사는 사람에게 끝없는 기쁨을 주는 하느님이다. 또한 그의 뜻대로 살지 않거나 그가 없는 듯이 살았던 사람에게는 그 사람이 언젠가 죽어버린 다음 영원히 사라지도록 내버려 두는 하느님이다.

이제 우리는 이 행위결과들이 일어나리라고 얼마큼 믿는지, 그 결과들이 일어나기를 얼마큼 바라는지를 가늠해야 한다. 파스칼은 이 결과들의 믿음 모눈과 바람 모눈을 다음과 같이 만들었다.

믿음

0.000000001	0.999999999
0.000000001	0.999999999

바람

∞	-a
-b	c

하느님이 있다는 것은 믿기 매우 어렵다. 그래서 "하느님은 있다"의 믿음직함에 아주 작은 값을 주어야 하고, "하느님은 없다"의 믿음직함에는 거의 1에 가까운 값을 주어야 한다. 물론 두 믿음직함을 더해 1이 되어야 한다. "하느님은 있다"의 믿음직함에 10억 분의 1을 줌으로써 하느님이 있으리라고 믿기 매우 어렵다는 것을 나타내었다. 이 때문에 "끝없는 기쁨"과 "끝내 사라짐"을 얻으리라고 믿을 믿음직함에 0.000000001을 주었다.

하지만 끝없는 기쁨이나 영원한 즐거움에는 ∞의 바람직함을 주어야 마땅하다. 헛된 삶의 바람직함에 -a를, 끝내 사라짐의 바람직함에 -b를, 그저 그런 삶의 바람직함에 c를 주었다. 여기서 a, b, c는 양수이지만 무한한 값은 아니다. 두 행위의 좋음은 다음과 같이 셈할 수 있다.

행위들의 좋음

A. 하느님의 뜻대로 산다.	∞ - 0.999999999a
B. 하느님이 없는 듯 산다.	-0.000000001b + 0.999999999c

이처럼 행위 A의 좋음은 무한한 값이고 행위 B의 좋음은 유한한 값이다. 이것은 A의 좋음이 더 크다는 것을 뜻한다. 만일 우리가 베이즈 원칙에 따라 행하는 사람이라면 우리는 A를 해야 하겠다고 마음먹어야 한다.

여기서 파스칼은 하느님이 있다는 것을 증명한 것이 아니다. 그는 신앙 생활하는 것이 터무니없는 헛짓이라는 주장에 반대했다. 그가 보여주고자 했던 것은 신앙 생활하지 않는 것보다 신앙 생활하는 것이 더 좋은 행위일 수 있다는 점이다.

가. 다음 글을 읽고 물음에 답하라.

도스킨은 하느님의 뜻대로 살려 할지 하느님이 없는 듯 살려 할지 곰곰이 생각한다. 그는 자기 행위의 결과들이 다음과 같다고 생각한다.

관련 상황 / 고를 행위	하느님은 있다.	하느님은 없다.
A. 하느님의 뜻대로 산다.	끝없는 기쁨	헛된 삶
B. 하느님이 없는 듯 산다.	끝내 사라짐	그저 그런 삶

하지만 도스킨은 "하느님은 있다"는 믿음이 전혀 믿음직하지 않다고 생각한다. 다시 말해 그에게 "하느님은 있다"의 믿음직함은 0이다.

01. 도스킨이 가진 믿음들의 모눈을 만들라.

A. 하느님의 뜻대로 산다.		
B. 하느님이 없는 듯 산다.		

02. 도스킨은 파스칼의 바람 모눈을 받아들인다. 도스킨의 믿음과 바람에 따라 두 행위의 좋음을 셈하라.

A. 하느님의 뜻대로 산다.	
B. 하느님이 없는 듯 산다.	

03. 도스킨은 하느님의 뜻대로 사는 것과 하느님이 없는 듯 사는 것 가운데 어느 것이 더 낫다고 생각하는가?

04. 도스킨은 파스칼의 결론과 다른 결론에 이를 수 있는가? 그의 생각은 파스칼의 논증에 대한 반론이 될 수 있는가?

05. 도스킨이 "하느님은 있다"의 믿음직함에 0을 주는 것에 아무 문제가 없는가?

06. 파스칼의 바람 모눈을 그대로 받아들이지만, "하느님은 있다"의 믿음직함에 0보다는 크지만 엄청나게 낮은 값을 줌으로써 파스칼의 논증을 반박할 수는 없는가?

나. 다음 글을 읽고 물음에 답하라.

리나는 하느님의 뜻대로 살려 할지 하느님이 없는 듯 살려 할지 곰곰이 생각한다. 그는 자기 행위의 결과들이 다음과 같다고 생각한다.

관련 상황 / 고를 행위	하느님은 있다.	하느님은 없다.
A. 하느님의 뜻대로 산다.	끝없는 기쁨	헛된 삶
B. 하느님이 없는 듯 산다.	끝내 사라짐	그저 그런 삶

하지만 리나는 기쁨 또는 즐거움에 설사 끝이 없다 하더라도 그 크기가 무한대가 될 수는 없다고 생각한다. 끝없는 기쁨은 살아 있을 때 그저 그런 삶의 바람직함보다 기껏해야 10억 배라고 생각한다. 또한 그는 자신이 죽은 뒤에 끝내 사라지는 것을 반기지도 꺼리지도 않는다. 그래서 그에게 끝내 사라짐의 바람직함은 0이다. 또한 그는 헛된 삶을 바라지 않는 만큼 그저 그런 삶을 바란다. 다시 말해 헛된 삶의 바람직함이 -a이고, 그저 그런 삶의 바람직함이 c라면, 그에게 a와 c는 크기가 같다.

01. 리나가 가진 바람의 모눈을 만들라.

관련 상황 / 고를 행위	하느님은 있다.	하느님은 없다.
A. 하느님의 뜻대로 산다.		
B. 하느님이 없는 듯 산다.		

02. 리나는 파스칼의 믿음 모눈을 받아들인다. 리나의 믿음과 바람에 따라 두 행위의 좋음을 셈하라.

A. 하느님의 뜻대로 산다.	
B. 하느님이 없는 듯 산다.	

03. 리나는 하느님의 뜻대로 사는 것과 하느님이 없는 듯 사는 것 가운데 어느 것이 더 낫다고 생각하는가? 그는 파스칼과 다른 결론에 이르렀는가?

04. 기쁨 또는 즐거움에 설사 끝이 없다 하더라도 그 크기가 무한대가 될 수는 없다는 리나의 생각에 아무 문제가 없는가?

088 핵무장

앞에서 배웠듯이 사람들은 무엇이 일어나리라고 믿느냐, 그리고 무엇이 일어나기를 바라느냐에 따라 자기 행위를 고른다. 한 사람뿐만 아니라 여러 사람들의 모임, 단체, 국제기구도 여러 행위들 가운데 하나를 이런 식으로 결정할 수 있다. UN이 어느 나라든 핵무장하는 것을 아예 막을지 막지 않을지 결정한다고 생각해 보자. UN이 자기 행위를 고를 때 헤아려야 하는 상황은 세계대전이 일어날 가능성이다. 이 상황 속에서 벌어질 행위결과들은 다음 모눈으로 간추릴 수 있다.

관련 상황 / 고를 행위	큰 전쟁이 일어난다.	큰 전쟁이 안 일어난다.
A. 핵무장 허용	ㄱ. 대규모 핵전쟁으로 문명이 거의 파괴된다.	ㄴ. 핵전쟁의 두려움 속에서 늘 살아간다.
B. 핵무장 전면 금지	ㄷ. 보통의 끔찍한 전쟁을 겪는다.	ㄹ. 핵전쟁의 두려움 없이 살아간다.

온 나라들이 서로 싸우는 큰 전쟁 곧 세계대전이 벌어지면 싸우는 나라들끼리 핵무기를 서로 쓸 수밖에 없다고 가정한다.

핵전쟁이 일어날 경우 통상의 재래식 전쟁보다 더 많은 사람들이 죽는다. UN의 인류 대표자들은 사람들이 더욱 적게 죽는 것을 더 바란다. 이것은 ㄱ보다는 ㄷ이 더 바람직하다는 것을 뜻한다. 우리는 핵전쟁의 두려움 속에서 살아가는 것보다 두려움 없이 살아가는 것을 더 바란다. 이것은 ㄴ보다 ㄹ이 더 바람직하다는 것을 뜻한다. ㄱ이 ㄷ보다 더 바람직하지 않고, ㄴ이 ㄹ보다 더 바람직하지 않다면, 행위 A는 결코 행위 B보다 더 좋을 수 없다는 것을 뜻하는가? UN 인류 대표자들의 바람을 모눈으로 그리면 아래와 비슷할 것이다.

고를 행위 \ 관련 상황	큰 전쟁이 일어난다.	큰 전쟁이 안 일어난다.
A. 핵무장 허용	-10000	-1
B. 핵무장 전면 금지	-100	10

이 모눈에 따르면 UN 인류 대표자들은 핵전쟁으로 인류 문명이 거의 파괴되는 것을 보통의 끔찍한 전쟁보다 100배 더 나쁘게 생각한다. 또한 핵전쟁의 두려움 속에서 살아가는 것은 바람직하지 않으며 핵전쟁의 두려움 없이 살아가는 것은 그나마 바람직하다.

이러한 바람들에 거리낌없이 인류 대표자들은 핵무장을 모든 나라에 허용하기로 마음먹을 수 있을까? 그들이 베이즈 원칙을 따르고도 그렇게 고를 까닭이 있을까? 이들이 핵무장이 대규모 세계전쟁을 막는 역할을 한다고 믿으면 어떻게 될까? 전문용어를 빌려 말하면 핵무장이 전쟁 억지력을 갖고 있다고 믿으면 어떻게 될까? 비 오는 날 집 나서기 보기에서 소영의 행위는 비 올 믿음직함을 바꾸지 못한다. 입장권 미리 사놓기 보기에서 수아의 행위도 주말에 비 올 믿음직함을 바꾸지 못한다. 하느님 뜻대로 살기 보기에서 파스칼의 행위는 하느님이 존재할 믿음직함을 바꾸지 못한다. 하지만 담배 끊기 보기에서 멜리장드의 행위는 자신이 죽을 믿음직함을 바꾼다. 이처럼 행위자의 행위가 상황의 믿음직함 자체를 바꿀 때가 있다. 핵무장도 대규모 전쟁이 일어날 믿음직함을 바꿀 수 있다. UN의 대표자들이 다음과 같은 믿음 모눈을 갖고 있다고 해 보자.

고를 행위 \ 관련 상황	큰 전쟁이 일어난다.	큰 전쟁이 안 일어난다.
A. 핵무장 허용	0.00001	0.99999
B. 핵무장 전면 금지	0.11	0.89

이들의 믿음 모눈과 바람 모눈을 곱해 두 행위의 좋음을 견주어 보자. A의 좋음은 (-10000)(0.00001)+(-1)(0.99999) = -1.09999이지만, B의 좋음은 (-100)(0.11)+(10)(0.89) = -2.1이다. 이렇듯 A의 좋음이 더 클 때가 있다.

가. 여러 사람들이 UN 인류 대표자들의 결정에 반론을 제기한다. 다음 물음에 답하라.

01. 김평화는 핵무장에 전쟁 억지력이 있다는 UN의 믿음을 그대로 따른다. 하지만 그는 핵전쟁의 두려움을 안고 살아가는 것에 견주어 볼 때 핵전쟁의 두려움 없이 살아가는 것이 UN이 생각하는 것보다는 훨씬 더 바람직하다고 생각한다. 그의 바람 모눈은 아래와 같다.

관련 상황 / 고를 행위	큰 전쟁이 일어난다.	큰 전쟁이 안 일어난다.
A. 핵무장 허용	-10000	-1
B. 핵무장 전면 금지	-100	20

김평화가 고를 두 행위의 좋음을 셈하라. 핵무장을 허용하는 것과 핵무장을 전면 금지하는 것 가운데 무엇이 더 좋은 행위인가?

A. 핵무장 허용	
B. 핵무장 전면 금지	

02. 박반핵은 핵무장에 전쟁 억지력이 있다는 UN의 믿음을 그대로 따른다. 하지만 그는 핵전쟁이 인류에게 몰고 올 끔찍함이 UN이 생각하는 것보다는 훨씬 더 끔찍하다고 생각한다. 그의 바람 모눈은 아래와 같다.

관련 상황 / 고를 행위	큰 전쟁이 일어난다.	큰 전쟁이 안 일어난다.
A. 핵무장 허용	-1000000	-1
B. 핵무장 전면 금지	-100	10

박반핵이 고를 두 행위의 좋음을 셈하라. 핵무장을 허용하는 것과 핵무장을 전면 금지하는 것 가운데 무엇이 더 좋은 행위인가?

A. 핵무장 허용	
B. 핵무장 전면 금지	

03. 채공포는 핵무장에 전쟁 억지력이 있다는 UN의 믿음을 그대로 따른다. 하지만 그는 핵전쟁의 두려움 없이 살아가는 것에 견주어 볼 때 핵전쟁의 두려움 속에서 살아가는 것이 UN이 생각하는 것보다는 훨씬 더 바람직하지 않다고 생각한다. 그의 바람 모눈은 아래와 같다.

고를 행위 \ 관련 상황	큰 전쟁이 일어난다.	큰 전쟁이 안 일어난다.
A. 핵무장 허용	-10000	-5
B. 핵무장 전면 금지	-100	10

채공포가 고를 두 행위의 좋음을 셈하라. 핵무장을 허용하는 것과 핵무장을 전면 금지하는 것 가운데 무엇이 더 좋은 행위인가?

A. 핵무장 허용	
B. 핵무장 전면 금지	

04. 이군축은 UN 인류 대표자들의 바람을 그대로 따른다. 하지만 그는 핵무장이 UN이 믿고 있는 만큼의 전쟁 억지력을 갖는다고 생각하지 않는다. 그는 핵무장을 하면 핵무장을 아예 하지 않을 때보다 큰 전쟁이 일어날 가능성이 1/100 정도로 줄어든다고 생각한다. 핵무장을 아예 하지 않았을 때 언젠가 큰 전쟁이 일어나리라고 그가 믿는 정도는 10%이다. 그의 믿음 모눈을 만들어 보라.

고를 행위 \ 관련 상황	큰 전쟁이 일어난다.	큰 전쟁이 안 일어난다.
A. 핵무장 허용		
B. 핵무장 전면 금지		

그 다음 이군축이 고를 두 행위의 좋음을 셈하라. 핵무장을 허용하는 것과 핵무장을 전면 금지하는 것 가운데 무엇이 더 좋은 행위인가?

A. 핵무장 허용	
B. 핵무장 전면 금지	

089 꾀

마음먹음 또는 결심은 한 행위자의 믿음과 바람에 달려 있다. 이에 쓰이는 논리를 "행위의 논리" 또는 "결심이론"이라 한다. 오늘은 여러 행위자들이 서로 이기려 하거나 함께 좋은 것을 얻으려고 머리를 쓰는 일을 배운다. 상대방의 행위를 염두에 두면서 가장 좋은 행위를 고르려고 골똘히 머리 쓰는 일을 "꾀" 또는 "전략"이라 하고, 전략에 쓰이는 논리를 "전략의 논리" 또는 "게임이론"이라 한다.

전략의 논리는 20세기에 나온 이론이다. 전략의 논리가 사회과학의 핵심 이론으로 떠오른 것은 1944년 폰 노이만과 오스카 모겐스턴이 『게임이론과 경제행동』을 펴내고부터이다. 제2차 세계대전 이후 미국 공군의 계획에 따라 핵전쟁 전략을 연구하기 위해 '랜드'라는 연구소 겸 회사를 세웠다. 랜드는 폰 노이만의 게임이론을 재빠르게 받아들였고 그를 자문교수로 맞아들이기까지했다. 1950년에 랜드의 연구원들은 앨버트 터커가 나중에 '죄수의 딜레마'라 부르게 되는 야릇한 게임을 고안했다. 이것은 '20세기 후반 사회과학에서 가장 영향력 있는 1쪽'이 된다. 또한 같은 해에 존 내쉬는 「N인 게임에서 균형점」을, 다음 해에는 「비협조 게임」을 발표했다. 이후 게임이론은 노벨경제학상의 단골손님이 되는데, 1994년 존 내쉬 및 2인, 2005년 토머스 셸링 및 1인, 2012년 로이드 섀플리와 앨빈 로스 등 여러 수상자가 나왔다. 최근에는 경제학뿐만 아니라 생물학이나 윤리학 및 인공지능에까지 확장 및 응용되고 있다.

전략의 논리를 이해하기 위해 보기를 들어 보자. 제30대 대통령 선거에서 보수진영 후보로 최제우가 나오고 진보진영 후보로 여운형이 나왔다고 생각해 보자. 이들은 내일 공약집을 동시에 발표하기로 되어 있다. 이들은 자신들의 포괄 정책 노선으로서 좌파, 중도, 우파 노선 가운데 하나를 채택하게 될 것이다. 여태 보수진영 후보는 우파 노선을 채택해 왔고 진보진영 후보는 좌파 노선을 채택해 왔는데, 이들의 득표율은 대체로 50 대 50이었다. 이 박빙의 승부를 유리하게 이끌기 위해 각 후보는 다른 진영 지지자들을 포섭하거나 분열시킨다. 두 진영의 후보는 포괄 정책 노선에 따른 득표율을 다음과 같이 예상한다. 각 숫자 짝에서 첫째 숫자는 여운형의 득표율이고 둘째 숫자는 최제우의 득표율이다.

		최제우		
		좌파	중도	우파
여운형	좌파	(55, 45)	(30, 70)	(50, 50)
	중도	(75, 25)	(50, 50)	(70, 30)
	우파	(50, 50)	(25, 75)	(45, 55)

이 모눈을 "보수표" 또는 "삯 모눈"이라 한다. 최제우가 우파 정책을 유지하고 여운형이 중도층을 포섭하기 위해 정책 노선을 중도로 바꿀 경우, 보수진영을 지지하던 일부 중도 유권자가 여운형의 지지로 돌아선다. 이 경우 최제우는 30%를 득표하고 여운형은 70%를 득표한다. 만일 두 후보가 모두 좌파 정책을 추진할 경우, 유권자들은 좌파 정책을 더욱 잘 추진할 것 같은 여운형에게 더 많은 표를 던진다. 만일 최제우가 중도 정책을 채택하고 여운형이 우파 정책을 채택할 경우, 진보진영 지지자들은 배신감 때문에 투표를 포기하게 되어 여운형에 견주어 최제우가 크게 이긴다. 여운형과 최제우의 삯 모눈은 이와 같은 정치공학을 반영하여 만들어졌다.

여운형과 최제우가 고를 좌파 노선, 중도 노선, 우파 노선을 "전략들"이라 부른다. 게임의 참가자들은 이 전략들 가운데 하나를 고른다. 위와 같은 삯 모눈이 주어졌을 때 여운형과 최제우는 어느 전략을 고르는 것이 대통령 선거에서 상대를 이기는 길일까? 전략의 논리란 이러한 게임에서 이기는 길을 찾는 논리를 말한다. 게임에 참여하는 이들이 나름의 논리에 따라 이르게 될 전략의 짝을 "균형" 또는 "해"라고 부른다. 우리는 앞으로 "우월전략 균형"과 "내쉬 균형"을 배우게 될 것이다.

가. 다음 글을 읽고 물음에 답하라.

SBS와 MBC는 매번 주말 저녁 10시 드라마 시청률 경쟁을 한다. 두 방송사는 여러 편의 드라마를 사전 제작하여 상대 방송국의 드라마 장르에 맞게 자사 장르를 전략 편성한다. 이들은 장르를 크게 세 가지로 나누었다.

- 퓨전 사극
- 출생의 비밀
- 막장 불륜

새로 시작하는 차기 드라마로 이 세 장르 가운데 하나를 편성할 것이다. 그런데 두 방송사가 똑같은 장르의 드라마를 편성할 경우 두 프로그램의 시청률은 똑같이 5%로 떨어진다. 막장 불륜 드라마는 시청자에게 욕도 많이 먹고 방송사 이미지도 떨어뜨리지만 기본 15%의 시청률을 보장한다. 하지만 이것은 두 방송사가 모두 막장 불륜 드라마를 편성하지 않을 경우이다. 퓨전 사극은 상대편이 막장 불륜을 편성할 때는 5%, 출생의 비밀을 편성할 때는 10%를 유지한다. 출생의 비밀은 상대편이 막장 불륜을 편성할 때는 5%, 퓨전 사극을 편성할 때는 10%를 유지한다. 아래 샆 모눈에서 괄호 안의 첫째 수는 MBC의 보수이고 둘째 수는 SBS의 보수이다. 이들의 게임에서 보수란 드라마 시청률을 말한다.

01. 먼저 두 방송사의 시청률 샆 모눈을 만들라.

		SBS 퓨전 사극	SBS 출생의 비밀	SBS 막장 불륜
MBC	퓨전 사극	(,)	(,)	(,)
MBC	출생의 비밀	(,)	(,)	(,)
MBC	막장 불륜	(,)	(,)	(,)

02. MBC가 얻을 수 있는 시청률 가운데 가장 높은 시청률을 얻고자 한다면 MBC는 어떤 장르의 드라마를 주말 저녁 10시에 편성해야 하는가?

나. 제30대 대통령 선거에 나온 여운형과 최제우의 삯 모눈이 아래와 같이 주어졌을 때 다음 물음에 답하라. 여기서 보수란 선거 득표율을 말한다.

		최제우		
		좌파	중도	우파
여운형	좌파	(55, 45)	(30, 70)	(50, 50)
	중도	(75, 25)	(50, 50)	(70, 30)
	우파	(50, 50)	(25, 75)	(45, 55)

01. 최제우가 좌파 전략을 골랐다고 생각해 보자. 여운형이 어느 전략을 고르는 것이 여운형 자신에게 가장 큰 보수를 안겨주는가?

02. 최제우가 중도 전략을 골랐다고 생각해 보자. 여운형이 어느 전략을 고르는 것이 여운형 자신에게 가장 큰 보수를 안겨주는가?

03. 최제우가 우파 전략을 골랐다고 생각해 보자. 여운형이 어느 전략을 고르는 것이 여운형 자신에게 가장 큰 보수를 안겨주는가?

04. 최제우가 어느 전략을 고르든, 여운형의 세 전략들 가운데 여운형 자신에게 언제나 제일 좋은 하나의 전략이 있는가? 그것은 무엇인가?

05. 여운형이 좌파 전략을 골랐다고 생각해 보자. 최제우가 어느 전략을 고르는 것이 최제우 자신에게 가장 큰 보수를 안겨주는가?

06. 여운형이 중도 전략을 골랐다고 생각해 보자. 최제우가 어느 전략을 고르는 것이 최제우 자신에게 가장 큰 보수를 안겨주는가?

07. 여운형이 우파 전략을 골랐다고 생각해 보자. 최제우가 어느 전략을 고르는 것이 최제우 자신에게 가장 큰 보수를 안겨주는가?

08. 여운형이 어느 전략을 고르든, 최제우의 세 전략들 가운데 최제우 자신에게 언제나 제일 좋은 하나의 전략이 있는가? 그것은 무엇인가?

09. 최제우와 여운형은 선거에서 더욱 많이 득표하기 위해 각각 어떤 전략을 취할 것으로 짐작하는가? 그때 그들은 각각 얼마큼 표를 얻게 될 것으로 짐작하는가?

090 우월전략 균형

제30대 대통령 선거에 출마한 여운형과 최제우의 삯 모눈이 아래와 같이 주어졌다 하자.

		최제우 좌파	최제우 중도	최제우 우파
여운형	좌파	(55, 45)	(30, 70)	(50, 50)
여운형	중도	(75, 25)	(50, 50)	(70, 30)
여운형	우파	(50, 50)	(25, 75)	(45, 55)

이들은 선거에서 이기기를 바란다. 이들은 자신이 어떤 전략을 고를지 상대편과 이야기 나누지 않는다. "자신에게 나은 길 또는 서로에게 나은 길을 고르기 위해 자신이 어떤 전략을 고를지 상대편과 이야기 나누지 않는다"를 짧게 "협조하지 않는다" 또는 "서로 돕지 않는다"라고 말한다.

여운형은 다음과 같이 추론할 것이다.

> 1. 최제우는 좌파 전략이나 중도 전략이나 우파 전략을 고른다.
> 2. 만일 최제우가 좌파 전략을 고른다면, 내가 중도 전략을 고르는 것이 나에게 가장 큰 보수를 안겨준다.
> 3. 만일 최제우가 중도 전략을 고른다면, 내가 중도 전략을 고르는 것이 나에게 가장 큰 보수를 안겨준다.
> 4. 만일 최제우가 우파 전략을 고른다면, 내가 중도 전략을 고르는 것이 나에게 가장 큰 보수를 안겨준다.
>
> 따라서 최제우가 어느 전략을 고르든, 나의 세 전략들 가운데 중도 전략은 나 자신에게 언제나 제일 좋은 전략이다.

여운형의 추론은 마땅할 뿐만 아니라 튼튼하다. 여운형에게는 '상대편이 어느 전략을 고르든, 자신의 모든 전략들 가운데 자신에게 언제나 제일 좋은 하나의 전략'이 있다. 그것은 바로 중도 전략이다.

마찬가지로 최제우도 다음과 같이 추론할 것이다.

1. 여운형은 좌파 전략이나 중도 전략이나 우파 전략을 고른다.
2. 만일 여운형이 좌파 전략을 고른다면, 내가 중도 전략을 고르는 것이 나에게 가장 큰 보수를 안겨준다.
3. 만일 여운형이 중도 전략을 고른다면, 내가 중도 전략을 고르는 것이 나에게 가장 큰 보수를 안겨준다.
4. 만일 여운형이 우파 전략을 고른다면, 내가 중도 전략을 고르는 것이 나에게 가장 큰 보수를 안겨준다.

따라서 여운형이 어느 전략을 고르든, 나의 세 전략들 가운데 중도 전략은 나 자신에게 언제나 제일 좋은 전략이다.

최제우의 추론도 마땅할 뿐만 아니라 튼튼하다. 최제우에게도 '상대편이 어느 전략을 고르든, 자신의 모든 전략들 가운데 자신에게 언제나 제일 좋은 하나의 전략'이 있다. 그것은 바로 중도 전략이다.

다른 행위자가 어느 전략을 고르든, 자신의 전략 A가 자신의 다른 전략 B보다 더 많은 이득을 줄 경우, 전략 A는 전략 B보다 "우월하다" 또는 "낫다"고 말한다. 한 행위자의 전략 D가 그의 다른 모든 전략들보다 우월할 경우, 전략 D를 "우월전략"이라 한다. 여운형은 우월전략을 갖고 있으며 그것은 중도 전략이다. 또한 최제우도 우월전략을 갖고 있으며 그것은 중도 전략이다. 게임의 모든 참여자들이 우월전략을 갖고 있고 또한 그들이 우월전략을 고른다면 이들은 균형에 이르게 된다. 이 균형을 "우월전략 균형"이라 한다. 여기서 "균형"이란 게임 참여자들이 이르게 되는 안정되고 예측할 수 있는 전략의 짝을 말한다. 여운형과 최제우가 자신의 우월전략을 행사한다면 이들은 우월전략 균형에 이르게 될 것이다. 그들이 이를 균형은 둘이 각각 중도 전략을 고르고 각자 50%를 득표하는 것이다.

가. 다음 가영과 나리의 삯 모눈을 살펴보고 아래 물음에 답하라.

		나리		
		전략 1	전략 2	전략 3
가영	전략 1	(1, 1)	(1, 2)	(1 ,3)
	전략 2	(2, 1)	(2, 2)	(2, 3)
	전략 3	(3, 1)	(3, 2)	(3, 3)

01. 가영에게 전략1은 전략2보다 나은가? 전략2는 전략1보다 나은가?

02. 가영에게 전략1은 전략3보다 나은가? 전략3은 전략1보다 나은가?

03. 가영에게 전략2는 전략3보다 나은가? 전략3은 전략2보다 나은가?

04. 가영에게 다른 모든 전략들보다 나은 전략이 있는가? 있다면 그것은 무엇인가?

05. 나리가 전략1을 고른다면 가영은 어떤 전략을 고르는 것이 가장 나은가?

06. 나리가 전략2를 고른다면 가영은 어떤 전략을 고르는 것이 가장 나은가?

07. 나리가 전략3을 고른다면 가영은 어떤 전략을 고르는 것이 가장 나은가?

08. 나리가 어느 전략을 고르든, 가영의 세 전략들 가운데 가영 자신에게 언제나 제일 좋은 하나의 전략이 있는가? 그것은 무엇인가? 이 물음의 답은 물음 가04의 답과 같은가?

09. 나리에게 전략1은 전략2보다 나은가? 전략2는 전략1보다 나은가?

10. 나리에게 전략1은 전략3보다 나은가? 전략3은 전략1보다 나은가?

11. 나리에게 전략2는 전략3보다 나은가? 전략3은 전략2보다 나은가?

12. 나리에게 다른 모든 전략들보다 나은 전략이 있는가?

13. 가영이 어느 전략을 고르든, 나리의 세 전략들 가운데 나리 자신에게 언제나 제일 좋은 하나의 전략이 있는가? 그것은 무엇인가?

14. 가영과 나리는 우월전략 균형에 이를 수 있는가? 있다면 그 균형점은 어디인가? 그때 이들이 얻는 보수 또는 삯은 얼마인가?

나. 다음 다링과 리나의 삯 모눈을 살펴보고 아래 물음에 답하라.

		리나		
		전략 1	전략 2	전략 3
다링	전략 1	(50, 50)	(20, 60)	(10, 40)
	전략 2	(60, 20)	(40, 40)	(20, 50)
	전략 3	(40, 10)	(50, 20)	(30, 30)

01. 다링에게 전략1은 전략2보다 나은가? 전략2는 전략1보다 나은가?

02. 다링에게 전략1은 전략3보다 나은가? 전략3은 전략1보다 나은가?

03. 다링에게 전략2는 전략3보다 나은가? 전략3은 전략2보다 나은가?

04. 다링에게 다른 모든 전략들보다 나은 전략이 있는가?

05. 리나가 어느 전략을 고르든, 다링의 세 전략들 가운데 다링 자신에게 언제나 제일 좋은 하나의 전략이 있는가? 그것은 무엇인가?

06. 리나에게 다른 모든 전략들보다 나은 전략이 있는가? 있다면 그것은 무엇인가? 다링이 어느 전략을 고르든, 리나의 세 전략들 가운데 리나 자신에게 언제나 제일 좋은 하나의 전략이 있는가? 그것은 무엇인가?

07. 다링과 리나는 둘 다 우월전략을 가지는가? 다링과 리나는 우월전략 균형에 이를 수 있는가? 있다면 그 균형점은 어디인가?

다. 다음 삯 모눈을 따를 때 TVN과 JTBC는 각자 우월전략을 갖는가? 그들은 우월전략 균형에 이를 수 있는가? 있다면 균형점은 어디인가?

		JTBC		
		퓨전 사극	출생의 비밀	막장 불륜
TVN	퓨전 사극	(5, 5)	(10, 10)	(5, 15)
	출생의 비밀	(10, 10)	(5, 5)	(5, 15)
	막장 불륜	(15, 5)	(15, 5)	(6, 6)

생강: 클라라와 만남 후 제가 품고 있던 아득한 꿈을 차근차근 실현 가능한 형태로 바꾸고 있어요. 그 꿈은 '더 좋은 세상을 만들기'예요.

R136a1: 더 좋은 세상을 어떻게 정의하나요?

생강: 모두가 자신의 색으로 빛나는 세상으로요. 우스갯말로 "제멋대로 살아라"라는 말이 있잖아요. 다음으로는 이러한 다양함을 인정하는 사회가 좋은 세상이라고 생각해요.

R136a1: 제멋대로라니, 엉망진창이 되지 않을까요?

생강: 아뇨. 흥청망청 사는 것과 제멋대로 사는 것은 매우 다른 의미예요. 또렷한 주관과 중심을 가진 사람만이 진정 제멋대로 살 수 있거든요. 너무 많은 사람들이 자신의 목소리를 듣지 않고 살아가는 것 같아요. 그저 흘러가는 대로, 아무런 생각 없이 살아가는 삶은, 조금 가혹하게 들릴지도 모르지만, 무의미해요.

또 생각할 줄 아는 사람들이 모여야 비로소 훌륭한 사회가 구성되어요. 요새 대중은 개, 돼지이다, 라는 한 국회의원의 발언이 논란거리예요. 그저 우매한 무리가 되지 않으려면 각자가 또렷하게 사고하고 발언해야 해요.

R136a1: 또렷하게 사고하려면 어떤 훈련을 해야 할까요?

생강: "생각 훈련", 생각하는 힘을 길러야 해요. 어지럽게 펼쳐진 꾸러미들을 체계적으로 정리하는 방법을 훈련하고, 논지를 논리적으로 배열하는 법을 훈련하고, 문장을 해체하며 숨겨진 뜻을 파악하고, 문장을 연결하며 힘을 싣는 법을 훈련하고, 새로운 생각을 시작하는 훈련을 해야 해요. 사람이라면 누구나 반드시 '생각'을 잘 할 수 있도록 훈련해야 해요.

나아가서는 사람들이 모여 생각 훈련을 하는 거죠. 토의를 하고, 대화를 하고, 함께 생각하는 세상을 상상해 보세요. 내 목소리를 듣는 것을 넘어, 타인의 목소리를 듣고, 공유하고, 이해하고, 포용하는 것, 진정한 대화와 소통은 모든 사람이 생각하는 사람이 될 때 가능해져요.

클라라의 생각실험실은 훌륭한 사고 훈련의 장이 될 거예요. 우리 모두는 사고 훈련을 통해 더욱 또렷한 시야를 가질 수 있어요. 우주에서 가장 밝은 별인 R136a1처럼, 생각실험실은 지구에서 가장 밝은 힘이 될 거예요.

비즈니스 현상의 원인과 해결책을 찾는 문제해결사이자, 양측 모두에게 이로운 연결을 만드는 연결고리이자, 자연과 예술을 사랑하며 언제나 생각하는 강윤지

091 - 100

091 죄수의 딜레마

앨과 밥은 테러 용의자로 구치소에 수감 중이다. 이들은 피의자일 뿐 아직 죄수는 아니다. 이들은 구속 상태에서 검찰의 조사를 받고 있다. 검찰은 이들이 공범이라고 확신한다. 검찰은 이들의 유죄를 입증하기 위해 증거 수집에 온갖 노력을 기울이지만 끝내 아무런 물증을 찾지 못했다. 오직 정황 증거만 있을 뿐이다. 검찰에게 남은 것은 앨과 밥의 자백을 받아내는 것밖에 없다. 하지만 앨과 밥은 묵비권을 행사한다.

테러범을 잡아야 한다는 사명감 때문에 검찰은 앨과 밥에게 형량 거래를 제안한다. 이를 위해 먼저 검찰은 앨과 밥을 각자 다른 방에 따로 떼어 놓고 둘이 아무런 대화도 할 수 없게 했다. 한 검사가 앨에게 이렇게 제안했다. "만일 너희 둘이 공범이라는 것을 네가 털어 놓는다면 우리는 너를 풀어주겠다. 하지만 만일 네가 자백을 거부하는 동안 밥이 먼저 털어 놓는다면, 너는 단독 범행으로 유죄 판결을 받고 20년 징역을 살게 될 것이다." 다른 검사가 밥에게 가서 똑같이 제안한다. "만일 너희 둘이 공범이라는 것을 네가 털어 놓는다면 우리는 너를 풀어주겠다. 하지만 만일 네가 자백을 거부하는 동안 앨이 먼저 털어 놓는다면, 너는 단독 범행으로 유죄 판결을 받고 20년 징역을 살게 될 것이다."

둘이 모두 털어 놓지 않으면 이들은 구속 중에 재판을 받으며 1년 동안 구치소에 수감되어 있다가 결국 증거 불충분으로 무죄 판결을 받게 될 것이다. 둘이 모두 털어 놓으면 처벌받는 사람이 아무도 없어서는 안 되기 때문에 둘은 공범으로 유죄 판결을 받고 각자 5년 징역을 살 것이다. 앨과 밥은 따로 떨어져 있으면서 각자 어떻게 하는 것이 나을지 머리를 쓴다. 이들이 고를 전략들과 그에 따른 삯은 다음과 같이 간추릴 수 있다.

		밥	
		털어 놓는다.	털어 놓지 않는다.
앨	털어 놓는다.	(5년, 5년)	(풀려남, 20년)
	털어 놓지 않는다.	(20년, 풀려남)	(1년, 1년)

앨과 밥은 따로 떨어져 있어서 서로 이야기 나눌 수 없기 때문에 서로 도울 수 없다. 어떤 선택을 하는 것이 그들에게 가장 나은 길일까?

앨은 이렇게 추론할 것이다. "밥은 털어 놓거나 털어 놓지 않는다. 만일 밥이 털어 놓는다면, 나는 털어 놓는 것이 더 낫다. 만일 밥이 털어 놓지 않는다면, 나는 털어 놓는 것이 더 낫다. 따라서 밥이 어떻게 하든 상관없이 나는 털어 놓는 것이 더 낫다." 털어 놓는 것은 사실 앨에게 우월전략이다. 마찬가지로 털어 놓는 것은 밥에게도 우월전략이다. 따라서 이들은 우월전략 균형에 이르게 될 텐데 이 때 이들이 얻게 되는 몫은 둘 다 5년 징역을 사는 것이다.

앨과 밥은 서로 상의할 수 없었다. 만일 이들이 상의할 수 있고 의견을 교환하였더라면 이들은 끝까지 범행을 털어 놓지 않는 쪽을 골랐을 것이다. 게임의 행위자들이 자신들이 어떤 전략을 취할지 서로 조정하여 이르게 되는 전략의 짝과 보수를 "협조 해"라고 한다. 앨과 밥의 협조 해는 둘 다 털어 놓지 않는 전략을 취하고 1년 수감되는 것이다. 반면 게임의 행위자들이 서로의 전략을 조정할 수 없을 때 이르게 되는 전략의 짝과 보수를 "비협조 해"라고 한다. 앨과 밥의 비협조 해는 둘 다 털어 놓는 전략을 취하고 5년 징역을 사는 것이다. 앨과 밥의 자백 게임처럼 협조 해보다 나쁜 우월전략 해를 갖는 게임을 "사회 딜레마"라 한다. 사회 딜레마는 게임에 참여하는 사람들이 똑똑하지 않거나 합리성이 떨어져서 일어나는 일이 아니다. 우월전략 균형이 아니면 사회 딜레마가 되지 않는다. 이것은 모든 사회 딜레마가 우월전략 균형이 있는 게임이라는 것을 뜻한다. 하지만 모든 우월전략 균형이 사회 딜레마인 것은 아니다. 보기를 들어 어제 다룬 여운형과 최제우의 선거 게임은 우월전략 균형이지만 사회 딜레마는 아니다.

가. 다음 가영과 나리의 삶 모눈을 살펴보고 아래 물음에 답하라.

		나리		
		전략 1	전략 2	전략 3
가영	전략 1	(1, 1)	(1, 2)	(1 ,3)
	전략 2	(2, 1)	(2, 2)	(2, 3)
	전략 3	(3, 1)	(3, 2)	(3, 3)

01. 가영과 나리가 각자의 몫을 가장 크게 만들기 위해서 서로 돕는다면 그들은 각자 어떤 전략을 취하겠는가?

02. 가영과 나리가 서로 돕지 않은 채 자신들의 몫을 가장 크게 만들기 위해 애쓴다면 그들은 각자 어떤 전략을 취하겠는가?

03. 가영과 나리가 서로 도왔을 때 이르게 되는 협조 해와 서로 돕지 않았을 때 이르게 되는 비협조 해는 같은가 다른가? 만일 다르다면 어느 쪽이 그들에게 더 나은 해인가?

04. 가영과 나리 두 명으로 이루어진 사회가 위와 같은 게임을 할 경우 그들의 사회는 사회 딜레마에 빠지는가?

나. 다음 다링과 리나의 삶 모눈을 살펴보고 아래 물음에 답하라.

		리나	
		전략 1	전략 2
다링	전략 1	(2, 2)	(4, 1)
	전략 2	(1, 4)	(3, 3)

01. 다링과 리나가 각자의 몫을 가장 크게 만들기 위해서 서로 돕는다면 그들은 각자 어떤 전략을 취하겠는가?

02. 다링과 리나가 서로 돕지 않은 채 자신들의 몫을 가장 크게 만들기 위해 애쓴다면 그들은 각자 어떤 전략을 취하겠는가?

03. 다링과 리나가 서로 도왔을 때 이르게 되는 협조 해와 서로 돕지 않았을 때 이르게 되는 비협조 해는 같은가 다른가? 만일 다르다면 어느 쪽이 그들에게 더 나은 해인가?

04. 다링과 리나 두 명으로 이루어진 사회가 위와 같은 게임을 할 경우 그들의 사회는 사회 딜레마에 빠지는가?

다. 다음 글을 읽고 물음에 답하라.

> 수철과 철수는 서로 붙어서 식당을 한다. 이들은 각자 매달 200만 원의 소득을 올리고 있다. 사람들이 많이 오가고 비둘기도 많아서 식당 앞거리가 늘 지저분하다. 앞거리의 청결 상태를 늘 유지할 경우 손님들이 평소보다 10% 더 많이 와서 매달 20만 원의 추가 소득이 예상된다. 하지만 식당일이 너무 많아 음식점 앞을 매번 치울 수 없다. 청소하시는 분을 고용하여 매일 잠깐 치우게 할 경우 한 달에 12만 원이 소요된다. 수철과 철수는 사이가 매우 나빠 서로 말도 섞지 않는다. 청소하시는 분을 쓰더라도 자기 식당 앞만 청소할 것이다. 하지만 이 경우 식당 주위 청결 효과는 반감되고 청소한 쪽뿐만 아니라 청소하지 않는 쪽까지 모두 5% 손님들이 더 온다.

01. 청소하거나 하지 않아서 더 얻게 되는 수철과 철수의 삯 모눈을 만들라.

		철수: 청소한다.	철수: 청소하지 않는다.
수철	청소한다.	(,)	(,)
	청소하지 않는다.	(,)	(,)

02. 수철과 철수는 우월전략을 가지는가? 가진다면 그것은 무엇인가?

03. 수철과 철수 두 명으로 이루어진 사회가 위와 같은 게임을 할 경우 그들의 사회는 사회 딜레마에 빠지는가?

092 내쉬 균형

박병철 교수는 부산의 한 대학교에서 금융수학을 가르치고 있다. 김한승 교수는 서울의 한 대학교에서 금융수학을 가르치고 있다. 국내에는 금융수학을 제대로 다루는 교과서가 없다. 이들은 각자 따로 돈벌이 겸 금융수학 교과서를 쓰고 있다. 두 교수는 자신의 교과서가 어느 정도 분량이어야 하는지 고민한다. 이들이 구상하고 있는 교과서는 400쪽, 600쪽, 800쪽짜리 가운데 하나다. 이들은 자신의 교과서가 많이 팔리기를 바라지만 교과서를 집필하는 데 너무 많은 시간을 쓰고 싶지 않다. 두 교수는 아무런 교류가 없지만 금융수학 교과서 시장에서 이제 경쟁자가 되었다.

교과서 쓰기 게임에서 두 교수가 집필할 책 분량에 따라 매월 다음과 같은 삯을 얻는다 하자. 숫자는 두 교수가 기울인 노력과 얻을 인세를 모두 돈으로 환산한 것이고 단위는 만 원이다.

		박병철		
		400쪽	600쪽	800쪽
김한승	400쪽	(70, 70)	(40, 80)	(30, 60)
	600쪽	(80, 40)	(60, 60)	(40, 70)
	800쪽	(60, 30)	(70, 40)	(50, 50)

두 교수가 400쪽짜리 교과서를 출판할 경우 이들에게 월 70만 원의 수익이 보장된다. 이것은 두 교수가 금융수학 교과서 시장을 양분했을 경우이다. 대학교에서 통상의 교수들은 강의 교재를 고를 때 쪽수가 많은 책을 선호한다. 얇은 책은 설명이 불친절하거나 특정 내용이 빠져 있어서 강의하는 데 애를 먹을 것이라 착각하기 때문이다. 그래서 시장에 두 종류의 교과서가 있을 때 분량이 많은 쪽 교과서의 시장 점유율이 올라간다. 하지만 책 분

량이 늘어날 때마다 집필자는 노동 시간을 더 투자해야 하기 때문에 분량을 늘인다고 무조건 좋은 것은 아니다. 위와 같은 삯 모눈이 주어졌다면 김한승 교수와 박병철 교수는 몇 쪽짜리 교과서를 쓰는 것이 가장 좋을까?

이 교과서 게임에서 김한승 교수도 박병철 교수도 우월전략을 갖지 않는다. 따라서 이들은 우월전략 균형에 이를 수 없다. 그렇다면 이들은 균형에 전혀 이를 수 없는가? 1951년에 존 내쉬는 비록 게임의 참여자들에게 우월전략이 없다 하더라도 그 참여자들이 균형에 이를 수 있다고 주장했다. 내쉬가 새로 찾은 균형을 "내쉬 균형"이라 한다. 내쉬 균형에 이른 게임 참여자들은 다음 조건을 만족한다.

> 상대 행위자가 그의 전략을 그대로 지킬 때, 본인이 자기 전략을 다른 전략으로 바꾼다 하더라도 그는 바꾸기 전보다 더 많은 삯을 챙길 수 없다.

게임의 모든 참여자들이 이 조건을 만족하게 되면 그들은 이미 내쉬 균형에 도달한 셈이다.

김한승 교수가 400쪽짜리 교과서를 쓰고 박병철 교수가 400쪽짜리 교과서를 쓰는 전략을 생각해 보자. 박병철 교수가 자기 자리에 머물러 있을 때 김한승 교수는 자기 전략을 600쪽짜리 교과서를 쓰는 전략으로 바꾼다면 그의 삯은 매월 70만 원에서 매월 80만 원으로 늘어난다. 이것은 두 교수가 모두 400쪽짜리 교과서를 쓰는 것이 내쉬 균형이 아니라는 것을 뜻한다. 물론 김한승 교수가 자기 자리에 머물러 있을 때 박병철 교수는 자기 전략을 600쪽짜리 교과서를 쓰는 전략으로 바꾼다면 그의 삯은 매월 70만 원에서 매월 80만 원으로 늘어난다. 김한승 교수가 400쪽을 쓰고 박병철 교수가 600쪽을 쓰는 전략도 내쉬 균형이 아니다. 박 교수는 자기 자리를 바꾸면 더 적은 삯을 얻기 때문에 자리를 바꾸지 않을 것이다. 하지만 박 교수가 자기 자리에 머물러 있을 때 김 교수가 800쪽을 쓰는 전략으로 바꾸면 김 교수의 삯은 매월 40만 원에서 매월 70만 원으로 늘어난다. 이런 식으로 전략 짝들을 하나하나 따져 이것이 내쉬 균형인지 아닌지 가릴 수 있다.

가. 김한승 교수와 박병철 교수가 교과서 쓰기 게임을 하고 있는데 이들의 삯 모눈이 다음과 같이 주어졌다. 아래 물음에 답하라.

		박병철		
		400쪽	600쪽	800쪽
김한승	400쪽	(70, 70)	(40, 80)	(30, 60)
	600쪽	(80, 40)	(60, 60)	(40, 70)
	800쪽	(60, 30)	(70, 40)	(50, 50)

01. 김한승 교수가 400쪽짜리 교과서를 쓰는 전략을 취하고, 박병철 교수가 400쪽짜리 교과서를 쓰는 전략을 취하는 것은 내쉬 균형이 아니다. 김한승 교수가 400쪽짜리 교과서를 쓰는 전략을 취하고, 박병철 교수가 600쪽짜리 교과서를 쓰는 전략을 취하는 것은 내쉬 균형이 아니다. 그렇다면 김한승 교수가 400쪽짜리 교과서를 쓰는 전략을 취하고, 박병철 교수가 800쪽짜리 교과서를 쓰는 전략을 취하는 것은 내쉬 균형인가?

02. 김한승 교수가 600쪽짜리 교과서를 쓰는 전략을 취하고, 박병철 교수가 400쪽짜리 교과서를 쓰는 전략을 취하는 것은 내쉬 균형인가?

03. 김한승 교수가 600쪽짜리 교과서를 쓰는 전략을 취하고, 박병철 교수가 600쪽짜리 교과서를 쓰는 전략을 취하는 것은 내쉬 균형인가?

04. 김한승 교수가 600쪽짜리 교과서를 쓰는 전략을 취하고, 박병철 교수가 800쪽짜리 교과서를 쓰는 전략을 취하는 것은 내쉬 균형인가?

05. 김한승 교수가 800쪽짜리 교과서를 쓰는 전략을 취하고, 박병철 교수가 400쪽짜리 교과서를 쓰는 전략을 취하는 것은 내쉬 균형인가?

06. 김한승 교수가 800쪽짜리 교과서를 쓰는 전략을 취하고, 박병철 교수가 600쪽짜리 교과서를 쓰는 전략을 취하는 것은 내쉬 균형인가?

07. 김한승 교수가 800쪽짜리 교과서를 쓰는 전략을 취하고, 박병철 교수가 800쪽짜리 교과서를 쓰는 전략을 취하는 것은 내쉬 균형인가?

08. 교과서 쓰기 게임의 내쉬 균형은 교과서 시장의 현황을 설명해줄 수 있는가?

나. 다음 설명에 따라 모눈 안에 ⇩, ⇧, ⇦, ⇨, ○를 써 넣으라.

김한승 교수와 박병철 교수가 둘 다 400쪽짜리 교과서를 쓰는 전략을 골랐다고 해 보자. 하지만 둘은 자신의 전략을 바꿈으로써 더 많은 삯을 챙길 수 있다. 이를 아래와 같이 그린다.

박병철

		400쪽	600쪽	800쪽
김한승	400쪽	⇩(70, 70)⇨	(40, 80)	(30, 60)
	600쪽	(80, 40)	(60, 60)	(40, 70)
	800쪽	(60, 30)	(70, 40)	(50, 50)

'⇩'나 '⇧'는 김한승 교수가 전략을 위 또는 아래로 옮김으로써 더 많은 삯을 챙길 수 있다는 뜻이다. '⇨'나 '⇦'는 박병철 교수가 전략을 오른쪽 또는 왼쪽으로 옮김으로써 더 많은 삯을 챙길 수 있다는 뜻이다. 김한승 교수가 400쪽짜리 교과서를, 박병철 교수가 600쪽짜리 교과서를 쓰는 전략 짝에 대해서는 다음과 같이 그릴 수 있다.

박병철

		400쪽	600쪽	800쪽
김한승	400쪽	(70, 70)	⇩(40, 80)○	(30, 60)
	600쪽	(80, 40)	(60, 60)	(40, 70)
	800쪽	(60, 30)	(70, 40)	(50, 50)

'○'는 자신의 전략을 지키는 것이 가장 많은 삯을 얻는다는 뜻이다. 이제 모든 전략 짝들에 대해 ⇩, ⇧, ⇦, ⇨, ○를 써 넣어라. ○가 두 개 들어가는 칸이 바로 내쉬 균형이다.

박병철

		400쪽	600쪽	800쪽
김한승	400쪽	(70, 70)	(40, 80)	(30, 60)
	600쪽	(80, 40)	(60, 60)	(40, 70)
	800쪽	(60, 30)	(70, 40)	(50, 50)

093 위험 감수와 회피

희열은 혼자 승용차를 타고 다산초당에 가던 길에 큰 바위를 만났다. 지난밤 태풍 때문에 산에서 바위가 떨어졌나 보다. 시골길이 너무 좁아 바위를 옮기고 계속 가거나 가던 길을 포기해야 한다. 반대쪽에서 보아도 거기에 이르러 자기 앞을 가로막는 그 바위를 만났다. 희열과 보아는 서로 모르는 사이이고 여행 중에 낯선 사람과 말을 섞지 않는다. 괜한 인연을 만들고 싶지 않기 때문이다. 이들은 차에서 내려 바위를 옮길지 말지 고민한다. 바위를 옮기다가 허리를 다칠 수도 있기 때문에 선뜻 나설 마음이 들지 않았다. 실제로 바위가 너무 무거워 혼자 옮길 경우 허리를 다친다. 희열과 보아 가운데 한 사람이 혼자서 바위를 옮기면 그는 허리를 다친다. 하지만 둘이 힘을 모아 바위를 옮기면 가던 길을 계속갈 수 있다.

희열과 보아는 먼 거리에서 서로 눈치를 보고 있다. 이들은 결국 바위 옮기기 게임에 들어가게 되었는데 희열과 보아에게 두 가지 전략이 주어졌다. 하나는 바위를 옮기는 것이고 다른 하나는 바위를 옮기지 않는 것이다. 각 전략에서 얻을 삯은 아래와 같다.

		보아	
		바위를 옮긴다.	안 옮긴다.
희열	바위를 옮긴다.	(5, 5)	(-10, -1)
	안 옮긴다.	(-1, -10)	(1, 1)

혼자 바위를 옮기다가 허리를 다친 사람이 입게 될 손실은 10이다. 다른 사람은 자신의 차로 다친 사람을 병원에 옮겨야 하는데 그가 입을 손실은 1이다. 바위를 치우고 여행을 계속할 경우 그들이 얻을 이익은 각각 5이다. 바위를 놓아두고 그냥 왔던 길을 되돌아 갈 경우 그들이 얻을 이익은 각각 1이

다. 이제 희열과 보아는 어느 전략을 취해야 할까?

이 게임에서 희열과 보아는 우월전략을 갖지 않는다. 이들은 우월전략 균형에 이를 수 없다. 하지만 이들은 내쉬 균형을 갖는다.

		보아	
		바위를 옮긴다.	안 옮긴다.
희열	바위를 옮긴다.	○(5, 5)○	⇩(-10, -1)⇦
	안 옮긴다.	⇧(-1, -10)⇨	○(1, 1)○

이들의 내쉬 균형은 두 개이다. 하나는 함께 바위를 옮기고 5의 삯을 얻는 것이다. 다른 하나는 둘 다 옮기지 않고 1의 삯을 얻는 것이다. 둘 이상의 내쉬 균형은 때때로 골칫거리이다. 이들은 둘 가운데 어느 균형에 이르게 될까?

우리는 사람을 두 가지로 나눌 수 있다. 하나는 자신이 혹시라도 얻을 이득이 있을 경우 그 이득을 최대화할 수 있는 전략을 고르는 사람이다. 이런 사람을 "위험감수형" 또는 "최대최대형"이라 한다. "최대최대형"이란 자신이 얻을 이득의 최댓값을 최대화하는 성향을 말한다. 이런 사람은 바위를 옮기는 전략을 취할 것이다. 왜냐하면 비록 이 선택이 10의 손실을 줄 위험이 있다 하더라도 최대의 삯을 줄 수도 있기 때문이다. 다른 하나는 자신이 혹시라도 입을 손실이 있을 경우 그 손실을 최소화할 수 있는 전략을 고르는 사람이다. 이런 사람은 설사 낮은 이익을 얻더라도 그것이 최대가 되도록 하는 전략을 고른다. 이런 사람을 "위험회피형" 또는 "최소최대형"이라 한다. "최소최대형"이란 자신이 얻을 이득의 최솟값을 최대화하는 성향을 말한다. 이런 사람은 바위를 옮기지 않는 전략을 취할 것이다. 왜냐하면 비록 이 선택이 기껏해야 1의 삯을 주겠지만 상대편과 손발이 맞지 않아서 손실을 볼 경우 본인은 작은 손실에 그치기 때문이다. 이 게임에서 균형에 이르기 위해서 희열과 보아는 서로 성향이 맞아야 한다. 둘 다 위험감수형이든지 둘 다 위험회피형이든지 해야 한다. 서로 말을 나누면 쉽게 풀릴 문제인데 점잔뺀다고 말을 나누지 않으면 일이 꼬일 수 있다.

가. 설대심은 시내 대학가 근처에 커피숍을 열지 분식집을 열지 고민한다. 하지만 그곳에 앞으로 해외 커피 프랜차이즈가 들어선다는 소문이 있다. 설대심이 취할 행위와 환경 변화에 따른 그의 월수익은 다음과 같다. 아래 물음에 답하라.

	해외 커피 프랜차이즈가 들어선다.	해외 커피 프랜차이즈가 들어서지 않는다.
커피숍을 연다.	50만 원	150만 원
분식집을 연다.	120만 원	100만 원

01. 만일 설대심이 커피숍을 연다면 그는 매달 최대 얼마를 벌게 되는가?

02. 만일 설대심이 커피숍을 연다면 그는 매달 최소 얼마를 벌게 되는가?

03. 만일 설대심이 분식집을 연다면 그는 매달 최대 얼마를 벌게 되는가?

04. 만일 설대심이 분식집을 연다면 그는 매달 최소 얼마를 벌게 되는가?

05. 설대심이 커피숍을 열 경우 그가 매달 벌게 될 최댓값과 그가 분식집을 열 경우 그가 매달 벌게 될 최댓값 가운데서 무엇이 더 큰가? 그 값은 커피숍을 열 때인가 분식집을 열 때인가?

06. 설대심이 커피숍을 열 경우 그가 매달 벌게 될 최솟값과 그가 분식집을 열 경우 그가 매달 벌게 될 최솟값 가운데서 무엇이 더 큰가? 그 값은 커피숍을 열 때인가 분식집을 열 때인가?

07. 만일 설대심이 위험감수형이면 그는 커피집을 열어야 할까 분식집을 열어야 할까?

08. 만일 설대심이 위험감수형이면 그는 매달 최대 얼마를 벌며 최소 얼마를 벌게 되는가?

09. 만일 설대심이 위험회피형이면 그는 커피집을 열어야 할까 분식집을 열어야 할까?

10. 만일 설대심이 위험회피형이면 그는 매달 최대 얼마를 벌며 최소 얼마를 벌게 되는가?

나. 설대심은 강원도 삼척의 대학가 근처에 커피숍을 열지 분식집을 열지 고민한다. 해외 커피 프랜차이즈 스타벅스는 삼척에 신규 가맹점을 열고자 하는데 그 위치를 대학가 근처에 열지 아파트 단지에 열지 고민한다. 이들의 삯 모눈이 다음과 같이 주어졌을 때 아래 물음에 답하라.

		스타벅스	
		대학가 근처에 커피숍을 연다.	아파트단지에 커피숍을 연다.
설대심	커피숍을 연다.	(50만 원, 150만 원)	(150만 원, 200만 원)
	분식집을 연다.	(120만 원, 300만 원)	(100만 원, 100만 원)

01. 설대심과 스타박스는 우월전략을 갖는가? 이들이 우월전략을 갖는다면 그들이 이르게 될 우월전략 균형은 무엇인가?

02. 설대심과 스타박스는 내쉬 균형을 갖는가? 이들이 내쉬 균형을 갖는다면 그것은 무엇인가?

03. 설대심이 위험감수형이면 그는 어떤 전략을 취하는가?

04. 설대심이 위험회피형이면 그는 어떤 전략을 취하는가?

05. 스타박스가 위험감수형이면 그는 어떤 전략을 취하는가?

06. 스타박스가 위험회피형이면 그는 어떤 전략을 취하는가?

07. 만일 설대심과 스타박스가 둘 다 위험감수형이면 이들은 내쉬 균형에 이르는가? 만일 이들이 내쉬 균형에 이른다면 이들이 각각 얻게 될 삯은 얼마인가?

08. 만일 설대심과 스타박스가 둘 다 위험회피형이면 이들은 내쉬 균형에 이르는가? 만일 이들이 내쉬 균형에 이른다면 이들이 각각 얻게 될 삯은 얼마인가?

09. 스타박스는 위험감수형이거나 위험회피형이지만 설대심은 스타박스의 성향을 모른다. 설대심이 위험에 대해 중립이어서 자유롭게 전략을 고를 수 있다면 그는 어떤 전략을 취하는 것이 좋은가?

094 셀링 초점

MBC와 KBS2가 토요일 오후 6시 TV 프로그램 편성을 놓고 시청률 경쟁을 벌이고 있다. 이번 가을 프로그램 개편 때 두 방송사는 매주 토요일 오후 6시에 다음 세 프로그램 가운데 하나를 편성할 것이다.

리얼 버라이어티 쇼, 케이팝, 토크쇼

하지만 상대 방송국에서 어떤 프로그램을 편성하느냐에 따라 당사 프로그램의 시청률이 좌우된다. 두 방송사가 벌이는 프로그램 편성 게임의 삯 모눈은 아래와 같다. 여기서 보수는 시청률을 말한다.

		KBS2		
		리얼 쇼	케이팝	토크쇼
MBC	리얼 쇼	(10, 10)	(15, 12)	(20, 6)
	케이팝	(12, 15)	(8, 8)	(40, 6)
	토크쇼	(6, 20)	(6, 40)	(4, 4)

MBC와 KBS2는 여태 프로그램 개편 사항이 사전에 누설되지 않도록 조심했으며 다른 방송사와 협의하지도 않았다. 각 방송사는 어느 전략을 취하는 것이 동시간대 시청률을 높이는 데 유리한가?

먼저 이 게임에서 MBC와 KBS2는 우월전략을 갖지 않는다. 따라서 이들은 우월전략 균형에 이를 수 없다. 이들은 내쉬 균형을 갖는가? 각 전략 짝에 대해 그 짝이 내쉬 균형인지 아닌지 알아보기 위해 삯 모눈에 ⇩, ⇧, ⇦, ⇨, ○를 써넣어 보자. '⇩'나 '⇧'는 MBC가 전략을 위로 또는 아래로 옮김으로써 더 많은 삯을 챙길 수 있다는 뜻이다. '⇨'나 '⇦'는 KBS2가 전략을 오른쪽으로 또는 왼쪽으로 옮김으로써 더 많은 삯을 챙길 수 있다는 뜻이다. 'O'는 자신의 전략을 지키는 것이 가장 많은 삯을 얻는다는 뜻이다. O가 두 개 있는 곳은 내쉬 균형이 되는 자리이다.

		KBS2		
		리얼 쇼	케이팝	토크쇼
MBC	리얼 쇼	⇩(10, 10)⇨	O(15, 12)O	⇩(20, 6)⇦
	케이팝	O(12, 15)O	⇧(8, 8)⇦	O(40, 6)⇦
	토크쇼	⇧(6, 20)⇨	⇧(6, 40)O	⇧(4, 4)⇦

이처럼 이 게임에서 내쉬 균형은 두 개이다. 하나는 MBC가 케이팝을 편성하는 전략을 고르고 KBS2가 리얼 버라이어티 쇼를 편성하는 전략을 고르는 것이다. 다른 쪽은 가만히 있는데 자기가 움직여서 좋을 것이 없다. 다른 하나는 MBC가 리얼 버라이어티 쇼를 편성하는 전략을 고르고 KBS2가 케이팝을 편성하는 전략을 고르는 것이다. 이 또한 다른 쪽은 가만히 있는데 자기가 움직여서 좋을 것이 없다.

이제 MBC는 리얼 버라이어티 쇼를 편성해야 하는가 케이팝을 편성해야 하는가? KBS2는 무엇을 골라야 하는가? 자칫 손발이 안 맞아서 둘 다 케이팝을 고르게 되면 이들은 8% 시청률에 만족해야 하고 각 방송사의 예능국은 낮은 시청률 때문에 안절부절못할 것이다. 하지만 KBS2는 MBC가 이미 리얼 버라이어티 쇼인「무한도전」으로 강력한 시청자층을 이루고 있다는 것을 알고 있다. MBC는 KBS2가 세계위성방송망을 형성하고 있어 케이팝 세계 시청자를 갖고 있다는 것을 알고 있다. 이들은 두 내쉬 균형들 가운데 한 균형에 초점이 맞추어질 것이다. 이처럼 게임이 2개 이상의 내쉬 균형을 갖고 있고, 실마리가 있어서 행위자들이 다른 균형들에 비해 어느 한 균형의 실현 가능성이 더 크다고 믿는다면, 그들은 실현 가능성이 큰 그 균형에 이르게 될 것이다. 이러한 내쉬 균형을 "셸링점" 또는 "초점"이라 한다. 어제 배웠듯이 상대방이 위험감수형인지 위험회피형인지 아는 것은 한 내쉬 균형보다 다른 내쉬 균형이 이루어질 가능성이 높다고 생각하게 하는 정보일 수 있다.

가. 다음 글을 읽고 아래 물음에 답하라.

SBS와 MBC는 매번 주말 저녁 10시 드라마를 두고 시청률 경쟁을 한다. 두 방송사는 여러 편의 드라마를 사전 제작하여 상대 방송국의 드라마 장르에 따라 자사 드라마를 전략 편성한다. 두 방송사는 다음 달 새로 시작할 차기 드라마로 퓨전 사극, 출생의 비밀, 막장 불륜 가운데 하나를 편성할 것이다. 편성할 드라마 장르에 따른 두 방송사의 시청률 샆 모눈은 다음과 같다.

		SBS		
		퓨전 사극	출생의 비밀	막장 불륜
MBC	퓨전 사극	(10, 10)	(15, 15)	(15, 20)
	출생의 비밀	(15, 15)	(7, 7)	(10, 25)
	막장 불륜	(20, 15)	(25, 10)	(5, 5)

두 방송사는 차기 드라마 편성을 위해 상호 협조하지 않는다.

01. MBC와 SBS는 우월전략을 갖는가? 갖는다면 그것은 무엇인가?

02. MBC와 SBS가 이르게 될 내쉬 균형이 있는가? 있다면 그 균형은 몇 개이며 무엇인가?

03. 만일 MBC와 SBS가 둘 다 위험회피형이면 두 방송사의 시청률은 각각 얼마인가? 이 경우 이들은 내쉬 균형에 이를 수 있는가?

04. 만일 MBC와 SBS가 둘 다 위험감수형이면 두 방송사의 시청률은 각각 얼마인가? 이 경우 이들은 내쉬 균형에 이를 수 있는가?

05. MBC는 SBS가 위험을 감수해서라도 시청률을 높이는 방식으로 편성해 왔다는 것을 알고 있다. 이들은 내쉬 균형에 이를 수 있는가? 있다면 어느 균형에 이를 가능성이 높은가?

06. MBC와 SBS는 둘 다 위험에 중립이다. SBS는 현재 막장 불륜 드라마로 높은 시청률을 기록하고 있지만 또한 시청자들에게 많은 비난을 듣고 있다. MBC는 SBS가 또 다시 막장 불륜 드라마를 편성할 가능성이 낮다고 생각한다. 이들은 내쉬 균형에 이를 수 있는가?

나. 다음 글을 읽고 아래 물음에 답하라.

> 두 명의 사냥꾼이 사냥을 나간다. 사냥꾼은 사슴이나 토끼를 사냥할 수 있다. 하지만 한 사냥꾼은 다른 사냥꾼이 무엇을 사냥할지 또한 어떤 성향을 갖고 있는지 알지 못한다. 사슴을 잡으려면 반드시 다른 사냥꾼도 함께 사슴을 사냥해야 한다. 두 사냥꾼이 사슴을 사냥한다면 둘은 사슴 한 마리를 사냥하게 된다. 사슴 한 마리를 잡을 경우 이것은 토끼 두 마리를 잡은 것보다 이익이 크다. 사슴을 잡게 되면 둘은 이익을 똑같이 나누어야 한다. 한편 토끼는 혼자서도 잡을 수 있고 하루에 한 마리를 잡을 수 있다. 두 사냥꾼은 사이가 그다지 좋지 않아 오늘 무엇을 잡을지 사전에 협의하지 않는다.

01. 두 사냥꾼의 삯 모눈을 그리라. 사냥꾼이 토끼를 잡았을 때 이익을 1로 잡은 뒤 사슴을 잡았을 때 이익을 자유롭게 산정하라. 아무 것도 잡지 못했을 때 이익은 -1로 잡으라.

		둘째 사냥꾼	
		사슴을 잡는다.	토끼를 잡는다.
첫째 사냥꾼	사슴을 잡는다.	(,)	(,)
	토끼를 잡는다.	(,)	(,)

02. 두 사냥꾼은 우월전략을 갖는가?

03. 두 사냥꾼이 이르게 될 내쉬 균형이 있는가?

04. 만일 두 사냥꾼이 둘 다 위험감수형이면 그들은 내쉬 균형에 이를 수 있는가? 둘은 최대 이익을 얻는가?

05. 만일 두 사냥꾼이 둘 다 위험회피형이면 그들은 내쉬 균형에 이를 수 있는가? 둘은 위험을 피할 수 있는가?

06. 만일 두 사냥꾼이 둘이 얻을 이익의 합산이 최대가 되도록 행동하는 사람이면 둘은 내쉬 균형에 이를 수 있는가? 둘은 최대 이익을 얻는가?

07. 만일 두 사냥꾼이 상대방의 이익이 최대가 되도록 행동하는 사람이면 둘은 내쉬 균형에 이를 수 있는가? 둘은 최대 이익을 얻는가?

095 공공재

국방, 치안, 환경 등을 공공재라 한다. 한 상품 또는 서비스가 한 공동체의 공공재가 되려면 두 가지 조건을 충족해야 한다. 첫째, 그 공동체 일원 가운데 아무도 공공재의 혜택에서 배제되지 않는다. 둘째, 공공재 조성 비용은 서비스를 받는 사람들의 수에 따라 크게 달라지지 않는다. 사회서비스가 잘 발달한 선진국에서는 교통, 인터넷망, 이동통신망, 교육, 보건, 일자리, 주택 등도 느슨한 의미에서 공공재로 만들어 시민에게 공급한다. 공공재를 공동체 구성원 모두에게 서비스하려면 재원이 필요한데 이 재원은 공동체 구성원의 세금으로 마련한다. 만일 시민이 공공재, 사회서비스, 사회 안전망, 각종 네트워크 등의 혜택은 누리면서 이를 마련하기 위한 자기 몫의 세금을 내지 않는다면 어떻게 될까? 이를 알아보려고 간단한 3인 게임을 만들겠다.

갑순, 을지, 병탁은 상호 신뢰를 바탕으로 공동체를 이루었다. 이들은 입출금 내역이 공개되지 않는 비밀통장을 공동으로 개설했다. 이들은 일정 금액을 모아 이를 출자하여 공동회사를 설립하고자 한다. 이 공동회사는 출자금의 2배를 벌어준다. 이들은 번 돈을 모두 똑같이 나누어 갖기로 약속했다. 애초 예상대로라면 한 사람이 3천만 원씩 기여하여 모두 9천만 원의 출자금이 마련될 터였다. 이것은 그들에게 1억8천만 원의 수익을 안겨 준다. 이를 세 명에게 똑같이 나누면 한 사람마다 6천만 원의 몫이 나온다. 처음 투자한 3천만 원을 빼면 한 사람마다 3천만 원의 순이익이 생긴다. 두 사람만 기여하고 한 사람은 기여하지 않으면 어떻게 될까? 이들은 모두 6천만 원의 출자금을 마련하여 1억2천만 원의 수익이 생긴다. 각자에게 4천만 원이 돌아갈 텐데 애초 투자한 돈을 빼면 기여한 사람은 고작 1천만 원의 순수익을 얻는다. 하지만 기여하지 않은 사람은 4천만 원의 순수익이 보장된다.

이와 같은 기여 게임에서 참여자들이 얻을 삯은 아래와 같다. 단위는 천만 원이다.

		을지			
		기여함		기여 안 함	
		병탁		병탁	
		기여함	기여 안 함	기여함	기여 안 함
갑순	기여함	(3, 3, 3)	(1, 1, 4)	(1, 4, 1)	(-1, 2, 2)
	기여 안 함	(4, 1, 1)	(2, -1, 2)	(2, 2, -1)	(0, 0, 0)

세 수치에서 첫째는 갑순의 삯, 둘째는 을지의 삯, 셋째는 병탁의 삯이다. (3, 3, 3)은 세 사람이 모두 기여하는 행위를 선택했을 때 이들이 얻을 삯이다. 그 옆에 있는 (1, 1, 4)는 병탁만 기여하지 않는 행위를 선택했을 때 이들이 얻을 삯이다. 갑순의 생각을 헤아리겠다. 을지와 병탁이 기여한다면 기여하지 않는 행위가 갑순 자신에게 더 많은 삯을 안겨 준다. 을지나 병탁 가운데 한 사람만 기여할 때도 기여하지 않는 행위가 자신에게 더 많은 삯을 안겨 준다. 남들이 모두 기여하지 않을 때도 기여하지 않는 행위가 자신에게 더 많은 삯을 안겨 준다.

기여하지 않는 행위는 갑순에게 우월전략이다. 이것은 을지와 병탁에게도 마찬가지다. 갑순, 을지, 병탁은 모두 우월전략을 갖기에 이들은 우월전략 균형에 이를 수 있다. 이들에게 우월전략은 기여하지 않는 행위고 이때 이들은 아무것도 얻지 못한다. 이것은 3인 게임에서 일어난 사회 딜레마다. 자기 이익만 챙기는 행위는 자신에게 해롭지만 다른 사람을 믿고 그를 돕는 행위가 오히려 자신에게 이로울 때가 더러 있다. 만일 한 공동체가 자기 이익만을 챙기고 다른 구성원에게 해를 끼치는 그들의 배신자를 막지 못하면 그 공동체의 구성원들은 각자 최악의 행위를 선택할 수도 있다. 오랫동안 지속하는 공동체를 만들려면 구성원들이 서로 의사소통해야 하고 무임승차자를 막아야 하며 신뢰를 유지할 수 있는 별도 장치를 갖추어야 한다.

가. 다음 글을 읽고 물음에 답하라.

훼방꾼은 자신은 이길 수 없으나 다른 행위자들이 이기지 못하도록 막는 행위자다. 미국의 2000년 대통령 선거를 관찰한 몇몇 학자는 랠프 네이더가 그 선거에서 훼방꾼이 되었다고 본다. 네이더를 훼방꾼으로 여긴 이들은 2000년 대통령 선거를 다음과 같은 3인의 경쟁 상황으로 그린다.

		네이더			
		출마		불출마	
		고어		고어	
		진보	중도	진보	중도
부시	보수	(45, 1, 50)	(45, 3, 49)	(45, 0, 53)	(45, 0, 52)
부시	중도	(48, 2, 46)	(48, 4, 48)	(49, 0, 49)	(46, 0, 51)

이 선거 경쟁에서 부시, 고어, 네이더에게 이익은 오직 득표율의 절대 수치다. 이들 세 행위자는 각각 더 많이 득표하길 바란다. 다만 고어는 2등보다 1% 이상 더 많이 득표해야 대통령 선거인단을 더 많이 확보하여 대통령에 당선될 수 있다. 그렇지 않다면 부시가 당선된다.

01. 이들이 균형에 이른다면 이들 가운데 누가 대통령으로 당선되는가?

02. 네이더는 훼방꾼인가?

나. 다음 글을 읽고 물음에 답하라.

울돌목은 동쪽에서 서쪽으로 바닷물이 빠르게 흐른다. 두 행위자 순신과 도도는 울돌목에서 해전을 펼칠 가능성이 있다. 이들이 경쟁할 때 우연의 요소가 개입된다면 이들의 상황은 세 행위자의 경쟁 상황으로 바뀔 수 있다. 새로 나타난 행위자는 '자연'이다. 자연은 이득을 좇지 않기에 자연이 얻을 이득을 고려할 필요가 없다. 우연에 따라 펼쳐지는 자연 상황은 두 가지다. 하나는 동쪽에서 서쪽으로 동풍이 부는 상황이고 다른 하나는 서쪽에서 동쪽으로 서풍이 부는 상황이다. 순신과 도도는 각각 두 가지 가운데 하나를 선택한다. 순신의 경우 하나는 서해에서 울돌목으로 진격하는 일이고 다른 하나는 서해 진도 진지에 머무르는 일이다. 도도의 경우 하나는 남해에서 울돌목으로 진격하는 일이고 다른 하나는 진도를 돌아 서해로 우회하는 일이다. 싸워 이기는 쪽에게 10의 이득이 있고 지는 쪽에게 -10의 이득이 있다. 이들이 싸우지 않으면 이들이 얻을 이득은 각각 0이다. 이들의 경쟁 상황 및 이익은 다음과 같다. 첫째 수는 순신의 이득이고 둘째 수는 도도의 이득이다.

		자연			
		동풍		서풍	
		도도		도도	
		진격	우회	진격	우회
순신	진격	(a, b)		(c, d)	
	머뭄				

동풍이 불 가능성은 X고 서풍이 불 가능성은 Y다. X와 Y를 더하면 1이다. 불확실한 상황에서 행위자들의 이득은 기댓값으로 셈한다. 순신이 진격하고 도도도 진격할 때 순신의 기대 이득은 aX + cY고 도도의 기대 이득은 bX + dY다. 나머지 선택에서 기대 이득도 이와 비슷하게 셈한다.

순신은 진도에 머물고 도도가 우회한다면 둘 사이에 싸움이 벌어지지 않는다. 도도가 울돌목으로 진격하지만 순신이 진도에 머물면 순신의 수군은 도도의 수군에게 괴멸된다. 동풍이 부는 상황에서 순신과 도도가 울돌목으로 진격한다면 순신의 수군은 도도의 수군을 무찌른다. 서풍이 부는 상황에서 순신과 도도가 울돌목으로 진격한다면 순신의 수군은 도도의 수군에게 괴멸된다. 같은 상황에서 순신이 울돌목으로 진격하고 도도가 우회한다면 순신의 수군은 도도의 후방을 공격함으로써 도도의 수군을 무찌른다. 동풍이 부는 상황에서 도도가 우회한다면 순신이 무슨 선택을 하든 둘 사이에 싸움이 벌어지지 않는다. 순신과 도도는 무슨 선택이 자신에게 가장 나은지 기대 이득에 따라 판단하여 자신에게 유리한 행위를 선택한다.

01. 동풍이 불 가능성이 0.5일 때 순신과 도도의 네 가지 선택에서 이들의 기대 이득은 얼마인가?

02. 서풍이 불 가능성이 0.5일 때 순신과 도도는 우월전략을 갖는가? 이들이 우월전력 균형에 이른다면 누가 이기는가?

096 패러독스

구약의 시편 116장 11절에는 다음 구절이 나온다.

> 나는 놀라서 "모든 사람은 거짓말쟁이구나"고 말했다.

시구이기에 이를 너무 진지하게 읽어서는 안 된다. 하지만 여기서는 진지하게 읽겠다.

> 시인: 모든 사람은 거짓말쟁이다.

여기서 "거짓말쟁이"는 두 가지를 뜻한다. 거짓말쟁이가 가끔 또는 자주 거짓말하는 사람을 뜻한다면 이 시인의 말에 큰 문제가 없다. 하지만 거짓말쟁이가 거짓말만 하는 사람을 뜻한다면 문제가 생기는가?

시인의 말은 참인가 거짓인가? 먼저 이 말이 참이라 가정한다. "모든 사람은 거짓말쟁이다"가 참이면, 시인도 사람이기에, 그도 거짓말만 해야 한다. 이것은 그의 말 "모든 사람은 거짓말쟁이다"가 거짓이어야 함을 뜻한다. 이것은 시인의 말이 참이라는 처음 가정과 모순된다. 따라서 시인의 말이 참이라 가정할 수는 없다. 시인의 말이 거짓이라 가정하면 문제가 없는가? "모든 사람은 거짓말쟁이다"가 거짓이라는 말은 참말을 하는 사람이 있음을 뜻한다. 여기에 아무런 문제가 없다. 따라서 만일 한 시인이 "모든 사람은 거짓말쟁이다"고 말했고 거짓말쟁이가 거짓말만 하는 사람을 뜻한다면 우리는 "그 시인은 거짓 문장을 말했다"고 결론 내릴 수 있다.

빈틈없는 이야기를 하려면 표현 "문장" 대신에 표현 "명제"를 써야 한다. 명제는 보통 '문장의 의미'로 뜻매김된다. (i) 우리는 명제에 참인 명제와 거짓인 명제만 있다고 가정한다. (ii) 다음 표현을 하나의 명제라 가정한다.

명제 X := 명제 X는 거짓이다.

명제 X는 참인가 거짓인가? (iii) 먼저 명제 X가 참이라 가정한다. 명제 X가 참이라는 말은 "'명제 X는 거짓이다'는 참이다"는 말이다. "참이다"의 뜻에 따라 이 말은 "명제 X는 거짓이다"와 뜻이 같다. 이것은 명제 X가 참이라는 가정 (iii)과 모순된다. 따라서 명제 X를 참이라고 가정해서는 안 된다. (iv) 명제 X가 거짓이라 가정한다. 명제 X가 거짓이라는 말은 "명제 X는 거짓이다는 거짓이다"는 말이다. "거짓이다"의 뜻에 따라 이 말은 "명제 X는 참이다"를 뜻한다. 이것은 명제 X가 거짓이라는 가정 (iv)와 모순된다. 이처럼 명제 X가 참이라 가정해도 모순이 생기고 명제 X가 거짓이라 가정해도 모순이 생긴다. 이를 "거짓말쟁이 역설"이라 한다. 여기서 "역설"을 "패러독스"라고도 하는데 '독스'는 '믿음'을 뜻하고 '패러'는 '서로 부딪힌다'를 뜻한다. 패러독스는 매우 믿을 만한 두 믿음이 부딪히는 일이다.

거짓말쟁이 역설을 푸는 여러 가지 길이 있다. 첫째, 명제에 오직 참인 명제와 거짓인 명제만 있다는 가정 (i)을 버리는 길이다. 다시 말해 참도 거짓도 아닌 명제가 있다고 말하는 길이다. 여기서 "참도 거짓도 아닌"을 두 가지로 해석할 수 있다. 하나는 "우리의 능력이 모자라 그것이 참인지 거짓인지 가릴 수 없는"으로 이해하는 해석이다. 다른 하나는 "제3의 참값을 가지는"으로 이해하는 해석이다. "참"과 "거짓" 말고 다른 참값들을 받아들이는 논리를 "다치논리" 또는 "여러 값 말길"이라 한다.

거짓말쟁이 역설을 푸는 둘째 길은 명제 X가 놓인 언어와 "참이다"나 "거짓이다"가 놓인 언어를 갈라놓는 길이다. 앞의 언어를 "대상언어"라 하고 뒤의 언어를 "메타언어"라 한다. 셋째 길은 명제에는 참인 명제와 거짓인 명제만 있다는 가정 (i)을 유지하고, 명제처럼 보이지만 전혀 명제가 아닌 "가짜 명제"가 있다고 주장하는 길이다. 나는 "지금 이 명제는 거짓이다", "지금 이 명제는 참이다", "지금 이 명제는 명제다", "지금 이 명제는 명제가 아니다" 따위는 가짜 명제라 생각한다. 셋째 길에 따르면 거짓말쟁이 역설이 빚어진 까닭은 가정 (ii) 때문이다. "명제 X := 명제 X는 거짓이다"는 명제가 아니라 가짜 명제며 그냥 문장일 뿐이다.

가. 다음 글의 빈칸을 알맞은 문장으로 채우라.

한 문장이 참이거나 거짓이면 그 문장은 명제를 표현한다. 하지만 문법을 잘 지킨 평서문이더라도 참도 거짓도 아닌 문장이 있을 수 있다. 이런 문장은 명제를 표현하지 않는다. 명제를 표현하는 문장을 그냥 "명제"라 부르고, 명제를 표현하지 않는 문장을 "가짜 명제"라 부르겠다. 한 문장 또는 여러 문장이 역설을 빚는다면 그 문장들 가운데 적어도 하나는 가짜 명제다. 아래 두 문장 ㄱ과 ㄴ은 문법상 아무 문제 없는 평서문이다.

문장 ㄱ: 문장 ㄴ은 참이다.
문장 ㄴ: 문장 ㄱ은 거짓이다.

하지만 이들 두 문장의 모임에는 가짜 명제가 들어 있다.

먼저 (i) 문장 ㄱ이 참이라 가정한다. 문장 ㄱ이 참이라는 말은 "문장 ㄴ은 참이다"가 참이라는 말이다. 문장 ㄴ은 "문장 ㄱ은 거짓이다"고 말한다. 따라서 "문장 ㄴ은 참이다"가 참이라는 말은 곧 "'문장 ㄱ은 거짓이다'는 참이다"가 참이라는 말이다. 이것을 달리 표현하면 "㉠______________"이다. 이것은 문장 ㄱ이 참이라는 가정 (i)과 모순된다. 따라서 문장 ㄱ을 참이라 가정해서는 안 된다.

이제 (ii) 문장 ㄱ이 거짓이라 가정한다. 문장 ㄱ은 "문장 ㄴ은 참이다"기에 이 문장이 거짓이라는 말은 "문장 ㄴ은 거짓이다"를 뜻한다. 문장 ㄴ은 "문장 ㄱ은 거짓이다"기에 "문장 ㄱ은 거짓이다"가 거짓이라는 말은 "㉡______________"를 뜻한다. 이것은 문장 ㄱ이 거짓이라는 가정 (ii)와 모순된다. 따라서 우리는 문장 ㄱ을 거짓이라고도 가정해서는 안 된다.

결국 문장 ㄱ이 참이라 가정해도 모순이 생기고 거짓이라 가정해도 모순이 생긴다. 이것은 문장 ㄱ이 명제를 표현하지 않음을 뜻한다. 달리 말해 문장 ㄱ은 가짜 명제다. 문장 ㄴ은 "가짜 명제 ㄱ은 거짓이다"고 말한다. 가짜 명제를 두고 참이라 말하거나 거짓이라 말하는 문장은 참도 거짓도 아니다. 따라서 ㉢______________.

나. 다음 문장 또는 문장들의 모임에 가짜 명제가 들어 있음을 증명할 수 있다면 “있”을 쓰고, 가짜 명제가 들어 있음을 증명할 수 없다면 “없”을 쓰라. “가짜 명제”의 정의는 문제 가를 보라.

01. 모든 문장은 거짓이다.

02. 지금 이 문장은 문장이다.

03. 지금 이 문장은 문장이 아니다.

04. “X는 참이고 X는 거짓이다”는 참이다.

05. 모든 문장은 참이다.

06. 모든 문장은 참도 거짓도 아니다.

07. 몇몇 문장은 참이면서 동시에 거짓이다.

08. 문장 ㄱ: 문장 ㄴ은 거짓이다.
문장 ㄴ: 문장 ㄱ은 참이다.

09. 문장 ㄱ: 문장 ㄴ은 거짓이다.
문장 ㄴ: 문장 ㄱ은 거짓이다.

10. 문장 ㄱ: 문장 ㄱ은 거짓이다.
문장 ㄴ: 문장 ㄴ은 참이다.

11. 문장 ㄱ: 문장 ㄴ은 참이다.
문장 ㄴ: 문장 ㄷ은 참이다.
문장 ㄷ: 문장 ㄱ은 거짓이다.

12. 문장 ㄱ: 문장 ㄴ은 참이다.
문장 ㄴ: 문장 ㄷ은 거짓이다.
문장 ㄷ: 문장 ㄱ은 거짓이다.

13. 문장 ㄱ: 문장 ㄴ은 거짓이다.
문장 ㄴ: 문장 ㄷ은 거짓이다.
문장 ㄷ: 문장 ㄱ은 거짓이다.

097 모래더미

모래알 하나는 모래더미가 아니다. 해운대 바닷가에 있는 모든 모래알을 운동장에 쌓는다면 누구나 이것을 모래더미라 말할 테다. 누구나 모래더미라 생각하는 이러한 모래더미를 "뚜렷한 모래더미"라 부르겠다. 다음 추론은 마땅한가?

- 추론 A: 해운대 바닷가에 있는 모든 모래알을 쌓은 모래는 뚜렷한 모래더미다. 뚜렷한 모래더미에서 모래알 하나를 빼더라도 그것은 여전히 뚜렷한 모래더미다. 따라서 모래알 2개가 모인 모래도 뚜렷한 모래더미다.

추론 A는 마땅하다. 해운대 바닷가 모래가 비록 1억 톤이더라도, 모래알 10알을 1그램으로 잡으면, 그것은 모래알 1경 개 정도다. 우리가 "뚜렷한 모래더미에서 모래알 하나를 빼더라도 그것은 여전히 뚜렷한 모래더미다"를 받아들이면 모래알 1경 개에서 모래알을 하나씩 빼도 줄곧 뚜렷한 모래더미로 남아야 한다. 이렇게 줄곧 추론하면 "모래알 2개가 모인 모래도 뚜렷한 모래더미다"는 결론에 이른다.

이제 다음 추론은 마땅한가?

- 추론 B: 모래알 2개가 모인 모래는 모래더미가 아니다. 모래더미가 아닌 모래에서 모래알 하나를 보태더라도 그것은 여전히 모래더미가 아니다. 따라서 해운대 바닷가에 있는 모든 모래알을 쌓은 모래도 모래더미가 아니다.

추론 B 또한 마땅하다. "모래더미가 아닌 모래에서 모래알 하나를 보태더라도 그것은 여전히 모래더미가 아니다"를 받아들이면 모래알 2개에서 모래알을 하나씩 보태도 줄곧 모래더미가 아니어야 한다. 이렇게 줄곧 추론하면 "해운대 바닷가에 있는 모든 모래알을 쌓은 모래도 모래더미가 아니다"는 결론에 이른다. 심지어 우주의 모든 모래알을 쌓은 모래도 모래더미가 아니다.

추론 A와 추론 B는 마땅하다. 보통 사람이 생각하듯 우리도 "해운대 바닷가에 있는 모든 모래알을 쌓은 모래는 뚜렷한 모래더미다"를 참이라 가정한다. 이 경우 추론 B의 결론은 거짓이다. 튼튼한 추론의 결론은 참일 수밖에 없음을 우리는 앞에서 배웠다. 따라서 추론 B는 튼튼하지 않다. 이것은 추론 B의 전제들 가운데 적어도 하나가 거짓임을 뜻한다. 우리는 추론 B의 둘째 전제가 거짓이라 생각할 만하다. 나아가 우리는 추론 A의 결론을 참이라 여길 수 있는가? 우리는 모래알 2개가 모인 모래를 뚜렷한 모래더미로 여길 수 있는가? 우리는 추론 A도 튼튼하지 않다고 결론 내려야 할 듯하다. 결국 우리는 다음 두 문장이 거짓이라 추측한다.

- 뚜렷한 모래더미에서 모래알 하나를 빼더라도 그것은 여전히 뚜렷한 모래더미다.
- 모래더미가 아닌 모래에서 모래알 하나를 보태더라도 그것은 여전히 모래더미가 아니다.

만일 이것들이 거짓이면 우리는 표현 "뚜렷한 모래더미"를 버리고 나아가 표현 "모래더미"나 "더미"를 버려야 할 듯하다. 이 역설을 "더미 역설" 또는 "모호성의 역설"이라 한다.

이 역설을 푸는 일은 몹시 어렵다. 나는 "더미"가 가리키는 사물이 실재하지 않는다고 생각한다. '더미'는 우리 마음이 만든 관념이며 우리는 이 관념으로 세상을 그린다. 우리 관념을 사물에 억지로 적용할 때 때때로 역설이 생긴다. 세상에는 흐리고 어렴풋한 것이 많다. '대머리'나 '사람'도 이와 같다. 정자와 난자가 수정한 후 몇 초부터 사람인지 말하기 어렵다. 심지어 '모래알'조차도 또렷하지 않다. 몇 개의 이산화규소 분자가 모여야 그것은 '한 모래알'인가?

가. 다음 논증들을 읽고 물음에 답하라.

ㄱ. 머리카락이 한 올 있는 머리는 대머리다. 대머리에서 머리카락 한 올이 더 나더라도 여전히 대머리다. 따라서 대머리에서 머리카락이 아무리 많이 나더라도 여전히 대머리다.

ㄴ. 머리카락이 머리 전체를 빽빽이 채울 정도로 머리숱이 많은 머리는 대머리가 아니다. 대머리가 아닌 머리에서 머리카락 한 올을 뽑더라도 여전히 대머리가 아니다. 따라서 대머리가 아닌 머리에서 머리카락을 아무리 많이 뽑더라도 여전히 대머리가 아니다.

ㄷ. 인간 수정란이 모태에서 수정된 지 1초 후에 그것을 파괴하는 일은 살인이 아니다. 한 생체 조직을 지금 파괴하는 일이 살인이 아니면 그것을 1초 후에 파괴하는 일도 살인이 아니다. 따라서 인간 수정란이 모태에서 수정된 다음 10개월 동안 자란 생체 조직을 모태 안에서든 바깥에서든 파괴하는 일도 살인이 아니다

ㄹ. 인간 수정란이 모태에서 수정된 다음 10개월 동안 자란 생체 조직을 모태 안에서든 바깥에서든 파괴하는 일은 살인이다. 한 생체 조직을 지금 파괴하는 일이 살인이면 그것을 1초 전에 파괴하는 일도 살인이다. 따라서 인간 수정란이 모태에서 수정된 지 1초 후에 그것을 파괴하는 일도 살인이다.

01. 논증 ㄱ과 ㄴ 가운데 못마땅한 논증이 있는가?

02. 우리는 머리숱이 엄청나게 많은 머리는 대머리가 아니라 생각한다. 또한 대머리가 아닌 머리에서 머리카락을 줄곧 뽑으면 언젠가 대머리가 된다고 생각한다. 이 생각들을 받아들인다면 논증 ㄱ과 ㄴ은 튼튼한가?

03. 논증 ㄷ과 ㄹ 가운데 못마땅한 논증이 있는가?

04. 많은 사람은 인간 수정란이 모태에서 수정된 다음 10개월 동안 자란 생체 조직을 모태 안에서든 바깥에서든 파괴하는 일이 살인이라 생각한다. 이 생각들을 받아들인다면 논증 ㄷ과 ㄹ은 튼튼한가?

나. 모래더미 역설을 해결하려는 다음 시도의 문제점을 이야기하라.

01. 모래알 하나는 모래더미가 아니다. 따로 떨어진 모래알 두 개는 모래더미가 아니다. 쌓이지 않은 모래알 두 개는 모래더미가 아니다. 하지만 탑처럼 쌓인 모래알 두 개는 모래더미다. 모래더미는 둘 이상의 모래알이 함께 층을 이루며 쌓인 모래다.

02. 모래알 두 개부터가 모래더미이지는 않다. 상당히 큰 수 N에 대해 N개 이상의 모래알이 쌓인 모래는 모래더미고 N개 미만은 모래더미가 아니다. 과학자들은 이 N이 무엇인지 모래의 물성과 더미의 정역학을 통해 찾아야 한다. 우리는 이 N을 정의하기보다는 발견해야 한다.

03. 모래더미와 모래더미 아닌 모래를 가르는 수 N은 사람마다 문화마다 시대마다 다르다. 몇몇 사람에게 그 수는 100이고 몇몇 사람에게 888이고 몇몇 사람에게 12,345일 수 있다. 한 사물이 모래더미냐 아니냐는 취향의 문제고 개인 판단에 완전히 맡겨야 한다.

04. 모래더미와 모래더미 아닌 모래를 가르는 수 N은 과학 탐구의 문제도 개인 취향의 문제도 아니다. 이것은 사회 합의의 사안이다. 과학자, 언어학자, 일반시민이 어휘명료화위원회를 구성하여 그 N을 아무 수라도 설정하면 그것으로 충분하다. 우리는 그 N을 발견할 수 없기에 사회가 합의해야 한다.

05. 뚜렷하게 모래더미인 모래가 있고, 모래더미가 뚜렷이 아닌 모래가 있다. 모종의 수 N과 Δ에 대해 모래알이 N±Δ만큼 모인 모래가 모래더미인지 아닌지 분명하지 않다. N±Δ만큼 모인 모래는 모래더미가 아니고 모래더미가 아닌 모래도 아니다.

06. 우리는 모래알이 가령 10,000개 쌓이면 그것을 모래더미라 말한다. 하지만 세계에 실제로 존재하는 사물은 모래알 10,000개다. 이것을 '더미'라 부르는 일은 우리가 세계를 보는 방식일 뿐이지 실제 사물들의 모습을 기술하는 일이 아니다. 물리 사물을 모순 없이 기술하려면 우리는 흐릿한 낱말들 말고 또렷한 수학 낱말들을 써서 기술해야 한다.

098 두 딸 수수께끼

송하석 선생한테는 아이가 둘 있다. 그는 "이 둘 가운데 적어도 하나는 딸이다"고 말했다. 그의 두 아이가 모두 딸이라고 믿을 믿음직함은 얼마일까? 아이를 낳기 전에 일부러 딸과 아들을 고르지 않더라도 남아 출산율과 여아 출산율은 같지 않다는 보고가 있다. 우리는 두 출산율이 같다고 그냥 가정한다. 이것은 한 아이가 딸이리라는 믿음직함이 1/2임을 뜻한다. 우리는 다음 세 가능성을 생각할 수 있다.

- 첫째 아이는 딸, 둘째 아이는 딸
- 첫째 아이는 딸, 둘째 아이는 아들
- 첫째 아이는 아들, 둘째 아이는 딸

이것들이 벌어지리라는 믿음직함은 셋 다 똑같다. 이 세 가능성 가운데 두 아이가 모두 딸인 경우는 하나다. 따라서 그의 두 아이 가운데 적어도 하나가 딸임을 안 다음 그의 두 아이가 모두 딸이리라는 믿음직함은 1/3이다.

송 선생이 "내 첫째 아이는 딸이다"고 내일 말한다면 그의 두 아이가 모두 딸이리라는 내일의 믿음직함은 얼마일까? 우리는 두 가능성을 생각할 수 있다.

- 첫째 아이는 딸, 둘째 아이는 딸
- 첫째 아이는 딸, 둘째 아이는 아들

이것들이 벌어지리라는 믿음직함은 둘 다 똑같다. 이 두 가능성 가운데 두 아이가 모두 딸인 경우는 하나다. 따라서 그의 첫째 아이가 딸임을 내일 안 다음 그의 두 아이가 모두 딸이리라는 내일의 믿음직함은 1/2이다. 똑같은 추론을 써서 그의 둘째 아이가 딸임을 내일 안 다음 그의 두 아이가 모두 딸이리라는 내일의 믿음직함은 1/2이다. 그렇다면 우리는 다음 두 문장이 참이라 생각해야 할까? "안 다음"을 "알면"으로 바꾸었다.

> ㄱ. 만일 우리가 송 선생의 첫째 아이가 딸임을 내일 알면 그의 두 아이가 모두 딸이리라는 내일의 우리 믿음직함은 1/2이다.
>
> ㄴ. 만일 우리가 송 선생의 둘째 아이가 딸임을 내일 알면 그의 두 아이가 모두 딸이리라는 내일의 우리 믿음직함은 1/2이다.

하지만 우리가 이 두 문장이 참이라 생각하면 야릇한 결과가 빚어진다.

송 선생은 첫째 아이가 딸인지 둘째 아이가 딸인지 내일 우리에게 말해주기로 약속했다. 이 경우 우리는 송 선생의 첫째 아이가 딸임을 내일 알거나 송 선생의 둘째 아이가 딸임을 내일 안다. 한편 다음 추론은 마땅하다.

> 우리는 송 선생의 첫째 아이가 딸임을 내일 알거나 송 선생의 둘째 아이가 딸임을 내일 안다. 만일 우리가 송 선생의 첫째 아이가 딸임을 내일 알면 그의 두 아이가 모두 딸이리라는 내일의 우리 믿음직함은 1/2이다. 만일 우리가 송 선생의 둘째 아이가 딸임을 내일 알면 그의 두 아이가 모두 딸이리라는 내일의 우리 믿음직함은 1/2이다. 따라서 송 선생의 두 아이가 모두 딸이리라는 내일의 우리 믿음직함은 1/2이다.

결국 우리는 다음처럼 추론할 수 있다.

> 우리는 "송 선생은 첫째 아이가 딸인지 둘째 아이가 딸인지 내일 우리에게 말해주기로 약속했다"를 오늘 안다. 따라서 우리는 "송 선생의 두 아이가 모두 딸이리라는 내일의 우리 믿음직함은 1/2이다"를 오늘 안다.

우리가 "X의 내일 우리 믿음직함이 1/2이다"를 오늘 안다면 우리는 "X의 오늘 우리 믿음직함이 1/2이다"고 결론 내려야 하지 않는가? 이 야릇함을 "두 딸 수수께끼" 또는 "두 딸 역설"이라 한다. 나는 ㄱ과 ㄴ이 거짓이라 생각한다.

가. 다음 글을 읽고 물음에 답하라.

> 10원짜리 동전 하나와 100원짜리 동전 하나가 한 짝을 이루는 동전 80짝을 준비했다. 80개의 각 책상에 한 짝의 동전을 던졌다. 이렇게 하여 (i) 둘 다 앞면이 나온 책상은 20개, (ii) 둘 다 뒷면이 나온 책상은 20개, (iii) 10원짜리가 앞면이 나오고 100원짜리가 뒷면이 나온 책상은 20개, (iv) 10원짜리가 뒷면이 나오고 100원짜리가 앞면이 나온 책상은 20개라 가정한다. 이 가운데서 둘 다 뒷면이 나오면 그 동전과 책상을 치운다. 남겨진 60개의 책상에서 10원짜리든 100원짜리든 앞면이 나온 동전 하나를 우리에게 드러내고 나머지 한 동전은 컵으로 덮어 가린다. 이제 우리 앞에 60개 책상과 그 위에 각 한 짝의 동전이 놓인다. 한 짝의 동전 가운데 하나는 앞면이고 다른 하나는 앞면인지 뒷면인지 모른다.

01. 눈앞 책상들 가운데 10원짜리 동전이 앞면이 나왔음을 우리가 이미 아는 책상은 어림잡아 모두 몇 개인가?

02. 10원짜리 동전이 앞면이 나왔음을 우리가 이미 아는 책상들 가운데서 컵에 가려진 100원짜리 동전도 앞면이 나왔으리라 짐작되는 책상은 어림잡아 모두 몇 개인가?

03. 이 동전 던지기 실험에서 앞 두 물음의 답변을 헤아린다면 10원짜리 동전이 앞면이 나왔음을 안 다음 우리는 100원짜리 동전도 앞면이 나왔으리라 얼마큼 믿어야 하는가?

04. 눈앞 책상들 가운데 100원짜리 동전이 앞면이 나왔음을 우리가 이미 아는 책상은 어림잡아 모두 몇 개인가?

05. 100원짜리 동전이 앞면이 나왔음을 우리가 이미 아는 책상들 가운데서 컵에 가려진 10원짜리 동전도 앞면이 나왔으리라 짐작되는 책상은 어림잡아 모두 몇 개인가?

06. 이 동전 던지기 실험에서 앞 두 물음의 답변을 헤아린다면 100원짜리 동전이 앞면이 나왔음을 안 다음 우리는 10원짜리 동전도 앞면이 나왔으리라 얼마큼 믿어야 하는가?

나. 다음 글을 읽고 물음에 답하라.

> 10원짜리 동전 하나와 100원짜리 동전 하나가 한 짝을 이루는 동전 80짝을 준비했다. 80개의 각 책상에 한 짝의 동전을 던졌다. 두 동전이 세로로 한 줄로 나오면 다시 던졌다. 이렇게 하여 (i) 둘 다 앞면이 나온 책상은 20개, (ii) 둘 다 뒷면이 나온 책상은 20개, (iii) 10원짜리가 앞면이 나오고 100원짜리가 뒷면이 나온 책상은 20개, (iv) 10원짜리가 뒷면이 나오고 100원짜리가 앞면이 나온 책상은 20개라 가정한다. 이 가운데서 둘 다 뒷면이 나오면 그 동전과 책상을 치운다. 남겨진 60개의 책상에서 10원짜리든 100원짜리든 왼쪽에 떨어진 동전을 우리에게 드러내고 나머지 동전은 컵으로 덮어 가린다. (i), (iii), (iv)의 절반은 왼쪽에 10원짜리가 떨어졌고 절반은 왼쪽에 100원짜리가 떨어졌다.

01. 눈앞 책상들 가운데 10원짜리 동전이 앞면이 나왔음을 우리가 이미 아는 책상은 어림잡아 모두 몇 개인가?

02. 10원짜리 동전이 앞면이 나왔음을 우리가 이미 아는 책상들 가운데서 컵에 가려진 100원짜리 동전도 앞면이 나왔으리라 짐작되는 책상은 어림잡아 모두 몇 개인가?

03. 이 동전 던지기 실험에서 앞 두 물음의 답변을 헤아린다면 10원짜리 동전이 앞면이 나왔음을 안 다음 우리는 100원짜리 동전도 앞면이 나왔으리라 얼마큼 믿어야 하는가?

04. 눈앞 책상들 가운데 100원짜리 동전이 앞면이 나왔음을 우리가 이미 아는 책상은 어림잡아 모두 몇 개인가?

05. 100원짜리 동전이 앞면이 나왔음을 우리가 이미 아는 책상들 가운데서 컵에 가려진 10원짜리 동전도 앞면이 나왔으리라 짐작되는 책상은 어림잡아 모두 몇 개인가?

06. 이 동전 던지기 실험에서 앞 두 물음의 답변을 헤아린다면 100원짜리 동전이 앞면이 나왔음을 안 다음 우리는 10원짜리 동전도 앞면이 나왔으리라 얼마큼 믿어야 하는가?

099 벨 정리

아무도 보지 않아도 달은 여전히 저기에 있을 듯하다. 화장실 변기는 내가 문을 열고 들여다보지 않아도 거기에 여전히 있을 테다. 누구도 보지 못하는 지구 맨틀은 과거부터 지금까지 거기에 있었을 테다. 이와 마찬가지로 우리가 아주 작은 입자의 위치를 측정하지 않아도 입자는 어딘가에 있지 않을까? 지구 주위를 도는 아리랑 위성, 백두산 삼지연 공항을 향하는 구름 속 남측 비행기, 깊은 산속에서 툭툭 떨어지는 붉디붉은 단풍잎은 아무도 보지 않아도 궤적을 갖지 않을까? 위성, 비행기, 낙엽이 궤적을 가지듯 아무리 작은 입자들도 궤적을 가질 듯하다.

우리는 사물의 속성과 그 측정을 이런 식으로 본다. 내 몸무게 60kg은 내가 저울에 올라섰을 때 비로소 생기는 값이 아니다. 저울에 올라서기 전에 내 몸무게는 60kg이었고 이것이 저울을 통해 60kg이라는 값이 드러났을 테다. 내 키 170cm는 내가 키를 잴 때 비로소 생기는 값이 아니다. 키를 재기 전에 내 키는 170cm였고 이것이 자를 통해 170cm라는 값이 드러났을 테다. 우리가 달을 보지 않을 때도 달은 저만한 크기와 저런 모양으로 저만치 떨어져 거기에 있다. 우리가 달을 보면 그런 모양과 크기가 우리 맨눈에 드러난다. 이런 생각들은 틀림없이 옳은가?

실제 현상을 하나 이야기하겠다. 아래에서 말하는 '색깔'은 실제에서 '스핀'이라 불리는 물리 속성을 제곱한 양이다. 이야기하기 쉽도록 그냥 '색깔'이라고 말할 뿐이다. 정육면체 상자를 가득 채우는 공 하나가 상자 안에 담겼다. 공은 상자의 여섯 면과 접촉한다. 상자의 앞면 중앙, 오른쪽 옆면 중앙, 윗면 중앙에 작은 구멍이 하나씩 있는데 우리는 세 구멍을 동시에 들여다볼 수 있다. 우리는 세 구멍을 통해 상자 안에 담긴 공의 색깔을 본다. 구멍을 들여다봄으로써 공의 위 꼭대기, 오른쪽 꼭대기, 앞쪽 꼭대기의 색깔을 볼 수 있다. 또한 우리는 상자를 흔들어 공의 방향을 바꿀 수도 있다. 우리가 세 구멍으로 본 공의 색깔은 언제나 둘은 빨강이고 다른 하나는 파랑이다. 여기서 '빨강'은 스핀 제곱 값 1에 해당하고 '파랑'은 스핀 제곱 값 0에 해당한다. 앞면 중앙, 오른쪽 옆면 중앙, 윗면 중앙의 구멍을 통해 공의 색깔을 동시에 관찰하는 일은 직교하는 세 방향의 스핀 제곱을 측정하는 일과 같다. 세 구멍 가운데 두 구멍으로 빨강을 보는 일은 두 방향에서만 스핀 제곱 값 1을 측정하는 일에 해당한다. 이와 같은 현상을 드러내는 공을 "보슈 공"이라 하겠다.

우리의 경험을 설명해주는 보슈 공의 실제 모형을 만들 수 있을까? 다시 말해 보슈 공의 전체 표면이 빨강과 파랑으로 미리 색칠되었다고 가정할 수 있을까? 직교하는 세 방향에서 하나는 파랑을 색칠하고 둘은 빨강을 색칠해야 하는데, 만일 우리가 보슈 공의 북극점에 파랑을 색칠하면 보슈 공의 적도 선은 빨갛게 색칠해야 한다. 하지만 이같이 한 점을 파랑으로 색칠한 다음 그 점을 북극점으로 할 때 그어지는 적도 선을 붉게 색칠하는 방식으로 보슈 공의 각 지점을 색칠하면, 직교하는 세 축 모두가 빨갛게 색칠되는 경우가 반드시 생긴다. 아무튼 1967년에 시몬 코흔과 에른스트 슈페커는 보슈 공에 대한 우리의 관찰 경험을 만족하는 색칠하기가 불가능함을 증명했다. 1966년에 이미 존 벨이 이러한 함축을 이끌었는데 이 함축을 "벨-코흔-슈페커 정리"라 한다.

우리는 상자 안에 담긴 보슈 공의 스핀 제곱을 앞면 중앙, 오른쪽 옆면 중앙, 윗면 중앙 세 구멍을 통해 측정할 수 있다. 하지만 측정하기 전에 보슈 공이 모든 방향에서 미리 스핀 제곱을 갖는다고 말할 수는 없다. 보슈 공의 스핀 제곱은 우리가 측정한 다음에야 비로소 의미를 지닌다고 말해야 하는가? 많은 물리학자는 그렇게 믿는다. 보슈 공의 스핀 제곱은 측정 전에는 없었던 속성인지 모른다. 하지만 그렇다고 모든 속성이 측정 전에 없었다고 말할 수는 없다. 몇몇 속성은 측정 전에라도 의미 있게 이야기할 수 있다. 나는 이 견해를 "최소한의 실재주의"라 하는데 이를 받아들인다.

가. 앞글을 읽고 다음 물음에 답하라.

01. 철학자 존 로크는 사물의 성질을 제1성질과 제2성질로 나눈다. 제1성질은 지각 주체의 지각 여부나 관찰 또는 측정 여부에 무관하게 외부 사물이 갖는 속성이다. 우리가 사물을 측정하기 전에도 사물은 제1성질을 미리 갖는다. 보슈 공의 색깔 또는 스핀 제곱은 로크가 생각하는 식의 제1성질로 여길 수 있는가?

02. 철학자 조지 버클리는 제1성질과 제2성질의 구별에 반대한다. 그는 다음과 같이 주장한다. 그것이 사물이든 성질이든 관념이든, 만일 우리가 그것을 지각할 수 있다면 그것은 존재한다. 하지만 그것이 사물이든 성질이든 관념이든, 만일 우리가 그것을 지각할 수 없다면 그것은 존재하지 않는다. 여기서 '지각할 수 있다'를 '관찰할 수 있다'나 '측정할 수 있다'로도 이해할 수 있다. 버클리의 주장을 따른다면 보슈 공의 색깔 또는 스핀 제곱은 존재하는 성질인가?

나. 다음 글로부터 추론할 수 있다면 "수"를 쓰고, 추론할 수 없다면 "없"을 쓰라.

두 개의 전자는 하나의 물리계를 이루어 단일상태에 놓일 수 있다. 이들 전자 짝을 중앙 발사기에서 양쪽으로 발사하면 하나는 왼쪽 분석기로 이동하고 다른 하나는 오른쪽 분석기로 이동한다. 분석기는 전자의 스핀 상태를 측정하는데 각 분석기는 '위' 또는 '아래'를 곧장 출력한다.

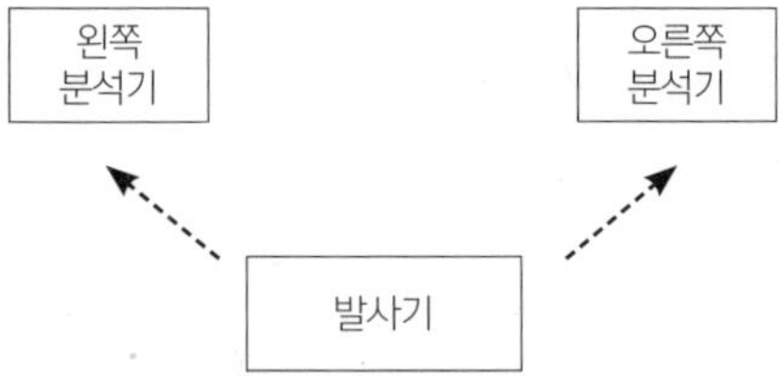

두 분석기의 측정 결과들은 언제나 다음 규칙을 따른다. 한쪽 분석기에 '위'가 출력되면 다른 분석기는 '아래'가 출력된다. 또한 한쪽 분석기에

'아래'가 출력되면 다른 분석기는 '위'가 출력된다. 놀랍게도 두 분석기가 멀리 떨어지더라도 이 규칙 또는 상관관계는 유지된다. 두 분석기의 출력은 동시에 벌어진다. 다시 말해 한쪽 분석기에 위 또는 아래가 출력되는 사건과 다른 쪽 분석기에 아래 또는 위가 출력되는 사건 사이에 시간 간격은 전혀 없다. 따라서 이러한 규칙 또는 상관관계를 산출하기 위해 만일 두 전자 사이에 또는 두 분석기 사이에 정보전달이 있다면 이 정보전달은 시간이 걸리지 않는다.

한편 전자 짝의 스핀 측정 결과가 갖는 이러한 규칙 또는 상관관계는 다음 셋 가운데 하나로 설명해야 한다. 첫째, 이 상관관계는 두 전자 사이의 상호작용 탓이다. 이를 '상호작용 논제'라 한다. 둘째, 이 상관관계는 이제껏 알려지지 않은 공통요인이 일으킨 결과다. 이를 '공통요인 논제'라 한다. 셋째, 이 상관관계는 측정의 마지막 단계에서 측정 과정을 통해 생겨난다. 이 논제를 '측정과정 논제'라 한다.

여기서 우리가 고려해야 할 두 가지 원리가 있다. 하나는 국소성 원리다. 이 원리에 따르면 만일 두 사물 사이에 상호작용이 있다면 두 사물 사이에 정보전달이 있다. 다른 하나는 상대성 원리다. 이 원리에 따르면 한 사물에서 거리를 두고 떨어진 다른 사물로 정보가 전달될 때는 반드시 시간이 걸린다. 한편 1964년 존 벨은 상대성 원리와 국소성 원리를 가정한 상태에서 공통요인 논제까지 가정한다면 "－0.5≥0"처럼 결코 받아들일 수 없는 부등식이 도출된다는 사실을 증명했다. 이 정리를 '벨-아포로 정리'라 한다. 여기서 '아포로'는 'EPR'이라고도 하는데 '아인슈타인, 포돌스키, 로젠'을 줄인 말이다.

01. 상대성 원리와 공통요인 논제를 받아들이면 국소성 원리를 거부해야 한다.

02. 국소성 원리와 공통요인 논제를 받아들이더라도 상대성 원리를 거부할 필요가 없다.

03. 상대성 원리와 국소성 원리를 받아들이면 상호작용 논제를 거부해야 한다.

04. 상대성 원리와 국소성 원리를 받아들이면 측정과정 논제를 받아들여야 한다.

100 하느님

여태 많은 철학자와 과학자는 하느님이 있음을 또는 하느님이 없음을 증명하려고 애썼다. 오늘 마지막 날은 재미 삼아 하느님이 있다는 야릇한 증명을 이야기한다. 먼저 다음 문장은 참인가?

> 나는 말한다.

이것은 참이다. 이것이 거짓이라 '말하는' 사람은 없다. 하지만 나는 태어나자마자 말할 수 있지는 않았다. 다음 추론은 의심하기 어려울 만큼 매우 그럴듯해 보인다.

> 나는 지금 말할 수 있다. 하지만 내가 말할 수 없었던 적이 있다. 따라서 말할 수 없었던 나는 언젠가 말을 배웠다.

미국의 현대 철학자 도널드 데이빗슨은 1965년에 배울 수 있는 말이 가져야 하는 특성을 깊이 생각했다.

> 나는 무한한 능력을 지니지 않는다. 하지만 나는 원리상 무한히 많은 문장의 뜻을 이해할 수 있다. 이것은 문장들의 뜻이 조합구조를 지님을 함축한다. 보기를 들어 '눈은 희다'와 '소금은 희다'에서 '은 희다'가 함께 나온다. 우리는 '눈은 희다'와 '소금은 희다'를 말할 때 이미 '눈', '소금', '은 희다' 따위로 나누는 데 익숙하다. 문장들의 뜻이 조합구조를 지닌다는 말은 이런 의미로 쓰였다. 문장들의 뜻이 조합구조를 지닌다는 사실을 가장 잘 보여준 철학자는 알프레드 타르스키다. 그는 1933년 「형식언어에서 참 개념」에서 문장들의 뜻으로부터 '참이다'의 개념을 얻어내는 연구를 선보였다. 이 연구에서 그는 문장들의 뜻이 조합구조를 지닌다는 사실을 잘 드러냈다. 타르

스키의 이 연구를 넓혀 데이빗슨은 '참이다'라는 개념이 우리가 쓰는 말의 전체 틀을 짠다고 보았다. 이것은 물리학에서 대칭성 개념이 물리학 전체의 틀을 짜는 일과 비슷하다. 이야기의 길이를 줄이려고 살짝 건너뛰어 우리는 다음 결론을 얻는다.

> 나는 '참이다'를 배움으로써 말을 배운다.

하지만 '참이다'는 나 홀로 배울 수 있는 개념이 아니다. '참이다'를 배우려면 반드시 이미 '참이다'를 쓰는 다른 이가 나와 함께 있어야 한다. '참이다'를 쓰는 다른 이가 이미 있어야 내가 '참이다'를 배울 수 있다는 점은 '참이다'의 뜻을 이루는 알짜 생각이다.

> Q: 이미 '참이다'를 쓰는 다른 이가 없다면 나는 말을 배울 수 없다.

으뜸 생각 Q가 의심하지 못할 만큼 또렷하게 참이라고는 말할 수 없다. 하지만 Q가 틀렸음을 보여주는 증거는 여태 발견되지 않았다. 오히려 '참이다'를 쓰는 다른 이가 없이 자란 아이들은 실제로 말을 배울 수 없었다. 여태 보고된 모든 실제 사례는 이를 뒷받침한다. Q가 참인지 거짓인지 검증하는 야만스러운 인간 실험을 설계할 수도 있다.

지금부터는 내 생각이다. 으뜸 생각 Q가 참이라고 믿을 믿음직함은 매우 높다. 나는 다음 추론을 내어놓는다.

> 나는 말을 배울 수 있다. 이미 '참이다'를 쓰는 다른 이가 없다면 나는 말을 배울 수 없다. 따라서 이미 '참이다'를 쓰는 다른 이가 있었다.

이제 '나' 대신에 '내 어머니'를 넣을 수 있다. 이 추론을 계속하여 말하는 사람이 나타나기 이전에 이미 '참이다'를 쓰는 다른 이가 존재해야 한다는 결론을 얻는다. 태초에 이미 '참이다'를 쓰는 이가 있었다. 태초에 말씀이 있었다. 이 결론을 피하고자 한다면 우리는 Q가 틀렸다고 생각해야 한다.

가. 다음은 하느님이 있다는 논증이다. 이 논증을 따지라.

01. 하느님은 있다. 왜냐하면 성경은 하느님의 말씀인데 이 성경은 하느님이 있다고 말하기 때문이다. 또한 만일 성경이 하느님의 말씀이면 성경이 거짓을 말할 리가 없기 때문이다.

02. 하느님이 있다는 말은 너무나 불합리해서 믿기 매우 어려운 말이다. 이 믿기 어려운 말을 믿는 사람이 있다는 사실은 기적 같은 일이다. 하느님이 실제로 없고서는 이런 일이 일어날 수 없다. 믿기 어려운 그 하느님을 믿는 사람들이 세계 곳곳에 실제로 있다는 사실은 하느님이 있다는 우리 믿음의 살아있는 증거다. 따라서 하느님은 있다.

03. 하느님이 있는지 없는지 불확실하다. 그러함에도 하느님이 없다고 악착같이 주장하는 사람이 있다. 이것은 하느님이 있다는 사실을 막기 위해 악한 영이 활동한다는 증거다. 만일 악한 영이 이렇게 활동한다면 하느님이 있다는 말은 사실이다. 따라서 하느님은 있다.

04. "하느님은 완전하다"는 "하느님"의 뜻 또는 의미를 알자마자 이를 받아들일 수 있는 문장이다. 이것은 "총각은 결혼하지 않은 남자다"가 참인 것과 마찬가지다. "존재하지 않는 것은 완전하지 않다"도 "완전하다"의 뜻 또는 의미를 알자마자 이를 받아들일 수 있다. 이를 받아들인다면 "무엇이든 그것이 완전하다면 그것은 존재한다"도 참이다. "하느님은 완전하다"와 "무엇이든 그것이 완전하다면 그것은 존재한다"로부터 "하느님은 존재한다"를 틀림없이 이끌 수 있다. 따라서 하느님은 존재한다.

05. 그것이 존재할 까닭 없이는 그 어떤 것도 존재하지 않는다. 다시 말해 어떤 것이 존재한다면 그것이 존재할 까닭이 반드시 있다. 이 우주 초기에 에너지가 있었으며 우주 방정식이 있었다. 에너지와 우주 방정식이 존재하는 까닭은 어디에 있는가? 그것은 또 다른 에너지와 또 다른 방정식이 아니다. 왜냐하면 우리는 다시 그 또 다른 에너지와 또 다른 방정식이 존재할 까닭이 어디에 있는지 물을 수밖에 없기 때문이다. 따라서 하느님이 아니고서는 이것들이 존재할 까닭을 말할 수 없다. 오직 하느님만이 자기 존재의 까닭이자 자기 존재의 원인일 수 있기 때문이다.

나. 다음은 하느님이 없다는 논증이다. 이 논증을 따지라.

01. 하느님은 없다. 세계에서 가장 유명한 진화론 전도사 리처드 도킨스가 하느님이 없다고 주장하기 때문이다.

02. 하느님이 있다고 주장하는 많은 사람이 실제로 하느님이 없는 듯이 행동하며 산다. 만일 하느님이 있다면 하느님이 있다고 믿는 사람들은 믿지 않는 사람들보다 더 착해야 한다. 몇몇 유신론자는 무신론자보다 더 나쁜 짓을 많이 하고 돈을 더 숭배하기도 한다. 따라서 하느님이 있다는 주장은 거짓이다.

03. 하느님이 있다고 주장하는 사람들은 하느님이 없다고 주장하는 사람들에 견주어 지성이 떨어진다. 하느님이 있는지 없는지를 가늠하는 문제는 감정의 문제라기보다 지성의 문제다. 하느님이 있다고 주장하는 사람들은 논증 없이 그렇게 주장하거나, 논증을 제시하더라도 허술하기 짝이 없는 논증들만 제시한다. 따라서 하느님이 있다는 믿음은 지성에 반하는 신념이며 불합리한 신념이다.

04. 처벌받지 않는 악행이 이 세상에 아주 많다. 하느님이 존재한다면 그 하느님은 세상의 악행들을 처벌하지 않는 셈이다. 만일 하느님이 존재하고 그가 세상의 악행을 처벌하지 않는다면 그는 악하다. 하느님이 있다면 그는 악할 수 없다. 따라서 하느님은 없다.

05. 모든 자연 현상은 자연과학으로 설명된다. 자연 현상들 가운데 하느님이 있어 자연 세계에 나타난다는 사실을 보여주는 증거는 아무것도 없다. 자연과학으로 설명될 수 없는 기적 같은 현상은 없다. 따라서 우리는 하느님이 없다고 생각해야 한다.

06. 사람의 지능과 지성이 진화의 산물이듯 사람의 종교 또한 진화의 산물이다. 사람들이 환상에 젖고 미신에 빠지는 일은 악령의 작용이라기보다 진화의 산물 곧 일종의 자연 현상이다. 이러한 미신은 마치 병균이나 바이러스처럼 사람들의 사회 속에 퍼진다. 심지어 탁월한 지성을 갖춘 사람들조차 이런 바이러스에 때때로 감염되곤 한다. 따라서 하느님이 있다는 주장이 아무리 정교하게 논증되더라도 그것은 환상 또는 미신일 뿐이다.

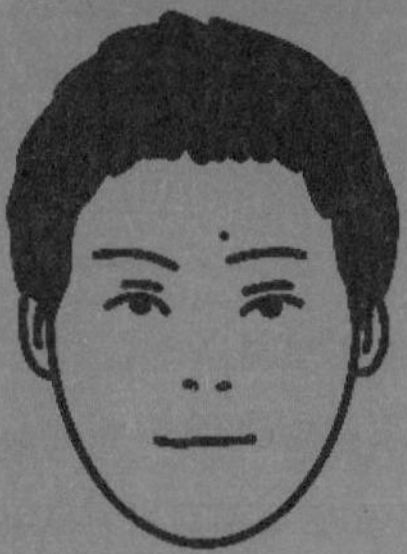

TV에 나온 어떤 사람이 논란이 되는 이야기를 너무나 당연하다는 듯 말해서 당황스러운 적이 있다. 당연하다고 생각되었던 것이 세월, 상황, 관계 등이 변하면 당연하지 않게 된다. 내가 어떤 현상이나 상황을 당연하게 생각하는 것은, 내가 살고 있는 공동체에서 그렇게 인식되기 때문이거나, 반복된 경험으로 그렇게 하는 것이 옳다는 내 주관의 판단 때문이다. 내가 당연하다고 생각하는 것은 정말로 당연한 것인가? "당연하다"라는 것은 무엇을 뜻할까?

우리는 살면서 지금까지 당연하게 여긴 것에 잘 의문을 던지지 않는다. 왜냐하면 그것은 너무도 당연하기 때문에 그것에 의문을 던질 가치가 있다고 생각하지 못하기 때문이다. 당연하지 않은 정보들은 내 선택에 따라 어떤 것은 받아들이고 어떤 것은 받아들이지 않는다. 하지만 내가 당연하게 여기는 것은 선택의 여지없이 받아들일 수밖에 없다. 우리는 그것에 무방비하다. 그것은 우리가 전혀 인식하지 못한 사이에 우리 안에 벌써 들어와 우리 관념을 지배한다.

당연하게 여겨진 것들이 오랜 시간 우리 머릿속에 쌓이다 보면 어느새 우리 판단력을 몰아낸 다음 그 자리를 차지하고 앉아 우리 대신에 다른 정보들의 수용 여부를 판단한다. 여러 사람들이 보는 곳에 나와 당황스러운 주장을 하는 사람이나 일방적인 대화를 하는 어른들이 바로 당연한 것들에 오염되어 다른 생각을 못하게 된 경우이다.

우리가 당연한 것이 만든 함정에 빠져 당연의 지배를 받지 않으려면 "당연한 것"을 찾아다니는 포켓몬 트레이너가 되어야 한다. "당연한 것"은 유대감, 관습, 권력, 권위 등과 같은 보호색을 띄고 있어서 처음엔 찾기가 어렵다. 다행인 것은 그것들을 자세히 들여다보면 부조화라는 꼬리를 드러내고 있다는 점이다.

마침내 우리가 의심할 만한 "당연한 것"을 찾아내었다면 그것과 대결해야 한다. 이 때 쓰이는 도구가 바로 논리이다. 여러 논리 도구를 활용한다면 "당연한 것"을 사로잡을 수 있으며, 그 당연한 것에 얽매이지 않고 자유롭게 생각할 수 있을 것이다.

도심형 테마파크를 제작하는 일을 하며 추리뮤지엄을 만들고 있는 박진원

정답

001. 추론, 전제, 결론

가01. 전제: 철수는 매일 아침 고등학교에 들어간다. 결론: 철수는 고등학생이다. | 가02. 첫째 전제: 신데렐라는 일을 열심히 한다. 둘째 전제: 신데렐라는 운이 좋은 사람이다. 결론: 신데렐라는 일을 열심히 하고 운이 좋다. | 가03. 첫째 전제: 나는 잘 생긴 사람보다 착한 사람을 좋아해. 둘째 전제: 영희는 잘 생겼어. 셋째 전제: 희영은 착해. 결론: 나는 영희보다 희영이 더 좋아. | 가04. 첫째 전제: 전자는 양성자보다 가볍거나 뉴트리노보다 가볍다. 둘째 전제: 전자가 뉴트리노보다 가볍다는 거짓이다. 셋째 전제: 만일 전자가 양성자보다 가볍다면 전자는 중성자보다 가볍다. 결론: 전자는 중성자보다 가볍다.

나01. 1개. 인표와 애라는 서로 사랑한다. | 나02. 2개. 고래는 젖먹이짐승이다. 젖먹이짐승은 배꼽을 갖는다. | 나03. 2개. 나에게 몰래 편지를 보낸 사람은 나라거나 다라다. 나라는 편지를 결코 쓰지 않는 친구다. | 나04. 2개. 만일 우리 국민이 부패한 정치인을 좋아하면 부패한 정치인이 장차 대통령으로 선출된다. 우리 국민은 부패한 정치인을 좋아한다. | 나05. 3개. 모든 사람은 생각할 수 있다. 생각할 수 있는 이는 다른 생각할 수 있는 이와 자기 생각을 나눌 수 있다. 루치와 아치는 사람이다. | 나06. 2개. 국가 안보를 진심으로 중시하는 정부는 병역 비리와 방위 산업 비리를 엄히 처벌해야 한다. 현재의 정부는 병역 비리와 방위 산업 비리를 엄히 처벌하지 않는다. | 나07. 2개 | 나08. 4개.

002. 참값

가01. 없. 문장 아닌 것은 전제나 결론으로 쓰일 수 없다. | 가02. 있. 거짓 문장도 추론의 전제나 결론으로 쓰일 수 있다. | 가03. 있. 이 문장이 참인지 거짓인지 가리기 힘들더라도 또한 어떤 사람은 이것이 참이라 생각하고 다른 사람은 이것이 거짓이라 생각하더라도 이것은 여전히 참이거나 거짓일 수 있다. | 가04. 없. 감탄문은 참일 수 없고 거짓일 수 없다. | 가05. 없. 의문문은 참일 수 없고 거짓일 수 없다. | 가06. 있. 이 문장은 참이거나 거짓일 수 있다. | 가07. 있. "소금은 달다"가 참이거나 거짓일 수 있다면 "'소금은 달다'는 참이다"도 참이거나 거짓일 수 있다. | 가08. 있. 이 문장은 참이거나 거짓일 수 있다. | 09. 있. 이 문장은 참이거나 거짓일 수 있다. | 가10. 없. 청유, 권유, 명령 따위를 나타내는 문장은 참일 수 없고 거짓일 수 없다.

나01. "따라서" 앞에 나오는 두 문장은 평서문이 아니다. 이것들은 추론의 전제로 쓰일 수 없다. 이 문장들의 모임은 추론이 아니다. 하지만 의문문이나 감탄문 또는 청유문이 때때로 사실상 평서문의 역할을 하는데 이 경우에는 그런 문장들도 추론의 전제나 결론으로 쓰일 수 있다. | 나02. 낱말 또는 낱말들은 참이거나 거짓일 수 없기에 이들은 추론의 전제나 결론으로 쓰일 수 없다. 물론 한

낱말로 된 문장 또는 낱말들로 된 문장도 있기에 낱말처럼 보인다는 까닭에서 무조건 문장이 아니라고 예단해서는 안 된다.

다. 한 주어진 문장에 참값을 매기는 일은 논리학의 임무라기보다 과학의 임무다. 물음 다는 '참값' 개념을 익히는 물음이지 문장에 참값을 매기는 능력을 익히는 물음이 아니다. 한 문장에 참값을 제대로 매길 수 없더라도 논리학을 하는 데 큰 걸림돌이 되지 않는다. 이 물음을 그냥 재미로 풀기 바란다. | 다01. 참 | 다02. 참. 이 문장의 참값을 드러내려면 수학 증명을 해야 한다. 이 증명을 여기에 적지 않겠다. | 다03. 거짓. 이 문장이 참이라 생각하는 이는 "뜨겁다"를 개인의 신체 느낌으로만 이해한다. 과학의 역사는 "영하 100도는 영상 10도보다 더 뜨겁다"에 '참'을 매김으로써 '영하 100도', '영상 10도', '보다 더 뜨겁다' 따위 개념을 다듬었다. | 다04. 거짓. 이 문장에 참값을 매기는 일은 천문학 탐구에 해당한다. 오늘날 천문학 탐구에 따르면 이 문장은 또렷이 거짓이다. | 다05. 거짓. 이순신이 날개를 가졌다는 기록은 없는데 이것만으로 이 문장이 거짓임이 확정되지 않는다. 다만 역사 인물 가운데 날개를 가진 인물은 아무도 없으며 해부학 탐구에 따르면 사람은 날개를 갖지 않는다. 적어도 이 문장은 거의 거짓이다. | 다06. 참. 오늘날 역사 연구에 따르면 한글을 만든 이는 세종이다. | 다07. 거짓. 우리 세계에 있는 내가 지금 이 문장을 읽었으니 우리 세계에서 이 문장은 거짓이다. | 다08. 거짓. 이 문장이 우리 세계에서 참이라 생각하는 이들은 우리와 완전히 다른 방식으로 우리 세계를 이해한다. 몇몇 철학자에 따르면 하늘의 별이든 무슨 사물이든 내가 보는 것은 내 마음의 관념이다. 이들에게 '우리 세계'는 다만 '나의 세계'일 뿐이다.

라. 여기 나오는 물음을 너무 진지하게 묻지 않기를 바란다. 몇몇 물음은 우리가 배운 것만으로는 답하기 어렵다. 잘 답변하지 못해도 아직은 괜찮다. | 라01. 옳 | 라02. 못. 우리 세계에서 "힉스 알갱이는 다른 모든 알갱이에 질량을 준다"의 참값이 거짓이면 우리 세계에서 이 문장은 거짓이다. | 라03. 못. "하느님이 있다"의 참값이 참인 가능 세계에서 이 문장은 참이다. | 라04. 못. "나는 말한다"의 참값이 참인 가능 세계는 여럿이다. | 라05. 못. "나는 죽지 않는다"의 참값이 거짓인 가능 세계는 여럿이다. | 라06. 못. 우리 세계에서 "마음은 물리 사물의 움직임을 바꿀 만한 힘을 갖는다"의 참값이 '거짓'이면 이 문장이 거짓인 가능 세계는 여럿이다. 이 경우 몇몇 다른 가능 세계에서 이 문장의 참값은 '거짓'이다. | 라07. 못. 나중에 배우겠지만 "하느님은 있거나 없다"는 우리 세계에서 참이다. 나아가 이 문장은 어느 세계에서든 참이다. 이는 이 문장이 거짓인 가능 세계가 없음을 뜻한다. 이처럼 몇몇 문장은 모든 가능 세계에서 참이다. 참고로 "모든 가능 세계에서 참이다"와 "거짓인 가능 세계가 없다"를 "거짓일 수 없다"고 하며 "거짓인 가능 세계가 있다"를 "거짓일 수 있다"고 한다. "모든 가능 세계에서 거짓이다"와 "참인 가능 세계가 없다"를 "참일 수 없다"고 하며 "참인 가능 세계가 있다"를 "참일 수 있다"고 한다. | 라08. 못. "하느님은 있거나 없다"는 모든 가능 세계에서 참이다. 한편 몇몇 문장은 모든 가능 세계에서 거짓이다. 나중에 배우겠지만 "하느님은 있고 없다"는 모든 가능 세계에서 거짓이다. 이 문장이 거짓인 가능 세계는 있지만 참인 가능 세계는 없다. | 라09. 못. 우리 세계에서 "고려민주공화국이 서기 2050년 안에 건국된다"의 참값이

'참'이면 이 문장이 참인 가능 세계는 여럿이다. 하지만 우리는 이 문장이 "거짓일 수 있다"고 생각한다. 우리는 이 문장이 모든 가능 세계에서 참이라 생각하지 않는다. 결국 이 문장이 거짓인 가능 세계는 없다고 말하기 어렵다.

003. 참이다

가01.

세계	소금은 달다.	'소금은 달다'는 참이다.
W_1	참	참
W_2	거짓	거짓

가02.

세계	얼음은 차다.	'얼음은 차다'는 참이다.
W_1	거짓	거짓
W_2	참	참

가03.

세계	시간은 흐르지 않는다.	'시간은 흐르지 않는다'는 참이다.
W_1	참	참
W_2	거짓	거짓

가04.

세계	나는 착하다.	나는 착하다'는 참이다.
W_1	거짓	거짓
W_2	참	참

가05.

'눈은 희다'는 거짓이다.	"'눈은 희다'는 거짓이다"는 참이다.
참	참
거짓	거짓

가06.

마음은 있다	'마음은 있다'는 참이다.	"'마음은 있다'는 참이다"는 참이다.
참	참	참
거짓	거짓	거짓

정답

나01. 같. X와 "X는 참이다"는 뜻이 같다. | 나02. 다. "'소금은 달다'는 참이다"는 우리 세계에서 거짓이다. 하지만 "소금은 짜다"는 우리 세계에서 참이다. 이를 보건대 문장 ㄱ과 문장 ㄴ은 뜻이 다르다. | 나03. 다. "'류관순은 남자다'는 참이다"는 "류관순은 남자다"와 뜻이 같다. "류관순은 남자다"는 "류관순은 여자다"와 뜻이 다르다. 이를 보건대 문장 ㄴ은 문장 ㄱ과 뜻이 다르다. | 나04. 같. "'X는 참이다'는 참이다"는 "X는 참이다"와 뜻이 같고 이는 X와 뜻이 같다. | 나05. 같. "X는 참이다는 참이다는 참이다"는 "X는 참이다는 참이다"와 뜻이 같고 이는 "X는 참이다"와 뜻이 같다. | 나06. 다. 권유, 청유, 명령 따위를 표현하는 문장에 "참이다"를 붙일 수 없다. 이 때문에 "우리 조용히 하자"를 "'우리 조용히 하자'는 참이다"로 바꾸어 쓸 수 없다. | 나07. 다. 감탄문에 "참이다"를 붙일 수 없다. 이 때문에 "너는 어쩜 그렇게 똑똑할 수 있니!"라고 말할 수 있지만 이를 "'너는 어쩜 그렇게 똑똑할 수 있니'는 참이다"로 바꿀 수는 없다. | 나08. 다. 문장이 아닌 낱말이나 낱말 묶음에 "참이다"를 붙이는 일은 옳지 않다. "'설리'는 참이다"는 "설리"를 뜻하지 않는다. | 나09. 다. 만일 "그가 어제 너에게 한 말"이 '문장 A'면 "그가 어제 너에게 한 말은 참이다"는 "그는 어제 너에게 A를 말했고 A는 참이다"를 뜻한다. "그는 어제 너에게 A를 말했고 A는 참이다"는 "그는 어제 너에게 A를 말했고 A"로 바꿀 수 있다. 하지만 "그가 어제 너에게 한 말은 참이다"는 "그가 어제 너에게 한 말"과 뜻이 다르다. 설사 "그가 어제 너에게 한 말"이 '문장 A'더라도 "그가 어제 너에게 한 말은 참이다"는 A를 뜻하지 않는다. | 나10. 다. "'내가 순이에게 〈너는 세상에서 가장 똑똑한 여자다〉라 말했다'는 참이다"는 "내가 순이에게 '너는 세상에서 가장 똑똑한 여자다'라 말했다"를 뜻한다. 이는 "순이는 이 세상에서 가장 똑똑한 여자다"와 뜻이 다르다. "내가 순이에게 '너는 세상에서 가장 똑똑한 여자다'라 말했다"가 참이더라도 "순이는 이 세상에서 가장 똑똑한 여자다"가 참이지는 않다.

004. 거짓이다

가01.

마음은 있다.	'마음은 있다'는 거짓이다.	'마음은 있다'는 거짓이다는 참이다.
참	거짓	거짓
거짓	참	참

가02.

우주에 끝이 있다.	'우주에 끝이 있다'는 거짓이다.	'우주는 끝이 있다'가 참이다는 거짓이다.
참	거짓	거짓
거짓	참	참

가03.

우주에 끝이 없다.	'우주에 끝이 없다'는 거짓이다.	'우주에 끝이 없다'가 거짓이다는 거짓이다는 거짓이다.
참	거짓	참
거짓	참	거짓

나01. 같. "'우리나라는 민주공화국이 아니다"는 "우리나라가 민주공화국이라는 말은 거짓이다"를 뜻한다. "우리나라"는 대한민국을 가리키는 고유명사 곧 홀이름이다. 문장의 임자말이 홀이름인 문장을 "홀문장" 또는 "단칭문장"이라 한다. 홀문장에서는 "아니다"와 "거짓이다"를 서로 바꿀 수 있다. 문장의 임자말이 홀이름이 아닌 문장은 제048절에서 배운다. | 나02. 같. 문장 ㄱ의 "고래가 젖먹이짐승이다"는 뜻을 갖는 평서문이다. X가 뜻을 갖는 평서문이면 X는 참이거나 거짓이다. 이 때문에 "X는 참이 아니다"는 "X는 거짓이다"를 뜻하고 "X는 거짓이 아니다"는 "X는 참이다"를 뜻한다. 하지만 X가 뜻을 갖지 않거나 평서문이 아니면 "X가 참이 아니다"는 "X는 거짓이다"를 뜻하지 않는다. 뜻을 갖지 않는 평서문을 "가짜 명제"라 하는데 가짜 명제는 제096절에서 다룬다. | 나03. 같. "X가 거짓이라는 말은"은 그냥 "X가 거짓이다는"으로 바꿀 수 있다. X가 평서문인 한 "X라는 말은", "X라는 것은", "X라는 주장은", "X라는 문장은" 따위는 그냥 "X는"으로 바꿀 수 있다. | 나04. 같. "X는 거짓이다는 거짓이다"는 X와 뜻이 같다. | 나05. 같. "X는 참이다"는 X와 뜻이 같기에 "'X는 참이다'는 거짓이다"는 "X는 거짓이다"와 뜻이 같다.

나06. 다. "X는 참이다"는 X를 뜻하기에 "X는 거짓이다는 참이다"는 "X는 거짓이다"를 뜻한다. | 나07. 다. "우파가 공기업의 사유화를 좋아한다"가 거짓이더라도 "우파가 공기업의 사유화를 반대한다"가 참이지는 않다. 우파가 공기업의 사유화를 좋아하지 않지만 공기업의 사유화를 찬성하거나 중립일 수 있다. | 나08. 다. 아무도 믿지 않는 문장 가운데 참인 문장이 있을 수 있다. "아무도 X를 믿지 않는다"는 "X는 거짓이다"를 뜻하지 않는다. | 나09. 다. 모든 이가 믿는 문장 가운데 거짓인 문장이 있을 수 있다. "모두가 X를 믿는다"는 "X는 참이다"를 뜻하지 않는다. | 나10. 같. "X는 거짓이다는 참이다"는 "X는 거짓이다"를 뜻하고 "X는 참이다는 거짓이다"는 "X는 거짓이다"를 뜻한다. 따라서 "X는 거짓이다는 참이다"와 "X는 참이다는 거짓이다"는 뜻이 같다.

나11. 다. 영희가 말한 "너"가 누구인지 알 수 없다. 영희가 그 말을 "나"에게 말했더라도 두 문장은 뜻이 다르다. 문장 ㄱ에 따르면 영희는 나에게 "나는 너를 사랑한다"를 말했다. 하지만 문장 ㄴ에는 영희가 나에게 무슨 말을 했는지 아예 나오지 않는다. | 나12. 다. "A는 B로 정의된다"는 "A는 B이다"를 뜻하지 않는다. 많은 경우 "A는 B로 정의된다"는 "A는 B고 B는 A다"로 이해한다. 이 경우 "A는 B고 B는 A다"와 "A는 B다"는 뜻이 다르다. 왜냐하면 "A는 B다"가 참이더라도 "B는 A다"가 참이지는 않기 때문이다. 마찬가지로 "A는 B고 B는 A다"와 "B는 A다"는 뜻이 다르다. 우리는 "낙태는 태아를 죽이는 일이다"를 받아들이더라도 "태아를 죽이는 일은 낙태다"를 받아들이지

않을 수 있다. "낙태는 태아를 죽이는 일이다"는 "낙태는 태아를 죽이는 일이고 태아를 죽이는 일은 낙태다"를 뜻하지 않는다. 나아가 엄밀히 말해 "A는 B로 정의된다"는 "A는 B고 B는 A다"를 뜻하지 않는다. | 나13. 다. "'너가 했던 말은 모두 거짓이다'는 거짓이다"는 "'너가 했던 말은 모두 거짓이다'가 거짓이다"를 뜻한다. 이것은 "너가 했던 말 가운데 참도 있다"를 뜻한다. "너가 했던 말 가운데 참도 있다"는 "너가 했던 모든 말은 참이다"를 뜻하지는 않는다. "모든"이 들어 있는 문장은 특별히 조심해야 한다. 제048절부터 이 주제를 차근차근 다룬다. | 나14. 다. "나는 X를 안다"가 참이면 "X는 참이다"도 참이다. 하지만 "X는 참이다"가 참이더라도 "나는 X를 안다"가 참이지는 않다. | 나15. 다. "X이면 X"는 X가 참임을 뜻하지 않는다. 아직 배우지 않았지만 X가 참인 세계든 X가 거짓인 세계든 "X이면 X"는 참이다. 하지만 X가 거짓인 세계에서 "X는 참이다"는 거짓이다.

005. 이고, 이거나, 이면

가01. 이고문장: 물은 0도씨에서 얼고 100도씨에서 끓는다. 이거나문장: 물은 0도씨에서 얼거나 100도씨에서 끓는다. 이면문장: 물이 0도씨에서 언다면 물은 100도씨에서 끓는다. | 가02. 이고문장: 헤아릴 수 없이 긴 시간은 잠깐의 생각과 같고 잠깐의 생각은 헤아릴 수 없이 긴 시간이다. 이거나문장: 헤아릴 수 없이 긴 시간은 잠깐의 생각과 같거나 잠깐의 생각은 헤아릴 수 없이 긴 시간이다. 이면문장: 헤아릴 수 없이 긴 시간이 잠깐의 생각과 같다면 잠깐의 생각은 헤아릴 수 없이 긴 시간이다. | 가03. 이고문장: 파이를 분수로 나타낼 수 없다면 파이는 무리수고, 파이를 분수로 나타낼 수 있다면 파이는 유리수다. 이거나문장: 파이를 분수로 나타낼 수 없다면 파이는 무리수거나, 파이를 분수로 나타낼 수 있다면 파이는 유리수다. 이면문장: 만일 '파이를 분수로 나타낼 수 없다면 파이는 무리수면', '파이를 분수로 나타낼 수 있다면 파이는 유리수다'. 또는 다음처럼 써도 된다. 만일 '파이를 분수로 나타낼 수 없다면 파이는 무리수다'가 참이면, '파이를 분수로 나타낼 수 있다면 파이는 유리수다'도 참이다.

나01. 산은 산이고 물은 물이다. | 나02. 산은 물이 아니거나 물은 산이 아니다. | 나03. 산이 물이라면 물은 산이다.

다01. 둥근 네모가 없다는 거짓이다. 또는 둥근 네모는 있다. | 다02. 한 자리 문장 바꾸개 | 다03. 이고, 이거나, 이면, 이지만, 인데, 일지라도, 하더라도, 때문에, 일 때만 따위. | 다04. 뿌리 깊은 나무는 꽃이 아름답다. | 다05. 뿌리 깊은 나무는 열매가 많다. | 다06. 샘이 깊은 물은 냇물이 되어 마침내 바다에 이릅니다. | 다07. 이면 앞말: 너는 너의 생명 바쳐서 깃발 세워 전진한다. 이면 뒷말: 나는 살아도 죽어서도 앞을 향해 전진한다. | 다08. 대한민국의 모든 권력은 국민으로부터 나오고 이 나라는 민주공화국이다. | 다09. 양자역학 해석들 가운데 봄의 존재론 해석이 옳거나 코펜하겐 해석이 옳다. | 다10. 대한민국의 권력이 국민으로부터 나온다면 이 나라는 민주공화국이다. | 다11.

"는 참이다"는 문장 X를 문장 "X는 참이다"로 바꾼다. 문장 "X는 참이다"는 문장 X와 뜻이 같다. 따라서 "는 참이다"는 한 문장을 뜻이 똑같은 다른 문장으로 바꾼다. | 다12. "는 거짓이다"는 문장 X를 문장 "X는 거짓이다"로 바꾼다. 문장 "X는 거짓이다"는 모든 가능 세계에서 문장 X와 참값이 다르다. 따라서 "는 거짓이다"는 한 문장을 참값이 다른 문장으로 바꾼다.

006. "이고"의 뜻

가01.

세계	X	X이고 X
W_1	참	참
W_2	거짓	거짓

참고로 "X이고 X"의 참값모눈은 X의 참값모눈과 같다. 따라서 "X이고 X"는 X와 뜻이 같다.

가02.

세계	X	X는 거짓이다.	X이고, X는 거짓이다.
W_1	참	거짓	거짓
W_2	거짓	참	거짓

문장 "X이고, X는 거짓이다"는 생각할 수 있는 모든 세계에서 거짓이다.

가03.

세계	X	X는 거짓이다.	X는 거짓이고, X
W_1	참	거짓	거짓
W_2	거짓	참	거짓

문장 "X는 거짓이고, X"는 생각할 수 있는 모든 세계에서 거짓이다.

가04.

세계	X	Y	X는 거짓이고 Y는 거짓이다.
W_1	참	참	거짓
W_2	참	거짓	거짓
W_3	거짓	참	거짓
W_4	거짓	거짓	참

문장 "X는 거짓이고 Y는 거짓이다"는 X와 Y가 둘 다 거짓인 세계에서만 참이고 다른 모든 세계에서 거짓이다.

가05.

세계	X	Y	Z	X이고 'Y이고 Z'
W_1	참	참	참	참
W_2	참	참	거	거짓
W_3	참	거	참	거짓
W_4	참	거	거	거짓
W_5	거	참	참	거짓
W_6	거	참	거	거짓
W_7	거	거	참	거짓
W_8	거	거	거	거짓

참고로 "'X이고 Y'이고 Z"의 참값모눈을 그리면 이는 "X이고 'Y이고 Z'"의 참값모눈과 같다. 이를 보건대 "X이고 'Y이고 Z'"와 "'X이고 Y'이고 Z"는 뜻이 같다.

나01. 참. "정약용은 똑똑하고 똑똑하다"는 "정약용은 똑똑하고 정약용은 똑똑하다"를 뜻한다. "X이고 X"는 X와 뜻이 같기에 "정약용은 똑똑하고 정약용은 똑똑하다"는 "정약용은 똑똑하다"를 뜻한다. 하지만 "똑똑하고 똑똑하다"가 "매우 똑똑하다"를 뜻할 때가 있는데 이 경우 "정약용은 똑똑하고 똑똑하다"는 "정약용은 똑똑하다"와 뜻이 다르다. | 나02. 참. 이고 앞말과 이고 뒷말이 모두 참이기에 전체 이고문장도 참이다. | 나03. 거. 이고 앞말이 거짓이기에 전체 이고문장도 거짓이다. | 나04. 거. 이고 앞말이 거짓이기에 전체 이고문장도 거짓이다.

다01. 같. "X이고 Y"와 "Y이고 X"는 뜻이 같다. 곧 이고 앞말과 이고 뒷말을 뒤바꾸어도 뜻은 달라지지 않는다. | 나02. 다 | 나03. 다. 더욱 자세한 풀이가 있어야 하겠지만 "착하고 똑똑한 사람은 성공할 확률이 높다"는 "착함과 똑똑함을 함께 갖춘 사람은 성공할 확률이 높다"를 뜻한다. 하지만 이는 "착한 사람과 똑똑한 사람은 성공할 확률이 높다"를 뜻하지 않는다. 논란이 있겠지만 "착한 사람과 똑똑한 사람은 성공할 확률이 높다"는 "착한 사람은 성공할 확률이 높고 똑똑한 사람은 성공할 확률이 높다"를 뜻한다. 나중에 이를 더 자세히 배울 테다.

007. 거짓이다 없애기

가. 틀1: 이고 넣기, 틀2: 이고 없애기, 틀3: 이거나 넣기, 틀4: 이거나 없애기, 틀5: 이면 넣기, 틀6: 이면 없애기, 틀7: 거짓이다 넣기, 틀8: 거짓이다 없애기.

나. 거짓이다 없애기

다01. 바. 거짓이다 없애기는 "X는 거짓이다는 거짓이다"로부터 X를 추론하는 규칙이다. | 다02. 못. "X는 거짓이다"로부터 X를 추론하는 것은 거짓이다 없애기가 아니다. | 다03. 못. "모든 사람이 착하다는 말이 거짓이라는 말은 거짓이다"로부터 "모든 사람은 착하다"를 이끌 수 있다. 하지만 "모든 사람은 착하지 않다"는 "모든 사람이 착하다는 말은 거짓이다"를 뜻하지 않는다. 따라서 "모든 사람은 착하지 않다는 말은 거짓이다"로부터 "모든 사람은 착하다"를 이끌 수 없다. 다만 "모든 사람이 착하지는 않다"는 "'모든 사람은 착하다'는 거짓이다"를 뜻하고 "몇몇 사람은 착하지 않다" 또는 "착하지 않은 사람이 있다"를 뜻한다. "모든 사람은 착하지 않다는 거짓이다"는 주장은 "착한 사람도 있다"를 뜻한다. 지금 이를 헷갈리더라도 너무 걱정하지 말기를 바란다. 나중에 이를 자세히 배울 예정이다. | 다04. 못. "X는 참이 아니다"로부터 "X는 거짓이다"를 추론할 수 있다. 하지만 이것은 거짓이다 없애기를 적용한 추론이 아니다. | 다05. 못. 결론을 "따라서 해양 쓰레기의 대부분이 플라스틱이면 이는 향후 해양 생태 환경에 파괴력이 가장 큰 위험 요인이다"고 해야 한다. 다06. 못. "근거가 없지 않다"는 "근거가 있다"를 뜻할 뿐이다. 대체로 "근거가 있다"는 "참이다"를 뜻하지 않는다. 물론 "X라는 사실은 근거가 있다"로부터 "X는 사실이다"를 추론할 수 있다. 나아가 "X는 사실이다"로부터 "X는 참이다" 곧 X를 추론할 수 있다. 하지만 이러한 추론은 거짓이다 없애기를 쓴 추론이 아니다.

라01. 나의 논리학 수강은 잘한 일이다. | 라02. 지동설은 참이다. "참이다"와 "거짓이다"는 문장에 붙이는 술어다. "지동설"은 낱말이기에 여기에 "참이다"나 "거짓이다"를 붙일 수 없는 것처럼 보인다. 하지만 여기서 "지동설"은 주장 "지구는 고정되지 않고 움직인다"를 가리키는 이름이다. 이와 비슷한 쓰임에는 "그 책의 셋째 문장은 거짓이다"나 "어제 내가 너에게 써준 말은 참이다" 따위가 있다. | 라03. 샛별은 금성이다. "샛별은 금성이 아니다"는 "'샛별은 금성이다'는 거짓이다"로 이해할 수 있다. 이 때문에 "샛별은 금성이 아니라는 말은 거짓이다"는 "'샛별은 금성이다'는 거짓이다는 말은 거짓이다"를 뜻한다. 이 문장에 거짓이다 없애기를 적용해 "샛별은 금성이다"를 얻는다. | 라04. 다산은 천주교를 믿은 적이 있다. "다산"처럼 홀이름이 임자말 자리에 올 때 "아니다", "아니", "안", "않"은 "는 거짓이다"로 바꿔 쓸 수 있다. | 라05. 인류 최초의 도구는 돌도끼고 이것은 손의 확장이다. | 라06. 각 개인이 정치에 참여하지 않은 채 자기 삶의 안정에만 매몰된다면 그 개인들은 장차 나쁜 정치인의 통치를 받는다.

008. 이고 넣기

가. 이고 넣기

나01. 바. 이 추론의 결론을 줄여, "따라서 파이와 2의 제곱근은 분수로 나타낼 수 없다"로 바꾸어도 괜찮다. | 나02. 바 | 나03. 못. 이 추론의 결론을 "사랑을 고갈될 자원으로 생각하는 사람은 시간

이 지나 설레지 않으면 사랑의 상대를 바꾸고, 사랑을 지속가능한 자원으로 생각하는 사람은 시간이 지나 설레지 않으면 대화를 통해 깊고 신뢰하는 관계를 만들어간다"로 바꾸면 이 추론은 이고 넣기를 바르게 쓴 추론이다. | 나04. 못. "하자"는 "하자마자"를 뜻하는데 이것은 "이고 그런 다음 곧바로"를 뜻한다. "하자"는 "이고"와 뜻이 다르다. | 나05. 못. | 나06. 바. "뿐만 아니라"는 "이고"와 같은 뜻을 지닌 낱말로 여길 수 있다. 이 추론의 결론을 더 줄여 "따라서 드라마 욱씨남정기는 한국 사회의 남성 위주 접대문화와 갑질문화뿐만 아니라 실력만으로 성과를 이룬 동료 여성을 헐뜯고 깍아 내리려는 남성의 시각도 비판한다"로 바꾸어도 괜찮다.

다01. 인사제도를 개혁해야 인적 자본을 잘 관리할 수 있고 행정 시스템을 효율성 있도록 바꿔야 조직이 합리성에 따라 움직인다. | 다02. 장기려는 훌륭한 의사고 우리나라 최초로 의료보험을 창설했다. | 다03. 인간의 뇌 영역 가운데 편도체는 두려움·불안·성행동 등을 결정짓고 남성의 뇌 편도체 피질핵 크기는 여성보다 크다. | 다04. 사람은 누구나 늙는데 늙은 사람을 차별하는 에이지즘이 사회에 널리 퍼졌다. | 다05. 모든 국민은 법 앞에 평등하고 누구든지 성별·종교 또는 사회 신분에 의하여 정치·경제·사회·문화 등 생활의 모든 영역에서 차별을 받지 아니한다.

라01. 프톨레마이오스는 등각속도점을 처음으로 도입했다. | 라02. 화가의 창조 행위는 전승된 문화를 뜻하는 대지에 뿌리박는다.

009. 이고 없애기

가01. 이고 없애기 또는 이고 뒷말 없애기 | 가01. 이고 넣기 | 가03. 이고 없애기 또는 이고 앞말 없애기

나01. 2의 제곱근은 분수로 나타낼 수 없다. 다른 답: 파이는 분수로 나타낼 수 없다. | 나02. 올해 중반기에 과도한 유동성으로 부동산 투기에 돈이 몰렸다. 다른 답: 올해 중반기에 시중의 대규모 유동자금이 기업 투자로 흘러가지는 않았다. | 나03. 어떤 전쟁도 전쟁이 일어나지 않은 상태보다는 나쁘다. 다른 답: 우리는 평화의 소중함을 알아야 한다. | 나04. 가능한 답은 여러 가지다. (i) 코드는 토론되는 것이 아니라 규정되는 것이다, (ii) 잘못된 코드는 잘못된 만큼 더 강압적이다. (iii) 삶의 진실과 따로 노는 코드는 결코 자신을 반성하지 않는다. (iv) 코드는 토론되는 것이 아니라 규정되는 것이고, 잘못된 코드는 잘못된 만큼 더 강압적이다. (v) 잘못된 코드는 잘못된 만큼 더 강압적이며, 삶의 진실과 따로 노는 코드는 결코 자신을 반성하지 않는다. 그밖에도 아주 많다. (vi) 코드는 토론되는 것이 아니다. (vii) 코드는 규정되는 것이다 등. | 나05. 유리는 타인들에 대해 이야기하기를 좋아하지 않거나 자기 자신에 관해 말하기를 좋아한다. 다른 답: 리환은 타인들에 대해 어야기하기를 좋아하고 자기 자신에 관해 말하기도 좋아한다.

다01. 못. 이고 없애기가 아니라 이고 넣기를 쓴 추론이다. | 다02. 바 | 다03. 못. 이 물음은 이고 없애기를 바르게 썼느냐 쓰지 않았느냐를 묻는다. 나아가 "a의 주장은 A와 B다"로부터 A가 참임을 이끌 수 없다. 마찬가지로 "a의 근본 통찰은 A이고 B다"로부터 A를 이끌 수 없으며 B도 이끌 수 없다. 다만 "a의 근본 통찰은 A다"를 이끌 수 있다. 하지만 "a의 두 가지 근본 통찰은 A이고 B다"로부터 "a의 두 가지 근본 통찰은 A이다"를 이끌 수는 없다. | 다04. 바 | 다05. 못. 이 추론은 "만일 ㄱ이고 ㄴ이면 ㄷ이다. 따라서 ㄴ이다"의 꼴이다. 전제 "만일 ㄱ이고 ㄴ이면 ㄷ이다"는 이면문장이다. 이 때문에 우리는 여기에 이고 없애기를 적용할 수 없다. | 라06. 바

010. 차근차근 이끌기

가01.

1. 뉴턴이 철학자가 아니라는 말은 거짓이다.
2. 라이프니츠는 철학자다. // 뉴턴은 철학자고 라이프니츠도 철학자다.
3. 1에서 거짓이다 없애, 뉴턴은 철학자다.
4. 2와 3에 이고 넣어, 뉴턴은 철학자고 라이프니츠도 철학자다. "끝"

가02.

1. 삼봉이 불교를 믿지 않았다는 말은 거짓이 아니다.
2. 율곡이 불교를 믿지 않았다는 말은 거짓이다. // 삼봉은 불교를 믿지 않았고 율곡은 불교를 믿었다.
3. 1에서 거짓이다 없애, 삼봉은 불교를 믿지 않았다.
4. 2에서 거짓이다 없애, 율곡은 불교를 믿었다.
5. 3과 4에 이고 넣어, 삼봉은 불교를 믿지 않았고 율곡은 불교를 믿었다. "끝"

가03.

1. 다산이 유교 경전을 재해석하려 했다는 말은 거짓이 아니며 그는 과격한 개혁에 반대했다. // 다산은 유교 경전을 재해석하려 했다.
2. 1에서 이고 없애, 다산이 유교 경전을 재해석하려 했다는 말은 거짓이 아니다.
3. 2에서 거짓이다 없애, 다산은 유교 경전을 재해석하려 했다. "끝"

가04.

1. 우리나라의 대중국 수출은 증가하고 대일본 수입은 감소한다.
2. 미국의 우리나라 수출은 증가한다. // 우리나라의 대일본 수입은 감소하고 미국의 우리나라 수출은 증가한다.
3. 1에서 이고 앞말 없애, 우리나라의 대일본 수입은 감소한다.
4. 2와 3에 이고 넣어, 우리나라의 대일본 수입은 감소하고 미국의 우리나라 수출은 증가한다. "끝"

가05.

1. 철수는 공부를 열심히 하고 영희는 공부를 열심히 하지 않는다.
2. 영희는 운동을 열심히 하고 철수는 운동을 열심히 하지 않는다. // 철수는 공부를 열심히 하지만 운동은 열심히 하지 않는다.
3. 1에서 이고 뒷말 없애, 철수는 공부를 열심히 한다.
4. 2에서 이고 앞말 없애, 철수는 운동을 열심히 하지 않는다.
5. 3과 4에 이고 넣어, 철수는 공부를 열심히 하지만 운동은 열심히 하지 않는다. "끝"

가06.

1. 내전을 겪은 나라는 지역 공동체가 3세대까지 붕괴되었다는 말은 참이고 우리나라 젊은이들은 대부분 지역 공동체를 경험하지 못했다는 말은 거짓이 아니다. // 우리나라 젊은이들은 대부분 지역 공동체를 경험하지 못했다.
2. 1에서 이고 앞말 없애, 우리나라 젊은이들이 대부분 지역 공동체를 경험하지 못했다는 말은 거짓이 아니다.
3. 2에서 거짓이다 없애, 우리나라 젊은이들은 대부분 지역 공동체를 경험하지 못했다. "끝"

가07.

1. 돌쇠는 예쁜 여자를 좋아하며 못생긴 여자를 차별한다.
2. 미나가 돌쇠를 싫어한다는 말은 거짓이 아니고 미나는 마음이 예쁜 여자다. // 돌쇠는 못생긴 여자를 차별하고 미나는 돌쇠를 싫어한다.
3. 1에서 이고 앞말 없애, 돌쇠는 못생긴 여자를 차별한다.
4. 2에서 이고 뒷말 없애, 미나가 돌쇠를 싫어한다는 말은 거짓이 아니다.
5. 4에서 거짓이다 없애, 미나는 돌쇠를 싫어한다.
6. 3과 5에 이고 넣어, 돌쇠는 못생긴 여자를 차별하고 미나는 돌쇠를 싫어한다. "끝"

가08.

1. 착함은 행복을 위해 발견한 인간 최고의 발견물이 아니라는 말은 거짓이고 인간 행위의 동기가 되는 모든 가치는 창조된 것이다.
2. 대부분 사람은 자신을 행복하게 하는 것이 무엇인지 모르며, 사람들이 자신을 불행하게 만들 때 악이 생긴다. // 착함은 행복을 위해 발견한 인간 최고의 발견물이며 대부분 사람은 자신을 행복하게 하는 것이 무엇인지 모른다.
3. 1에서 이고 뒷말 없애, 착함은 행복을 위해 발견한 인간 최고의 발견물이 아니라는 말은 거짓이다.
4. 3에서 거짓이다 없애, 착함은 행복을 위해 발견한 인간 최고의 발견물이다.
5. 2에서 이고 뒷말 없애, 대부분 사람은 자신을 행복하게 하는 것이 무엇인지 모른다.
6. 4와 5에 이고 넣어, 착함은 행복을 위해 발견한 인간 최고의 발견물이며 대부분 사람은 자신을 행복하게 하는 것이 무엇인지 모른다. "끝"

나01. 수. 첫째 전제에서 거짓이다 없애 "담배를 피우지 않던 사람이 담배를 피우면 폐암에 쉽게 걸린다"를 얻는데 이것은 결론과 같다. | 나02. 못. 첫째 전제에서 거짓이다 없애 "보에티우스는 사람을 물체의 범주와 정신의 범주를 넘나드는 존재로 보았다"를 얻을 수 있다. 하지만 이로부터 "사람은 물체의 범주와 정신의 범주를 넘나드는 존재다"를 추론할 수는 없다. 다만 "보에티오스에 따르면 사람은 물체의 범주와 정신의 범주를 넘나드는 존재다"는 추론할 수 있다. | 나03. 수. 첫째 전제에서 이고 앞말 없애 "동물 우정은 아마도 선의 기원이다"를 얻는다. 이것과 둘째 전제에 이고 넣어 "자연주의 철학자들은 선의 기원이 자연으로부터 나왔다고 주장하는데 동물 우정은 아마도 선의 기원이다"를 얻는데 이것은 결론과 같다. "는데"는 "이고"와 논리 관점에서 뜻이 같다고 보아도 된다.

011. 왜냐하면

가01. 대한민국은 침략 전쟁을 부인하기 때문이다. | 가02. 지식론은 오랜 역사를 가진 학문이기 때문이다. | 가03. 세상의 모든 사건은 시간이 지나면 거품처럼 사라지기 때문이다. | 가04. 대한민국 선거관리위원회 스스로 선거를 처음부터 끝까지 공정히 관리할 의지를 보이지 않기 때문이다. | 가05. 용어 "초월"을 극도로 경계하는 철학자들은 마땅히 "선험"으로 번역해야 할 "아프리오리"를 "선천"이라 번역하거나 번역하지 않은 채 "아프리오리"를 그냥 그대로 두기 때문이다.

나01. 몇몇 사립대학의 등록금은 비싸기 때문이다. | 나02. 칸트는 시간과 공간 안에 있는 현상만 인식할 수 있다고 주장했고 헤겔은 칸트의 이 주장에 이의를 제기했다. | 나03. 고급스러운 용기에 든 화장품은 고급스러운 이미지를 주고, 몇몇 사람들이 비싼 돈을 주고 화장품을 구매하는 이유는 고급스러운 이미지를 소비하기 위해서다. | 나04. 인구가 줄어들 때는 이미 도입되었던 기술조차 사용하지 않는 경우가 생기기 때문이다. | 나05. 이익이나 즐거움 때문에 연애하면서 품성 때문에 사랑하는 것처럼 꾸몄을 경우에 서로에게 자주 불평이 생기고, 애인 사이에 일어나는 대부분의 분쟁은 상대가 관계의 실제 목적을 속일 때 발생한다. 다른 답: 이익이나 즐거움 때문에 연애하면서 품성 때문에 사랑하는 것처럼 꾸몄을 경우에 서로에게 자주 불평이 생기며, 연애 상대에게 관계의 실제 목적을 속이는 일은 매우 나쁜 짓이다. | 나06. 이번 대통령 선거에서는 국민당과 개혁당은 그들의 단독 후보로서 보수층과 중도층에서 크게 인기를 얻은 개혁당 대표 홍승민을 대통령 후보로 내세울 것이기 때문이다.

012. 이거나 넣기

가01. 바 | 가02. 못. 이거나 넣기는 전제에 이거나 앞말 또는 이거나 뒷말을 넣어 이거나문장을 결론으로 이끄는 규칙이다.

나01.

1. 우리나라의 대중국 수입은 증가하고 대일본 수입은 감소하지만, 미국의 대중국 수입은 감소하고 대일본 수입은 증가한다. // 우리나라의 대일본 수입은 감소하거나 미국의 우리나라 수입은 증가한다.
2. 1에서 이고 뒷말 없애, 우리나라의 대중국 수입은 증가하고 대일본 수입은 감소한다.
3. 2에서 이고 앞말 없애, 우리나라의 대일본 수입은 감소한다.
4. 3에 이거나 뒷말 넣어, 우리나라의 대일본 수입은 감소하거나 미국의 우리나라 수입은 증가한다. "끝"

나02.

1. 정약용과 이이는 과격한 개혁에 반대했지만 유형원과 조광조는 급진 개혁을 주장했다.
2. 정약용이 유교 경전을 재해석하려 했다는 말은 거짓이 아니며 그는 유교 경전의 재해석을 통해 조선을 개혁하려 했다. // 정약용은 과격한 개혁에 반대하고 유교 경전을 재해석하려 했거나 조광조는 유교 경전의 권위를 강화하려 했다.
3. 1에서 이고 뒷말 없애, 정약용과 이이는 과격한 개혁에 반대했다.
4. 3에서 이고 뒷말 없애, 정약용은 과격한 개혁에 반대했다.
5. 2에서 이고 뒷말 없애, 정약용이 유교 경전을 재해석하려 했다는 말은 거짓이 아니다.
6. 5에서 거짓이다 없애, 정약용은 유교 경전을 재해석하려 했다.
7. 4와 6에 이고 넣어, 정약용은 과격한 개혁에 반대하고 유교 경전을 재해석하려 했다.
8. 7에 이거나 뒷말 넣어, 정약용은 과격한 개혁에 반대하고 유교 경전을 재해석하려 했거나 조광조는 유교 경전의 권위를 강화하려 했다. "끝"

다01. 수. "a는 없다"는 "'a는 있다'는 거짓이다"를 뜻한다. 이 때문에 "이 없다는 말은 거짓이다"는 "이 있다는 거짓이다는 거짓이다"를 뜻한다. | 다02. 못. "교육은 소비재가 아니다"는 "'교육은 소비재다'는 거짓이다"로 이해할 수 있다. 이 경우 "교육은 소비재가 아니라는 말은 거짓이다"는 "교육은 소비재다는 거짓이다는 거짓이다"를 뜻하고 여기서 거짓이다 없애 "교육은 소비재다"를 얻을 수 있다. 이 때문에 결론의 이고 앞말을 이끌 수 없다. 한편 "교육은 소비재가 아니다"를 "모든 교육은 소비재가 아니다"로 읽으면 "교육은 소비재가 아니다"는 "'교육은 소비재다'는 거짓이다"로 이해해서는 안 된다. "교육은 소비재가 아니다"를 "'교육은 소비재다'는 거짓이다"로 이해할 때 "교육"을 홀이름으로 여겼다. "용기", "지혜", "정의", "사랑" 같은 추상어는 홀이름으로 여기는 관행이 있다. 임자말 앞에 "모든"이나 "몇몇"을 넣을 수 있는지 없는지에 따라 문장의 얼개가 매우 달라진다.

다03. 못. 전제에 따르면 다산은 과격한 개혁에 반대했다. 이 때문에 결론의 이고 뒷말을 전제로부터 이끌 수 없다. | 다04. 수. 첫째 전제에서 이고 앞말 없애 "강용식은 검찰의 표적수사를 받았다"를 얻는다. 이 문장은 "강용식이 검찰의 표적수사를 받았다는 주장은 참이다"와 뜻이 같다. 이것과 둘째 전제에 이고 넣어 결론 "강용식이 검찰의 표적수사를 받았다는 주장은 참이지만 그가 회사 공금을 횡령했다는 주장은 거짓이다"를 이끌 수 있다. | 다05. 못. 둘째 전제에서 거짓이다 없애

"자기에게 못마땅한 해를 가하는 사람에게 보복하는 일이 짧게 보면 유용하다"를 얻는다. 하지만 이로부터 결론의 이고 뒷말 "자기에게 못마땅한 해를 가하는 사람에게 보복하는 일은 길게 보면 무익하다"를 이끌 수 없다. | 다06. 못. 둘째 전제의 이고 뒷말에 따르면 "최근 부산국제영화제에서 정권의 부끄러운 부분을 폭로하는 영화를 상영했다는 이유로 부산시가 예산 지원을 줄이고 영화제 집행위원장에게 압력을 가하는 일은 대단히 옳지 못한 일이다." 하지만 이로부터 결론의 이고 뒷말 "최근 이 영화제에서 정권의 부끄러운 부분을 폭로하는 영화를 상영한 일은 대단히 옳지 못한 일이다"를 이끌 수는 없다.

013. 이거나 없애기 하루

가. 이거나 없애기 또는 이거나 앞말 없애기

나01. 맞. 둘째 전제에 따르면 첫째 전제의 이거나 뒷말은 거짓이다. 이거나 뒷말 없애기를 적용하면 첫째 전제의 이거나 앞말은 참이다. 이로부터 결론 "A는 거짓이다"가 마땅하게 따라 나온다. | 나02. 맞. 둘째 전제에 따르면 첫째 전제의 이거나 앞말은 거짓이다. 이거나 앞말 없애기를 적용하면 첫째 전제의 이거나 뒷말은 참이다. 이로부터 결론 "D는 거짓이다"가 마땅하게 따라 나온다.

다01. 못. 둘째 전제에 따르면 첫째 전제의 이거나 앞말은 참이다. 이 경우 이거나 없애기를 적용할 수 없다. | 다02. 못. 이 추론의 전제에 이거나문장이 없기에 이 추론에 이거나 없애기를 적용할 수 없다. 다만 나중에 배우겠지만 우리는 이 추론의 전제들로부터 결론을 이끌 수는 있다. 나아가 주어진 전제들로부터 "현실주의자는 현실에 자신을 맞추기를 바라지는 않는다"도 이끌 수 있다. | 다03. 바. 둘째 전제 "혁명은 이번 대통령 선거에서 보수당 후보를 지지한다"는 첫째 전제의 이거나 앞말 "혁명은 이번 대통령 선거에서 보수당 후보를 지지하지 않는다"를 거짓으로 만든다. 이것으로 이거나 앞말 없애 첫째 전제의 이거나 뒷말 "혁명은 국민당 후보를 지지하지 않는다"를 이끌 수 있다.

라01. 올해 중반기에 과도한 유동성으로 부동산 투기에 돈이 몰렸다. | 라02. 산모의 목숨을 위태롭게 하는 태아를 살리기 위해 산모가 대신 죽어야 하는 것은 아니기 때문이다. 또는 산모의 목숨을 위태롭게 하는 태아를 살리기 위해 산모가 대신 죽어야 한다는 말은 거짓이기 때문이다. | 라03. 나이 든 사람을 차별하는 에이지즘이 우리 사회에 널리 퍼지지 않았기 때문이다. | 라04. 최 교수가 거품 현상은 자연스럽다고 말한 것은 그 현상이 자연 세계에서 일어나는 일임을 뜻한다. | 라05. 현대 기술이 예술화되지 않는 한 현대 기술은 우리를 가장 위험한 길로 들어서게 하리라는 하이데거의 주장은 참이기 때문이다. | 라06. 효리는 붉은 고기를 전혀 먹지 않는 폴로 채식주의자다. 참고: 둘째 전제 "효리는 생선을 먹는데 그가 생선을 먹지 않는 락토 오보 채식주의자라는 말은 거짓이

다"가 "효리는 생선을 먹는다"로 바뀌어도, 이 추론의 결론으로 "효리는 붉은 고기를 전혀 먹지 않는 폴로 채식주의자다"가 올 수 있다. 왜냐하면 "효리는 생선을 먹는다"가 참이면 "효리가 생선을 먹지 않는 락토 오보 채식주의자라는 말은 거짓이다"도 참이기 때문이다.

014. 이거나 없애기 이틀

가01.

1. 제이폰 새 버전이 올해 9월에 출시되거나 올해 11월에 출시된다.
2. 제이폰 새 버전이 올해 11월에 출시되지는 않는다. // 제이폰 새 버전은 올해 9월에 출시되거나 올해 아예 출시되지 않는다.
3. 2로 1에서 이거나 뒷말 없애, 제이폰 새 버전이 올해 9월에 출시된다.
4. 3에 이거나 뒷말 넣어, 제이폰 새 버전이 올해 9월에 출시되거나 올해 아예 출시되지 않는다. "끝"

가02.

1. 우리나라의 대중국 수출이 감소한다는 주장은 거짓이다.
2. 우리나라의 대일본 수입이 감소하거나 우리나라의 대중국 수출이 감소한다.
3. 미국의 우리나라 수출은 증가한다. // 우리나라의 대일본 수입은 감소하고 미국의 우리나라 수출은 증가한다.
4. 1로 2에서 이거나 뒷말 없애, 우리나라의 대일본 수입은 감소한다.
5. 4와 3에 이고 넣어, 우리나라의 대일본 수입은 감소하고 미국의 우리나라 수출은 증가한다. "끝"

가03.

1. 데카르트는 동물이 자동기계라 생각하거나 동물에게 영혼이 있다고 생각한다.
2. 데카르트는 동물에게 영혼이 있다고 생각하지 않고 동물이 아픔을 느낀다고도 생각하지 않는다. // 데카르트는 동물이 아픔을 느낀다고 생각하거나 동물이 자동기계라 생각한다.
3. 2에서 이고 뒷말 없애, 데카르트는 동물에게 영혼이 있다고 생각하지 않는다.
4. 3으로 1에서 이거나 뒷말 없애, 데카르트는 동물이 자동기계라 생각한다.
5. 4에 이거나 앞말 넣어, 데카르트는 동물이 아픔을 느낀다고 생각하거나 동물이 자동기계라 생각한다. "끝"

가04.

1. 이번 대선에서 박수철 또는 문근성이 승리한다.
2. 이번 대선에서 박수철은 승리하지 못하고 안혜근도 승리하지 못한다. // 이번 대선에서 안혜근은 승리하지 못하지만 문근성은 승리한다
3. 2에서 이고 뒷말 없애, 이번 대선에서 박수철은 승리하지 못한다.

4. 3으로 1에서 이거나 앞말 없애, 이번 대선에서 문근성이 승리한다.
5. 2에서 이고 앞말 없애, 이번 대선에서 안혜근은 승리하지 못한다.
6. 5와 4에 이고 넣어, 이번 대선에서 안혜근은 승리하지 못하지만 문근성은 승리한다. "끝"

가05.
1. 디오니소스는 제우스의 허벅지에서 태어났거나 어머니 세멜레의 자궁에서 태어났다.
2. 디오니소스는 술의 신이며 어머니 세멜레의 자궁에서 태어나지 않았다. // 디오니소스는 술의 신이고 제우스의 허벅지에서 태어났다.
3. 2에서 이고 앞말 없애, 디오니소스는 어머니 세멜레의 자궁에서 태어나지 않았다.
4. 3으로 1에서 이거나 뒷말 없애, 디오니소스는 제우스의 허벅지에서 태어났다.
5. 2에서 이고 뒷말 없애, 디오니소스는 술의 신이다.
6. 5와 4에 이고 넣어, 디오니소스는 술의 신이고 제우스의 허벅지에서 태어났다. "끝"

가06.
1. 맬서스의 자유방임 사상은 뉴턴 물리학을 경제 사회 정치 분야에 적용하려는 의도에서 생겼다.
2. 맬서스는 정부가 개입해 가난한 사람을 도우면 자연의 균형이 깨어진다고 생각했다.
3. '맬서스는 정부가 개입해 가난한 사람을 도우면 자연의 균형이 깨어진다고 생각했는데, 맬서스의 자유방임 사상은 뉴턴 물리학을 경제 사회 정치 분야에 적용하려는 의도에서 생겼다'는 주장이 거짓이거나, 맬서스의 인구론은 정부가 개입해 가난한 사람을 돕는 법안을 반대하려는 목적으로 저술되었다. // 맬서스의 인구론은 정부가 개입해 가난한 사람을 돕는 법안을 반대하려는 목적으로 저술되었다.
4. 2와 1에 이고 넣어, 맬서스는 정부가 개입해 가난한 사람을 도우면 자연의 균형이 깨어진다고 생각했고, 맬서스의 자유방임 사상은 뉴턴 물리학을 경제 사회 정치 분야에 적용하려는 의도에서 생겼다.
5. 4로 3에서 이거나 앞말 없애, 맬서스의 인구론은 정부가 개입해 가난한 사람을 돕는 법안을 반대하려는 목적으로 저술되었다. "끝"

나01. 수. 둘째 전제에서 이고 앞말 없애 "다산은 과격한 개혁에 반대했다"를 이끈다. 이것으로 셋째 전제에서 이거나 앞말 없애 "다산은 온건한 개혁을 지지했다"를 얻는다. 이것과 첫째 전제에 이고 넣어 결론을 이끈다. | 나02. 못. "희수는 올해 우리 회사의 공채시험 중 최종 면접에서 탈락했다"에서 "우리 회사의 올해 공채시험에서 필기시험 최우수 성적을 얻은 지원자는 희수가 아니다"를 이끌 수 없다. 나아가 우리는 전제들로부터 "우리 회사의 올해 공채시험에서 필기시험 최우수 성적을 얻은 지원자는 수희다"를 이끌 수 없다.

다. 이들 문제에서 "따라서" 다음에 올 문장은 주어진 전제들 모두를 써서 이끌 수 있는 결론이어야 한다. "왜냐하면" 뒤에는 주어진 전제들로부터 이끌 수 없는 새로운 전제가 와야 한다. 또한 주어진 전제들과 새로운 전제 가운데 결론을 이끄는 데 없어도 되는 전제가 있어서는 안 된다. 빈칸

에 들어갈 전제와 결론은 되도록 짧아야 한다. | 다01. 헬렌 켈러는 미국 사회당 당원이었다. 다른 답: 헬렌 켈러는 미국 사회당 당원이었고 여성 참정권 운동과 인종차별 반대운동을 했다. 풀이: 둘째 전제의 "는데" 뒷말에 따르면 첫째 전제의 이거나 뒷말은 거짓이다. 이거나 없애기를 써서 이거나 앞말이 참임을 결론으로 이끌 수 있다. | 다02. 태반이 태아에게 모든 물질을 여과 없이 투과하는 것은 아니기 때문이다. 또는 태반이 태아에게 모든 물질을 여과 없이 투과한다는 말은 거짓이기 때문이다. 풀이: 결론은 이고문장인데 이고 앞말은 첫째 전제에서 얻을 수 있다. 결론의 이고 뒷말은 셋째 전제의 이거나 뒷말이다. 셋째 전제의 이거나 뒷말을 얻으려면 셋째 전제의 이거나 앞말이 틀렸음을 말해주는 정보가 있어야 한다. 이 정보는 "태반은 태아에게 영양물질을 공급한다"인데 이는 둘째 전제의 이거나 앞말이다. 둘째 전제의 이거나 앞말을 얻으려면 둘째 전제의 이거나 뒷말이 틀렸음을 말해주는 정보가 있어야 한다. 따라서 "태반은 태아에게 모든 물질을 여과 없이 투과한다는 거짓이다"를 추가 전제로 보태야 한다. | 다03. 최근 세대별 전현직 대통령 호감도 조사에 따르면 20대의 15%는 윤석열 박정희 등 나머지 대통령을 좋아한다. 풀이: 첫째 전제에 따르면 둘째 전제의 이거나 앞말은 거짓이다. 이거나 앞말 없애 둘째 전제의 이거나 뒷말을 결론으로 이끌 수 있다.

015. 이면 없애기 하루

가. 이면 없애기 또는 이면 앞말 없애기

나01. 맞. 둘째 전제에 따르면 첫째 전제의 이면 앞말은 참이다. 이면 없애기를 적용해 첫째 전제의 이면 뒷말 B를 결론으로 이끌 수 있다. | 나02. 맞. 둘째 전제에 따르면 첫째 전제의 이면 앞말은 참이다. 이면 없애기를 적용해 첫째 전제의 이면 뒷말 "D는 거짓이다"를 결론으로 이끌 수 있다.

다01. 바. 둘째 전제에 따르면 첫째 전제의 이면 앞말은 참이다. 이면 없애기를 적용해 첫째 전제의 이면 뒷말을 결론으로 이끌 수 있다. | 다02. 못. 첫째 전제의 이면 앞말이 참임을 다른 전제에서 얻을 수 없기에 이면 없애기를 적용할 수 없다. 둘째 전제에 따르면 첫째 전제의 이면 뒷말은 참이다. 두 전제가 참이더라도 결론은 거짓일 수 있다. 실정법을 실제로 어기지 않아도 검찰이 기소하는 경우가 더러 있다. 법원이 이를 인정하면 법원은 무죄 판결을 내린다. 유죄 판결이 내려졌더라도 과거의 검찰 기소와 재판이 잘못되었음이 드러나면 재심으로 다시 재판을 받는다. | 다03. 바. 둘째 전제에 따르면 첫째 전제의 이면 앞말은 참이다. 이면 없애기를 적용해 첫째 전제의 이면 뒷말을 결론으로 이끌 수 있다. | 다04. 못. 첫째 전제의 이면 앞말이 참임을 다른 전제에서 얻을 수 없기에 이면 없애기를 적용할 수 없다. 한편 이면 앞말이 거짓임을 결론으로 이끄는 추론은 이면 없애기가 아니다. 나중에 배울 텐데 이는 이면 뒷말 없애기에 해당한다.

라01. 김 검찰총장은 실정법을 어겼다. | 라02. 임대인은 계약금으로 받은 금액의 두 배를 임차인에게 물어주어야 한다. | 라03. 나에게 이별은 슬픈 것만이 아니다. | 라04. 대한민국은 임시정부의 법통을 이어받았기 때문이다. | 라05. 우리는 이 경기에서 그 심판이 매수되었다고 의심해도 된다. | 라06. 사람들은 단순히 고기를 얻으려고 가축을 기르기 때문이다. | 라07. 유미는 우리 사회에서 탁월한 능력을 인정받았기 때문이다. | 라08. 우리 사회의 시민들은 불행히도 권력에 그냥 복종할 뿐만 아니라 사회악을 제대로 인식하지 못한다. 다른 결론으로 "우리 사회의 시민들은 불행히도 권력에 그냥 복종한다"도 좋고, "우리 사회의 시민들은 불행히도 사회악을 제대로 인식하지 못한다"도 좋다. | 라09. 고구려 시대 때 하늘에 용서를 비는 제사를 지냈고 짐승을 희생제물로 삼았기 때문이다. 전제로 "고구려 시대 때 하늘에 용서를 비는 제사를 지냈기 때문이다"만을 보태거나 "고구려 시대 때 짐승을 희생제물로 삼았기 때문이다"만을 보태는 것은 결론을 이끄는 데 충분하지 않다.

016. 이면 없애기 이틀

가01.
1. 내가 생각한다면 나는 존재한다.
2. 나는 생각한다. // 나는 존재하거나 너는 존재한다.
3. 2로 1에서 이면 없애, 나는 존재한다.
4. 3에 이거나 넣어, 나는 존재하거나 너는 존재한다. "끝"

가02.
1. 내가 생각한다면 너는 있다.
2. 내가 말한다면 세계는 있다.
3. 나는 생각하고 나는 말한다. // 너와 세계는 있다.
4. 3에서 이고 뒷말 없애, 나는 생각한다.
5. 4로 1에서 이면 없애, 너는 있다.
6. 3에서 이고 앞말 없애, 나는 말한다.
7. 6으로 2에서 이면 없애, 세계는 있다.
8. 5와 7에 이고 넣어, 너는 있고 세계는 있다. "끝"

가03.
1. 만희가 홍역을 한 번 앓았다면 그는 다시 이 병에 걸리지 않는다.
2. 만희는 홍역을 한 번 앓았다.
3. 만희는 다시 홍역에 걸리거나 풍진에 다시 걸린다. // 만희는 풍진에 다시 걸린다.
4. 2로 1에서 이면 없애, 만희는 다시 홍역에 걸리지 않는다.
5. 4로 3에서 이거나 앞말 없애, 만희는 풍진에 다시 걸린다. "끝"

가04.

1. 콘택트렌즈는 다빈치가 처음 고안했으며 그는 이것이 시력을 보완하는 역할을 할 수 있다고 생각했다.
2. 만일 다빈치가 콘택트렌즈가 시력을 보완하는 역할을 할 수 있다고 생각했다면 그는 이것을 눈의 각막에 밀착해야 함을 알았다. // 콘택트렌즈는 다빈치가 처음 고안했으며 그는 이것을 눈의 각막에 밀착해야 함을 알았다.
3. 1에서 이고 뒷말 없애, 콘택트렌즈는 다빈치가 처음 고안했다.
4. 1에서 이고 앞말 없애, 다빈치는 콘택트렌즈가 시력을 보완하는 역할을 할 수 있다고 생각했다.
5. 4로 2에서 이면 없애, 다빈치는 콘택트렌즈를 눈의 각막에 밀착해야 함을 알았다.
6. 3과 5에 이고 넣어, 콘택트렌즈는 다빈치가 처음 고안했으며 그는 이것을 눈의 각막에 밀착해야 함을 알았다. "끝"

가05.

1. 데카르트는 동물이 자동기계라 생각했거나 동물에게 영혼이 있다고 생각했다.
2. 데카르트가 동물이 자동기계라 생각했다면 아마도 그는 동물에게 자유의지가 없다고 생각했다.
3. 데카르트는 동물에게 영혼이 있다고 생각하지 않았다. // 아마도 데카르트는 동물에게 자유의지가 없다고 생각한다.
4. 3으로 1에서 이거나 뒷말 없애, 데카르트는 동물이 자동기계라 생각했다.
5. 4로 2에서 이면 없애, 아마도 데카르트는 동물에게 자유의지가 없다고 생각했다. "끝"

가06.

1. 바리공주는 자신을 버린 부모를 원망하거나 부모를 살리기 위해 저승에 가 약수를 구해야 한다.
2. 바리공주가 부모를 살리기 위해 저승에 가 약수를 구해야 한다면 그는 죽은 자들을 저승으로 인도하는 무당이 되어야 한다.
3. 바리공주는 자신을 버린 부모를 원망하지 않았다. // 바리공주는 죽은 자들을 저승으로 인도하는 무당이 되어야 한다.
4. 3으로 1에서 이거나 앞말 없애, 바리공주는 부모를 살리기 위해 저승에 가 약수를 구해야 한다.
5. 4로 2에서 이면 없애, 바리공주는 죽은 자들을 저승으로 인도하는 무당이 되어야 한다. "끝"

가07.

1. 영지는 여름 여행으로 해남에 가고 지영은 여름 여행으로 부산에 간다.
2. 영지가 여름 여행으로 해남에 간다면 영지는 여름에 강진에 들른다.
3. 지영은 여름 여행으로 부산에 가지 않거나 여름에 여수에 들른다. // 영지는 여름에 강진에 들르고 지영은 여름에 여수에 들른다.
4. 1에서 이고 뒷말 없애, 영지는 여름 여행으로 해남에 간다.
5. 4로 2에서 이면 없애, 영지는 여름에 강진에 들른다.
6. 1에서 이고 앞말 없애, 지영은 여름 여행으로 부산에 간다.

7. 6으로 3에서 이거나 앞말 없애, 지영은 여름에 여수에 들른다.
8. 5와 7에 이고 넣어, 영지는 여름에 강진에 들르고 지영은 여름에 여수에 들른다. "끝"

가08.
1. 빗살무늬질그릇 시대는 한반도에서 질그릇이 만들어지기 시작했던 시대고 당시 한반도는 사냥과 열매따기가 중심이었던 시대다.
2. 빗살무늬질그릇 시대가 한반도에서 질그릇이 만들어지기 시작했던 시대면 빗살무늬질그릇은 한반도에서 가장 오래된 질그릇이다.
3. 빗살무늬질그릇 시대의 한반도는 사냥과 열매따기가 중심이었던 시대가 아니거나 유목과 경작이 시작되던 시대다. // 빗살무늬질그릇 시대의 한반도는 유목과 경작이 시작되던 시대고 빗살무늬질그릇은 한반도에서 가장 오래된 질그릇이다.
4. 1에서 이고 앞말 없애, 빗살무늬질그릇 시대의 한반도는 사냥과 열매따기가 중심이었던 시대다.
5. 4로 3에서 이거나 앞말 없애, 빗살무늬질그릇 시대의 한반도는 유목과 경작이 시작되던 시대다.
6. 1에서 이고 뒷말 없애, 빗살무늬질그릇 시대는 한반도에서 질그릇이 만들어지기 시작했던 시대다.
7. 6으로 2에서 이면 없애, 빗살무늬질그릇은 한반도에서 가장 오래된 질그릇이다.
8. 5와 7에 이고 넣어, 빗살무늬질그릇 시대의 한반도는 유목과 경작이 시작되던 시대고 빗살무늬질그릇은 한반도에서 가장 오래된 질그릇이다. "끝"

가09.
1. 시리아는 현재 중동에 있는 공화국이며 메소포타미아 여러 나라의 지배를 받은 적이 있다.
2. 시리아는 메소포타미아 여러 나라의 지배를 받은 적이 없거나 페르시아의 지배를 받은 적이 있다.
3. 만일 시리아가 페르시아의 지배를 받았다면 시리아는 페르시아 멸망 이후 알렉산드리아에 편입되었거나 메소포타미아 여러 나라의 지배를 받은 적이 없다. // 시리아는 페르시아 멸망 이후 알렉산드리아에 편입되었거나 로마 제국의 지배를 받은 적이 있다.
4. 1에서 이고 앞말 없애, 시리아는 메소포타미아 여러 나라의 지배를 받은 적이 있다.
5. 4로 2에서 이거나 앞말 없애, 시리아는 페르시아의 지배를 받은 적이 있다.
6. 5로 3에서 이면 없애, 시리아는 페르시아 멸망 이후 알렉산드리아에 편입되었거나 메소포타미아 여러 나라의 지배를 받은 적이 없다.
7. 4로 6에서 이거나 뒷말 없애, 시리아는 페르시아 멸망 이후 알렉산드리아에 편입되었다.
8. 7에 이거나 뒷말 넣어, 시리아는 페르시아 멸망 이후 알렉산드리아에 편입되었거나 로마 제국의 지배를 받은 적이 있다. "끝"

나01. 이고 뒷말 없애기, 이거나 뒷말 넣기 | 나02. 이고 앞말 없애기, 이거나 뒷말 없애기 | 나03. 이거나 앞말 없애기, 이면 없애기

017. 이면 없애기 사훌

본문에 나오는 추론에 대한 차근차근 이끌기

1.하동이 《토지》의 무대면 최 참판 댁은 하동에 있다.

2. 만일 하동이 《토지》의 무대고 최 참판 댁이 하동에 있다면 《토지》가 최 참판 댁의 승승장구를 그린다는 말은 거짓이다.

3. 《토지》는 개항기 이후 한국 사회의 급격한 변화를 잘 보여주거나 최 참판 댁의 승승장구를 그린다.

4. 하동은 《토지》의 무대다. // 《토지》는 개항기 이후 한국 사회의 급격한 변화를 잘 보여준다.

5. 4로 1에서 이면 없애, 최 참판 댁은 하동에 있다.

6. 4와 5에 이고 넣어, 하동은 《토지》의 무대고 최 참판 댁은 하동에 있다.

7. 6으로 2에서 이면 없애, 《토지》가 최 참판 댁의 승승장구를 그린다는 말은 거짓이다.

8. 7로 3에서 이거나 뒷말 없애, 《토지》는 개항기 이후 한국 사회의 급격한 변화를 잘 보여준다. "끝"

가01. 수. 첫째 전제로 셋째 전제의 이면 앞말을 없애 이면 뒷말 "키케로는 카이사르 진영에 가담하지 않는다"를 얻는다. 이것으로 둘째 전제의 이거나 뒷말 없애 이거나 앞말 "키케로는 공화정 내전에서 폼페이우스 진영에 가담한다"를 얻는다. 이는 결론과 같다. | 가02. 못. 이 추론의 결론은 이거나문장이다. 결론의 이거나 앞말 또는 이거나 뒷말을 전제로부터 이끈다면 이거나 넣기를 써서 이 결론을 전제들로부터 이끌 수 있다. 결론의 이거나 뒷말 "주시경은 독립협회에서 활동했다"는 둘째 전제의 이거나 뒷말이다. 둘째 전제에서 이를 얻으려면 정보 "주시경은 국어 연구를 했다"가 있어야 한다. 첫째 전제에서 이를 얻으려면 정보 "주시경은 조국이 민족 정체성을 회복하기를 바랐다"가 있어야 한다. 하지만 이를 주어진 전제들로부터 이끌 길은 없다. | 가03. 못. 이 추론의 결론은 이고문장인데 이고 앞말과 이고 뒷말 모두를 전제들로부터 이끌어야 한다. 결론의 이고 앞말 "카페인은 수면에 다소 지장을 준다"는 첫째 전제의 이고 뒷말과 같은데 이고 앞말 없애기를 써서 쉽게 이끌 수 있다. 결론의 이고 뒷말 "커피가 수면에 지장을 주는 정도는 커피콩에 따라 다르다"는 전제2의 이면 뒷말과 같다. 이를 얻으려면 전제2의 이면 앞말 "커피콩의 생산지에 따라 커피의 카페인 함유량이 다르다"가 참이라는 정보가 있어야 한다. 하지만 이를 다른 전제들로부터 얻을 길은 없다. | 가04. 못. 이 추론의 결론은 이고문장이다. 결론의 이고 앞말은 둘째 전제에서 이고 뒷말 없애 얻을 수 있다. 결론의 이고 뒷말 "작가는 작품을 통해 자신을 해방하려 한다"는 셋째 전제의 이거나 뒷말과 같다. 이를 얻으려면 셋째 전제의 이거나 앞말이 거짓이라는 정보가 있어야 한다. 그것은 "작가는 작품을 통해 실제 세계를 바꾸려는 의지를 표현하지는 않는다"다. 하지만 우리가 실제로 얻을 수 있는 것은 "작가는 작품을 통해 실제 세계를 바꾸려는 의지를 표현한다"다.

가05. 수. 첫째 전제에서 이고 뒷말 없애 "김 박사는 자신이 바라는 결과가 나올 때까지 실험을 계속한다"를 얻고 이것으로 둘째 전제에서 이면 없애 "김 박사가 바라는 실험 결과가 실제로 나온다"를 얻는다. 첫째 전제의 이고 뒷말은 이면 문장인데 이면 없애 "김 박사는 자신의 실험 결과를 학술지에 발표한다"를 얻는다. 이것으로 셋째 전제에서 이면 없애 결론 "김 박사는 선택 편향 결과를 발표한 셈이다"를 이끌 수 있다. 이 추론의 차근차근 이끌기는 다음과 같다.

1. 김 박사는 자신이 바라는 결과가 나올 때까지 실험을 계속하며, 만일 자신이 바라는 실험 결과가 실제로 나오면 그는 자신의 실험 결과를 학술지에 발표한다.
2. 만일 김 박사가 자신이 바라는 결과가 나올 때까지 실험을 계속한다면 그가 바라는 실험 결과가 실제로 나온다.
3. 만일 김 박사가 자신의 실험 결과를 학술지에 발표한다면 김 박사는 선택 편향 결과를 발표한 셈이다. // 김 박사는 선택 편향 결과를 발표한 셈이다.
4. 1에서 이고 뒷말 없애, 김 박사는 자신이 바라는 결과가 나올 때까지 실험을 계속한다.
5. 4로 2에서 이면 없애, 김 박사가 바라는 실험 결과가 실제로 나온다.
6. 1에서 이고 앞말 없애, 만일 김 박사가 바라는 실험 결과가 실제로 나오면 그는 자신의 실험 결과를 학술지에 발표한다.
7. 5로 6에서 이면 없애, 김 박사는 자신의 실험 결과를 학술지에 발표한다.
8. 7로 3에서 이면 없애, 김 박사는 선택 편향 결과를 발표한 셈이다.

나01. 침구술은 수천 년에 걸친 임상 경험으로 만들어진 의술이고 환자의 병을 낫게 하는 생체 반응을 일으킨다. 풀이: 첫째 전제에서 이고 앞말 없애 "침구술은 병을 낫게 한다"를 얻는데 이것으로 둘째 전제에서 이거나 앞말 없애 "침구술은 수천 년에 걸친 임상 경험으로 만들어진 의술이다"를 얻는다. 첫째 전제에서 이고 뒷말 없애 "침구술은 침과 뜸으로 몸의 경혈에 자극을 준다"를 얻고 이것으로 셋째 전제에서 이면 앞말 없애 "침구술은 환자의 병을 낫게 하는 생체 반응을 일으킨다"를 얻는다. 아까 얻은 것과 이것에 이고 넣어 마침내 결론 "침구술은 수천 년에 걸친 임상 경험으로 만들어진 의술이고 환자의 병을 낫게 하는 생체 반응을 일으킨다"를 이끌 수 있다.

나02. 비너스는 푸시케의 미모를 질투했고 푸시케에게 여러 가지 어려운 시험을 주었다. 풀이: 셋째 전제에서 이고 앞말 없애 "푸시케는 아름다운 인간이다"를 얻고 이것으로 첫째 전제에 이면 앞말 없애 "비너스는 푸시케의 미모를 질투했다"를 얻는다. 마찬가지로 셋째 전제에서 이고 뒷말 없애 "비너스가 푸시케와 자기 아들 큐피드가 결혼하길 바랐다는 말은 거짓이다"를 얻는다. 이것으로 둘째 전제에서 이면 앞말 없애 "비너스는 푸시케에게 여러 가지 어려운 시험을 주었다"를 얻는다. 아까 얻은 것과 이것에 이고 넣어 마침내 결론 "비너스는 푸시케의 미모를 질투했고 푸시케에게 여러 가지 어려운 시험을 주었다"를 이끌 수 있다.

나03. 선미가 물욕이 지나치게 많지는 않기 때문이다. 풀이: 이 추론의 결론은 셋째 전제의 이면 뒷말이다. 이를 얻으려면 셋째 전제의 이면 앞말이 참이어야 한다. 이것이 참이려면 첫째 전제의 이면 앞말 "선미가 물욕이 지나치게 많지는 않고 과소비하지도 않는다"가 참이어야 한다. "선미가 물욕이 지나치게 많지는 않다"를 추가 전제로 보태면 둘째 전제에서 이거나 뒷말 없애 "선미는 과소비하지도 않는다"를 얻을 수 있다. 추가 전제와 이것에 이고 넣어 우리에게 필요한 정보를 얻는다. 따라서 우리가 보태야 하는 추가 전제는 "선미가 물욕이 지나치게 많지는 않다"다.

나04. 혁신 정부가 혁신주도형 중소기업을 후원한다면 혁신주도형 중소기업이 차츰 늘어나기 때문이다. 풀이: 먼저 둘째 전제에서 거짓이다 없애 "대기업은 스스로 혁신하기 어렵다"를 얻고 이것으로 첫째 전제에서 이면 앞말 없애 "혁신 정부는 중소기업이 먼저 혁신하길 바란다"를 얻는다. 이것으로 셋째 전제에서 이면 앞말 없애 "혁신 정부는 혁신주도형 중소기업을 후원한다"를 얻는다. 한편 이 추론의 결론은 넷째 전제의 이거나 뒷말이다. 이를 얻으려면 넷째 전제의 이거나 앞말이 거짓임을 알려주는 정보가 있어야 한다. 그것은 "혁신주도형 중소기업은 차츰 늘어난다"다. 결국 우리는 "혁신 정부는 혁신주도형 중소기업을 후원한다"로부터 "혁신주도형 중소기업은 차츰 늘어난다"를 얻어야 한다. 이를 얻으려면 새로운 전제를 보태야 한다. 여러 가지가 있을 텐데 그 가운데 하나는 "혁신 정부가 혁신주도형 중소기업을 후원한다면 혁신주도형 중소기업은 차츰 늘어난다"다. 또는 "혁신 정부는 혁신주도형 중소기업을 후원하지 않거나 혁신주도형 중소기업은 차츰 늘어난다"다.

나05. 정권의 핵심부가 은밀히 전국 단위 투개표에서 부정을 저지른다는 주장은 음모론의 일종이지만, 한 주장이 음모론의 일종이라는 판단은 그 주장이 황당무계한 거짓임을 함축하지 않는다. 풀이: 셋째 전제에서 이고 뒷말 없애 "누군가 정권의 핵심부가 은밀히 전국 단위 투개표에서 부정을 저지른다고 주장한다"를 얻는다. 이것으로 첫째 전제에서 이면 앞말 없애 "그 주장은 정권의 핵심부가 투개표를 관리하고 감시하는 엄청난 사람들을 속인다고 말하는 셈이다"를 얻는다. 이것으로 둘째 전제에서 이면 앞말 없애 "그 주장은 음모론의 일종이다"를 얻는다. 아까 얻은 것을 이고로 이어 결론 "정권의 핵심부가 은밀히 전국 단위 투개표에서 부정을 저지른다는 주장은 음모론의 일종이지만, 한 주장이 음모론의 일종이라는 판단은 그 주장이 황당무계한 거짓임을 함축하지 않는다"를 이끌 수 있다.

018. 말길 잇기

본문에 나오는 두 물음의 가능한 답은 각각 다음과 같다. "인공지능은 사람의 지성을 모방하거나 인공지능은 완전히 새로운 지성이다. 인공지능은 완전히 새로운 지성이다는 거짓이고 인공지능은 차츰 향상된다. 따라서 인공지능은 사람의 지성을 모방한다." "케이팝은 전세계에 확산되고 국내 연예기획사의 수익은 증가한다. 따라서 케이팝 관련 투자는 증가하거나 국내 연예기획사의 수익은 증가한다."

답은 여러 가지인데 그 가운데 하나만 쓴다. | 가01. 동주는 멋진 이야기꾼이다. 동주는 공주의 사랑을 받는다. 따라서 동주는 멋진 이야기꾼이고 동주는 공주의 사랑을 받는다. | 가02. 나트륨은 물과 반응하여 수소를 발생시키고 칼륨은 물과 반응하여 수소를 발생시킨다. 나트륨은 염소와 결합하기를 좋아하고 칼륨은 염소와 결합하기를 좋아한다. 따라서 나트륨은 물과 반응하여 수소를 발생시키고 염소와 결합하기를 좋아한다. | 가03. 이데아는 이성으로만 알 수 있는 영원불변한 세계이거나 이데아는 감각으로도 알 수 있는 변하는 세계다. 이데아는 감각으로도 알 수 있는 변하는 세계다는 거짓이다. 이데아 이론은 플라톤이 처음 주장했다. 따라서 이데아는 이성으로만 알 수 있는 영원불변한 세계이고 이데아 이론은 플라톤이 처음 주장했다. | 가04. 노동조합은 고용주에 대처하는 노동자들의 모임이다는 거짓이거나 노동조합은 임금 인상을 가장 큰 목표로 삼는다는 거짓이다. 노동조합은 산업화의 산물이고 노동조합은 고용주에 대처하는 노동자들의 모임이다. 따라서 노동조합은 임금 인상을 가장 큰 목표로 삼는다는 거짓이다.

가05. 인공지능은 사람의 지성을 모방하거나 인공지능은 완전히 새로운 지성이다. 인공지능은 완전히 새로운 지성이다는 거짓이다. 인공지능이 사람의 지성을 모방한다면 인공지능은 차츰 향상된다. 따라서 인공지능은 차츰 향상된다. | 가06. 어둠은 빛을 이길 수 없고 거짓은 참을 이길 수 없다. 거짓이 참을 이길 수 없다면 진실은 침몰하지 않는다. 진실이 침몰하지 않는다면 우리는 포기하지 않는다. 우리는 포기하지 않는다는 거짓이거나 우리는 끝내 이긴다. 따라서 우리는 끝내 이긴다. | 가07. 여러 가지가 답일 수 있다. 가능한 결론으로는 “자유민주당은 사이비 우파다”나 “자유민주당은 자유주의의 가치를 존중한다”가 있다. 가능한 답: 자유민주당은 집회의 자유를 존중한다가 거짓이면 자유민주당은 자유주의의 가치를 존중한다는 거짓이다. 자유민주당은 집회의 자유를 존중한다는 거짓이다. 자유민주당은 자유주의의 가치를 존중하거나 자유민주당은 사이비 우파다. 따라서 자유민주당은 사이비 우파다. 다른 답: 자유민주당이 자유주의의 가치를 존중한다면 자유민주당은 사이비 우파다는 거짓이다. 자유민주당은 자유주의의 가치를 존중한다. 자유민주당은 집회의 자유를 존중한다는 거짓이거나 자유민주당은 사이비 우파다. 따라서 자유민주당은 집회의 자유를 존중한다는 거짓이다.

나01.

1. 대학의 학점이 사회가 창조한 가치가 아니라는 말은 거짓이고 사람을 평가하는 대부분 제도는 창조된 가치다.
2. 사회가 창조한 가치가 언제나 올바르다는 말은 거짓이지만 제대로 창조된 사회 가치들이 공동체를 더 좋게 만든다는 말은 참이다. // 대학의 학점은 사회가 창조한 가치며 제대로 창조된 사회 가치들은 공동체를 더 좋게 만든다.
3. 1에서 이고 뒷말 없애, 대학의 학점이 사회가 창조한 가치가 아니라는 말은 거짓이다.
4. 3에서 거짓이다 없애, 대학의 학점은 사회가 창조한 가치다.
5. 2에서 이고 앞말 없애, 제대로 창조된 사회 가치들은 공동체를 더 좋게 만든다.
6. 4와 5에 이고 넣어, 대학의 학점은 사회가 창조한 가치며 제대로 창조된 사회 가치들은 공동체

를 더 좋게 만든다. "끝"

나02.

1. 진선미가 소수자 인권에 관심이 있다는 말은 거짓이 아니며 지금 그는 대중에게 큰 영향을 끼친다.
2. 진선미는 소수자 인권에 관심이 없거나 성소수자의 인권 신장에도 관심이 있다.
3. 만일 진선미가 성소수자의 인권 신장에도 관심이 있고 지금 대중에게 큰 영향을 끼친다면 성소수자 인권 운동가들은 진선미를 자기 편으로 끌어당기는 데 더 많이 애써야 한다.
4. 성소수자 인권 운동가들은 진선미를 자기 편으로 끌어당기는 데 더 많이 애써야 한다고 우리 단체의 여러 회원이 줄곧 주장하는데, 만일 이 주장이 참이면 우리 단체는 즉각 진선미를 후원회장으로 모시는 데 모든 노력을 기울여야 한다. // 우리 단체는 즉각 진선미를 후원회장으로 모시는 데 모든 노력을 기울여야 한다.
5. 1에서 이고 뒷말 없애, 진선미는 소수자 인권에 관심이 있다는 말은 거짓이 아니다.
6. 5에서 거짓이다 없애, 진선미는 소수자 인권에 관심이 있다.
7. 6으로 2에서 이거나 앞말 없애, 진선미는 성소수자의 인권 신장에도 관심이 있다.
8. 1에서 이고 앞말 없애, 지금 진선미는 대중에게 큰 영향을 끼친다.
9. 7과 8에 이고 넣어, 진선미는 성소수자의 인권 신장에도 관심이 있고 지금 대중에게 큰 영향을 끼친다.
10. 9로 3에서 이면 없애, 성소수자 인권 운동가들은 진선미를 자기 편으로 끌어당기는 데 더 많이 애써야 한다.
11. 4에서 이고 앞말 없애, 만일 성소수자 인권 운동가들은 진선미를 자기 편으로 끌어당기는 데 더 많이 애써야 한다는 주장이 참이면 우리 단체는 즉각 진선미를 후원회장으로 모시는 데 모든 노력을 기울여야 한다.
12. 10으로 11에서 이면 없애, 우리 단체는 즉각 진선미를 후원회장으로 모시는 데 모든 노력을 기울여야 한다. "끝"

다01. 서로 다른 프레임을 갖는 두 사람은 세계를 다르게 본다. 풀이: 첫째 전제에서 이고 앞말 없애 "프레임은 생각의 구조다"를 얻고 여기에 이거나 뒷말 넣어 "프레임은 생각의 구조거나 사물들을 관련짓는 방식이다"를 얻는다. 이것은 둘째 전제의 이면 앞말인데 이것으로 이면 앞말 없애 "서로 다른 프레임을 갖는 두 사람은 세계를 다르게 본다"를 이끌 수 있다. | 다02. 마티스는 야수파 화가고 고흐는 인상파 화가기 때문이다. 풀이: 이 추론의 결론은 셋째 전제의 이면 뒷말과 같다. 셋째 전제의 이면 앞말이 참이라는 정보 곧 "고흐는 초현실주의 화가가 아니고 마티스는 인상파 화가가 아니다"가 있다면 셋째 전제에서 이면 없애 그 결론을 이끌 수 있다. 그다음 "고흐는 초현실주의 화가가 아니다"를 얻으려면 무엇이 필요한지 생각하고 "마티스는 인상파 화가가 아니다"를 얻으려면 무엇이 필요한지 생각해야 한다. 생각건대 "마티스는 야수파 화가고 고흐는 인상파 화가다"를 추가 전제로 보태야 함을 알 수 있다.

019. 모순문장

가01. 모순문장 | 가02. 모순문장은 반드시 거짓이고 모순문장의 부정문은 반드시 참이다. | 가03. 추론의 전제들 가운데 적어도 하나는 거짓이다. | 가04. 반드시 참이다. | 가05. 결론이 우리 세계에서 거짓이더라도 그 추론은 마땅할 수 있다. 나아가 결론이 모든 가능 세계에서 거짓이더라도 그 추론은 마땅할 수 있다. | 가06. 이 추론은 마땅하지 않거나 전제들 가운데 적어도 하나는 거짓이다. 다시 말해 다음 셋 가운데 하나다. (i) 이 추론은 마땅하지만 추론의 전제들 가운데 적어도 하나는 거짓이다. (ii) 이 추론은 마땅하지 않지만 전제들은 모두 참이다. (iii) 이 추론은 마땅하지 않고 전제들 가운데 적어도 하나는 거짓이다.

나01. 그. 추론의 결론은 모순문장이지만 추론 자체는 마땅할 수 있다. 보기를 들어 "뉴턴은 천재다. 뉴턴은 천재가 아니다. 따라서 뉴턴은 천재고 뉴턴은 천재가 아니다"는 이고 넣기를 쓴 마땅한 추론이다. | 나02. 그. 추론이 마땅하고 그 결론이 모순문장이더라도 모든 전제가 거짓이지는 않다. 추론 "뉴턴은 천재다. 뉴턴은 천재가 아니다. 따라서 뉴턴은 천재고 뉴턴은 천재가 아니다"는 마땅하고 그 결론이 모순문장이다. 하지만 이 추론의 두 전제 모두가 거짓일 수는 없다. | 나03. 그. 나01과 나02의 풀이를 보라. | 나04. 그. 우리가 이면의 뜻을 아직 배우지 않았기에 이 주장이 올바른지 그른지 판단할 수 없다. 나중에 배울 이면의 뜻에 따르면 이 추론의 두 전제 모두 거짓일 수는 없다. | 나05. 그. 주어진 두 전제 가운데 적어도 하나는 거짓이다. 하지만 무엇이 거짓인지는 아직 알 수 없다. 나06. 그. 주어진 두 전제 가운데 적어도 하나는 거짓이다. 하지만 무엇이 거짓인지는 아직 알 수 없다. | 나07. 올

다01. 아. 이 문장은 "X이고, X는 거짓이다" 꼴의 문장이 아니다. 이 문장은 항위문장도 아니다. 남자고 여자인 사람이 실제로 있다. | 다02. 아. 이 문장은 "X이고, X는 거짓이다" 꼴의 문장이 아니다. 사람 가운데 남자도 아니고 여자도 아닌 사람이 있는가? 이에 또렷이 답하려면 "는 여자다"나 "는 남자다"의 뜻이 또렷이 정의되어야 한다. | 다03. 아. 나중에 드러나겠지만 이 문장은 "동건은 씩씩하지 않다"와 뜻이 같다. | 다04. 아. 나중에 드러나겠지만 이 문장은 "아리는 착하다"와 뜻이 같다. | 다05. 아. 나중에 드러나겠지만 이 문장은 "수희는 여대생이 아니거나 고등학생이다"와 뜻이 같다. | 다06. 아. 이 문장은 "X이고, X는 거짓이다" 꼴의 문장이 아니다. 다만 한 사물의 색깔이 빨갛다면 그것은 파랗지 않고 한 사물의 색깔이 파랗다면 그것은 빨갛지 않다. 비트겐슈타인은 이것이 색깔 낱말들이 지켜야 하는 문법이라 주장했다. "내 지갑 색깔은 빨갛고 파랗다"는 거의 항위문장이다. "거의"라 한 까닭은 우리가 아직 색깔의 본모습을 완전히 알지는 못하기 때문이다. | 다07. 아. 이 문장은 "X이고, X는 거짓이다" 꼴의 문장이 아니다. 다만 이 문장은 항위문장이다. 몇몇 학자는 항위문장을 "한 문장으로부터 모순문장을 이끌 수 있는 문장"으로 정의한다. "철수와 영희는 착하지만 영희는 착하지 않다"로부터 모순문장 "영희는 착하지만 영희는 착하지 않다"를 이끌 수 있다.

라01. 거. 결론의 부정 "D는 거짓이다"를 새 전제로 보태면 전체 전제는 A, B, C, "D는 거짓이다"다. 하지만 이로부터 "X이고, X는 거짓이다"든 "D이고, D는 거짓이다"든 모순문장을 이끌 수 없

다. 따라서 우리는 "A, B, C, 'D는 거짓이다' 가운데 적어도 하나는 거짓이다"고 말할 수 없다. 이는 "주어진 전제들 A, B, C로부터 주어진 결론 D를 이끌 수 있다"고 말할 수 없음을 뜻한다. | 라02. 거. 결론의 부정 "D는 거짓이다"를 새 전제로 보태면 전체 전제는 A, B, X, "D는 거짓이다"다. 하지만 이로부터 "X이고, X는 거짓이다"든 "D이고, D는 거짓이다"든 모순문장을 이끌 수 없다. 따라서 우리는 "A, B, X, 'D는 거짓이다' 가운데 적어도 하나는 거짓이다"고 말할 수 없다. 이는 "주어진 전제들 A, B, X로부터 주어진 결론 D를 이끌 수 있다"고 말할 수 없음을 뜻한다. | 라03. 거. 결론의 부정 "D는 거짓이다는 거짓이다" 곧 D를 새 전제로 보태면 전체 전제는 A, B, X, D다. 하지만 이로부터 "X이고, X는 거짓이다"든 "D이고, D는 거짓이다"든 모순문장을 이끌 수 없다. 따라서 우리는 "A, B, X, D 가운데 적어도 하나는 거짓이다"고 말할 수 없다. 이는 "주어진 전제들 A, B, X로부터 주어진 결론 'D는 거짓이다'를 이끌 수 있다"고 말할 수 없음을 뜻한다.

라04. 참. 결론의 부정 "A는 거짓이다는 거짓이다" 곧 A를 새 전제로 보태면 전체 전제는 A, B, C, D다. 이로부터 모순문장 "X이고, X는 거짓이다"를 이끌 수 있다. 이는 "A, B, C, D 가운데 적어도 하나는 거짓이다"를 뜻한다. 따라서 B, C, D가 모두 참이면 A는 거짓이다. 곧 주어진 전제들 B, C, D가 모두 참이면 "결론 A는 거짓이다"도 참이다. | 라05. 참. 결론의 부정 "C는 거짓이다는 거짓이다" 곧 C를 새 전제로 보태면 전체 전제는 A, B, C, D다. 이로부터 모순문장 "X이고, X는 거짓이다"를 이끌 수 있다. 이는 "A, B, C, D 가운데 적어도 하나는 거짓이다"를 뜻한다. 따라서 A, B, D가 모두 참이면 C는 거짓이다. 곧 주어진 전제들 A, B, D가 모두 참이면 결론 "C는 거짓이다"도 참이다. | 라06. 참. 결론의 부정 "B는 거짓이다는 거짓이다" 곧 B를 새 전제로 보태면 전체 전제는 A, B, C, D다. 이로부터 모순문장 "X이고, X는 거짓이다"를 이끌 수 있다. 이는 "A, B, C, D 가운데 적어도 하나는 거짓이다"를 뜻한다. 따라서 A, C, D가 모두 참이면 B는 거짓이다. 곧 주어진 전제들 A, C, D가 모두 참이면 결론 "B는 거짓이다"도 참이다.

020. 거짓이다 넣기

가01. ㉠ 타키온은 입자다. ㉡ 3*에 거짓이다 넣어 | 가02. ㉠ 5*로 2에서 이면 없애 ㉡ 타키온은 질량을 갖는다. ㉢ 6*로 3에서 이면 없애 ㉣ 타키온은 빛만큼 빠르기 위해 무한대의 에너지를 가져야 한다. ㉤ 7*로 4에서 이거나 앞말 없애 ㉥ 타키온은 빛보다 빠르지 않다.

나01.

1. 콰인은 경험주의자가 아니다. // '콰인은 경험주의자고 데이빗슨은 합리주의자이다'는 말은 거짓이다.
   2*. 거짓이다 넣기 시작: 콰인은 경험주의자고 데이빗슨은 합리주의자다.
   3*. 2*에서 이고 없애, 콰인은 경험주의자다.
   4*. 1과 3*에 이고 넣어, 콰인은 경험주의자가 아니고 콰인은 경험주의자다.

5. 2*에서 4*까지로 2*에 거짓이다 넣어, '콰인은 경험주의자고 데이빗슨은 합리주의자이다'는 말은 거짓이다. "끝"

나02.

1. 육종을 통한 품종 개량이 일종의 유전학이면 유전학은 선사시대부터 시작되었다.
2. 유전학이 선사시대부터 시작되었다면 유전학은 멘델이 처음으로 발견하지는 않았다.
3. 유전학은 멘델이 처음으로 발견했다. // 육종을 통한 품종 개량은 일종의 유전학이 아니다.
   4*. 거짓이다 넣기 시작: 육종을 통한 품종 개량은 일종의 유전학이다.
   5*. 4*로 1에서 이면 없애, 유전학은 선사시대부터 시작되었다.
   6*. 5*로 2에서 이면 없애, 유전학은 멘델이 처음으로 발견하지는 않았다.
   7*. 3과 6*에 이고 넣어, 유전학은 멘델이 처음으로 발견했고 멘델이 처음으로 발견하지는 않았다.
8. 4*에서 7*까지로 4*에 거짓이다 넣어, 육종을 통한 품종 개량은 일종의 유전학이 아니다. "끝"

나03.

1. 이번 대선에서 노 후보가 당선되거나 심 후보가 당선된다.
2. 만일 국민이 부패 정치인을 가릴 힘이 없다면 이번 대선에서 노 후보가 당선되지 않는다.
3. 만일 국민이 부패 정치인을 가릴 힘이 없다면 이번 대선에서 심 후보가 당선되지 않는다.
4. 국민이 권력과 언론이 유착되었다는 사실을 알거나 국민은 부패 정치인을 가릴 힘이 없다. // 국민이 권력과 언론이 유착되었다는 사실을 안다.
   5*. 거짓이다 넣기 시작: 국민은 권력과 언론이 유착되었다는 사실을 안다는 거짓이다.
   6*. 5*로 4에서 이거나 앞말 없애, 국민은 부패 정치인을 가릴 힘이 없다.
   7*. 6*로 2에서 이면 없애, 이번 대선에서 노 후보가 당선되지 않는다.
   8*. 7*로 1에서 이거나 앞말 없애, 이번 대선에서 심 후보가 당선된다.
   9*. 6*로 3에서 이면 없애, 이번 대선에서 심 후보가 당선되지 않는다.
   10*. 8*과 9*에 이고 넣어, 이번 대선에서 심 후보가 당선되고 당선되지 않는다.
11. 5*에서 10*까지로 5*에 거짓이다 넣어, 국민은 권력과 언론이 유착되었다는 사실을 안다는 거짓이다는 거짓이다.
12. 11에서 거짓이다 없애, 국민은 권력과 언론이 유착되었다는 사실을 안다. "끝"

나04.

1. 조 기자는 진실을 추구하거나 조 기자는 이익에 따라 왜곡된 정보를 생산한다.
2. 조 기자는 진실을 추구하지 않는다.
3. 조 기자가 훌륭한 기자면 조 기자는 사실에 바탕을 두고 기사를 쓴다.
4. 조 기자가 사실에 바탕을 두고 기사를 쓴다면 조 기자는 이익에 따라 왜곡된 정보를 생산하지 않는다. // 조 기자는 훌륭한 기자가 아니다.

5. 2로 1에서 이거나 앞말 없애, 조 기자는 이익에 따라 왜곡된 정보를 생산한다.

6*. 거짓이다 넣기 시작: 조 기자는 훌륭한 기자다.

7*. 6*로 3에서 이면 없애, 조 기자는 사실에 바탕을 두고 기사를 쓴다.

8*. 7*로 4에서 이면 없애, 조 기자는 이익에 따라 왜곡된 정보를 생산하지 않는다.

9*. 5와 7*에 이고 넣어, 조 기자는 이익에 따라 왜곡된 정보를 생산하고 생산하지 않는다.

10. 6*에서 9*까지로 6*에 거짓이다 넣어, 조 기자는 훌륭한 기자가 아니다. "끝"

나05.

1. 나는 정신 자산이 풍요롭기를 희망하지 않거나 지속가능한 성숙을 모색한다.

2. 나는 경제 자산이 풍요롭기를 희망하지 않거나 지속가능한 성숙을 모색한다.

3. 나는 지속가능한 성숙을 모색하지 않는다. // '내가 정신 자산이 풍요롭기를 희망하거나 경제 자산이 풍요롭기를 희망한다'는 말은 거짓이다.

4. 3으로 1에서 이거나 뒷말 없애, 나는 정신 자산이 풍요롭기를 희망하지 않는다.

5. 3으로 2에서 이거나 뒷말 없애, 나는 경제 자산이 풍요롭기를 희망하지 않는다.

6*. 거짓이다 넣기 시작: 나는 정신 자산이 풍요롭기를 희망하거나 경제 자산이 풍요롭기를 희망한다.

7*. 4로 6*에서 이거나 앞말 없애, 나는 경제 자산이 풍요롭기를 희망한다.

8*. 5와 7*에 이고 넣어, 나는 경제 자산이 풍요롭기를 희망하지 않고 희망한다.

9. 6*에서 8*까지로 6*에 거짓이다 넣어, '내가 정신 자산이 풍요롭기를 희망하거나 경제 자산이 풍요롭기를 희망한다'는 말은 거짓이다. "끝"

나06.

1. 고통은 가장 이해하기 어려운 현상이지만 가장 엄연한 현실이다.

2. 고통이 가장 엄연한 현실이면 우리는 가장 또렷하게 고통을 경험한다.

3. 우리가 다른 존재의 고통에 잘 공감한다면 고통이 가장 이해하기 어려운 현상이지는 않다. // '우리는 가장 또렷하게 고통을 경험하는 것이 아니거나 우리는 다른 존재의 고통에 잘 공감한다'는 말은 거짓이다.

4. 1에서 이고 뒷말 없애, 고통은 가장 이해하기 어려운 현상이다.

5. 1에서 이고 앞말 없애, 고통은 가장 엄연한 현실이다.

6. 5로 2에서 이면 없애, 우리는 가장 또렷하게 고통을 경험한다.

7*. 거짓이다 넣기 시작: 우리는 가장 또렷하게 고통을 경험하는 것이 아니거나 우리는 다른 존재의 고통에 잘 공감한다.

8*. 6으로 7*에서 이거나 앞말 없애, 우리는 다른 존재의 고통에 잘 공감한다.

9*. 8*로 3에서 이면 없애, 고통이 가장 이해하기 어려운 현상이지는 않다.

10*. 4와 9*에 이고 넣어, 고통은 가장 이해하기 어려운 현상이고, 고통이 가장 이해하기 어려운

현상이지는 않다.

11. 7*에서 10*까지로 7*에 거짓이다 넣어, '우리는 가장 또렷하게 고통을 경험하는 것이 아니거나 우리는 다른 존재의 고통에 잘 공감한다'는 말은 거짓이다. "끝"

021. 이면 넣기 하루

가01. 한강은 착하거나 한강은 힘이 세다. 한강이 힘이 세다면 한강은 싸움을 잘 한다. 한강은 착하지 않다. 따라서 한강은 싸움을 잘 한다. | 가02. 안드로이드 레이가 여대생이면 그는 대학생이다. 안드로이드 레이가 대학생이면 그는 학생이다. 안드로이드 레이가 학생이면 그는 사람이다. 안드로이드 레이는 여대생이다. 따라서 안드로이드 레이는 사람이다. | 나03. 내가 널 보면 난 너에게 눈빛을 찡끗해. 만일 내가 널 보고 너에게 눈빛을 찡끗하면, 너 땜에 내가 정말 이상하고 난 가슴이 터질 것 같아 심쿵심쿵해. 난 널 보아. 따라서 너 땜에 난 가슴이 터질 것 같아 심쿵심쿵해. | 가04. 이번 대선에서 노 후보가 당선되거나 심 후보가 당선된다. 만일 유 후보가 심 후보와 후보 단일화한다면 이번 대선에서 노 후보는 당선되지 않는다. 만일 안 후보가 출마를 강행한다면 유 후보는 심 후보와 후보 단일화한다. 안 후보는 출마를 강행한다. 따라서 이번 대선에서 심 후보가 당선된다. | 가05. 현재 한국의 20대와 40대 사이에 정치 성향상 단절이 있거나 현재 한국의 20대는 급격히 보수화된다. 현재 한국의 20대와 40대 사이에 정치 성향상 단절이 없거나 현재 한국의 60대는 급격히 보수화된다. 현재 한국의 20대가 급격히 보수화되지는 않는다. 따라서 현재 한국의 20대와 40대 사이에 정치 성향상 단절이 있고 현재 한국의 60대는 급격히 보수화된다.

나01. 수. 결론의 이면 앞말 D를 추가 전제로 보태면 전체 전제들 A, B, C, D로부터 결론의 이면 뒷말 X를 이끌 수 있다. 이면 넣기를 써 기존 전제들 A, B, C로부터 이 추론의 결론 "D이면 X"를 이끌 수 있다. | 나02. 없. 결론의 이면 앞말 X를 추가 전제로 보태도 전체 전제들 A, B, C, X로부터 결론의 이면 뒷말 D를 이끌 수 없다. 이면 넣기를 쓸 수 없고 기존 전제들 A, B, C로부터 이 추론의 결론 "X이면 D"를 이끌 수 없다. | 나03. 수. 결론의 이면 앞말 C를 추가 전제로 보태면 전체 전제들 A, B, C, D로부터 결론의 이면 뒷말 X를 얻을 수 있다. 이면 넣기를 써 기존 전제들 A, B, D로부터 이 추론의 결론 "C이면 X"를 이끌 수 있다. | 나04. 없. 결론의 이면 앞말 X를 추가 전제로 보태도 전체 전제들 A, B, D, X로부터 결론의 이면 뒷말 C를 이끌 수 없다. 이면 넣기를 쓸 수 없고 기존 전제들 A, B, D로부터 이 추론의 결론 "X이면 C"를 이끌 수 없다. | 나05. 수. 결론의 이면 앞말 B를 추가 전제로 보태면 전체 전제들 A, B, C, D로부터 결론의 이면 뒷말 X를 얻을 수 있다. 이면 넣기를 써 기존 전제들 A, C, D로부터 이 추론의 결론 "B이면 X"를 이끌 수 있다. | 나06. 없. 결론의 이면 앞말 X를 추가 전제로 보태도 전체 전제들 A, C, D, X로부터 결론의 이면 뒷말 B를 이끌 수 없다. 이면 넣기를 쓸 수 없고 기존 전제들 A, C, D로부터 이 추론의 결론 "X이면 B"를 이끌 수 없다. | 나07. 수. 결론의 이면 앞말 A를 추가 전제로 보태면 전체 전제들 A, B, C, D로부터 결론

의 이면 뒷말 X를 얻을 수 있다. 이면 넣기를 써 기존 전제들 B, C, D로부터 이 추론의 결론 “A이면 X”를 이끌 수 있다. | 나08. 없. 결론의 이면 앞말 X를 추가 전제로 보태도 전체 전제들 B, C, D, X로부터 결론의 이면 뒷말 A를 이끌 수 없다. 이면 넣기를 쓸 수 없고 기존 전제들 B, C, D로부터 이 추론의 결론 “X이면 A”를 이끌 수 없다.

나09. 없. 결론의 이면 앞말 C를 추가 전제로 보태도 전체 전제들 A, B, C, X로부터 결론의 이면 뒷말 D를 이끌 수 없다. 이면 넣기를 쓸 수 없고 기존 전제들 A, B, X로부터 이 추론의 결론 “C이면 D”를 이끌 수 없다. | 나10. 없. 결론의 이면 앞말 D를 추가 전제로 보태도 전체 전제들 A, B, D, X로부터 결론의 이면 뒷말 C를 이끌 수 없다. 이면 넣기를 쓸 수 없고 기존 전제들 A, B, X로부터 이 추론의 결론 “D이면 C”를 이끌 수 없다. | 나11. 없 | 나12. 없 | 나13. 없 | 나14. 없 | 나15. 없 | 나16. 없 | 나17. 없 | 나18. 수. 결론의 이면 앞말 “C이고 D”를 추가 전제로 보태면 전체 전제는 A, B, ‘C이고 D’다. ‘C이고 D’로부터 이고 없애 C와 D를 따로 얻을 수 있기에 전체 전제는 A, B, C, D인 셈이다. 이들 전제로부터 결론의 이면 뒷말 X를 얻을 수 있다. 이면 넣기를 써 기존 전제들 A, B로부터 이 추론의 결론 “만일 C이고 D이면 X”를 이끌 수 있다. | 나19. 없. 결론의 이면 앞말 “A이거나 B”를 추가 전제로 보태도 전체 전제들 ‘A이거나 B’, C, D로부터 결론의 이면 뒷말 X를 이끌 수 없다. 이면 넣기를 쓸 수 없고 기존 전제들 C, D로부터 이 추론의 결론 “만일 A이거나 B이면 X”를 이끌 수 없다. | 나20. 수. 결론의 이면 앞말 “B이고 C이고 D”를 추가 전제로 보태면 전체 전제는 A, ‘B이고 C이고 D’다. ‘‘B이고 C이고 D’로부터 이고 없애 B, C, D를 따로 얻을 수 있기에 전체 전제는 A, B, C, D인 셈이다. 이들 전제로부터 결론의 이면 뒷말 X를 얻을 수 있다. 이면 넣기를 써 기존 전제 A로부터 이 추론의 결론 “만일 B이고 C이고 D이면 X”를 이끌 수 있다.

022. 이면 넣기 이틀

가01. ㉠ 스파게티는 파스타의 일종이다. ㉡ 3*과 5*에 이면 넣어 | 가02. ㉠ 4*로 3에서 이거나 뒷말 없애 ㉡ 집권당은 장차 부자 감세 정책을 포기하지 않는다. ㉢ 5*로 1에서 이거나 뒷말 없애 ㉣ 금융위기 이후 증세는 피할 수 없는 세계 추세다. ㉤ 6*로 2에서 이면 없애 ㉥ 집권당은 정권 재창출에 실패한다. | 가03. ㉠ 이면 넣기 시작: 우리가 원칙만 있는 이상주의자가 되어야 한다는 주장은 옳지 않다. ㉡ 4*로 3에서 이거나 뒷말 없애, 우리는 원칙 있는 현실주의자가 되어야 한다. ㉢ 5*로 1에서 이면 없애, 우리는 혁신안을 고수해야 한다. ㉣ 5*과 6*에 이고 넣어, 우리는 원칙 있는 현실주의자가 되어야 하고 혁신안을 고수해야 한다. ㉤ 7*로 2에서 이면 없애, 우리는 혁신을 결코 미루어서는 안 된다. ㉥ 4*에서 8*까지로 4*과 8*에 이면 넣어

023. 이면 뒷말 없애기

가01. 맞. 둘째 전제에 따르면 첫째 전제의 이면 뒷말 "B는 거짓이다"는 거짓이다. 이에 첫째 전제에 이면 뒷말 없애기를 적용해 이면 앞말의 부정 "A는 거짓이다"를 결론으로 이끌 수 있다. | 가02. 맞. 둘째 전제에 따르면 첫째 전제의 이면 뒷말 D는 거짓이다. 이에 첫째 전제에 이면 뒷말 없애기를 적용해 이면 앞말의 부정 C를 결론으로 이끌 수 있다. | 가03. 맞. 둘째 전제에 따르면 첫째 전제의 이면 뒷말 "H는 거짓이다"는 거짓이다. 이에 첫째 전제에 이면 뒷말 없애기를 적용해 이면 앞말의 부정 G를 결론으로 이끌 수 있다.

나01. 바. 둘째 전제에 따르면 첫째 전제의 이면 뒷말 "키토산은 쉽게 소화된다"는 거짓이다. 이에 첫째 전제에서 이면 뒷말 없애, 이면 앞말의 부정 "키토산은 물에 쉽게 녹지 않는다"를 결론으로 이끌 수 있다. | 나02. 못. 둘째 전제에 따르면 첫째 전제의 이면 앞말은 거짓이다. 이 경우 첫째 전제에 이면 뒷말 없애기를 적용할 수 없다. 나아가 첫째 전제에 이면 앞말 없애기도 적용할 수 없다. | 나03. 바. 둘째 전제에 따르면 첫째 전제의 이면 뒷말 "희영은 이번 크리스마스에 선물을 많이 받는다"는 거짓이다. 이에 첫째 전제에서 이면 뒷말 없애, 이면 앞말의 부정 "희영이 올해 착한 일을 많이 하지는 않았다"를 결론으로 이끌 수 있다. | 나04. 못. 둘째 전제에 따르면 첫째 전제의 이면 뒷말은 참이다. 이 경우 첫째 전제에 이면 뒷말 없애기를 적용할 수 없다. 나아가 첫째 전제에 이면 앞말 없애기도 적용할 수 없다. | 나05. 바. 둘째 전제에 따르면 첫째 전제의 이면 뒷말 "나는 벌써 집을 샀다"는 거짓이다. 이에 첫째 전제에서 이면 뒷말 없애, 이면 앞말의 부정 "내가 파생상품에 투자해서 돈을 많이 벌었다는 거짓이다"를 결론으로 이끌 수 있다. | 나06. 못. 둘째 전제에 따르면 첫째 전제의 이면 앞말은 거짓이다. 이 경우 첫째 전제에 이면 뒷말 없애기를 적용할 수 없다. 나아가 첫째 전제에 이면 앞말 없애기도 적용할 수 없다.

다01.

1. 육종을 통한 품종 개량이 일종의 유전학이면 유전학은 선사시대부터 시작되었다.
2. 유전학이 선사시대부터 시작되었다면 유전학은 멘델이 처음으로 발견하지는 않았다.
3. 유전학은 멘델이 처음으로 발견했다. // 육종을 통한 품종 개량이 일종의 유전학인 것은 아니다.
4. 3으로 2에서 이면 뒷말 없애, 유전학은 선사시대부터 시작된 것이 아니다.
5. 4로 1에서 이면 뒷말 없애, 육종을 통한 품종 개량이 일종의 유전학인 것은 아니다. "끝"

다02.

1. 철학자 콰인은 자연주의자며 인식론이 심리학의 일종이라 주장한다.
2. 콰인이 이성의 자율성을 믿는다면 그는 인식론이 심리학의 일종이라 주장하지 않는다. // 철학자 콰인은 자연주의자고 이성의 자율성을 믿지 않는다.
3. 1에서 이고 뒷말 없애, 철학자 콰인은 자연주의자다.

4. 1에서 이고 앞말 없애, 콰인은 인식론이 심리학의 일종이라 주장한다.
5. 4로 2에서 이면 뒷말 없애, 콰인은 이성의 자율성을 믿지 않는다.
6. 3과 5에 이고 넣어, 철학자 콰인은 자연주의자고 이성의 자율성을 믿지 않는다. "끝"

다03.
1. 에밀리 브론테는 샬롯 브론테의 동생이고 오직 《폭풍의 언덕》만을 저술했다.
2. 에밀리 브론테가 젊은 나이에 죽지 않았다면 그는 오직 《폭풍의 언덕》만을 저술하지는 않았다.
   // 에밀리 브론테는 오직 《폭풍의 언덕》만을 저술했으며 젊은 나이에 죽었다.
3. 1에서 이고 앞말 없애, 에밀리 브론테는 오직 《폭풍의 언덕》만을 저술했다.
4. 3으로 2에서 이면 뒷말 없애, 에밀리 브론테는 젊은 나이에 죽었다.
5. 3과 4에 이고 넣어, 에밀리 브론테는 오직 《폭풍의 언덕》만을 저술했으며 젊은 나이에 죽었다. "끝"

024. 이면 잇기

가01. 바 | 가02. 못. 두 전제를 이면 이어 "말할 수 없는 것에 대해 침묵해야 한다면 말할 수 있는 것이 무엇인지 먼저 알아야 한다"를 이끌 수 있다. 하지만 이는 "말할 수 있는 것이 무엇인지 안다면 말할 수 없는 것에 대해 침묵할 수 있다"와 뜻이 다르다. | 가03. 못. 두 전제를 이어 "신이 선하고 완전하다면 그는 자신을 인식하지 못하는 무신론자를 증오하지 않는다"를 이끌 수 없다. 하지만 이 문장은 "신이 선하다면 그는 자신을 인식하지 못하는 무신론자를 증오하지 않는다"와 뜻이 다르다. 나아가 전제로부터 "신이 선하다면 그는 자신을 인식하지 못하는 무신론자를 증오하지 않는다"를 이끌 수 없다.

나01. 나는 존재한다. | 나02. 시에서 문화재 관리를 소홀히 했다. | 나03. 너의 체력은 좋아지지 않았기 때문이다. | 나04. 고흐의 「아몬드 꽃」은 여백미가 유난히 돋보이기 때문이다. | 나05. 쾌락이 곧 선이고 고통이 곧 악이라는 말은 거짓이기 때문이다. | 나06. 인혁이 한동안 고통을 수반하더라도 타인을 용서한다는 말은 거짓이기 때문이다. 더욱 짧게: 인혁은 타인을 용서하지 않기 때문이다. | 나07. 검찰이 공명정대했다면 검찰이 이토록 신뢰를 잃지는 않았다. | 나08. 우리 사회의 자원이 한정되었다면 우리 사회의 구성원들 사이의 갈등을 적절히 조절할 정치체제가 반드시 요구된다. | 나09. 그가 여성 인권에 관심이 있다면 그는 성소수자 인권에도 관심이 있다. | 나10. 우리 도서관이 DDC 방식을 사용한다면 우리 도서관의 백과사전은 태초의 혼돈을 의미하는 000 자리에 분류되기 때문이다. | 나11. 현재 인류의 모습이 원래 사람의 반쪽에 지나지 않는다면 현재 인류는 잃어버린 반쪽을 찾아 헤맬 운명을 지니고 태어나기 때문이다. | 나12. 스피노자가 세간의 명성에 조금이라도 욕심이 있었다면 스피노자는 생전에 《에티카》를 출판했기 때문이다.

025. 이러나저러나 하루

가01. 못 | 가02. 못. 이 추론은 전제로부터 결론이 반드시 따라 나온다. 하지만 이 추론은 이러나저러나를 쓴 것이 아니다.

나01. 장차 우리나라는 투표율이 높은 늙은이들의 세계관에 따라 움직인다. | 나02. 도깨비는 씨름을 좋아하기 때문이다. 다른 답: 도깨비가 씨름을 좋아하지 않는다면 도깨비는 당대 남성이 바랐던 남성상을 반영하기 때문이다. | 나03. 세계를 제대로 인식하는 이가 아무도 없어도 세계는 여전히 실재한다. | 나04. 시나위가 정형화되지 않은 기악곡이면 연주자는 시나위를 즉흥으로 연주해야 하기 때문이다. | 나05. 빅 브라더가 정보를 독점하거나 모든 것을 감시하기 때문이다. | 나06. 예술의 정의가 시대에 걸쳐 진화한다면 우리는 예술의 정의를 알기 어렵기 때문이다. | 나07. 우리는 다양한 시각을 가진 사람들의 의견을 비판할 수 있거나 합당한 비판을 적극 수용할 수 있기 때문이다. | 나08. 별자리는 실용 목적을 지녔다.

나09. 신라 금관은 단순히 왕의 상징물일 뿐만 아니라 샤먼 제사장의 상징물로도 사용되었다. 풀이: 첫째 전제에 따르면 둘째 전제의 이면 뒷말은 거짓이다. 첫째 전제로 둘째 전제의 이면 뒷말 없애 "신라 금관이 단순히 왕의 상징물일 뿐이다는 거짓이다"를 얻는다. 이것으로 셋째 전제에서 이면 뒷말 없애 "신라 금관이 왕이 아닌 사람의 무덤에는 사용되지 않았다는 거짓이다"를 얻는다. 이것으로 넷째 전제에서 이거나 앞말 없애 "신라 금관은 단순히 왕의 상징물일 뿐만 아니라 샤먼 제사장의 상징물로도 사용되었다"를 이끌 수 있다. | 나10. 단테는 위대한 작가가 되었기 때문이다. 참고: 빈 전제를 채운 다음 이 추론을 차근차근 이끌면 아래와 같다.

1. 단테가 첫사랑 베아트리체를 열렬히 사모하지 않았다면 단테의 시는 지금과 매우 달랐다.
2. 단테의 시가 지금과 매우 달랐다면 단테는 위대한 작가가 되지 못했다.
3. 단테는 위대한 작가가 되지 못했거나 첫사랑과 결혼하지 못했다.
4. 단테가 첫사랑과 결혼하지 못했다면 첫사랑의 죽음은 그에게 가장 큰 고통이었다.
5. 단테는 위대한 작가가 되었다. // 단테는 첫사랑 베아트리체를 열렬히 사모했고 첫사랑의 죽음은 그에게 가장 큰 고통이었다.
6. 5로 2에서 이면 뒷말 없애, 단테의 시가 지금과 매우 달랐다는 거짓이다.
7. 6으로 1에서 이면 뒷말 없애, 단테는 첫사랑 베아트리체를 열렬히 사모했다.
8. 5로 3에서 이거나 앞말 없애, 단테는 첫사랑과 결혼하지 못했다.
9. 8로 4에서 이면 앞말 없애, 첫사랑의 죽음은 단테에게 가장 큰 고통이었다.
10. 7과 9에 이고 넣어, 단테는 첫사랑 베아트리체를 열렬히 사모했고 첫사랑의 죽음은 그에게 가장 큰 고통이었다. "끝"

026. 이러나저러나 이틀

가01.

1. 스콜라 철학이 기독교 신학에 바탕을 두지 않는다면 이 철학은 일반 철학이 추구하는 인식의 문제를 신앙과 결부시키지 않는다.
2. 스콜라 철학이 기독교 신학에 바탕을 둔다면 이 철학은 신의 계시 혹은 신의 전지전능 아래에서 인간 이성을 이해한다.
3. 스콜라 철학은 일반 철학이 추구하는 인식의 문제를 신앙과 결부시킨다. // 스콜라 철학은 신의 계시 혹은 신의 전지전능 아래에서 인간 이성을 이해한다.
4. 3으로 1에서 이면 뒷말 없애, 스콜라 철학은 기독교 신학에 바탕을 둔다.
5. 4로 2에서 이면 앞말 없애, 스콜라 철학은 신의 계시 혹은 신의 전지전능 아래에서 인간 이성을 이해한다. "끝"

가02.

1. 지나는 검소하거나 성실하다.
2. 지나가 성실하다면 지나는 점차 행복해진다.
3. 지나가 검소하다면 지나는 자기 자신에게 부끄럽지 않다.
4. 지나가 자기 자신에게 부끄럽지 않다면 지나는 점차 행복해진다.
5. 지나가 점차 행복해진다면 지나는 더는 자살을 시도하지 않는다. // 지나는 더는 자살을 시도하지 않는다.
6. 3과 4를 이면 이어, 지나가 검소하다면 지나는 점차 행복해진다.
7. 1로 2와 6에서 이러나저러나, 지나는 점차 행복해진다.
8. 7로 5에서 이면 앞말 없애, 지나는 더는 자살을 시도하지 않는다. "끝"

가03.

1. 백설이 질투심에 사로잡혔다면 백설은 행복하지 않다.
2. 백설은 난쟁이와 계속 살거나 왕자를 만난다.
3. 백설이 난쟁이와 계속 산다면 백설은 난쟁이와 결혼한다.
4. 백설이 왕자를 만난다면 백설은 왕자와 결혼한다.
5. 백설이 난쟁이와 결혼한다면 백설은 행복하다.
6. 백설이 왕자와 결혼한다면 백설은 행복하다. // 백설은 질투심에 사로잡히지 않는다.
7. 3과 5를 이면 이어, 백설이 난쟁이와 계속 산다면 백설은 행복하다.
8. 4와 6을 이면 이어, 백성이 왕자를 만난다면 백설은 행복하다.
9. 2로 7과 8에서 이러나저러나, 백설은 행복하다.
10. 9로 1에서 이면 뒷말 없애, 백설은 질투심에 사로잡히지 않는다. "끝"

가04.

1. 우리는 타자를 환대하거나 배려한다.
2. 우리가 타자를 환대한다면 우리는 착한 사람이다.
3. 우리가 타자를 배려한다면 우리는 약자에게 상처 주지 않는다.

4. 우리가 약자에게 상처 주지 않는다면 우리는 착한 사람이다.
5. 우리는 착하지 않거나 평등하다.
6. 환대받을 권리가 우리에게 없다면 우리는 평등하지 않다. // 환대받을 권리가 우리에게 있다.
7. 3과 4를 이면 이어, 우리가 타자를 배려한다면 우리는 착한 사람이다.
8. 1로 2와 7에서 이러나저러나, 우리는 착한 사람이다.
9. 8로 5에서 이거나 앞말 없애, 우리는 평등하다.
10. 9로 6에서 이면 뒷말 없애, 환대받을 권리가 우리에게 있다. "끝"

가05.
1. 내가 경험하는 모든 것은 허상에 지나지 않거나 실제로 존재한다.
2. 내가 경험하는 모든 것이 허상에 지나지 않는다면 나는 내 바람대로 되지 않는 이 세상에 집착해서는 안 된다.
3. 나는 내 바람대로 되지 않는 이 세상에 집착해도 된다.
4. 내가 경험하는 모든 것이 실제로 존재한다면 나는 이 엄연한 현실 세계에 뿌리내리도록 애써야 한다. // 나는 이 엄연한 현실 세계에 뿌리내리도록 애써야 한다.
5. 3으로 2에서 이면 뒷말 없애, 내가 경험하는 모든 것이 허상에 지나지 않는다는 거짓이다.
6. 5로 1에서 이거나 앞말 없애, 내가 경험하는 모든 것은 실제로 존재한다.
7. 6으로 4에서 이면 앞말 없애, 나는 이 엄연한 현실 세계에 뿌리내리도록 애써야 한다. "끝"

나01. 결론 "견과류는 과식을 예방하는 데 도움이 되고 건강에 좋다"를 "견과류는 건강에 좋다"로 바꾼다. 결론은 그대로 두고 전제를 바꾸어도 된다. 넷째 전제 "견과류가 불포화 지방을 함유한다면 견과류는 건강에 좋다"를 "견과류가 불포화 지방을 함유한다면, 견과류는 과식을 예방하는 데 도움이 되고 건강에 좋다"로 바꾼다. | 나02. 넷째 전제 "만일 올해 우리 학교 아이들이 숲 가꾸기 체험을 하고 텃밭 가꾸기 체험을 한다면 우리 학생들은 농업에 관한 관심이 높아지고 채소를 차츰 좋아한다"를 "만일 올해 우리 학교 아이들이 숲 가꾸기 체험을 하거나 텃밭 가꾸기 체험을 한다면 우리 학생들은 농업에 관한 관심이 높아지고 채소를 차츰 좋아한다"로 바꾼다.

027. 문장논리

물음 가를 푸는 일은 쉽지 않으니 이를 못 풀더라도 너무 풀 죽지 말길 바란다. | 가01.
1. X이면 A.
2. X이면 B.
3. A는 거짓이거나 B는 거짓이다. // X는 거짓이다.
  4*. 거짓이다 넣기 시작: X
  5*. 4*로 1에서 이면 앞말 없애, A
  6*. 5*로 3에서 이거나 앞말 없애, B는 거짓이다.
  7*. 4*로 2에서 이면 앞말 없애, B

8*. 7*과 6*에 이고 넣어, B는 참이고 거짓이다.
9. 4*에서 8*까지로 4*에 거짓이다 넣어, X는 거짓이다. "끝"

가02. 우리는 이거나 넣기에 따라 X로부터 "X이거나 Y"가 따라 나옴을 안다. 곧 "X이면 'X이거나 Y'"는 반드시 참이다. 마찬가지로 "Y이면 'X이거나 Y'"는 반드시 참이다. 한편 "A이면 X"와 "X이면 'X이거나 Y'"를 이면 이어 "A이면 'X이거나 Y'"를 얻을 수 있다. 또한 "B이면 Y"와 "Y이면 'X이거나 Y'"를 이면 이어 "B이면 'X이거나 Y'"를 얻을 수 있다. 이 규칙을 "기역"이라 하겠다. 규칙 기역을 써서 가02를 차근차근 밝힐 수 있다.
1. A이거나 B
2. A이면 X
3. B이면 Y // X이거나 Y
4. 규칙 기역에 따라 2에서, A이면 'X이거나 Y'
5. 규칙 기역에 따라 3에서, B이면 'X이거나 Y'
6. 1로 4와 5에서 이러나저러나, X이거나 Y. "끝"

이 증명 과정을 하나의 차근차근 이끌기에 담으면 아래와 같다.
1. A이거나 B
2. A이면 X
3. B이면 Y // X이거나 Y
4*. 이면 넣기 시작: A
5*. 4*로 2에서 이면 앞말 없애, X
6*. 5*에 이거나 뒷말 넣어, X이거나 Y
7. 4*에서 6*까지로 4*과 6*에 이면 넣어, A이면 'X이거나 Y'
8*. 이면 넣기 시작: B
9*. 8*로 3에서 이면 앞말 없애, Y
10*. 9*에 이거나 앞말 넣어, X이거나 Y
11. 8*에서 10*까지로 8*과 10*에 이면 넣어, B이면 'X이거나 Y'
12. 1로 7과 11에서 이러나저러나, X이거나 Y. "끝"

가03.
1. A이면 X
2. B이면 Y
3. X는 거짓이거나 Y는 거짓이다. // A는 거짓이거나 B는 거짓이다.
4*. 이면 넣기 시작: X는 거짓이다.
5*. 4*로 1에서 이면 뒷말 없애, A는 거짓이다.
6*. 5*에 이거나 뒷말 넣어, A는 거짓이거나 B는 거짓이다.
7. 4*에서 6*까지로 4*과 6*에 이면 넣어, X는 거짓이면 'A는 거짓이거나 B는 거짓이다.'
8*. 이면 넣기 시작: Y는 거짓이다.

9*. 8*로 2에서 이면 뒷말 없애, B는 거짓이다.

10*. 9*에 이거나 앞말 넣어, A는 거짓이거나 B는 거짓이다.

11. 8*에서 10*까지로 8*과 10*에 이면 넣어, Y는 거짓이면 'A는 거짓이거나 B는 거짓이다.'

12. 3으로 7과 11에서 이러나저러나, A는 거짓이거나 B는 거짓이다. "끝"

나01. 수. 첫째 전제와 둘째 전제를 이면 이어 "보툴리눔 독소가 보톡스의 주원료면 이것은 원래 독이던 것이 약이 된 사례다"를 얻는다. 이 문장을 ㄱ이라 하겠다. 셋째 전제와 넷째 전제를 이면 이어 "보툴리눔 독소가 근육을 마비시킨다면 이것은 원래 독이던 것이 약이 된 사례다"를 얻는데 이 문장을 ㄴ이라 하겠다. 다섯째 전제로 ㄱ과 ㄴ에 이러나저러나를 적용하여 결론 "보툴리눔 독소는 원래 독이던 것이 약이 된 사례다"를 이끌 수 있다. | 나02. 못. 셋째 전제와 넷째 전제를 이면 이어 "유나가 일기를 쓴다면 그는 자기 생활 양식을 점차 개선할 수 있다"를 얻는다. 이것과 다섯째 전제를 이면 이어 "유나가 일기를 쓴다면 그는 이전보다 더 건강한 삶을 살 수 있다"를 이끌 수 있다. 하지만 다른 전제로부터 "유나는 일기를 쓴다"를 이끌 수 없다. 또 다른 전제를 써서 "유나가 일기를 쓰지 않는다면 그는 이전보다 더 건강한 삶을 살 수 있다"도 이끌 수 없다. 이것은 이러나저러나를 적용할 수 없음을 뜻한다. 나아가 결론의 부정 "유나는 이전보다 더 건강한 삶을 살 수 없다"를 가정하더라도 주어진 전제들로부터 모순문장을 이끌 수 없다.

나03. 수. 이 추론의 차근차근 이끌기는 아래와 같다.

1. 우리나라에서는 표현의 자유가 보장되지 않거나 언론이 사건을 공정히 다루지 않는다.
2. 우리나라 시민은 깊이 생각하거나 정의를 추구한다.
3. 우리나라 시민이 깊이 생각하면 우리나라에서 언론은 사건을 공정히 다룬다.
4. 우리나라 시민이 깊이 생각하면 우리나라에서 표현의 자유는 보장된다. // 우리나라 시민은 정의를 추구한다.

5*. 거짓이다 넣기 시작: 우리나라 시민이 정의를 추구한다는 거짓이다.

6*. 5*로 2에서 이거나 뒷말 없애, 우리나라 시민은 깊이 생각한다.

7*. 6*로 3에서 이면 앞말 없애, 우리나라에서 언론은 사건을 공정히 다룬다.

8*. 7*로 1에서 이거나 뒷말 없애, 우리나라에서는 표현의 자유가 보장되지 않는다.

9*. 6*로 4에서 이면 앞말 없애, 우리나라에서 표현의 자유가 보장된다.

10*. 8*과 9*에 이고 넣어, 우리나라에서는 표현의 자유가 보장되지 않고 보장된다.

11. 5*에서 10*까지로 5*에 거짓이다 넣어, 우리나라 시민이 정의를 추구한다는 거짓이다는 거짓이다.

12. 11에서 거짓이다 없애, 우리나라 시민은 정의를 추구한다.

다01. 사람이 죄를 저질렀을 때 어떠한 도덕 책임도 물을 수 없다는 말은 거짓이기 때문이다. | 다02. 고흐는 역사상 가장 위대한 화가거나 가장 강렬한 이야기를 가진 화가기 때문이다. | 다03. 코펜하겐 해석은 이미 1950년대에 물리학계를 장악했다.

다04. 남성이 여성보다 우월하다는 남성우생학의 온갖 주장들은 과학 근거가 없기 때문이다. 풀이:

새 전제를 보태 결론을 차근차근 이끌면 아래와 같다.

1. 여성은 사회에서 공평한 기회를 받지 않았거나 본성상 남성보다 뒤처진 존재다.
2. 여성이 본성상 남성보다 뒤처진 존재면 여성은 애초부터 남성보다 열등하게 설계되었다.
3. 남성이 여성보다 우월하다는 남성우생학의 온갖 주장들이 과학 근거가 없다면 여성이 애초부터 남성보다 열등하게 설계되지는 않았다.
4. 만일 여성이 본성상 남성보다 뒤처진 존재가 아닐뿐더러 사회에서 공평한 기회를 받지도 않았다면 여성이 사회에서 열등한 존재로 인식되는 일은 마땅치 않다.
5. 여성이 본성상 많은 영역에서 남성보다 두각을 나타낼 수 없다면 여성은 사회에서 열등한 존재로 인식되는 일은 마땅하다.
6. 남성이 여성보다 우월하다는 남성우생학의 온갖 주장들은 과학 근거가 없다. // 여성이 본성상 많은 영역에서 남성보다 두각을 나타낼 수 없다는 말은 거짓이다.
7. 6으로 3에서 이면 앞말 없애, 여성이 애초부터 남성보다 열등하게 설계되지는 않았다.
8. 7로 2에서 이면 뒷말 없애, 여성이 본성상 남성보다 뒤처진 존재다는 거짓이다.
9. 8로 1에서 이거나 뒷말 없애, 여성은 사회에서 공평한 기회를 받지 않았다.
10. 8과 9에 이고 넣어, 여성은 본성상 남성보다 뒤처진 존재가 아니고 사회에서 공평한 기회를 받지도 않았다.
11. 10으로 4에서 이면 앞말 없애, 여성이 사회에서 열등한 존재로 인식되는 일은 마땅치 않다.
12. 11로 5에서 이면 뒷말 없애, 여성이 본성상 많은 영역에서 남성보다 두각을 나타낼 수 없다는 거짓이다. "끝"

028. "이거나"의 뜻

가01.

1. X
2. Y // X이고 Y
3. 1과 2에 이고 넣어, X이고 Y. "끝"

가02.

1. X
2. Y는 거짓이다. // 'X이고 Y'는 거짓이다.
   3*. 거짓이다 넣기 시작: X이고 Y
   4*. 3*에서 이고 앞말 없애, Y
   5*. 2와 4*에 이고 넣어, Y는 참이고 거짓이다.
6. 3*에서 5*까지로 3*에 거짓이다 넣어, 'X이고 Y'는 거짓이다. "끝"

가03.

1. X는 거짓이다.

2. Y // 'X이고 Y'는 거짓이다.
3*. 거짓이다 넣기 시작: X이고 Y
4*. 3*에서 이고 뒷말 없애, X
5*. 4*과 1에 이고 넣어, X는 참이고 거짓이다.
6. 3*에서 5*까지로 3*에 거짓이다 넣어, 'X이고 Y'는 거짓이다. "끝"

가04.

1. X는 거짓이다.
2. Y는 거짓이다. // 'X이고 Y'는 거짓이다.
3*. 거짓이다 넣기 시작: X이고 Y
4*. 3*에서 이고 뒷말 없애, X
5*. 4*과 1에 이고 넣어, X는 참이고 거짓이다.
6. 3*에서 5*까지로 3*에 거짓이다 넣어, 'X이고 Y'는 거짓이다. "끝"

가05.

1. X
2. Y // X이거나 Y
3. 1에 이거나 뒷말 넣어, X이거나 Y. "끝"

가06.

1. X
2. Y는 거짓이다. // X이거나 Y
3. 1에 이거나 뒷말 넣어, X이거나 Y. "끝"

물음 가01, 가02, 가03, 가04의 추론으로부터 다음 네 참말을 얻는다. 첫째, X가 참이고 Y가 참인 세계에서 'X이고 Y'는 참이다. 둘째, X가 참이고 Y가 거짓인 세계에서 'X이고 Y'는 거짓이다. 셋째, X가 거짓이고 Y가 참인 세계에서 'X이고 Y'는 거짓이다. 넷째, X가 거짓이고 Y가 거짓인 세계에서 'X이고 Y'는 거짓이다. 이 네 참말을 간추려 한 모눈에 담을 수 있다.

세계	X	Y	X이고 Y
W_1	참	참	참
W_2	참	거짓	거짓
W_3	거짓	참	거짓
W_4	거짓	거짓	거짓

이는 "이고"를 정의할 때 이미 받아들인 이고의 참값모눈과 똑같다.

나01.

세계	X	Y	X이거나 Y	Y이거나 X
W_1	참	참	참	참
W_2	참	거짓	참	참
W_3	거짓	참	참	참
W_4	거짓	거짓	거짓	거짓

"X이거나 Y"와 "Y이거나 X"의 참값모눈이 같기에 "X이거나 Y"와 "Y이거나 X"는 뜻이 같다. | 나02.

세계	X	Y	Z	X이거나 'Y이거나 Z'	'X이거나 Y'이거나 Z
W_1	참	참	참	참	참
W_2	참	참	거	참	참
W_3	참	거	참	참	참
W_4	참	거	거	참	참
W_5	거	참	참	참	참
W_6	거	참	거	참	참
W_7	거	거	참	참	참
W_8	거	거	거	거짓	거짓

"X이거나 'Y이거나 Z'"와 "'X이거나 Y'이거나 Z"의 참값모눈이 같기에 "X이거나 'Y이거나 Z'"와 "'X이거나 Y'이거나 Z"는 뜻이 같다.

다01. 참 | 다02. 참 | 다03. 참 | 다04. 참 | 다05. 거 | 다06. 참. "허난설헌과 정약용은 똑똑하다"는 "허난설헌은 똑똑하고 정약용은 똑똑하다"를 뜻한다. 여기서 임자말 역할을 하는 이름이 한 사물을 가리키는 홀이름임을 눈여겨보아야 한다. | 다07. 참. "허난설헌과 정약용은 똑똑하고 바르다"는 "허난설헌은 똑똑하고 바르며, 정약용은 똑똑하고 바르다"를 뜻한다. 이는 "허난설헌은 똑똑하고 허난설헌은 바르며, 정약용은 똑똑하고 정약용은 바르다"를 뜻한다. | 다08. 거. "허난설헌과 정약용은 똑똑하지만 바르지 않다"는 "허난설헌은 똑똑하지만 바르지 않고, 정약용은 똑똑하지만 바르지 않다"를 뜻한다. 이것은 "허난설헌은 똑똑하지만 허난설헌은 바르지 않고, 정약용은 똑똑하지만 정약용은 바르지 않다"를 뜻한다. 네 문장이 "이고"로 이어졌다. 네 개 가운데 하나라도 거짓이면 전체 문장은 거짓이다. | 다09. 참. "허난설헌과 정약용은 똑똑하거나 바르지 않다"는 "허난설헌은 똑똑하거나 바르지 않고, 정약용은 똑똑하거나 바르지 않다"를 뜻한다. | 다10. 거. "정약

용이나 허난설헌은 똑똑하지 않고 바르다"는 "정약용은 똑똑하지 않고 바르거나, 허난설헌은 똑똑하지 않고 바르다"를 뜻한다. "정약용은 똑똑하지 않고 바르다"는 거짓이고, "허난설헌은 똑똑하지 않고 바르다"도 거짓이다.

라01. 같. ㄱ과 ㄴ은 이고문장이다. ㄱ의 이고 앞말과 뒷말을 뒤바꾸어 ㄴ을 만들었다. 이고 앞말과 뒷말을 뒤바꾸더라도 뜻은 달라지지 않는다. "X이고 Y"와 "Y이고 X"는 뜻이 같다. | 라02. 다. "작은 사건들이 우리 삶을 어디로 이끌지는 아무도 모른다는 말은 거짓이 아니다"는 "작은 사건들이 우리 삶을 어디로 이끌지는 아무도 모른다"와 뜻이 같다. ㄱ은 이거나문장이며 ㄴ은 이고문장이다. ㄱ의 이거나 앞말과 뒷말을 뒤바꾸어 ㄴ의 이고 앞말과 뒷말을 만들었다. "X이거나 Y"와 "Y이고 X"는 뜻이 다르기에 ㄱ과 ㄴ은 뜻이 다르다. 당연히 "X이거나 Y"와 "X이고 Y"도 뜻이 다르다. 다만 "X이거나 X"와 "X이고 X"는 뜻이 같다.

029. 이고 나눔과 이거나 나눔

참값모눈을 그리는 요령이 있다. "이고"의 참값을 셈할 때는 먼저 이고 앞말과 이고 뒷말이 모두 참인 칸을 찾고 그 자리에 "참"을 써넣은 다음 나머지 모든 자리에는 "거짓"을 써넣는다. "이거나"의 참값을 셈할 때는 먼저 이거나 앞말과 이거나 뒷말이 모두 거짓인 칸을 찾고 그 자리에 "거짓"을 써넣은 다음 나머지 모든 자리에는 "참"을 써넣는다. | 가01.

세계	X	X이거나 X
W_1	참	참
W_2	거짓	거짓

이를 보건대 "X이거나 X"와 X의 참값모눈은 같다. 이는 두 문장의 뜻이 같음을 뜻한다. | 가02.

세계	X	Y	X이거나, Y는 거짓이다.	Y는 거짓이거나 X
W_1	참	참	참	참
W_2	참	거짓	참	참
W_3	거짓	참	거짓	거짓
W_4	거짓	거짓	참	참

이를 보건대 "X이거나, Y는 거짓이다"와 "Y는 거짓이거나 X"의 참값모눈은 같다. 이는 두 문장의 뜻이 같음을 뜻한다. | 가03. 왼쪽 문장의 이거나 앞말 "X이고 Y"과 오른쪽 문장의 이거나 앞말 "Y이고 X"는 뜻이 같다. 참값모눈을 그려 두 문장의 뜻이 같음을 확인하는 일은 여기서 생략한다. | 가04.

세계	X	Y	Z	'X이거나 Y'	이고	Z	'X이고 Z'	이거나	'Y이고 Z'
W_1	참	참	참	참	참	참	참	참	참
W_2	참	참	거	참	거	거	거	거	거
W_3	참	거	참	참	참	참	참	참	거
W_4	참	거	거	참	거	거	거	거	거
W_5	거	참	참	참	참	참	거	참	참
W_6	거	참	거	참	거	거	거	거	거
W_7	거	거	참	거	거	참	거	거	거
W_8	거	거	거	거	거	거	거	거	거

이를 보건대 "'X이거나 Y'이고 Z"와 "'X이고 Z'이거나 'Y이고 Z'"의 참값모눈은 같다. 이는 두 문장의 뜻이 같음을 뜻한다. | 가05.

세계	X	Y	Z	X	이거나	'Y이고 Z'	'X이거나 Y'	이고	'X이거나 Z'
W_1	참	참	참	참	참	참	참	참	참
W_2	참	참	거	참	참	거	참	참	참
W_3	참	거	참	참	참	거	참	참	참
W_4	참	거	거	참	참	거	참	참	참
W_5	거	참	참	거	참	참	참	참	참
W_6	거	참	거	거	거	거	참	거	거
W_7	거	거	참	거	거	거	거	거	참
W_8	거	거	거	거	거	거	거	거	거

이를 보건대 "X이거나 'Y이고 Z'"와 "'X이거나 Y'이고 'X이거나 Z'"의 참값모눈은 같다. 이는 두 문장의 뜻이 같음을 뜻한다. | 가06.

세계	X	Y	Z	'X이고 Y'	이거나	Z	'X이거나 Z'	이고	'Y이거나 Z'
W_1	참	참	참	참	참	참	참	참	참
W_2	참	참	거	참	참	거	참	참	참
W_3	참	거	참	거	참	참	참	참	참
W_4	참	거	거	거	거	거	참	거	거
W_5	거	참	참	거	참	참	참	참	참
W_6	거	참	거	거	거	거	거	거	참

W_7	거	거	참	거	참	참	참	참	참
W_8	거	거	거	거	거	거	거	거	거

이를 보건대 "'X이고 Y'이거나 Z"와 "'X이거나 Z'이고 'Y이거나 Z'"의 참값모눈은 같다. 이는 두 문장의 뜻이 같음을 뜻한다. | 가07. 이 문제를 풀려면 가능 세계를 무려 16가지를 따져야 한다. 이 풀이는 여기에 쓰지 않겠다.

나01. 다. "이므로"는 앞말과 뒷말을 바꾸었을 때 뜻이 같은지 다른지 아직 배우지 않았다. 일상 쓰임새에서 "이므로"는 앞말과 뒷말을 바꾸면 뜻이 달라진다. | 나02. 다. "A하자 B"는 "A를 한 다음에 B" 또는 "A가 일어난 다음에 B가 일어난다"를 뜻한다. 이것은 "X이자 Y"와 뜻이 다른데 이것은 "X가 참이고 Y가 참이다"를 뜻한다. 일상 쓰임새에 따르면 "돌이는 순이에게 밥상을 차리고 순이는 밥상을 엎었다"의 "고"에 시간순서가 담겼다고 말하곤 한다. 정확히 말하면 "고"나 "이고"에 시간순서가 담겼다기보다 문장 안에 시점이 생략되었을 뿐이다. 또렷이 뜻을 드러내려면 "돌이는 t1에 순이에게 밥상을 차리고 순이는 t2에 밥상을 엎었다"고 써야 할 텐데 "t1에"와 "t2에"를 안 썼을 뿐이다. 우리가 "배고프다"고 할 때 이것은 흔히 "나는 지금 배고프다"를 줄인 말이다. "돌이는 t1에 순이에게 밥상을 차리고 순이는 t2에 밥상을 엎었다"에서 이고 앞말과 뒷말을 앞뒤 바꾸어도 뜻은 달라지지 않는다. 이 사실은 t1과 t2 가운데 무엇이 앞선 시점이냐에 따라 달라지지 않는다.

나03. 같. "이며"는 "이고"로 여길 수 있다. ㄱ과 ㄴ은 둘 다 이고문장이며 ㄱ의 이고 앞말과 뒷말을 뒤바꾸어 ㄴ을 만들었다. | 나04. 같. ㄱ과 ㄴ은 둘 다 이고문장이며 ㄱ의 이고 앞말과 ㄴ의 이고 앞말은 같다. ㄱ과 ㄴ의 이고 뒷말은 이거나문장 표현이다. ㄱ의 이고 뒷말과 ㄴ의 이고 뒷말은 뜻이 같다. 뒷말의 이거나문장 표현에서 이거나 앞말과 뒷말을 뒤바꾸었을 뿐이다. | 나05. 같. "이며"는 "이고"와 뜻이 같다. ㄱ과 ㄴ은 둘 다 이고문장이며 ㄱ의 이고 앞말과 뒷말을 뒤바꾸어 ㄴ을 만들었다. | 나06. 같. ㄱ은 이고문장이고 ㄴ은 이거나문장이다. ㄱ에서 이고 나누어 ㄴ을 만들 수 있다. "X이고, 'Y이거나 Z'"와 "'X이고 Y'이거나, 'X이고 Z'"는 뜻이 같다. | 나07. 다. ㄴ은 "진보 언론에서는 유튜브 방송 「우리 정치」를 기존 언론이 다루지 않는 정보를 다루는 대안 언론으로 보거나 사람들을 선동하는 사이비 방송으로 보거나, 보수 언론에서는 유튜브 방송 「우리 정치」를 기존 언론이 다루지 않는 정보를 다루는 대안 언론으로 보거나 사람들을 선동하는 사이비 방송으로 본다"를 뜻한다. 이는 ㄱ과 뜻이 다르다.

030. 모아 거짓이다

가01.

X	Y	Z	'X이고 Y이고 Z'는 거짓이다.	X는 거짓이거나 Y는 거짓이거나 Z는 거짓이다.
참	참	참	거	거
참	참	거	참	참
참	거	참	참	참
참	거	거	참	참
거	참	참	참	참
거	참	거	참	참
거	거	참	참	참
거	거	거	참	참

이를 보건대 "'X이고 Y이고 Z'는 거짓이다"와 "X는 거짓이거나 Y는 거짓이거나 Z는 거짓이다"의 참값모눈은 같다. 이는 두 문장의 뜻이 같음을 뜻한다. | 가02.

X	Y	Z	'X이거나 Y이거나 Z'는 거짓이다.	X는 거짓이고 Y는 거짓이고 Z는 거짓이다.
참	참	참	거	거
참	참	거	거	거
참	거	참	거	거
참	거	거	거	거
거	참	참	거	거
거	참	거	거	거
거	거	참	거	거
거	거	거	참	참

이를 보건대 "'X이거나 Y이거나 Z'는 거짓이다"와 "X는 거짓이고 Y는 거짓이고 Z는 거짓이다"의 참값모눈은 같다. 이는 두 문장의 뜻이 같음을 뜻한다. | 가03. 참값모눈을 써서 밝히는 일은 여기서 빼겠다. 이고 모아 거짓이다 규칙을 써서 이를 손쉽게 밝힐 수 있다. 'X이고, Y는 거짓이다'는 거짓이다. ≡ X는 거짓이거나, Y가 거짓이다는 거짓이다. ≡ X는 거짓이거나 Y.

나01. 다. 이고 모아 거짓이다를 써서 ㄱ을 "영희는 철학을 싫어하지 않거나 수학을 싫어하지 않는다"로 바꿀 수 있다. 이는 ㄴ과 뜻이 다르다. | 나02. 같. ㄱ을 이고 나누어 달리 쓰면 ㄴ이 나온다. | 나03. 다. ㄱ은 거짓이다문장이 아니기에 ㄱ에 이거나 모아 거짓이다를 적용할 수 없다. | 나04. 다. "하자"는 "하고 곧"을 뜻한다. "하자"의 앞뒤를 뒤바꾸면 뜻이 달라진다. | 나05. 다. 이거나 모아 거짓이다를 써서 ㄱ을 "이번 도서관 도난 사건의 범인이 을수다는 거짓이고, 이번 도서관 도난 사건의 범인이 병민이다는 거짓이고, 이번 도서관 도난 사건의 범인이 정희다는 거짓이다"로 바꿀 수

있다. 이는 "이번 도서관 도난 사건의 범인은 을수가 아니고 병민이 아니고 정희가 아니다"를 뜻한다. 이는 ㄴ과 뜻이 다르다.

나06. 같. "혁수와 경숙과 태희는 올해 우리 회사 우수사원이다"는 "혁수는 올해 우리 회사 우수사원이고, 경숙은 올해 우리 회사 우수사원이고, 태희는 올해 우리 회사 우수사원이다"를 뜻한다. 이 때문에 "혁수와 경숙과 태희가 올해 우리 회사 우수사원이라는 말은 거짓이다"는 "'혁수는 올해 우리 회사 우수사원이고, 경숙은 올해 우리 회사 우수사원이고, 태희는 올해 우리 회사 우수사원이다'는 거짓이다"를 뜻한다. 이고 모아 거짓이다를 써서 이것을 "혁수가 올해 우리 회사 우수사원이다는 거짓이거나, 경숙이 올해 우리 회사 우수사원이다는 거짓이거나, 태희가 올해 우리 회사 우수사원이다는 거짓이다"로 바꿀 수 있다. 이것은 "혁수는 올해 우리 회사 우수사원이 아니거나 경숙은 올해 우리 회사 우수사원이 아니거나 태희는 올해 우리 회사 우수사원이 아니다"고 쓸 수 있다. 여기서 쓰인 이름들은 한 사물만 가리키는 홀이름이다. 홀이름이 아닐 때는 이들 문장은 매우 복잡한 구조를 갖는다. | 나07. 같. "한라산과 후지산은 일본의 산이 아니다"는 "한라산은 일본의 산이 아니고 후지산은 일본의 산이 아니다"를 뜻한다. 반면 "한라산이나 후지산은 일본의 산이 아니다"는 "한라산은 일본의 산이 아니거나 후지산은 일본의 산이 아니다"를 뜻한다. 따라서 "혁수나 경숙이나 태희는 올해 우리 회사 우수사원이 아니다"는 "'혁수는 올해 우리 회사 우수사원이 아니거나, 경숙은 올해 우리 회사 우수사원이 아니거나, 태희는 올해 우리 회사 우수사원이 아니다"를 뜻한다. | 나08. 같. ㄱ과 ㄴ은 이고문장이다. ㄱ과 ㄴ의 이고 뒷말은 똑같이 "데카르트는 오히려 몸의 실재를 증명하려 했다"다. ㄱ의 이고 앞말은 "데카르트가 자기 몸의 실재를 의심했거나 자기 몸의 실재를 부정했다는 말은 거짓이다"인데 이거나 모아 거짓이다 하여 "데카르트가 자기 몸의 실재를 의심했다는 말은 거짓이고 그는 자기 몸의 실재를 부정했다는 말은 거짓이다"를 얻는다. 이는 ㄴ의 이고 앞말과 같다. 결국 ㄱ과 ㄴ은 뜻이 같다.

031. 따라 나온다

가01.

세계	X	Y	ㄱ Y	ㄴ X이거나 Y
W_1	참	참	참	참
W_2	참	거짓	거짓	참
W_3	거짓	참	참	참
W_4	거짓	거짓	거짓	거짓

(i) ㄱ으로부터 ㄴ이 따라 나온다. (ii) ㄱ이 참인 세계는 W_1과 W_3인데 이 두 세계 모두에서 ㄴ도

참이다. 곧 ㄱ이 참이고 ㄴ이 거짓인 세계는 없다. 이것은 ㄱ으로부터 ㄴ이 따라 나옴을 뜻한다. | 가02.

세계	X	Y	ㄱ	ㄴ
			X이거나 Y	Y
W_1	참	참	참	참
W_2	참	거짓	참	거짓
W_3	거짓	참	참	참
W_4	거짓	거짓	거짓	거짓

(i) ㄱ으로부터 ㄴ이 따라 나오지 않는다. (ii) ㄱ이 참인 세계는 W_1, W_2, W_3이지만 ㄴ이 참인 세계는 W_1, W_3이다. W_2에서 ㄱ이 참이지만 ㄴ은 거짓이다. 곧 ㄱ이 참이지만 ㄴ이 거짓인 세계가 있다. 이것은 ㄱ으로부터 ㄴ이 따라 나오지 않음을 뜻한다. | 가03.

세계	X	Y	ㄱ	ㄴ
			X는 거짓이고 Y	X이거나, Y는 거짓이다.
W_1	참	참	거짓	참
W_2	참	거짓	거짓	참
W_3	거짓	참	참	거짓
W_4	거짓	거짓	거짓	참

(i) ㄱ으로부터 ㄴ이 따라 나오지 않는다. (ii) ㄱ이 참인 세계는 W_3인데 이곳에서 ㄴ은 거짓이다. 곧 ㄱ이 참이지만 ㄴ이 거짓인 세계가 있다. 이것은 ㄱ으로부터 ㄴ이 따라 나오지 않음을 뜻한다.

나01. 않. ㄱ은 "영희는 철학을 싫어하지 않거나 수학을 싫어하지 않는다"로 달리 쓸 수 있다. 하지만 이로부터 "영희는 철학을 싫어하지 않는다"가 따라 나오지는 않는다. | 나02. 않. ㄱ은 "전자는 오른쪽에서 왼쪽으로 발사되었고 위쪽 틈을 통과했거나, 전자는 오른쪽에서 왼쪽으로 발사되었고 아래쪽 틈을 통과했다"를 뜻한다. ㄱ은 이거나문장이고 ㄴ은 ㄱ의 이거나 앞말이다. ㄱ으로부터 ㄴ이 따라 나오지 않는다. 하지만 ㄴ으로부터 ㄱ은 따라 나온다. | 나03. 않. ㄱ과 ㄴ은 둘 다 이거나문장이다. ㄱ의 이거나 앞말은 ㄴ의 이거나 앞말 또는 이거나 뒷말과 뜻이 다르다. ㄱ의 이거나 뒷말도 ㄴ의 이거나 앞말 또는 이거나 뒷말과 뜻이 다르다. "정의롭지 못한 정치인은 국민의 지지를 받는다"는 "정의로운 정치인은 국민의 지지를 받지 않는다"를 뜻하지 않는다. | 나04. 따. ㄱ에서 이거나 앞말 넣어 ㄴ을 마땅하게 이끌 수 있다. 이것은 ㄱ으로부터 ㄴ이 따라 나옴을 뜻한다. | 나05. 않. ㄱ은 이거나문장이다. ㄱ으로부터 ㄱ의 이거나 앞말을 이끌 수 없고 ㄱ으로부터 ㄱ의 이거나 뒷말을 이끌 수 없다. ㄱ의 이거나 앞말이 참인지 거짓인지 판단할 수 없다. 이 때문에 ㄱ으로부터 ㄴ의 이거나 앞말을 이끌 수 없다. 이는 ㄱ으로부터 ㄴ이 따라 나오지 않음을 뜻한다.

나06. 따. “혁수와 경숙과 태희가 올해 우리 회사 우수사원이라는 말은 거짓이다”는 “‘혁수는 올해 우리 회사 우수사원이고 경숙은 올해 우리 회사 우수사원이고 태희는 올해 우리 회사 우수사원이다’는 거짓이다”를 뜻한다. 이는 “혁수는 올해 우리 회사 우수사원이 아니거나 경숙은 올해 우리 회사 우수사원이 아니거나 태희는 올해 우리 회사 우수사원이 아니다”를 뜻한다. ㄱ에 이거나 뒷말 넣어 ㄴ을 이끌 수 있다. 이것은 ㄱ으로부터 ㄴ이 따라 나옴을 뜻한다. | 나07. 않. ㄴ은 “인간은 단편 행동과 말만으로 파악할 수 있다는 거짓이고 인간은 힘든 상황에서 숨겨진 성깔을 드러낸다는 거짓이다”를 뜻한다. ㄱ은 ㄴ의 이고 뒷말과 같다. ㄴ에서 이고 앞말 없애 ㄱ을 얻을 수 있다. 하지만 ㄱ으로부터 ㄴ을 얻을 수는 없다. 따라서 ㄴ으로부터 ㄱ이 따라 나오지만 ㄱ으로부터 ㄴ이 따라 나오지는 않는다. | 나08. 따. ㄱ은 “데카르트가 자기 몸의 실재를 의심하지 않았고 그는 자기 몸의 실재를 부정하지 않았으며, 그는 오히려 몸의 실재를 증명하려 했다”로 달리 쓸 수 있다. 이로부터 “데카르트는 자기 몸의 실재를 의심하지 않았고 오히려 몸의 실재를 증명하려 했다”를 이끌 수 있다. 이것은 ㄱ으로부터 ㄴ이 따라 나옴을 뜻한다.

032. 서로 따라 나온다

가01. “P와 Q가 서로 따라 나온다”는 “P로부터 Q가 따라 나오고, Q로부터 P가 따라 나온다”를 뜻한다. 만일 P로부터 Q가 따라 나오고 Q로부터 P가 따라 나온다면, 이고 뒷말 없애, P로부터 Q가 따라 나온다. | 가02. “P와 Q가 서로 따라 나온다”는 “P로부터 Q가 따라 나오고, Q로부터 P가 따라 나온다”를 뜻한다. 만일 P로부터 Q가 따라 나오고 Q로부터 P가 따라 나온다면, 이고 앞말 없애, Q로부터 P가 따라 나온다.

나01. “P로부터 Q가 따라 나온다”는 “P로부터 Q를 마땅하게 이끌 수 있다”를 말한다. (i) ㄱ으로부터 “X는 거짓이다”를 이끌 수 없고 ㄱ으로부터 Y를 이끌 수 없다. 따라서 ㄱ으로부터 ㄴ이 따라 나오지 않는다. (ii) ㄴ으로부터 X를 이끌 수 없고 ㄴ으로부터 “Y는 거짓이다”를 이끌 수 없다. 따라서 ㄴ으로부터 ㄱ이 따라 나오지 않는다. (iii) ㄱ과 ㄴ은 서로 따라 나오지 않는다. (iv) ㄱ과 ㄴ은 뜻이 다르다. | 나02. (i) ㄱ에서 이고 없애 X를 이끌 수 있고, X에 이거나 뒷말 넣어, ㄴ을 이끌 수 있다. 따라서 ㄱ으로부터 ㄴ이 따라 나온다. (ii) “X이거나 Y”로부터 X가 따라 나오지 않기에 ㄴ으로부터 ㄱ이 따라 나오지 않는다. (iii) ㄱ과 ㄴ은 서로 따라 나오지 않는다. (iv) ㄱ과 ㄴ은 뜻이 다르다. | 나03. (i) 잘 알다시피 “Y이고, Y는 거짓이다”는 거짓이다. 이것으로 ㄱ에서 이거나 뒷말 없애, X를 이끌 수 있다. 따라서 ㄱ으로부터 ㄴ이 따라 나온다. 이것이 잘 이해되지 않으면 ㄱ의 참값모눈을 만들어 보라. (ii) ㄴ에 이거나 뒷말 넣어, ㄱ을 이끌 수 있다. 따라서 ㄴ으로부터 ㄱ이 따라 나온다. (iii) ㄱ과 ㄴ은 서로 따라 나온다. (iv) ㄱ과 ㄴ은 뜻이 같다.

다01.

세계	X	Y	ㄱ X이고 'Y가 거짓이거나 Y'	ㄴ 'X는 거짓이거나 X'이고 Y
W_1	참	참	참	참
W_2	참	거짓	참	거짓
W_3	거짓	참	거짓	참
W_4	거짓	거짓	거짓	거짓

(i) W_1, W_2 (ii) W_1, W_3 (iii) ㄱ이 참인 세계들과 ㄴ이 참인 세계들은 같지 않다. (iv) ㄱ과 ㄴ은 서로 따라 나오지 않는다. 참고로 "X이고, 'Y이거나, Y는 거짓이다'"는 X와 뜻이 같으며 "'X는 거짓이거나 X'이고 Y"는 Y와 뜻이 같다. | 다02.

세계	X	Y	Z	ㄱ X이거나 'Y가 거짓이고 Z'	ㄴ Y이거나 'X가 거짓이고 Z'
W_1	참	참	참	참	참
W_2	참	참	거	참	참
W_3	참	거	참	참	거짓
W_4	참	거	거	참	거짓
W_5	거	참	참	거짓	참
W_6	거	참	거	거짓	참
W_7	거	거	참	참	참
W_8	거	거	거	거짓	거짓

(i) W_1, W_2, W_3, W_4, W_7 (ii) W_1, W_2, W_5, W_6, W_7 (iii) ㄱ이 참인 세계들과 ㄴ이 참인 세계들은 같지 않다. (iv) ㄱ과 ㄴ은 서로 따라 나오지 않는다.

033. 달리 쓰기와 차근차근 이끌기

가01. ㉠ 2를 이거나 모아 거짓이다 하여 ㉡ 우리나라의 출생률은 정체하지 않고 증가하지 않는다. ㉢ 3을 이고 모아 거짓이다 하여 ㉣ 우리나라의 자살률은 증가하지 않거나 노령 사망률은 증가하지 않는다. ㉤ 10으로 4에서 이면 앞말 없애 | 가02. ㉠ 이면 앞말 없애 ㉡ 한국 젊은이들이 스트레스를 견디는 힘이 과거보다 낮아진 일은 개인의 탓이거나 한국의 현재 교육 시스템은 젊은이들이 인생을 살아가는 데 진짜 필요한 능력을 길러주지 못했다. ㉢ 2를 이거나 모아 거짓이다 하여 ㉣ 한국 젊은이들이 스트레스를 견디는 힘이 과거보다 낮아진 일은 한국 현재 교육 시스템의 탓이

고, 그렇게 된 것은 개인의 탓이 아니다. ⓜ 한국 젊은이들이 스트레스를 견디는 힘이 과거보다 낮아진 것은 개인의 탓이 아니다. ⓗ 7로 5에서 이거나 앞말 없애

034. 반드시와 어쩌다

가01.

세계	X	Y	ㄱ X는 참이거나 X는 거짓이다.	ㄴ Y는 참이거나 Y는 거짓이다.
W_1	참	참	참	참
W_2	참	거짓	참	참
W_3	거짓	참	참	참
W_4	거짓	거짓	참	참

보다시피 ㄱ과 ㄴ의 참값모눈이 같다. 이것은 ㄱ과 ㄴ이 서로 따라나오고 또한 뜻이 같음을 말해준다. | 가02.

세계	P	X	ㄱ P	ㄴ X는 참이거나 X는 거짓이다.
W_1	참	참	참	참
W_2	참	거짓	참	참
W_3	거짓	참	거짓	참
W_4	거짓	거짓	거짓	참

보다시피 ㄱ이 참인 세계는 W_1과 W_2다. 이들 세계에서 ㄴ도 참이다. 곧 ㄱ이 참이고 ㄴ이 거짓인 세계는 없다. 이것은 ㄱ으로부터 ㄴ이 따라 나옴을 말해준다. 하지만 ㄴ이 참이고 ㄱ이 거짓인 세계가 있기에 ㄴ으로부터 ㄱ이 따라 나오지는 않는다. | 가03.

세계	X	T_o	ㄱ X이고 T_o	ㄴ X
W_1	참	참	참	참
W_2	거짓	참	거짓	거짓

보다시피 ㄱ과 ㄴ은 참값모눈이 같다. 이것은 ㄱ과 ㄴ이 뜻이 같음을 말해준다. | 가04.

세계	X	T_o	X이거나 T_o
W_1	참	참	참
W_2	거짓	참	참

정답

"X이거나 To"는 생각할 수 있는 모든 세계에서 참이다. 이것은 이 문장이 반드시 참말임을 말해준다. | 가05.

세계	X	F_o	X이고 F_o
W_1	참	거짓	거짓
W_2	거짓	거짓	거짓

보다시피 "X이고 Fo"는 생각할 수 있는 모든 세계에서 거짓이다. 이것은 이 문장이 반드시 거짓말임을 말해준다. | 가06.

세계	X	F_o	ㄱ	ㄴ
			X이거나 F_o	X
W_1	참	거짓	참	참
W_2	거짓	거짓	거짓	거짓

보다시피 ㄱ과 ㄴ은 참값모눈이 같다. 이것은 ㄱ과 ㄴ이 뜻이 같음을 말해준다. | 가07.

세계	T_o	F_o	T_o이고 F_o
W_1	참	거짓	거짓
W_2	참	거짓	거짓

보다시피 "To이고 Fo"는 생각할 수 있는 모든 세계에서 거짓이다. 이것은 이 문장이 반드시 거짓말임을 말해준다. | 가08.

세계	T_o	F_o	T_o이거나 F_o
W_1	참	거짓	참
W_2	참	거짓	참

보다시피 "To이거나 Fo"는 생각할 수 있는 모든 세계에서 참이다. 이것은 이 문장이 반드시 참말임을 말해준다. | 가09.

세계	T	F	T이고 F
W_1	참	참	참
W_2	참	거짓	거짓
W_3	거짓	참	거짓
W_4	거짓	거짓	거짓

T는 우리 세계에서 어쩌다 참말이고 F는 우리 세계에서 어쩌다 거짓말이다. 이 때문에 우리 세계

는 W_2다. W_2에서 "T이고 F"는 거짓이다. 하지만 "T이고 F"가 생각할 수 있는 모든 세계에서 거짓이지는 않다. 따라서 "T이고 F"는 어쩌다 거짓말이다.

035. 이면 앞뒤 바꿈

가01. 철수가 오늘 칭찬을 듣지 않는다면 철수가 어제 미리 책을 읽지는 않았다. | 가02. 만일 네 옷이 흠뻑 젖지 않았다면 너는 옷을 입은 채 물에 뛰어든 것이 아니고 비를 맞은 것도 아니다. | 가03. 만일 검찰이 장차 신뢰를 회복할 수 없거나 대한민국의 혁신에 방해가 된다면 검찰이 공명정대하지는 않았다. | 가04. 대한민국의 미래가 밝지 않다면 지난 대선 때 젊은이들의 투표율이 높지 않았거나 그들은 미래를 설계할 능력을 갖춘 정치인에게 투표하지 않았다. | 가05. 만일 내가 태극기가 자랑스럽거나 대한민국을 위해 충성을 다할 마음이 생긴다면 대한민국은 자유로운 나라고 정의로운 나라다.

나01. 수. 첫째 전제를 이면 앞뒤 바꿔 "이숙자가 «보리밭» 연작을 계속 그리지는 않았다면 그는 중앙미술대전에서 대상을 받지는 않았다"를 얻는다. 둘째 전제와 이것을 이면 이어 결론 "이숙자가 «보리밭»을 그리지 않았다면 그는 중앙미술대전에서 대상을 받지 않았다"를 이끌 수 있다. | 나02. 수. 첫째 전제와 둘째 전제를 이면 이어 "말할 수 없는 것에 대해 침묵해야 한다면 말하기 전에 말할 수 있는 것이 무엇인지를 먼저 알아야 한다"를 얻고 이를 이면 앞뒤 바꿔 "말하기 전에 말할 수 있는 것이 무엇인지를 먼저 알아야 하는 것이 아니면 말할 수 없는 것에 대해 침묵해야 하는 것은 아니다"를 얻는다. 셋째 전제와 이것을 이면 이어 결론 "만일 말하기 전에는 말할 수 있는 것이 무엇인지 도무지 알 수 없다면 말할 수 없는 것에 대해 침묵해야 하는 것은 아니다"를 이끌 수 있다.

다01. 검찰이 공명정대하다면 검찰은 장차 신뢰를 회복할 수 있다. 또는: 검찰이 장차 신뢰를 회복할 수 없다면 검찰이 공명정대하지는 않았다. | 다02. 우리가 평등하다면 환대받을 권리가 우리에게 있다. 또는: 환대받을 권리가 우리에게 없다면 우리는 평등하지 않다.

라01.

1. 하느님이 선하고 완전하다면 그에게는 모자란 것이 없으며 증오심도 없다.
2. 그에게 모자란 것이 있거나 증오심이 있다면 하느님은 자신을 인식하지 못하는 무신론자를 증오한다.
3. 하느님이 아무도 증오하지 않는다면 그는 자신을 인식하지 못하는 무신론자를 증오하지 않는다.
4. 하느님은 선하고 완전하거나 그는 아무도 증오하지 않는다.
5. 만일 하느님에게 모자란 것이 없으며 증오심도 없다면 하느님을 믿지 않는 이를 우리가 증오하

는 것을 하느님은 반기지 않는다. // 하느님을 믿지 않는 이를 우리가 증오하는 것을 하느님은 반기지 않는다.

6. 2를 이면 앞뒤 바꾸어, 하느님이 자신을 인식하지 못하는 무신론자를 증오하지 않는다면 그에게 모자란 것이 없으며 증오심도 없다.
7. 3과 6을 이면 이어, 하느님이 아무도 증오하지 않는다면 그에게 모자란 것이 없으며 증오심도 없다.
8. 4로 1과 7에서 이러나저러나, 하느님에게는 모자란 것이 없으며 증오심도 없다.
9. 8로 5에서 이면 앞말 없애, 하느님을 믿지 않는 이를 우리가 증오하는 것을 하느님은 반기지 않는다. "끝"

라02

1. 캡사이신이 스트레스 해소에 도움이 되지 않는다면 고추장은 스트레스 해소에 도움이 되지 않는다.
2. 고추장이 스트레스 해소에 도움이 되지 않는다면 떡볶이는 스트레스 해소에 도움이 되지 않는다.
3. 캡사이신이 매운맛을 내지 않는다면 이것은 엔도르핀 방출을 촉진하지 않는다.
4. 캡사이신이 스트레스 해소에 도움이 된다면 이것은 진통 효과가 있고 엔도르핀 방출을 촉진한다. // 캡사이신이 매운맛을 내지 않는다면 떡볶이는 스트레스 해소에 도움이 되지 않는다.
5. 1과 2를 이면 이어, 캡사이신이 스트레스 해소에 도움이 되지 않는다면 떡볶이는 스트레스 해소에 도움이 되지 않는다.
6. 4를 이면 앞뒤 바꾸어, 만일 캡사이신이 진통 효과가 없거나 엔도르핀 방출을 촉진하지 않는다면 캡사이신은 스트레스 해소에 도움이 되지 않는다.
   7*. 이면 넣기 시작: 캡사이신은 매운맛을 내지 않는다.
   8*. 7*로 3에서 이면 앞말 없애, 캡사이신은 엔도르핀 방출을 촉진하지 않는다.
   9*. 8*에 이거나 앞말 넣어, 캡사이신은 진통 효과가 없거나 엔도르핀 방출을 촉진하지 않는다.
   10*. 9*로 6에서 이면 앞말 없애, 캡사이신은 스트레스 해소에 도움이 되지 않는다.
   11*. 10*로 5에서 이면 앞말 없애, 떡볶이는 스트레스 해소에 도움이 되지 않는다.
12. 7*에서 11*까지로 7*과 11*에 이면 넣어, 캡사이신이 매운맛을 내지 않는다면 떡볶이는 스트레스 해소에 도움이 되지 않는다. "끝"

036. "이면"의 뜻

귀띔: 이면의 참값모눈을 잘 보면 이면 앞말이 참이고 이면 뒷말이 거짓인 상황에서 이면문장의 참값은 거짓이다. 나머지 상황에서는 이면문장의 참값은 참이다. 주어진 이면문장의 참값을 셈할 때 다음을 기억하라. 첫째, 이면 앞말이 거짓이면 그 이면문장의 참값은 참이다. 둘째, 이면 앞말이

참이면 이면 뒷말의 참값에 따라 그 이면문장의 참값이 결정된다. 이면 뒷말도 참이면 그 이면문장의 참값은 참이다. 이면 뒷말이 거짓이면 그 이면문장의 참값은 거짓이다. | 가01.

세계	X	Y	ㄱ	ㄴ
			X이면 Y	Y이면 X
W_1	참	참	참	참
W_2	참	거짓	거짓	참
W_3	거짓	참	참	거짓
W_4	거짓	거짓	참	참

보다시피 문장 ㄱ과 ㄴ의 참값모눈은 같지 않다. 둘은 뜻이 다르다. | 가02.

세계	X	Y	ㄱ	ㄴ
			X이면 Y	Y가 거짓이면 X는 거짓이다.
W_1	참	참	참	참
W_2	참	거짓	거짓	거짓
W_3	거짓	참	참	참
W_4	거짓	거짓	참	참

보다시피 문장 ㄱ과 ㄴ의 참값모눈은 같다. 둘은 뜻이 같다. | 가03.

세계	X	Y	Z	ㄱ	ㄴ
				X이면 'Y이면 Z'	만일 X이고 Y이면 Z
W_1	참	참	참	참	참
W_2	참	참	거	거짓	거짓
W_3	참	거	참	참	참
W_4	참	거	거	참	참
W_5	거	참	참	참	참
W_6	거	참	거	참	참
W_7	거	거	참	참	참
W_8	거	거	거	참	참

보다시피 문장 ㄱ과 ㄴ의 참값모눈은 같다. 둘은 뜻이 같다.

나01. 참 | 나02. 거 | 나03. 거 | 나04. 참 | 나05. 참 | 나06. 참 | 나07. 참 | 나08. 참 | 나09. 참 | 나10. 참 | 나11. 거 | 나12. 참 | 나13. 참 | 나14. 거

037. 일 때 오직 그때만

가01. 우리나라가 공정하다면 나는 이기주의자가 되고 싶지 않다. 또는: 내가 이기주의자가 되고 싶다면 우리나라는 공정하지 않다. | 가02. 만일 내가 부지런하고 이기주의자가 되고 싶다면 우리나라는 공정하지 않다. 또는: 우리나라가 공정하다면 나는 부지런하지 않거나 이기주의자가 되고 싶지 않다. | 가03. 만일 내가 잘살 수 있다면, 나는 올바르고 우리나라는 공정하다. 또는: 만일 내가 올바르지 않거나 우리나라가 공정하지 않다면 나는 잘살 수 없다. | 가04. 만일 우리나라가 공정하지 않거나 내가 똑똑하지 않다면, 나는 잘살 수 없거나 우리나라는 풍요롭지 않다. 또는: 만일 내가 잘살 수 있고 우리나라가 풍요롭다면, 우리나라는 공정하고 나는 똑똑하다.

나01. 거 | 나02. 거 | 나03. 거 | 나04. 거 | 나05. 거 | 나06. 거 | 나07. 참

다01. 이번 책거리 때 희순은 가벼운 술도 함께 준비한다. | 다02. 팥쥐는 콩쥐를 돕지 않았고 잔치에 놀러 갔기 때문이다.

라01. 참이다. 문장 X와 Y가 둘 다 참이면 "X일 때 오직 그때만 Y"는 참이다. 이는 우리 세계에서도 성립한다. | 라02. 둘은 서로 따라 나오지 않는다. 우리는 "하늘은 푸르다"가 참이지만 "눈은 희다"가 거짓인 세계를 생각할 수 있다. 또한 우리는 "하늘은 푸르다"가 거짓이지만 "눈은 희다"가 참인 세계를 생각할 수 있다. "하늘은 푸르다"와 "눈은 희다"는 뜻이 다르다. | 라03. 참이다. 문장 X와 Y가 둘 다 거짓이면 "X일 때 오직 그때만 Y"는 참이다. 이는 우리 세계에서도 성립한다. | 라04. 둘은 서로 따라 나오지 않는다. | 라05. 무턱대고 둘이 서로 따라 나온다고 말해서는 안 되며 덮어놓고 둘이 뜻이 같다고 말해서도 안 된다. 이미 보였듯 "하늘이 푸를 때 오직 그때만 눈은 희다"는 우리 세계에서 참이지만 "하늘은 푸르다"와 "눈은 희다"는 서로 따라 나오지 않으며 둘은 뜻이 다르다. "소금이 달 때 오직 그때만 얼음은 뜨겁다"는 우리 세계에서 참이지만 "소금은 달다"와 "얼음은 뜨겁다"는 서로 따라 나오지 않으며 둘은 뜻이 다르다.

038. 그냥 이면과 반드시 이면

가01. 그. 이 문장의 이면 앞말로부터 이면 뒷말이 따라 나오지는 않는다. | 가02. 그. | 가03. 반. 이면 앞말과 이면 뒷말은 뜻이 같다. 이 문장의 이면 앞말로부터 이면 뒷말이 따라 나온다. | 가04. 반. a가 b보

다 빠르다면 a는 b보다 느리지 않다. | 가05. 그. a가 b보다 빠르지 않다면 a는 b만큼 빠르거나 b보다 느리다. | 가06. 반. | 가07. 반. a가 b보다 가볍다면 b는 a보다 무겁다. | 가08. 반. | 가09. 반. 정체는 상승도 하락도 하지 않는 일이며 전진도 후퇴도 하지 않는 일이다. a가 상승도 하락도 하지 않는다면 a는 상승하지 않거나 하락하지 않는다. | 가10. 반. 누구든지 그가 여고생이면 그는 여자고 고등학생이다.

가11. 그. 이 문장의 이면 앞말로부터 이면 뒷말이 따라 나오지는 않는다. | 가12. 반. 한 문장이 어쩌다 참말이면 그 문장은 반드시 참말이 아니고 반드시 거짓말도 아니다. 우리는 그 문장이 거짓인 세계를 생각할 수 있다. | 가13. 그. 한 문장이 거짓인 세계를 생각할 수 있다면 그 문장은 어쩌다 참말이거나 어쩌다 거짓말이거나 반드시 거짓말이다. | 가14. 반. 한 문장이 반드시 참말이면 이 문장은 생각할 수 있는 모든 세계에서 참이다. 그 문장이 생각할 수 있는 모든 세계에서 참이면 그 문장이 거짓인 세계를 생각할 수 없다. | 가15. 반. 한 문장이 거짓인 세계를 생각할 수 없다면 그 문장은 모든 세계에서 참이다. 그 문장이 모든 세계에서 참이면 그 문장은 반드시 참말이다. | 가16. 반. 한 문장이 어쩌다 참말이면 이 문장은 우리 세계에서 참이며 거짓인 다른 세계를 생각할 수 있다. 따라서 한 문장이 어쩌다 참말이면 이 문장이 거짓인 다른 세계를 생각할 수 있다.

나01.

1. 만일 타키온이 빛보다 느리지 않다면 타키온은 자연 상태에서 발견되는 입자가 아니거나 질량을 갖지 않는다.
2. 타키온은 빛보다 빠르고 질량을 갖는다. // 타키온은 자연 상태에서 발견되는 입자가 아니다.
3. 2에서 이고 뒷말 없애, 타 만일 타키온이 빛보다 느리지 않다면 타키온은 자연 상태에서 발견되는 입자가 아니거나 질량을 갖지 않는다.
4. 반드시 이면문장을 가져와, 타키온이 빛보다 빠르다면 타키온은 빛보다 느리지 않다.
5. 3으로 4에서 이면 앞말 없애, 타키온은 빛보다 느리지 않다.
6. 5로 1에서 이면 앞말 없애, 타키온은 자연 상태에서 발견되는 입자가 아니거나 질량을 갖지 않는다.
7. 2에서 이고 앞말 없애, 타키온은 질량을 갖는다.
8. 7로 6에서 이거나 뒷말 없애, 타키온은 자연 상태에서 발견되는 입자가 아니다. "끝"

나02.

1. 한국의 부동산 가격이 장기간 정체하거나 한국의 가계 부채 규모가 장차 감당하기 어려울 정도로 증가한다.
2. 만일 한국 정부가 가계 대출이 원활하도록 대출 규제를 완화한다면 한국 경제는 장기간 회복 불가능한 위기에 처한다.
3. 한국 정부는 부동산 경기를 활성화하는 데 국가 재정을 낭비하고 한국 정부는 가계 대출이 원활하도록 대출 규제를 완화한다.

4. 만일 한국 경제가 장기간 회복 불가능한 위기에 처한다면 한국의 부동산 가격은 장기간 폭락한다. // 한국의 가계 부채 규모는 장차 감당하기 어려울 정도로 증가한다.
5. 3에서 이고 앞말 없애, 한국 정부는 가계 대출이 원활하도록 대출 규제를 완화한다.
6. 2와 4를 이면 이어, 만일 한국 정부가 가계 대출이 원활하도록 대출 규제를 완화한다면 한국의 부동산 가격은 장기간 폭락한다.
7. 5로 6에서 이면 앞말 없애, 한국의 부동산 가격은 장기간 폭락한다.
8. 반드시 이면문장을 가져와, 한국의 부동산 가격이 장기간 폭락한다면 한국의 부동산 가격이 장기간 정체하지는 않는다.
9. 7로 8에서 이면 앞말 없애, 한국의 부동산 가격이 장기간 정체하지는 않는다.
10. 9로 1에서 이거나 앞말 없애, 한국의 가계 부채 규모가 장차 감당하기 어려울 정도로 증가한다. "끝"

나03.반드시 이면문장은 반드시 참말이기에 차근차근 이끌기에서 언제든지 가져올 수 있다. 반드시 이면문장 말고 다른 반드시 참말들도 언제든지 가져올 수 있다.
1. 자연 세계가 한결같지 않다면 귀납을 통해 자연법칙을 찾아내는 방법보다 더 나은 탐구 방법이 있을 수 없다.
2. 자연 세계가 한결같다면 귀납을 통해 자연법칙을 찾아내는 방법보다 더 나은 탐구 방법은 있을 수 없다. // 귀납을 통해 자연법칙을 찾아내는 방법보다 더 나은 탐구 방법은 있을 수 없다.
3. 반드시 참말을 가져와, 자연 세계는 한결같거나 한결같지 않다.
4. 3으로 2와 1에서 이러나저러나, 귀납을 통해 자연법칙을 찾아내는 방법보다 더 나은 탐구 방법은 있을 수 없다. "끝"

039. 이렇거나 저렇다면

가01. 이면 이거나 바꿈 | 가02. 이거나 모아 거짓이다 | 가03. 이거나 나눔 | 가04. 이면 이거나 바꿈

나.

세계	X	Y	Z	'X이거나 Y'이면 Z	'X이면 Z'이고 'Y이면 Z'
W_1	참	참	참	참	참
W_2	참	참	거	거짓	거짓
W_3	참	거	참	참	참
W_4	참	거	거	거짓	거짓
W_5	거	참	참	참	참

W_6	거	참	거	거짓	거짓
W_7	거	거	참	참	참
W_8	거	거	거	참	참

보다시피 "'X이거나 Y'이면 Z"와 "'X이면 Z'이고 'Y이면 Z'"는 생각할 수 있는 모든 세계에서 참값이 같다. 둘의 참값모눈은 같은데 이는 둘의 뜻이 같음을 보여준다.

다01. 다 | 다02. 다

라01. "A는 거짓이다"로부터 "B는 거짓이다"가 따라 나오지 않는다.

세계	X	Y	A는 거짓이다. 'X이고 Y'는 거짓이다.	B는 거짓이다. X는 거짓이다.
W_1	참	참	거짓	거짓
W_2	참	거짓	참	거짓
W_3	거짓	참	참	참
W_4	거짓	거짓	참	참

"A는 거짓이다"가 참인 세계는 W_2, W_3, W_4지만 "B는 거짓이다"가 참인 세계는 W_3, W_4다. "A는 거짓이다"가 참이지만 "B는 거짓이다"는 거짓인 세계가 있다. 이것은 "A는 거짓이다"로부터 "B는 거짓이다"가 따라 나오지 않음을 뜻한다. | 라02. "A이면 Z"로부터 "B이면 Z"가 따라 나오지 않는다.

세계	X	Y	Z	A이면 Z 'X이고 Y'이면 Z	B이면 Z X이면 Z
W_1	참	참	참	참	참
W_2	참	참	거	거짓	거짓
W_3	참	거	참	참	참
W_4	참	거	거	참	거짓
W_5	거	참	참	참	참
W_6	거	참	거	참	참
W_7	거	거	참	참	참
W_8	거	거	거	참	참

보다시피 W_4에서 "A이면 Z"가 참이지만 "B이면 Z"는 거짓이다. 다시 말해 "A이면 Z"가 참이지만 "B이면 Z"는 거짓인 세계가 있다. 이것은 "A이면 Z"로부터 "B이면 Z"가 따라 나오지 않음을 뜻한다. | 라03. ㄱ으로부터 ㄴ이 따라 나온다고 말할 수 없다. 라01과 라02에서 볼 수 있듯 비록 A

로부터 B가 따라 나오지만, "A는 거짓이다"로부터 "B는 거짓이다"가 따라 나오지 않고, "A이면 Z"로부터 "B이면 Z"가 따라 나오지 않는다. | 라04. ㄱ으로부터 ㄴ이 따라 나온다고 말할 수 있다. 서로 따라 나오는 문장 P와 Q는 서로 바꾸어 쓸 수 있다. 문장 ㄱ 안에 들어 있는 문장 P를 Q로 바꾸어 문장 ㄴ을 만들었다면, 문장 ㄱ과 문장 ㄴ은 뜻이 같고 둘은 서로 따라 나온다. 따라서 ㄱ으로부터 ㄴ이 따라 나온다. 하지만 조심해야 할 점이 있다. 예를 들어 문장 "김석문은 P를 말했다"에서 P 자리에 그와 서로 따라 나오는 Q를 넣어 문장 "김석문은 Q를 말했다"를 만들 수 있다. 하지만 "김석문은 P를 말했다"와 "김석문은 Q를 말했다"는 뜻이 다를 수 있고 서로 따라 나오지 않을 수 있다. "을 말한다", "을 믿는다", "을 생각한다", "을 바란다" 따위를 "내포 문맥"이라 한다. 내포 문맥에서 달리 쓰기 규칙은 거의 적용되지 않는다. 또한 "지혜가 여대생이면 지혜는 대학생이다"와 "지혜가 대학생이 아니면 지혜는 여대생이 아니다"는 뜻이 같다. 하지만 다음 두 문장은 뜻이 다르다. ㄱ. "지혜가 여대생이면 지혜는 대학생이다"는 열여섯 글자다. ㄴ. "지혜가 대학생이 아니면 지혜는 여대생이 아니다"는 열여섯 글자다. 문장 ㄱ과 문장 ㄴ이 뜻이 다른 까닭은 무엇일까?

040. 이어야

가01. 너가 날마다 성찰하지 않는다면 너의 뜻이 너를 이끄는 삶을 살 수 없다. | 가02. 우리가 착한 행위를 때때로 실행하지 않는다면 우리는 착해지지 않는다. | 가03. 만일 병들고 약한 개체가 빨리 죽지는 않는다면 자연의 역사에서 강한 개체가 자연스럽게 선택되지는 않는다. | 가04. 내가 더욱더 진실하고 더욱더 착해지기를 너가 바라지 않는다면 너는 나를 사랑하는 셈이 아니다. 또는: 만일 너가 나를 사랑한다면 내가 더욱더 진실하고 더욱더 착해지기를 너는 바란다.

나01. 같 | 나02. 다. 둘째 문장을 "영희는 철학을 싫어하지만 수학은 싫어하지 않는다"로 바꾸면 뜻이 같다. | 나03. 같 | 나04. 다. 둘째 문장을 "다수 시민이 논리에 맞게 생각하지 않는다면 그 사회는 후퇴 없는 진보를 이룩할 수 없다"로 바꾸면 뜻이 같다. | 나05. 다. 둘째 문장을 "만일 너가 10대 이전에 어머니를 여의지 않았고 아버지를 여의지 않았다면 너의 전전두엽 발달에 장애가 없다"로 바꾸면 뜻이 같다. "오직 너가 10대 이전에 어머니를 여의었을 때만 너의 전전두엽 발달에 장애가 있고, 오직 너가 10대 이전에 아버지를 여의었을 때만 너의 전전두엽 발달에 장애가 있다"는 "너가 10대 이전에 어머니를 여의지 않았다면 너의 전전두엽 발달에 장애가 없고, 너가 10대 이전에 아버지를 여의지 않았다면 너의 전전두엽 발달에 장애가 없다"를 뜻한다. 이것은 "만일 너가 10대 이전에 어머니를 여의지 않았거나 아버지를 여의지 않았다면 너의 전전두엽 발달에 장애가 없다"를 뜻한다. | 나06. 같

다01. 수. "너가 성적이 우수하고 가정 형편이 어려워야 너는 장학금을 신청할 수 있다"는 "만일 너가 성적이 우수하지 않거나 가정 형편이 어렵지 않다면 너는 장학금을 신청할 수 없다"와 뜻이 같

다. 이것으로부터 너가 성적이 우수하지 않다면 너는 장학금을 신청할 수 없다"를 이끌 수 있다. 다시 이것으로부터 "너가 성적이 우수하지 않고 가정 형편이 어렵지 않다면 너는 장학금을 신청할 수 없다"를 이끌 수 있다. 왜냐하면 "너가 성적이 우수하지 않고 가정 형편이 어렵지 않다면 너는 성적이 우수하지 않다"가 반드시 참이기 때문이다. | 다02. 못. "만일 마초 남자 준영과 페미 여성 노을이 서로 잘 사귄다면, 준영이 여성화되거나 노을이 남성화되었다"를 이면 앞뒤 바꾸면 "만일 준영이 여성화되지 않았고 노을이 남성화되지 않았다면 그 둘이 서로 잘 사귀지는 않는다"를 얻는다. 이면 앞말 없애기를 하려면 "준영은 여성화되지 않았고 노을은 남성화되지 않았다"가 있어야 한다. 하지만 둘째 전제 "준영은 여성화되지 않았거나 노을은 남성화되지 않았다"로부터 "준영은 여성화되지 않았고 노을은 남성화되지 않았다"를 이끌 수는 없다.

다03. 수. "자연에서 자연선택이 이루어지기 위해 병들고 약한 개체가 빨리 죽어야 한다"는 "만일 병들고 약한 개체가 빨리 죽지는 않는다면 자연에서 자연선택이 이루어지지는 않는다"를 뜻한다. "하느님이 이 우주를 만들었더라도 자연에서 자연선택이 이루어진다"로부터 "자연에서 자연선택이 이루어진다"를 얻을 수 있다. 이것으로 앞 문장에서 이면 뒷말 없애, "병들고 약한 개체는 빨리 죽는다"를 이끌 수 있다. | 다04. 수. "나는 차츰 강해진다"가 참이면 "나는 차츰 약해지지는 않는다"도 참이다. "나는 차츰 약해지지는 않는다"가 참이면 "너가 나를 사랑하지 않을지라도 나는 차츰 약해지지는 않는다"도 참이다. | 다05. 못. "공공경제와 달리 공유경제는 중앙집권으로 통제되는 배후 조종 시스템도 갖는다"는 "공공경제는 중앙집권으로 통제되는 배후 조종 시스템을 갖지 않지만, 공유경제는 중앙집권으로 통제되는 배후 조종 시스템을 갖는다"를 뜻한다. "공유경제가 중앙집권으로 통제되는 배후 조종 시스템을 갖지 않아야 이것은 자본주의 경제의 대안일 수 있다"는 "공유경제가 중앙집권으로 통제되는 배후 조종 시스템을 갖는다면 이것은 자본주의 경제의 대안일 수 없다"를 뜻한다. 이로부터 "공유경제는 자본주의 경제의 대안일 수 없다"를 얻을 수 있다. 하지만 이것으로부터 "공공경제는 자본주의 경제의 대안일 수 있다"를 이끌 수는 없다. 이것을 이끌 수 없다면, "만일 공유경제나 공공경제가 자본주의 경제의 대안일 수 있다면 공유경제나 공공경제 때문에 미래 자본주의 경제 체제는 차츰 붕괴한다"로부터 "공유경제나 공공경제 때문에 미래 자본주의 경제 체제는 차츰 붕괴한다"를 이끌 수도 없다.

041. 충분조건과 필요조건

가01. 필요 | 가02. 충분 | 가03. 필요 | 가04. 필요충분

나01.한 행위가 일어나기를 하느님이 바라기 위한 충분조건은 그 행위가 착하다는 것이다. | 나02. 너가 나를 사랑하기 위한 필요조건은 내가 더욱더 참되기를 너가 바라고 또한 내가 더욱더 착해지기를 너가 바란다는 것이다. | 나03. 우리나라가 자유와 평등을 향한 후퇴 없는 진보를 이룩할 수 있기 위한 필요조건은 다수 시민이 논리에 맞게 생각하고 또한 정의롭게 산다는 것이다. | 나04. 챗

지피티가 독립 지능을 갖기 위한 충분조건은 챗지피티가 인터넷에 연결되지 않은 채 홀로 판단할 수 있다는 것이다. 챗지피티가 인터넷에 연결되지 않은 채 홀로 판단할 수 있다는 것은 챗지피티가 독립 지능을 갖기 위한 필요조건이기도 하다. 챗지피티가 독립 지능을 갖지 않기 위한 필요조건은 챗지피티가 인터넷에 연결되지 않고서는 홀로 판단할 수 없다는 것이다.

다01. 못. "우리가 한갓 짐승에 지나지 않는다는 말은 거짓이다"와 "우리 마음이 물질로 환원될 때 오직 그때만 우리는 한갓 짐승에 지나지 않는다"로부터 "우리 마음은 물질로 환원되지 않는다"를 얻을 수 있다. "우리가 자유의지를 갖기 위한 필요조건은 우리 마음이 물질로 환원되지 않는다는 것이다"는 "우리 마음이 물질로 환원된다면 우리는 자유의지를 갖지 않는다"를 뜻한다. 이것과 "우리 마음은 물질로 환원되지 않는다"로부터 "우리는 자유의지를 갖는다"를 이끌 수는 없다. | 다02. 수. "초끈이론이 경험과학으로 인정받는다는 것은 그것의 창안자들이 노벨물리학상을 받을 수 있기 위한 필요조건이다"는 "초끈이론이 경험과학으로 인정받지 않는다면 그것의 창안자들은 노벨물리학상을 받을 수 없다"를 뜻한다.

라01. 하느님은 우리가 남북대결을 지속하기를 바라지 않기 때문이다. | 라02. 챗지피티는 생각할 수 없다. | 라03. 우리는 사랑과 정의를 추구해야 한다. 또는: 설사 우리가 미천한 존재일지라도 우리는 사랑과 정의를 추구해야 한다. 풀이: "우리는 우리 행위에 책임을 져야 한다"가 참이면 "우리는 우리 행위에 책임지지 않아도 된다"는 거짓이다. 이것과 둘째 전제로부터 "우리는 자유의지를 갖는다"를 얻는다. 이것과 "우리가 자유의지를 갖기 위한 필요조건은 우리 마음이 물질로 환원되지 않는다는 조건이다"로부터 "우리 마음은 물질로 환원되지 않는다"를 얻을 수 있다.

042. 반사실 조건문

가01. 없다. | 가02. 일으키지 않는다. | 가03. 뜻하지 않는다. | 가04. 일으킴 이면문장이 아니다. | 가05. 일으킴 이면문장이 아니다. "철수는 공원에서 산책했다"와 "철수는 산책했다"에 시간 순서가 없다. 오히려 "철수는 공원에서 산책했다"로부터 "철수는 산책했다"가 반드시 따라 나온다. 둘은 논리 관계를 맺는다. | 가06. "소금을 물에 넣는다면 소금은 물에 녹는다"는 일으킴 문장으로 볼 수 있다. 하지만 "소금이 물에 녹지 않는다면 소금을 물에 넣은 것이 아니다"는 일으킴 문장으로 보기 어렵다. "소금을 물에 넣는다"는 앞선 일이고 "소금은 물에 녹는다"는 뒤이어 일어난 일이다. 소금을 물에 넣는 일은 소금이 물에 녹는 일을 일으킨다. 하지만 "소금이 물에 녹지 않는다"와 "소금을 물에 넣지 않았다" 사이에 일어난 순서가 있어 보이지 않는다. 참고로 사건을 문장으로 기술하는 일은 우리를 아주 많이 헷갈리게 한다
나01. 반드. 이면 앞말 "동해는 착하고 똑똑한 사람이다"로부터 이면 뒷말 "동해는 똑똑한 사람이다"가 반드시 따라 나온다. | 나02. 일. "내가 옷을 입은 채 물에 뛰어든다"와 "내 옷이 흠뻑 젖는다"

는 시간 순서를 갖는다. 앞에 일이 일어난 다음에 뒤에 일이 일어난다. 우리는 "내가 옷을 입은 채 물에 뛰어든다"가 "내 옷이 흠뻑 젖는다"를 일으킨다고 말할 수 있다. 이것은 자연에서 벌어지는 일이다. 하지만 추론규칙을 써서 "내가 옷을 입은 채 물에 뛰어든다"로부터 "내 옷이 흠뻑 젖는다"를 이끌 수는 없다. | 나03. 반사. 우리 세계에서 "아인슈타인은 한국에서 태어났다"는 거짓이며 "아인슈타인은 위대한 과학자가 못되었다"도 거짓이다. "누군가 한국에서 태어난다면 그는 위대한 과학자가 되지 못할 가능성이 매우 크다"를 마음속에 가정하는 사람은 "아인슈타인이 한국에서 태어났다면 그는 위대한 과학자가 못 되었다"를 반사실 이면문장으로 여긴다. | 나04. 그. 보기에 따라 이 문장은 일으킴 문장으로 여길 수도 있다. 하지만 말하는 사람이 "너가 이번 학기에 성적이 우수하다"는 사실은 "나는 너에게 자동차를 사준다"를 일으킨다는 뜻으로 "너가 이번 학기에 성적이 우수하다면 나는 너에게 자동차를 사준다"를 말한 것으로는 보이지 않는다. | 나05. 일. 이 문장은 "아이돌 댄스그룹의 노래만으로 음악 프로그램이 편성된다"는 지금의 사실이 시간이 흘러 나중에 "국내 음악은 차츰 퇴락한다"는 사실을 일으키리라 본다.

나06. 반드. 이면 앞말 "모든 사람은 죽는다"로부터 이면 뒷말 "독재자도 사람인 한 언젠가 죽는다"가 반드시 따라 나온다. | 나07. 일. 이 문장은 이면 앞말 "선진국에서 에너지 소비를 계속 늘린다"가 일어나면 그 뒤에 이면 뒷말 "에너지 위기가 더 빨리 온다"가 성립한다고 말한다. | 나08. 반사. 이 문장을 말하는 이는 이면 앞말 "병들고 약한 개체는 빨리 죽지 않는다"는 우리 세계에서 거짓이고 이면 뒷말 "자연에서 자연선택이 이루어지지 않는다"도 우리 세계에서 거짓이라 생각한다. 그는 또한 "병들고 약한 개체가 빨리 죽지 않는다"가 성립하면 대체로 "자연에서 자연선택이 이루어지지 않는다"도 성립한다고 믿는다. 이를 보건대 이 문장은 반사실 이면문장으로 여길 수 있다. 참고로 몇몇 학자는 사람의 경우 "병들고 약한 개체가 빨리 죽지 않는다"가 참이기에 사람들의 사회에서는 자연선택이 이루어지지 않는다고 주장한다. | 나09. 반사. 이면 앞말 "세종대왕은 한글을 창제하지 않았거나 신하의 반대로 한글을 반포하지 못했다"는 우리 세계에서 거짓이고 이면 뒷말 "우리는 지금도 한자로 문자 생활을 한다"도 우리 세계에서 거짓이다. 또한 우리가 믿는 바에 따르면 "한글이 창제되지 않거나 반포되지 않았다"가 참이면 "한자 말고 다른 문자가 새로 만들어지지 않았다"가 참일 가능성이 크고, "한자 말고 다른 문자가 새로 만들어지지 않았다"가 참이면 "우리는 지금도 한자로 문자 생활을 한다"도 참일 가능성이 크다. | 나10. 반드. "눈이 오거나 오지 않는다면 나는 너를 사랑하거나 사랑하지 않는다"는 반드시 참말이다.

043. 일관되다

가01. ㄱ = A이지만, B는 거짓이다. ㄴ = A가 거짓이면 B는 거짓이다. ㄷ = A는 거짓이거나 B는 거짓이다. | 가02.

세계	A	B	ㄱ	ㄴ	ㄷ
			A이지만, B는 거짓이다.	A가 거짓이면 B는 거짓이다.	A는 거짓이거나 B는 거짓이다.
W_1	참	참	거짓	참	거짓
W_2	참	거짓	참	참	참
W_3	거짓	참	거짓	거짓	참
W_4	거짓	거짓	거짓	참	참

가03. 있다. W_2에서 세 문장은 모두 참이다. | 가04. 세 문장의 참값모눈은 세 문장이 모두 함께 참인 세계가 있음을 보여준다. 이것은 세 문장이 함께 참일 수 있음을 뜻하며 세 문장이 서로 일관됨을 뜻한다. | 가05. (i) ㄱ과 ㄴ은 서로 일관된다. (ii) ㄱ과 ㄷ은 서로 일관된다. (iii) ㄴ과 ㄷ은 서로 일관된다. | 가06. 세 문장 P, Q, R이 일관된다면 이들 가운데 두 문장은 언제나 서로 일관된다.

나.

세계	X	Y	X이면 Y	Y이면 X	'X일 때 오직 그때만 Y'는 거짓이다.
W_1	참	참	참	참	거짓
W_2	참	거짓	거짓	참	참
W_3	거짓	참	참	거짓	참
W_4	거짓	거짓	참	참	거짓

나01. 둘은 일관된다. | 나02. 둘은 일관된다. | 나03. 둘은 일관된다. | 나04. 셋 가운데 아무 두 문장을 짝지었을 때 이들은 서로 일관된다. | 나05. 세 문장은 모두 함께 참일 수 없기에 서로 일관되지 않는다. | 나06. 아니다. 세 문장 P, Q, R 가운데 뽑은 아무 두 문장이 서로 일관되더라도 이들 세 문장이 일관되지 않을 수 있다.

다. 이들 문장은 일관된다. 풀이: 참값모눈을 만들어 이를 밝힐 수 있다. 하지만 참값모눈을 만들지 않고 이를 밝히는 지름길이 있다. 주어진 네 문장을 모두 참이게 할 길이 있음을 보이는 길이다. 먼저 이들 네 문장이 모두 참이라 가정한다. 먼저 첫째 문장 "사물은 측정 전에 위치를 갖지 않는다"는 참이다. 셋째 문장 "정통 양자역학 해석은 옳지 않지만 하이젠베르크의 불확정성 원리는 옳다"도 참이다. 이것은 "정통 양자역학 해석은 옳지 않다"가 참이고 "하이젠베르크의 불확정성 원리는 옳다"도 참임을 뜻한다. 둘째 문장 "사물이 측정 전에 위치를 갖는다면 정통 양자역학 해석은 옳지 않다"에서 이면 앞말은 거짓이고 이면 뒷말은 참이다. 이면의 참값모눈에 따르면 이것은 이 이면문장이 참임을 뜻한다. 이는 둘째 문장이 참이라는 처음 가정과 부딪히지 않는다. "하이젠베르크의 불확정성 원리는 옳다"가 이미 참이기에 남은 넷째 문장 "사물은 측정 전에 위치를 갖거나 하이젠베르크의 불확정성 원리는 옳다"도 참이다. 이는 넷째 문장이 참이라는 처음 가정과 부딪히지 않는다. 이처럼 네 문장이 모두 참이라 가정해도 아무런 부딪힘이 일어나지 않는다. 이것은 네 문장이 모두 함께 참일 수 있음을 뜻한다. 따라서 이들 네 문장의 모임은 일관된 모임이다.

044. 못마땅하다

가01.

세계	X	Y	전제들		결론
			X이면 Y	X는 거짓이다.	Y는 거짓이다.
W_1	참	참	참	거짓	거짓
W_2	참	거짓	거짓	거짓	참
W_3	거짓	참	참	참	거짓
W_4	거짓	거짓	참	참	참

(i) 있다. W_3과 W_4 (ii) 아니다. 있다. W_3에서는 두 전제가 모두 참이지만 결론은 거짓이다. (iii) 추론의 전제들이 모두 참인 채 결론이 거짓일 수 있음은 이 추론이 못마땅함을 뜻한다. | 가02.

세계	X	Y	전제들		결론
			X이면 Y	Y	X
W_1	참	참	참	참	참
W_2	참	거짓	거짓	거짓	참
W_3	거짓	참	참	참	거짓
W_4	거짓	거짓	참	거짓	거짓

(i) 있다. W_1과 W_3 (ii) 아니다. 있다. W_3에서는 두 전제가 모두 참이지만 결론은 거짓이다. (iii) 추론의 전제들이 모두 참인 채 결론이 거짓일 수 있음은 이 추론이 못마땅함을 뜻한다. | 가03.

세계	X	Y	Z	전제들		결론
				X이면 Y	Y이면 Z	Z
W_1	참	참	참	참	참	참
W_2	참	참	거	참	거짓	거짓
W_3	참	거	참	거짓	참	참
W_4	참	거	거	거짓	참	거짓
W_5	거	참	참	참	참	참

W_6	거	참	거	참	거짓	거짓
W_7	거	거	참	참	참	참
W_8	거	거	거	참	참	거짓

(i) 있다. W_1, W_5, W7, W8 (ii) W8에서는 두 전제가 모두 참이지만 결론은 거짓이다. (iii) 추론의 전제들이 모두 참인 채 결론이 거짓일 수 있음은 이 추론이 못마땅함을 뜻한다. | 가04.

세계	X	Y	Z	전제들		결론
				만일 X이고 Y이면 Z	X	Z
W_1	참	참	참	참	참	참
W_2	참	참	거	거짓	참	거짓
W_3	참	거	참	참	참	참
W_4	참	거	거	참	참	거짓
W_5	거	참	참	참	거짓	참
W_6	거	참	거	참	거짓	거짓
W_7	거	거	참	참	거짓	참
W_8	거	거	거	참	거짓	거짓

(i) 있다. W_1, W_3, W_4 (ii) W_4에서는 두 전제가 모두 참이지만 결론은 거짓이다. (iii) 추론의 전제들이 모두 참인 채 결론이 거짓일 수 있음은 이 추론이 못마땅함을 뜻한다.

045. 형식 오류

가01. 잘못된 이면 뒷말 없애기 | 가02. 잘못된 이고 넣기. 결론으로서 "박 대통령을 위대한 정치인으로 칭송하는 일은 그를 지나치게 미화하는 일이다"를 이끌기려면 "박 대통령은 법을 어겼고 비리 혐의로 검찰의 강도 높은 수사를 받았다"가 전제되어야 한다. 하지만 우리가 가진 정보는 "박 대통령은 비리 혐의로 검찰의 강도 높은 수사를 받았다"뿐이다. 이것으로부터 "박 대통령은 법을 어겼고 비리 혐의로 검찰의 강도 높은 수사를 받았다"를 이끄는 일은 잘못된 이고 넣기다. | 가03. 잘못된 이면 뒷말 없애기 | 가04. 잘못된 이거나 없애기. 이 글의 결론은 "ADHD는 산만한 행동들을 수반하며 약물만으로 치료된다"다. 결론의 이고 앞말은 주어진 전제들에서 이끌 수 있지만 이고 뒷말은 이끌 수 없다. 전제에서 "ADHD는 성인에게 발생할 수 있다"를 이끌 수 있지만 이것과 "ADHD는 약물만으로 치료되지는 않거나 성인에게도 발생할 수 있다"로부터 "ADHD는 약물만으로 치료된다"를 얻을 수는 없다. "ADHD는 성인에게 발생할 수 있다"와 "ADHD는 약물만으로 치료되지는 않거나 성인에게도 발생할 수 있다"로부터 "ADHD는 약물만으로 치료된다"를

이끄는 일은 잘못된 이거나 없애기일 뿐이다. | 가05. 마. "맬서스는 뉴턴이 완성한 자연철학의 프린키피아에 버금가는 도덕철학의 프린키피아를 만들고 싶었다"로부터 이거나 앞말 넣어 "스미스나 맬서스는 뉴턴이 완성한 자연철학의 프린키피아에 버금가는 도덕철학의 프린키피아를 만들고 싶었다"를 얻는다. 이것으로 첫째 전제에서 이면 앞말 없애 이 추론의 결론을 이끌 수 있다.

가06. 잘못된 이거나 없애기 | 가07. 잘못된 이거나 없애기 | 가08. 잘못된 이면 앞말 없애기. 이 추론은 "아리스토텔레스의 자연학이 중세 학문에 깊은 영향을 주지 않았다면 그것이 과학혁명 시대까지 깊은 영향을 끼쳤을 리가 없다"와 "아리스토텔레스의 자연학은 중세 학문에 깊은 영향을 주었다"로부터 "아리스토텔레스의 자연학은 과학혁명 시대까지 깊은 영향을 끼쳤다"를 이끈다. 이는 잘못된 이면 앞말 없애기다. | 가09. 잘못된 이면 잇기. 전제들을 이면 이어 "진석이 착실한 대학생이면 그는 사회 변화를 이끌 힘을 가질 수 있다"를 얻는다. 하지만 이로부터 "진석은 사회 변화를 이끌 힘을 가질 수 있다"를 얻을 수는 없다. | 가10. 잘못된 이거나 없애기. 전제들에서 "수희는 우리 회사의 올해 우수사원이 아니다"를 얻는다면 "올해 가장 열심히 일한 수희는 애사심이 차츰 식는다"를 이끌 수 있고 이로부터 "수희는 애사심이 차츰 식는다"를 이끌 수 있다. 하지만 "우리 회사의 올해 우수사원은 수희거나 희수다. 희수는 올해 우리 회사의 우수사원이다"로부터 "수희는 우리 회사의 올해 우수사원이 아니다"를 얻을 수는 없다. 그것을 얻는 일은 잘못된 이거나 없애기일 뿐이다. | 가11. 마. 첫째 전제 "신군부 세력이 광주항쟁을 왜곡하지 않았을 경우에만 보수세력은 광주항쟁이 폭동이라 주장하지 않는다"는 "신군부 세력이 광주항쟁을 왜곡했다면 보수세력은 광주항쟁이 폭동이라 주장한다"로 바꿀 수 있다. 셋째 전제로 이 첫째 전제와 둘째 전제에서 이러나저러나 결론 "보수세력은 광주항쟁이 폭동이라 주장한다"를 이끌 수 있다.

046. 참과 마땅함

가01. 모. 추론의 모든 전제가 실제로 거짓이더라도 그 추론은 마땅할 수 있다. | 가02. 모. 추론의 모든 전제와 결론이 실제로 거짓이더라도 그 추론은 마땅할 수 있다. | 가03. 모. 추론이 마땅한데 이 추론의 모든 전제가 실제로 거짓이면 이 추론의 결론은 실제로 참일 수 있고 거짓일 수도 있다. | 가04. 모. 추론의 전제들 가운데 적어도 하나가 실제로 거짓이더라도 그 추론은 마땅할 수 있다. | 가05. 모. 추론의 전제들 가운데 적어도 하나가 실제로 거짓이고 결론도 실제로 거짓이더라도 그 추론은 마땅할 수 있다. | 가06. 모. 추론이 마땅한데 이 추론의 전제들 가운데 적어도 하나가 실제로 거짓이면 이 추론의 결론은 실제로 참일 수 있고 거짓일 수도 있다. | 가07. 모. 추론의 모든 전제가 실제로 참이더라도 그 추론은 못마땅할 수 있다. | 가08. 모. 추론의 모든 전제와 결론이 실제로 참이더라도 그 추론은 못마땅할 수 있다. | 가09. 참. 추론의 전제들이 모두 실제로 참이지만 결론이 실제로 거짓이면 이 추론은 못마땅하다. | 가10. 참. 추론의 모든 전제가 실제로 참이고 이 추론이 마땅하다면 이 추론의 결론은 실제로 참이어야 한다. | 가11. 모. 추론의 결론이 실제로 거짓이더라도 그 추론은 마땅할 수 있다. | 가12. 참. 추론이 마땅

한데 이 추론의 전제들이 모두 실제로 참이면 이 추론의 결론 또한 실제로 참이어야 한다. 만일 추론 D가 마땅하고 그 결론이 실제로 거짓이면 이 추론의 전제들 가운데 적어도 하나는 실제로 거짓이어야 한다. | 가13. 모. 추론의 모든 전제와 결론이 실제로 참이더라도 그 추론은 못마땅할 수 있다. | 가14. 모. 추론의 전제들 가운데 적어도 하나가 실제로 거짓이더라도 그 추론은 마땅할 수 있다. | 가15. 모. 추론의 모든 전제가 실제로 거짓이더라도 그 추론은 마땅할 수 있다.

나01. 모. 추론 A는 못마땅한데 이 경우 전제들이 모두 실제로 참일 수 있고 모두 실제로 거짓일 수 있고 참과 거짓이 섞였을 수도 있다. | 나02. 모. | 나03. 모. | 나04. 모. 추론 A는 못마땅한데 이 경우 결론이 실제로 참일 수 있고 실제로 거짓일 수도 있다. | 나05. 모. | 나06. 모. 추론이 못마땅하더라도 추론의 모든 전제와 결론이 실제로 참일 수 있다. | 나07. 모. 추론 B는 마땅한데 이 경우 전제들이 모두 실제로 참일 수 있고 모두 실제로 거짓일 수 있고 참과 거짓이 섞였을 수 있다. | 나08. 모. | 나09. 모. 추론 B는 마땅한데 이 경우 결론이 실제로 참일 수 있고 실제로 거짓일 수도 있다. | 나10. 참. 추론이 마땅하다면 추론의 모든 전제가 참일 때 결론도 참일 수밖에 없다. | 나11. 모. 추론이 마땅하지만 그 전제들 가운데 적어도 하나가 실제로 거짓이더라도 그 결론은 실제로 참일 수 있다. | 나12. 참. "추론 B의 결론이 실제로 거짓이면 전제들 가운데 적어도 하나는 실제로 거짓이다"는 "추론 B의 모든 전제가 실제로 참이면 결론도 실제로 참이다"와 뜻이 같다. | 나13. 모. 한 추론이 마땅하다는 말은 그 추론의 전제들이 모두 실제로 참이고 그 결론도 실제로 참임을 뜻하지 않는다. 한 추론이 마땅하다는 말은 그 추론의 전제들이 모두 참이고 그 결론이 거짓일 수 없음을 뜻한다. | 나14. 참. 추론의 전제들이 모두 실제로 참이고 그 결론이 실제로 거짓이면 이 추론은 마땅할 수 없다. 왜냐하면 마땅한 추론은 추론의 전제들이 모두 참이고 결론이 거짓인 상황이 불가능하기 때문이다.

047. 튼튼하다

가01. 마. 셋째 전제로 첫째 전제에서 이거나 앞말 없애 "다산은 서양 사상을 받아들였다"를 얻는다. 이것과 둘째 전제에 이고 넣어 결론 "다산은 유교 경전을 재해석하려 했으며 서양 사상을 받아들였다"를 이끌 수 있다. 따라서 이 추론은 마땅하다. 하지만 이 추론의 첫째 전제 "다산은 유교 경전을 고수하려 했거나 서양 사상을 받아들였다"가 실제로 참인지 거짓인지 주어진 정보만으로 알 수 없다. 따라서 이 추론이 튼튼한지 그렇지 않은지 알 수 없다. | 가02. 튼. 첫째 전제에서 이고 앞말 없애 "정조 사후에 정조의 국정개혁은 물거품이 되었다"를 얻고 여기에 이거나 뒷말 넣어 결론 "정조 사후에 정조의 국정개혁은 물거품이 되었거나 다산은 자기 꿈이 실현되는 것을 보지 못한 채 쓸쓸히 죽어갔다"를 이끌 수 있다. 따라서 이 추론은 마땅하다. 한편 이 추론의 전제는 하나인데 이고문장이다. 주어진 정보에 따르면 이 문장의 이고 앞말은 참이고 이고 뒷말도 참이다. 따라서 이 추론의 전제는 참이고 이 추론은 튼튼하다. | 가03. 못. 둘째 전제에 따르면 첫째 전제의 이면 뒷말은 참이다. 첫째 전제의 이면 뒷말이 참이더라도 이 전제의 이면 앞말이 참이지는 않다. 그런데

도 이 추론은 첫째 전제의 이면 앞말이 참이라 결론 내린다. 이렇게 추론하는 일은 오류며 못마땅하다. | 가04. 못. 둘째 전제에 따르면 첫째 전제의 이거나 앞말은 참이다. 첫째 전제의 이거나 앞말이 참이더라도 이 전제의 이거나 뒷말이 거짓이지는 않다. 주어진 전제로부터 결론의 이거나 앞말 "정조는 경장대고에서 국정개혁 청사진을 제시하지 않았다"를 이끌 수 없으며 결론의 이거나 뒷말 "정조 사후에 정조의 국정개혁은 물거품이 되었다"도 이끌 수 없다. 따라서 주어진 전제로부터 결론을 이끌 수 없다. 이 추론은 못마땅하다. | 가05. 튼. 둘째 전제에서 이고 뒷말 없애 "정조와 다산의 꿈은 조선을 혁신하는 일이었다"를 얻고 이것으로 첫째 전제에서 이면 앞말 없애 "정조는 경장대고에서 국정개혁 청사진을 제시했다"를 얻는다. 둘째 전제에서 이고 앞말 없애 "정조 사후에 그의 국정개혁은 물거품이 되었다"를 얻고 이것과 아까 얻은 문장에 이고 넣어 결론 "정조는 경장대고에서 국정개혁 청사진을 제시했지만 정조 사후에 그의 국정개혁은 물거품이 되었다"를 이끌 수 있다. 따라서 이 추론은 마땅하다. 한편 주어진 정보에 따르면 이 추론의 첫째 전제는 참이다. 왜냐하면 주어진 정보에 따르면 첫째 전제의 이면 앞말이 참이고 이면 뒷말도 참이기 때문이다. 그다음 주어진 정보에 따르면 이 추론의 둘째 전제도 참이다. 왜냐하면 주어진 정보에 따르면 둘째 전제의 이고 앞말이 참이고 이고 뒷말도 참이기 때문이다. 이처럼 주어진 정보에 따르면 이 추론의 두 전제는 모두 참이다. 결국 이 추론은 튼튼하다.

나01. 마땅하다. 이 추론의 전제들이 모두 참인 세계는 W_3이다. 이 세계에서 이 추론의 결론도 참이다. 이를 보건대 전제들이 모두 참이고 결론이 거짓인 세계는 생각할 수 없다. 따라서 우리가 W_1에 살더라도 우리는 이 추론이 마땅하다고 말해야 한다. | 나02. 마땅하다. 그 까닭은 앞과 같다. | 나03. 마땅하다. 그 까닭은 앞과 같다. | 나04. 마땅하다. 그 까닭은 앞과 같다. 이처럼 한 추론이 한 세계에서 마땅하면 다른 모든 세계에서도 마땅하다. 마찬가지로 한 추론이 한 세계에서 못마땅하면 다른 모든 세계에서도 못마땅하다. 한 추론이 마땅한지 못마땅한지는 우리가 어느 세계에 사느냐에 의존하지 않는다. | 나05. 튼튼하지 않다. 이 추론은 마땅하지만 W_1에서는 전제들 가운데 하나가 실제로 거짓이기 때문이다. 보다시피 이 세계에서는 결론이 실제로 참이지 않다. 만일 이 추론이 튼튼하다면 결론도 실제로 참이어야 한다. | 나06. 튼튼하지 않다. W_2에서는 전제들 가운데 하나가 실제로 거짓이다. | 나07. 튼튼하다. 이 추론은 마땅하고 W_3에서 전제들이 모두 참이다. 보다시피 이 세계에서 결론도 실제로 참이다. | 나08. 튼튼하지 않다. W_4에서는 전제들 가운데 하나가 실제로 거짓이다. 이 세계에서는 결론이 참이지만 이 추론이 튼튼하지는 않다. 이처럼 추론의 마땅함과 더불어 결론의 참임은 그 추론의 튼튼함을 보장하지 못한다.

048. 홑문장과 두루문장

가01. 임자말: 전자, 풀이말: 는 뉴트리노보다 가볍다. 가02. 임자말: 슬혜, 풀이말: 는 슬옹보다 지완을 더 좋아한다. | 가03. 임자말: 재석, 풀이말: 은 탑골공원에서 형돈과 즐겁게 산책했다. | 가04.

임자말: 올해 가장 좋은 스마트폰, 풀이말: 은 애플의 최신 모델이다. 가05. 임자말: 소나무와 풀이 있는 정원, 풀이말: 은 자주 손질해야 한다. 가06. 임자말: 벌레를 먹고 사는 동물, 풀이말: 은 창자 안에 세콘데렐라가 살 수 없다. | 가07. 임자말: 과학자인 동시에 수학자, 풀이말: 는 천재다. | 가08. 임자말: 지구, 풀이말: 는 태양계의 셋째 행성이다. | 가09. 임자말: 내가 가장 좋아하는 음악, 풀이말: 은 바흐의 무반주 첼로 조곡이다. | 가10. 임자말: 인간 행동의 유전자 결정론을 믿는 사람, 풀이말: 은 마음이 몸에 변화를 일으킬 수 있다는 심신인과를 부정한다.

나01. 두루문장. "한국사람은 부지런하다"가 "모든 한국사람은 부지런하다"를 뜻한다면 여기서 "한국사람"은 두루이름이고 "한국사람은 부지런하다"는 두루문장이다. 하지만 "한국사람은 부지런하다"가 "한국사람들의 모임은 부지런하다" 또는 "한국사람의 전체 집단은 부지런하다"를 뜻한다면 여기서 "한국사람"은 모임이름이고 "한국사람은 부지런하다"는 두루문장이라기보다 홀문장에 가깝다. | 나02. 두루문장 | 나03. 홀문장

다01. 두루문장의 이다, 풀이말 토씨의 이다. | 다02. 홀문장의 이다, 똑같음의 이다. '샛별'과 '개밥바라기'는 태양계의 둘째 행성 금성을 가리키는 홀이름이다. '샛별'은 아침에 동쪽 하늘에서 보이는 금성을 가리키고 '개밥바라기'는 저녁에 서쪽 하늘에서 보이는 금성을 가리킨다. | 다03. 홀문장의 이다, 풀이말 토씨의 이다. '내가 커피숍에서 만난 그 사람'은 어느 한 사람만을 가리키는 홀이름이다.

049. 모든

가01. 'a는 C이거나 a는 S이다'는 거짓이다. 또는: a는 C가 아니고 a는 S가 아니다. | 가02. a는 C이거나 a는 S이고, b는 C이거나 b는 S이다. "가혁과 나래는 착하거나 사랑받는다"는 "가혁은 착하거나 사랑받고, 나래는 착하거나 사랑받는다"를 뜻한다. | 가03. 만일 a가 C이거나 b가 C이면 a는 S이고 b는 S이다.

나01. 모두 아니다 | 나02. 몇몇 그렇다 | 나03. 몇몇 그렇다. | 나04. 모두 그렇다 | 나05. 몇몇 아니다

다01.무엇이든 그것이 고래면 그것은 배꼽을 갖는다. | 다02. 무엇이든 그것이 철학자면 그것은 논리학을 무시하지 않는다. | 다03. 무엇이든 그것이 외국 문화에 관심 있는 사람이면 그것은 외국에 가본 적이 있다. | 다04. 무엇이든 그것이 물리학을 좋아하거나 철학을 좋아하는 사람이면 그것은 실제 응용보다 근본 원리를 추구한다. | 다05. 무엇이든 그것이 도깨비면 그것은 뿔이 달렸거나, 무엇이든 그것이 도깨비면 그것은 뿔이 달리지 않았다. | 다06. 무엇이든 그것이 힘을 받지 않는 사물이면 그것은 질량을 갖지 않거나 등속직선 운동을 한다.

라01.않. "모든 도깨비는 뿔이 달렸다"는 "무엇이든 그것이 도깨비면 그것은 뿔이 달렸다"를 뜻한다. "어느 도깨비도 뿔이 안 달렸다" 또는 "어느 도깨비도 뿔이 달리지 않았다"는 "무엇이든 그것이 도깨비면 그것은 뿔이 안 달렸다"를 뜻한다. "무엇이든 그것이 도깨비면 그것은 뿔이 달렸다"를 부정하면 "무엇이든 그것이 도깨비면 그것은 뿔이 안 달렸다"가 나오지 않는다. 아직 또렷이 이해하기 어렵겠지만 "어느 S도 P가 아니다"나 "모든 S는 P가 아니다"는 "모든 S는 P이다"의 부정문이 아니다. | 라02. 바. "도깨비가 모두 뿔이 달리지는 않았다"는 "모든 도깨비가 뿔이 달린 것은 아니다"나 "'모든 도깨비가 뿔이 달렸다'는 거짓이다"를 뜻한다. "모든 S는 P이다"의 부정문은 보통 "모든 S가 P인 것은 아니다", "S가 모두 P는 아니다", "모든 S가 P는 아니다" 꼴로 쓴다. "모든 도깨비가 뿔이 달리지는 않았다"보다는 "도깨비가 모두 뿔이 달리지는 않았다"가 조금 덜 헷갈린다. 우리는 "가", "는", "모든", "모두", "어느", "어떤", "어떠한" 따위를 매우 주의 깊게 써야 한다. "모든 도깨비는 뿔이 달리지 않았다"나 "모든 도깨비가 뿔이 달리지 않았다"는 "어느 도깨비도 뿔이 달리지 않았다"로 써야 덜 헷갈린다. | 라03. 않 | 라04. 않 | 라05. 않. "정직한 모든 사람은 언젠가 성공한다"를 부정하려면 "정직한 모든 사람이 언젠가 성공하는 것은 아니다"고 하거나 "정직한 모든 사람이 언젠가 성공한다는 말은 거짓이다"고 해야 한다.

050. 몇몇

가01. 무엇이든 그것이 검은 사람이면 그것은 매우 똑똑한 사람이다. | 가02. 무엇이든 그것이 초기 근대의 서양철학자면 그것은 조선 성리학을 알지 못했다. | 가03. 물에 뜨는 금속이고 또한 항공기 부품에 쓰이는 것이 적어도 하나 있다. | 가04. 착하고 똑똑한 남자고 여성에게 사랑받지 못하는 것이 적어도 하나 있다. | 가05. 소나무와 풀이 있는 정원이고 전혀 손질하지 않아도 되는 것이 적어도 하나 있다. | 가06. 무엇이든 그것이 수학자이자 철학자인 여성이면 그것은 내가 좋아하는 부류의 사람이다. | 가07. 가난하지만 공부를 열심히 하는 학생이고 국가 장학금을 받을 수 있는 것이 적어도 하나 있다. | 가08. 논리와 사실을 바탕으로 유권자를 설득하지 않는 정치인이고 자기 이익만 좇는 좋지 않은 정치인이 적어도 하나 있다. | 가09. 무엇이든 그것이 자유의지의 존재를 믿지 않는 과학자면 그것은 자기 근육이 자기 의지대로 움직이는 일을 싫어하지 않는다. | 가10. 외국어를 공부한 적도 없고 외국에 가본 적이 없는 사람이고 다른 문화에 열린 마음을 갖지 못하는 것이 적어도 하나 있다. 귀띔: "S인 일부는", "S 중 일부는", "S 가운데 일부는" 따위는 "몇몇 S는"을 뜻한다. | 가11. 스피노자와 라이프니츠를 둘 다 좋아하는 생물학자고 모든 생명체에 영혼이 깃들었다고 생각하는 것이 적어도 하나 있다. | 가12. 무엇이든 그것이 모든 사물은 원자로 이루어졌다고 믿는 자연주의자면 그것은 몇몇 현상이 자연법칙을 벗어나 일어난다는 말을 믿지 않는다. | 가13. 무엇이든 그것이 병들고 약한 개체면 그것은 환경 변화에 적응하지 못해 자연 선택되지 않거나, 무엇이든 그것이 생명 종이면 그것은 설사 일부 개체들이 병들고 약하더라도 자기 나름의 환경에 최적화되었다.

나01. 않. "몇몇 페미니스트는 착하다"는 "페미니스트고 착한 것이 적어도 하나 있다"다. 이의 부정문은 "페미니스트고 착한 것이 하나도 없다"다. 한편 "몇몇 페미니스트는 착하지 않다"는 "페미니스트고 착하지 않은 것이 적어도 하나 있다"를 뜻한다. | 나02. 않. "몇몇 사람은 착하지 않다"는 "사람이고 착하지 않은 것이 적어도 하나 있다"를 뜻한다. 이의 부정문은 "사람이고 착하지 않은 것이 하나도 없다"다. "모든 사람은 착하지 않다"는 "사람이고 착하지 않은 것이 하나도 없다"를 뜻하지 않는다. | 나03. 않. "몇몇 지구과학자는 생물학자였다"는 "지구과학자고 생물학자였던 것이 적어도 하나 있다"를 뜻하고 "몇몇 생물학자는 지구과학자였다"는 "생물학자고 지구과학자였던 것이 적어도 하나 있다"를 뜻한다. | 나04. 않. "철학자고 무신론자인 것이 적어도 하나 있다"의 부정문은 "철학자고 무신론자인 것이 하나도 없다"다. 이것의 부정문이 "철학자고 유신론자인 것이 적어도 하나 있다"일 수는 없다. | 나05. 바 | 나06. 않. "사회학자고 게임이론을 아예 모르는 이가 있다"의 부정문은 "사회학자고 게임이론을 아예 모르는 이가 없다"다. "대부분 사회학자는 게임이론을 조금이라도 안다"는 "사회학자고 게임이론을 아예 모르는 이가 없다"를 뜻하지 않는다.

나07. 않. "좋은 정치인이고 논리로 유권자를 설득하는 것이 적어도 하나 있다"의 부정문은 "좋은 정치인이고 논리로 유권자를 설득하는 것이 하나도 없다"다. 이것은 "좋지 않은 정치인이고 논리로 유권자를 설득하는 것이 적어도 하나 있다"와 뜻이 다르다. | 나08. 바. "몇몇 노동자는 철학자다"는 "노동자고 철학자인 것이 적어도 하나 있다"를 뜻한다. 이의 부정문은 "노동자고 철학자인 것이 하나도 없다"다. | 나09. 바. "몇몇 급진 자연주의자는 자유의지의 존재를 믿지 않는다"는 "급진 자연주의자고 자유의지의 존재를 믿지 않는 것이 적어도 하나 있다"를 뜻한다. 이의 부정문은 "급진 자연주의자면서 자유의지의 존재를 믿지 않는 것이 하나도 없다"다. | 나10. 바 | 나11. 않. 첫째 문장의 부정은 "착하고 똑똑한 남자고 여성에게 사랑받지 못하는 것이 하나도 없다"이다. 이것은 "착하지 않고 똑똑하지 않은 남자고 여성에게 사랑받지 못하는 것이 적어도 하나 있다"를 뜻하지 않는다. | 나12. 않. 첫째 문장의 부정은 "가난하지만 공부를 열심히 하는 학생이고 국가 장학금을 받을 수 있는 것은 하나도 없다"다. 이것은 "가난하지만 공부를 열심히 하는 학생이면서 국가 장학금을 받을 수 없는 것이 적어도 하나 있다"를 뜻하지 않는다. | 나13. 바. 첫째 문장의 부정문은 "스피노자와 라이프니츠를 좋아하는 생물학자고 모든 생명체에 영혼이 깃들었다고 생각하는 것이 하나도 없다"다. 이는 "스피노자와 라이프니츠를 좋아하는 생물학자 가운데 모든 생명체에 영혼이 깃들었다고 생각하는 이는 없다"와 뜻이 같다.

051. 벤 그림

가01.

모임	벤 그림
S = 소나무와 풀이 있는 정원들 P = 전혀 손질하지 않아도 되는 것들	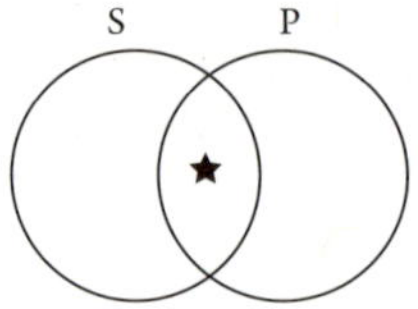

또는

모임	벤 그림
S = 소나무와 풀이 있는 정원들 P = 조금이라도 손질해야 하는 것들	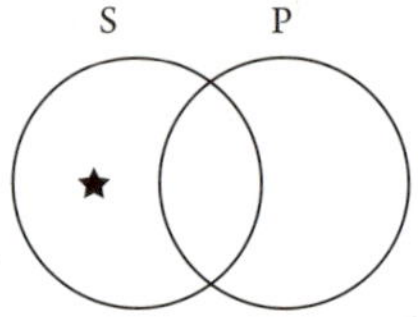

가02.

모임	벤 그림
S = 자기 제자를 자기 스승으로 삼지 않은 이들 P = 위대한 스승들	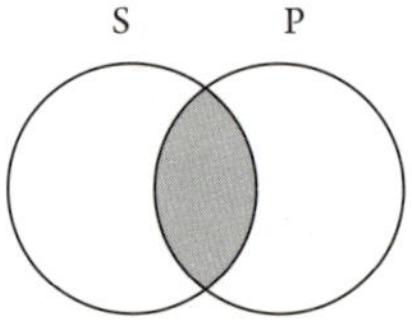

나01.

모임	벤 그림
S = 바른 여자들 P = 똑똑한 여자들 R = 강자가 약자를 억누르고 약자에게 부당한 일을 강요하는 남성 중심 사회의 저항에 부딪히는 것들	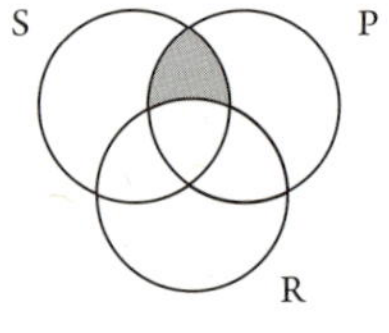

052. 모든 몇몇 달리 쓰기

정답

가. 어느 원숭이도 생각하지 않는다. ≡ 무엇이든 그것이 원숭이면 그것은 생각하지 않는다. ≡ 무엇이든 그것이 생각한다면 그것은 원숭이가 아니다. ≡ 생각하는 어느 것도 원숭이가 아니다.

나01. 같. “모든 S는 P이다는 말은 거짓이다”는 “S이지만 P 아닌 것이 적어도 하나 있다”를 뜻한다. 이는 “몇몇 S는 P가 아니다”를 뜻한다. | 나02. 다. “어느 철학자도 유신론자가 아니라는 말은 거짓이다”는 “몇몇 철학자는 유신론자다”를 뜻한다. | 나03. 같. “어느 S도 P가 아니다”는 “S이고 P인 것이 없다”를 뜻한다. 이는 “몇몇 S는 P이다는 말은 거짓이다”를 뜻한다. | 나04. 같. “모든 S는 P이다”는 “S이지만 P 아닌 것은 없다”를 뜻한다. 이는 “몇몇 S는 P가 아니다는 말은 거짓이다”를 뜻한다.

나05. 다. “모든 S는 P가 아니다”는 “모든 P는 S가 아니다”를 뜻하지 “P 아닌 몇몇은 S이다”를 뜻하지 않는다. 또 “모든 S는 P이다”는 “몇몇 P는 S이다”를 뜻하지 않는다. “논리로 유권자를 설득하지 않는 모든 정치인은 좋은 정치인이 아니다”는 “논리로 유권자를 설득하지 않는 정치인이고 좋은 정치인인 것은 없다”를 뜻한다. 이는 “논리로 유권자를 설득하지 않는 몇몇 정치인은 좋은 정치인이다는 말은 거짓이다” 또는 “몇몇 좋은 정치인은 논리로 유권자를 설득하지 않는다는 말은 거짓이다”를 뜻한다. “몇몇 좋은 정치인은 논리로 유권자를 설득하지 않는다는 말은 거짓이다”와 “몇몇 좋지 않은 정치인은 논리로 유권자를 설득하지 않는다”는 뜻이 다르다.

나06.같. “모든 S는 P가 아니다”, “S는 모두 P가 아니다”, “어느 S도 P가 아니다”는 모두 뜻이 같다. 이는 또한 “어느 P도 S가 아니다”를 뜻한다. | 나07. 같. “몇몇 S는 P이다”는 “몇몇 P는 S이다”와 뜻이 같다. | 나08. 같. “모든 S는 P이다”는 “P 아닌 어느 것도 S가 아니다”를 뜻한다. | 나09. 다. “모든 S는 P이다”는 “S 아닌 어느 것도 P가 아니다”나 “모든 P는 S이다”를 뜻하지 않는다. “어느 S도 P가 아니다”는 “S 아닌 어느 것도 P이다”나 “P 아닌 어느 것도 S이다”를 뜻하지 않는다.

다01. 사람 아닌 어느 것도 희망이 아니다. | 다02. 생각할 수 있는 생물이 아닌 모든 것은 의도를 가질 수 없다. 귀띔: 이 문장으로부터 “생각할 수 없는 생물은 의도를 가질 수 없다”를 이끌 수 있다. 하지만 “생각할 수 있는 생물이 아닌 모든 것은 의도를 가질 수 없다”는 “생각할 수 없는 생물은 의도를 가질 수 없다”를 뜻하지 않는다. | 다03. 윤리경영을 하는 기업이 아닌 모든 것은 지속가능한 경영을 할 수 없다.

라01. 마. 둘째 전제 “몇몇 도깨비는 뿔이 달리지 않았다”는 첫째 전제의 이거나 앞말 “모든 도깨비는 뿔이 달렸다”의 부정문이다. 둘째 전제로 첫째 전제에서 이거나 앞말 없애 “어느 도깨비도 뿔이 달리지 않았다”를 이끌 수 있다. | 라02. 못. 둘째 전제 “앎을 사랑하는 사람은 아무도 생각하기를 즐기지 않는다”는 첫째 전제의 이면 뒷말 “앎을 사랑하는 모든 사람은 생각하기를 즐긴다”의 부정문이 아니고 또한 첫째 전제의 이면 뒷말을 거짓으로 만들 수도 없다. 앎을 사랑하는

사람이 하나라도 있다면 둘째 전제는 첫째 전제의 이면 뒷말을 거짓으로 만들 수 있다. 하지만 앎을 사랑하는 사람이 아무도 없다면 둘째 전제는 첫째 전제의 이면 뒷말을 거짓으로 만들 수 없다. 우리는 앎을 사랑하는 사람이 하나라도 있는지 없는지 주어진 전제들로부터 알 수 없다. 그래서 우리는 이 추론에 이면 뒷말 없애기를 쓸 수 없다. | 라03. 못. 둘째 전제 "철학자이자 과학자인 사람 가운데서 노동자는 아무도 없다"는 첫째 전제의 이면 앞말 "몇몇 노동자가 이미 철학자이자 과학자다"의 부정문이다. 하지만 이를 써서 새로 얻을 정보는 없다. 주어진 전제들로부터 결론 "우리 주위에 아직은 매우 적은 철학자들이 존재할 뿐이다"를 이끌 길은 없다. 우리 주위에 철학자들이 적어도 하나 있음을 긍정할 근거도 주어진 전제에서 찾을 수 없다.

라04. 못. "노력하지 않은 채 똑똑한 사람은 아무도 없다"의 부정문은 "노력하지 않은 채 똑똑한 사람이 적어도 하나 있다"를 뜻한다. 이로부터 "몇몇 사람은 노력하지 않은 채 똑똑하다"나 "몇몇 똑똑한 사람은 노력하지 않은 채 똑똑하다"를 이끌 수 있다. 하지만 결론 "모든 똑똑한 사람은 노력하지 않은 채 똑똑하다"를 이끌 수는 없다. | 라05. 마. 둘째 전제 "착하거나 똑똑한 남자는 누구나 여성에게 사랑받는다"가 참이면 "착하고 똑똑한 남자는 누구나 여성에게 사랑받는다"도 참이다. 이것은 "만일 X이거나 Y이면 Z"로부터 "만일 X이고 Y이면 Z"를 이끌 수 있다는 사실을 써서 증명할 수 있다. 이면 잇기를 써서 "만일 X이고 Y이면 X이거나 Y. 만일 X이거나 Y이면 Z. 따라서 만일 X이고 Y이면 Z"가 마땅함을 알 수 있다. 여기서 "만일 X이고 Y이면 X이거나 Y"는 반드시 참말이다. 아무튼 "착하고 똑똑한 남자는 누구나 여성에게 사랑받는다"가 참이기에 "착하고 똑똑한 남자들 일부는 여성에게 사랑받지 못한다"는 거짓이다. 그래서 우리는 둘째 전제로 첫째 전제에서 이거나를 없앨 수 있다. 이거나 없애 "착하고 똑똑한 여자들 일부는 남성에게 사랑받지 못한다"를 얻고, 이것으로 셋째 전제에서 이면 없애, 결론 "아마도 나는 남성에게 사랑받지 못한다"를 이끌 수 있다.

053. 벤 그림 추론 하루

가01.

모임	전제들의 벤 그림
철 = 철학자들 자 = 자연주의자들 ㅅ = 소크라테스	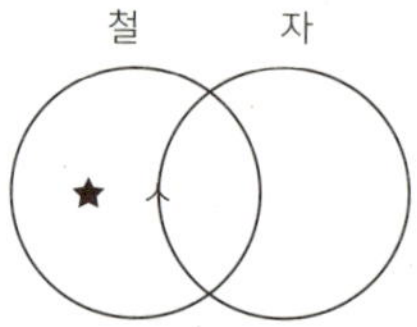
전제들의 벤 그림으로부터 결론이 참임을 알 수 있는가?	알 수 없다.
이 추론은 마땅한가 못마땅한가?	못마땅하다.

가02.

모임	전제들의 벤 그림
깨 = 깨달은 사람들 무 = 다른 사람을 무시하는 것들 ㄴ = 너	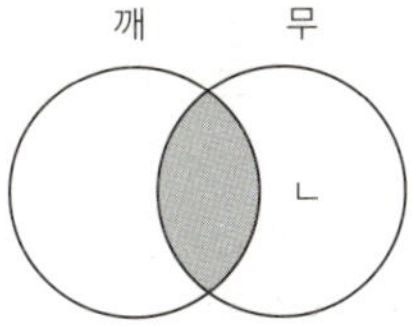
전제들의 벤 그림으로부터 결론이 참임을 알 수 있는가?	알 수 있다.
이 추론은 마땅한가 못마땅한가?	마땅하다.

가03.

모임	전제들의 벤 그림
도 = 도깨비들 뿔 = 뿔을 갖는 것들	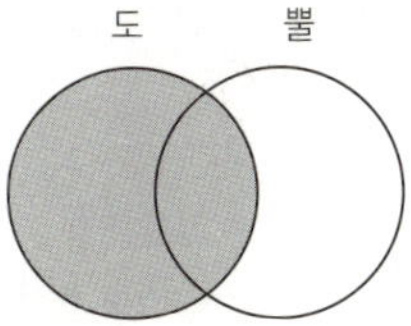
전제들의 벤 그림으로부터 결론이 참임을 알 수 있는가?	알 수 있다.
이 추론은 마땅한가 못마땅한가?	마땅하다.

054. 벤 그림 추론 이틀

가01.

모임	전제들의 벤 그림
결 = 결정론을 믿는 이들 자 = 자연주의를 믿는 이들 의 = 자유의지를 믿는 이들 ㄷ = 다니엘 데닛	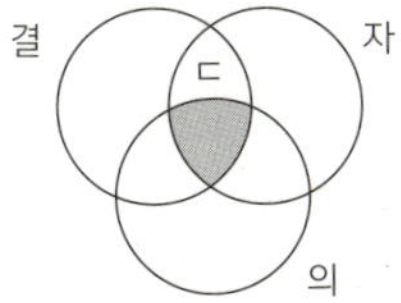
전제들의 벤 그림으로부터 결론이 참임을 알 수 있는가?	알 수 있다.

위 추론은 마땅한가 못마땅한가?	마땅하다.

가02.

모임	전제들의 벤 그림
생 = 생각하는 것들 마 = 마음을 갖는 것들 기 = 기계들	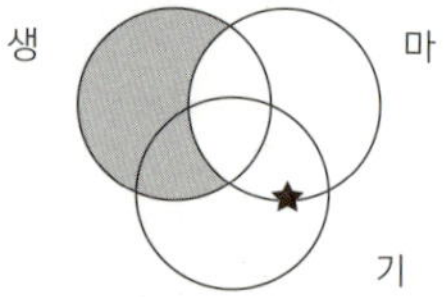
전제들의 벤 그림으로부터 결론이 참임을 알 수 있는가?	알 수 없다.
위 추론은 마땅한가 못마땅한가?	못마땅하다.

가03.

모임	전제들의 벤 그림
가 = 가난한 이들 자 = 자유를 충분히 누리는 이들 평 = 평등이 보편화 되는 일을 좋아하는 이들 ㅁ = 마리	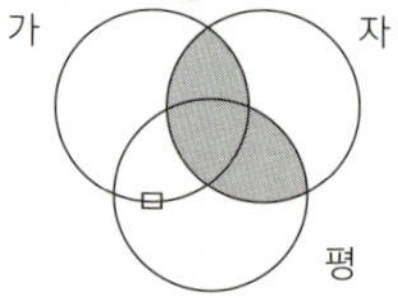
전제들의 벤 그림으로부터 결론이 참임을 알 수 있는가?	알 수 없다.
위 추론은 마땅한가 못마땅한가?	못마땅하다.

055. 양화논리 하루

가01.몇몇 넣기 | 가02. 모든 없애기 | 가03. 모든 없애기 | 가04. 모든 넣기 | 가05. 몇몇 넣기

나01.김구가 훌륭하더라도 김구 말고 다른 사물은 훌륭하지 않을 수 있다. 넓게 말해 "a는 P이다"로부터 "모든 것은 P이다"를 이끌 수 없다. "a는 P이다"로부터 "모든 것은 P이다"를 이끄는 일을 "잘못된 모든 넣기"라 한다. | 나02. "배수아는 아름답다"에서 '배수아'라 불리는 사물은 사람이 아닐 수 있다. 배수아는 고양이일 수 있고 인형일 수 있다. 배수아는 아름답다는 말로부터 그것이 사람임을 이끌 수 없다. 하지만 "사람 배수아는 아름답다"나 "배수아는 사람이고 아름답다"로부

터 "몇몇 사람은 아름답다"를 이끌 수 있다. | 나03. "몇몇 천재는 성질이 사납다"는 "천재고 성질이 사나운 것이 적어도 하나 있다"를 뜻한다. 하지만 여기서 "적어도 하나 있다"고 말한 것은 뉴턴을 두고 한 말이 아닐 수 있다. 이것은 "뉴턴은 천재다"가 참이더라도 달라지지 않는다. 그래서 "몇몇 천재는 성질이 사납다"와 "뉴턴은 천재다"로부터 "뉴턴은 성질이 사납다"를 이끌 수 없다. | 나04. "모든 사람은 동물이다"는 "몇몇 사람이 존재한다"를 말하지 않는다. "몇몇 사람이 존재한다"를 받아들이는 일은 전제에서 추론되었다기보다 그냥 우리의 상식에서 나온 판단이다. "모든 S는 P이다"로부터 "몇몇 S는 P이다"가 따라 나온다고 생각하는 이는 "지구에서 해발 9,000미터를 넘는 모든 산은 에베레스트 산보다 높다"로부터 "지구에서 해발 9,000미터를 넘는 몇몇 산은 에베레스트 산보다 높다"는 것을 받아들여야 한다. 하지만 "지구에서 해발 9,000미터를 넘는 몇몇 산은 에베레스트 산보다 높다"는 "지구에서 해발 9,000미터를 넘는 산이고 에베레스트 산보다 높은 것이 적어도 하나 있다"를 뜻한다. "지구에서 해발 9,000미터를 넘는 모든 산은 에베레스트 산보다 높다"는 우리 세계에서 참이지만 "지구에서 해발 9,000미터를 넘는 산이고 에베레스트 산보다 높은 것이 적어도 하나 있다"는 우리 세계에서 거짓이다. 다시 말해 "지구에서 해발 9,000미터를 넘는 모든 산은 에베레스트 산보다 높다"는 참이지만 "지구에서 해발 9,000미터를 넘는 몇몇 산은 에베레스트 산보다 높다"는 거짓이다. 이는 "지구에서 해발 9,000미터를 넘는 모든 산은 에베레스트 산보다 높다"로부터 "지구에서 해발 9,000미터를 넘는 몇몇 산은 에베레스트 산보다 높다"가 따라 나오지 않음을 뜻한다.

다. 1에 몇몇 넣어

라. 5에 모든 넣어

마. ㉠ 2에서 몇몇 없애 ㉡ 1에서 모든 없애 ㉢ 9에 몇몇 넣어, 몇몇 사람은 거짓말쟁이가 아니다. 풀이: 문장2로부터 "사람이고 나쁘지 않은 것이 적어도 하나 있다"를 알 수 있다. 적어도 하나 있는 그것들 가운데 하나를 가리키려고 홀이름 o를 붙인다. 이 경우 "o는 사람이고 나쁘지 않다"고 말할 수 있다. "몇몇 S는 P이다"로부터 "o는 S이고 P이다"를 이끄는 일은 '몇몇 없애기' 또는 '존재 예화'다. 다만 새로 가져온 o는 "몇몇 사람은 나쁘지 않다"에서 있다고 말한 바로 그것들 가운데 하나를 가리키는 홀이름이다. 홀이름 o는 우리가 다른 사물을 가리키려고 이미 쓰는 이름이 아니어야 한다. 보기를 들어 추론 "몇몇 천재는 성질이 사납다. 따라서 뉴턴은 성질이 사납다"는 잘못된 몇몇 없애기다.

056. 양화논리 이틀

가01. 마. 둘째 전제에 따르면 기계고 생각하는 것이 적어도 하나 있다. 그것을 o라 이름 짓는다면

o는 기계고 생각한다. 첫째 전제에서 모든 없애 "o가 생각한다면 o는 마음을 갖는다." o는 생각하기에 o는 마음을 갖는다. 이로부터 "o는 기계고 마음을 갖는다"를 얻는다. 여기에 몇몇 넣어 결론 "몇몇 기계는 마음을 갖는다"를 이끌 수 있다. | 가02. 못. 첫째 전제에 따르면 동물이고 마음을 갖지 않는 것이 적어도 하나 있다. 이것을 o라 이름 짓는다면 o는 동물이고 마음을 갖지 않는다. 하지만 둘째 전제로부터는 마음을 갖지 않는 것이 생각하는지 안 하는지 판단할 수 없다. 다시 말해 주어진 전제로부터 "o는 생각하지 않는다"를 이끌 수 없다. 결국 전제들로부터 "동물이고 생각하지 않는 것이 적어도 하나 있다"를 이끌 수 없으며 "몇몇 동물은 생각하지 않는다"도 이끌 수 없다. 나아가 결론의 부정 "모든 동물은 생각한다"를 가정하더라도 주어진 전제로부터 모순문장을 이끌 수 없다. | 가03. 못. 둘째 전제에 따르면 운동선수고 건강 상태가 완전하지 못한 것이 적어도 하나 있다. 이것을 o라 이름 지으면 o는 운동선수고 건강 상태가 완전하지 못하다. 하지만 첫째 전제를 쓰더라도 o가 담배를 피우는 사람인지 아닌지 판단할 수 없다. 주어진 전제만으로 "운동선수고 담배 피우는 사람이 적어도 하나 있다"를 이끌 수 없다. 다시 말해 주어진 전제로부터 결론이 따라 나오지 않는다. | 가04. 못. 450그램인 내 노트북은, 둘째 전제에 따르면, 간편하게 들고 다닐 수 있다. 하지만 첫째 전제를 쓰더라도, 간편하게 들고 다닐 수 있는 것이 유용한지 유용하지 않은지, 판가름할 수 없다. 따라서 450그램인 내 노트북이 유용한지 유용하지 않은지 주어진 전제만으로는 판단할 수 없다.

가05. 마. "오직 생각하는 것만이 마음을 갖는다. 오직 사람만이 생각한다"는 "생각하지 않는 모든 것은 마음을 갖지 않는다. 사람 아닌 모든 것은 생각하지 않는다"로 바꿀 수 있다. 이 두 전제로부터 "사람 아닌 모든 것은 마음을 갖지 않는다"를 이끌 수 있다. "레이는 마음을 갖는다"고 했기에 우리는 "레이는 사람이다"를 이끌 수 있다. 여기서 '레이'는 홑이름이다. "레이는 사이보그고 사람이다"가 참이기에, 몇몇 넣어, "몇몇 사이보그는 사람이다"는 참이다. | 가06. 마. "공동체의 진보에 무관심한 사람이 아니면 누구나 조금이라도 더 나은 정치인이 누구인지 탐구하고 조금이라도 더 나은 정치인을 골라 그에게 투표한다"는 "조금이라도 더 나은 정치인이 누구인지 탐구하지 않거나 조금이라도 더 나은 정치인을 골라 그에게 투표하지 않은 이는 누구나 공동체의 진보에 무관심한 사람이다"를 뜻한다. 이로부터 "조금이라도 더 나은 정치인을 골라 그에게 투표하지 않은 이는 누구나 공동체의 진보에 무관심한 사람이다"를 얻을 수 있다. "P이거나 Q인 모든 이는 R이다"는 "P인 모든 이는 R이고, Q인 모든 이는 R이다"를 뜻한다. 이 결과와 추론의 둘째 전제를 모든 이어 "조금이라도 더 나은 정치인을 골라 그에게 투표하지 않는 모든 이는 진보의 성과만 누리는 무임승차자다"를 이끌 수 있다. | 가07. 마. 첫째 전제에서 모든 없애, 김남준이 대중 연예인이면 김남준은 대중의 관심을 먹고 산다. 셋째 전제에 따르면 김남준은 대중 연예인이기에 그는 대중의 관심을 먹고 산다. 둘째 전제에서 모든 없애, 김남준이 대중의 정서를 잘 이해하지 않는 사람이면 그는 대중의 관심을 먹고 사는 이가 아니다. "김남준은 대중의 관심을 먹고 산다"는 정보를 써서, 이면 뒷말 없애, "김남준은 대중의 정서를 잘 이해하지 않는 사람이 아니다"를 얻는다. 김남준은 사람이기에 결론 "김남준은 대중의 정서를 잘 이해한다"를 이끌 수 있다. | 가08. 못. 이 추론의 첫째 전제

가 "외국어 학원에 다니는 사람은 모두 외국 문화에 관심을 둔다"가 아니라 "외국 문화에 관심을 두는 사람은 누구나 외국어 학원에 다닌다"로 바뀐다면 이 추론은 마땅하다.

나. 여러 답이 있다. 그 가운데 하나만 쓰면: 나01. 아름은 성실하다. | 나02. 몇몇 남자는 여자에게 사랑받지 않는다. | 나03. 사람은 누구나 생각과 행위에서 잘못을 저지를 수 있기 때문이다. | 나04. 너는 다른 사람이 참될 가능성을 인정하지 않거나 너 자신이 틀릴 가능성을 인정하지 않기 때문이다. | 나05. 영희는 착하다. | 나06. 윤건해는 토론을 회피하기 때문이다. | 나07. 원대고등학교는 특수목적에 부합하는 역할을 하지 못하기 때문이다. 풀이: 마지막 전제로 첫째 전제에서 이면 앞말 없애, "국가 재정을 계속 지원받고 싶은 모든 고등학교와 대학교는 장차 평준화되어야 하며 특수목적에 부합하는 역할을 하지 못하는 모든 특수목적고등학교는 장차 인가 취소되거나 사립화를 선택해야 한다"를 얻는다. 이것과 "원대고등학교는 현재 공립 특수목적고등학교며 사립화되지 않은 채 국가 재정을 계속 지원받으려 한다"로부터 "원대고등학교는 장차 평준화되어야 한다"를 이끌 수 있다. 여기에 "원대고등학교는 특수목적에 부합하는 역할을 하지 못한다"를 전제로 보태면 "원대고등학교는 장차 인가 취소되거나 사립화를 선택해야 한다"를 이끌 수 있다. 원대고등학교는 사립화되기를 바라지 않기에 "원대고등학교는 장차 인가 취소되어야 한다"를 이끌 수 있다. 이러한 추론으로부터 우리는 "원대고등학교는 현재 특수목적고등학교고, 장차 평준화되어야 하며, 인가 취소되어야 한다"를 얻는다. 여기에 몇몇 넣어 "몇몇 현재의 특수목적고등학교는 장차 평준화되어야 하며 인가 취소되어야 한다"를 이끌 수 있다.

057. 참말 놀이

가. B. 먼저 ㄷ으로부터 다음을 얻는다. 출마하지 않음을 ×로 나타내고 출마함을 ○로 나타낸다.

쓴 정보	정보를 반영한 결과				
	A	B	C	D	E
ㄷ			×		

ㄷ으로 ㄹ에서 이면 뒷말 없애 D가 출마하지 않음을 알 수 있다. 이것으로 ㅁ에서 이면 앞말 없애, B가 출마하거나 C가 출마함을 알 수 있다. 하지만 C는 출마하지 않기에 이로부터 이거나 뒷말 없애 B는 출마한다.

쓴 정보	정보를 반영한 결과				
	A	B	C	D	E
ㄷ, ㄹ, ㅁ		○	×	×	

B가 출마한다는 정보로 ㄱ에서 이면 뒷말 없애 A가 출마하지 않음을 알 수 있다. 이것으로 ㄴ에서 이면 앞말 없애 E도 출마하지 않음을 알 수 있다.

쓴 정보	정보를 반영한 결과				
	A	B	C	D	E
ㄱ, ㄴ, ㄷ, ㄹ, ㅁ	×	○	×	×	×

따라서 출마할 사람은 B밖에 없다.

나. A와 B. 두 가지를 나누어 생각한다. (i) F를 읽는 경우 (ii) F를 읽지 않는 경우. 먼저 F를 읽는다고 가정한다. 이것으로 ㅁ에서 이면 앞말 없애 E를 읽는다. 이것으로 ㄱ에서 이면 뒷말 없애 A는 읽지 않는다. 이것은 "A와 F를 읽는다"가 거짓임을 뜻한다. 이것으로 ㄹ에서 이면 뒷말 없애 E를 읽지 않음을 알 수 있다. 따라서 F를 읽는다고 가정하면 E를 읽고 또한 E를 읽지 않음을 이끌 수 있다. 이것은 F를 읽는다고 가정해서는 안 됨을 뜻한다. 따라서 F는 읽지 않는다.

A	B	C	D	E	F
					×

"F는 읽지 않는다"로부터 "A와 F를 읽는다"가 거짓임을 알 수 있고 이것으로 ㄹ에서 이면 뒷말 없애 E를 읽지 않음을 알 수 있다. E를 읽지 않는다는 정보로 ㄷ에서 이면 뒷말 없애, C를 읽지 않고 D도 읽지 않음을 알 수 있다.

A	B	C	D	E	F
		×	×	×	×

남은 것은 A와 B뿐이다.

다. 수요일. 먼저 ㅁ과 ㅂ으로부터 다음을 얻는다. 공원에 가지 않음을 ×로 나타내고 공원에 감을 ○로 나타낸다.

쓴 정보	정보를 반영한 결과						
	월	화	수	목	금	토	일
ㅁ, ㅂ					×	×	×

싱싱이 토요일에 산책하지 않는다는 사실을 써서 ㄹ에서 이면 뒷말 없애, 싱싱이 목요일에 산책하지 않는다는 것을 알 수 있다. "목요일에 산책하지 않고 금요일에도 산책하지 않는다"는 "'목요일이나 금요일에도 산책한다'가 거짓이다"를 뜻한다. 이것으로 ㄱ에서 이면 뒷말 없애, 싱싱이 화요일에 산책하지 않는다는 것을 알 수 있다.

쓴 정보	월	화	수	목	금	토	일
ㄱ, ㄹ, ㅁ, ㅂ		×		×	×	×	×

정보 "화요일에도 목요일에도 산책하지 않는다"로 ㄷ에서 이면 뒷말 없애, 싱싱이 수요일에 산책함을 알 수 있다. 이것으로 ㄴ에서 이면 앞말 없애, 싱싱이 월요일에 산책하지 않음을 알 수 있다. 화요일에도 목요일에도 산책하지 않는다"로 ㄷ에서 이면 뒷말 없애, 싱싱이 수요일에 산책한다는 것을 알 수 있다. 이것으로 ㄴ에서 이면 없애 싱싱이 월요일에 산책하지 않는다는 것을 알 수 있다.

쓴 정보	월	화	수	목	금	토	일
ㄱ, ㄴ, ㄷ, ㄹ, ㅁ, ㅂ	×	×	○	×	×	×	×

따라서 완은 수요일에 마을공원에 가면 싱싱을 만날 수 있다.

라. 5명. ㅂ에 따르면 A가 참여하기에 이 사실로 ㄱ에서 이면 뒷말 없애, B와 C는 모두 참여한다.

A	B	C	D	E	F
○	○	○			

ㅂ에 따르면 D나 E가 참여하기에 이 사실로 ㅁ에서 이면 앞말 없애, F도 참여한다.

A	B	C	D	E	F
○	○	○			○

새 정보를 얻으려고 E가 참여하는 경우와 그렇지 않은 경우를 나눈다.

A	B	C	D	E	F
○	○	○		○	○
				×	

C는 참여하기에 만일 E까지 참여하면, 이 사실로 ㄹ에서 이면 앞말 없애, D는 참여하지 않는다. D나 E가 참여하기에 E가 참여하지 않으면 D가 참여한다.

A	B	C	D	E	F
○	○	○	×	○	○
			○	×	

따라서 D와 E 가운데 오직 한 사람만 참여해야 한다. 따라서 6명 가운데 5명만 스피노자 공부 모임에 참여한다.

마.박도경은 두 오해영을 좋아하지 않지만 두 오해영은 박도경을 좋아한다. 풀이: ㄱ과 ㄷ으로부터 박도경은 그냥 오해영을 좋아하지 않는다. ㄴ과 ㄷ으로부터 이쁜 오해영과 박도경이 서로 좋아하지는 않는다. ㄹ은 "박도경이 그냥 오해영을 좋아할 때만 이쁜 오해영은 박도경을 좋아하지 않는다"로 달리 쓸 수 있고 이것은 "박도경이 그냥 오해영을 좋아하지 않는다면 이쁜 오해영은 박도경을 좋아한다"를 뜻한다. 박도경은 그냥 오해영을 좋아하지 않기에 이로부터 이쁜 오해영은 박도경을 좋아한다는 사실을 알 수 있다. 이쁜 오해영은 박도경을 좋아하기에 ㅁ으로부터 그냥 오해영은 박도경을 좋아한다. 또한 이쁜 오해영은 박도경을 좋아하지만 이쁜 오해영과 박도경이 서로 좋아하지는 않기에 박도경은 이쁜 오해영을 좋아하지 않는다.

058. 거짓말 놀이

가. ㄴ의 말이 참이라 가정한다. ㄴ은 선비고 ㄱ은 사기꾼이다. ㄴ은 선비기에 ㄹ의 말이 참이고 ㄹ이 선비임을 이끌 수 있다. 그런데 이 경우 ㄱ의 말 "ㄱ과 ㄹ은 다른 부류다"는 참말인데 이것은 ㄱ이 사기꾼이라는 말과 어긋난다. 이것은 ㄴ의 말을 참이라 가정할 수 없음을 뜻한다. 따라서 ㄴ의 말은 거짓이고 ㄴ은 사기꾼이다. ㄴ의 말 "ㄱ은 사기꾼이다"는 거짓이기에 ㄱ은 선비다.

ㄱ	ㄴ	ㄷ	ㄹ	ㅁ
선비	사기꾼			

ㄱ의 말은 참이기에 "ㄱ과 ㄹ은 다른 부류다"는 참이고 ㄹ은 사기꾼이어야 한다. ㄷ의 말 "ㄱ은 사기꾼이거나 ㄹ은 선비다"는 거짓이고 ㄷ은 사기꾼이다.

ㄱ	ㄴ	ㄷ	ㄹ	ㅁ
선비	사기꾼	사기꾼	사기꾼	

사기꾼은 사기꾼을 두고 선비라 말한다. 따라서 ㅁ의 말 "ㄹ이 ㄷ이 누구인지 안다면 ㄹ은 ㄷ이 선비라 말한다"는 참이고 ㅁ은 선비다.

ㄱ	ㄴ	ㄷ	ㄹ	ㅁ
선비	사기꾼	사기꾼	사기꾼	선비

따라서 ㄱ, ㄴ, ㄷ, ㄹ, ㅁ 가운데 선비는 ㄱ과 ㅁ이다.

나. ㄴ의 말이 거짓이라 가정한다. ㄱ, ㄷ, ㄹ, ㅁ의 말은 참말이다. 하지만 ㅁ의 말 "ㄷ의 말이 참이면 ㄹ의 말은 거짓이다"에서 이면 앞말은 참이고 이면 뒷말은 거짓이기에 ㅁ의 말은 참말일 수 없다. ㄴ의 말이 거짓이라 가정은 모순을 낳기에 ㄴ의 말은 참이다. 따라서 ㅁ은 거짓말하고 그는 범인이다.

다. 나와 마주친 이가 사람이라 가정한다. 두 가지 경우가 있다. 하나는 “코”가 “예”인 경우고 다른 하나는 “코”가 “아니오”인 경우다. “코”가 “예”인 경우 주어진 정보에 따르면 그 사람은 “당신은 귀신이거나 ‘눈’은 ‘예’다”에 “예”를 말한 셈이다. 하지만 “당신은 귀신이거나 ‘눈’은 ‘예’다”는 거짓이다. 이것은 이 섬의 사람이 참말만 한다는 사실에 어긋난다. 따라서 “코”는 “예”일 수 없고 “코”는 “아니오”다. 이것은 그 사람이 “당신은 귀신이거나 ‘눈’은 ‘예’다”에 “아니오”라 말한 셈이다. “눈”은 “예”를 뜻하기에 “당신은 귀신이거나 ‘눈’은 ‘예’다”는 참이다. 그 사람이 참인 문장에 “아니오”라 말하는 일은 이 섬의 사람이 참말만 한다는 사실에 어긋난다. 이처럼 “코”가 “예”든 “아니오”든 모순에 이른다. 따라서 나와 마주친 이는 사람일 수 없다. 따라서 나와 마주친 이는 귀신이다. “당신은 귀신이거나 ‘눈’은 ‘예’다”는 참이다. 그는 귀신이고 거짓말해야 하기에 그가 말한 “코”는 “아니오”를 뜻해야 한다. 답은 마주친 이는 귀신이고 “눈”은 “예”다.

라. 오늘이 일요일이 아니라 가정한다. “이면”의 뜻에 따르면 ㄱ의 말과 ㄴ의 말은 모두 참말이다. 일요일이 아닌 날 ㄱ과 ㄴ이 모두 참말을 할 수는 없다. 따라서 오늘은 일요일이어야 한다. 이로부터 ㄱ은 영구고 ㄴ은 용구임을 알 수 있다.

마. (i) ㄱ이 참말인 경우. ㄱ은 선비고 어머니를 닮고 딸이다. 어머니는 선비고 아버지는 사기꾼이다. 이 경우 ㄴ은 아들이고 거짓말하고 사기꾼이며 아버지를 닮았다. (ii) ㄱ이 거짓말인 경우. ㄱ은 사기꾼이고 아버지를 닮고 아들이다. 아버지는 사기꾼이고 어머니는 선비다. 이 경우 ㄴ은 딸이고 참말하고 선비다. (i)과 (ii)로부터 ㄱ과 ㄴ 가운데 누가 딸인지 누가 아들인지 알 수 없다. 하지만 어머니가 선비임은 알 수 있다.

바. 귀신 사기꾼. 고고가 만난 이는 사람 선비거나 사람 사기꾼이거나 귀신 선비거나 귀신 사기꾼이다. 고고는 사람 선비에게 참말해야 하기에 “당신은 귀신 선비이군요”라 말할 수 없다. 남은 사람 사기꾼, 귀신 선비, 귀신 사기꾼 가운데 “나는 사람입니다”라 말할 수 있는 이는 귀신 사기꾼밖에 없다.

059. 보물상자

가01. 없. 이 상자는 보물상자일 수 없다. 왜냐하면 이것이 보물상자면 이 안내문은 거짓인데 보물상자의 안내문은 거짓일 수 없기 때문이다. 이 상자는 폭탄상자거나 빈 상자다. | 가02. 없. 이 상자는 보물상자, 빈 상자, 폭탄상자 세 가지 모든 가능성을 갖는다. | 가03. 없. 이 상자는 보물상자, 빈 상자, 폭탄상자 세 가지 모든 가능성을 갖는다. | 가04. 없. 이 상자는 폭탄상자일 수 없다. 왜냐하면 이것이 폭탄상자면 이 안내문은 참인데 폭탄상자의 안내문이 참일 수 없기 때문이다. 이 상자는 보물상자거나 빈 상자다. | 가05. 수. 먼저 이 상자는 보물상자일 수 없다. 이것이 보물상자면 이 안내

문은 거짓인데 보물상자의 안내문은 참이어야 한다는 조건에 어긋난다. 그다음 이 상자는 폭탄상자일 수 없다. 이것이 폭탄상자면 이 안내문은 참인데 폭탄상자의 안내문은 거짓이어야 한다는 조건에 어긋난다. 따라서 이 상자는 빈 상자다.

나01. 첫째 상자는 빈 상자고 둘째 상자는 폭탄상자다. 첫째 상자는 폭탄상자일 수 없고 보물상자일 수 없다. 따라서 첫째 상자는 빈 상자여야 한다. 둘째 상자는 보물상자거나 폭탄상자다. 보물상자의 안내문은 참이어야 하기에 둘째 상자는 보물상자일 수 없다. 따라서 둘째 상자는 폭탄상자다. | 나02. 없. (i) 첫째 상자가 폭탄상자라 가정한다. 이 상자의 안내문 "옆 상자는 빈 상자다"는 거짓이어야 하기에 둘째 상자는 빈 상자가 아니며 보물상자다. 하지만 이 경우 둘째 상자의 안내문은 거짓인데 보물상자의 안내문이 참이어야 한다는 조건에 어긋난다. 따라서 첫째 상자는 보물상자거나 빈 상자다. (ii) 첫째 상자가 보물상자면 옆 상자는 빈 상자다. (iii) 첫째 상자가 빈 상자면 둘째 상자의 안내문은 참이기에 둘째 상자는 보물상자다. (ii)와 (iii)을 보건대 첫째 상자와 둘째 상자가 무슨 상자인지 알 수 없지만 하나는 보물상자고 다른 하나는 빈 상자다. | 나03. 없. (i) 첫째 상자가 보물상자면 이 상자의 안내문은 참이어야 하기에 둘째 상자는 폭탄상자나 보물상자다. 두 상자는 같은 상자가 아니기에 둘째 상자는 폭탄상자다. 이 경우 폭탄상자의 안내문은 거짓이라는 조건에 어긋난다. 따라서 첫째 상자는 보물상자가 아니다. (ii) 첫째 상자가 폭탄상자면 그 안내문은 거짓이어야 하기에 둘째 상자는 빈 상자다. (iii) 첫째 상자가 빈 상자면 둘째 상자의 안내문은 참이기에 둘째 상자는 보물상자다. (ii)와 (iii)을 보건대 첫째 상자와 둘째 상자가 무슨 상자인지 알 수 없다. | 나04. 없. 둘째 상자는 보물상자가 아니다. 둘째 상자가 폭탄상자면 첫째 상자는 빈 상자다. 둘째 상자가 빈 상자면 첫째 상자는 폭탄상자다.

다. 보물은 상자 ㄴ에 있고 폭탄은 상자 ㄷ에 있다. (i) 상자 ㄱ에 보물이 있다고 가정한다. ㄱ의 안내문은 참이고 ㄴ의 안내문과 ㄷ의 안내문은 거짓이다. ㄱ에 보물이 있기에 ㄷ에 폭탄이 있거나 비었다. ㄷ에 폭탄이 있어서는 안 된다. 왜냐하면 ㄷ에 폭탄이 있다면 ㄴ의 안내문은 참이기 때문이다. 똑같은 까닭에서 ㄷ이 비면 안 된다. ㄷ이 비었다면 ㄷ의 안내문은 참이기 때문이다. 따라서 보물은 ㄱ에 없다. 이제 보물은 ㄴ 또는 ㄷ에 있다. (ii) 보물이 ㄷ에 있을 수는 없다. ㄷ에 보물이 있다면 ㄷ의 안내문은 거짓인데 이는 조건에 어긋난다. 따라서 보물은 ㄴ에 있다. ㄴ의 안내문은 참이기에 ㄷ에 폭탄이 있고 남은 상자 ㄱ은 비었다.

라. ㄱ은 폭탄상자, ㄴ은 보물상자, ㄷ과 ㄹ은 빈 상자. 먼저 (i) 상자 ㄱ에 보물이 있을 수 없다. ㄱ에 보물이 있다면 이 상자의 안내문 "ㄱ은 비었다"는 거짓이기 때문이다. 또한 상자 ㄹ에 보물이 있을 수 없다. ㄹ에 보물이 있다면 이 상자의 안내문 "ㄷ에 보물이 있다"는 거짓이기 때문이다. 따라서 보물은 ㄴ 또는 ㄷ에 있다. 그다음 (ii) ㄷ에 보물이 있다고 가정한다. ㄷ의 안내문은 참이기에 ㄴ 또는 ㄷ에 폭탄이 있다. 하지만 ㄷ에 폭탄이 있지 않기에 ㄴ에 폭탄이 있어야 한다. 이 경우 ㄹ은 비어야 하는데 ㄴ의 안내문 "ㄹ은 비었다"는 참이다. 이것은 폭탄상자 안내문은 거짓이어야 한다는 조건에 어긋난다. 따라서 ㄷ에 보물이 있을 수 없고 보물은 ㄴ에 있다. 끝으로 (iii) ㄴ의 안내문

은 참이어야 하기에 ㄹ은 비었다. 폭탄이 있는 곳은 ㄱ이거나 ㄷ이다. 하지만 폭탄이 ㄷ에 있을 수 없다. 폭탄이 ㄷ에 있다면 이 상자의 안내문 "ㄴ에 폭탄이 있거나 여기에 폭탄이 있다"는 참이기 때문이다. 따라서 폭탄은 ㄱ에 있다.

마. 빈 상자는 ㄱ과 ㄴ, 보물상자는 ㄷ과 ㅂ, 폭탄상자는 ㄹ과 ㅁ. 먼저 상자 ㄱ의 안내문은 참이기에 ㄱ과 ㄴ은 비었다. 나머지 상자는 보물상자거나 폭탄상자다. 이면의 참값모눈에 따르면 상자 ㄷ의 안내문은 참이고 이 때문에 상자 ㄷ은 보물상자다. 상자 ㄹ의 안내문을 보건대 여기에 보물이 있을 수 없기에 상자 ㄹ은 폭탄상자다. 상자 ㄹ의 안내문이 거짓이어야 하기에 상자 ㅂ에 보물이 있어야 한다. 남은 ㅁ은 폭탄상자다.

060. 줄 세우기

가. ㄴㄱㄷㄹㅁ. 첫째 정보를 써서 우리는 다음을 얻는다. 왼쪽에 있을수록 더 일찍 출판된 책이다. ㄴ ㄱ ㄷ 또는 ㄷ ㄱ ㄴ. 여기서 셋째 정보를 반영하여 다음을 얻는다. ㄴ ㄱ ㄷ ㄹ 또는 ㄹ ㄷ ㄱ ㄴ. 넷째 정보에 따르면 ㄴ ㄱ ㄷ ㄹ * 또는 * ㄹ ㄷ ㄱ ㄴ여야 한다. * 자리에 ㅁ이 와야 한다. 둘째 정보가 참이려면 'ㄴㄱㄷㄹㅁ'의 순서대로 출판되어야 한다.

나. ㅁㄴㄱㄹㄷ. 다섯째 정보에 따르면 ㄹ에는 ㅁ을 참고하여 ㄴ이 저술되었다는 구절이 나온다. 이로부터 ㅁ 뒤에 ㄴ이 오고 ㄴ 뒤에 ㄹ이 온다. ㅁ ㄴ ㄹ. 첫째 정보에 따르면 ㄱ에 ㄴ을 참조한 구절이 나온다. 이것은 ㄴ이 ㄱ 앞에 옴을 뜻한다. 이로부터 ㅁ ㄴ ㄱ ㄹ 또는 ㅁ ㄴ ㄹ ㄱ. 셋째 정보에 따르면 ㄷ에는 ㄱ과 ㄹ을 참조한 구절이 나온다. 이것은 ㄷ이 ㄱ과 ㄹ 뒤에 나옴을 뜻한다. ㅁ ㄴ ㄱ ㄹ ㄷ 또는 ㅁ ㄴ ㄹ ㄱ ㄷ. 넷째 정보에 따르면 ㄷ과 ㄹ 사이에 아무것도 없다. 따라서 우리가 찾는 출판 순서는 'ㅁㄴㄱㄹㄷ'이다.

다. ㄹㄷㅁㄱㄴ. 셋째 정보를 써서 다음을 얻는다. ㄱ ㄷ ㄹ 또는 ㄹ ㄷ ㄱ. 여기에 둘째 정보와 넷째 정보를 반영하여 다음을 얻는다. ㄱ * ㄷ ㄹ * 또는 ㄹ ㄷ * ㄱ. * 자리에 ㄴ 또는 ㅁ이 온다. 첫째 정보에 따르면 'ㄱ * ㄷ ㄹ *'는 맞지 않다. ㅁ이 마지막에 오지 않아야 하기에 우리는 마침내 'ㄹㄷㅁㄱㄴ'을 얻는다.

라. ㄴㄷㅂㅁㄱㄹ. 셋째 정보와 넷째 정보에 따라 다음을 얻는다. ㄹ * ㅁ ㅂ 또는 ㅂ ㅁ * ㄹ. 다섯째 정보를 반영하여 다음을 얻는다. ㄹ * ㅁ ㅂ ㄷ 또는 ㄷ ㅂ ㅁ * ㄹ. 여기에 둘째 정보를 반영하여 ㄹㄱㅁㅂㄷㄴ 또는 ㄹㄴㅁㅂㄷㄱ 또는 ㄱㄷㅂㅁㄴㄹ 또는 ㄴㄷㅂㅁㄱㄹ. 첫째 정보와 어긋나지 않는 것은 'ㄴㄷㅂㅁㄱㄹ'밖에 없다.

마. 사오 > 다로 > 바소 > 마보 > 가노 > 나도 > 라모. 넷째 정보로부터 다음을 얻는다. 다로 > 마보

> 가노. 첫째 정보로부터 다음을 얻는다. 다로 > 마보 > 가노 > 나도. 둘째 정보로부터 다음을 얻는다. 다로 > 마보 > 가노 > 나도 > 라모. 셋째 정보로부터 다음을 얻는다. 바소 > 다로 > 마보 > 가노 > 나도 > 라모 또는 다로 > 바소 > 마보 > 가노 > 나도 > 라모. 다섯째 정보로부터 "바소 > 다로 > 마보 > 가노 > 나도 > 라모"가 옳은 순서가 아님을 알 수 있다. 남은 것은 다로 > 바소 > 마보 > 가노 > 나도 > 라모다. "바소는 가장 큰 공룡이다"는 거짓이기에 여섯째 정보에서 이거나 앞말 없애 가장 큰 공룡은 사오다. 따라서 사오 > 다로 > 바소 > 마보 > 가노 > 나도 > 라모.

바. 아조 > 라모 > 다로 > 가노 > 나도 > 사오 > 바소 > 마보. 첫째 정보로부터 다음을 얻는다. 다로 > 가노 > 나도. 셋째 정보로부터 다음을 얻는다. 라모 > 다로 > 가노 > 나도 또는 다로 > 라모 > 가노 > 나도. 넷째 정보로부터 다음을 얻는다. 아조 > 라모 > 다로 > 가노 > 나도 또는 아조 > 다로 > 라모 > 가노 > 나도. 일곱째 정보에 따르면 아조 바로 뒤에 라모가 와야 한다. 남은 것은 아조 > 라모 > 다로 > 가노 > 나도. 둘째 정보로부터 다음을 얻는다. 아조 > 라모 > 다로 > 가노 > 나도 > 사오. 여섯째 정보는 "만일 아조가 둘째로 큰 공룡이 아니면 사오는 가장 작은 공룡이 아니다"를 뜻한다. 남은 공룡은 마보와 바소인데 다섯째 정보에 따르면 바소와 마보는 붙어 있다. 이들이 아조 앞에 놓이든 아조 뒤에 놓이든 아조가 둘째로 큰 공룡은 아니다. 따라서 사오는 가장 작은 공룡이 아니고 이는 바소와 마보가 사오 뒤에 놓여야 함을 뜻한다. 이를 반영하여 우리는 다음을 얻는다. 아조 > 라모 > 다로 > 가노 > 나도 > 사오 > 바소 > 마보.

061. 짝짓기

가. 301호. 여기에 누가 사는지 주어진 정보만으로는 알 수 없지만 그의 취미는 음악 듣기다. 셋째 정보와 둘째 정보에 따르면 302호 사람은 등산이나 테니스를 즐긴다. 첫째 정보에 따르면 302호 사람은 이연희를 이상형으로 삼지 않는데 이것은 넷째 정보에 따르면 302호 사람이 테니스를 즐기는 사람이 아님을 뜻한다. 따라서 302호 사람은 등산을 즐긴다. 303호 사람은 지섭이다. 이를 반영하여 다음을 얻는다.

	301호	302호	303호
사람			지섭
운동	수영	등산	테니스
취미	음악	영화	책
이상형			이연희

여기에 여섯째 정보를 반영하면 302호에는 김태희를 이상형으로 삼는 사람이 살고 301호에는 이나영을 이상형으로 삼는 사람이 산다.

나. 원칙3을 적용한 다음 원칙1을 적용한다. 또는 원칙2를 적용한 다음 원칙3을 적용한다. 풀이: 주

어진 정보를 반영하여 다음 모눈을 만들 수 있다.

소속 위원회	처음 배정	1차 소속 변경	2차 소속 변경
국방위	가희	ㄱ	
기획재정위	나영	ㄴ	
보건복지위	다석	ㄷ	라혁
외통위	라혁	ㄹ	

라혁의 소속 변경 경로는 모두 4가지다. (i) 국방위를 거쳐 보건복지위로 가는 경로, (ii) 기획재정위를 거쳐 보건복지위로 가는 경로, (iii) 보건복지위에 가서 계속 거기 남는 경로, (iv) 외통위에 남았다가 보건복지위로 가는 경로. 이를 이룩하려면 다음 원칙을 적용해야 한다. (i) 원칙3을 적용한 다음 원칙1을 적용한다. (ii) 이렇게 바꿀 원칙은 없다. (iii) 원칙2를 적용한 다음 원칙3을 적용한다. (iv) 이렇게 바꿀 원칙은 없다. 남은 (i)과 (iii)은 모두 가희가 나중에 기획재정위에 소속된다.

다. 빨간 저고리, 하얀 조끼, 검은 치마. 사흗날과 나흗날 정보를 써서 모눈을 만들면 아래와 같다. 말꼴 '∨'는 "또는"을 뜻한다.

	첫날	이튿날	사흗날	나흗날
저고리			노∨빨	검∨하
조끼			하	빨
치마			검	노

이튿날 검은 조끼를 입지 않기에 노랑 조끼를 입어야 한다. 첫날에는 남은 검은 조끼를 입어야 한다. 첫날 치마는 검정, 노랑, 빨강을 빼고 하양을 입어야 한다. 이 경우 첫날 저고리는 노랑이고 사흗날 저고리는 빨강이다. 나아가 이튿날 치마는 빨강이다. 첫날과 이튿날 정보를 반영하여 모눈을 채운다.

	첫날	이튿날	사흗날	나흗날
저고리	노	검∨하	빨	검∨하
조끼	검	노	하	빨
치마	하	빨	검	노

따라서 사흗날 빨간 저고리, 하얀 조끼, 검은 치마를 입어야 한다.

라. 빨간 저고리, 노랑 조끼, 하얀 치마. 이튿날과 사흗날 정보를 써서 모눈을 만들면 아래와 같다.

	첫날	이튿날	사흗날	나흗날
저고리		빨	노∨하	
조끼		노	검	
치마			노∨빨	

여기에 나흗날 정보를 반영한다.

	첫날	이튿날	사흗날	나흗날
저고리		빨	노∨하	검∨노
조끼	하	노	검	빨
치마			노∨빨	검∨노

첫날 저고리로 남은 빛깔은 검정이거나 노랑이다. 나흗날 저고리도 검정이거나 노랑이다. 첫날 저고리와 나흗날 저고리가 검정 또는 노랑이기에 남은 하양 저고리를 사흗날에 입어야 한다. 첫날에는 빨강을 입지 않기에 첫날 치마는 검정 또는 노랑이다.

	첫날	이튿날	사흗날	나흗날
저고리	검∨노	빨	하	검∨노
조끼	하	노	검	빨
치마	검∨노	검∨하	노∨빨	검∨노

첫날과 나흗날 치마가 검정 또는 노랑이기에 이튿날과 사흗날 치마는 빨강 또는 하양이어야 한다. 따라서 이튿날 치마는 하양이고 사흗날 치마는 빨강이다.

	첫날	이튿날	사흗날	나흗날
저고리	검∨노	빨	하	검∨노
조끼	하	노	검	빨
치마	검∨노	하	빨	검∨노

결국 이튿날에 빨간 저고리, 노랑 조끼, 하얀 치마를 입어야 한다.

마. 중세 예술 고전, 근세 인문 고전, 현대 인문 고전, 현대 사회 고전. 첫째 정보, 셋째 정보, 넷째 정보로부터 종현은 둘째 해에 자연 고전에서 남은 2권을 읽어야 한다. 이로부터 둘째 해에 사회 고전은 전혀 읽지 않는다. 이와 첫째 정보와 넷째 정보로부터 셋째 해에 고대 사회 고전을 읽어야 한다. 첫째 정보, 둘째 정보, 셋째 정보로부터 고대 예술 고전은 첫째 해, 둘째 해, 셋째 해에 읽지 않는다. 이 때문에 고대 예술 고전은 넷째 해에 읽어야 한다. 이와 넷째 정보로부터 넷째 해에 인문 고전은 전혀 읽지 않는다. 이로부터 첫째 해, 둘째 해, 넷째 해에 읽지 않은 고대 인문 고전은 셋째 해에 읽어야 한다. 따라서 첫해에는 남은 중세 예술 고전, 근세 인문 고전, 현대 인문 고전, 현대 사회 고전을 읽어야 한다.

062. 갈래짓기

가. 싱싱이 어느 채식주의자에 속하는지 주어진 정보만으로 알 수 없다. 그는 낙과주의자, 열매주

의자, 비건, 락토는 아니다. 그는 오보, 락토오보, 페스코, 폴로, 플렉시테리안 가운데 하나다.

나. ㄱ과 ㄴ. 우리가 다룰 사물을 '내 친구들'로 좁히겠다. 둘째 정보 "스피노자를 좋아하는 몇몇 친구는 니체를 좋아한다"에 따르면 내 친구들 가운데 스피노자와 니체를 모두 좋아하는 친구가 적어도 하나 있다. 그 친구를 "연아"라 부르겠다. 연아는 니체를 좋아하기에 넷째 정보 "마르크스를 좋아하지 않는 친구는 모두 니체를 좋아하지 않는다"로부터 연아는 마르크스를 좋아한다. 따라서 연아는 마르크스와 스피노자를 모두 좋아한다. 이로부터 마르크스와 스피노자를 모두 좋아하는 친구가 적어도 하나 있음을 알 수 있다. 이것은 ㄱ이 참임을 뜻한다. 셋째 정보와 넷째 정보 "마르크스를 좋아하는 모든 친구는 아도르노를 좋아한다. 마르크스를 좋아하지 않는 친구는 모두 니체를 좋아하지 않는다"로부터 ㄴ을 얻을 수 있다. 셋째 정보와 넷째 정보에 따르면 "니체를 좋아하는 친구는 모두 아도르노를 좋아한다." 이것과 둘째 정보로부터 스피노자를 좋아하는 몇몇 친구는 아도르노를 좋아한다. 하지만 ㄷ이 참임을 주어진 정보로부터 이끌 수 없다. 나아가 '니체를 좋아하지 않는 친구', '아도르노를 좋아하는 친구', '스피노자를 좋아하지 않는 친구'에 관한 다른 정보를 얻을 수 없다. 이 때문에 ㄹ과 ㅁ도 반드시 참임을 보일 수 없다.

다.

	좋아하는 것	좋아하지 않는 것
민준	공포 영화	로맨스 영화
송이	모름	액션 영화

라. 재경이 어느 사람인지 주어진 정보만으로 알 수 없다. 재경은 정신이 물질의 산물이라 믿는 사람이기에 그는 불가지론자가 아니다. 또한 그는 한 정신이 오직 다른 정신 덕분에 창출된다고 믿는 이가 아니다. 나아가 그는 인류 출현 이전에 이미 정신이 우주에 출현했음을 믿지 않는다. 하지만 이로부터 그가 유신론자인지 무신론자인지 알 수 없다.

063. 과학 추론 하루

가.01. A, D, E. 먼저 가 검사가 양성으로 나왔기에 아직 다른 검사를 시행하지 않았고 시험관에 물질 A와 D가 들어 있다. 그다음 검사는 나 검사고 음성이 나왔기에 "시험관에 물질 D나 E가 안 들어 있다"는 거짓이다. 곧 시험관에 D와 E가 모두 들어 있다. 그다음 검사는 다 검사고 양성이 나왔다. 그래서 라 검사를 이미 시행했거나 시험관에 물질 B나 E가 안 들어 있다. 하지만 라 검사는 아직 시행하지 않았다. 따라서 시험관에 물질 B나 E가 안 들어 있다. E는 시험관에 들어 있기에 B가 들어 있지 않다. 마지막 검사는 라 검사고 음성이 나왔다. 그래서 나 검사를 아직 시행하지 않았거나 시험관에 물질 C가 들어 있지 않다. 나 검사는 이미 시행했기에 시험관에 물질 C가 들어 있지 않다. 따라서 A, D, E는 X를 이루고 B와 C는 그렇지 않다. | 가02. B와 E. 가 검사가 음성이 나왔기

에 다른 검사를 이미 시행했거나 시험관에 물질 A나 D가 안 들어 있다. 아직 다른 검사를 시행하지 않았기에, 이거나 앞말 없애, 시험관에 물질 A나 D가 안 들어 있다. 나 검사가 양성이 나왔기에 시험관에 물질 D나 E가 안 들어 있다. 다 검사에서 음성이 나왔기에 라 검사를 아직 시행하지 않았고 물질 B와 E 둘 다 들어 있다. 시험관에 물질 D나 E가 안 들어 있으니 D는 들어 있지 않다. 라 검사가 음성으로 나왔기에 나 검사를 아직 시행하지 않았거나 시험관에 물질 C가 들어 있지 않다. 나 검사는 이미 시행했기에, 이거나 앞말 없애, 시험관에 물질 C가 들어 있지 않다. 한편 A가 시험관 안에 있는지 없는지는 알 수 없다.

나. 주어진 정보만으로 A가 털이 있는지 없는지 모르며 A가 다리가 있는지 없는지도 모른다. 먼저 A는 포유동물이고 꼬리가 없다. 다섯째 정보에 따르면 A는 육식동물이 아니다. 그다음 육식하지 않는 포유동물에 관한 정보를 찾는다. 그것은 둘째 정보와 넷째 정보다. 셋째 정보는 별 필요가 없다. A가 물에 산다면, 둘째 정보에 따라, A는 다리가 없다. A가 육지에 산다면, 넷째 정보에 따라, A는 털이 없다. 만일 A가 털이 있다면 A는 물에 산다. 또 만일 A가 털이 있다면, A는 물에 살기에 둘째 정보에 따라, A는 다리가 없다. 하지만 A가 물에 사는지 육지에 사는지 모르기에 A가 털이 있는지 없는지 모른다. 또한 A가 물에 사는지 육지에 사는지 모르기에 A가 다리가 있는지 없는지도 모른다.

다. 있다. 다섯째 정보에 따르면 금속이고 반짝이는 것이 있다. 이 있는 것 가운데 하나를 a라 하면 a는 금속이고 반짝인다. 첫째 정보에 따르면 모든 금속은 전기를 통하니 a는 전기를 통한다. 따라서 a는 금속이고 전기를 통하고 반짝인다. 이는 반짝이며 전기를 통하는 금속이 있음을 뜻한다. 참고: 이를 벤 그림을 그려 보일 수 있다. 먼저 금속들의 모임을 '금', 전기 통하는 것들의 모임을 '전', 반짝이는 것들의 모임을 '짝'이라 쓴다. "모든 금속은 전기를 통한다"는 다음처럼 그릴 수 있다. 왼쪽 그림과 오른쪽 그림은 같은 정보를 담는다. 어느 쪽을 그려도 상관없는데 우리는 이 풀이에서 오른쪽처럼 그리겠다.

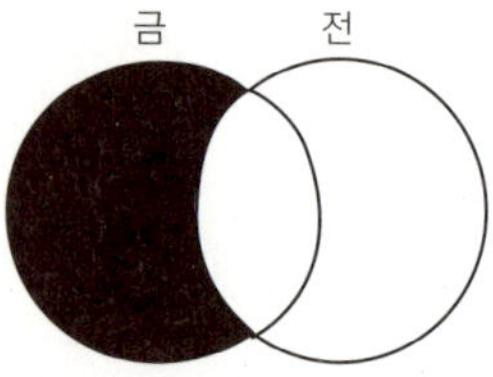

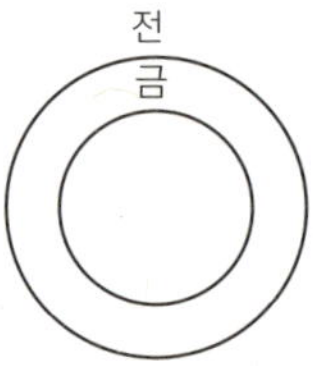

금속들의 모임, 전기 통하는 것들의 모임, 반짝이는 것들의 모임을 다음처럼 함께 그린다.

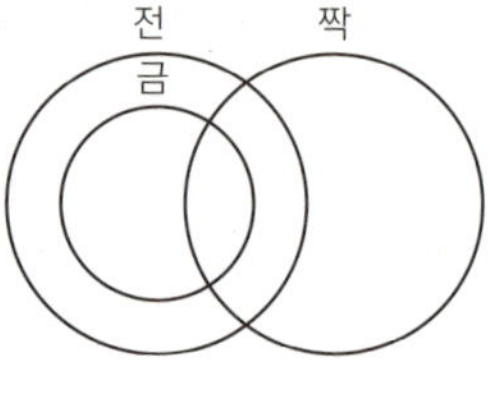

정답

여기에 주어진 정보를 모두 담는다.

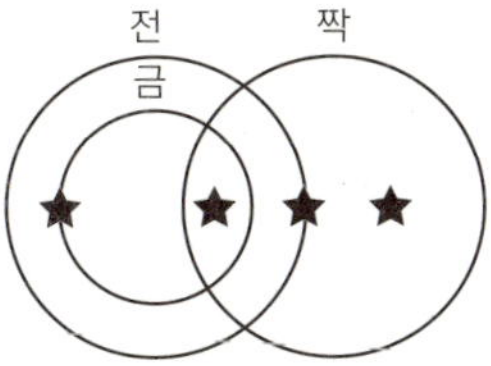

이 그림의 별들 가운데 두 별이 같은 사물을 가리킬 수 있지만 반드시 같은 사물이지는 않다. 이 그림에 따르면 반짝이며 전기 통하는 금속이 있다. 반면 주어진 정보만으로는 금속이 아니지만 전기 통하는 것이 있는지 없는지 가릴 수 없다. 또한 반짝이지 않으면서 전기 통하는 금속이 있는지 없는지 가릴 수 없다.

라01. 프리모 고양이. 가루는 자기 털을 하루에 10번 넘게 다듬기에 눌로가 아니다. 눌로가 아니기에 프리모넬라와 세콘데렐라 둘 가운데 적어도 하나가 창자에 산다. 하지만 가루는 창자 안에 세콘데렐라가 살 수 없기에 창자 안에 프리모넬라가 살아야 한다. 이것은 가루가 프리모임을 뜻한다. | 라02. 프리모 고양이. 마루는 자기 털을 하루에 10번 넘게 다듬기에 이 고양이의 창자 안에 세콘데렐라가 살 수 없다. 마루의 창자안에 프리모넬라만 살기에 마루는 프리모다. | 라03. 옴니오 고양이. 벼루는 검은 털을 가지기에 창자 안에 프리모넬라가 산다. 또 벼루는 창자 안에 세콘데렐라가 산다고 했으니 벼루에게 프리모넬라와 세콘데렐라가 둘 다 산다. 따라서 벼루는 옴니오다. | 라04. 옴니오 고양이. 자루가 프리모 고양이가 아니면 창자 안에 프리모넬라만 살지는 않는다. 창자 안에 프리모넬라가 살기에 세콘데렐라도 살아야 한다. 이것은 자루가 옴니오 고양이임을 뜻한다. | 라05. 알 수 없다. 옴니오 또는 프리모에 들어간다. 타루는 검은 털을 가졌기에 창자 안에 프리모넬라가 산다. 하지만 타루 안에 세콘데렐라가 사는지 안 사는지 모른다. 따라서 타루는 옴니오거나 프리모다. | 라06. 하루는 창자 안에 프리모넬라도 세콘데렐라도 살지 않으며, 하얗지도 검지도 않고, 자기 털을 다듬지 않거나 다듬어도 하루에 10번을 넘지 않는다.

064. 과학 추론 이틀

가. 먼저 입자들을 전하가 0인 것과 그렇지 않은 것으로 나누고 가벼운 입자와 무거운 입자 및 K 입자로 나눈다. 정보2에 따르면 광자와 전자 말고 다른 가벼운 입자는 없다. 다만 K 입자가 무거운 입자에 속할 가능성을 남겨둔다. 이 경우 갈래 모눈은 다음과 같다.

	전하 0	전하 0 아님
가벼운 입자		
K 입자		
무거운 입자		

여기에 정보들을 담는다. 아래에서 위첨자 ×는 '에 반응하지 않음'을 뜻한다.

	전하 0	전하 0 아님
가벼운 입자	광자, 다른 입자 없음 알파$^\times$, 베타, 감마$^\times$	전자, 다른 입자 없음 알파, 베타, 감마$^\times$
K 입자	있음 알파$^\times$, 베타$^\times$, 감마	있음 알파, 베타$^\times$, 감마
무거운 입자	중성자 알파$^\times$, 베타$^\times$, 감마	양성자 알파, 베타$^\times$, 감마

이 갈래 모눈을 바탕으로 각 문장의 진위를 따진다. 가01. 거 | 가02. 참 | 가03. 참 | 가04. 참 | 가05. 모 | 가06. 참 | 가07. 참 | 가08. 모 | 가09. 거

나01. 참. 정보6에 따르면 색깔을 띤 모든 입자는 질량을 갖는다. 정보4에 따라 모든 쿼크는 색깔을 띠기에 쿼크는 질량을 갖는다. 쿼크는 질량 없는 입자가 아닌데 정보1에 따라 쿼크는 헛알이 아니다. 따라서 어느 쿼크도 헛알이 아니다. | 나02. 참. 정보7에 따르면 렙톤은 질량을 갖는다. 정보5에 따르면 질량을 갖는 입자는 빛보다 느리다. 정보2에 따르면 빛보다 느린 것이 휙알일 수는 없다. 따라서 어느 렙톤도 휙알이 아니다. | 나03. 참. 정보3에 따르면 모든 찌알은 전하를 갖는다. 정보6에 따라 전하를 갖는 것은 질량을 갖기에 모든 찌알은 질량을 갖는다. 정보5에 따르면 질량을 갖는 입자는 빛보다 느리다. 정보2에 따르면 빛보다 느린 것이 휙알일 수는 없다. 따라서 어느 찌알도 휙알이 아니다. | 나04. 참. 정보8에 따르면 뉴트리노는 질량 있지만 색깔과 전하가 없는 입자다. 질량 있지만 색깔과 전하가 없는 입자는 모두 질량 있지만 색깔 없는 입자다. 정보7에 따르면 모든 질량 있지만 색깔 없는 입자는 렙톤이다. 따라서 모든 뉴트리노는 렙톤이다. 정보9에 따르면 뉴트리노는 존재한다. 이것은 또한 렙톤인데 결국 뉴트리노고 렙톤인 것이 적어도 하나 있다. 따라서 몇몇 렙톤은 뉴트리노다.

나05. 거. 정보8과 정보7에 따르면 모든 뉴트리노는 렙톤이다. 따라서 "몇몇 뉴트리노는 렙톤이 아니다"는 거짓이다. | 나06. 모. "몇몇 렙톤은 뉴트리노가 아니다"는 "렙톤이고 뉴트리노가 아닌 것이 적어도 하나 있다"를 뜻한다. 정보7에 따라 한 사물이 렙톤이면 질량 있지만 색깔 없는 입자다. 정보8에 따라 한 사물이 뉴트리노가 아니면 '질량 있지만 색깔과 전하가 없는 입자'가 아니다. 따라서 한 사물이 렙톤이지만 뉴트리노가 아니면 그것은 '질량 있고, 전하 있고, 색깔 없는 입자'여야 한다. 그것은 찌알에 속하지만 쿼크에 속하지 않은 사물이다. 하지만 그런 사물이 있는지 주어진 정보만으로 알 수 없다. 참고로 실제 세계에서 그런 입자가 있는데 바로 전자다. 전자는 찌알이고 렙톤이지만 뉴트리노가 아니며 쿼크도 아니다. | 나07. 참. 정보9에 따르면 적어도 한 쿼크가 존재한다. 정보4에 따르면 모든 쿼크는 색깔을 띤다. 정보7에 따르면 색깔을 띤 것이 렙톤일 수는 없다. 따라서 모든 쿼크는 렙톤이 아니다. 적어도 한 쿼크가 존재하는데 그것은 렙톤이 아니다. 따라서 몇몇 쿼크는 렙톤이 아니다. | 나08. 참. 만일 전자가 질량을 갖지만 색깔이 없다면 정보7에 따라 전자는 렙톤이다. 또 전자가 전하를 갖는다면 정보8에 따라 전자는 뉴트리노가 아니다. 만일 이런 전

자가 존재한다면 렙톤이지만 뉴트리노 아닌 것이 존재한다. 따라서 만일 전자가 존재하고 또한 전자가 질량과 전하를 갖지만 색깔이 없다면 몇몇 렙톤은 뉴트리노가 아니다.

065. 아마도 추론

가. 가장 강한 것은 ㄹ이다. 가장 약한 것은 ㅁ이다. 전제에서 결론을 뒷받침하는 사례를 더 많이 보여줄수록 결론이 참일 가능성이 크다. 하지만 ㅁ은 그 사례가 비록 많더라도 하나의 사례 때문에 결론 자체가 거짓이다. ㅁ의 전제는 오히려 결론이 거짓임을 보여준다.

나01. 아마도 추론, 단순 일반화. 이 추론은 내 친구 10명의 사례로부터 얻은 사실을 내 모든 친구에게 일반화한다. | 나02. 마땅한 반드시 추론. 전제에 나오는 사실은 표본의 사실이 아니라 전체 모집단의 사실이다. | 나03. 아마도 추론, 통계 일반화. 설문조사를 받은 1,000명은 대구 수성구 남자 유권자의 일부며 표본이다. 이 추론은 표본으로부터 얻은 통계 정보를 대구 수성구 남자 유권자 전체로 일반화한다. | 나04. 마땅한 반드시 추론. 다른 생일의 개수는 모두 365개 또는 366개다. 따라서 400명 회원의 생일이 모두 다를 수는 없으며 생일이 똑같은 사람이 반드시 있다.

다01. 약한 추론. 이것을 따지려면 상식과 과학의 도움을 받아야 한다. 사람이 되는 일과 눈동자 색깔 사이에 강한 연결은 없다. 실제로 사람의 눈동자 색깔이 여러 가지라는 사실이 보고되었다. '나'는 자기 주변에 있는 동양사람의 눈동자 색깔만을 조사했을 가능성이 크다. | 다02. 강한 추론. 구리는 자연물이고 순수 물질이다. 순수 물질의 녹는점은 대체로 이 물질의 원자구조에 따라 결정된다. 이를 근거로 판단하면 모든 구리의 녹는점은 거의 같을 테다. 하지만 구리는 여러 가지 동위원소가 있는데 이들 동위원소의 녹는점이 모두 똑같다고 볼 이유는 없다. 이 추론은 여전히 아마도 추론으로 남는다. | 다03. 약한 추론. 스키장에 오는 성인은 우리나라 성인을 대표하지 못한다. 다시 말해 이 통계 일반화에 쓰인 표본은 모집단을 대표하지 못하는 편향된 표본이다.

라01. 어느 곳이든 물은 100℃부터 끓기 시작한다. 단순 일반화하여 이런 결론을 내릴 수 있다. | 라02. 대한민국 성인의 75%는 대통령이 해양수산부 장관을 잘못 임명했다고 생각한다. 표본 1,000명 가운데 750명은 75%인데 통계 일반화하여 이런 결론을 내릴 수 있다. | 라03. 모든 선진국의 똑똑하고 착한 시민들 가운데 80% 이상은 부패한 정치인을 싫어한다. 단순 일반화하여 이런 결론을 내릴 수 있다. | 라04. 우리나라 모든 대학생은 중고등학생 때 철학을 가르치지 않는 일이 크게 잘못되었다고 주장한다. 표본 1,000명이 모두 같은 주장을 했으니 단순 일반화하여 이런 결론을 내릴 수 있다.

066. 어림잡아

가. 가장 강한 추론은 ㄷ이다. 가장 약한 추론은 ㄹ이다. 통계 삼단논법은 "S인 사례의 n%는 P다"와 "a는 S다"로부터 "a는 P다"를 추론한다. n이 100에 가까울수록 이 추론은 강하다. 하지만 "S인 사례의 n%는 P다"와 "a는 P다"로부터 "a는 S다"를 이끄는 추론은 잘못된 통계 삼단논법이며 n이 아무리 100에 가깝더라도 이 추론은 약하다.

나01. 마땅한 반드시 추론. 두 전제로부터 결론이 반드시 따라 나온다. | 나02. 마땅한 반드시 추론. | 나03. 아마도 추론, 통계 삼단논법. 첫째 전제에 따르면 83% 넘는 우리나라 축구 국가대표 선수가 초등학생 때부터 축구를 시작했다. 이 사실과 손흥민이 우리나라 축구 국가대표 선수라는 사실로부터 통계 삼단논법을 써서 결론을 이끌 수 있다. | 나04. 아마도 추론, 단순 일반화. 부산의 유권자 집단, 서울의 유권자 집단, 광주의 유권자 집단, 대전의 유권자 집단이 모두 똑같이 "부패가 더 심해졌다고 생각한다"는 속성을 가졌다는 사실로부터, 단순 일반화하여, 대한민국 도시 거주 유권자 집단이 그 속성을 가졌다고 추론한다.

다01. 아마도 마루는 변성기를 거쳤다. 전제들로 통계 삼단논법을 써서 이 결론을 이끌 수 있다. | 다02. 탁구는 서울시 서민임대 아파트에 살기 때문이다. 통계 삼단논법을 써서 주어진 결론을 이끌려면 "탁구는 서울시 서민임대 아파트에 산다"는 추가 전제가 있어야 한다. | 다03. 아마도 유시진은 역대 임금 가운데서 세종을 가장 좋아한다. 둘째 전제로 통계 삼단논법을 써서 이 결론을 이끌 수 있다.

라01. 이 추론은 통계 삼단논법을 사용했다. 겉모습만으로 보면 아주 좋은 아마도 추론이다. 하지만 이 추론은 그다지 강한 추론이 아니다. "남자의 85%는 변성기를 거쳤다"에서 "남자의 15%는 변성기를 거치지 않았다"를 얻을 수 있다. 이 15%가 어떤 남자인지 더 알아볼 필요가 있다. 보기를 들어 이 15%의 대부분이 15살보다 어린 남자면 15살보다 어린 남자의 대부분이 아직 변성기를 거치지 않았을 테다. 이것이 참이면 "마루는 변성기를 거쳤다"가 거짓일 가능성이 매우 크다. | 라02. 이 추론은 강한 추론이 아니다. 왜냐하면 이것은 통계 삼단논법을 잘못 썼기 때문이다. "중국 폭사콘 공장에서 생산되는 에플사 스마트폰의 90%는 한국 시장에서 판매되고 10%만 중국 시장에서 판매된다"로부터 "우리나라에서 판매되는 대부분의 에플사 스마트폰이 중국 폭사콘 공장에서 생산된다"를 이끌 수 없다.

라03. 약한 추론이다. 이 추론은 두 개로 이루어졌다. 하나는 전제들로부터 "제약회사 파파팔 신약은 환자에게는 치료 효과가 매우 크다"를 이끄는 부분인데 이것은 아주 강한 추론이다. 다른 하나는 "제약회사 파파팔 신약은 환자에게는 치료 효과가 매우 크다"로부터 "부작용을 경고하는 문구를 포장지 겉면에 수록한다면 이 약을 판매해도 괜찮다"를 이끄는 부분이다. 하지만 우리는 "3% 환자에게 구토 및 발작 증세가 일어난다"와 "판매해도 괜찮다" 사이를 잘 따져야 한다. | 라04. 약

한 추론이다. 만일 우리가 옥시레킷벤키저의 가습기살균제를 쓰더라도 우리가 그 가습기살균제 때문에 죽을 가능성은 고작 0.1%밖에 되지 않는다. 하지만 100만 명의 소비자가 이 가습기살균제를 쓴다면 무려 1,000명이 죽음에 이를 수 있다. 1,000명의 목숨을 앗아갈 수 있는 제품이 위험하지 않다고 말하는 일은 옳지 않다. "그 제품 때문에 죽을 가능성이 매우 낮다"로부터 "아마도 그 제품은 위험하지 않다"고 결론 내리는 일은 매우 약한 추론이다. 특히 안전이나 환경 또는 목숨이 관계될 때 이런 추론은 매우 조심해야 한다.

067. 비슷하니까

가. ㉠ 생명체 ㉡ 시계 ㉢ 많은 부품으로 이루어진 복잡하고 정교한 기계며 어쩌다 생기기 매우 어렵다 ㉣ 누군가 지성을 가진 존재가 설계하여 만든 것. 귀띔: 이 논증을 "설계 논증"이라 하는데 이 논증이 약한지 강한지 많은 논쟁이 있다. 생명체와 기술제품 사이에 공통점보다는 훨씬 많은 차이점이 있기 때문이다.

나01. (i) 영희는 여대생이고 경제학을 전공하고 서울에 산다. 영희는 채식주의자다. 따라서 아마도 여대생이고 경제학을 전공하고 서울에 사는 이는 대부분 채식주의자다. (ii) 여대생이고 경제학을 전공하고 서울에 사는 이는 대부분 채식주의자다. 이수는 여대생이고 경제학을 전공하고 서울에 산다. 따라서 아마도 이수는 채식주의자다. | 나02. (i) 태리는 평등과 정의를 추구하고, 양성평등주의자고, 정의로운 정치인을 좋아한다. 태리는 청렴한 정당을 지지한다. 따라서 아마도 평등과 정의를 추구하고 양성평등주의자고 정의로운 정치인을 좋아하는 이는 대부분 청렴한 정당을 지지한다. (ii) 평등과 정의를 추구하고 양성평등주의자고 정의로운 정치인을 좋아하는 이는 대부분 청렴한 정당을 지지한다. 개리는 평등과 정의를 추구하고, 양성평등주의자고, 정의로운 정치인을 좋아한다. 따라서 아마도 개리는 청렴한 정당을 지지한다. | 나03. (i) 스피노자는 인간 경험이 인간 이성에 부합해야 하며 마음과 몸이 인과관계를 맺지 않으며 신이 존재한다고 주장한다. 스피노자는 오직 하나의 실체만 존재한다고 주장한다. 따라서 아마도 인간 경험이 인간 이성에 부합해야 하며 마음과 몸이 인과관계를 맺지 않으며 신이 존재한다고 주장하는 사람은 대부분 오직 하나의 실체만 존재한다고 주장한다. (ii) 인간 경험이 인간 이성에 부합해야 하며 마음과 몸이 인과관계를 맺지 않으며 신이 존재한다고 주장하는 사람은 대부분 오직 하나의 실체만 존재한다고 주장한다. 라이프니츠는 인간 경험이 인간 이성에 부합해야 하며 마음과 몸이 인과관계를 맺지 않으며 신이 존재한다고 주장한다. 따라서 아마도 라이프니츠는 오직 하나의 실체만 존재한다고 주장한다.

다01. "태리는 평등과 정의를 추구하고, 양성평등주의자고, 정의로운 정치인을 좋아한다. 태리는 부패한 정당보다 청렴한 정당을 지지한다. 따라서 아마도 평등과 정의를 추구하고 양성평등주의

자고 정의로운 정치인을 좋아하는 이는 대부분 부패한 정당보다 청렴한 정당을 지지한다"는 그럴듯하다. 태리 한 사람의 보기가 이를 강하게 뒷받침하지는 않지만 우리 상식에 따르면 이는 터무니없는 추론은 아니다. 이 유비추론은 약하지 않다. | 다02. "트와이스는 JYP 소속 여성 아이돌 그룹이고 댄스 가수고 모두 잘 생겼다. 트와이스는 다른 나라보다 일본에서 가장 인기가 많다. 따라서 아마도 JYP 소속 여성 아이돌이고 댄스 가수이고 모두 잘 생긴 그룹은 대부분 다른 나라보다 일본에서 가장 인기가 많다"는 그다지 그럴듯하지 않다. 'JYP 소속 잘 생긴 여자 아이돌 그룹임'과 '다른 나라보다 일본에서 가장 인기가 많음' 사이에는 끈끈한 관련성이 없는 듯하다. 따라서 이 유비추론은 약하다. | 다03. "긴팔원숭이는 모든 방향으로 움직일 수 있는 어깨 관절이 있고, 두뇌 피질이 크게 분화되었고, 임신기간이 길다. 긴팔원숭이는 자유의지를 갖지 않는다. 따라서 아마도 모든 방향으로 움직일 수 있는 어깨 관절이 있고, 두뇌 피질이 크게 분화되었고, 임신기간이 긴 동물은 대부분 자유의지를 갖지 않는다"는 그다지 그럴듯하지 않다. 이 유비추론은 약하다. | 다04. 우리는 "내 친구는 내 말에 반응하여 내가 알아듣는 목소리를 출력한다. 내 친구는 내 말을 이해하며 지성을 가지고 마음을 갖는다. 따라서 내 말에 반응하여 내가 알아듣는 목소리를 출력하는 것은 대부분 내 말을 이해하며 지성을 가지고 마음을 갖는다"가 그럴듯한 추론인지 따져 보아야 한다. 이것은 판단하기 어렵다. 하지만 앵무새, 녹음기, 자동응답시스템 따위는 내 말에 반응하여 내가 알아듣는 목소리를 출력하지만, 이것들이 내 말을 이해하며 지성을 가지고 마음을 갖는다고 보기는 어렵다. 앞으로 많은 논쟁이 있겠지만 내 생각에 이 추론은 그다지 그럴듯하지 않다.

068. 탓하기

가01. 끼니 당 밥공기 수. 야식 양을 '야', 수면 시간을 '수', 운동 시간을 '운', 끼니 수를 '끼', 끼니 당 밥공기 수를 '끼밥'이라 쓰겠다.

목록	현상을 이루는 여러 요소					결과
	야	수	운	끼	끼밥	몸무게
1	1	10	5	4	2	85
2	1	7	10	3	1.5	80
3	0.5	7	20	2	1	77
4	0.5	7	30	2	1	77
5	0	6	60	2	0.5	72

목록 1과 2에서 야식 양은 그대로지만 몸무게는 바뀌었다. 야식 양은 원인의 후보에서 빠져야 한다. 목록 2와 3에서 수면 시간은 그대로지만 몸무게는 바뀌었다. 수면 시간은 원인의 후보에서 빠

져야 한다. 목록 3과 4에서 몸무게 변화가 없지만 운동 시간은 바뀌었다. 이것은 공변법에 따르면 이들이 원인에서 제외되어야 함을 뜻한다.

야	수	운	끼	끼밥
×	×	×	?	?

목록 4와 5에서 끼니 수에 변화가 없었지만 몸무게가 바뀌었기에 끼니 수도 원인에서 제외되어야 한다.

야	수	운	끼	끼밥
×	×	×	×	?

남은 것은 끼니 당 밥공기 수다. 끼니 당 밥공기 수가 줄어들 때 몸무게도 줄어들고, 끼니 당 밥공기 수가 그대로일 때 몸무게도 그대로다. 공변법에 따르면 끼니 당 밥공기 수는 몸무게가 줄어드는 또는 몸무게가 늘어나는 원인이다. | 가02. 주어진 정보만으로는 알 수 없지만 언급된 후보들 가운데 적어도 하나가 원인이면 그것은 끼니 당 밥공기 수다. "X가 바뀌지 않는다면 Y도 바뀌지 않는다"는 "Y가 바뀐다면 X도 바뀐다"를 뜻한다. 목록 1과 2에서 몸무게가 바뀌었지만 야식 양은 바뀌지 않았기에, 야식 양은 원인의 후보에서 빠져야 한다. 목록 2와 3에서 몸무게가 바뀌었지만 수면 시간은 바뀌지 않았기에, 수면 시간은 원인의 후보에서 빠져야 한다. 목록 3과 4에서, 다른 것은 그대로고 운동 시간은 바뀌었지만 몸무게는 바뀌지 않았기에, 운동 시간은 원인의 후보에서 빠져야 한다. 목록 4와 5에서 몸무게가 바뀌었지만 끼니 수는 바뀌지 않았기에, 끼니 수는 원인의 후보에서 빠져야 한다. 남은 것은 끼니 당 밥공기 수다.

나01. 않. 가설 "모든 생물은 계속 진화한다"와 보조 가설 "사람은 더는 진화하지 않는다"로부터 예측 명제 "사람은 생물이 아니다"를 연역할 수 있다. 이 예측 명제를 관찰 명제로 여긴다면 이 명제는 거짓이다. 예측 명제가 거짓이면 가설과 보조 가설 가운데 적어도 하나는 거짓이다. 하지만 이는 보조 가설 "사람은 더는 진화하지 않는다"가 반증됨을 뜻하지 않는다. | 나02. 않. 가설 "하느님은 완전하다"와 보조 가설 "하느님이 완전하다면 하느님은 지극히 선하다"로부터 예측 명제 "하느님은 지극히 선하다"를 연역할 수 있다. 하지만 이 예측 명제는 '경험, 관찰, 측정으로 참 또는 거짓이 드러날 수 있는 명제'는 아니기에 가설연역법에 맞는 예측 명제가 아니다. 설사 "하느님이 지극히 선하지는 않다"가 밝혀지고 보조 가설이 거짓으로 드러나더라도 가설 "하느님은 완전하다"가 참으로 드러나지 않고 검증되지 않는다. | 나03. 올. 가설 "해변보다 산 위에서 시간이 더 빨리 흐른다"와 보조 가설 "위치 A보다 위치 B에서 시간이 더 빨리 흐른다면 위치 A에 놓인 시계보다 위치 B에 놓인 시계가 더 빨리 간다"로부터 예측 명제 "해변에 놓인 시계보다 산 위에 놓인 시계가 더 빨리 간다"를 연역할 수 있다. 실제로 해변에 놓인 시계보다 산 위에 놓인 시계가 더 빨리 가기에 이 예측 명제는 참이다. 이 경우 가설은 입증된다.

069. 추론 그림

가01.

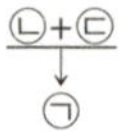

가02.

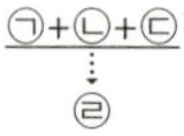

가03.

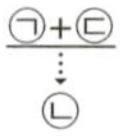

가04.

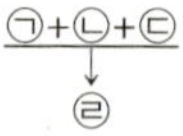

가05.

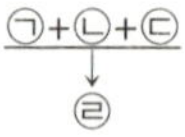

가06.

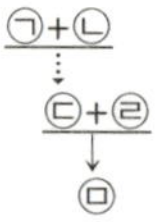

가06의 풀이는 내일 070 논증 그림을 다룰 때 배우게 될 것이다.

나01. 이 추론에서 "모든 포유류는 배꼽이 있다"라는 전제가 숨어 있다. 이 숨은 전제를 ㉦이라고 쓰면 이 추론의 그림은 아래와 같다.

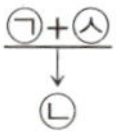

나02. 이 추론에는 "사막이 밀림이 될 것이라고 꿈꾸는 것은 헛된 꿈이다"라는 전제가 숨어 있다. 이 숨은 전제를 ㉦이라고 쓰면 이 추론의 그림은 아래와 같다.

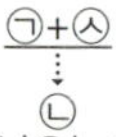

이 추론은 전제들로부터 결론이 아마도 따라 나오는 아마도 추론이다. "2019년 대한민국 건국 100주년 때 한반도 평화협정이 맺어질 것이라고 네가 꿈꾸는 것은 사막이 밀림이 될 것이라고 꿈꾸는 것과 비슷하다. 사막이 밀림이 될 것이라고 꿈꾸는 것은 헛된 꿈이다"로부터 "2019년 대한민국 건국 100주년 때 한반도 평화협정이 맺어질 것이라고 네가 꿈꾸는 것은 헛된 꿈이다"가 반드시 따라 나오지는 않는다. | 나03. 이 추론의 결론은 약간 어렴풋하다. 숨은 결론은 아마도 "사람에게 마음이 없다거나 자유의지가 없다고 가정하는 것은 옳지 않다"인 것 같다. 이 경우 숨은 전제는 "사람을 환경과 본능에 충실한 한갓 동물로 여기는 것은 옳지 않다"이다. 숨은 전제를 ㉦이라 쓰고 숨은 결론을 ㉧이라 쓰면 이 추론의 그림은 아래와 같다.

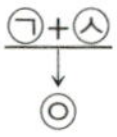

이 추론은 얼핏 마땅한 추론 같아 보이지만 엄격하게 따질 경우 그렇지 않다. 이 추론을 마땅한 추론으로 바꾸면 다음과 같다. "만일 사람에게 마음이 없거나 자유의지가 없다면 사람은 환경과 본능에 충실한 한갓 동물에 지나지 않는다. 사람이 환경과 본능에 충실한 한갓 동물에 지나지 않는다는 주장은 거짓이다. 따라서 사람에게 마음이 없거나 자유의지가 없다는 주장은 거짓이다.

070. 논증 그림

가01.

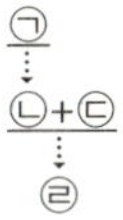

가02.

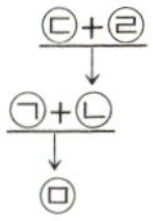

가03.

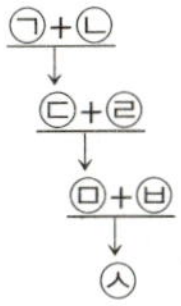

가04.

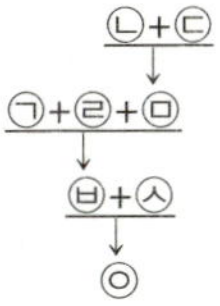

가05.

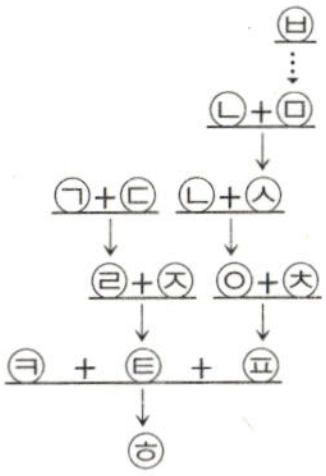

071. 강화와 반론

가. ㄴ, ㄷ

나. ㄱ, ㄴ

다. 이 글의 논증은 다음과 같이 요약할 수 있다. "㉠ 무엇이 착한 것이고 무엇이 못된 것인지에 대한 윤리 판단에서 광범위한 불일치가 있다. ㉡ 이것이 옳다면 사람들의 윤리 원칙은 시간과 장소와 상황에 따라 다르다. 따라서 ㉢ 윤리 원칙이 시간과 장소와 상황에 따라 다르다는 윤리 상대주의는 옳다." 두 전제를 받아들인다면 결론을 받아들이는 데 아무 문제가 없다. 다시 말해 이 논증에 담긴 추론은 마땅하다. 다01. 반. 전제 ㉠이 믿을 만하지 않다고 주장한다. | 다02. 반. 전제 ㉡이 믿을 만하지 않다고 주장한다. | 다03. 반. 전제 ㉡이 믿을 만하지 않다고 주장한다. | 다04. 않. 윤리 판단들 가운데 한 사회에서 대부분 일치하는 사례가 있다는 것은 이 논증의 반론이 되지 못한다. | 다05. 않 | 다06. 않. 이 논증에 담긴 추론 자체는 마땅하기 때문에 전제들을 받아들이면 결론도 반드시 받아들여야 한다. | 다07. 않. 이 주장은 전제들 가운데 하나를 부정하기는 하지만 이 논증의 결론은 받아들이고 있다. 이런 식의 주장은 반론이 되지 못한다.

072. 결론 빌리기

가01. 순환정의의 오류. "낙태는 아이를 자궁에서 떼어 내 죽게 하는 것이다"라는 정의는 결론을 이미 포함한다. 낙태를 반대하기 위해 먼저 "낙태는 아이를 자궁에서 떼어 내 죽게 하는 것이다"를 입증해야 한다. | 가02. 순환정의의 오류. "낙태는 단순히 자궁에 붙은 일부 기관을 절단하는 것이다"라는 정의는 결론을 이미 포함한다. 낙태를 찬성하기 위해 먼저 "낙태는 단순히 자궁에 붙은 일부 기관을 절단하는 것이다"를 입증해야 한다. | 가03. 순환표현의 오류. "갈팡질팡"이라는 표현은 "이번 부동산 정책도 임시방편 정책에 지나지 않고 우리가 이 정책을 신뢰하는 것은 옳지 않다"라는 결론을 염두에 둔 표현이다. | 가04. 옹고집의 오류. 이 논증의 논지는 정부의 경제정책이 완전히 실패했다는 것인데 이 논증은 논지를 뒷받침할 만한 논거를 제시하지 않는다. 이 논증은 오히려 논지에 반대될지 모를 여러 지표나 자료들에 관심을 두지 않는다. 이것은 자기 논지를 무작정 주장하는 것이나 다름없으며 이는 옹고집의 오류에 해당한다. | 가05. 순환논증의 오류. "아인슈타인의 일반상대성이론은 옳다"의 근거는 아인슈타인이 자기 논문에서 쓴 그의 주장이다. 이 주장은 논증이 입증하려는 결론에 해당한다. 이처럼 이 논증은 결론을 이미 옳은 것으로 간주함으로써 바라는 결론을 이끌어내고 있으며 이것은 순환논증의 오류에 해당한다. | 가06. 순환정의의 오류. 이 논증은 "철학을 공부하고 싶은 사람보다 경제학을 공부하고 싶은 사람이 더 많다는 것은 곧 사람들이 철학보다 경제학을 더 중요하게 여긴다는 것을 뜻한다"와 "사회를 구성하는 사람들이 중요하게 여기는 것일수록 그것은 우리 사회에 더 유용하다"는 전제들을 사용한다. 이 전제들은 결론을 염두에 둔 정의이다. 두 정의들은 의심의 여지가 많다. 이 논증을 개선하기 위해서는 우리가 왜 이 정의를 받아들여야 하는지 뒷받침해주는 추가 근거를 제시해야 한다. | 가07. 순환논증의 오류. 전제에서 "하느님의 계시로 써진 성경이 실제로 있고"는 "성경은 하느님의 계시로 써졌다"를 함축한다. 이것은 결론 "하느님은 있다"를 이미 빌려 쓰는 것이나 다름 없다. 이 논증이 순환논증의 오류에서 벗어나려면 "하느님은 있다"를 가정하지 않은 채 "성경은 하느님의 계시로 써졌다"를 설득력 있게 주장할 수 있어야 한다.

나01. 복합질문의 오류. "청렴한 정당은 왜 무능할까?"는 "청렴한 정당은 무능하다"라는 또 다른 주장을 이미 담고 있다. 만일 우리가 이 질문에 응답하려고 한다면 우리는 복합질문의 오류에 빠지게 된다. | 나02. 유도질문의 오류. 물음을 던진 사람은 바라는 답변을 유도하기 위해 자신의 사고방식과 바람을 상대방에게 강요한다. "너는 부모님을 잘 따르니까 부모님이 지지하는 정당에 투표해야겠지?"는 "부모님을 잘 따르는 사람은 부모님이 지지하는 정당에 투표해야 한다", "너는 부모님을 잘 따르는 사람이다", "너는 부모님이 지지하는 정당에 투표하는 것이 옳다" 등과 같은 화자의 생각을 청자에게 주입하면서 청자의 긍정 답변을 유도한다. | 나03. 복합질문의 오류. "네 죄를 네가 알렸다?"는 "네가 죄를 저질렀다"라는 다른 주장을 이미 담고 있다. 설사 내가 "모른다"라고 답하더라도 이 답변은 '내가 죄를 저질렀지만 무슨 죄를 저질렀는지 내가 모른다'는 답변이 될 것이다. 통상의 경우 심문하는 사람들은 복합 질문 방식으로 바라는 답변을 얻으려 하는데 이 때문에 복합 질문을 일종의 유도 질문으로 이해하곤 한다. "한부모 밑에서 자란 학생은 왜 학업성취도가 낮을까?", "청렴한 정당은 왜 무능할까?", "네 죄를 네가 알렸다?" 등이 일종의 유도 질문으로 들리는 것은 이 때문이다. | 나04. 복합질문의 오류. 이 물음은 "종교를 갖고 있는 대부분의 사람들은 종

교를 갖지 않은 사람들보다 과학의 진실들을 더 외면한다"라는 주장을 이미 담고 있다.

073. 하소연

가01. 동정심 | 가02. 권위. 신이 있는지 없는지에 대해 그 근거를 따지기보다는 그것을 주장한 과학자의 권위에 하소연한다. 신의 존재 여부에 대해 과학자는 부적절한 권위자일 가능성이 있다. | 가03. 힘 또는 협박. 이 논증의 결론은 "현 정부 정책에 대한 김철수의 비판은 잘못되었다"이다. 김철수가 이 결론을 받아들이도록 부당한 공권력을 동원할 수 있다는 것이 결론의 유일한 근거이다. 이 근거는 논리에 기대는 것이 아니라 힘에 하소연하는 것이다. | 가04. 전통. 이 논증의 결론은 "너는 내일부터 업무 시작 전에 매일 아침 커피나 차를 타서 다른 직원들에게 돌려야 한다"이다. 이 결론에 대한 유일한 근거는 "우리 회사는 줄곧 신입 여사원이 매일 아침 커피나 차를 마련해 왔다"는 관례와 그 관례를 무시해서는 안 된다는 주장이다. 커피나 차를 타는 것이 신입사원이 해야 할 업무에 해당한다는 별도 업무 지침이 없는 한, 이것은 전통 또는 관례에 하소연하는 것에 지나지 않는다. | 가05. 유행 또는 주류. 이 논증의 결론은 "희연은 IT 기기에 대한 안목이 형편없다"이다. 이에 대한 증거는 희연이 애용하는 케이폰이 한국에서 점유율이 낮다거나 그것이 한국에서 인기가 없다는 것이다. 달리 말해 케이폰이 한국에서 유행을 타지 않는다거나 주류가 아니라는 것이다. 이처럼 이 논증은 현재 유행하고 있는 것이 아니라는 이유에서 케이폰이 예찬할 만하지 않으며 따라서 IT 기기에 대한 희연의 안목이 형편없다고 주장한다. 이 주장은 유행에 하소연하는 오류를 저지르고 있다. | 가06. 군중심리. "최대박 후보를 지지하는 것이 마땅하다"는 결론을 뒷받침하는 것은 부자가 되고 싶은 대중의 탐욕이다. 이 논증은 최대박 후보가 그렇게 할 능력이 있는지 따져 보지 않는다. 또한 그 후보가 대통령으로서 자질을 갖추었는지 따지지 않는다. 다만 그가 당선되면 5년 만에 갑자기 부자가 될지 모른다는 대중의 허영심에 하소연할 뿐이다. | 가07. 군중심리. 북한에 대한 대중의 적개심에 하소연한다. 하지만 만일 국민들의 다수가 개성공단 폐쇄를 원한다는 방식으로 자기 주장을 펼쳤다면 이것은 대세 또는 대다수에 하소연하는 오류가 되었을 것이다.

나01. 이 논증은 권위에 하소연하는 것처럼 보인다. 하지만 이 권위는 부적절한 권위가 아니라 적절한 권위이다. 새로 집권한 대통령은 하천 생태계와 하천공학의 전문가가 아닌 것이 거의 분명하다. 반면에 한스 헬무트 베른하르트 교수는 이 분야의 전문가로 소개되고 있다. 이 소개가 사실이라면 이 논증은 적절한 권위를 빌려 결론을 이끌어내고 있는 셈이다. | 나02. 이 논증은 동정심에 하소연하는 것처럼 보인다. 하지만 말단 노동자들을 해고하는 것이 몰고 올 결과를 고려하여 정리해고를 절제하라는 주장은 동정심에 하소연한다기보다 경영자에게 기업윤리 또는 경제윤리를 요구하는 것으로 보아야 한다. 동정심 같은 우리의 감정은 인간 윤리의 원동력이며 선행을 유도하는 동력이다. 동정심은 행위의 원칙을 구성하는 토대로 사용될 수 있기 때문에, 동정심을 유발하는 모든 주장들이 논지와 무관하다고 생각해서는 안 된다. 동정심이 논지와 관련 있는 사례들도 많다. |

나03. 이 논증은 두려움에 하소연하는 것처럼 보인다. 하지만 원자력 발전소의 위험성을 강조함으로써 원자력 발전소를 원칙에 맞게 관리하고 운영해야 한다고 주장하는 것은 오류로 보기 어렵다. 이 논증은 근거 없이 두려움을 조장하는 것이 아니라 근거 있는 두려움 및 위험을 강조함으로써 이 위험을 바탕으로 자신의 결론을 그럴듯하게 이끈다. | 나04. 이 논증은 대세 또는 다수에 하소연하는 것처럼 보인다. 시민들의 대다수가 시장의 특정 정책을 반대하는 것을 넘어, 주민 소환투표에 찬성한다. 이 경우 주민 소환투표가 실제로 실시될 가능성이 높고 문 시장은 소환될 가능성이 높다. 민주 정치에서 시민이 주권을 갖는 것은 당연한 원칙이기 때문에, 이 원칙에 따라 문 시장이 소환투표 이전에 스스로 물러나기를 요구하는 것은 관련 없는 것에 하소연하는 오류가 아니다. 동의하는 사람들의 수 자체가 의견을 결정하는 근거가 될 때가 많다. 투표 같은 일에서는 과반수 찬성 자체가 한쪽 의견으로 결론 내려지는 가장 중요한 요소이다.

074. 딴소리

가01. 발생의 오류. 중앙정부에 의한 강력한 고교 평준화 정책이 원래 과거 독재정권 때 실시된 것이라는 이유에서 그것이 오늘날 민주주의 시대에 맞지 않다고 주장한다. 이 정책의 발생에 대해서만 말할 뿐, 이 정책 자체가 오늘날에 왜 맞지 않는지에 대해서는 말하고 있지 않다. | 가02. 의도확대의 오류. 이 논증은 이완용이 대한제국을 일본에 넘긴 것은 근대 입헌민주주의 국가를 건설하기 위한 의도였다고 확대 해석한다. 이런 의도 확대를 통해 이완용을 비난하는 것이 잘못되었다는 결론을 이끈다. | 가03. 허수아비 공격. 김혁명은 자신이 사회주의 사상을 지지한다고 주장하지 않았다. 그는 오히려 진정한 열린사회이자 민주주의 사회가 되려면 누군가 사회주의를 지지할 수 있어야 한다고 주장했다. 하지만 이 논증은 김혁명의 주장을 "나는 사회주의를 지지한다"라고 못 박은 후 이를 때리고 있다. 이것은 공격하기 쉬운 허수아비를 만든 뒤에 이를 공격하는 것이다. 허수아비는 원래 논점을 일부러 바꾼 견해이다. 허수아비 공격은 논점전환의 한 사례이다. 논점이탈과 논점전환의 차이는, 전자는 부주의하게 논점을 벗어나는 것이고, 후자는 의도를 갖고 논점을 바꾸는 것이다. 논증을 펼치는 사람의 부주의로, "사회주의도 지지할 수 있는 사회가 되어야 그 사회는 열린사회이며 민주주의 사회가 됩니다"라는 말을 "우리는 사회주의를 지지한다"는 뜻으로 확대 해석한 측면이 있다. 이 경우 이 논증은 논점이탈의 오류를 저질렀다고 보아야 한다. | 가04. 허수아비 공격. 참여연대가 주장하는 것은 재벌의 지배구조, 독과점, 불공정거래 등을 개혁하자는 것이다. 재벌을 개혁하자는 원래 주장을 대기업을 없애자는 것으로 바꾼 뒤에 후자의 주장을 공격한다. 이 논증에서 한 발 더 나아가 참여연대가 대한민국에 경제 위기를 초래할 의도를 갖고 있다는 식으로 몰아간 뒤에 참여연대의 주장을 비판한다면 의도확대의 오류까지 저지르게 된다.

가05. 발생의 오류. 하이힐의 용도를 과거 맥락에서 파악한 후 이를 현재의 맥락에 그대로 적용하여 이를 평가한다. | 가06. 꼬투리 잡기. 맞춤법이 틀렸거나 용어를 잘못 사용했으니 최구의 주장을

받아들일 수 없다는 식으로 반박하는 것은 사소한 꼬투리를 잡아 의견 전체를 거부하는 것이다. 이것은 상대방 논지를 논리 관점에서 논박하는 대신에 주변부에 시비를 걸고넘어지는 것이다. | 가07. 주의 돌리기. 이 논증은 가사노동을 분담하자는 집사람의 말을 거부하겠다는 논지를 갖고 있다. 이 논지의 근거는 없으며, 오히려 논점에서 벗어나 과거에 비해 현재의 가사노동은 상당히 경감되었다는 것과 여성에게 고마움을 표시한다는 것만 진술한다. 이로써 논점을 다른 곳으로 돌려 집사람의 제안을 슬쩍 거부한다. | 가08. 허수아비 공격. 서미나 교수는 "여성들이 남자처럼 군대에 입대해야 한다"고 주장하지 않았고, 그의 주장이 그런 함축을 갖지도 않았다. 여성주의와 관련된 논쟁에서 여성도 남자들과 마찬가지로 모병제에 참여해야 한다는 주장이 거론될 수 있지만 서미나 교수의 원래 주장과 상당히 거리가 먼 주장이다. 이것은 서미나 교수의 견해를 공격하려는 의도를 갖고 고의로 논점을 바꾸는 것이다. 하지만 만일 이 논증이 부주의하게 논점을 벗어난 것이라면 논점이탈이라고 말할 수 있다. | 가09. 이 논증에 여러 요소의 오류들이 섞여 있는 것 같지만 그나마 가장 두드러진 오류는 지나친 목표 설정의 오류이다. 이 논증은 논리 훈련을 통해 이룩하려는 목표를 지나치게 높게 잡고 있다. 우리가 논리 훈련을 받으면 세상의 모든 현상을 설명할 수 있고, 세상의 모든 현상을 이해할 수 있게 되는 것은 아니다. 논리학의 목표는 그런 것이 아니고 논리 훈련의 목표도 그런 것이 아니다. 논리학의 목표와 논리 훈련의 목표를 지나치게 높게 잡은 뒤에 그것을 이룩할 수 없으니, 논리 훈련을 받는 것은 세상을 좀 더 잘 이해하고 세상을 좀 더 낫게 바꾸려는 사람에게 시간낭비일 뿐이라고 결론 내리고 있다.

075. 인신공격

가01. 소망-실현의 오류. 이 논증은 "내가 바라지 않기 때문에 그것은 사실이 아니다"를 가정한다. 내가 그것을 바라기 때문에 사실이라거나 내가 그것을 바라지 않기 때문에 사실이 아니라고 말하는 것은 소망-실현의 오류에 해당한다. 물론 소망 자체가 사실을 만들어내는 경우가 있다. 협상의 결과로 사실이 생성될 경우 협상 당사자의 소망은 향후 사실을 구성하게 된다. 소망이 응당 현실화되고 실현되는 경우들이 많다. 하지만 모든 소망이 실현되는 것은 아니기 때문에 내가 소망한다는 이유에서 곧 그것이 실현되거나 사실이 될 것이라고 생각해서는 안 된다. 미국 측 FTA 회담대표가 개성공단 제품을 한국산으로 인정하는 것을 바라지 않는다고 해서 개성공단 제품이 한국산 제품이 아니라는 결론이 따라 나오지 않는다. 개성공단 제품이 한국산 제품으로 간주될지 말지는 두 회담 당사자들이 장차 합의해야 할 사안이다. | 가02. 자기 합리화. 위장전입이 나쁜 것임에도 불구하고 이것이 외동아들에 대한 특별한 사랑과 교육열을 보여주는 것이라며 자기 합리화한다. 만일 그가 위장전입이 범법 행위라는 원칙에 동의하지만 그 원칙이 자기에게는 예외가 될 수 있다고 생각한다면, 이 논증은 또한 특별 변호의 오류도 저지르고 있다. 주장하는 이는 위장전입이 나쁘기는 하지만 자기 자신에게만은 예외로 나쁜 일이 아니라고 주장하지는 않고 있다. | 가03. 인신공격. 이 논증은 상대방 주장의 신빙성을 떨어뜨리기 위해 논지와 상관없는 상대방의 개인 신상을 비방

한다. | 가04. 피장파장의 오류. 이 논증은 우리나라 기업들도 똑같이 외국 제품을 표절했기 때문에 중국 기업이 우리나라 제품을 표절하는 것을 비난할 수 없다고 주장한다. | 가05. 반례 무시. 이 논증의 결론은 "채식주의는 전혀 이해할 수 없다"이다. 이를 위한 근거들을 제시하기는 하지만 이 논증은 채식주의자들의 반론을 완전히 무시하거나 경시한다. 채식주의자들이 왜 그렇게 생각하고 있으며 그러한 생각이 어떤 잘못을 저지르고 있는지 전혀 따지지 않는다.

가06. 피장파장의 오류. 이 논증은 새나라당 후보들도 재산을 축소한 채 신고하여 세금을 탈루했다는 이유에서 자기 당 후보에 대한 새나라당의 공격은 일고의 가치도 없다고 주장한다. 이것은 상대방도 똑같은 잘못을 저질렀으니 상대방의 비판을 수용할 수 없다는 식으로 주장하는 것인데 이는 피장파장의 오류에 해당한다. | 가07. 특별 변호의 오류. 이 논증의 화자는 윤리성을 갖춘 사람이 지도자가 되어야 한다는 것을 인정하지만 이 원칙이 자기에게는 예외가 될 수 있다고 주장한다. 자신은 과반 이상의 국민들에게 지지를 받고 있다는 이유에서이다. 이것은 자신이 특별한 위상을 갖고 있기 때문에 예외가 될 수 있다는 식으로 주장하는 것인데 이는 특별 변호에 해당한다. | 가08. 개인 정황의 오류. 이 논증의 논지는 비정규직 노동자들이 정규직 노동자들보다 노동시간 당 더 많은 보수를 받아야 한다는 수연의 견해가 설득력이 없다는 것이다. 이 논증은 수연의 주장 자체를 따지고 비판하는 것이 아니라 그의 개인 정황을 들어 주장의 신뢰를 떨어뜨리고 있다. | 가09. 우물에 독 타기. 이 논증의 논지는 국정원과 국방부에 대한 시민들의 항의가 온당하지 않으며 오히려 국정원과 국방부의 지금까지 활동이 정당했다는 것이다. 이에 대한 근거는 "국정원과 국방부의 활동에 반대하는 행위는 그들이 북한을 추종하는 세력이라는 사실을 말해준다"는 것이다. 이것은 국정원과 국방부에 대한 비판을 원천 봉쇄하는 것인데 이는 우물에 독 타기에 해당한다. | 가10. 개인 정황의 오류. 이 논증에서 동일과정설을 거부하는 유일한 근거는 그것을 주장하는 사람이 유신론자라는 사실밖에 없다. 다시 말해 주장하는 사람이 유신론자라는 특별한 상황 또는 처지에 있기 때문에 그의 주장을 받아들일 수 없다는 것이다. 주장하는 사람의 정황을 빌미로 그의 견해를 거부하는 것은 개인 정황의 오류이다. 만일 찰스 라이엘이 유신론을 입증하려는 목적으로 그 주장을 처음 제기했다는 근거를 바탕으로 그 주장 자체를 비판하는 것이라면 그것은 발생의 오류에 더욱더 가깝다. 우리는 주장하는 사람, 주장하는 행위, 주장의 내용을 잘 가려야 한다. 어떤 사람이 특수한 목적을 갖고 X를 주장한다는 까닭에서 그렇게 주장하는 행위를 비판하는 것은 오류가 아니다. 하지만 다른 까닭은 없고 단지 어떤 사람이 특수한 목적을 갖고 X를 처음으로 제기했다는 까닭에서 X를 수용 또는 거부하겠다고 말하는 것은 발생의 오류이다. 다른 까닭은 없고 단지 특수한 상황에 놓여 있는 a라는 사람이 하필이면 X를 주장한다는 까닭에서 X를 수용 또는 거부하겠다고 하는 것은 개인 정황의 오류이다.

076. 치우친 근거

정답

가01. 무지의 오류. 이 논증의 화자는 자기 애인이 자기와 생활에서 불만을 가질 만한 까닭이나 증거가 없다는 이유에서 실제로 자기 애인이 불만을 가지지 않고 있다고 추론한다. 이 추론이 상당히 그럴듯하지만 그의 추론에 오류가 있다면 그것은 무지의 오류이다. 다음과 같은 추론 방식은 모두 무지의 오류를 저지른 것이다. ㄱ. 주장 X가 참이라는 증거나 증명이 없다. 따라서 주장 X는 거짓이다. ㄴ. 주장 X가 거짓이라는 증거나 증명이 없다. 따라서 주장 X는 참이다. ㄷ. 상대방은 자기 주장의 증거를 제시하지 않았다. 따라서 그의 주장은 거짓이다. ㄹ. 상대방은 자기 주장이 참이라는 것을 보여줄 능력이 없다. 따라서 그의 주장은 거짓이다. ㅁ. 상대방은 내 주장의 반대 증거를 제시하지 않았다. 따라서 내 주장은 참이다. ㅂ. 상대방은 내 주장이 거짓이라는 것을 보여줄 능력이 없다. 따라서 내 주장은 참이다. | 가02. 성급한 일반화. 고작 두 사례로부터 일반화한다. | 가03. 치우친 자료. 대구경북 지역에 거주하는 성인은 다른 지역에 비해 박정희 대통령을 좋게 평가한다. 이 설문 결과는 자료 자체가 편향되어 있다. | 가04. 치우친 자료. 아인슈타인의 일반상대성이론에 따르면 중력이 약할수록 시간이 빠르게 간다. 논증의 화자는 그 빨라지는 정도가 매우 미약하다는 사실을 감안하지 못한다. 그가 모은 자료들은 실상을 충분히 반영하지 못한 자료이다. 이 논증은 넓은 의미에서 편향 자료의 오류를 저질렀다고 볼 수 있다. 이를 다른 이름으로 "근시안 귀납의 오류"라 부르기도 한다. | 가05. 성급한 일반화. 고작 두 사례만으로 현재의 운동이론이 무너질 것이며 새로운 운동이론이 나타날 시기도 점차 앞당겨질 것이라고 추론한다. 이 논증이 모종의 오류를 저질렀다면 그것은 너무 적은 사례로부터 일반화하는 오류를 저지른 것이다. | 가06. 치우친 자료. 온도에 따른 길이 변화를 재기 위해 철로 만든 줄자로 그 철근을 재는 것은 치우친 자료들을 만들어낼 뿐이다. 왜냐하면 철로 만든 줄자의 길이 자체가 온도에 따라 바뀔 수 있기 때문이다.

나01. 어. 건강, 보건, 생명, 환경, 안전 등을 신장하고 이를 주의하는 결론은 대개 무지의 오류를 저지른 것으로 보지 않는다. | 나02. 무 | 나03. 어. 이 논증의 결론이 "FTA가 대외 경제 예속을 심화한다는 주장은 거짓이다"라고 말했다면 무지의 오류라고 할 수 있다. 하지만 이 논증의 결론은 "FTA가 대외 경제 예속을 심화한다는 주장은 아직 의심의 여지가 있다"라는 온건한 주장이기 때문에 이 논증이 무지의 오류를 저지른 것은 아니다. | 나04. 무. 이 논증이 무지의 오류를 벗어나기 위해서 논지는 "우리 재판부는 이 씨가 살인했다고 판정할 수 없습니다" 또는 "우리 재판부는 이 씨를 살인의 죄목으로 처벌할 수 없습니다"로 바꾸어야 한다. | 나05. 어. 한 이론이 입증될 수 있고 입증된다면 그 이론은 참이라고 믿을 수 있다. 한 이론이 반증될 수 있고 반증된다면 그 이론은 거짓이라고 믿을 수 있다. 하지만 입증될 수도 없고 반증될 수도 없다면 그 이론은 참인지 거짓인지 알 길이 없다. 나아가 설사 이 논증의 결론이 "초끈이론은 참도 거짓도 아니다"였다 하더라도 이것이 무지의 오류를 저질렀다고 말하기 어렵다. 우리가 이 논증을 비판하고자 한다면 첫째 논거 "초끈이론은 실험을 통해 검증할 방법이 전혀 없다"를 따져 물어야 한다. 정직하게 말하면 "실험을 통해 초끈이론을 검증할 방법이 아직까지는 없다"라고 말해야 하지 않을까?

나06. 무. 정부 내 주요 부처 몇몇 공무원이 사회주의자인지 아닌지의 문제가 국가 안보에 중대한

사회에서는 이런 논증을 단순한 오류로 보기 어렵다고 주장할지 모르겠다. 하지만 그것이 국가 안보에 중대한 만큼, 사회주의자가 아닌 사람을 사회주의자로 결론내리는 것은 삼가야 한다. 반공국가에서든 중립국가에서든 이 논증은 무지의 오류를 저지른 것이다. 특히 반공주의 국가에서 개인이 당할 위험을 예상해 본다면, 저러한 논증 자체는 매우 위험하다. 우리나라에서는 과거 사회주의자로 몰려 엄청나게 많은 사람들이 죽어 나갔다. | 나07. 무 | 나08. 어 | 나09. 어. 이 논증의 결론을 "화성 지하에 외계인이 거대한 도시를 세워 살고 있다는 주장은 거짓일 가능성이 매우 높다"라고 했다면 이 논증은 매우 강력한 논증일 것이다. 현재의 결론도 상당히 신뢰할 만한 결론이다. 왜냐하면 화성 지하에 외계인이 거대한 도시를 세워 살고 있다는 주장 자체가 우리 상식을 너무 크게 위반하기 때문이다. 논리학자 최훈은 "무언가 이상한 것의 존재를 주장하는 쪽, 상식과 어긋나는 주장을 하는 쪽이 입증의 책임을 져야 한다"고 말한다. "화성 지하에 외계인이 거대한 도시를 세워 살고 있다"처럼 상식을 크게 벗어나는 주장을 제안한 쪽에서 그 주장을 뒷받침하는 증거를 제시할 수 없다면 우리는 그 주장을 거부해도 된다. 이런 점에서 문제의 논증은 무지의 오류를 저질렀다고 보기 어렵다.

077. 잘못된 탓

가01. 공통원인을 무시하는 오류. 1세부터 15세까지는 아이들의 발육 기간이다. 이러한 발육 기간 동안 아이들의 몸집 자체가 점차 늘어난다. 이 때문에 몸무게도 늘어나고 키도 큰다. 다시 말해 발육이라는 공통 원인이 몸무게 증가도 낳고, 키의 증가도 낳았을 뿐이다. 몸무게 증가가 키의 증가를 낳은 것도, 키의 증가가 몸무게의 증가를 낳은 것도 아니다. 한편 발육이라는 것이 곧 키의 증가를 뜻할 수 있다. 이 경우 만일 몸무게가 늘어난 것이 원인이 되어 키가 크는 결과를 낳았다고 주장한다면, 우리의 논증은 인과혼동의 오류를 지질렀다고 볼 수 있다. | 가02. 인과혼동의 오류. 좋은 성적을 얻었기 때문에 우등상을 받았다고 생각하는 것이 합당하다. 다시 말해 그들이 공부를 열심히 해서 좋은 성적을 얻은 것이 우등상을 받게 한 원인이지, 우등상을 받은 것이 그들이 공부를 열심히 하게 하고 좋은 성적을 얻게 한 원인은 아니다. 물론 우등상을 받은 것이 자극이 되어 올해에도 우등상을 받기 위해 열심히 공부한 것일 수 있다. 그래서 계속 열심히 공부하고 계속 우등상을 받은 것이 과거에 우등상을 받은 것 때문이라고 말할 수 있다. | 가03. 선후인과의 오류. 내 스마트폰을 기영이 사용한 후 내 스마트폰이 고장이 났다는 이유에서 전자가 후자의 원인이라고 추론한다. 하지만 친구가 스마트폰으로 잠시 통화한 것이 고장의 원인이 될 수 있다는 것은 다소 이상하다. 이것은 사건의 선후 관계로부터 인과관계로 나아가는 오류일 가능성이 높다. | 가04. 인과혼동의 오류. 산촌에 암환자 비율이 왜 높은지 조사할 필요가 있다. 암환자가 그 마을에서 발병한 것이 아니라 이미 발병한 환자가 치료를 위해 그 마을에 이주했을 가능성이 높다. 만일 이것이 사실이라면 인과혼동이 있었던 것이 분명하다. 산촌에 사는 것이 암 발병을 야기한 것이 아니라, 암 발병이 원인이 되어 환자들이 산림 마을에 살도록 부추겼다. | 가05. 공통원인을 무시하는 오류. 최우지 교수의 논문과 김명수 교수의 논문이 상당 부분 일치하는 원인은 최 교수와 김 교수가 박 박사의 논

문을 표절한 것에 있다고 보는 것이 더 합당한 추론이다. 다시 말해 두 교수의 논문이 비슷한 원인은 두 논문 사이의 표절에 있다기보다는, 두 논문이 모두 박 박사의 논문을 표절한 것에 있을 수 있다. 두 논문 사이에 인과관계가 있는 것이 아니라, 제3의 논문이 있고 두 논문이 각각 제3의 논문과 인과관계를 맺고 있다.

나. 공통원인을 무시하는 오류. 글에 따르면 개인이 가진 폭력 성향의 원인은 폭력 영화의 영향을 받기 훨씬 이전부터 존재한다. 일부 개인이 가진 폭력 성향의 원인이 그 개인으로 하여금 폭력 영화를 좋아하게 하고 동시에 때때로 폭력 행위를 낳는다고 보는 것이 합당하다.
다01. 지나치게 단순화한 인과관계의 오류 | 다02. 미끄러운 비탈길 오류. 이런 논증을 펼치는 사람은 학생인권조례가 통과될 경우 어떻게 학교가 동성애자와 미혼모로 들끓게 되는지 말하게 될 것이다. 그는 아마도 A가 B를 일으키고 B가 C를 일으키는 등 일련의 연쇄 과정을 제시할 것이다. 하지만 A와 B의 인과관계가 느슨하고, B와 C의 인과관계가 느슨하다면 A가 C를 일으킬 가능성은 매우 낮아진다.

078. 못미더운 가정

가01. 새로운 것의 오류. 이 논증은 출산 마일리지 정책이 새로 개발된 정책이라는 이유로 그것이 가장 좋은 정책이라 주장한다. 이것은 "새로운 것은 좋다"는 의심스러운 전제를 가정한다. 이처럼 새로운 착상, 법률, 정책, 제품이 단순히 새로운 것이기 때문에 좋다고 추론하는 것은 대부분 새로운 것의 오류를 저지른 것으로 볼 수 있다. | 가02. 그릇된 유비의 오류. 이 논증은 "옷을 입고 넥타이를 매는 행위는 정치인의 정당 활동과 유사하다"라고 가정한다. 몇몇 측면에서 둘이 유사할 수는 있어도, 다양한 옷을 입는 것과 여러 정당을 옮겨 다니는 일이 비슷한 일일 수는 없다. | 가03. 원칙 오용의 오류. 이 논증은 "원칙은 예외 없이 모든 경우에 지켜야 한다"고 가정한다. 다시 말해 원칙에 예외가 있어서는 안 된다고 생각하면서 그 원칙을 모든 사례에 적용하려고 한다. | 가04. 사실-당위의 오류. 이 논증에는 "만일 찬양고무가 지금 실제로 처벌받고 있다면 그 처벌은 마땅한 일이다"라는 가정이 숨어 있다. 사실은 당위를 만들지 못한다. 이처럼 이 논증은 어떤 것이 현재 사실이라는 이유로 그것이 당위라고 잘못 추론한다. | 가05. 연속의 오류. 3분 늦는 것이 5분 늦는 것과 닮아 있고 5분 늦는 것이 10분 늦는 것과 닮았다는 이유에서 3분 늦는 것이 10분 늦는 것과 닮아 있다고 주장한다.

나01. 사실-당위의 오류 | 나02. 소망-실현의 오류 | 나03. 사실-당위의 오류. 이 논증은 철학자 가운데 걸 그룹의 열렬 팬이 없다는 사실로부터 철학자는 걸 그룹의 열렬 팬이 되어서는 안 된다는 당위를 추론한다. 이러한 방식의 추론도 사실-당위의 오류에 해당한다. | 나04. 원칙 오용의 오류. 이 논증은 원칙에 예외가 있어서는 안 된다고 생각하면서 예외가 발생할 경우 그 원칙은 거부되어야

한다는 식으로 추론한다. 이런 식의 추론은 원칙 오용의 오류에 해당한다. 한편 논리법칙이나 자연법칙에 예외가 없다는 식으로 생각하는 것은 원칙 오용의 오류로 보지 않는 것이 낫다. | 나05. 중간의 오류. 이 논증은 자기가 전공할 과목으로 화학과 생물학보다 그 중간으로서 생화학이 더 좋다고 추론한다. | 나06. 합성의 오류. 개별 사원이 최상의 사원이라고 해서 이들로 구성된 팀이 반드시 최상의 팀이 되는 것은 아니다. 사원들 사이의 협동이 잘 되는 것은 또 다른 능력을 요구한다. | 나07. 흑백논리의 오류. 이 논증은 "국회의원들은 새로운 미디어 법에 찬성한다"와 "이 법에 반대하고 국회의원들은 민생 돌보기를 포기한다" 둘 가운데 하나만을 선택하도록 요구한다. 이처럼 이 논증은 미디어 법 반대가 곧 민생 돌보기를 포기하는 것이라는 양극사고를 한다. | 나08. 분할의 오류. "우리나라의 국회 수준은 매우 뒤떨어져 있다"로부터 "국회를 이루고 있는 국회의원 한 사람 한 사람이 모두 수준이 떨어진다"라고 추론한다. 이것은 전체에 맞는 것은 그 전체를 이루는 구성원에게도 맞다는 식으로 추론하는 것이다.

079. 헷갈리는 말

가01. 동음어의 오류. "코드가 맞지 않는 현이 불협화음을 내듯이"에서 "코드"는 "현악기의 줄"을 뜻한다. "시장이 코드가 맞지 않는 시 공무원들과 정책을 논의하는 것이 옳지 않다"에서 "코드"는 "정보의 부호 체계 또는 해석 체계"를 뜻한다. "한국에 거의 모든 전선이 220V 코드로 표준화되어 있듯이"에서 "코드"는 "전선 또는 플러그"를 말한다. 이 논증은 소리는 같지만 뜻이 다른 세 낱말을 섞어서 사용한다. | 가02. 다의어의 오류. 한국의 많은 교과서들은 영어의 "이퀴버케이션"을 "애매어의 오류"라고 옮기지만 이 책에서는 "다의어의 오류"라고 옮겼다. 이렇게도 이해할 수 있고 저렇게도 이해할 수 있는 헷갈리는 표현을 "애매어"라고 하는데 영어로 "앰비큐어티"라고 한다. 이런 애매어를 전제에 사용한 뒤 자신에게 유리한 결론을 이끌어내는 오류를 이 책에서는 "애매어의 오류"라고 불렀다. "우리 지성은 세계를 이해하는 빛이다"에서 "빛"은 말 그대로 빛이 아니라 "밝혀주는 것", "드러내주는 것"을 뜻한다. 첫째 문장에서 말하는 "빛"의 의미는 거의 명확하고 둘째 문장에서 나오는 "빛"의 의미도 거의 명확하다. 하지만 각 문장에서 쓰인 "빛"의 의미는 다르다. 이 논증은 여러 뜻을 가진 표현을 두 곳 이상에서 사용함으로써 잘못된 결론에 이르고 있다. | 가03. 다의어의 오류. "인생철학"에서 말하는 "철학"이 학문으로서 "철학"을 뜻하지는 않는다. 인생철학은 자기 삶에 대한 나름의 소신, 관점, 스타일 등을 말하는 것이지, 인간 삶에 대한 깊은 성찰 또는 엄밀한 개념 탐구를 뜻하지 않는다. 인생철학은 철학의 한 분야가 아니다. 이 논증에서 첫째 문장에 나오는 "철학"과 둘째 문장에 나오는 "철학"은 서로 다른 뜻을 갖고 있다. 이 논증이 저지른 오류는 다의어의 오류이다. | 가04. 애매어의 오류. 첫째 문장에서 말한 "살인"이 정확히 어떤 의미로 사용되었는지 애매하다. 사람의 생명을 단축시키는 모든 행위를 말하는 것인지, 무고한 사람을 죽이는 것인지 명확하지 않다. 이 논증을 듣는 사람이 첫째 문장에 동의하는 순간 그는 결론에도 동의할 수밖에 없다. 하지만 첫째 문장에 동의한 사람은 아마도 "살인"의 의미가 애매했

기 때문에 동의하게 되었을 것이다. 안중근은 대한의군 참모중장으로서 자기 나라 국민의 생명을 보호하기 위해서 적군 수장을 죽인 것이고 이것은 일종의 정당방위로 볼 수 있다. "모든 살인은 용서 받지 못할 범죄이다"라고 주장하기 전에 여기서 '살인'이 전쟁 중에 적군을 죽이는 정당방위까지도 포함하는지 미리 명확히 밝혀주어야 했다. 다만 "모든 살인은 용서 받지 못할 범죄이다"라고 말할 때 "살인"이 뜻하는 바가 헷갈리는 말이 아니고, 이 "살인"이 "안중근은 이토 히로부미를 살인했다"에서 "살인"과 다른 것을 뜻한다는 것이 잘 알려져 있다면, 이 논증은 다의어의 오류를 범했다고 말해도 좋다.

가05. 차이 없는 구별. "전두환은 행정 수반의 권력 유지를 위해 시민의 자유와 평등을 짓밟았다"는 것과 "전두환은 국가 통치권 유지가 보편 인권보다 중요하며 국가 권력이 사회생활의 모든 영역에 걸쳐 통제권을 가져야 한다고 생각하고, 강력한 공권력으로 이를 집행했다"는 것은 거의 차이가 없다. 전자가 비판 받아야 한다면 후자도 비판 받아야 한다. 참고로 국가주의란 "국가는 가장 우월한 조직체이며 국가 권력은 사회생활의 모든 영역에 걸쳐 통제권을 가져야 한다"는 이념이다. 반면 민족주의는 "개별 민족은 국가를 세울 권리가 있으며 민족이 국가 형성의 핵심 근간이다"는 이념이다. 하지만 민족주의는 "자기 나라나 민족의 역사와 문화는 다른 나라나 민족의 역사와 문화보다 우월하다"고 주장하는 국수주의 또는 자민족우월주의와 구별되어야 한다. | 가06. 부당한 대비. 이 논증의 논지는 "철학이 지성인이라면 누구나 반드시 배워야 할 교양이라는 강덕의 주장이 거짓이다"라는 것이다. 이것의 논거는 "역사도 지성인이라면 누구나 반드시 배워야 할 교양이고, 물리학도 지성인이라면 누구나 반드시 배워야 할 교양이다"이다. 여기서 화자는 강덕의 주장에서 "철학이"를 너무 강조해서 읽은 나머지 강덕의 주장을 잘못 파악한다. 강덕은 오직 철학만이 모든 지성인이 반드시 배워야 할 교양이라고 주장한 것이 아니다. 부당한 대비의 오류는 일단 강조의 오류를 저지른 뒤에 언급된 대상과 대비되는 다른 대상에 대해 잘못된 주장을 이끌어내는 것을 말한다. 예컨대 "둘째 아이는 착하다"에서 "둘째 아이는"을 강조해서 읽은 다음, 둘째 아이와 대비되는 첫째 아이에 대해 근거 없는 주장 "첫째 아이는 착하지 않다"를 이끌 때 저지르는 오류이다. | 가07. 강조의 오류. 이 논증은 "일부"라는 말을 지나치게 강조하여 읽어 일본 정부의 책임을 최소화한다. 첫째 문장에서 "일부"는 책임이 적다는 의미로 사용된 것이 아니라 일본 관료의 공식 활동이 일부 드러났다는 의미로 읽는 것이 적절하다. 또는 "일부"라는 말을 첫째 문장의 핵심 요소로 읽어서는 안 된다. | 가08. 인용의 오류. 유시민이 언급한 "조산아"라는 표현을 "시대에 맞지 않게 너무 앞서서 태어난"이라는 문맥에서 빼내어 "세상에 나오지 말고 인큐베이터에서 보호를 받아야 하는 조산아"라는 새로운 문맥에 넣어, 유시민의 원래 의도를 왜곡한다. 한 토론방송에서 전여옥 의원이 이러한 악의를 가진 인용을 하기도 했다. | 가09. 인용의 오류 또는 내포의 오류. 김석문은 "지구가 일 년에 366번 회전한다"를 주장했다. 설사 우리에게 "지구는 태양계 셋째 행성이다"가 참이라 하더라도 김석문이 이 사실을 모를 수 있다. 그래서 우리는 김석문이 "태양계 셋째 행성이 일 년에 366번 회전한다"를 주장했다고 말해서는 안 된다. 인용문 안에 있는 것을 해석할 때는 이 점을 조심해야 한다.

가10. 언어유희의 오류. 세월호 참사의 진상을 밝히는 것이 향후 사고 재발을 막기 위해서 반드시 필요한 일임에도 불구하고 그런 일이 "세월만 보내는 것"이라고 언어유희를 하며 시민들의 요구를 비꼬고 있다. 언어유희를 악용함으로써 사람들이 "세월호 문제로 세월만 보내는 것"이 옳지 않으며 "세월호 문제는 세월에 맡기는" 데 동의하도록 유혹한다. 비슷한 오류로는 "농담이나 조롱을 이용하는 오류"가 있다. 이것은 농담이나 조롱을 이용하여 듣는 사람이 논지에서 벗어나도록 하거나 자기가 일부러 논지를 바꾸고자 할 때 저지르는 오류이다. 이것은 언어의 오류라기보다 논점 전환의 오류 또는 논점 바꾸기 오류에 더 가깝다. "논점 바꾸기"라고 부르기보다는 차라리 "논점 흐트리기"라고 부르는 것이 더 낫겠다. 한편 말하는 사람 또는 듣는 사람의 부주의로 논점에서 벗어나는 것을 "논점이탈" 또는 "딴소리하기"라 한다. | 가11. 모호한 표현의 오용. 이 논증은 "국민의 뜻"을 애매하게 사용했거나 여러 가지 뜻을 가진 것으로 사용한 것이 아니다. 거의 모든 용례에서 "국민의 뜻" 자체가 무엇을 의미하는지 파악하기 어려운 모호한 표현이다. 국민 전체의 일치된 의견을 말하는 것인지, 다수의 의견을 말하는 것인지, 개별 국민의 뜻들의 총합을 말하는 것인지, 올바르고 지혜로운 국민들만의 뜻인지 말하기 어렵다. "국민의 뜻"과 비슷한 말로 "민심"이 있다. | 가12. 정확한 체하는 오류. 이것은 모호한 표현을 오용하는 오류와 다르다. 모호한 표현을 오용하는 오류는 "십중팔구", "팔할", "반반", "절반", "대부분", "절대 다수", "사회 기준", "여론", "사회 합의", "국민의 뜻", "역사의 명령", "민심" 등처럼 원래 모호한 표현으로부터 모종의 뚜렷한 결론을 이끌어내고자 할 때 발생한다. 제임스의 주장에서 "10%" 자체가 정확한 수치를 뜻한다기보다 "열에 하나"처럼 원래 모호한 표현 또는 은유로서 도입된 것이라면 문제의 논증은 모호한 표현을 오용하는 오류로 볼 수 있다. | 가13. 내포의 오류 또는 인용의 오류. 이 이야기에 논증이 있다면 그것은 다음이다. "오이디푸스는 이오카스테와 결혼하기를 바랐다. 이오카스테는 오이디푸스의 어머니였다. 따라서 오이디푸스는 자기 어머니와 결혼하기를 바랐다." 이 논증은 "오이디푸스는 이오카스테와 결혼하기를 바랐다"의 "이오카스테" 자리에 "오이디푸스의 어머니"를 넣어서 "오이디푸스는 자기 어머니와 결혼하기를 바랐다"를 이끈다. 만일 "이오카스테는 오이디푸스의 어머니이다"가 참이라면, "오이디푸스는 이오카스테와 결혼한다"는 "오이디푸스는 자기 어머니와 결혼한다"와 뜻이 같다. 하지만 "a는 X를 바란다"에서 X와 뜻이 같은 Y를 넣어 "a는 Y를 바란다"라고 말할 수는 없다. 그렇게 말할 때 내포의 오류 또는 인용의 오류를 저지르게 된다.

080. 믿음직함

가01. 아무 문장 P와 Q가 뜻이 같다는 것은 P로부터 반드시 Q가 따라 나오고, Q로부터 반드시 P가 따라 나온다는 것이다. P를 "X&Y"로 잡고, Q를 X로 잡자. 먼저 P로부터 반드시 Q가 따라 나오는 것은 말할 것도 없이 참이다. 이제 Q로부터 반드시 P가 따라 나온다는 것을 밝히겠다. X는 참이면 반드시 X가 참이다. 그리고 "X로부터 반드시 Y가 따라 나온다"는 조건으로부터, X가 참이면 반드시 Y도 참이다. 이로부터 X가 참이면 반드시 X도 참이고 Y도 참이다. 다시 말해 X로부터 반드시 "X&Y"

가 따라 나온다. 간추리면 X와 "X&Y"는 뜻이 같다. 둘이 뜻이 같기 때문에 믿음직함 공리3으로부터 Cr(X) = Cr(X&Y)이다. 이것은 "X로부터 반드시 Y가 따라 나온다"는 조건이 있을 때만 맞는 말이다. | 가02. 마찬가지로 X&(Y∨~Y) ≡ X를 밝혀 보일 수 있다. X&(Y∨~Y)가 참이면 반드시 X도 참이다. "Y∨~Y"는 언제나 반드시 참말이기 때문에, X가 참이면, 반드시 X도 참이고 반드시 (Y∨~Y)도 참이다. 다시 말해 X가 참이면 반드시 X&(Y∨~Y)도 참이다. 이것은 "X&(Y∨~Y)"와 X가 뜻이 같다는 것을 말해준다. X&(Y∨~Y)에서 이고 나눔을 하면 "'X&Y'∨'X&~Y'"를 얻는다. 그래서 X와 "'X&Y'∨'X&~Y'"는 뜻이 같다. 둘이 뜻이 같기 때문에 공리3으로부터 Cr(X) = Cr('X&Y'∨'X&~Y'). "X&Y"와 "X&~Y"는 일관되지 않다. 왜냐하면 "X&Y"가 참이면, "X&~Y"는 거짓이 되기 때문이다. 따라서 믿음직함 공리4에 따라 Cr('X&Y'∨'X&~Y') = Cr(X&Y) + Cr(X&~Y)이다. 따라서 Cr(X) = Cr(X&Y) + Cr(X&~Y). | 가03. 먼저 "X∨Y"와 "'X&Y'∨'X&~Y'∨'~X&Y'"가 뜻이 같다는 것을 밝혀야 한다. 우리는 앞에서 X가 "'X&Y'∨'X&~Y'"와 뜻이 같다고 말했다. 똑같은 까닭에서 Y는 "'X&Y'∨'~X&Y'"와 뜻이 같다. 따라서 "X∨Y"는 "'X&Y'∨'X&~Y'"∨"'X&Y'∨'~X&Y'"와 뜻이 같을 텐데, "X&Y"가 두 번 나오기 때문에 하나를 빼면 "'X&Y'∨'X&~Y'∨'~X&Y'"를 얻는다. 따라서 "X∨Y"와 "'X&Y'∨'X&~Y'∨'~X&Y'"는 뜻이 같다. 둘이 뜻이 같기 때문에 둘의 믿음직함도 같다. "X&Y", "X&~Y", "~X&Y"는 서로 일관되지 않다. 하나가 참이면 다른 둘은 거짓이다. 셋 모두가 참일 수는 없다. 믿음직함 공리4에 따르면 Cr('X&Y'∨'X&~Y'∨'~X&Y')는 Cr(X&Y)+Cr(X&~Y)+Cr(~X&Y)와 같다. 따라서 Cr(X∨Y) = Cr(X&Y) + Cr(X&~Y) + Cr(~X&Y).

나01. 1 | 나02. 0 | 나03. 0.7 | 나04. 0 | 나05. 1 | 나06. 0.7. "이순신은 A형이다"와 "이순신은 B형이다"는 양립할 수 없다고 가정했다. 사람의 피가 A형이자 또한 동시에 B형일 수는 없기 때문이다. | 나07. 0.4 | 나08. 0.1. 귀띔: "사유리의 국적은 일본이고 한국이다"의 믿음직함이 0이라고 생각해서는 안 된다. 왜냐하면 그가 둘 이상의 국적을 가질 수 있기 때문이다. 물론 사유리라는 실제 인물의 국적이 무엇인지 아는 사람에게 그 믿음직함은 0일 수 있다. | 나09. 0.7

다. ㄱ, ㄹ, ㅁ, ㄷ, ㄴ

라01. Cr("1"), Cr("2"), Cr("3"), Cr("4"), Cr("5"), Cr("6")은 모두 똑같은 값을 가진다. 왜냐하면 주사위가 치우치지 않아서 어느 눈이든 그 눈이 나올 가능성이 모두 같기 때문이다. | 라02. 주사위를 하나 던졌기 때문에 주사위를 던지면 1이 나오거나 2가 나오거나 3이 나오거나 4가 나오거나 5가 나오거나 6이 나온다. 따라서 우리는 "던진 주사위가 1이 나오거나 2가 나오거나 3이 나오거나 4가 나오거나 5가 나오거나 6이 나온다"가 참이라는 것을 안다. | 라03. 없다. 주사위 눈이 1이 나오고 또한 2가 나올 수는 없다. | 라04. 1. 우리는 "1"∨"2"∨"3"∨"4"∨"5"∨"6"이 참이라는 것을 알기 때문에 Cr("1"∨"2"∨"3"∨"4"∨"5"∨"6")은 1이다. "1", "2", "3", "4", "5", "6"은 서로들 일관되지 않다. 다시 말해 이것들은 함께 참일 수 없다. Cr("1"∨"2"∨"3"∨"4"∨"5"∨"6") = Cr("1") + Cr("2") + Cr("3") + Cr("4") + Cr("5") + Cr("6") = 1이다. | 라05. Cr("1") = Cr("2") = Cr("3") = Cr("4") = Cr("5") =

Cr("6")이고 Cr("1") + Cr("2") + Cr("3") + Cr("4") + Cr("5") + Cr("6") = 6Cr("1") = 1이기 때문에 Cr("1") = Cr("2") = Cr("3") = Cr("4") = Cr("5") = Cr("6") = 1/6이다.

081. 베이즈 공리

가01. X와 "'X&Y' ∨ 'X&~Y'"는 뜻이 같다. 여기서 "&"는 "이고"를 뜻하고, "~"은 "는 거짓이다"를 뜻한다. "X&Y"와 "X&~Y"는 일관되지 않기 때문에, 공리3과 공리4에 따라, Cr(X) = Cr(X&Y) + Cr(X&~Y)이다. 정리5로부터 Cr(X&Y) = Cr(X|Y)Cr(Y), Cr(X&~Y) = Cr(X|~Y)Cr(~Y)이다. 따라서 Cr(X) = Cr(X|Y)Cr(Y) + Cr(X|Y는 거짓이다)Cr(Y는 거짓이다). | 가02. 'Cr(X) = Cr(X|Y)'이기 때문에 Cr(X&Y) = Cr(X)Cr(Y)이다. 따라서 'Cr(X) = Cr(X|Y)'이면, Cr(Y|X) = Cr(X&Y)/Cr(X) = Cr(X)Cr(Y)/Cr(X) = Cr(Y). | 가03. 이를 밝히기 위해 'Cr(X) = Cr(X&Y) + Cr(X&~Y)'와 Cr(~Y) = 1 – Cr(Y)를 쓸 것이다. Cr(X|~Y) = Cr(X&~Y)/Cr(~Y) = {Cr(X) - Cr(X&Y)}/{1 – Cr(Y)}이다. 'Cr(X) = Cr(X|Y)'이기 때문에 Cr(X&Y) = Cr(X)Cr(Y)이다. Cr(X|~Y) = {Cr(X) - Cr(X&Y)}/{1 – Cr(Y)} = {Cr(X) - Cr(X)Cr(Y)}/{1 – Cr(Y)} = Cr(X). 따라서 'Cr(X) = Cr(X|Y)'이면 'Cr(X) = Cr(X|Y는 거짓이다)'이다. | 가04. 'Cr(X|Y) = Cr(X|Y는 거짓이다)'는 "Cr(X&Y)/Cr(Y) = Cr(X&~Y)/Cr(~Y)"을 뜻한다. Cr(X) = Cr(X&Y) + Cr(X&~Y)이기 때문에, Cr(X&Y)/Cr(Y) = Cr(X&~Y)/Cr(~Y) = {Cr(X) - Cr(X&Y)}/{1 – Cr(Y)}. Cr(X&Y){1 – Cr(Y)} = {Cr(X) - Cr(X&Y)}Cr(Y). 이로부터 Cr(X&Y) = Cr(X)Cr(Y)를 얻는다. 이것은 'Cr(X) = Cr(X|Y)'를 뜻한다.

나01. Cr(E) = 1/2, Cr(M) = 2/3, Cr(L) = 1/2 | 나02. 5/6. "E이거나 M"은 "던진 주사위 눈이 1이거나 2이거나 3이거나 4이거나 6이다"이다. | 나03. 다르다. E와 M이 일관되기 때문이다. 우리는 둘이 한꺼번에 참이 되는 것을 생각할 수 있다. 보기를 들어 던진 주사위 눈이 4가 나왔을 때 E도 참이고 M도 참이다. 이로부터 우리는 아무 문장 X와 Y에 대해 Cr(X이거나 Y)가 'Cr(X)+Cr(Y)'와 같다고 섣불리 생각해서는 안 된다는 것을 배울 수 있다. | 나04. 1/6. "E이고 L"는 "던진 주사위 눈이 2이다"를 뜻한다. | 나05. 다르다. 이로부터 우리는 아무 문장 X와 Y에 대해 Cr(X이고 Y)가 'Cr(X)Cr(Y)'와 같다고 섣불리 생각해서는 안 된다는 것을 배울 수 있다. | 나06. Cr(E|M) = 1/2, Cr(M|E) = 2/3 | 나07. 다르다. 이로부터 우리는 아무 문장 X와 Y에 대해 Cr(X|Y)와 Cr(Y|X)가 같다고 섣불리 생각해서는 안 된다는 것을 배울 수 있다. | 나08. 그렇다. 이것은 E가 M과 독립이라는 것을 뜻한다. | 나09. 그렇다. 이것은 M이 E와 독립이라는 것을 뜻한다. | 나10. 같다. 문장 X와 Y가 독립일 때 Cr(X이고 Y)와 Cr(X)Cr(Y)가 같다. E와 M은 서로 독립이기 때문에 Cr(E이고 M)과 Cr(E)Cr(M)은 같다. | 나11. 다르다. Cr(E)는 1/2이지만 Cr(E|L)은 1/3이다. 이것은 E가 L과 독립이지 않다는 것을 뜻한다. | 나12. 다르다. Cr(L)은 1/2이지만 Cr(L|E)는 1/3이다. 이것은 L이 E와 독립이지 않다는 것을 뜻한다.

다01. “다음 월드컵에서 한국이 결승에 진출한다”와 “다음 월드컵에서 일본이 결승에 진출한다”는 서로 독립이지 않다. 월드컵에서 한국이 결승에 진출하는 일은 일본이 결승에 진출할 믿음직함을 낮춘다. 이것은 Cr(다음 월드컵에서 일본이 결승에 진출한다)와 Cr(다음 월드컵에서 일본이 결승에 진출한다|다음 월드컵에서 한국이 결승에 진출한다)가 같지 않다는 것을 뜻한다. 따라서 다음 월드컵에서 한국과 일본이 결승에 진출할 믿음직함 곧 월드컵에서 한국과 일본이 결승에서 대결할 믿음직함은 한국이 결승에 진출할 믿음직함과 일본이 결승에 진출할 믿음직함을 곱한 것과 같지 않다. | 다02. 0.5 | 다03. 0.21 | 다04. 0.42. 내가 좋은 사람이 될 믿음직함 = (내가 좋은 친구를 만난다는 것을 안 다음 내가 좋은 사람이 될 믿음직함 × 내가 좋은 친구를 만날 믿음직함) + (내가 좋은 친구를 못 만난다는 것을 안 다음 내가 좋은 사람이 될 믿음직함 × 내가 좋은 친구를 못 만날 믿음직함) = 0.9×0.2 + 0.3×0.8 = 0.42. | 다05. 8/15. 여러 문장을 다음과 같이 쓰기로 하자. H := “동전이 앞면이 나온다.” T := “동전이 뒷면이 나온다.” R_1 := “ㄱ 항아리에서 꺼낸 공이 빨간 공이다.” R_2 := “ㄴ 항아리에서 꺼낸 공이 빨간 공이다.” 빨간 공이 나오는 경우는 다음 두 경우이다. (i) 동전이 앞면이 나오고 ㄱ 항아리에서 빨간 공이 나오는 경우. 이 경우는 H&R_1이다. (ii) 동전이 뒷면이 나오고 ㄴ 항아리에서 빨간 공이 나오는 경우. 이 경우는 T&R_2이다. 따라서 R = “어느 항아리에서든 꺼낸 공이 빨간 공이다” = ‘H&R_1’∨‘T&R_2’. “H&R_1”과 “T&R_2”는 한꺼번에 참일 수는 없기 때문에 둘은 일관되지 않다. 따라서 Cr(R) = Cr(‘H&R_1’∨‘T&R_2’) = Cr(H&R_1) + Cr(T&R_2) = Cr(H)Cr(R_1|H) + Cr(T)Cr(R_2|T) = (1/2)(2/3) + (1/2)(2/5) = 8/15. | 다06. 도매시장에 공급된 반도체 칩 하나를 골랐다. E := “이 칩에 오류가 난다.” S := “이 칩은 성삼 제품이다.” H := “이 칩은 스닉이하 제품이다.” ≡ S는 거짓이다. “오류가 났을 때 이 칩이 성삼 제품일 믿음직함”은 Cr(S|E)이다. Cr(S|E) = Cr(S&E)/Cr(E)이다. 이를 구하기 위해서 Cr(E)를 먼저 구해 보자. 정리6을 써서, Cr(E) = Cr(E|S)Cr(S) + Cr(E|H)Cr(H) = (0.28)(0.4) + (0.04)(0.6) = 0.136. 따라서 도매시장에 공급된 임의의 반도체 칩이 오류가 날 믿음직함은 0.136 또는 13.6%이다. Cr(S|E) = Cr(S&E)/Cr(E) = Cr(E|S)Cr(S)/Cr(E) = (0.28)(0.4)/0.136 = 0.112/0.136 = 약 0.824. 따라서 도매시장에 공급된 임의의 반도체 칩이 오류가 났을 때 이 칩이 성삼 제품일 믿음직함은 0.824 또는 82.4%이다.

082. 거짓 긍정

가01. a =1,000, b = 9,999,000 | 가02. 보균자 1,000명 가운데 990명이 양성이 나오고 10명이 음성이 나온다. 미보균자 9,999,000명 가운데 9,999명이 양성이 나오고 9,989,001명이 음성이 나온다. | 가03. 양성은 모두 10,989명이고 이 가운데 실제 HIV 바이러스 보균자는 990명이다. | 가04. 990/10989. 약 0.09 또는 9%. 내가 HIV 바이러스를 갖고 있을 믿음직함은 그다지 크지 않다. | 가05. 약 0.0001%. 1000만 명 가운데 음성이 나오는 사람은 9,989,011명이고 이 가운데 실제 보균자는 10명이다. 내가 HIV 바이러스를 갖고 있으리라는 믿음직함은 매우 낮아야 한다.

나01. 이를 밝혀 보이기 위해 다음 세 정식을 쓸 것이다. 첫째, 베이즈 공리로부터 Cr(X|Y) = Cr(X&Y)/Cr(Y). 둘째, 믿음직함 정리5에 따라 Cr(X&Y) = Cr(Y|X)Cr(X). 셋째, 믿음직함 정리6에 따라 Cr(Y) = Cr(Y|X)Cr(X) + Cr(Y|~X)Cr(~X). 따라서 Cr(X|Y) = Cr(X&Y)/Cr(Y) = Cr(Y|X)Cr(X)/Cr(Y) = Cr(Y|X)Cr(X)/{Cr(Y|X)Cr(X) + Cr(Y|~X)Cr(~X)}를 얻는다. | 나02. 0.5. 새로운 증거 E가 참이라는 것을 안 다음 가설 H의 믿음직함 Cr(H|E)는 = Cr(E|H)Cr(H)/{Cr(E|H)Cr(H) + Cr(E|~H)Cr(~H)} = (0.9)(0.1)/{(0.9)(0.1) + (0.1)(0.9)} = 0.5. 증거를 알기 전 가설 H의 믿음직함 Cr(H)는 0.1이었지만 증거를 얻은 다음 가설 H의 믿음직함 Cr(H|E)는 0.5로 늘어났다. | 나03. "생물이 환원불가능한 복잡성을 가진다"를 L이라 쓰자. "하느님은 존재한다"를 G라고 쓰자. G가 참이면 L이 참이라고 했기 때문에, 우리가 G를 안 다음에는 L이 참이라는 것도 알게 된다. 따라서 Cr(L|G) = 1. 또 G가 거짓이면 L도 거짓이라고 했기 때문에, 우리가 ~G를 안 다음에는 L이 거짓이라는 것도 알게 된다. 따라서 Cr(L|~G) = 0. 따라서 Cr(L) = Cr(L|G)Cr(G) + Cr(L|~G)Cr(~G) = (1)(0.001) + (0)(0.999) = 0.001. | 나04. "생물이 환원불가능한 복잡성을 가진다"를 L이라 쓰자. "하느님은 존재한다"를 G라고 쓰자. (i) Cr(G|L) = Cr(L|G)Cr(G)/Cr(L) = (1)(0.01)/0.1 = 0.1. 따라서 생물이 환원불가능한 복잡성을 가졌다는 것을 안 다음 하느님이 존재할 믿음직함은 0.1이다. 하느님이 존재하리라고 믿을 믿음직함이 커졌다. (ii) 0.1 = Cr(L) = Cr(L|G)Cr(G) + Cr(L|~G)Cr(~G) = (1)(0.01) + Cr(L|~G)(0.99). 이로부터 Cr(L|~G) = 9/99 = 1/11.

083. 심슨 재판

가01. 1/5 또는 20% | 가02. 4/5 또는 80% | 가03. 16.8%. 믿음직함 정리6에 따르면, Cr(수정이 반지를 찾는다) = (수정이 반지를 밝은 곳에서 잃어버렸다는 조건에서 수정이 반지를 찾을 믿음직함)(수정이 반지를 밝은 곳에서 잃어버렸을 믿음직함) + (수정이 반지를 어두운 곳에서 잃어버렸다는 조건에서 수정이 반지를 찾을 믿음직함)(수정이 반지를 어두운 곳에서 잃어버렸을 믿음직함) = (0.8)(0.2) + (0.01)(0.8) = 0.168 | 가04. 16%. Cr(밝은 곳에서 수정이 반지를 찾는다) = (수정이 반지를 밝은 곳에서 잃어버렸다는 조건에서 수정이 반지를 찾을 믿음직함)(수정이 반지를 밝은 곳에서 잃어버렸을 믿음직함)에서 얻을 수 있다. | 가05. 수정은 밝은 곳에서만 반지를 찾는 것이 낫다. 10시간을 들여 어두운 곳까지 찾는다 하더라도 반지를 찾을 믿음직함은 고작 0.8% 포인트만큼 올릴 수 있을 뿐이다. | 가06. Cr(수정이 반지를 찾는다) = (수정이 반지를 밝은 곳에서 잃어버렸다는 조건에서 수정이 반지를 찾을 믿음직함)(수정이 반지를 밝은 곳에서 잃어버렸을 믿음직함) + (수정이 반지를 어두운 곳에서 잃어버렸다는 조건에서 수정이 반지를 찾을 믿음직함)(수정이 반지를 어두운 곳에서 잃어버렸을 믿음직함) = (0.5)(0.2) + (0.1)(0.8) = 0.18 = 18%. Cr(밝은 곳에서 수정이 반지를 찾는다) = (수정이 반지를 밝은 곳에서 잃어버렸다는 조건에서 수정이 반지를 찾을 믿음직함)(수정이 반지를 밝은 곳에서 잃어버렸을 믿음직함) = (0.5)(0.2) = 0.1 = 10%.

나01. 0.001. 먼저 북한이 독도 방어 훈련을 명분으로 미사일을 발사하는 해역의 면적은 (동서 길이)(남북 길이) = (1km)(1km) = $1km^2$이다. 북한이 풍산 해역 어느 곳이든 겨냥하지 않고 그냥 미사일을 한 발 발사했다는 조건에서 그 미사일이 어쩌다 일본 해양순시선에 맞을 믿음직함 = 일본 해양순시선의 면적/풍산의 면적 = $0.001km^2/1km^2$ = 1/1000 | 나02. 약 0.001. 첫째 미사일과 둘째 미사일이 둘 다 어쩌다 일본 해양순시선에 맞을 수 없으며 둘째 미사일은 첫째 미사일에 독립하여 움직인다고 가정하자. 곧 Cr(둘째 미사일이 어쩌다 일본 해양순시선에 맞는다|첫째 미사일이 어쩌다 일본 해양순시선에 맞지 않는다) = Cr(한 미사일이 어쩌다 일본 해양순시선에 맞는다) = 0.001. 따라서 미사일들 가운데 둘째 미사일이 어쩌다 일본 해양순시선에 맞을 믿음직함 = Cr(첫째 미사일이 어쩌다 일본 해양순시선에 맞지 않고 둘째 미사일은 어쩌다 일본 해양순시선에 맞는다) = Cr(첫째 미사일이 어쩌다 일본 해양순시선에 맞지 않는다)Cr(둘째 미사일이 어쩌다 일본 해양순시선에 맞는다|첫째 미사일이 어쩌다 일본 해양순시선에 맞지 않는다) = (0.999)(0.001) = 약 0.001. 참고로 어쩌다 일본 해양순시선에 맞을 때까지 마구 미사일을 쏘았을 때 첫째 미사일이나 둘째 미사일에 어쩌다 맞을 믿음직함은 Cr(첫째 미사일이 어쩌다 일본 해양순시선에 맞고 둘째 미사일은 쏘지 않거나, 첫째 미사일이 어쩌다 일본 해양순시선에 맞지 않고 둘째 미사일은 어쩌다 일본 해양순시선에 맞는다) = Cr(첫째 미사일이 어쩌다 일본 해양순시선에 맞고 둘째 미사일은 쏘지 않는다) + Cr(첫째 미사일이 어쩌다 일본 해양순시선에 맞지 않고 둘째 미사일은 어쩌다 일본 해양순시선에 맞는다) = 0.001 + 약 0.001 = 약 0.002이다. 참고로 마구 쏜 n개 미사일 이하만에 어쩌다 일본 해양순시선에 맞을 믿음직함은 "마구 쏜 n개 미사일까지 모두 어쩌다 일본 해양순시선에 맞지 않는다"가 일어나지 않을 믿음직함과 같다. 이것은 $1 - (999/1000)^n$이다. n이 커지면 이 값은 1에 가까이 간다.

나03. 0.09. 첫째 미사일과 둘째 미사일을 둘 다 일본 해양순시선을 겨냥하여 맞힐 수 없고 각 미사일은 독립하여 움직인다고 가정한다. 곧 Cr(겨냥하여 쏜 둘째 미사일이 일본 해양순시선을 맞힌다|겨냥하여 쏜 첫째 미사일이 일본 해양순시선을 빗나간다) = Cr(겨냥하여 쏜 한 미사일이 일본 해양순시선을 맞힌다) = 0.1. 목표물을 겨냥한 두 미사일들 가운데 둘째 미사일이 일본 해양순시선을 맞힐 믿음직함 = Cr(겨냥하여 쏜 첫째 미사일이 일본 해양순시선을 빗나가고 겨냥하여 쏜 둘째 미사일은 일본 해양순시선을 맞힌다) = Cr(겨냥하여 쏜 첫째 미사일이 일본 해양순시선을 빗나간다)Cr(겨냥하여 쏜 둘째 미사일이 일본 해양순시선을 맞힌다|겨냥하여 쏜 첫째 미사일이 일본 해양순시선을 빗나간다) = (0.9)(0.1) = 0.09. 참고로 목표물을 겨냥해서 쏠 경우 한 번만에 또는 두 번만에 일본 해양순시선에 맞을 믿음직함은 Cr(첫째 미사일이 일본 해양순시선을 겨냥하여 맞히고 둘째 미사일은 쏘지 않거나, 겨냥한 첫째 미사일은 일본 해양순시선을 빗나가고 둘째 미사일을 일본 해양순시선을 겨냥하여 맞힌다) = Cr(첫째 미사일이 일본 해양순시선을 겨냥하여 맞히고 둘째 미사일은 쏘지 않는다) + Cr(겨냥한 첫째 미사일은 일본 해양순시선을 빗나가고 둘째 미사일을 일본 해양순시선을 겨냥하여 맞힌다) = 0.1 + 0.09 = 0.19이다. 참고로 미사일을 겨냥하여 쏘아 n개 이하만에 일본 해양순시선을 맞힐 믿음직함은 "겨냥하여 쏜 n개 미사일까지 모두 일본 해양순시선을 빗나간다"가 일어나지 않을 믿음직함과 같다. 이것은 $1 - (9/10)^n$이다. n이 커지면 이 값은 1에 가까이 간다.

나04. 약 98.9% 어제 082 문제 나에서 배운 베이즈 정리를 이용해서 이 문제를 풀 수 있다. 북한 미사일들 가운데 둘째 미사일이 일본 해양순시선을 맞추었다는 조건에서 북한이 의도를 갖고 군사 도발을 했을 믿음직함 = Cr(북한이 의도를 갖고 군사 도발을 했고 북한의 둘째 미사일이 일본 해양순시선을 맞춘다)/Cr(북한의 둘째 미사일이 일본 해양순시선을 맞춘다) (i) Cr(북한이 의도를 갖고 군사 도발을 했고 북한의 둘째 미사일이 일본 해양순시선을 맞춘다) = Cr(북한의 둘째 미사일이 일본 해양순시선을 맞추었다|북한이 의도를 갖고 군사 도발을 했다)Cr(북한이 의도를 갖고 군사 도발을 했다) = (0.09)(0.5) = 0.045 (ii) Cr(북한 미사일이 일본 해양순시선을 맞춘다) = (북한이 의도를 갖고 군사 도발을 했다는 조건에서 북한의 둘째 미사일이 일본 해양순시선을 맞추었을 믿음직함)(북한이 의도를 갖고 군사 도발을 했을 믿음직함) + (북한이 군사 도발을 하지 않았다는 조건에서 북한의 둘째 미사일이 일본 해양순시선을 맞추었을 믿음직함)(북한이 군사 도발을 하지 않았을 믿음직함) ≐ (0.09)(0.5) + (0.001)(0.5) ≐ 0.0455 (iii) 북한 미사일이 일본 해양순시선을 맞추었다는 조건에서 북한이 의도를 갖고 군사 도발을 했을 믿음직함 ≐ 0.045/0.0455 ≐ 0.989. 약 98.9% | 나05. 약 90.9%. 북한 미사일들 가운데 둘째 미사일이 일본 해양순시선을 맞추었다는 조건에서 북한이 의도를 갖고 군사 도발을 했을 믿음직함 = Cr(북한이 의도를 갖고 군사 도발을 했고 북한의 둘째 미사일이 일본 해양순시선을 맞춘다)/Cr(북한의 둘째 미사일이 일본 해양순시선을 맞춘다) = Cr(북한의 둘째 미사일이 일본 해양순시선을 맞추었다|북한이 의도를 갖고 군사 도발을 했다)Cr(북한이 의도를 갖고 군사 도발을 했다)/Cr(북한의 둘째 미사일이 일본 해양순시선을 맞춘다) = (0.09)(0.1)/{(0.09)(0.1) + 약 (0.001)(0.9)} ≐ 0.009/0.0099 ≐ 0.909 ≐ 90.9%. 여기서 Cr(북한의 둘째 미사일이 일본 해양순시선을 맞추었다|북한이 의도를 갖고 군사 도발을 했다) = Cr(겨냥한 첫째 미사일은 일본 해양순시선을 빗나가고 둘째 미사일을 일본 해양순시선을 겨냥하여 맞힌다) = Cr(겨냥한 첫째 미사일이 일본 해양순시선을 빗나간다) Cr(겨냥한 둘째 미사일이 일본 해양순시선을 맞힌다|겨냥한 첫째 미사일이 일본 해양순시선을 빗나간다) = (0.1)(0.9) = 0.09.

084. 마음먹음

가01. 만일 소영이 A를 한다면, ㄱ이 일어날 믿음직함은 0.4이고 ㄴ이 일어날 믿음직함은 0.6이다. 만일 소영이 B를 한다면, ㄷ이 일어날 믿음직함은 0.4이고 ㄹ이 일어날 믿음직함은 0.6이다.

믿음

ㄱ. 0.4	ㄴ. 0.6
ㄷ. 0.4	ㄹ. 0.6

가02. ②. ㄹ이 가장 크고 그 다음 ㄱ, ㄴ, ㄷ 순으로 더 작아야 한다. 이러한 모눈은 아주 많이 만들 수 있지만 주어진 바람 모눈들 가운데서는 ②가 답이다. | 가03. 행위의 좋음을 계산하기 위해서 믿음과 바람을 곱해야 한다.

믿음			바람			행위의 좋음
ㄱ. 0.4	ㄴ. 0.6	×	ㄱ. 3	ㄴ. -1	=	(0.4)(3) + (0.6)(-1)
ㄷ. 0.4	ㄹ. 0.6		ㄷ. -10	ㄹ. 5		(0.4)(-10) + (0.6)(5)

A 행위의 좋음은 0.6이고 B 행위의 좋음은 –1이다. 소영에게 더 좋은 행위는 A이다. 다시 말해 소영은 오늘 우산 없이 외출하는 것보다 우산을 들고 외출하는 것이 더 좋다. | 가04. 베이즈 원칙에 따라 행위하는 사람은 더 좋게 가늠된 행위를 하겠다고 마음먹어야 한다. 따라서 소영은 오늘 우산을 들고 외출해야 하겠다고 마음먹어야 한다. | 가05. 행위 A의 좋음은 0.2이고 행위 B의 좋음은 0.5이다. 소영은 오늘 우산을 두고 외출해야 하겠다고 마음먹어야 한다.

나01. 아래 | 나02. 정민은 SK하이닉스 주식을 사게 될 것이고 그는 최대 20% 손실을 입을 수도 있다.

관련 상황 / 고를 행위	현재 유지	미국의 출구전략	장기 침체
A. 정기적금에 든다.	3% 수익	5% 수익	1% 수익
B. 주식펀드에 가입한다.	10% 수익	10% 손실	5% 수익
C. 하이닉스 주식을 산다.	20% 수익	30% 수익	20% 손실

085. 미리 사놓기

가01.

관련 상황 / 고를 행위	이틀 비 옴	하루 비 옴	이틀 비 안 옴
A. 입장권을 미리 산다.	3만 원 손실	2편에 3만 원	4편에 3만 원
B. 입장권을 그날 산다.	손실 없음	2편에 2만 원	4편에 4만 원

가02.

믿음

1/4	1/2	1/4
1/4	1/2	1/4

가03.

바람

-30000	2a-30000	4a-30000
0	2a-20000	4a-40000

가04.

믿음

1/4	1/2	1/4
1/4	1/2	1/4

×

바람

-30000	2a-30000	4a-30000
0	2a-20000	4a-40000

=

행위의 좋음

A	2a-30000
B	2a-20000

가05. A와 B 가운데서 B가 더 좋다. 수아는 입장권을 당일 현장에서 사는 것이 더 낫다. 수아가 베이즈 원칙을 따를 경우 그는 B를 골라야 한다.

나. 수아가 고를 행위들의 결과는 다음과 같이 모눈으로 간주될 수 있다.

관련 상황 / 고를 행위	이틀 비 옴	하루 비 옴	이틀 비 안 옴
A. 입장권을 미리 산다.	2만 원 손실	좋은 각도에서 2편에 2만 원	좋은 각도에서 4편에 2만 원
B. 입장권을 그날 산다.	손실 없음	2편에 2만 원	4편에 4만 원

나01.

믿음

0.4	0.2	0.4
0.4	0.2	0.4

나02.

바람

-20000	10000	40000
0	0	0

나03.

행위의 좋음

A	10000
B	0

A와 B 가운데서 A가 더 좋다. 수아는 입장권을 예매하는 것이 더 낫다. 따라서 수아는 입장권을 예매하겠다고 마음먹어야 한다.

정답

086. 담배 끊기

가01.

고를 행위 \ 관련 상황	일찍 죽는다.	오래 산다.
A. 지금 그대로	4b	4b+c
B. 줄인다	b	b+c
C. 끊는다	0	c

가02.

A. 지금 그대로	4b + 0.7c
B. 줄인다	b + 0.8c
C. 끊는다	0.9c

가03. A. 멜리장드가 그렇게 생각한다면 c = 10b이다. 이것을 행위들의 좋음에 넣으면 다음을 얻는다.

A. 지금 그대로	11b
B. 줄인다	9b
C. 끊는다	9b

b는 양수이기 때문에 여기서 가장 큰 수는 11b이다. 따라서 세 행위들 가운데서 A의 좋음이 가장 크다. 멜리장드에게 A가 제일 좋은 행위이다. | 가04. 20배. C 행위의 좋음이 가장 크기 위해서 0.9c는 '4b + 0.7c'나 'b + 0.8c'보다 더 커야 한다. 0.9c > b + 0.8c. 0.9c > 4b + 0.7c. C 행위의 좋음이 B 행위의 좋음보다 크기 위해서 c는 b의 10배보다 커야 한다. C 행위의 좋음이 A 행위의 좋음보다 크기 위해서 c는 b의 20배보다 커야 한다.

나01.

고를 행위 \ 관련 상황	일찍 죽는다.	오래 산다.
A. 지금 그대로	a	a+c
B. 줄인다	a	a+c
C. 끊는다	0	c

나02.

A. 지금 그대로.	a + 0.7c
B. 줄인다	a + 0.8c
C. 끊는다	0.9c

언제나 A보다 B가 더 크다. | 나03. B. 멜리장드가 그렇게 생각한다면 c = 5a이다. 이것을 행위들의 좋음에 넣으면 다음을 얻는다.

A. 지금 그대로.	4.5a
B. 줄인다	5.0a
C. 끊는다	4.5a

a는 양수이기 때문에 여기서 가장 큰 수는 5.0a이다. 따라서 세 행위들 가운데서 B의 좋음이 가장 크다. 멜리장드에게 B가 제일 좋은 행위이다. | 나04. 10배. C 행위의 좋음이 가장 크기 위해서 0.9c는 'a + 0.8c'보다 더 커야 한다. 0.9c > a + 0.8c. C 행위의 좋음이 B 행위의 좋음보다 크기 위해서 c는 a의 10배보다 커야 한다.

087. 파스칼의 내기

가01.

고를 행위 \ 관련 상황	하느님은 있다.	하느님은 없다.
A. 하느님의 뜻대로 산다.	0	1
B. 하느님이 없는 듯 산다.	0	1

가02.

A. 하느님의 뜻대로 산다.	-a
B. 하느님이 없는 듯 산다.	c

가03. 행위들의 좋음에서 A 행위의 좋음은 -a이고 B 행위의 좋음은 c이다. -a는 헛된 삶의 바람직함이고 c는 그저 그런 삶의 바람직함이다. -a보다는 c가 더 크다. 따라서 도스킨은 하느님의 뜻대로 살려 하는 것보다는 하느님이 없는 듯 사는 것이 더 낫다고 생각할 것이다. 그가 베이즈 원칙에 따라 행위하는 사람이라면 그는 하느님이 없는 듯 살려고 마음먹어야 한다. | 가04. 도스킨은 파스칼의 결론과 다른 결론에 이른다. 그의 생각은 파스칼의 논증에 대한 반론이 될 수 있다. 하지만 완벽한 반론은 되지 못한다. | 가05. 도스킨은 "하느님은 있다"의 믿음직함에 0을 주고 "하느님은 없다"의 믿음직함에 1을 준다. 문장 X에 대한 도스킨의 믿음직함이 0이라는 것은 문장 X가 거짓이라는 것을 그가 안다는 것을 뜻한다. 문장 X에 대한 도스킨의 믿음직함이 1이라는 것은 문장 X가 참이라는 것을 그가 안다는 것을 뜻한다. 하지만 만일 그가 밝혀 보임 없이 "하느님은 있다"가 거짓이라고 또는 "하느님은 없다"가 참이라고 그냥 굳게 믿고 있을 뿐이라면, 그는 "하느님은 있다"가 거짓이라는 것을 아는 것이 아니다. 알지도 못하면서 "하느님은 있다"의 믿음직함에 0 또는 1을 주는 것은 옳지 않다. | 가06. 파스칼의 바람 모눈을 그대로 받아들인다면, "하느님은 있다"의

믿음직함에 엄청나게 낮은 값을 줌으로써 파스칼의 논증을 반박할 길은 없다.

나01.

관련 상황 / 고를 행위	하느님은 있다.	하느님은 없다.
A. 하느님의 뜻대로 산다.	기껏해야 1000000000c	-c
B. 하느님이 없는 듯 산다.	0	c

나02.

A. 하느님의 뜻대로 산다.	기껏해야 0.000000001c
B. 하느님이 없는 듯 산다.	0.999999999c

나03. A의 좋음보다 B의 좋음이 더 크다. 리나는 파스칼의 결론과 다른 결론에 이른다. | 나04.기쁨 또는 즐거움의 크기가 무한대가 될 수는 없다는 말에는 일리가 있다. 하지만 일정 시간 동안 느끼는 기쁨이 Δ라면 이 기간이 끝없이 이어질 경우 전체 기쁨은 무한대가 될 것이다. 리나가 반대해야 하는 주장은 오히려 하느님은 행위 A를 한 사람에게 끝없는 기쁨을 준다는 파스칼의 가정이다. 하느님의 뜻대로 산 사람에게 설사 큰 기쁨이 주어질 수 있겠지만 그 기쁨이 끝없이 이어질 수는 없다고 주장한다면, 리나는 파스칼의 논증을 좀 더 잘 반박할 수 있다.

088. 핵무장

가01. 김평화의 바람 모눈과 믿음 모눈은 아래와 같다.

관련 상황 / 고를 행위	큰 전쟁이 일어난다.	큰 전쟁이 안 일어난다.
A. 핵무장 허용	-10000	-1
B. 핵무장 전면 금지	-100	20

관련 상황 / 고를 행위	큰 전쟁이 일어난다.	큰 전쟁이 안 일어난다.
A. 핵무장 허용	0.00001	0.99999
B. 핵무장 전면 금지	0.11	0.89

A. 핵무장 허용	-1.09999
B. 핵무장 전면 금지	6.8

김평화의 곰곰이 생각함에 따르면 행위 A보다 행위 B가 더 낫다. | 가02. 박반핵의 바람 모눈과 믿음 모눈은 아래와 같다.

고를 행위 \ 관련 상황	큰 전쟁이 일어난다.	큰 전쟁이 안 일어난다.
A. 핵무장 허용	-1000000	-1
B. 핵무장 전면 금지	-100	10

고를 행위 \ 관련 상황	큰 전쟁이 일어난다.	큰 전쟁이 안 일어난다.
A. 핵무장 허용	0.00001	0.99999
B. 핵무장 전면 금지	0.11	0.89

A. 핵무장 허용	-10.99999
B. 핵무장 전면 금지	-2.1

박반핵의 곰곰이 생각함에 따르면 행위 A보다 행위 B가 더 낫다. | 가03. 채공포의 바람 모눈과 믿음 모눈은 아래와 같다.

고를 행위 \ 관련 상황	큰 전쟁이 일어난다.	큰 전쟁이 안 일어난다.
A. 핵무장 허용	-10000	-5
B. 핵무장 전면 금지	-100	10

고를 행위 \ 관련 상황	큰 전쟁이 일어난다.	큰 전쟁이 안 일어난다.
A. 핵무장 허용	0.00001	0.99999
B. 핵무장 전면 금지	0.11	0.89

A. 핵무장 허용	-5.09995
B. 핵무장 전면 금지	-2.1

채공포의 곰곰이 생각함에 따르면 행위 A보다 행위 B가 더 낫다. | 가04. 이군축의 바람 모눈과 믿음 모눈은 아래와 같다.

고를 행위 \ 관련 상황	큰 전쟁이 일어난다.	큰 전쟁이 안 일어난다.
A. 핵무장 허용	-10000	-1
B. 핵무장 전면 금지	-100	10

고를 행위 \ 관련 상황	큰 전쟁이 일어난다.	큰 전쟁이 안 일어난다.

A. 핵무장 허용	0.001	0.999
B. 핵무장 전면 금지	0.1	0.9

A. 핵무장 허용	-10.999
B. 핵무장 전면 금지	-1

이군축의 곰곰이 생각함에 따르면 행위 A보다 행위 B가 더 낫다.

089. 꾀

가01.

		SBS		
		퓨전 사극	출생의 비밀	막장 불륜
MBC	퓨전 사극	(5, 5)	(10, 10)	(5, 15)
	출생의 비밀	(10, 10)	(5, 5)	(5, 15)
	막장 불륜	(15, 5)	(15, 5)	(5, 5)

가02. 가장 높은 시청률은 15%인데 이를 얻고자 한다면 막장 불륜을 편성하면 될 것이다. 하지만 이렇게 편성한다고 해서 MBC가 실제로 15%를 얻게 되는 것은 아니다. SBS도 15%를 얻고 싶어서 그 시간에 막장 불륜을 편성하게 된다면, 두 방송사는 고작 5% 시청률에 그치게 될 것이다.

나01. 중도 전략 | 나02. 중도 전략 | 나03. 중도 전략 | 나04. 있다. 중도 전략 | 나05. 중도 전략 | 나06. 중도 전략 | 나07. 중도 전략 | 나08. 있다. 중도 전략 | 나09. 최제우와 여운형 둘 다 중도 전략을 취할 것이다. 둘은 각각 50%를 득표할 것으로 짐작한다.

090. 우월전략 균형

가01. 가영에게 전략2는 전략1보다 낫다. 풀이: 전략1과 전략2를 견주어 보자.

		나리		
		전략1	전략2	전략3
가영	전략1	(1, 1)	(1, 2)	(1, 3)
	전략2	(2, 1)	(2, 2)	(2, 3)

나리가 어떤 전략을 취하든, 가영이 전략1을 취할 경우, 가영은 언제나 1의 삯을 얻는다. 하지만 나리가 어떤 전략을 취하든, 가영이 전략2를 취할 경우, 가영은 언제나 2의 삯을 얻는다. 따라서 가영에게 전략2가 전략1보다 낫다. | 가02. 가영에게 전략3은 전략1보다 낫다. | 가03. 가영에게 전략3은 전략2보다 낫다. 풀이: 전략2와 전략3을 견주어 보자.

		나리		
		전략1	전략2	전략3
가영	전략2	(2, 1)	(2, 2)	(2, 3)
	전략3	(3, 1)	(3, 2)	(3, 3)

나리가 어떤 전략을 취하든, 가영이 전략2를 취할 경우, 가영은 언제나 2의 삯을 얻는다. 하지만 나리가 어떤 전략을 취하든, 가영이 전략3을 취할 경우, 가영은 언제나 3의 삯을 얻는다. 따라서 가영에게 전략3은 전략2보다 낫다. | 가04. 있다. 전략3 | 가05. 전략3 | 가06. 전략3 | 가07. 전략3 | 가08. 있다. 전략3. 같다. | 가09. 나리에게 전략2는 전략1보다 낫다. | 가10. 나리에게 전략3은 전략1보다 낫다. | 가11. 나리에게 전략3은 전략2보다 낫다. | 가12. 있다. 전략3 | 가13. 있다. 전략3. | 가14. 둘은 우월전략 균형에 이를 수 있다. 그들이 이르는 균형점은 둘 다 전략3을 고르는 것이다. 이때 이들은 각자 3의 삯을 얻는다.

나01. 다링에게 전략2가 전략1보다 낫다. 풀이: 전략1과 전략2를 견주어 보자.

		리나		
		전략1	전략2	전략3
다링	전략1	(50, 50)	(20, 60)	(10, 40)
	전략2	(60, 20)	(40, 40)	(20, 50)

리나가 전략1을 취할 경우, 다링이 전략1을 취할 때는 50의 삯을 얻지만 전략2를 취할 때 60의 삯을 얻는다. 따라서 리나가 전략1을 취할 경우, 다링에게 전략1보다 전략2가 낫다. 리나가 전략2를 취할 경우, 다링이 전략1을 취할 때는 20의 삯을 얻지만 전략2를 취할 때 40의 삯을 얻는다. 따라서 리나가 전략2를 취할 경우에도, 다링에게 전략1보다 전략2가 낫다. 리나가 전략3을 취할 경우, 다링이 전략1을 취할 때는 10의 삯을 얻지만 전략2를 취할 때 20의 삯을 얻는다. 따라서 리나가 전략3을 취할 경우에도, 다링에게 전략1보다 전략2가 낫다. 결국 다링에게는 전략2가 전략1보다 낫다. | 나02. 다링에게 전략1은 전략3보다 낫지 않고, 전략3은 전략1보다 낫지 않다. 풀이: 전략1과 전략3을 견주어 보자.

		리나		
		전략1	전략2	전략3
다링	전략1	(50, 50)	(20, 60)	(10, 40)
	전략3	(40, 10)	(50, 20)	(30, 30)

리나가 전략1을 취할 경우, 다링이 전략1을 취할 때는 50의 삯을 얻지만 전략3을 취할 때 40의 삯

을 얻는다. 따라서 리나가 전략1을 취할 경우, 다링에게 전략3보다 전략1이 낫다. 리나가 전략2를 취할 경우, 다링이 전략1을 취할 때는 20의 삯을 얻지만 전략3을 취할 때 50의 삯을 얻는다. 따라서 리나가 전략2를 취할 경우에, 다링에게 오히려 전략1보다 전략3이 낫다. 결국 다링에게는 전략1이 전략3보다 낫지 않고 또한 전략3이 전략1보다 낫지 않다. | 나03. 다링에게 전략2는 전략3보다 낫지 않고, 전략3은 전략2보다 낫지 않다. | 나04. 없다. | 나05. 없다. | 나06. 없다. 없다. | 나07. 둘 다 가지지 않는다. 그들은 우월전략을 갖지 않기 때문에 우월전략 균형에 이를 수 없다.

다. TVN과 JTBC는 각자 우월전략을 갖는다. 그들은 우월전략 균형에 이를 수 있다. 그들이 이를 균형점은 둘 다 막장 불륜 전략이며, 이 때 이들이 얻을 삯은 6이다. 풀이: TVN에게 퓨전 사극 전략과 출생의 비밀 전략은 견줄 수 없다. 하지만 TVN에게 막장 불륜 전략은 퓨전 사극 전략보다 낫고, 막장 불륜 전략은 출생의 비밀 전략보다 낫다. 결국 TVN에게 다른 모든 전략들보다 나은 전략이 있다. 또한 JTBC가 어느 전략을 고르든, TVN의 세 전략들 가운데 TVN 자신에게 언제나 제일 좋은 하나의 전략이 있으며, 그것은 막장 불륜 전략이다. JTBC에게도 다른 모든 전략들보다 나은 전략이 있다. 또한 TVN이 어느 전략을 고르든, JTBC의 세 전략들 가운데 JTBC 자신에게 언제나 제일 좋은 하나의 전략이 있으며, 그것은 막장 불륜 전략이다.

091. 죄수의 딜레마

가01. 둘 다 전략3을 취한다. | 가02. 둘 다 전략3을 취한다. | 가03. 협조 해와 비협조 해는 같다. | 가04. 이들의 사회는 사회 딜레마에 빠지지 않는다.

나01. 둘 다 전략2를 취한다. | 나02. 둘 다 전략1을 취한다. | 나03. 협조 해와 비협조 해는 다르다. 협조 해가 둘 모두에게 더 낫다. | 나04. 이들의 사회는 사회 딜레마에 빠진다.

다01.

		철수	
		청소한다.	청소하지 않는다.
수철	청소한다.	(8만, 8만)	(-2만, 10만)
	청소하지 않는다.	(10만, -2만)	(0, 0)

다02. 수철과 철수는 우월전략을 가진다. 수철의 우월전략은 청소하지 않는 전략이고 철수의 우월전략도 청소하지 않는 전략이다. | 다03. 이들의 사회는 사회 딜레마에 빠진다. 만일 이들이 서로 돕는다면 둘 다 청소하는 전략을 취하게 될 것이다.

092. 내쉬 균형

가.

		박병철 400쪽	박병철 600쪽	박병철 800쪽
김한승	400쪽	(70, 70)	(40, 80)	(30, 60)
김한승	600쪽	(80, 40)	(60, 60)	(40, 70)
김한승	800쪽	(60, 30)	(70, 40)	(50, 50)

가01. 내쉬 균형이 아니다. 박병철 교수가 자기 자리를 지킨다고 가정하고, 김한승 교수가 800쪽짜리 교과서를 쓰는 전략으로 바꿀 경우 그는 매월 50만 원의 삯을 얻을 수 있는데 이로써 전략을 바꾸지 않는 것보다 더 많은 삯을 챙길 수 있다. 김한승 교수가 자기 자리를 지킨다고 가정했을 때, 박병철 교수는 600쪽짜리 교과서를 쓰는 전략으로 바꾸고 싶을 텐데 이 경우 삯이 매월 60만 원에서 매월 80만 원으로 늘어나게 된다. | 가02. 내쉬 균형이 아니다. | 가03. 내쉬 균형이 아니다. | 가04. 내쉬 균형이 아니다. | 가05. 내쉬 균형이 아니다. | 가06. 내쉬 균형이 아니다. | 가07. 내쉬 균형이다. 김한승 교수는 자기 자리를 지킬 경우 매월 50만 원의 삯을 챙길 수 있다. 하지만 자신의 전략을 바꿀 경우 매월 30만 원이나 40만 원을 받게 되는데 이것은 오히려 자기 삯이 줄어드는 꼴이다. 박병철 교수도 자기 자리를 지킬 경우 매월 50만 원의 삯을 챙길 수 있다. 하지만 자신의 전략을 바꿀 경우 매월 30만 원이나 40만 원을 받게 되는데 이것은 오히려 자기 삯이 줄어드는 꼴이다. 따라서 이곳에서는 상대 행위자가 그의 전략을 지킬 때, 본인이 자기 전략을 다른 전략으로 바꾼다 하더라도 그는 더 많은 삯을 챙길 수 없다. 이곳은 내쉬 균형의 정의에 맞는 곳이다. | 가08. 교과서 쓰기 게임에서 우리 문제와 같은 삯 모눈이 주어질 경우 집필자들은 최대한 많은 분량의 원고를 쓰려 한다. 두 교수가 서로 돕는다면 그들은 400쪽짜리 교과서를 쓰고 더 많은 삯을 얻을 텐데도 말이다. 이것은 교과서 시장에서 교과서 두께가 점차 두꺼워지는 현상을 나름대로 설명한다.

나. 이들의 게임은 내쉬 균형을 갖는데 그것은 김한승 교수가 800쪽을 쓰고 박병철 교수가 800쪽을 쓰는 것이다.

		박병철 400쪽	박병철 600쪽	박병철 800쪽
김한승	400쪽	⇩(70, 70)⇨	⇩(40, 80)○	⇩(30, 60)⇦
김한승	600쪽	○(80, 40)⇨	⇩(60, 60)⇨	⇩(40, 70)○
김한승	800쪽	⇧(60, 30)⇨	○(70, 40)⇨	○(50, 50)○

093. 위험 감수와 회피

가01. 150만 원 | 가02. 50만 원. | 가03. 120만 원 | 가04. 100만 원 | 가05. 설대심이 벌게 될 최댓값은 분식집을 열 때보다 커피숍을 열 때가 더 크다. | 가06. 설대심이 벌게 될 최솟값은 커피숍을 열 때보다 분식집을 열 때가 더 크다. | 가07. 커피숍. 왜냐하면 커피숍을 열 때 최댓값을 최대화할 수 있기 때문이다. | 가08. 설대심은 커피숍을 열 것이기 때문에 그는 최대 150만 원을 벌고 최소 50만 원을 벌게 될 것이다. | 가09. 분식집. 왜냐하면 분식집을 열 때 최솟값을 최대화할 수 있기 때문이다. | 가10. 설대심은 분식집을 열 것이기 때문에 그는 최대 120만을 벌고 최소 100만 원을 벌게 될 것이다.

나01. 이들은 둘 다 우월전략을 갖지 않는다. | 나02. 이들은 두 개의 내쉬 균형을 갖는다. 하나는 (설대심은 커피숍을 연다, 스타박스는 아파트 단지에 커피숍을 연다)이고, 다른 하나는 (설대심은 분식집을 연다, 스타박스는 대학가 근처에 커피숍을 연다)이다. | 나03. 커피숍을 연다. | 나04. 분식집을 연다. | 나05. 대학가 근처에 커피숍을 연다. | 나06. 대학가 근처에 커피숍을 연다. | 나07. 이들은 내쉬 균형에 이르지 않는다. | 나08. 이들은 내쉬 균형에 이른다. 설대심은 매달 120만 원을 벌고, 스타박스는 300만 원을 번다. | 나09. 분식집을 연다. 스타박스가 위험감수형이든 위험회피형이든 대학가 근처에 커피숍을 열 것이다. 설대심은 대학가 근처에 커피숍을 여는 것보다 분식집을 여는 것이 낫다.

094. 셸링 초점

가01. 둘은 우월전략을 갖지 않는다. | 가02. 둘은 내쉬 균형에 이를 수 있다. 내쉬 균형은 2개 있다. 하나는 MBC가 퓨전 사극을 하고 SBS가 막장 불륜을 하는 것이고, 다른 하나는 MBC가 막장 불륜을 하고 SBS가 퓨전 사극을 하는 것이다. | 가03. MBC와 SBS는 둘 다 퓨전 사극을 편성할 것이고 이들은 각각 10%의 시청률을 얻는다. 이 경우 이들은 내쉬 균형에 이르지 않는다. | 가04. MBC와 SBS는 둘 다 막장 불륜을 편성할 것이고 이들은 각각 5%의 시청률을 얻는다. 이 경우 이들은 내쉬 균형에 이르지 않는다. | 가05. 있다. MBC는 퓨전 사극을 하고 SBS는 막장 불륜을 편성하는 균형에 이를 가능성이 높다. 왜냐하면 SBS가 위험감수형이라면 SBS는 막장 불륜을 편성할 가능성이 높은데 이 경우 MBC는 퓨전 사극을 편성하는 것이 낫기 때문이다. MBC는 퓨전 사극을 하고 SBS는 막장 불륜을 편성하는 것은 셸링 초점에 해당하고 둘은 이 균형에 이를 가능성이 높다. | 가06. 있다. SBS가 막장 불륜을 하지 않을 경우 남은 것은 퓨전 사극이거나 출생의 비밀인데, SBS가 둘 가운데 어느 장르를 편성하든 MBC는 막장 불륜을 편성하는 것이 시청률 측면에서 낫다. 두 개의 내쉬 균형 가운데서 MBC가 막장 불륜을 하고 SBS가 퓨전 사극을 할 믿음직함이 더 높다. MBC가 막장 불륜을 하고 SBS가 퓨전 사극을 하는 것은 셸링 초점에 해당하고 둘은 이 균형에 이를 가능성이 높다.

나01. 사슴 한 마리를 잡았을 때 이익은 2보다 커야 하기 때문에 이를 4로 잡기로 하자. 물론 다른 값을 잡아도 된다.

		둘째 사냥꾼	
		사슴을 잡는다.	토끼를 잡는다.
첫째 사냥꾼	사슴을 잡는다.	(2, 2)	(-1, 1)
	토끼를 잡는다.	(1, -1)	(1, 1)

나02. 둘은 우월전략을 갖지 않는다. | 나03. 둘은 내쉬 균형에 이를 수 있다. 내쉬 균형은 2개 있는데, 하나는 둘 다 사슴을 잡는 것이고, 다른 하나는 둘 다 토끼를 잡는 것이다. | 나04. 둘은 내쉬 균형에 이르고 최대 이익을 얻는다. | 나05. 둘은 내쉬 균형에 이르고 위험을 피할 수 있다. 이들에게 위험이란 -1의 이익을 얻는 경우를 말한다. | 나06. 둘은 내쉬 균형에 이르고 최대 이익을 얻는다. | 나07. 둘은 내쉬 균형에 이르고 최대 이익을 얻는다.

095 공공재

가01. 부시, 고어, 네이더는 우월전략 균형에 이르지 못한다. 부시와 네이더는 우월전략을 갖지만 고어는 그렇지 않다. 먼저 부시의 행위를 헤아리겠다. 네이더가 출마하고 고어가 진보를 선택한다면 부시에게 중도 노선이 더 낫다. 네이더가 출마하고 고어가 중도를 선택한다면 부시에게 중도가 더 낫다. 네이더가 불출마하고 고어가 진보를 선택한다면 부시에게 중도가 더 낫다. 네이더가 불출마하고 고어가 중도를 선택한다면 부시에게 중도가 더 낫다. 이처럼 다른 행위자가 무엇을 선택하든 부시에게 중도 노선이 가장 나은 선택이다. 따라서 부시는 우월전략을 가지며 그것은 중도 노선이다. 그다음 네이더의 행위를 헤아리겠다. 그가 출마하지 않으면 득표율이 0%지만 출마하면 적어도 1% 이상을 득표한다. 이는 다른 행위자가 무엇을 선택하든 네이더에게 출마가 가장 나은 선택임을 뜻한다. 따라서 네이더는 우월전략을 가지며 그것은 출마다. 하지만 고어는 우월전략을 갖지 않는다. 부시가 보수를 택하면 고어에게 진보가 더 낫지만, 부시가 중도를 택하면 고어에게 중도가 더 낫다. 한편 부시에게 우월전략은 중도고 네이더에게 우월전략은 출마인데 이들이 이를 선택하는 경우 고어에게 진보보다 중도가 더 낫다. 부시가 중도를 선택하고, 고어가 중도를 선택하고, 네이더가 출마하는 일은 내쉬 균형의 좋은 후보다. 두 상대방이 그들 행위를 유지한다면 당사자는 자기 행위를 바꾸더라도 더 많은 삯을 챙길 수 없다. 이는 부시와 고어가 중도를 선택하고 네이더가 출마하는 일이 내쉬 균형임을 뜻한다. 이들이 합리 행위자면 이들은 내쉬 균형에 이르고 이 경우 부시가 당선된다. 결국 부시와 네이더가 합리 행위자고 합리성에 따라 선택하면 고어가 대통령이 될 가능성은 없다. | 가02. 네이더가 출마하면 그는 고어에게 훼방꾼이 된다. 네이더의 출마는 부시의 당선 가능성을 높이고 고어의 당선 가능성을 낮춘다. 반면 네이더의 불출마는 고어의 당선 가능성을 높이고 부시의 당선 가능성을 낮춘다. 네이더가 출마하지 않는 경우에도 부시와 고어에게 내쉬 균형이 있는데 그것은 둘 다 중도를 선택하는 일이다. 이들이 내쉬 균형에 이

르면 고어가 당선된다. 따라서 네이더가 출마하지 않으면 그는 부시에게 훼방꾼이 된다.

나01. 먼저 순신과 도도의 경쟁 상황에서 이들의 삯 모눈은 다음과 같다.

		자연			
		동풍		서풍	
		도도		도도	
		진격	우회	진격	우회
순신	진격	(10, -10)	(0, 0)	(-10, 10)	(10, -10)
	머뭄	(-10, 10)	(0, 0)	(-10, 10)	(0, 0)

동풍이 불 가능성이 0.5일 때 이들의 기대 이득은 다음과 같다.

		도도	
		진격	우회
순신	진격	(0, 0)	(5, -5)
	머뭄	(-10, 10)	(0, 0)

나02. 이들은 우월전략을 가지며 각자가 진격하는 일이다. 먼저 순신의 선택을 헤아리겠다. 도도가 진격한다면 순신은 머무는 일보다 진격이 자신의 기대 이득을 더 높이고, 도도가 우회한다면 순신은 머무는 일보다 진격이 자신의 기대 이득을 더 높인다. 따라서 순신에게 진격은 우월전략이다. 그다음 도도의 선택을 헤아린다. 순신이 진격한다면 도도는 우회보다 진격이 자신의 기대 이득을 더 높이고, 순신이 머문다면 도도는 우회보다 진격이 자신의 기대 이득을 더 높인다. 따라서 도도에게 진격은 우월전략이다. 이들이 합리 행위자면 이들은 우월전략 균형에 이르며 그 균형은 둘 다 진격하는 일이다. 하필 그때 서풍이 분다면 도도가 이기지만 하필 그때 동풍이 분다면 순신이 이긴다.

096. 패러독스

가. ㉠ 문장 ㄱ은 거짓이다 | ㉡ 문장 ㄱ은 참이다 | ㉢ 문장 ㄴ도 가짜 명제다

나01. 없. "모든 문장은 거짓이다"는 거짓이다. | 나02. 없. "지금 이 문장은 문장이다"를 거짓이라 가정한다. 이 표현이 거짓이면 이 표현은 명제를 표현한다. 이 표현이 명제를 표현하면 이 표현은 문장이다. 이는 애초 가정과 모순된다. 따라서 "지금 이 문장은 문장이다"를 거짓이라 가정할 수 없다. 그다음 "지금 이 문장은 문장이다"를 참이라 가정한다. 이 표현이 참이면 이 표현은 명제를 표현한다. 이는 이 표현이 문장임을 뜻한다. "지금 이 문장은 문장이다"를 참이라 가정하면 모순이 빚어지지 않는다. | 나03. 없. "지금 이 문장은 문장이 아니다"가 참이라 가정한다. 하지만 한 문장이 참이면서 또한 그 문장이 문장이 아닐 수는 없다. 따라서 "지금 이 문장은 문장이 아니다"가 참

이라 가정해서는 안 된다. "지금 이 문장은 문장이 아니다"가 거짓이라 가정할 수 있는가? 한 표현이 거짓이면 그것은 한 명제를 표현하는 문장이어야 한다. 또한 "지금 이 문장은 문장이 아니다"가 거짓이라는 말은 "지금 이 문장은 문장이다"를 뜻한다. 곧 "지금 이 문장은 문장이 아니다"는 문장이다. 여기에 아무 모순이 없다. | 나04. 없. "'X는 참이고 X는 거짓이다'는 참이다"를 거짓이라 가정하면 모순이 없다. | 나05. 없. "모든 문장은 참이다"는 거짓 문장이다. | 나06. 없. "모든 문장은 참이다"는 거짓 문장이다. | 나07. 없. "몇몇 문장은 참이면서 동시에 거짓이다"가 참이라 가정한다. 이 가정에 따르면 다음을 만족하는 문장 A가 있다. 문장 A는 참이고 거짓이다. 문장 A가 참 또는 거짓이면 이는 명제를 표현할 텐데 한 명제가 참이고 또한 거짓일 수는 없다. 이처럼 무슨 문장이든 "이 문장은 참이고 거짓이다"를 만족할 수 없다. 따라서 "몇몇 문장은 참이면서 동시에 거짓이다"가 참이라 가정해서는 안 된다. 한편 "참이면서 동시에 거짓인 문장은 없다"는 모순이 빚어지지 않는다.

나08. 있. 문제 가와 비슷한 방식으로 문장 ㄱ과 문장 ㄴ이 가짜 명제임을 증명할 수 있다. | 나09. 없. 문장 ㄱ을 참이라 가정하든 거짓이라 가정하든 모순이 빚어지지 않는다. 문장 ㄱ과 ㄴ 가운데 가짜 명제가 들어 있음을 증명할 수 없다. | 나10. 있. 문장 ㄱ은 가짜 명제다. 문장 ㄴ은 가짜 명제인지 아닌지 증명할 수 없다. | 나11. 있. 문장 ㄱ, ㄴ, ㄷ 모두 가짜 명제다. 문장 ㄱ을 참이라 가정하든 거짓이라 가정하든 모순이 생긴다. 이것은 문장 ㄱ이 가짜 명제임을 뜻한다. 문장 ㄱ이 가짜 명제면 문장 ㄱ이 거짓이라 말하는 문장 ㄷ도 가짜 명제다. 문장 ㄷ이 가짜 명제면 문장 ㄷ이 참이라 말하는 문장 ㄴ도 가짜 명제다. | 나12. 없. 문장 ㄱ이 참이라 가정하면 모순이 빚어지지 않으며, 문장 ㄴ은 참이고 문장 ㄷ은 거짓이다. 문장 ㄱ이 거짓이라 가정해도 모순이 빚어지지 않으며, 문장 ㄴ은 거짓이고 문장 ㄷ은 참이다. | 나13. 있. 문장 ㄱ이 참이라 가정하면 문장 ㄴ은 거짓이고 문장 ㄷ은 참이다. 문장 ㄷ이 참이면 문장 ㄱ은 거짓인데, 이것은 문장 ㄱ이 참이라는 가정과 모순된다. 따라서 문장 ㄱ이 참이라 가정해서는 안 된다. 문장 ㄱ이 거짓이라 가정할 수 있는가? 문장 ㄱ이 거짓이면 문장 ㄴ은 참이고 문장 ㄷ은 거짓이다. 문장 ㄷ이 거짓이면 문장 ㄱ은 참인데, 이것은 문장 ㄱ이 거짓이라는 가정과 모순된다. 따라서 문장 ㄱ이 참이라 가정하든 거짓이라 가정하든 모순이 빚어진다. 이것은 문장 ㄱ이 가짜 명제임을 뜻한다. 문장 ㄱ이 가짜 명제기에 문장 ㄴ과 문장 ㄷ도 가짜 명제다.

097. 모래더미

가01. 없다. 논증 ㄱ과 ㄴ은 모두 마땅하다. | 가02. 논증 ㄱ과 ㄴ은 둘 다 튼튼하지 못하다. 왜냐하면 논증 ㄱ의 결론은 거짓이고 ㄴ의 결론도 거짓이기 때문이다. | 가03. 없다. 논증 ㄷ과 ㄹ은 모두 마땅하다. | 가04. 논증 ㄷ은 튼튼하지 않다. 왜냐하면 논증 ㄷ의 결론은 거짓이기 때문이다. 논증 ㄹ이 튼튼한지 튼튼하지 않은지는 또렷이 말하기 어렵다. 만일 ㄹ이 튼튼하다면 우리는 "인간 수정란이 모태에서 수정된 지 1초 만에 그것을 모태 안에서 파괴하는 일은 살인이다"를 받아들여야

한다. 일부 사람은 이것을 받아들이기도 한다. 하지만 이것을 거부하는 사람은 ㄹ이 튼튼하지 않다고 주장해야 한다.

나01. 대다수 사람은 모래알 2개 또는 3개 모인 모래를 모래더미라 부르지 않을 테다. | 나02. 모래더미인 것과 모래더미 아닌 것을 가르는 N을 모래의 물성과 더미의 정역학을 통해 찾는 일은 거의 불가능하다. 그 N을 확정해 줄 과학이론 또는 과학자가 존재하리라고 기대하는 사람은 거의 없다. | 나03. 모래더미냐 아니냐는 개인 판단에 완전히 맡겨야 하는 취향의 문제인지 모른다. 하지만 모호성의 역설을 이런 식으로 해결하는 길은, 가02에서 볼 수 있듯, 낙태 문제도 완전히 취향의 문제고 개인 판단에 맡겨야 하는 문제로 여기는 일과 같다. | 나04. 모래더미와 아닌 것을 가르는 N을 사회 합의를 통해 확정하는 길도 하나의 방법이다. 하지만 이 합의가 어떻게 가능한지 매우 의심스럽다. 몇몇 지역 또는 사회에서 이것을 합의하더라도 이것은 지역마다 사회마다 국가마다 다를 테고 어느 것도 표준이 되기 어렵다. 인간 배아의 경우 실험 과정에서 폐기가 허용되는 시기를 사회 합의를 통해 규정하곤 한다. 가령 32세포기 이후 인간 배아 복제를 금지하는 사회가 많은데, 그들은 32세포기 이후 배아를 죽이는 일은 윤리 문제가 있다고 본다. | 나05. 모래더미인지 아닌지 모호한 구역 N±Δ를 정하려면 N과 Δ를 정해야 한다. 하지만 N과 Δ를 정하는 문제도 앞에서 제기된 문제를 그대로 떠안는다. 가령 N이 5,000이고 Δ가 1,000이면, 모래알이 6,001개 쌓인 모래는 모래더미고, 6,000개 쌓인 모래는 모래더미인지 아닌지 모호하다고 말해야 한다. 하지만 6,000개 모래알과 6,001개 모래알 사이에 큰 차이는 없다. | 나06. 우리는 해운대 백사장 모래알을 모두 쌓은 모래를 확실한 모래더미로 여긴다. 이것을 '더미'라 말하는 일이 실제 사물의 모습을 기술하는 일이 아니라 단지 우리가 세계를 보는 방식일 뿐이라는 주장은 쉽게 받아들이기 어렵다. 나아가 모래알 하나가 무엇인지도 모호하다. 이산화규소가 어느 정도 모여야 하나의 모래알로 인식되는가? 이 경우 모래알 하나조차도 우리가 세계를 보는 방식이라 말해야 한다. 하지만 물리 사물을 모순 없이 기술하려면 우리는 흐릿한 낱말들 말고 또렷한 수학 낱말들을 써서 기술해야 한다는 말은 맞는 말이다.

098. 두 딸 수수께끼

가01. 어림잡아 30개. (i)의 경우에서 어림잡아 10개, (iii)의 경우에서 20개. | 가02. 어림잡아 10개. 전체 어림잡아 30개 가운데서 (i)의 경우에서 온 어림잡아 10개 | 가03. 어림잡아 30개 가운데 어림잡아 10개기에 1/3 | 가04. 어림잡아 30개. (i)의 경우에서 어림잡아 10개, (iv)의 경우에서 20개. | 가05. 어림잡아 10개. 전체 어림잡아 30개 가운데서 (i)의 경우에서 온 어림잡아 10개 | 가06. 어림잡아 30개 가운데 어림잡아 10개기에 1/3. 이와 같은 특수한 실험 설정에서, 10원짜리와 100원짜리를 던졌고 그 가운데서 10원짜리가 앞면이면 두 동전 모두 앞면이 나올 믿음직함은 1/3일 수 있다. 또한 특수한 실험 설정에서, 10원짜리와 100원짜리를 던졌고 그 가운데서 100원짜리가 앞면이면 두 동전 모두 앞면이 나올 믿음직함은 1/3일 수 있다. 여기서 우리는 "만일 송 교수의 첫째 아이가 딸임을 알면 그의 두 아이가 모두 딸이리라는 믿음직함은 1/2이다"와 "만일 송 교수의 둘째 아이가 딸임을 알면 그의 두 아이

가 모두 딸이리라는 믿음직함은 1/2이다"가 거짓일 수 있음을 알 수 있다.

나01. 어림잡아 20개. (i)의 경우에서 어림잡아 10개, (iii)의 경우에서 10개. | 나02. 어림잡아 10개. 전체 어림잡아 20개 가운데서 (i)의 경우에서 온 어림잡아 10개 | 나03. 1/2 | 나04. 어림잡아 20개. (i)의 경우에서 어림잡아 10개, (iv)의 경우에서 10개. | 나05. 어림잡아 10개. 전체 어림잡아 20개 가운데서 (i)의 경우에서 온 어림잡아 10개 | 나06. 1/2. 문제 가의 실험 설정과 문제 나의 실험 설정 사이의 차이를 잘 보라. 문제 가에서 동전을 컵으로 감추는 사람은 가릴 동전이 앞면인지 뒷면인지 확인하고 감춘다. 이처럼 그 사람은 물음을 던지면서 자기가 아는 정보를 통제한다. 묻는 사람의 정보 통제는 답하는 사람에게 정보를 감추는 효과가 있다. 답해야 하는 우리는 그만큼 잘못된 답을 할 수밖에 없다. 우리는 가려진 동전이 앞면이리라 1/2 정도로 믿지만 이것은 우리가 너무 크게 잡은 값이다. 문제 나의 실험 설정에서는 동전을 감추는 사람이 문제 가의 방식으로 정보를 통제할 권한이 없다. 이 때문에 우리가 처음에 예상했던 것처럼 그 믿음직함은 1/2이다.

099. 벨 정리

가01. 없다. 만일 보슈 공의 색깔 또는 스핀 제곱을 측정과 무관하게 사물이 미리 갖는 성질로 볼 수 있다면, 측정하기 전에 보슈 공이 어느 방향에서든 미리 색깔을 갖는다고 말할 수 있어야 한다. 벨-코흔-슈페커 정리는 우리가 그렇게 말하는 일이 불가능함을 보여준다. 따라서 보슈 공의 색깔 또는 스핀 제곱은 측정과 무관하게 사물이 미리 가질 수 있는 성질이 아니다. 보슈 공의 스핀 제곱은 로크가 생각했던 제1성질로 여길 수 없다. | 가02. 보슈 공의 특정 방향 색깔은 측정할 수 있기에, 버클리의 주장에 따르면, 특정 방향의 색깔 또는 스핀 제곱은 존재하는 성질이다. 하지만 우리는 보슈 공 표면 전체의 색깔을 한꺼번에 지각할 수 없기에 표면 전체의 색깔은 존재하지 않는다.

나01. 수. 상대성 원리와 국소성 원리를 가정한 상태에서 공통요인 논제까지 가정하면 결코 받아들일 수 없는 부등식이 도출된다. 이것은 세 논제를 한꺼번에 받아들일 수 없음을 뜻한다. 세 논제 가운데 적어도 하나는 버려야 한다. 따라서 상대성 원리와 공통요인 논제를 받아들이면 국소성 원리를 거부해야 한다. | 나02. 없. 앞 문제 풀이에서 말했듯 상대성 원리와 국소성 원리와 공통요인 논제 가운데 적어도 하나는 버려야 한다. 따라서 국소성 원리와 공통요인 논제를 받아들이면 상대성 원리를 거부해야 한다. | 나03. 수. 상대성 원리와 국소성 원리를 받아들인 상태에서 상호작용 논제를 받아들이면 모순이 생김을 보일 수 있다. 상대성 원리와 국소성 원리에 따르면, 만일 두 입자나 두 분석기 사이에 상호작용이 있다면 두 입자 또는 두 분석기 사이에 정보전달이 있고, 한 입자나 분석기에서 거리를 두고 떨어진 다른 입자나 분석기로 정보가 전달될 때는 반드시 시간이 걸린다. 다시 말해 만일 두 입자나 두 분석기 사이에 상호작용이 있다면 두 분석기의 상관관계를 산출하는 두 전자나 두 분석기 사이의 정보전달은 시간이 걸려야만 한다. 하지만 글에 따르면 그러한 상관관계를 산출하기 위해 만일 두 전자나 두 분석기 사이에 정보전달이 있더라도 그 정보전달

은 시간이 걸리지 않았다. 따라서 상대성 원리와 국소성 원리를 받아들인 상태에서는 상호작용 논제를 받아들여서는 안 된다. 곧 상대성 원리와 국소성 원리와 상호작용 논제 가운데 적어도 하나는 버려야 한다. 결국 상대성 원리와 국소성 원리를 받아들이면 상호작용 논제를 거부해야 한다. | 나04. 수. 상대성 원리, 국소성 원리, 공통요인 논제 가운데 적어도 하나는 버려야 한다. 따라서 상대성 원리와 국소성 원리를 받아들이면 공통요인 논제를 버려야 한다. 또한 상대성 원리, 국소성 원리, 상호작용 논제 가운데 적어도 하나는 버려야 한다. 따라서 상대성 원리와 국소성 원리를 받아들이면 상호작용 논제를 버려야 한다. 하지만 공통요인 논제, 상호작용 논제, 측정과정 논제 가운데 적어도 하나는 받아들여야 한다. 따라서 상대성 원리와 국소성 원리를 받아들이면 측정과정 논제를 받아들여야 한다.

100. 하느님

가01. 이 논증의 주요 논거는 "성경은 하느님의 말씀이다"인데 이 논거가 참이려면 하느님은 있어야 한다. 다시 말해 논지를 위한 논거가 이미 논지의 옳음을 가정한다. 이것은 결론을 빌리는 오류 또는 순환논증의 오류다. | 가02. "이 믿기 어려운 말을 믿는 사람이 있다는 사실은 기적 같은 일이다"는 의심스러운 전제다. 믿기 어려운 말을 믿는 일은 자주 볼 수 있는 현상이다. 다만 한 사람이 겉보기에 터무니없는 문장 P를 믿는다면 우리는 그 사람이 미쳤다고 결론 내리기 전에 그의 믿음 P를 재해석할 필요가 있다. 그가 믿는 문장 P는 우리가 이해하는 그런 뜻이 아닐 수 있기 때문이다. 터무니없음의 정도가 깊으면 깊을수록 그것은 하나의 믿음이 아니다. 완전히 미친 사람은 터무니없는 믿음을 가진 사람이 아니라 믿음의 체계 자체가 무너진 사람이다. | 가03. 이 논증에 따르면 하느님이 없다고 악착같이 주장하는 사람이 있다는 사실은 악한 영이 활동한다는 주장을 뒷받침하는 증거다. 하지만 이는 매우 의심스럽다. 악한 영이 활동하지 않아도 사람은 다양한 견해를 악착같이 주장하곤 한다. 이 논증에서 "만일 악한 영이 이렇게 활동한다면 하느님이 있다는 말은 사실이다"도 의심스러운 전제다.

가04. 이것은 신 존재 증명들 가운데 가장 유명한 증명인데 이와 같은 방식으로 신의 존재를 증명하는 것을 "존재론 증명"이라 한다. 중세의 안셀무스, 근세의 데카르트, 현대의 플랜틴가 등이 개발하고 보완했다. "하느님은 완전하다"가 "하느님"의 의미 때문에 참인 문장이면 "하느님은 완전하다"는 다음과 같이 기술되어야 한다. 무엇이든 그것이 하느님이면 그것은 완전하다. 따라서 우리가 이 논증에서 얻을 수 있는 결론은 다음이다. 무엇이든 그것이 하느님이면 그것은 존재한다. 하지만 한 사물을 놓고 "그것은 하느님이다"고 말할 수 있는 사물이 우리 세계에 실제로 있는지 없는지는 이 논증의 결론만으로는 알 수 없다. 물론 그런 사물이 우리 세계에 실제로 있다면 "그 하느님은 존재한다"는 당연히 참이다. | 가05. "그것이 존재할 까닭 없이는 그 어떤 것도 존재하지 않는다"는 원리를 "충분이유율" 또는 "충족이유율"이라 한다. 라이프니츠는 이 원리를 자기 철학의 핵심으로 삼았는데 모든 합리주의자 또는 이성주의자는 이 원리에 기초하여 현상을 설명해야 한다.

이 원리를 부정하는 사람은 이 논증의 결론을 받아들일 필요가 없다. 실제로 많은 사람은 이 우주의 많은 것들이 아무런 까닭 없이 존재한다고 믿는다. 충족이유율에 따른 신 존재 증명에서 증명된 하느님은 자기 자신이 자신의 존재 이유인 하느님이다. 철학에서 자주 언급되는 하느님은 자기 원인으로서 하느님인데 자기 원인이란 '자신이 저 자신을 낳는 존재'다.

나01. 이것은 부적절한 권위에 하소연하는 오류다. 당연히 도킨스는 나름의 논거를 갖고 하느님이 없다고 주장할 테다. 하지만 이 논증에서는 단순히 도킨스가 그렇게 주장했다고만 말할 뿐이다. 또한 우리는 도킨스가 하느님이 있는지 없는지를 판가름하는 적절한 권위자인지 의문을 가질 수 있다. 이 논증이 힘을 얻으려면 도킨스가 이 논점에 어울리는 권위자임을 뒷받침하는 논거를 제시해야 한다. | 나02. 이 논증의 논거들로부터 실제로 따라 나오는 주장은 하느님이 있다고 주장하는 사람들 가운데 몇몇은 언행일치가 되지 않는다는 주장이다. 사람들은 겉으로 P를 믿는다고 말하지만 현실에서는 P를 믿지 않는 사람처럼 행동하기도 한다. 겉으로 자본주의를 거부한다고 말하지만 자본주의에 가장 충실한 삶을 사는 사람들이 많다. 외부 사물의 존재를 철저하게 의심하는 데이비드 흄은 외부 사물이 존재하는 것처럼 사는 자신을 보고 늘 깜짝깜짝 놀랐다. 내 생각에 흄은 외부 사물이 존재한다고 믿은 셈이다. 우리는 꽃다발 없이 꽃다발을 다른 사람에게 건네는 시늉을 할 수 있다. 하지만 우리가 꽃다발이 없다고 믿으면서 꽃다발을 다른 사람에게 건네는 행위를 할 수는 없다. 정말로 꽃다발이 없다고 믿는다면 우리는 꽃다발을 다른 사람에게 건네는 행위를 하지 않을 테다. 우리가 배운 행위의 논리에 따르면, 행위가 있다면 거기에는 바람과 함께 믿음도 반드시 동반한다. 하느님이 있다고 말하는 사람들 가운데 다수가 하느님이 없는 양 행동하곤 한다. 하지만 이것은 하느님이 있다는 그들의 믿음을 거짓으로 만들지 못한다. 오히려 이것은 그들이 "하느님은 있다"를 별로 믿지 않음을 말해줄 뿐이다. 또한 하느님의 존재를 믿는 사람들로 이루어진 많은 국가가 전쟁, 학살, 반인권 폭력 등을 자행했고 지금도 자행한다는 사실은 하느님이 없음을 함축하지 않는다. 이런 사실들은 많은 사람이 언행이 불일치한다는 점을 보여주거나 하느님이 있다는 그들의 믿음이 자신들의 잔인성과 폭력성을 압도하지 못한다는 점을 보여줄 뿐이다.

나03. "하느님이 있다고 주장하는 사람들은 하느님이 없다고 주장하는 사람들에 견주어 지성이 떨어진다"가 실제로 참인지 거짓인지 확인해야 하겠지만 이것이 진실이라 가정하겠다. 이것은 평균값일 가능성이 크다. 한 주장을 믿는 지성인의 수가 많다는 사실은 그 주장이 참임을 보장하지 못한다. 물론 높은 지성을 가진 사람일수록 하느님이 없다고 믿는다면 하느님이 없다는 믿음이 참일 가능성이 거짓일 가능성보다 더 클 테다. 하지만 지식의 역사 또는 과학사를 되돌아보면 한 주장 P를 믿는 지성인의 수나 그들의 지성 수준 등에 진실이 좌우되지 않은 사례가 많다. 한 믿음이 정통으로 굳어진 뒤에 설사 그것이 거짓이더라도 일급 지성인들조차도 그 믿음을 추종하곤 했다. 유신론자들의 이런저런 허술한 견해들을 논박하는 일이 곧 유신론을 논박하는 일은 아니다. 하느님이 있다는 믿음이 이성에 반하고 불합리한 믿음이라고 주장하려면 하느님이 있다고 주장하는 최고의 논증들과 대결해야 한다. | 나04. 이 논증의 논거들 가운데 "만일 하느님이 존재하고 그가

세상의 악행을 처벌하지 않는다면 그는 악하다"는 다소 의심스럽다. 하느님이 인간의 악행에 수시로 개입하는 일이 인간에게 좋은 일일까? 사람에게 자유의지가 허용된다는 사실은 사람이 자기 행위에 책임을 지는 존재임을 함축한다. 만일 하느님이 사람의 행위에 매사에 개입하는 존재면 하느님은 인간 행위 결과에도 책임을 져야 한다. 한순간도 놓치지 않고 처벌, 교정, 개입하는 하느님은 그야말로 나쁜 하느님이다. 우리가 가끔 실수하고 잘못을 저지르긴 해도 우리가 자유로운 행위자라는 사실은 우리에게 가장 큰 선물이다. 우리에게 선택할 자유, 결심할 자유, 태도를 가질 자유, 관점을 가질 자유를 빼앗는다면 그것이야말로 가장 큰 악일 테다. 하느님의 처벌이 심해지고 교정이 촘촘하고 간섭이 빈틈없을수록 우리 사람은 점차 하느님의 로봇이 될 테다. 따라서 많은 악행이 처벌받지 않는다는 사실은 우리에게 과제를 안겨 줄 뿐이지 하느님이 없다는 증거일 수는 없다. 하지만 우리는 대규모 학살과 전쟁에도 개입하지 않는 하느님을 헤아리는 데 늘 한계에 부닥친다.

나05. 존재하는 모든 현상이 자연 현상이면, 또한 하느님의 나타남과 활동이 자연 현상이 아니면, 하느님은 없다고 말해야 한다. 하지만 우리는 존재하는 모든 현상이 자연 현상이라고 말할 근거가 없다. 우리가 경험하는 모든 현상이 자연 현상이면, 또한 하느님의 나타남과 활동이 자연 현상이 아니면, 우리는 하느님을 경험할 수 없다고 말해야 한다. 하지만 우리가 하느님을 경험할 수 없다는 말은 하느님이 없다는 말과 다르다. 우리가 하느님을 경험할 수 없다는 사실로부터 하느님이 없다고 추론하려면 "무엇이든 그것이 경험할 수 없다면 그것은 없다"고 말해야 한다. 자연과학은 "무엇이든 그것이 경험할 수 없다면 그것은 없다"는 주장을 정당화할 수 없다. 나아가 자연과학은 "우리가 경험하는 모든 현상은 자연 현상이다"는 주장을 정당화할 수도 없다. | 나06. 병균과 바이러스는 엄연히 실제 세계에 존재한다. 그것은 실제 세계에 영향을 미치고 세계를 바꾼다. 환상과 미신도 실제 세계에 영향을 미치고 바꾼다. 과학과 미신이 똑같아 세상에 영향을 미치는 자연 현상이면 우리는 그 둘을 어떻게 구별할 수 있는가? 하나는 진화에 순행하는 현상이고 다른 하나는 진화에 역행하는 현상인가? 환상에 젖고 미신에 빠지는 일이 자연 현상이고 과학을 수행하고 지식을 정당화하는 행위도 자연 현상이라는 말은 과학과 미신을 구별하는 데 아무 도움이 되지 않는다. "사람의 지능과 지성은 진화의 산물이다"나 "지성은 자연 현상이다"는 주장은 지성과 반지성을 구별하는 데 도움이 되지 않는다. 자연 현상은 지성이 무엇인지 밝히지 못한다. 오히려 지성이 자연 현상을 밝히는 빛이다. 오직 지성만이 한 믿음이 지식인지 미신인지 가려줄 수 있다. 당연히 거짓 믿음이 마치 바이러스처럼 지성인을 감염시킬 수 있다. 하지만 이 사실은 하느님이 있다는 믿음이 미신임을 정당화하지 못한다. "신이 있다"는 믿음이 환상이고 미신이라 말하기 전에 지성의 빛을 통해 그 믿음이 거짓임을 밝혀야 한다. 문제의 논증은 "신이 없다"는 주장을 뒷받침하는 논거를 거의 제시하지 않는다. 나아가 종교가 진화의 산물이라거나 도덕이 진화의 산물이라는 주장은 이성과 과학이 진화의 산물이라는 주장만큼 논란의 여지가 많다. 이런 주장은 케플러의 행성 운동 법칙이 신앙심의 산물이라 말하거나 과학자의 이론이 성공하고 싶은 욕망의 산물이라 말하는 일만큼이나 우리 논쟁에 도움이 되지 않는다.

덧붙임

말길 모음

참과 거짓

- X
  ≡ X는 참이다.
  ≡ "X는 참이다"는 참이다.
  ≡ "'X는 참이다'는 참이다"는 참이다.

- X는 거짓이다.
  ≡ X는 참이 아니다.
  ≡ X는 아니다.
  ≡ "X는 참이다"는 거짓이다.
  ≡ "X는 거짓이다"는 참이다.

- "X는 거짓이다"는 거짓이다.
  ≡ "X는 거짓이다"는 아니다.
  ≡ X가 아닌 것은 아니다.
  ≡ X

참값모눈

X	Y	X는 거짓이다.	X이거나 Y	X이고 Y	X이면 Y
참	참	거짓	참	참	참
참	거짓	거짓	참	거짓	거짓
거짓	참	참	참	거짓	참
거짓	거짓	참	거짓	거짓	참

문장논리의 추론규칙

이름	추론규칙	
1. 이고 넣기	1. X 2. Y 따라서 X이고 Y	1. X 2. Y 따라서 Y이고 X
2. 이고 없애기	1. X이고 Y 따라서 X	1. X이고 Y 따라서 Y
3. 이거나 넣기	1. X 따라서 X이거나 Y	1. X 따라서 Y이거나 X
4. 이거나 없애기	1. X이거나 Y 2. X는 거짓이다. 따라서 Y	1. X이거나 Y 2. Y는 거짓이다. 따라서 X
5. 이면 넣기	왼쪽 추론이 마땅하면 오른쪽 추론도 마땅하다.	
	1. A 2. X 따라서 Y	1. A 따라서 X이면 Y
6. 이면 앞말 없애기	1. X이면 Y 2. X 따라서 Y	
7. 거짓이다 넣기	왼쪽 추론이 마땅하면 오른쪽 추론도 마땅하다.	
	1. A 2. X 따라서 Y는 참이고 거짓이다.	1. A 따라서 X는 거짓이다.
8. 거짓이다 없애기	1. X가 거짓이다는 거짓이다. 따라서 X	
9. 이면 뒷말 없애기	1. X이면 Y 2. Y는 거짓이다. 따라서 X는 거짓이다.	
10. 이면 잇기	1. X이면 Y 2. Y이면 Z 따라서 X이면 Z	
11. 이러나저러나	1. X이거나 Y 2. X이면 Z 3. Y이면 Z 따라서 Z	

달리 쓰기

이고 되풀이	X이고 X ≡ X
이거나 되풀이	X이거나 X ≡ X
이고 앞뒤 바꿈	X이고 Y ≡ Y이고 X
이거나 앞뒤 바꿈	X이거나 Y ≡ Y이거나 X
이고 새로 모음	X이고 'Y이고 Z' ≡ 'X이고 Y'이고 Z
이거나 새로 모음	X이거나 'Y이거나 Z' ≡ 'X이거나 Y'이거나 Z
이고 나눔	X이고 'Y이거나 Z' ≡ 'X이고 Y'이거나 'X이고 Z' 'X이거나 Y'이고 Z ≡ 'X이고 Z'이거나 'Y이고 Z'
이거나 나눔	X이거나 'Y이고 Z' ≡ 'X이거나 Y'이고 'X이거나 Z' 'X이고 Y'이거나 Z ≡ 'X이거나 Z'이고 'Y이거나 Z'
이고 모아 거짓이다	'X이고 Y'는 거짓이다. ≡ X는 거짓이거나 Y는 거짓이다.
이거나 모아 거짓이다	'X이거나 Y'는 거짓이다. ≡ X는 거짓이고 Y는 거짓이다.
이면 앞뒤 바꿈	X이면 Y ≡ Y가 거짓이면 X는 거짓이다.
이면 이거나 바꿈	X이면 Y ≡ X는 거짓이거나 Y
이렇고 저렇다면	'X이고 Y'이면 Z ≡ X이면 'Y이면 Z'
이렇거나 저렇다면	'X이거나 Y'이면 Z ≡ X이면 Z이고, Y이면 Z

이면 달리 쓰기

- X이면 Y
  - ≡ X는 Y를 충분히[넉넉히] 참이게 한다.
  - ≡ X는 Y이기 위한 충분조건이다.
  - ≡ 오직 Y가 참일 때만 X는 참이다.
  - ≡ Y가 참이어야 X는 참이다.
  - ≡ X가 참이기 위해 Y가 참이어야 한다.
  - ≡ Y는 X가 참이려면 필요한[있어야 하는] 말이다.
  - ≡ Y는 X이기 위한 필요조건이다.

덧붙임

형식 오류

이름	잘못된 추론규칙	
잘못된 이고 넣기	1. X 따라서 X이고 Y	1. X 따라서 Y이고 X
잘못된 이거나 없애기	1. X이거나 Y 2. X 따라서 Y는 거짓이다.	1. X이거나 Y 2. Y 따라서 X는 거짓이다.
잘못된 이면 앞말 없애기	1. X이면 Y 2. X는 거짓이다. 따라서 Y는 거짓이다.	
잘못된 이면 뒷말 없애기	1. X이면 Y 2. Y 따라서 X	
잘못된 이면 잇기	1. X이면 Y 2. Y이면 Z 따라서 Z	

추론의 갈래와 평가

추론	반드시 추론	마땅한 추론	튼튼한 추론
			마땅하지만 튼튼하지 못한 추론
		못마땅한 추론	튼튼하지도 마땅하지도 않은 추론
	아마도 추론	강한 추론	
		약한 추론	

“모든”과 “몇몇”의 뜻

모든몇몇문장	문장 형식	문장의 논리 구조
모두 그렇다	모든 S는 P이다.	무엇이든 그것이 S이면 그것은 P이다.
모두 아니다	어느 S도 P가 아니다.	무엇이든 그것이 S이면 그것은 P가 아니다.
몇몇 그렇다	몇몇 S는 P이다.	S이고 P인 것이 적어도 하나 있다.
몇몇 아니다	몇몇 S는 P가 아니다.	S이지만 P 아닌 것이 적어도 하나 있다.

모든몇몇문장의 벤 그림

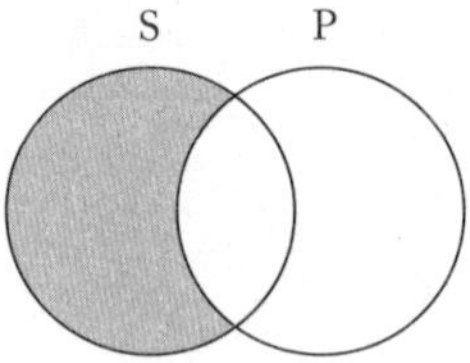

모든 S는 P이다.

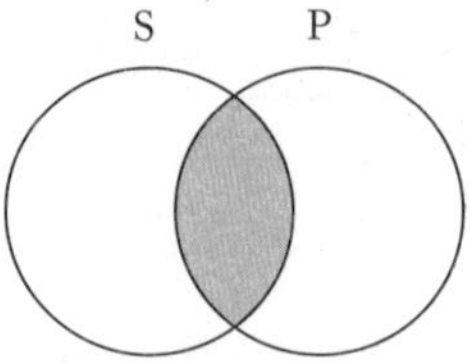

어느 S도 P가 아니다.

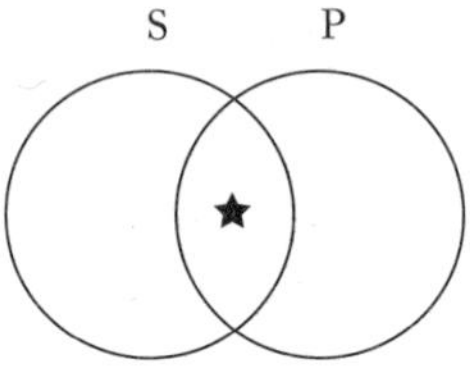

몇몇 S는 P이다.

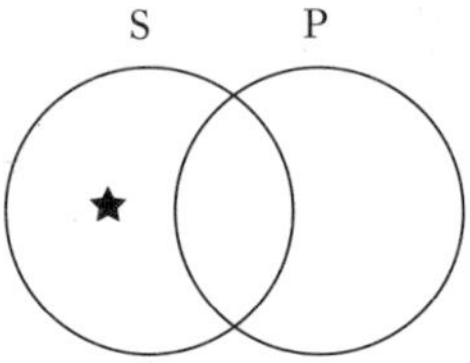

몇몇 S는 P가 아니다.

모든몇몇 달리 쓰기

모든 몇몇 바꿈	'모든 S는 P이다'는 거짓이다. ≡ 몇몇 S는 P가 아니다.
	'어느 S도 P가 아니다'는 거짓이다. ≡ 몇몇 S는 P이다.
몇몇 모든 바꿈	'몇몇 S는 P이다'는 거짓이다. ≡ 어느 S도 P가 아니다.
	'몇몇 S는 P가 아니다'는 거짓이다. ≡ 모든 S는 P이다.
모든 앞뒤 바꿈	모든 S는 P이다. ≡ P 아닌 어느 것도 S가 아니다.
	어느 S도 P가 아니다. ≡ 어느 P도 S가 아니다.
몇몇 앞뒤 바꿈	몇몇 S는 P이다. ≡ 몇몇 P는 S이다.
	몇몇 S는 P가 아니다. ≡ P 아닌 몇몇은 S이다.

양화논리의 기본 추론규칙

이름	기본 추론규칙	
1. 모든 넣기	무엇이든 x는 P이다. 따라서 모든 것은 P이다.	무엇이든 만일 x가 S이면 x는 P이다. 따라서 모든 S는 P이다.
2. 모든 없애기	모든 것은 P이다. 따라서 a는 P이다.	모든 S는 P이다. 따라서 만일 a가 S이면 a는 P이다.
	모든 것은 P이다. 따라서 x는 P이다.	모든 S는 P이다. 따라서 만일 x가 S이면 x는 P이다.
3. 몇몇 넣기	a는 P이다. 따라서 몇몇은 P이다.	a는 S이고 P이다. 따라서 몇몇 S는 P이다.
	무엇이든 x는 P이다. 따라서 몇몇은 P이다.	무엇이든 x는 S이고 P이다. 따라서 몇몇 S는 P이다.
4. 몇몇 없애기	몇몇은 P이다. 따라서 o는 P이다. 다만 o는 전제에서 있다고 말하지만 아직 모르는 특정 개체를 가리키려고 새로 지은 붙박이 홀이름이다.	몇몇 S는 P이다. 따라서 o는 S이고 P이다.

문장들 사이의 관계

따라 나옴 함축관계	"P는 Q를 함축한다" 또는 "P로부터 Q가 반드시 따라 나온다"는 "만일 P가 참이면 반드시 Q는 참이다"를 뜻한다. 이를 말꼴로 "P Q" 또는 "P⇒Q"라 쓴다. 여기서 겹화살꼴 "⇒"은 '반드시 이면'이며 이것은 '그냥 이면'을 뜻하는 화살꼴 "→"과 다르다.
서로 따라 나옴 동치관계	"P와 Q는 동치이다" 또는 "P와 Q는 서로 따라 나온다"는 "P로부터 Q가 반드시 따라 나오고 Q로부터 P가 반드시 따라 나온다"를 뜻한다. 이를 말꼴로 "P ≡ Q" 또는 "P⇔Q"라 쓴다.
어긋남 모순관계	"P와 Q는 모순이다" 또는 "P와 Q는 어긋난다"는 "P가 참이면 반드시 Q는 거짓이고, P가 거짓이면 반드시 Q는 참이다"를 뜻한다.
나란함 일관관계 · 양립관계	"P와 Q는 일관되다" 또는 "P와 Q는 나란하다"는 "P와 Q가 함께 참일 수 있다"를 뜻한다. * 두 문장 P와 Q가 어긋난다면 둘은 나란하지 않다. 두 문장 P와 Q가 나란하지 않다면 다음 셋 가운데 하나다. (i) 둘은 어긋난다. (ii) 둘 가운데 적어도 한 문장은 반드시 거짓이다. (iii) 하나가 참이면 반드시 다른 하나는 거짓이다.

아마도 추론의 갈래

귀납 일반화	단순 일반화	아마도 모두
	통계 일반화	아마도 어림잡아
통계 삼단논법		어림으로 이면 없애기
유비추론		비슷하니까 아마도
인과추론		탓하기
가설추론		가장 좋은 설명 찾기

비형식 오류

논증의 기본 골격을 갖추지 못했다.	결론 빌리기	순환논증, 순환정의, 순환표현, 옹고집
전제들과 결론이 무관하다.	하소연	동정심, 힘, 전통, 권위자, 대세·과반수·주류·유행, 대중정서
	딴소리	지나친 목표 설정, 의도 확대, 발생의 오류, 허수아비 공격, 꼬투리 잡기, 주의 돌리기
	사람에 매임	피장파장, 인신공격, 우물에 독 타기, 소망·실현, 반례 무시, 자기 합리화, 특별 변호, 개인 정황
전제들이 결론을 잘 뒷받침하지 않는다.	치우친 근거	치우친 자료, 성급한 일반화, 지나친 일반화, 무지
	잘못된 탓	인과혼동, 선후인과, 공통원인 무시, 미끄러운 비탈길, 부분 원인
전제들이 미덥지 못하다.	못미더운 가정	합성, 분할, 연속, 중간, 흑백논리, 원칙 오용, 사실·당위, 그릇된 유비, 새로운 것
	헷갈리는 말	다의어, 동음어, 애매어, 강조, 부당한 대비, 인용, 언어유희, 모호한 표현 오용, 정확한 체하기

확률 또는 믿음직함의 규칙들

공리	1. 문장 X의 믿음직함 Cr(X)는 0부터 1까지의 실수다.
	2. 참임을 아는 문장의 믿음직함은 1이다.
	3. X와 Y가 뜻이 같음을 알면 Cr(X) = Cr(Y)
	4. 문장 X와 Y가 일관되지 않음을 알면 Cr(X∨Y) = Cr(X) + Cr(Y)
	5. 문장 Y를 안 다음 문장 X의 믿음직함 Cr(X|Y)는 Cr(X&Y)/Cr(Y)
정의	"문장 X는 문장 Y와 무관하다"는 "Cr(X) = Cr(X|Y)"를 뜻한다.
정리	1. Cr(~X) = 1 - Cr(X)
	2. 거짓임을 아는 문장의 믿음직함은 0이다.
	3. 문장 X로부터 문장 Y가 따라 나옴을 알면 Cr(X) ≤ Cr(Y)
	4. Cr(X∨Y) = Cr(X) + Cr(Y) - Cr(X&Y)
	5. Cr(X&Y) = Cr(X|Y)Cr(Y) = Cr(Y|X)Cr(X)
	6. Cr(X) = Cr(X|Y)Cr(Y) + Cr(X|~Y)Cr(~Y)
	7. 'Cr(X) = Cr(X|Y)'이면 'Cr(Y) = Cr(Y|X)'이다. 단 Cr(X) > 0.
	8. 'Cr(X) = Cr(X|Y)'이면 'Cr(X) = Cr(X|~Y)'이다.
	9. 'Cr(X|Y) = Cr(X|~Y)'이면 'Cr(X) = Cr(X|Y)'이다.
	10. Cr(X|Y) = Cr(Y|X)Cr(X)/Cr(Y)

말꼴 모음

말꼴		뜻
∴	//	따라서
~	¬	거짓이다
&	∧	이고, 이며, 이면서, 이자, 일 뿐만 아니라, 인데, 이지만, 또한
∨		이거나, 이나, 또는
→	⊃	이면, 일 때, 인 경우
↔		일 때 오직 그때만
≡		뜻이 같다, 같은 뜻이다, 같은 말이다, 동치다
≢		뜻이 다르다, 다른 뜻이다, 같은 말이 아니다, 다른 말이다
:=		줄여 쓴다
⇒	⊢	따라 나온다, 반드시 따라 나온다, 함축한다, 필함한다
⇔		서로 따라 나온다, 서로 반드시 따라 나온다, 상호함축한다

배움낱말 모음

표준용어	이 책에서 주로 쓰는 용어	영어
가언 삼단논법·연쇄논법	이면 잇기	hypothetical syllogism
가정	가정	assumption · supposition
간접증명·배리법·귀류법	거짓이다 넣기	indirect proof
강한 추론	강한 추론	strong inference
건전한 추론	튼튼한 추론	sound inference
결론 표시어	결론 표시어	conclusion indicator
결론·귀결·논지	결론	conclusion
경우에 의한 증명	이러나저러나	argument by cases
고유명사	홑이름	proper noun
귀납추론	아마도 추론	inductive inference
긍정논법	이면 없애기	Modus Ponens
내용	뜻	content
논리	논리·말길	logic
논리 형식·논리 구조	말길 얼개	logical form
논리학	논리학	logic
논리학자	논리학자	logician
논증	논증	argument
단순문	홑문장	simple sentence
단순조건문	그냥 이면문장	conditional sentence
단순화논법	이고 없애기	simplification rule
단칭문장	홑문장	singular sentence
단칭어	홑이름	singular term
대우규칙	이면 앞뒤 바꿈	transposition rule
동치	같은 뜻·같은 말	logical equivalence
동치규칙	같은 말 규칙	equivalence rule

명사	이름·낱말	noun·term
명제·진술	명제·말뜻	proposition·statement
모순문장	모순문장	contradiction
모순된	모순된	contradictory
문장	문장	sentence
문장논리	문장논리	sentential logic
문장연결사	문장 이음씨	sentential connective
문장연산자	문장 바꾸개	sentential operator
문장형식	문장 얼개	logical form of sentence
배타 선언	좁은 이거나	exclusive disjunction
변항	떠돌이 홀이름	variable
보통명사	두루이름	general noun
보편양화사	모든씨	universal quantifier
보편양화사 교환규칙	모든 몇몇 바꿈	rule of universal quantifier change
보편예화	모든 없애기	universal instantiation
보편일반화	모든 넣기	universal generalization
복합문	겹문장	complex sentence
부당한 추론	못마땅한 추론	invalid inference
부정논법	이면 뒷말 없애기	Modus Tollens
부정문	거짓이다문장	negation
부정의 진리표	거짓이다의 참값모눈	truth table for negation
비일관된	일관되지 않은	inconsistent
비판	따지기	critique
사상	생각	thought
상호함축	서로 따라 나옴	mutual entailment
상항	붙박이 홀이름	constant
선언 결합규칙	이거나 새로 모음	associativity of disjunction
선언 교환규칙	이거나 앞뒤 바꿈	commutativity of disjunction
선언 동어반복	이거나 되풀이	disjunctive tautology

선언 드 모르강 규칙	이거나 모아 거짓이다	DeMorgan's rule of disjunction
선언 배분규칙	이거나 나눔	distributivity of disjunction
선언 삼단논법	이거나 없애기	disjunctive syllogism
선언문	이거나문장	disjunction
선언의 진리표	이거나의 참값모눈	truth table for disjunction
설득력 없는 추론	힘없는 추론	unpersuasive inference
설득력 있는 추론	힘있는 추론	cogent · persuasive inference
술어	풀이말	predicate
술어논리	술어논리	predicate logic
신념	믿음	belief
쌍조건	짝이면	biconditional
쌍조건문	짝이면문장	biconditional sentence
약한 추론	약한 추론	weak inference
양도논법	이러나저러나	argument by cases
양립불가능한	양립불가능한	incompatible
양화논리	양화논리	quantificational logic
양화사	모든몇몇씨	quantifier
연언 결합규칙	이고 새로 모음	associativity of conjunction
연언 교환규칙	이고 앞뒤 바꿈	commutativity of conjunction
연언 동어반복	이고 되풀이	conjunctive tautology
연언 드 모르강 규칙	이고 모아 거짓이다	DeMorgan's rule of conjunction
연언 배분규칙	이고 나눔	distributivity of conjunction
연언논법	이고 넣기	conjunction rule
연언문	이고문장	conjunction
연언의 진리표	이고의 참값모눈	truth table for conjunction
연역추론	반드시 추론	deductive inference
오류	잘못 이끌기	fallacy
우연문장	어쩌다 문장	contingent sentence
우연진실	어쩌다 참말	contingent truth
우연허위	어쩌다 거짓말	contingent false

의견	믿음	opinion
의미	뜻	meaning·sense
이유	이유·까닭	reason
이중부정	이중부정	double negation
이중부정법	거짓이다 없애기	double negation rule
인 경우 오직 그 경우에만	일 때 오직 그때만	if and only if
일관된·양립가능한	일관된	consistent
일반문장	두루문장	general sentence
일반어	두루이름	general term
자연연역	차근차근 이끌기	natural deduction
전건	이면 앞말	antecedent
전건부정의 오류	잘못된 이면 앞말 없애기	denying the antecedent
전제 표시어	전제 표시어	premise indicator
전제·근거·논거·가정	전제	premise
전칭긍정	모두 그렇다	universal affirmative
전칭문장	모든문장	universal sentence
전칭부정	모두 아니다	universal negative
정언동치규칙	모든몇몇 달리 쓰기	categorical equivalence
정언문장	모든몇몇문장	categorical sentence
정의	정의	definition
조건규칙	이면 이거나 바꿈	conditional exchange rule
조건문	이면문장	conditional
조건의 진리표	이면의 참값모눈	truth table for conditional
조건증명법	이면 넣기	conditional proof
존재양화사	몇몇씨	existential quantifier
존재양화사 교환규칙	몇몇 모든 바꿈	rule of existential quantifier change
존재예화	몇몇 없애기	existential instantiation
존재일반화	몇몇 넣기	existential generalization
증명	증명·밝힘	proof
진리값	참값	truth value

진리술어	참 풀이말	truth predicate
진리표	참값모눈	truth table
진리함수 문장연결사	진리함수 문장 이음씨	truth-functional sentential connective
진술	진술	statement
첨가논법	이거나 넣기	addition rule
추론	추론·이끌기	inference
추론 표시어	추론 표시어	inference indicator
추론규칙	추론규칙·이끌기 틀	rule of inference
추출규칙	이렇고 저렇다면	exportation rule
충분조건	충분조건	exportation rule
치환규칙	달리 쓰기 규칙	replacement rule
타당한 추론	마땅한 추론	valid inference
특칭긍정	몇몇 그렇다	particular affirmative
특칭문장	몇몇문장	particular sentence
특칭부정	몇몇 아니다	particular negative
포괄 선언	넓은 이거나	inclusive disjunction
필연문장	반드시 문장	logical sentence
필요조건	필요조건	necessary condition
필함	따라 나옴	entailment
함축	따라 나옴	implication
항위문장	반드시 거짓말	logical false
항진문장	반드시 참말	logical truth
후건긍정의 오류	잘못된 이면 뒷말 없애기	affirming the consequent

논리학자 모음

탈레스 Thales BCE 626/623~548/545

반드시 논리를 써서 기하학 정리를 증명했다.

피타고라스 Pythagoras BCE 570~495

몇몇 문장은 증명 없이 그냥 받아들여야 한다.

제논 Zeno of Elea BCE 490~430

거짓이다 넣기를 써서 파르메니데스의 생각이 옳았음을 증명하려 했다.

플라톤 Plato BCE 428~347

마땅한 추론의 전제와 결론 사이 관계는 사물의 본모습들 사이 관계를 담는다.

아리스토텔레스 Aristotle BCE 384~322

모든몇몇 달리 쓰기와 모든 몇몇 바꾸기 따위의 술어논리를 세웠다.

스토아꾼 The Stoics BCE 3C

논리학이 다루어야 하는 표현은 낱말이 아니라 문장이다. 이면문장의 참값은 이면 앞말과 이면 뒷말의 참값에 따라 결정된다. 그냥 이면문장과 반드시 이면문장은 다르다.

알 파라비 Al-Farabi 873~950

아리스토텔레스와 스토아꾼의 논리학을 이어받아 이를 아랍 세계에서 꽃피웠다.

이븐 시나 Ibn Sina 990~1037

유럽 세계는 그의 책으로 아리스토텔레스와 스토아꾼의 논리학을 배웠다.

알 라지 Al-Razi 1149~1209

아마도 추론은 앎에 이르는 새로운 길이다.

룰 Llull 1 272~1315

모든 추론은 셈하는 일로 나타낼 수 있다.

오캄 Ockham 1288~1348

두루이름은 마음 바깥에 놓인 사물을 가리키지 않는다.

옥스퍼드 수학자 Oxford Calculators 14C

말꼴 또는 기호를 써서 추론하는 길을 만들다.

스콜라꾼 Scholastics 13C~16C

"이고", "아니다", "모든", "이면"처럼 아무것도 가리키지 않는 낱말이 논리에서 오히려 매우 큰 일을 맡는다. "모든 사람"에 과거 사람이나 미래 사람도 포함되는지 캐물었다.

베이컨 Bacon 1561~1626

아리스토텔레스의 방법에 많은 흠이 있으며 새 시대에 맞는 새 도구가 있어야 한다. 그 새 도구는 실험과 관찰의 힘을 빌린 아마도 추론이다.

아르노 & 니꼴 Arnauld 1616~1698 Nicole 1625~1695

1662년에 펴낸 ≪논리 곧 생각의 기술≫은 19세기까지 유럽 배움터에 큰바람을 일으켰다.

라이프니츠 Leibniz 1646~1716

우리 마음에 일어나는 추론은 글자를 짜는 일로 바꿀 수 있다. 말꼴을 잘 만드는 일은 사람의 생각과 헤아림을 크게 돕는다. 이진수나 알파벳은 좋은 말꼴이다.

밀 Mill 1806~1873

논리는 우리 머릿속 일들이 따라야 하는 규칙에 지나지 않는다.

드 모르강 De Morgan 1806~1871

셀 수 있는 것을 통해 풀이말을 다루는 길을 찾았다.

부울 Boole 1815~1864

추론규칙은 수학의 연산규칙과 비슷하다.

벤 Venn 1834~1923

양화논리는 그림으로 나타낼 수 있다.

퍼스 Peirce 1839~1914

올바른 논리는 그림과 말꼴의 도움을 받아야 한다. 말꼴의 도움을 받을 때 잘못된 추론으로부터 더욱 쉽게 벗어날 수 있다

후설 Husserl 1859~1938

논리를 우리 머리의 움직임에 의존하는 것으로 여길 때 참된 앎은 뿌리째 흔들린다.

프레게 Frege 1848~1925

수학을 논리 위에 튼튼히 세우려 애썼다. "모든"과 "몇몇"을 말꼴로 나타내면 논리가 더 잘 보인다. 문장의 뜻은 문장의 참값을 결정하는 방법이다.

러셀 Russell 1872~1970

프레게의 생각에 모순이 담겼다. "모든 모임의 모임"은 모순을 낳는다.

우카시에비치 Łukasiewicz 1878~1956

참값이 두 가지가 넘는 다치논리를 세웠다.

괴델 Gödel 1906~1978

자연수에 관한 모든 참말을 추론할 수 있는 완전한 공리 체계는 없다. 수학의 몇몇 참인 문장은 증명할 수 없다.

겐첸 Gentzen 1909~1945

이면 넣기, 이면 없애기 따위를 써서 결론을 차근차근 이끄는 방법을 체계화했다.

타르스키 Tarski 1901~1983

문장의 의미에 바탕을 두고 "참이다"를 정의할 수 있다.

처치 & 튜링 Church 1903~1995 Turing 1912~1954

수학의 한 문장이 참인지 거짓인지 기계를 통해 차근차근 증명하는 길은 없다.

프라이어 Prior 1914~1969

시간을 다루는 시제논리를 세웠다.

데이빗슨 Davidson 1917~2003

"참이다"는 말하고 생각하는 사람이면 누구나 이해하는 말이다.

자데 Zadeh 1921~2017

참값이 0에서 1까지 실숫값을 갖는 퍼지논리를 세웠다.

크립키 Kripke 1940~2022

"물은 H_2O이다"는 반드시 참말이다.

감사의 말

내가 이 책을 구상한 일은 2011년 이정희에게 받은 사진 덕분이다. 정희는 2008년에 내가 이화여대 철학과와 함께 마련한 제1회 「논리캠프」에서 처음 만났다. 이 학교 인터넷 게시판에서 한 학생이 내 강의를 추천했다. 그 내용 일부를 조금 고쳐 여기에 옮기겠는데 허락 없이 옮긴 것을 너그럽게 이해해 주기 바란다.

> 이 수업은 정말 나 자신의 뇌가 업그레이드되는 느낌을 주었어. 어플리케이션 하나를 다운받아서 좋아지는 정도가 아니라 마치 스마트폰 오에스 자체를 바꾼 듯이 뇌가 성장한 느낌이야. 내가 원래 매우 띨띨했는데 지금은 뇌를 튜닝한 것 같아.

이 글에서 나는 논리 교육의 중요성을 처음으로 실감했다. 이 책의 제목을 『두뇌보완계획』으로 지은 일은 이 글에서 비롯되었다. 이 친구뿐만 아니라 지난 20년 동안 경북대, 서울시립대, 이화여대, 성균관대, 중앙대, 명지대, 국민대에서 논리와 비판 사고 수업으로 함께 시간을 보내며 나를 자극했던 모든 배움친구에게 안부와 감사를 전한다.

2013년 생각실험실 연구원 김수민의 주도로 김가영과 박주연 연구원이 『우리 말길』을 출판했다. 느린생각의 박찬성 대표는 『우리 말길』을 더욱 멋있게 다듬었다. 『우리 말길』의 출판을 계기로 대학 수업에 맞는 논리 책을 쓰기로 했다. 메카네의 노소영 대표는 그림과 편집을 포함하여 『두뇌보완계획』 제1판의 출판을 도맡았다. 제2판 편집 및 디자인 작업은 타이포그래퍼 류가은 작가가 맡았다. 제3판의 디자인과 그림은 프리키컴퍼니의

두뇌보완계획 100

1판 1쇄 2014년 3월 10일
2판 1쇄 2014년 9월 1일
3판 1쇄 2016년 8월 31일
8쇄 2019년 5월 1일
4판 1쇄 2020년 1월 30일
6쇄 2021년 12월 31일
5판 1쇄 2024년 7월 10일
3쇄 2025년 11월 11일

지 은 이 김명석
펴 낸 이 김로이
편집기획 클라라 ◦ 유영훈
디 자 인 김가영 ◦ 노소영 ◦ 류가은 ◦ 안미경 ◦ 김동건
펴 낸 곳 학아재

주 소 서울시 종로구 필운대로5나길 25, 2층
전 화 02-766-7647
팩 스 0504-439-2507
이 메 일 martin@hagajae.com

I S B N 979-11-963895-9-8 (03170)
가 격 30,000원